"十四五"全国统计规划教材

U0871512

# 经济计量学

（第二版）

李占风　胡淑兰　主编

中国统计出版社
China Statistics Press

图书在版编目(CIP)数据

经济计量学 / 李占风，胡淑兰主编. —— 2 版. —— 北京：中国统计出版社，2021.10

ISBN 978－7－5037－9614－2

Ⅰ. ①经… Ⅱ. ①李… ②胡… Ⅲ. ①计量经济学－高等学校－教材 Ⅳ. ①F224.0

中国版本图书馆 CIP 数据核字(2021)第 165541 号

经济计量学(第二版)

作　　者/李占风　胡淑兰
责任编辑/罗　浩
执行编辑/熊丹书
装帧设计/黄　晨
出版发行/中国统计出版社
通信地址/北京市丰台区西三环南路甲 6 号号　邮政编码/100073
电　　话/邮购(010)63376909　书店(010)68783171
网　　址/http://www.zgtjcbs.com
印　　刷/河北鑫兆源印刷有限公司
经　　销/新华书店
开　　本/710×1000mm　1/16
字　　数/515 千字
印　　张/21.5
版　　别/2021 年 10 月第 1 版
版　　次/2021 年 10 月第 1 次印刷
定　　价/65.00 元

# 国家统计局
# 全国统计教材编审委员会第七届委员会

# 出版说明

教材之于教育，如行水之舟楫。统计教材建设是统计教育事业的重要基础工程，是统计教育的重要载体，起着传授统计知识、培育统计理念、涵养统计思维、指导统计实践的重要作用。

全国统计教材编审委员会(以下简称编委会)成立于1988年，是国家统计局领导下的全国统计教材建设工作的最高指导机构和咨询机构，承担着为建设中国统计教育大厦打桩架梁、布设龙骨的光荣而神圣的职责与使命。自编委会成立以来，共组织编写和出版了“七五”至“十三五”七轮全国统计规划教材，这些规划教材被全国各院校师生广泛使用，对中国统计教育事业作出了积极贡献。

党的十九届五中全会审议通过的《中共中央关于制定国民经济和社会发展第十四个五年规划和二〇三五年远景目标的建议》，为推进统计现代化改革指明了方向，提供了重要遵循。实现统计现代化，首先要提升统计专业素养，包括统计知识、统计观念和统计技能等方面要适应统计现代化建设需要，从而提出了统计教育和统计教材建设现代化的新任务新课题。编委会深入学习贯彻党的十九届五中全会精神，准确理解其精神内涵，围绕国家重大现实问题、基础问题和长远问题，加强顶层设计，扎实推进“十四五”全国统计规划教材建设。本轮规划教材组织编写和出版中重点把握以下方向：

1. 面向高等教育、职业教育、继续教育分层次着力打造全系列、成体系的统计教材优秀品牌。

2. 围绕统计教育事业新特点，组织编写适应新时代特色的高质量高水平的优秀统计规划教材。

3. 积极利用数据科学和互联网发展成果，推进统计教育教材融媒体发展，实现统计规划教材的立体化建设。

4. 组织优秀统计教材的版权引进和输出工作，推动编委会工作迈上新台阶。

5. 积极组织规划教材的编写、审查、修订、宣传评介和推广使用。

“十四五”期间，本着植根统计、服务统计的理念，编委会将不忘初心，牢记使命，充分利用优质资源，继续集中优势资源，大力支持统计教材发展，进一步推动统计教育、统计教学、统计教材建设，进一步加强理论联系实际，有序有效形成合力，继续创新性开展统计教材特别是规划教材的编写研究，为培养新一代统计人才献智献策、尽心尽力。

同时，编委会也诚邀广大统计专家学者和读者参与本轮规划教材的编写和评审，认真听取统计专家学者和读者的建议，组织编写出版好规划教材，使规划教材能够在以往的基础上，百尺竿头，更进一步，为我国统计教育事业作出更大贡献。

国家统计局

全国统计教材编审委员会

# 前言

本书是中南财经政法大学统计与数学学院统计系列教材之一，是该书的第二版。第二版主要进行如下的修订：第一，参考经济计量学的最新成果对第一版原有的不够清晰的内容进行了修改；第二，在各章对案例进行了修订，使用了最新的数据并增加了一些案例；第三，增加了微观计量经济学的一些内容，包括动态面板数据模型、二元选择模型、排序模型、截取模型、计数模型和分位数回归模型。这些常用经济计量分析方法的引入，使得本书的内容更加丰富而实用，更适合从事经济计量分析的研究者学习。本书是为经济和管理类大学本科学生和硕士研究生编写的教材，也适用于从事经济管理工作的实际工作者参考使用。本教材的内容体系包括经济计量学的初级和中级内容，适用高等学校本科和研究生48—72学时选用。

经济计量学的教学目的就是使学生掌握经济计量分析的方法，并能应用学到的计量分析知识解决实际问题。因此，本教材主要以基础经济计量学的内容为主，同时介绍一些经济计量学的前沿理论和应用较广的现代经济计量方法。本书共分两个部分，前八章是基础经济计量学部分，主要介绍了经典计量模型、违背经典假定的计量模型和专用经济计量模型(虚拟变量模型、滞后变量模型、联立方程模型和时间序列计量模型)。后五章是中级经济计量学部分，主要介绍了面板数据模型、条件异方差模型、向量自回归模型、离散选择模型、计数模型和分位数回归模型。本书以应用为中心，以经济计量学的思想、方法为基础，重点培养学生实际应用能力。

本书由中南财经政法大学统计与数学学院李占风、胡淑兰主编，各章分工为：李占风教授编写第1、2、3、8章、附录2；胡淑兰教授编写第7、12、13章；张虎教授编写第9、10、11章；师应来教授编写第4、6章；孟祥兰教授编写第5章、附录1；徐娟副教授编写第14章。在本书的编写过程中，作者参考了一些国内外出版的其他书籍，借用了一些案例，引用了一些观点，在此谨向有关参考书的作者表示感谢。

经济计量学的内容体系非常广泛，本书力求系统介绍经济计量学的基本原理和方法，强调理论与实际工作的结合，注重培养学生解决实际问题的能力。为此，省略了繁杂的数学推导，结合回归分析软件 EViews 去教学，使学生学完本课程后，不仅能够掌握经济计量学的理论和方法，而且能够学会应用经济计量学解决实际问题的工具。

由于作者水平所限，书中难免会有不足之处，我们热忱希望读者提出批评、建议和宝贵意见。

作　者

2021 年 3 月于武汉

# 目　录

# 第一章 绪论

## 第一节 什么是经济计量学

经济计量学是现代经济学的重要内容，在经济学分析和各类社会科学分析中得到了广泛的应用。要掌握经济计量分析方法并能解决实际问题，就必须从总体上对经济计量学的性质、研究方法等进行讨论，以便读者全面了解经济计量学的理论体系和分析程序。

### 一、经济计量学的产生与发展

经济计量学(Econometrics)一词是由挪威经济学家、第一届诺贝尔经济学奖得主拉格纳·弗瑞希(Ragnar Frisch)1926年仿照生物计量学(Biometrics)一词提出的。1930年，一些国家的经济学家在美国的克利夫兰市成立了国际经济计量学会，学会的宗旨是“为了促进经济理论在与统计学和数学的结合中发展的国际学会”。1933年1月，该学会创办了《经济计量学》学术刊物。在《经济计量学》的创刊号上弗瑞希对什么是经济计量学做了详细的阐述:“对经济的数量研究可以从好几个方面着手，但任何一方面都不能与经济计量学混为一谈。经济计量学与经济统计学绝非一码事，它也不同于我们所说的一般经济理论，尽管经济理论大部分具有确定的数量特征;经济计量学也不应视为数学应用于经济学的同义语。经验证明，统计学、经济理论和数学三个方面观点之一是实际理解现代经济生活中数量关系的必要条件，但任何一种观点本身都不是充分条件。这三者的统一才是强有力的工具，正是由于这三者的结合才构成了经济计量学。”

荷兰经济学家、第一届诺贝尔经济学奖的另一得主丁伯根(J·Timbergen)1951年指出:经济计量学的范围，也包括用数学表示那些从统计检验观点所做的经济假设和对这些假设进行统计检验的实际过程。

第二届诺贝尔经济学奖得主保罗·萨缪尔森(Paul A·Samuerson)给经济计量学下的定义为:在理论与观测协调发展的基础上，运用检验的推理方法，对实际经济现象进行数量分析。

1980年诺贝尔经济学奖得主劳伦斯·克莱因(Lawrence R·Klein)将经济计量学定义为:经济计量学是数学方法、统计技术和经济分析的综合。就其字义来说，经济计量学不仅是指对经济现象加以测量，而且包含根据一定的经济理论进行计算的意思。

威廉·格林(William H. Greene)给出的经济计量学定义为:经济计量学是经济学的一个领域，它运用数理统计和统计推断工具对经济理论所假定的关系进行实证研究。

格哈德·廷特纳(Gerhard Tintner)的定义为:经济计量学，是对经济学的作用有某种期待结果，它把数理统计学应用于经济数据，以使数理经济学构造出来的模型得到经验上的支持，并获得数值结果。

例如：要研究研发投入对产出的影响，或教育对个人收入水平的影响就是经济计量学研究的内容之一。

上述定义虽不完全相同，但其本质是一致的。因此，将经济计量学定义归纳为：经济计量学是以经济理论为前提，以实际观测数据或实验数据为基础，以计量模型为工具研究社会经济现象的数量关系的一门学科。

经济计量学自20世纪30年代成为一门独立的学科，以弗瑞希的《用完全回归体系的统计合流分析》和T·哈维尔谟《经济计量学的概率研究方法》为标志，经济计量学方法体系基本上建立起来。之后经济计量学者们提出了更多的现代经济计量分析方法，尤其是电脑的飞速发展和应用，使大量复杂的经济计量模型得以建立和使用，从而促进了经济计量学理论和应用进入了一个新的发展阶段。

近些年来，经济计量学理论和方法都有了长足发展。首先，计算机快速发展和广泛应用，新的计算方法大量提出，经济计量模型的应用规模越来越大。其次，更为重要的是非经典经济计量学的理论和应用有了新的突破。最后，微观经济计量学、非参数经济计量学、时间序列经济计量学和贝叶斯经济计量学等的提出，使经济计量学产生了新的理论体系。面板数据模型、因子模型、贝叶斯方法、大数据计量模型等理论在经济计量学中的应用已成为新的研究课题。经济计量学的应用和发展为现代经济学的发展奠定了良好的基础。几乎所有的经济学家都要应用经济计量学方法，所有的经济理论成果也都体现了经济计量学的最新成果。正像美国著名的经济学家萨缪尔森所说："二次世界大战后，经济学是经济计量学的时代"。

## 二、经济计量学与相关学科的关系

经济计量学就其学科的性质而言，在学科的初建时期，基本上是经济学、统计学和数学合流而构成的一门交叉学科。虽然经济计量学可以涉及经济学的一切领域，但它不同于经济学；它利用统计资料，但它不同于经济统计学；它应用数学、数理统计方法，但又完全区别于数学和数理统计学。经济计量学发展到今天，已经不能简单的理解为这三个学科的单纯交叉了，经济计量学已经具有自己的学科体系和研究方法了。但还是与这三门学科有着比较密切的联系。

经济理论和数理经济学之间没有本质的区别。两者都以精确的方式表达经济行为的关系，不过经济理论用文字叙述，数理经济学则用数学符号表达。在这些表达中无论是经济理论，还是数理经济学，一般都不考虑影响经济行为发生变化的随机因素，也不为表达经济行为的方程式参数提供具体数值。经济计量学如同数理经济学一样，需用数学符号表明经济变量之间的数量关系，但它并不假定这种经济关系是精确的。在数学表达式中只列出起主要作用的经济变量，并含有一个表示随机变化的随机误差项，利用样本资料，应用数学、数理统计方法给表达式参数以具体的估计值。

经济统计学是指对经济统计资料的收集、加工和整理，并列表图示，以描述在整个观察期间的发展变化形式。经济统计学在经济现象的数量研究中，侧重于对经济行为的描述，它对各种经济变量的发展不做推测，也不对反映经济变量关系的参数进行估计。

数理统计学是一门以概率论为基础，研究随机现象规律性的学科。它是由在实验室进行可控试验发展起来的，偏重纯粹的数学推导。对它的结论，事先规定了一些严格的条件和假定，若不满足这些条件和假定，就不能应用这些结论。在经济计量分析中使用的数据都是非实验数据，因为我们不能通过对个人、企业或经济系统中的某些部分进行控制实验得到数据。例如在研究受教育水平与收入的关系时，我们不能控制人们的受教育选择。因此，研究经济现象只能认为它有条件地满足数理统计的一些假设条件，但它仍具有自身特殊的统计规律。所以在测度经济问题时，需要有一种特殊的数理统计方法，这就是经济计量学方法。

经济计量学与数学有密切的关系，但又有本质的区别。由于经济计量学运用到较多的数学知识，数学为经济计量理论和方法的发展提供基础，但不能将经济计量学等同于数学。数学研究的是抽象的数量规律，经济计量学则是研究具体的、实际现象的数量规律；数学研究的是没有量纲或计量单位的抽象的数，经济计量学研究的是有具体实物或计量单位的数据；经济计量学与数学研究中所使用的逻辑方法不同，数学研究所使用的主要是演绎，经济计量学则是演绎与归纳相结合，占主导地位的是归纳。

综上分析可以看出，经济计量学与经济理论、统计学和数学有着密切的联系，但又有着根本性的区别。它是这些学科的综合和发展，但它又完全不同于这三个学科中的任何一个学科。

## 第二节　经济计量学的内容体系

经济计量学作为一门独立的经济学科，在其发展过程中，逐步形成了自己的学科体系，其内容可以分为理论经济计量学和应用经济计量学。

### 一、理论经济计量学

理论经济计量学主要是寻找适当的方法，去测度由经济计量模型设定的经济关系式。经济计量方法可分为单方程估计方法和联立方程系统估计方法。单方程估计方法是指每次仅作用于一个方程；系统估计方法要考虑联立方程系统的综合信息，同时估计联立方程中的全部方程。

理论经济计量学研究的重点在于如何就已经设定的计量模型进行良好的参数估计，使得所得到的参数估计结果符合设定的评价准则，进而能够恰当的评估经济变量之间的关系。因此，这里的研究内容就包括各种估计方法和检验方法。

### 二、应用经济计量学

在应用经济计量学中，我们应用经济计量学的理论与方法，去研究经济学或商业中的某些特殊领域，诸如生产函数、消费函数、投资函数、供求函数、证券组合理论等等。经济计量学的实际应用过程主要是建立、估计和检验各类经济计量模型，以达到结构分析、经济预测和政策评价的目的。根据各类经济计量模型实际应用的范围，可分为企业模型、部门模型、地区模型和宏观模型。根据经济现象和数量关系，可分为经济计量模型、投入产出模型、最优化模型、控制论模型和系统动力学模型。

应用经济计量学以经济理论和事实为出发点，应用计量方法，解决经济系统运行过程中的理论问题或实践问题。其目的是：(1)应用计量模型对经济变量之间的关系进行数量分析,即结构分析。(2)用计量模型进行定量分析,提供现有样本数据以外的某些变量的预测值,给出变量值在未来时期中或其他空间上的预测结果,即经济预测。(3)通过经济计量模型仿真各种经济政策措施的效果,对不同的政策方法进行比较和选择,即政策评价。如图 1.1 所示。

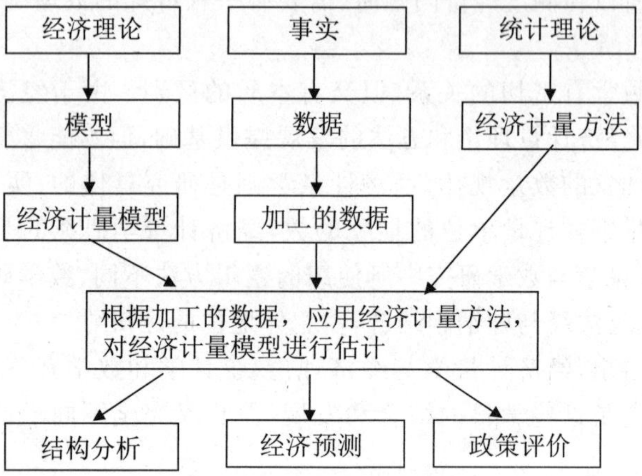


**图 1.1 经济计量分析流程**

从图 1.1 中可以看出,应用经济计量学核心环节是建立和应用经济计量模型。经济计量模型应用的经济结构分析、经济预测和政策评价三个方面有密切关系。经济结构分析的结果,可用于经济预测,经济预测的结果是政策评价的依据,而政策评价本身是一种条件预测。

## 第三节 经济计量分析工作

当需要验证某个经济理论或假说时,或者需要对某些经济现象进行预测时,就需要使用经济计量方法进行分析。其分析工作过程可分为四个连续的步骤:建立模型、估计参数、验证模型和使用模型。

### 一、建立模型

经济计量分析的第一步就是对所关心的问题的详细阐述,问题可能是对某种经济问题的检验或政策效果的评价,经济计量方法可以解决很多方面的问题。解决这些问题就需要建立一个规范的经济模型,建立模型是根据经济理论和某些假设条件,区分各种不同的经济变量,建立单一方程式或方程体系,来表明经济变量之间的相互依存关系。例如,要研究工人的职业培训效果,就可以依据经济学常识建立模型。例如,培训效果可以用工人的工资水平表示,工资水平除了受培训因素的影响外,还受到受教育水平和工龄等因素的影响。如此,则可以得到如下的模型

$$wage = f(educ, exper, train) \tag{1.1}$$

式(1.1)表示工资影响函数。其中,wage 为小时工资,educ 为接受正规教育的年限,exper 表示工龄,train 表示接受培训的小时数。有了经济数学模型后还需要把他变为计量模型。

就是要解决如下两个问题：第一，模型(1.1)的函数形式是什么？第二，对无法观测的变量如何处理？对于模型(1.1)可以选择简单的线性模型，对于影响工资的其他很多难以观测的因素，如天生能力、教育质量、出生地、家庭背景等因素用随机误差项 $u$ 代表。由此，得到工资与培训的计量模型

$$\text{wage} = \beta_1 + \beta_2 \text{educ} + \beta_3 \text{exper} + \beta_4 \text{train} + u \tag{1.2}$$

经济计量分析都是从一个计量模型的设定开始的，设定模型通常是依据经济逻辑和常识进行变量选择的。有了模型(1.2)，要研究的问题就转化为对模型参数进行假设检验的研究，如模型(1.2)中的参数 $\beta_4$ 就是我们所关注的参数，对其进行是否为 0 的检验和估计出具体参数即可完成我们关心的问题的研究。

(一)模型方程式的种类

经济计量模型的方程式，一般可分为两类：随机方程和非随机方程。

1.随机方程。是根据经济行为构造的函数关系式。由于任何一种经济行为都受众多因素的影响，在构造函数关系式时不可能，也不必要把全部因素都罗列到函数式中来。有些因素影响很小，而且没有规律性，它们的作用结果一般无法观测到，称这类因素为随机因素，可综合地用随机误差项 $u$ 来表示，因此方程式中引进随机误差项 $u$。例如，模型(1.2)就是随机方程。随机误差项在方程中看起来微不足道，但是，它们的性质对于随机方程的参数估计问题有极其重要的影响。所以，随机误差项在理论经济计量学中始终都扮演着重要的角色。由于经济计量模型中的随机方程是根据经济行为构造的，因此，也常称它们为“行为方程”。

2.非随机方程。是根据经济学理论或政策、法规而构造的经济变量恒等式。例如，根据税率制度而构造的税收方程：$T_t = bS_t$，其中，$T_t$ 表示 $t$ 时期政府征收的营业税总收入，$S_t$ 表示 $t$ 时期营业额，$b$ 为参数，就是政府用法令形式规定的税率。由于经济计量模型中的非随机方程是根据理论、政策、法规确定的，因此常称它们“定义方程”“制度方程”或“政策方程”。

(二)模型变量的种类

经济计量模型包括的变量有各种各样，如果按照变量取值是如何确定的，可分为内生变量(Endogenous Variable)和外生变量(Exogenous Variable)两种。内生变量：具有一定概率分布的随机变量，由模型自身决定其取值，其数值是求解模型的结果。外生变量：是非随机变量，在模型体系之外决定其取值，即在模型求解之前已经得到了数值。内生变量和外生变量的划分是相对的，二者没有不可逾越的鸿沟，什么作为内生变量，什么作为外生变量，常常是由模型设计者根据具体情况决定的。

对于一个方程来说，等号左边的因变量称为被解释变量(Explained Variable)，等号右边的自变量称为解释变量(Explaining Variable)。在联立方程模型中，一个方程的被解释变量可能是其他方程的解释变量。因此，被解释变量一定是模型的内生变量，但解释变量除包括外生变量之外，还可能包括一些内生变量。有些方程还使用内生变量的前期或前几期的数值作解释变量，我们称这样的变量为滞后变量(Lagged Variable)。滞后变量如同外生变量一样，在模型求解之前为已知的。故一般将外生变量和滞后变量合称为前定变量(Predetermined Variable)。

## 二、估计参数

模型建立后，必须对模型的参数进行估计，由此获得模型参数的具体数值。模型参数的估计是一个纯技术过程，这个过程可分以下两个阶段。

第一阶段，确定模型数据的样本并收集模型中所含各经济变量的样本观测值；第二阶段，选择恰当的经济计量方法估计模型参数。

下面分别叙述每一阶段所包括的有关内容。

### (一)收集模型所含经济变量的数据

经济计量模型所使用的经济变量的数据结构可分为以下几种类型。

1. 时间序列数据。是指某一经济变量在各个时期的数值，按时间先后顺序排列所形成的数列。例如 1980—2019 年间每年科技支出的数据构成这个变量的时间序列。其他还有如石油价格、货币发行量、国内生产总值等。在应用时间序列数据作样本时，要特别注意数据的频率是不同的，常见的有每天、每周、每月、每个季度和每年。石油价格以天为区间进行记录，货币发行量、通货膨胀率、失业率、消费者价格指数等是分别按月、季、年报告的。

2. 横截面数据。是指在同一时点或时期上，不同统计单位的相同统计指标组成的数据。不同的统计单位可能是个人、家庭、企业、城市、省或国家。例如人口普查数据、工业普查数据、家庭调查数据等。利用截面数据作样本，通常假定是由总体中通过随机抽样获得的。在社会科学和经济学研究中横截面数据被广泛应用，特别是在微观市场分析和劳动经济学分析中得到大量应用。

3. 混合数据。是指混合横截面数据和面板数据。混合横截面数据是指不同的时间进行随机抽样的数据集(不同的时间对不同的横截面样本单位的观测数据集)。面板数据是指不同的时间使用相同的横截面数据集(不同的时间对相同横截面样本单位的观测数据集)。例如，在研究生产成本与企业规模和技术进步的关系时，选择若干不同规模企业在不同时间上的数据作为样本观测值，这些观测值数据就是混合数据。(如果不同时间样本的观测对象完全相同就是面板数据，否则就是混合数据)

### (二)选择适当的经济计量方法估计模型参数

获得模型参数估计值的方法有多种，主要依据回归模型是否满足经典假定条件进行选择。如果回归模型满足经典假定，就使用普通最小二乘法或极大似然法。如果违背了经典假定，就按具体条件选择合适的估计方法，如广义最小二乘法、工具变量法、广义矩法等。对于一个计量模型而言，有许多估计方法可以选择，必须依据对各种假定的讨论和检验选择最合理的估计方法。

## 三、验证模型

模型估计之后，必须验证模型参数估计值在经济上是否有意义，在统计上是否令人满意。为此，人们选用三种准则对模型进行验证，经济理论准则、统计准则和经济计量准则。

1. 经济理论准则

经济理论准则即根据经济理论所阐明的基本原理，以此对模型参数的符号和取值范围进行检验；就是据经济理论对经济计量模型中参数的符号和取值范围施加约束。例如，

消费模型为

$$C_t = \beta_0 + \beta_1 D_t + u_t \tag{1.3}$$

其中，$C_t$ 为消费额，$D_t$ 为可支配收入，根据经济理论分析得知，消费与可支配收入成正相关关系，即可支配收入越多，消费就越多，这样就从经济理论分析确定了参数 $\beta_1$ 的符号，以及 $\beta_1$ 的取值范围为 $0 \leqslant \beta_1 \leqslant 1$。假如参数实际估计值的符号和大小与经济理论分析不符，就说明参数估计错误；除非有充足理由使人们相信，在某种特定情况下经济理论的原理不成立。因此，如果需要接受具有"错误"符号和大小的所求参数估计值时，必须说明理由。然而，在多数情况下，所求参数估计值的符号和大小产生错误的原因，可归因于模型的估计中所用的数据缺陷或是违反了经济计量模型的某些假定。一般而言，如果所求参数估计值不能满足经济理论准则，则参数估计值在逻辑意义上是错误的。

2.统计准则

统计准则是由统计理论决定的，统计准则的目的在于考察所求参数估计值的统计性质。由于所求参数的估计值是根据经济计量模型中所含经济变量的样本观测值求得的，便可以根据数理统计学的抽样理论中的几种检验，来确定参数估计量的精确度。

(1)根据样本观测值计算的判定系数是一种统计量，它表示由解释变量说明被解释变量的程度。

(2)估计参数的显著性 $t$ 检验和回归模型的整体显著性 $F$ 检验。$t$ 检验用于判断个别解释变量与被解释变量是否有线性关系，$F$ 检验用于判断回归模型是否最少有一个解释变量与被解释变量有线性关系。

统计准则是二级准则，是经济理论检验通过后的次级检验，若根据经济理论准则，验证所求参数估计值具有"错误"符号或大小，即使这些参数估计值在统计上是显著的，也不能使用这些参数的估计值。就是说，统计准则对经济理论准则而言，它是第二位的或是次要的。

3.经济计量准则

经济计量准则是由理论经济计量学决定的，其目的在于研究任何特定情况下，所采用的经济计量方法是否违背了经济计量模型的假定。经济计量准则作为二级检验，可视为统计准则的再检验，经济计量准则用于确定所求参数估计值的恰当与否。这些准则有助于我们确定所求参数估计值是否具有合乎最佳线性无偏估计量的性质，即无偏性、一致性和有效性等等。

由于经济计量模型满足的假定不同，对应着各种经济计量方法，因此，每一种经济计量方法都有它各自的经济计量准则。如果经济计量模型不能满足经济计量方法的假定，则所求参数的估计值就不具备合乎需要的性质。通常，必须重新确定模型，即引入新的变量或略去一些变量，或者改换模型的数学形式，以便得出一个与经济计量方法假定相符合的新模型。

综上所述，验证模型是一个极其复杂的动态过程。经济计量研究人员在接受或舍弃这些参数估计值之前，必须对它们用上述三种准则进行验证。若检验不能通过，则需修整模型，再设定，再估计，再检验。只有通过检验的模型参数估计值才具有合乎需要的性质，才能应用模型进行计量分析。

## 四、使用模型

对经济现象的计量研究是为了使用经济计量模型。经济计量模型的使用主要是用于进行经济结构分析、预测、规划与评估经济政策。

1. 结构分析

就是利用已估计出参数值的模型，对所研究的经济系统变量之间的相互关系进行分析，目的在于了解和解释有关经济变量的结构构成和结构变动的原因。诸如产业结构、产品结构、消费结构、投资结构等问题中的结构分析。它研究的是当一个或多个变量发生变化时会对其他变量以致经济系统产生什么样的影响，从这个意义上讲，我们所进行的经济系统定量研究工作，就是结构分析。结构分析所采用的主要方法是弹性分析、乘数分析与比较静力分析。

乘数分析（边际分析）是指某一变量的绝对变化引起另一变量的绝对变化的度量，即变量的变化量之比，也称倍数。它直接度量经济系统中变量之间的相互影响，经常被用来研究外生变量的变化对内生变量的影响，对于实现经济系统的调控有重要作用。乘数可以从经济计量学模型的简化式很方便地求得。关于经济计量学模型的结构式和简化式的概念，将在有关章节专门介绍，简单地说，结构式的解释变量中可以出现内生变量，而简化式的解释变量中全部为外生或滞后内生变量。

弹性分析是指某一变量的相对变化引起另一变量的相对变化的度量，即变量的变化率之比。在经济计量研究中，除了需要研究经济系统中变量绝对量之间的关系，还要掌握变量的相对变化所带来的相互影响，以掌握经济活动的数量规律和有效地控制经济系统。

比较静力分析，是比较经济系统的不同平衡位置之间的联系，探索经济系统从一个平衡点到另一个平衡点时变量的变化，研究系统中某个变量或参数的变化对另外变量或参数的影响。显然，弹性分析和乘数分析都是比较静力分析的形式。经济计量学模型为比较静力分析提供了一个基础，没有定量描述变量之间关系的、包含变量和参数的经济计量学模型，比较静力分析将无从着手。

2. 预测

就是根据已估计出参数值的经济计量模型，由已知的或预先确定的解释变量，来推测被解释变量在未来时期的数值。经济计量模型本身就是试图从已经发生的经济活动中找出变化规律，然后把这种规律用于样本以外数据的预测。经济预测可以是对被解释变量未来时期的动态预测，也可以是对被解释变量在不同空间状况的空间预测。这是经济计量分析的主要目的之一。

3. 规划与评估政策

这是经济计量模型的最重要用途，也是它的最终目的。规划政策是由决策者从一系列可供选择的政策方案中，挑选出一个最优政策方案予以执行。一般的操作步骤是先根据模型运算一个基本方案，然后改变外生变量（政策变量）的取值，得到其他方案，对不同的政策方案的可能后果进行评价对比，从而做出选择，因此又称政策评价或政策模拟。经济政策具有不可试验性，当然，有时在采取某项政策前，在局部范围内先进行试验，然后推行。但即使在局部可行的政策，在全局上并不一定可行，这就使得规划政策显得尤其重要。经济数学模型可以起到“经济政策实验室”的作用，尤其是经济计量学模型，揭示了经济系统中变量之间的相互联系，将经济目标作为被解释变量，经济政策作为解释变量，可以很方便的评价各种不同的政策对目标的影响。将经济计量学模型和计算机技术结合起来，可以建成名副其实的“经济政策实验室”。经济计量学模型用于规划政策，主要有三种方法。一是工具—目标法。给定目标变量的预期值，即我们希望达到的目标，通过求解模型，可以得到政策变量值。二是政策模拟。即将各种不同的政策代入模型，计算各自的目标值，然后比较其优劣，决定政策的取舍。三是最优控制方法。将经济计量学模型与最优化方法结合起来，选择使得目标最优的政策或政策组合。

政策评估是指对已经执行的政策效果进行评价。从宏观经济领域到微观经济领域，每时每刻都存在政策评价的问题。对于已经付诸实施的经济政策，就需要找到合适的方法对政策效果进行评估。经济计量学方法在政策评估中发挥了应有的重要作用。

## 小结

在导论中，介绍了计量经济分析的目的、研究范围和内容，经济计量学一词是由挪威经济学家、第一届诺贝尔经济学奖得主拉格纳·弗瑞希在 1926 年仿照生物计量学一词提出的，它以经济理论为前提，以实际观测数据或实验数据为基础，利用数学与数理统计方法，研究带有随机影响的社会经济现象的数量关系和发展变化规律的一门经济学科。所有的应用经济学领域都是用经济计量学来检验经济理论，指导政府或个人预测经济时间序列。虽然计量经济模型有时也可以从规范的经济模型推导出来，但在另外一些情况下，计量经济模型都是以非规范的经济推理和直觉为基础。任何一个计量经济分析的目的，都是估计模型中的参数，并检验对这些参数的假设；参数的数值和符号，决定了经济理论的有效性和某项政策的效果。

横截面数据、时间序列数据、混合横截面数据和面板数据，是应用计量经济学最经常使用的数据类型。由于大多数经济时间序列都存在跨时相关关系，所以对涉及时间维度的数据集（如时间序列和面板数据）都需要特别处理。另外，诸如趋势性和季节性等问题，也只会在时间序列数据分析中出现，横截面数据则不存在这种问题。

在 1.3 节中，详细介绍了用经济计量方法研究社会经济问题的详细过程，它可分为四个连续的步骤：建立模型、估计参数、验证模型和使用模型。在多数情况下，社会科学中的假设都具有“其他条件不变”的特点——在研究两个变量之间的关系时，所有其他的相关因素都必须固定不变。因为社会科学中所搜集到的多数数据都具有非实验特征，所以发现其中的因果关系极具挑战性。

## 关键术语

| | | |
|---|---|---|
| 经济计量学 | 经济统计学 | 统计检验 |
| 实际经济现象 | 经济计量模型 | 二阶段最小二乘法 |
| 面板数据 | 数理经济学 | 随机误差项 |
| 理论经济计量学 | 非随机方程 | 内生变量 |
| 外生变量 | 解释变量 | 被解释变量 |

| | | |
|---|---|---|
| 滞后变量 | 时间序列数据 | 截面数据 |
| 经济理论准则 | 统计准则 | 经济计量准则 |

## 习题

1.1 应当如何全面理解经济计量学的概念？

1.2 简述经济计量学与相关学科间的关系。

1.3 什么是滞后变量？

1.4 简述验证模型的三个准则之间的关系。

1.5 时间序列数据和截面数据有何异同？

1.6 什么是内生变量？

1.7 什么是前定变量？

1.8 简述经济计量分析的主要内容和工作程序。

# 第二章　一元线性回归模型

本章介绍一元线性回归模型的概念及一元线性回归模型所依据的理论与应用。一元线性回归模型只包含一个解释变量和一个被解释变量，是最简单的线性回归模型。通过一元线性回归模型的学习，可较容易地理解回归分析的基本理论与应用。

## 第一节　回归分析的相关概念

### 一、回归的含义

回归一词最早由 F・高尔顿(Francis Galton)提出。在一篇研究父母身高与子女身高相互关系的论文中，高尔顿发现，虽然有一个趋势：父母高，子女也高；父母矮，子女也矮，但给定父母的身高，子女的平均身高却趋向于或回归到全体人口的平均身高。也就是说，当父母双亲都异常高或异常矮，则子女的身高有趋向于人口总体平均身高的趋势。这种现象被称为高尔顿普遍回归定律。这就是回归一词的原始含义。

在现代，回归一词已演变为一种新的概念。回归分析就是研究被解释变量对解释变量的依赖关系，其目的就是通过解释变量的已知或设定值，去估计或预测被解释变量的总体均值。在下面的几个例子中，可以清晰地看到回归分析的实际意义。

1. 高尔顿普遍回归定律。高尔顿的目的在于发现为什么人口的身高分布有一种稳定性。在现代，我们并不关心这种解释，我们关心的是：在给定父辈身高的情形下，找到儿辈平均身高的变化规律。就是说，如果知道了父辈的身高，就可预测儿辈的平均身高。假设我们得到了一组父亲、儿子身高的数据，制成如图 2.1 的散点图。图 2.1 中按统计分组的方法将父亲身高分为若干组。

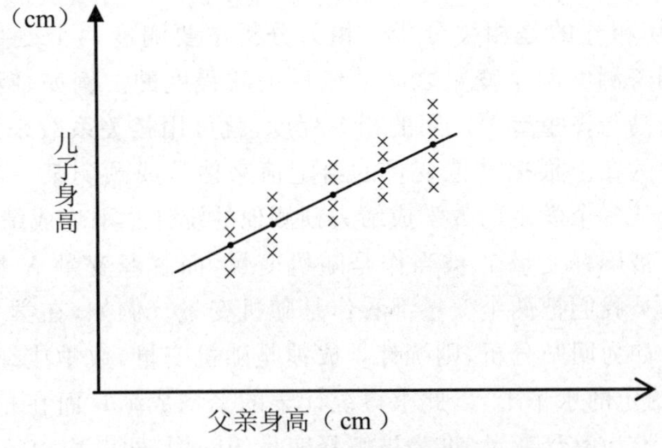


**图 2.1　给定父亲身高儿子身高的分布**

图 2.1 中对应于设定的父亲身高，儿子身高有一个分布范围。随着父亲身高的增加，儿子的平均身高也在增加，画一条通过儿子平均身高的线，说明儿子的平均身高是如何随着父亲身高的增加而增加的，这条线就是回归线。

2. 在经济学中，经济学家要研究个人消费支出与个人可支配收入的依赖关系。这种分析有助于估计边际消费倾向，就是可支配收入每增加一元引起消费支出的平均变化。

3. 在企业中，我们很想知道人们对企业产品的需求与广告费开支的关系。这种研究有助于估计出相对于广告费支出的需求弹性，即广告费支出每变化百分之一的需求变化百分比，这有助于制定最优广告策略。

4. 农业工作需要预计粮食产量，需要研究粮食产量与播种面积、施肥量、雨量之间的依赖关系。

这种一个变量依赖于另一个或多个变量的事例在经济系统中普遍存在。回归分析就是要研究这些变量之间的依存关系。

## 二、统计关系与确定性关系

如果给定一个变量 $X$ 的结果值就可确定另一个变量 $Y$ 的结果值，则称变量 $Y$ 是变量 $X$ 的函数，即 $X$、$Y$ 之间是函数关系。在经典物理学中，给定电阻 Ω，电流 I 和电压 V 之间的关系即为函数关系，即 $I=\frac{V}{\Omega}$。这种典型的变量关系就是确定性关系。

在经济系统中，这种变量之间的函数关系或确定性关系就很少见。常见的是变量之间是一种不确定的关系，即使变量 $X$ 是变量 $Y$ 的原因，给定变量 $X$ 的值也不能具体确定变量 $Y$ 的值，而只能确定变量 $Y$ 的统计特征，通常称变量 $X$ 与 $Y$ 之间的这种关系为统计关系。

例如，企业总产出 $Y$ 与企业的资本投入 $K$、劳动力投入 $L$ 之间的关系就是统计关系。虽然资本 $K$ 和劳动力 $L$ 是影响产出 $Y$ 的两大核心要素，但是给定 $K$、$L$ 的值并不能确定产出 $Y$ 的值。因为，总产出 $Y$ 除了受资本投入 $K$、劳动力投入 $L$ 的影响外，还要受到技术进步、自然条件等其他因素的影响。

## 三、回归分析与相关分析

与回归分析密切相连的是相关分析。相关分析主要测度两个变量之间的线性关联度，相关系数就是用来测度两个变量之间的线性关联程度的。例如，吸烟与肺癌、统计学成绩与数学成绩、身高与体重等等之间的相关程度，就可用相关系数来测度。而在回归分析中，我们的主要目的在于根据其他变量的给定值来估计或预测某一变量的平均值。例如，我们想知道能否从一个学生的数学成绩去预测他的统计学平均成绩。

在回归分析中，被解释变量 $Y$ 被当作是随机变量，而解释变量 $X$ 则被看作非随机变量。而在相关分析中，我们把两个变量都看作是随机变量。例如，在学生的数学成绩与统计学成绩的分析中，如为回归分析，则统计学成绩是随机变量，数学成绩是非随机变量，即数学成绩被固定在给定的水平上，以此求得统计学的平均成绩。而在相关分析中，两者处于平等地位，不存在谁为解释变量，谁为被解释变量的问题，两者均为随机变量。

# 第二节　一元线性回归模型

## 一、引例

回归分析就是根据解释变量的已知或给定值去估计或预测被解释变量的总体均值。为了说明这一过程,我们以一个人为假想例来阐述这个问题。

假定要研究一个局部区域的居民消费问题,该区域由80户家庭组成,将这80户家庭视为一个统计总体。我们研究每月家庭消费支出 $Y$ 与每月可支配收入 $X$ 的关系。就是说,已知家庭每月可支配收入,要预测家庭每月消费支出的总体平均水平。为此,将80户家庭分为10组。表2.1给出了人为数据。

**表2.1　居民收入、消费数据**

| Y \ X | 每月家庭可支配收入(元) | | | | | | | | | |
|---|---|---|---|---|---|---|---|---|---|---|
| | 1000 | 1500 | 2000 | 2500 | 3000 | 3500 | 4000 | 4500 | 5000 | 5500 |
| 每 | | 1050 | 1380 | 1780 | 2180 | | 2900 | | | |
| 月 | 700 | 1070 | 1440 | 1840 | 2240 | 2620 | 2980 | 3320 | 3710 | 4090 |
| 家 | 740 | 1120 | 1500 | 1900 | 2300 | 2680 | 3060 | 3420 | 3810 | 4200 |
| 庭 | 780 | 1170 | 1560 | 1960 | 2360 | 2740 | 3140 | 3520 | 3910 | 4310 |
| 消 | 820 | 1220 | 1620 | 2020 | 2420 | 2820 | 3220 | 3620 | 4020 | 4420 |
| 费 | 860 | 1270 | 1680 | 2080 | 2480 | 2900 | 3300 | 3720 | 4130 | 4530 |
| 支 | 900 | 1320 | 1740 | 2140 | 2540 | 2980 | 3380 | 3820 | 4230 | 4640 |
| 出 | 940 | 1370 | 1800 | 2200 | 2600 | 3160 | 3460 | 3920 | 4330 | 4750 |
| (元) | | 1420 | 1860 | 2260 | 2660 | | 3540 | | | |
| 合计 | 5740 | 11010 | 14580 | 18180 | 21780 | 19900 | 28980 | 25340 | 28140 | 30940 |
| 均值 | 820 | 1223 | 1620 | 2020 | 2420 | 2843 | 3220 | 3620 | 4020 | 4420 |

从表2.1中可以看出,对于每月1000元收入的7户家庭,每月消费支出为700元到940元不等。同样,当 $X=3000$ 元时,9户家庭的每月消费支出在2180元到2660元之间。表2.1给出了以 $X$ 的给定值为条件的 $Y$ 的条件分布。

对于 $Y$ 的每一条件分布,我们能计算出它的条件期望,记为 $E(Y \mid X=X_i)$,即在 $X$ 取特定 $X_i$ 值时 $Y$ 的期望值。例如,$X=1000$ 时,$Y$ 的期望值为

$$700\times\frac{1}{7}+740\times\frac{1}{7}+780\times\frac{1}{7}+820\times\frac{1}{7}+900\times\frac{1}{7}+940\times\frac{1}{7}=820$$

将表2.1中的数据在直角坐标系中描出,则得到图2.2的散点图。该图表明了对应于各 $X$ 值的 $Y$ 的条件分布。虽然每个家庭个体的消费支出都有变异,但图2.2清楚地表明随着收入的增加,消费支出也在平均地增加。就是说,散点图启示我们,$Y$ 的条件均值随 $X$ 增加而增加。如果观察图2.2中那些代表 $Y$ 的各个条件均值的粗圆点,则可以看出这些条件平均值落在一条有正斜率的直线上。我们将这条直线称作总体回归线,它是 $Y$ 对 $X$ 的回归。

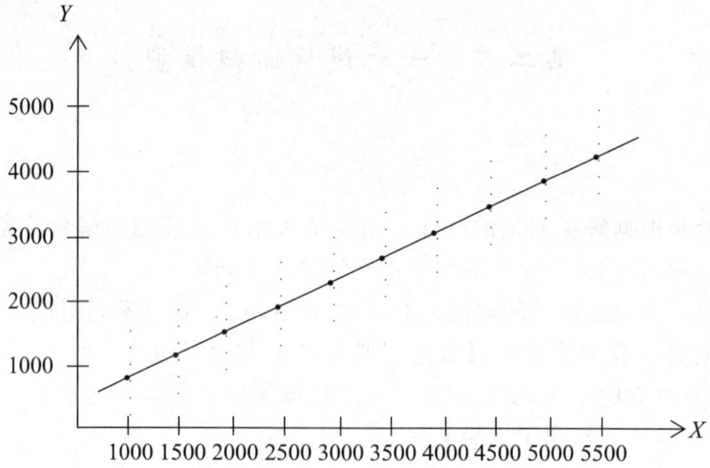


图 2.2 收入、消费散点图

总体回归线就是在解释变量取给定值时被解释变量的条件均值或期望值的轨迹。图 2.2 表明，对每一 $X_i$ 都有 $Y$ 值的一个总体和一个相应的均值。而回归线是穿过这些条件均值的线。

## 二、总体回归函数

从图 2.2 可以看出，条件均值 $E(Y \mid X_i)$ 是 $X_i$ 的函数，即

$$E(Y \mid X_i)=f(X_i) \tag{2.1}$$

其中，$f(X_i)$ 表示解释变量 $X_i$ 的某个函数。在引例中，$E(Y \mid X_i)$ 是 $X_i$ 的一个线性函数。式(2.1)就是总体回归函数，简称总体回归。它表明在给定 $X_i$ 下 $Y$ 的分布的总体均值与 $X_i$ 有函数关系，就是说它给出了 $Y$ 的均值是怎样随 $X$ 值的变化而变化的。

函数 $f(X_i)$ 采取什么函数形式，是一个需要解决的重要问题。在实际经济系统中，不会得到总体的全部数据，因而就无法根据已知数据确定总体回归函数的函数形式。同时，对总体回归函数的形式只能根据经济理论与经验去推断。

例如，我们可以假定消费支出与收入有线性关系。则总体回归函数为

$$E(Y \mid X_i)=\beta_1+\beta_2 X_i \tag{2.2}$$

其中，$\beta_1$ 和 $\beta_2$ 为未知而固定的参数，称为回归系数；$\beta_1$ 为截距系数，$\beta_2$ 为斜率系数。

式(2.2)为线性总体回归函数。

## 三、线性的含义

1. 对变量为线性

对线性的第一种解释是指 $Y$ 的条件期望是 $X_i$ 的线性函数，例如式(2.2)就是线性回归函数，该回归线是一条直线。按这种解释 $E(Y \mid X_i)=\beta_1+\beta_2 X_i^2$ 就不是线性的，因为 $E(Y \mid X_i)$ 对 $X_i$ 的一阶导数不是常数。

2. 对参数为线性

对线性的第二种解释是指 $Y$ 的条件期望 $E(Y \mid X_i)$ 是参数 $\beta$ 的一个线性函数。它可以是也可以不是变量 $X$ 的线性函数。此时，$E(Y \mid X_i)=\beta_1+\beta_2 X_i^2$ 就是线性回归函数。

但 $E(Y \mid X_i)=\beta_1+\sqrt{\beta_2}X_i$ 则不是线性回归函数，而是非线性回归函数。

在本书中，主要考虑的是对参数为线性的回归模型，线性回归是指对参数 $\beta$ 为线性的一种回归(即参数只以它的 1 次方出现)；对解释变量 $X$ 则可以不是线性的。

## 四、总体回归函数的随机设定

从图 2.2 可清楚地看到，随着家庭收入 $X_i$ 的增加，家庭平均消费支出 $E(Y \mid X_i)$ 也在增加，这表明了 $X_i$ 与 $Y$ 的平均水平的关系。我们想知道对于具体家庭而言，消费支出 $Y$ 与它的收入水平 $X_i$ 的关系。从表 2.1 和图 2.2 可以看出，就个别家庭而言，收入水平增加，消费支出不一定会增加。例如从表 2.1 可以看到，对于每月 3000 元的收入水平，有一户家庭的消费支出为 2180 元，少于每月收入为 2500 元的两户家庭的消费支出(2200 元和 2260 元)。但应看到，每月收入为 3000 元的家庭的平均消费支出大于每月收入 2500 元的家庭的平均消费支出(2420 元大于 2020 元)。从图 2.2 可以看到，给定收入水平 $X_i$ 的个别家庭的消费支出处于该收入水平的家庭平均消费支出左右，也就是围绕着它的条件均值上下波动。我们把个别的 $Y_i$ 围绕它的期望值的离差表示如下

$$u_i=Y_i-E(Y \mid X_i)$$

或

$$Y_i=E(Y \mid X_i)+u_i \tag{2.3}$$

其中，离差 $u_i$ 是一个不可观测的可正可负的随机变量，在专业术语中，把 $u_i$ 称为随机干扰项或随机误差项。

在式(2.3)中，给定收入 $X$ 的水平，个别家庭的消费支出，可表示为两个成分之和。

(1) $E(Y \mid X_i)$ 代表相同收入水平的所有家庭的平均消费支出。这是系统性或确定性成分。

(2) $u_i$ 为随机或非系统性成分，代表所有可能影响 $Y$，但又未能包括到回归模型中来的被忽略变量的代理变量。

假设 $E(Y \mid X_i)$ 对 $X_i$ 为线性的，则

$$Y_i=E(Y \mid X_i)+u_i=\beta_1+\beta_2X_i+u_i \tag{2.4}$$

式(2.4)表示一个家庭的消费支出线性地依赖于它的收入加干扰项。

例如，给定 $X=1000$，各家庭的消费支出可表达为

$$Y_1=700=\beta_1+\beta_2(1000)+u_1$$
$$Y_2=740=\beta_1+\beta_2(1000)+u_2$$
$$Y_3=780=\beta_1+\beta_2(1000)+u_3$$
$$Y_4=820=\beta_1+\beta_2(1000)+u_4$$
$$Y_5=860=\beta_1+\beta_2(1000)+u_5$$
$$Y_6=900=\beta_1+\beta_2(1000)+u_6$$
$$Y_7=940=\beta_1+\beta_2(1000)+u_7$$

## 五、随机误差项 $u$ 的意义

随机误差项 $u$ 是代表所有对 $Y$ 有影响但未能包括在回归模型中的那些变量的替代变量。那么，为什么不能构造一个含有尽可能多变量的多元回归模型？因为受理论和实践条件的限制而必须省略一些变量，其理由如下：

1. 理论的欠缺。虽然有决定 $Y$ 的行为的理论，但常常是不能完全确定的，理论常常有一定的含糊性。我们可以肯定每月收入 $X$ 影响每月消费支出 $Y$。但不能确定是否有其他变量影响 $Y$，只好用 $u_i$ 作为模型所忽略的全部变量的替代变量。

2. 数据的欠缺。即使能确定某些变量对 $Y$ 有显著影响，但由于不能得到这些变量的数据信息而不能引入该变量。例如，从经济理论分析，家庭财富量是影响家庭消费的重要因素，应该引入该变量作为解释变量。但是，通常得不到有关家庭财富的信息。因此，我们只得把这个很重要的解释变量舍弃掉。

3. 核心变量与非核心变量。例如，在引例的居民消费模型中，除了收入 $X_1$ 外，家庭的人口数 $X_2$、户主宗教信仰 $X_3$、户主受教育水平 $X_4$ 也影响家庭消费支出。但很可能 $X_2$，$X_3$，$X_4$ 合起来的影响也是很微弱的，是一种非系统的或随机的影响。从效果与成本角度来看，引入它们是不合算的。所以，人们把它们的联合效用当作一个随机变量来看待。

4. 人类行为的内在随机性。即使我们成功地把所有有关的变量都引进到模型中来，在个别的 $Y$ 中仍不免有一些"内在"的随机性，无论我们花了多少力气都解释不了的。随机误差项 $u_i$ 能很好地反映这种随机性。

5. 节省原则，我们想保持一个尽可能简单的回归模型。如果能用两个或三个变量就基本上解释了 $Y$ 的行为，就没有必要引进更多的变量。让 $u_i$ 代表所有其他变量是一种很好的选择。

### 六、样本回归函数

在实际回归分析中，无法获得像引例中的总体数据，而只能获得对应于某些固定 $X$ 的 $Y$ 值的一个样本。我们只能根据抽样信息估计总体回归函数。

**表 2.2　总体的一个随机样本**

| $X$ | $Y$ | $X$ | $Y$ |
|---|---|---|---|
| 1000 | 900 | 3500 | 2740 |
| 1500 | 1320 | 4000 | 3300 |
| 2000 | 1620 | 4500 | 3520 |
| 2500 | 2140 | 5000 | 4020 |
| 3000 | 2480 | 5500 | 4310 |

从表 2.1 随机抽取对应于固定 $X$ 值的 $Y$ 值的一个样本如表 2.2 所示，对应于给定的每个 $X_i$ 值只有一个 $Y$ 值。为了对比分析，按同样的方法再抽取另一个样本，如表 2.3 所示。

**表 2.3　总体的另一个随机样本**

| $X$ | $Y$ | $X$ | $Y$ |
|---|---|---|---|
| 1000 | 700 | 3500 | 2820 |
| 1500 | 1320 | 4000 | 3380 |
| 2000 | 1620 | 4500 | 3420 |
| 2500 | 1840 | 5000 | 3810 |
| 3000 | 2420 | 5500 | 4640 |

可以看出，两个样本存在着差异，这是由于抽样的随机性而造成的波动。

将表 2.2 和表 2.3 的数据描点，得到图 2.3。在这个散点图中画两条样本回归线以尽可能好地拟合这些散点。

$S_1$ 是根据第 1 个样本画的；$S_2$ 是根据第 2 个样本画的。那么，两条样本回归线中哪一条代表“真实”的总体回归线呢？在未知总体数据的情况下，我们就不可能知道哪一条代表真实的总体回归线。图 2.3 中的回归线称为样本回归线，因抽样波动，它们都是总体回归线的一个近似。一般地讲，由不同的样本会得到不同的样本回归线，通常这些样本回归线会彼此不同。

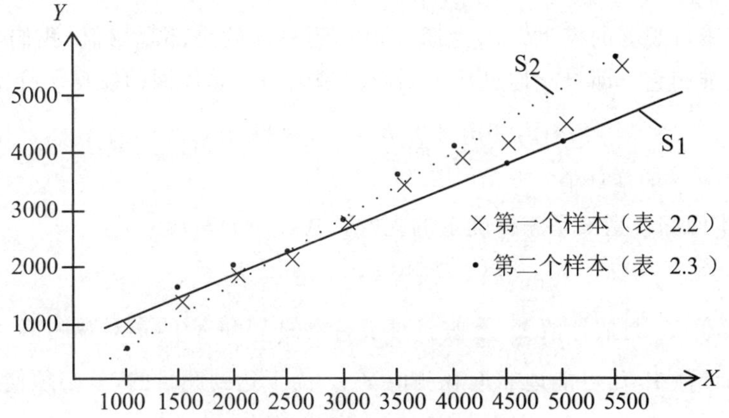


**图 2.3　两个不同样本的回归线**

据任一样本，可得样本回归线，其函数形式为

$$\hat{Y}_i = \hat{\beta}_1 + \hat{\beta}_2 X_i \tag{2.5}$$

其中，$\hat{Y}$ 为 $E(Y \mid X_i)$ 的估计量；$\hat{\beta}_1$ 为 $\beta_1$ 的估计量；$\hat{\beta}_2$ 为 $\beta_2$ 的估计量；

正如总体回归函数，样本回归函数也存在随机形式

$$Y_i = \hat{\beta}_1 + \hat{\beta}_2 X_i + e_i \tag{2.6}$$

其中，$e_i$ 为残差项，概念上，$e_i$ 类似于 $u_i$，并可把它当作 $u_i$ 的估计量。将 $e_i$ 引入样本回归函数中，其理由与总体回归函数中引入 $u_i$ 是一样的。

综上所述，我们往往根据总体的一个样本去估计总体参数。回归分析中的主要目的就是根据样本回归函数(2.7)

$$Y_i = \hat{\beta}_1 + \hat{\beta}_2 X_i + e_i \tag{2.7}$$

来估计总体回归函数(2.8)

$$Y_i = \beta_1 + \beta_2 X_i + u_i \tag{2.8}$$

由于抽样的波动，根据样本回归函数估计出来的总体回归函数只能是一个近似结果。因此，怎样构造样本回归函数能使 $\hat{\beta}_j$ 尽可能接近真实的 $\beta_j$ 就成为回归分析的核心。

## 第三节　最小二乘估计

在回归分析中有很多种构造样本回归函数的方法，而最广泛使用的一种是普通最小

二乘法(method of ordinary least squares，简记 OLS)。

## 一、普通最小二乘法(OLS)

普通最小二乘法是由德国数学家高斯(C. F. Gauss)最早提出和使用的。在一定的假设条件下，最小二乘估计量有着非常好的统计性质，从而使它成为回归分析中最有功效和最为流行的方法之一。

首先从最小二乘原理谈起。

对于一元线性回归模型(总体)

$$Y_i = \beta_1 + \beta_2 X_i + u_i \tag{2.9}$$

这是一个不可观测的模型。因为通常得不到总体的全部观测值，我们只能通过总体的一个样本去推测它。即只能通过样本回归模型去估计总体回归模型。样本回归模型为

$$Y_i = \hat{\beta}_1 + \hat{\beta}_2 X_i + e_i = \hat{Y}_i + e_i \tag{2.10}$$

其中，$\hat{Y}_i$ 是 $E(Y_i)$ 的估计值。

那么，样本回归模型又是怎样确定的呢？将式(2.10)写成

$$e_i = Y_i - \hat{Y}_i = Y_i - \hat{\beta}_1 - \hat{\beta}_2 X_i \tag{2.11}$$

残差 $e_i$ 是实际值 $Y_i$ 与估计值 $\hat{Y}_i$ 之差。对于给定的 $Y$ 和 $X$ 的 $n$ 对观测值，我们希望样本回归模型的估计值 $\hat{Y}_i$ 尽可能地靠近观测值 $Y_i$。为了达到此目的，就必须使用最小二乘准则，使

$$\sum e_i^2 = \sum (Y_i - \hat{Y}_i)^2 = \sum (Y_i - \hat{\beta}_1 - \hat{\beta}_2 X_i)^2 \tag{2.12}$$

尽可能地小，其中，$e_i^2$ 是残差的平方。

由式(2.12)可以看出

$$\sum e_i^2 = f(\hat{\beta}_1, \hat{\beta}_2) \tag{2.13}$$

就是说，残差平方和是估计量 $\hat{\beta}_j$ 的函数，对任意给定的一组数据(样本)，选择不同的 $\hat{\beta}_1$ 和 $\hat{\beta}_2$ 值将得到不同的 $e_i$，从而有不同的 $\sum e_i^2$ 值。微积分知识告诉我们 $\sum e_i^2$ 对 $\hat{\beta}_1$ 和 $\hat{\beta}_2$ 的偏导数为 0 时，将使 $\sum e_i^2$ 最小。

$$\frac{\partial(\sum e_i^2)}{\partial \hat{\beta}_1} = -2\sum (Y_i - \hat{\beta}_1 - \hat{\beta}_2 X_i) \tag{2.14}$$

$$\frac{\partial(\sum e_i^2)}{\partial \hat{\beta}_2} = -2\sum (Y_i - \hat{\beta}_1 - \hat{\beta}_2 X_i) X_i \tag{2.15}$$

令

$$\begin{cases} \dfrac{\partial(\sum e_i^2)}{\partial \hat{\beta}_1} = 0 \\[2ex] \dfrac{\partial(\sum e_i^2)}{\partial \hat{\beta}_2} = 0 \end{cases}$$

得到下列方程

$$\sum Y_i = n\hat{\beta}_1 + \hat{\beta}_2 \sum X_i \tag{2.16}$$

$$\sum X_i Y_i = \hat{\beta}_1 \sum X_i + \hat{\beta}_2 \sum X_i^2 \tag{2.17}$$

其中，$n$ 是样本容量。求解该联立方程，可得

$$\hat{\beta}_2 = \frac{\sum (X_i - \bar{X})(Y_i - \bar{Y})}{\sum (X_i - \bar{X})^2} \tag{2.18}$$

$$\hat{\beta}_1 = \bar{Y} - \hat{\beta}_2 \bar{X} \tag{2.19}$$

其中，$\bar{X} = \frac{\sum X}{n}$，$\bar{Y} = \frac{\sum Y}{n}$ 分别为 $X$ 和 $Y$ 的样本均值。

上面得到的估计量 $\hat{\beta}_1$，$\hat{\beta}_2$ 是从最小二乘原理演算而得的。因此，称其为最小二乘估计量。

在此需要交代相关的两个重要概念：估计量（estimator）和估计值（estimate）。给定 $X$，$Y$ 的样本数据，就可以根据式(2.18)、(2.19)计算出 $\hat{\beta}_1$，$\hat{\beta}_2$ 的结果值，这是根据一个确定样本计算出来的，称其为参数 $\hat{\beta}_1$，$\hat{\beta}_2$ 的估计值。在没有确定具体样本前，式(2.18)、(2.19)是 $\hat{\beta}_1$，$\hat{\beta}_2$ 的表达式，它们都是 $Y_i$ 的函数，由于 $Y_i$ 是随机变量，所以 $\hat{\beta}_1$，$\hat{\beta}_2$ 也是随机变量，因此称其为估计量。

### 二、经典线性回归模型

如果我们的目的仅仅是估计 $\beta_1$ 和 $\beta_2$，那么普通最小二乘法就足够用了。但在回归分析中，我们的目的不仅仅是获得 $\beta_1$，$\beta_2$ 的估计值 $\hat{\beta}_1$，$\hat{\beta}_2$，而是要对真实的 $\beta_1$ 和 $\beta_2$ 做出推断。例如，想知道 $\hat{\beta}_1$ 和 $\hat{\beta}_2$ 离它们的总体真值 $\beta_1$ 和 $\beta_2$ 有多近，或者 $\hat{Y}_i$ 靠其期望值 $E(Y \mid X_i)$ 有多近。为达这一目的，不仅要确定模型的函数形式，还要对 $Y_i$ 的产生方式做出某些假定。在总体回归模型中，$Y_i = \beta_1 + \beta_2 X_i + u_i$，$Y_i$ 依赖于 $X_i$ 和 $u_i$。因此，除非我们明确 $X_i$ 和 $u_i$ 是怎样产生的，否则将无法对 $Y_i$ 做出任何统计推断，同时，也无法对用 $\hat{\beta}_1$ 和 $\hat{\beta}_2$ 推断其真实值 $\beta_1$，$\beta_2$ 的效果进行判断。就是说，为了回归估计的有效解释，对 $X_i$ 变量和误差项 $u_i$ 做出假设是极其重要的。

对于总体线性回归模型，其经典假定如下。

**假定 1：**误差项 $u_i$ 的均值为零。对于给定的 $X$ 值，随机误差项 $u_i$ 的均值或期望值为零，即 $u_i$ 的条件均值为零，记为

$$E(u_i \mid X_i) = 0 \tag{2.20}$$

这一假定的实际意义为：凡是模型中不显含的、并因此归属于 $u_i$ 的因素，对 $Y$ 的均值都没有系统的影响，正的 $u_i$ 值抵消了负的 $u_i$ 值，它们对 $Y$ 的平均影响为零。

**假定 2：**同方差性或 $u_i$ 的方差相等。对所有给定的 $X_i$，$u_i$ 的方差都是相同的。就是说 $u_i$ 的条件方差是恒定的，即

$$Var(u_i)=E[u_i-E(u_i)]^2=E(u_i^2)=\sigma^2 \tag{2.21}$$

其中，$Var$ 表示方差。

该假定表示对应于不同 $X$ 值，$u_i$ 的方差都是某个等于 $\sigma^2$ 的正的常数。

**假定 3：**各个误差项之间无自相关，$u_i$ 和 $u_j(i \neq j)$ 之间的相关系数为零。

$$\mathrm{Cov}(u_i,u_j)=E[u_i-E(u_i)][u_j-E(u_j)]=E(u_iu_j)=0 \tag{2.22}$$

其中，$i$ 和 $j$ 为两次不同的观测，而 Cov 表示协方差，该假定还可以称为无序列相关或无自相关假定。

**假定 4：** $u_i$ 和 $X_i$ 的协方差为零或 $E(u_iX_i)=0$

该假定表示误差项 $u$ 和解释变量 $X$ 是不相关的。也就是说在总体回归模型中，$X$ 和 $u$ 对 $Y$ 有各自的影响。但是，如果 $X$ 和 $u$ 是相关的，就不可能评估他们各自对 $Y$ 的影响。

**假定 5：**正确地设定了回归模型，即在经验分析中所用的模型没有设定偏误。

正确设定回归模型是至关重要的。如果模型遗漏了重要变量或选择了错误的函数形式，那么要对所估计的回归模型做出有效的解释是靠不住的。回归分析以及由此而得到的结果，是以所选模型为条件的。因此，在建立经济计量模型时，必须谨慎而小心。

**假定 6：**对于多元线性回归模型，没有完全的多重共线性。就是说解释变量之间没有完全的线性关系。

至此，我们完成了关于经典线性回归模型的经典假定的讨论。上述所有假定都是针对总体回归模型而言的，而不是关于样本回归模型的。如果线性回归模型满足经典假定，则称其为经典线性回归模型。

## 三、最小二乘估计量的性质：高斯—马尔可夫定理

1. 估计量的评价标准

对于回归模型中的参数，如果采用不同的方法估计就会得到不同的估计值。我们希望选择最好的估计量来推断总体参数，因此就需要研究估计量优劣的评价标准。当然，我们希望估计值 $\hat{\beta}$ 与真实值 $\beta$ 之间的偏差越小越好。但是由于真实值 $\beta$ 是未知的，并且由于样本是随机的，使得估计量也是随机的，所以要判断偏差的大小就是不可行的。基于上述原因，我们只能通过估计量的统计性质来判断估计量的优劣。

对于估计量的优劣可以通过估计量的有限样本特性和无限样本特性进行评价。有限样本特性（小样本特性）是指样本容量 $n$ 有限时估计量的统计性质。主要包括线性性、无偏性和有效性。估计量如果具备这些性质，则与样本大小无关。同时具备这些性质的估计量被称为最佳线性无偏估计量（best linear unbiased estimator，BLUE）。无限样本特性是指当样本容量 $n$ 趋于无穷大时估计量具备的统计特性。主要包括一致性、渐近无偏性和渐近有效性。当小样本不能满足估计的性质要求时，就需要考察参数估计量的大样本性质。

2. 高斯—马尔可夫定理

在经典线性回归模型的假定条件下，最小二乘估计量具有较好的统计性质，这些性质包含在高斯—马尔可夫定理之中。

高斯—马尔可夫定理：在给定经典线性回归模型的假定下，最小二乘估计量是最佳线性无偏估计量。

该定理说明最小二乘估计量 $\hat{\beta}_j$ 是 $\beta_j$ 的最佳线性无偏估计量。即

第一,它是线性的,即它是回归模型中被解释变量 $Y$ 的线性函数。

第二,它是无偏的,即它的均值或期望值 $E(\hat{\beta}_j)$ 等于其真值 $\beta_j$,即 $E(\hat{\beta}_j)=\beta_j$。

第三,它在所有这样的线性无偏估计量中具有最小方差。具有最小方差的无偏估计量叫作有效估计量。

下面,就普通最小二乘估计量的性质给予说明。

(1)线性性

$$\hat{\beta}_2=\frac{\sum(X_i-\bar{X})(Y_i-\bar{Y})}{\sum(X_i-\bar{X})^2}=\frac{\sum(X_i-\bar{X})Y_i}{\sum(X_i-\bar{X})^2} \tag{2.23}$$

令
$$k_i=\frac{X_i-\bar{X}}{\sum(X_i-\bar{X})^2} \tag{2.24}$$

则
$$\hat{\beta}_2=\sum k_iY_i \tag{2.25}$$

这说明 $\hat{\beta}_2$ 是 $Y_i$ 的一个线性函数,它是以 $k_i$ 为权的一个加权平均数,从而它是一个线性估计量。同理,$\hat{\beta}_1$ 也是一个线性估计量。

(2)无偏性

$E(\hat{\beta}_1)=\beta_1$,$E(\hat{\beta}_2)=\beta_2$,即 $\hat{\beta}_1$ 对 $\beta_1$ 是无偏的,$\hat{\beta}_2$ 对 $\beta_2$ 是无偏的。就是说,虽然由不同的样本得到的 $\hat{\beta}_1$,$\hat{\beta}_2$ 可能大于或小于它们的真实值 $\beta_1$,$\beta_2$,但平均起来等于它们的真实值 $\beta_1$,$\beta_2$。

由式(2.25)可知

$$\hat{\beta}_2=\sum k_iY_i=\sum k_i(\beta_1+\beta_2X_i+u_i)=\beta_1\sum k_i+\beta_2\sum k_ix_i+\sum k_iu_i \tag{2.26}$$

因为 $\sum k_i=0$,$\sum k_ix_i=1$,则

$$\hat{\beta}_2=\beta_2+\sum k_iu_i \tag{2.27}$$

据经典假定,$k_i$ 非随机,$E(u_i)=0$,则

$$E(\hat{\beta}_2)=\beta_2+\sum k_iE(u_i)=\beta_2 \tag{2.28}$$

因此,$\hat{\beta}_2$ 是 $\beta_2$ 的一个无偏估计量。同理,可证明 $\hat{\beta}_1$ 是 $\beta_1$ 的一个无偏估计量。

在此要特别注意,无偏性是 $\hat{\beta}_2$ 和 $\hat{\beta}_1$ 的抽样分布的性质,并没有告诉我们从特定样本中得到的估计值是什么,我们希望得到较好的样本,那样就会得到接近于总体参数 $\beta_j$ 的估计值。但由于是随机获得样本,就有可能得到远离总体参数 $\beta_j$ 的估计值的较差样本。并且,我们无法判定所得到的样本是哪一种。

当 $X$ 是非随机变量、$E(u)=0$ 这些经典假定不满足时,那么无偏性也就不成立了。

(3)方差最小

①最小二乘估计量的方差与标准误

普通最小二乘估计量 $\hat{\beta}_1$,$\hat{\beta}_2$ 的方差 $Var(\hat{\beta}_1)$,$Var(\hat{\beta}_2)$ 代表了估计参数 $\hat{\beta}_1$,$\hat{\beta}_2$ 的估计精度。据方差定义,可知

$$Var(\hat{\beta}_2)=E[\hat{\beta}_2-E(\hat{\beta}_2)]^2$$
$$=E(\hat{\beta}_2-\beta_2)^2 \qquad [\text{因为 } E(\hat{\beta}_2)=\beta_2]$$
$$=[\sum k_i u_i]^2 \qquad [\text{据式}(2.27)]$$
$$=E(k_1^2u_1^2+k_2^2u_2^2+\cdots+k_n^2u_n^2+2k_1k_2u_1u_2+\cdots+2k_{n-1}k_nu_{n-1}u_n) \tag{2.29}$$

据经典假定 $E(u_i^2)=\sigma^2$，且 $E(u_iu_j)=0$，$i\neq j$ 故

$$Var(\hat{\beta}_2)=\sigma^2\sum k_i^2=\frac{\sigma^2}{\sum(X_i-\bar{X})^2} \tag{2.30}$$

同理，$\hat{\beta}_1$ 的方差为

$$Var(\hat{\beta}_1)=\frac{\sum X_i^2}{n\sum(X_i-\bar{X})^2}\sigma^2 \tag{2.31}$$

式(2.30)是依赖于同方差和无序列相关假定的。影响 $\hat{\beta}_2$ 估计精度的因素为随机误差项的方差 $\sigma^2$ 和 $X_i$ 的总变异 $\sum(X_i-\bar{X})^2$。随机误差项的方差 $\sigma^2$ 越大，$Var(\hat{\beta}_2)$ 越大。因为，影响 $Y$ 的不可观测的因素变异越大，要准确地估计 $\beta_2$ 就越难；另一方面，自变量的变异越大，估计的精度就越高。因为 $X_i$ 的变异性增加时，$\hat{\beta}_2$ 的方差就会减小，就是说，解释变量的样本分布越分散，就越容易找出 $E(Y\mid X_i)$ 和 $X_i$ 间的关系，即越容易准确估计 $\beta_2$。如果 $X_i$ 没有什么变化，就难以准确地确定 $E(Y\mid X_i)$ 是如何随着 $X_i$ 的变化而变化的。当样本容量扩大时，$X_i$ 的总变异也增加。因此，较大的样本容量会产生较小的 $\hat{\beta}_2$ 的方差。

最小二乘估计的标准误为

$$Se(\hat{\beta}_2)=\frac{\sigma}{\sqrt{\sum(X_i-\bar{X})^2}} \tag{2.32}$$

$$Se(\hat{\beta}_1)=\sqrt{\frac{\sum X_i^2}{n\sum(X_i-\bar{X})^2}}\sigma \tag{2.33}$$

式中，$Se(\hat{\beta}_2)$ 表示 $\hat{\beta}_2$ 的标准误，$Se(\hat{\beta}_1)$ 表示 $\hat{\beta}_1$ 的标准误。除 $\sigma$ 外，式(2.32)、(2.33)中变量的数据都是已知的。

② $\sigma^2$ 的最小二乘估计量

从式(2.30)、式(2.31)可以看到，影响 $Var(\hat{\beta}_1)$ 和 $Var(\hat{\beta}_2)$ 的因素除 $\sigma^2$ 外，均为已知数。通常误差项的方差 $\sigma^2$ 是未知的，只能通过观测数据去估计 $\sigma^2$，从而估计出 $Var(\hat{\beta}_1)$ 和 $Var(\hat{\beta}_2)$。

在此，要区分误差与残差的概念。误差 $u_i$ 出现在总体回归模型 $Y_i=\beta_1+\beta_2X_i+u_i$ 中，$u_i$ 是第 $i$ 次观测的误差，由于 $\beta_j$ 未知，$u_i$ 无法观测到。残差 $e_i$ 出现在样本回归模型 $Y_i=\hat{\beta}_1+\hat{\beta}_2X_i+e_i$ 中，$\hat{\beta}_1$，$\hat{\beta}_2$ 是估计参数，通过观测值 $Y_i$，$X_i$ 可得到残差 $e_i$。据残差定义可知

$$e_i=Y_i-\hat{\beta}_1-\hat{\beta}_2X_i=\beta_1+\beta_2X_i+u_i-\hat{\beta}_1-\hat{\beta}_2X_i$$

即
$$e_i = u_i - (\hat{\beta}_1 - \beta_1) - (\hat{\beta}_2 - \beta_2)X_i \tag{2.34}$$

已知 $\sigma^2 = E(u_i^2) = \frac{1}{n}\sum u_i^2$。由于 $u_i$ 不可观测，$\sigma^2$ 无法计算。可通过最小二乘法的残差 $e_i$ 估计 $\sigma^2$。用残差 $e_i$ 代替 $u_i$ 就得到 $\sigma^2$ 的一个估计量 $\frac{1}{n}\sum e_i^2$，但这是一个有偏估计量。这是使用残差代替误差的缘故，调整自由度后，就得到 $\sigma^2$ 的无偏估计量

$$\hat{\sigma}^2 = \frac{\sum e_i^2}{n-2} \tag{2.35}$$

在经典假定条件下，可以证明 $E(\hat{\sigma}^2) = \sigma^2$。$\sigma$ 的估计量为

$$\hat{\sigma} = \sqrt{\hat{\sigma}^2} \tag{2.36}$$

我们称其为回归的标准误。估计量 $\hat{\sigma}$ 是对影响 $Y$ 的不可观测因素的标准误的估计。就是说，它估计了把 $X$ 的影响排除之后 $Y$ 的标准误。至此，用 $\hat{\sigma}$ 代替 $\sigma$，可利用式(2.32)、(2.33)估计 $\hat{\beta}_1$ 和 $\hat{\beta}_2$ 的标准误。

$$Se(\hat{\beta}_1) = \sqrt{\frac{\sum X_i^2}{n\sum (X_i - \bar{X})^2}}\hat{\sigma} \tag{2.37}$$

$$Se(\hat{\beta}_2) = \frac{\hat{\sigma}}{\sqrt{\sum (X_i - \bar{X})^2}} \tag{2.38}$$

当对 $Y$ 的不同样本使用普通最小二乘法时，要注意将 $Se(\hat{\beta}_2)$ 看作一个随机变量，这是因为 $\hat{\sigma}$ 是随着样本的不同而变化的。对于一个给定的样本，$Se(\hat{\beta}_2)$ 是一个数字，就像我们用给定的数据计算 $\hat{\beta}_2$ 时一样，它也只是一个数字。

③可以证明，在满足经典假定条件下，普通最小二乘估计量 $\hat{\beta}_1$，$\hat{\beta}_2$ 是所有线性无偏估计量中方差最小的。

## 四、判定系数 $R^2$——拟合优度的度量

为了评价一个回归方程的优劣，我们引入拟合优度的概念。即考查对一组数据所拟合的回归线的拟合优度，表示样本回归线对数据拟合的有多么好。如果全部观测点都落在样本回归线上，就得到一个完美的拟合，但这种情况很少发生。一般情况下，总有一些正的 $e_i$ 和一些负的 $e_i$，我们只能希望这些围绕着回归线的残差尽可能小。判定系数 $R^2$ 就是表示这种拟合优劣的一个度量。

计算 $R^2$ 的步骤如下。

据样本回归模型可得

$$Y_i = \hat{Y}_i + e_i \tag{2.39}$$

$$\bar{Y} = \frac{1}{n}\sum Y_i \tag{2.40}$$

$\bar{Y}$ 为被解释变量的样本均值，式(2.39)可表示为

$$(Y_i - \bar{Y}) = (\hat{Y}_i - \bar{Y}) + e_i \tag{2.41}$$

式(2.41)两边取平方得

$$(Y_i-\bar{Y})^2=(\hat{Y}_i-\bar{Y})^2+2(\hat{Y}_i-Y)e_i+e_i^2 \tag{2.42}$$

对所有观测值求和,得

$$\sum(Y_i-\bar{Y})^2=\sum(\hat{Y}_i-\bar{Y})^2+2\sum(\hat{Y}_i-\bar{Y})e_i+\sum e_i^2 \tag{2.43}$$

其中,$\sum(\hat{Y}_i-\bar{Y})e_i=0$,因此

$$\sum(Y_i-\bar{Y})^2=\sum(\hat{Y}_i-\bar{Y})^2+\sum e_i^2 \tag{2.44}$$

式(2.44)中,$\sum(Y_i-\bar{Y})^2$ 为实测的 $Y$ 值围绕其均值的总变异,称为总平方和( $TSS$ )。$\sum(\hat{Y}_i-\bar{Y})^2$ 为来自解释变量的回归平方和,称为解释平方和( $ESS$ )。$\sum e_i^2$ 为围绕回归线的 $Y$ 值的变异,称为残差平方和( $RSS$ )。式(2.44)可表示为

$$TSS=ESS+RSS \tag{2.45}$$

这说明 $Y$ 的观测值围绕其均值的总变异可分解为两部分:一部分来自回归线,而另一部分则来自扰动项 $u_i$。从几何意义上可画出图 2.4。

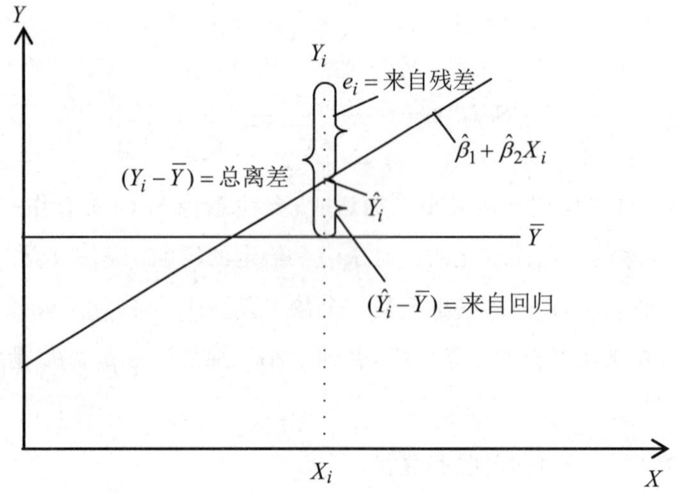


**图 2.4 $Y_i$ 的变异分解为两个部分**

用 $TSS$ 除式(2.45)的两边,得

$$\begin{aligned}1&=\frac{ESS}{TSS}+\frac{RSS}{TSS}\\&=\frac{\sum(\hat{Y}_i-\bar{Y})^2}{\sum(Y_i-\bar{Y})^2}+\frac{\sum e_i^2}{\sum(Y_i-\bar{Y})^2}\end{aligned} \tag{2.46}$$

定义 $R^2$ 为

$$R^2=\frac{\sum(\hat{Y}_i-\bar{Y})^2}{\sum(Y_i-\bar{Y})^2}=\frac{ESS}{TSS} \tag{2.47}$$

或
$$R^2 = 1 - \frac{\sum e_i^2}{\sum (Y_i - \bar{Y})^2} \tag{2.48}$$

上述定义的 $R^2$ 称为判定系数(可决系数),它是对回归线拟合优度的度量。就是说,$R^2$ 测度了在 $Y$ 的总变异中由回归模型解释的那个部分所占的比例或百分比。

据判定系数的定义可知:$0 \leqslant R^2 \leqslant 1$。等于1的 $R^2$ 意味着一个完美的拟合,即对每个 $i$ 都有 $\hat{Y}_i = Y_i$。另一方面,等于0的 $R^2$ 意味着被解释变量与解释变量之间无任何关系即 $\hat{\beta}_2 = 0$,这时,$Y_i = \hat{\beta}_1 = \bar{Y}$,就是说,对任一 $Y$ 值的最优预测值都是它的均值,从而回归线平行于 $X$ 轴。

与 $R^2$ 关系紧密但概念上与 $R^2$ 差异较大的一个参数是相关系数,它测度了两个变量之间的关联度。

$$R = \pm \sqrt{R^2}$$

也可据 $R$ 的定义计算

$$R = \frac{\sum (X_i - \bar{X})(Y_i - \bar{Y})}{\sqrt{\sum (X_i - \bar{X})^2} \sqrt{\sum (Y_i - \bar{Y})^2}} \tag{2.49}$$

从定义可以看出 $-1 \leqslant R \leqslant 1$。在回归分析中,$R^2$ 是一个比 $R$ 更有意义的度量,因为 $R^2$ 告诉我们在被解释变量的变异中,由解释变量解释的部分占怎样一个比例,因而对一个变量的变异在多大程度上决定另一个变量的变异,提供了一个总的度量,而 $R$ 则没有这种作用。

### 五、案例

【例2.1】根据凯恩斯理论,可建立消费与可支配收入的线性回归模型,模型形式如下

$$Y = \beta_1 + \beta_2 X + u \tag{2.50}$$

其中,$Y$ = 消费,$X$ = 可支配收入,$u$ = 随机误差项。

从引例的表2.1中可获取一个样本如表2.2,为了表达方便将其复制于表2.4中。

**表2.4 每月家庭消费支出 $Y$ 和每月家庭收入 $X$**

| $X$ | $Y$ | $X$ | $Y$ |
|---|---|---|---|
| 1000 | 900 | 3500 | 2740 |
| 1500 | 1320 | 4000 | 3300 |
| 2000 | 1620 | 4500 | 3520 |
| 2500 | 2140 | 5000 | 4020 |
| 3000 | 2480 | 5500 | 4310 |

进行最小二乘估计可得

$\hat{\beta}_1 = 159.8788$  $Var(\hat{\beta}_1) = 2800.3571$  $Se(\hat{\beta}_1) = 52.9184$

$\hat{\beta}_2 = 0.7616$  $Var(\hat{\beta}_2) = 0.0002$  $Se(\hat{\beta}_2) = 0.0149$

$R^2 = 0.9970$

得到的样本回归线为

$$\hat{Y}_i = 159.8788 + 0.7616X_i$$

其几何图形如图 2.5 所示。

样本回归线定义：回归线上的点 $\hat{Y}_i$ 是给定 $X$ 值相对应的 $Y_i$ 的期望值或均值的一个估计值。回归线的斜率 $\hat{\beta}_2 = 0.7616$ 表示，在 $X$ 的样本区间(1000,5500)内，收入 $X$ 每增加 1 元，平均每月消费支出增加 0.7616 元。回归线的截距为 159.8788，直观地解释是当每月收入 $X$ 值为零时，每月消费支出的平均水平，但是这种解释是不恰当的。因为 $X$ 值的变化范围并不包括零这样一个观测值。截距项的解释只能借助于经济理论或其他知识来解释。通常可理解为是所有未包括在回归模型中的变量对 $Y$ 的综合影响。

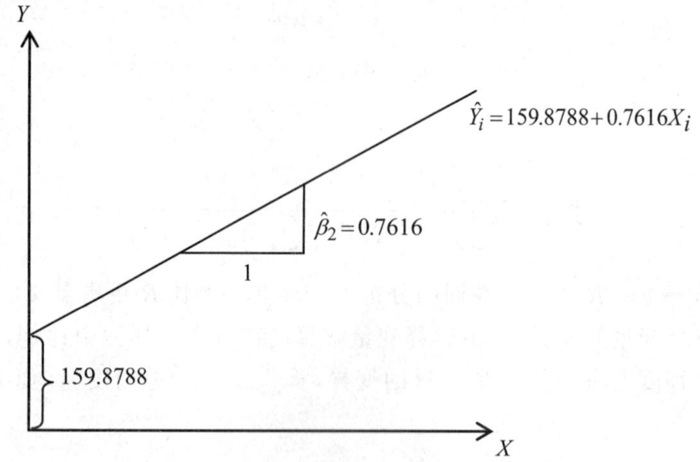


**图 2.5 样本回归线**

$R^2 = 0.9970$，说明有 99.70%的每月消费支出的变异，可以由收入来解释。

【例 2.2】中国城镇居民消费函数(2002—2019 年)

表 2.5 给出中国 2002—2019 年城镇居民家庭人均可支配收入与人均消费支出。

**表 2.5 中国城镇居民家庭人均收入与支出**

| 年份 | 人均可支配收入(元) | 人均消费支出(元) | 年份 | 人均可支配收入(元) | 人均消费支出(元) |
|---|---|---|---|---|---|
| 2002 | 7703 | 6030 | 2011 | 16734 | 11632 |
| 2003 | 8372 | 6434 | 2012 | 18370 | 12469 |
| 2004 | 8961 | 6831 | 2013 | 19290 | 13474 |
| 2005 | 9803 | 7421 | 2014 | 20610 | 14268 |
| 2006 | 10823 | 8005 | 2015 | 21982 | 15074 |
| 2007 | 12107 | 8780 | 2016 | 23223 | 15944 |
| 2008 | 13088 | 9324 | 2017 | 24749 | 16623 |
| 2009 | 14346 | 10244 | 2018 | 26141 | 17391 |
| 2010 | 15452 | 10893 | 2019 | 27415 | 18163 |

注：表中数据来源于国家统计局数据(2002—2019)，以 2002 年为基期计算的可比价格。

据表 2.5 的数据,使用普通最小二乘法,得到中国城镇居民消费函数。

消费函数为

$$Y_i = 1265.376 + 0.6225X_i$$
$$Se \quad (85.7004) \quad (0.0048)$$
$$R^2 = 0.9990$$

模型中,$Y_i$ =城镇居民人均消费性支出,$X_i$ =城镇居民人均可支配收入。

模型表明,在 2002—2019 年期间,中国城镇居民可支配收入每增加 1 元,平均消费支出增加 0.62 元,边际消费倾向为 0.62,截距项 $\hat{\beta}_1 = 1265.376$,从表面上看是当居民可支配收入为 0 时的消费支出水平,但这是一种毫无意义的解释。因为在样本中,并不存在居民可支配收入为 0 的样本。判定系数 $R^2 = 0.9990$。说明城镇居民可支配收入解释了城镇居民消费支出变异的 99.90%,这是一个非常好的拟合。

## 第四节　置信区间与假设检验

### 一、置信区间的基本概念

在例 2.1 消费模型中,边际消费倾向 $\beta_2$ 的估计值为 0.7616,这是对未知的总体边际消费倾向的一个点估计。由于是点估计,我们无法判断这种估计的可靠性有多大。只能保证在重复抽样中估计值的均值等于其真值。为了衡量这一估计的可靠性,我们可围绕点估计量构造一个区间。要判断 $\hat{\beta}_2$ 对 $\beta_2$ 估计的可靠性,可以设定区间 $[\hat{\beta}_2 - \delta, \hat{\beta}_2 + \delta]$,使其包含 $\beta_2$ 的概率为 $1-\alpha$。即:

$$P(\hat{\beta}_2 - \delta \leqslant \beta_2 \leqslant \hat{\beta}_2 + \delta) = 1 - \alpha \tag{2.51}$$

其中,$0 < \alpha < 1$,$0 < \delta$。如果存在这样一个区间,就称设定的区间为 $\beta_2$ 的置信区间。$1-\alpha$ 称为置信系数或置信水平,而 $\alpha$ 称为显著性水平。$\hat{\beta}_2 + \delta$ 称为置信上限,$\hat{\beta}_2 - \delta$ 称为置信下限。

如果 $\alpha = 0.05$ 或 5%,则式(2.51)的意义即为随机区间 $[\hat{\beta}_2 - \delta, \hat{\beta}_2 + \delta]$ 包含真实 $\beta_2$ 的概率为 0.95 或 95%。可以看出,置信区间给出了 $\hat{\beta}_2$ 对 $\beta_2$ 估计的可靠程度。为了正确理解式(2.51),说明如下:

1. 式(2.51)并不是说 $\beta_2$ 落入该界限内的概率是 $1-\alpha$。因为 $\beta_2$ 虽然未知,但它是总体回归函数中的边际消费倾向,是个定数,要么落在该区间内,要么落在该区间外。式(2.51)的意义为:用随机样本估计参数构造的区间包含 $\beta_2$ 的概率为 $1-\alpha$。

2. 式(2.51)中的区间是一个随机区间,它随着样本的不同而不同。

3. 式(2.51)的意义为,对于多次抽样,平均地说,这些区间有 $100(1-\alpha)\%$ 包含真实参数 $\beta_2$。

4. 式(2.51)中,当 $\hat{\beta}_2$ 是一个随机变量时,$\hat{\beta}_2$ 代表多种可能结果。如果选定了一个样本,就获得 $\hat{\beta}_2$ 的一个结果值,式(2.51)的区间就不再是随机区间,而是特定区间。我们就不能说这个给定的区间包含真实参数 $\beta_2$ 的概率是 $1-\alpha$。$\beta_2$ 要么在该区间内,要么在该区间外，概率只能是1或0。如果我们得到了$\beta_2$的95%置信区间为$(0.4 \leqslant \beta_2 \leqslant 0.7)$，就不能说这个区间包含真实值$\beta_2$的概率是95%。这个概率不是1就是0。

## 二、$u_i$ 正态性假定及普通最小二乘估计量 $\hat{\beta}_1$，$\hat{\beta}_2$ 和 $\hat{\sigma}^2$ 的性质

### （一）$u_i$ 正态性假定

在回归分析中，我们的目的不仅仅是得到$\hat{\beta}_j$，而是要用$\hat{\beta}_j$推断$\beta_j$。因此，需要得到$\beta_j$的置信区间，通过置信区间去判断这种推断的可靠性。在最小二乘估计式中，$\hat{\beta}_j$是$Y_i$的线性函数，从而也就是$u_i$的线性函数。要推断$\beta_j$的置信区间，就必须获得$u_i$的概率分布。在回归分析中，人们常常假定$u_i$服从正态分布，即每个$u_i$都是正态分布的。

期望值：$E(u_i)=0$ (2.52)

方差：$E(u_i^2)=\sigma^2$ (2.53)

协方差 $\mathrm{Cov}(u_i,u_j)=E(u_iu_j)=0,\quad i\neq j$ (2.54)

用符号表示，则为

$$u_i \sim N(0,\sigma^2) \tag{2.55}$$

其中，～表示“其分布为”，$N$表示“正态分布”，括号中的数字为正态分布的两个参数：期望值与方差。

正态假定理由如下：

1. $u_i$代表回归模型中未包含的变量的集合。这些未引入的变量的影响是微弱的和随机的。根据中心极限定理，如果存在大量独立且同分布的随机变量，随着这些变量个数的增加，它们的总和将趋向正态分布。

2. 即使变量个数不是很多或这些变量不是严格独立的，它们的总和仍可视同正态分布。

### （二）普通最小二乘估计量 $\hat{\beta}_1$，$\hat{\beta}_2$ 和 $\hat{\sigma}^2$ 的性质

1. 它们是无偏的
2. 它们有最小方差
3. 它们是一致估计量

就是说，随着样本容量无限地增大，估计量将收敛到它们的真值。

4. $\hat{\beta}_1$服从正态分布

期望值：$E(\hat{\beta}_1)=\beta_1$ (2.56)

方差 $Var(\hat{\beta}_1)$：$\sigma^2_{\hat{\beta}_1}=\dfrac{\sum X_i^2}{n\sum(X_i-\bar{X})^2}\sigma^2$ (2.57)

即

$$\hat{\beta}_1 \sim N(\beta_1,\sigma^2_{\hat{\beta}_1}) \tag{2.58}$$

5. $\hat{\beta}_2$服从正态分布

期望值：$E(\hat{\beta}_2)=\beta_2$ (2.59)

方差 $Var(\hat{\beta}_2)$：$\sigma^2_{\hat{\beta}_2}=\dfrac{\sigma^2}{\sum(X_i-\bar{X})^2}$ (2.60)

即

$$\hat{\beta}_2 \sim N(\beta_2, \sigma^2_{\hat{\beta}_2}) \tag{2.61}$$

6. $(n-2)\hat{\sigma}^2/\sigma^2$ 服从 $\chi^2(n-2)$ 分布

7. $Y_i$ 服从正态分布

期望值：$E(Y_i)=\beta_1+\beta_2 X_i$ (2.62)

方差：$Var(Y_i)=\sigma^2$ (2.63)

即

$$Y_i \sim N(\beta_1+\beta_2 X_i, \sigma^2) \tag{2.64}$$

## 三、回归系数 $\beta_1$ 和 $\beta_2$ 的置信区间

在 $u_i$ 正态假定下，$\hat{\beta}_1$ 和 $\hat{\beta}_2$ 均服从正态分布，将 $\hat{\beta}_2$ 转化为标准正态分布，则为

$$Z=\frac{\hat{\beta}_2-\beta_2}{Se(\hat{\beta}_2)}=\frac{\hat{\beta}_2-\beta_2}{\sqrt{\dfrac{\sigma^2}{\sum(X_i-\bar{X})^2}}} \tag{2.65}$$

$Z$ 为期望值为 0、方差为 1 的标准正态分布，即

$$Z \sim N(0,1) \tag{2.66}$$

当 $\sigma^2$ 已知时，就可得到 $\beta_2$ 的置信度为 $1-\alpha$ 的置信区间为

$$[\hat{\beta}_2-Z_{\alpha/2}Se(\hat{\beta}_2), \hat{\beta}_2+Z_{\alpha/2}Se(\hat{\beta}_2)]$$

但是，由于 $u_i$ 的不可观测，我们无法获知 $\sigma^2$。

我们只能用 $\sigma^2$ 的无偏估计量 $\hat{\sigma}^2$ 来测定 $\sigma^2$，如果用 $\hat{\sigma}^2$ 代替 $\sigma^2$，则式(2.65)可写为

$$t=\frac{\hat{\beta}_2-\beta_2}{Se(\hat{\beta}_2)}=\frac{\hat{\beta}_2-\beta_2}{\sqrt{\dfrac{\hat{\sigma}^2}{\sum(X_i-\bar{X})^2}}} \tag{2.67}$$

可以证明，这样定义的 $t$ 变量服从自由度为 $n-2$ 的 $t$ 分布，据 $t$ 分布可得

$$P(-t_{\alpha/2} \leqslant t \leqslant t_{\alpha/2})=1-\alpha \tag{2.68}$$

式(2.68)中，$t_{\alpha/2}$ 是显著性水平为 $\alpha/2$，自由度为 $n-2$ 的 $t$ 分布的 $t$ 值，通常称为 $\alpha/2$ 显著水平的临界值。将式(2.67)代入式(2.68)得

$$P\left[-t_{\alpha/2} \leqslant \frac{\hat{\beta}_2-\beta_2}{Se(\hat{\beta}_2)} \leqslant t_{\alpha/2}\right]=1-\alpha \tag{2.69}$$

整理可得

$$P[\hat{\beta}_2-t_{\alpha/2}Se(\hat{\beta}_2) \leqslant \beta_2 \leqslant \hat{\beta}_2+t_{\alpha/2}Se(\hat{\beta}_2)]=1-\alpha \tag{2.70}$$

式(2.70)给出了 $\beta_2$ 的一个 $100(1-\alpha)\%$ 置信区间。

同理可得到 $\beta_1$ 的置信区间

$$P[\hat{\beta}_1-t_{\alpha/2}Se(\hat{\beta}_1) \leqslant \beta_1 \leqslant \hat{\beta}_1+t_{\alpha/2}Se(\hat{\beta}_1)]=1-\alpha \tag{2.71}$$

从式(2.70)、(2.71)可以看出 $\beta_1$,$\beta_2$ 的置信区间的宽度与估计量 $\hat{\beta}_1$,$\hat{\beta}_2$ 的标准误 $Se(\hat{\beta}_1)$,$Se(\hat{\beta}_2)$ 成正比例。标准误越大，置信区间越宽。就是说，估计量的标准误越大，对

未知参数的真值进行估计的可靠性越差。因此,估计量的标准误也被用于测度估计量的精度，就是说用估计量去测定真实的总体值有多精确。

例如,在引例中,上一节中得到斜率系数的估计值 $\hat{\beta}_2=0.7616$，自由度为 8,当显著性水平为 5%,即置信系数为 95%时,查 $t$ 分布表可知 $t_{\alpha/2}(8)=t_{0.025}(8)=2.306$，则 $\beta_2$ 的 95%置信区间为

$$0.7272\leqslant \beta_2 \leqslant 0.7960 \tag{2.72}$$

式(2.72)的意义为:给定置信系数为 95%,从长远看,类似于(0.7272,0.7960)的区间,100 个区间中,将有 95 个包含着真实的 $\beta_2$ 值。我们不能说这个固定的区间有 95%的概率包含真实的 $\beta_2$ 值,因为这个区间是固定不变的,$\beta_2$ 要么在该区间内,要么在该区间外。这个固定的区间包含 $\beta_2$ 的概率要么为 1,要么为 0。

同理,可构建 $\beta_1$ 的置信区间为

$$37.8500\leqslant \beta_1 \leqslant 281.9080 \tag{2.73}$$

式(2.73)表示从长远看该区间 100 个中将有 95 个包含真实的 $\beta_1$；但这个固定的区间包含真实的 $\beta_1$ 的概率是 1 或 0。

## 四、假设检验

### (一)检验回归系数的显著性——$t$ 检验

统计假设检验的中心思想就是判断某一特定观测或发现是否与某一声称的假设相符。如果相符就不拒绝这一假设,如不相符就拒绝这一假设。

例如,在引例的回归分析中,如果事先我们已有一些研究成果认定边际消费倾向 $\beta_2$ 为 0.90,那么 $\beta_2=0.90$ 就是我们所说的声称的假设。如果我们的观测(估计)结果 $\hat{\beta}_2=0.7616$ 在一定的统计原则下与 0.9 并不矛盾,我们就不拒绝假设 $\beta_2=0.90$，即边际消费倾向的真值为 0.90。如果，$\hat{\beta}_2=0.7616$ 与 $\beta_2=0.90$ 在一定的统计原则下相互矛盾,我们就拒绝假设 $\beta_2=0.90$，即边际消费倾向的真实值不是 0.90。我们称 $\beta_2=0.90$ 这一声称的假设为虚拟假设或原假设,用符号 $H_0$ 表示,与之相对应 $\beta_2\neq 0.90$ 就称为备择假设,用符号 $H_1$ 表示。

一般地,可假设为

原假设 $H_0: \beta_2=\beta^*$

备择假设 $H_1: \beta_2\neq\beta^*$

已知

$$t=\frac{\hat{\beta}_2-\beta_2}{Se(\hat{\beta}_2)}\sim t(n-2) \tag{2.74}$$

即 $t$ 服从自由度为 $n-2$ 的 $t$ 分布。如原假设成立,即 $\beta_2=\beta^*$，则据式(2.74)和已知样本算得 $t$ 值。

$$t=\frac{\hat{\beta}_2-\beta_2^*}{Se(\hat{\beta}_2)} \tag{2.75}$$

该 $t$ 值是一个统计量,服从 $t$ 分布,据此可得到 $t$ 统计量的置信区间

$$P[-t_{\alpha/2} \leqslant \frac{\hat{\beta}_2 - \beta_2^*}{Se(\hat{\beta}_2)} \leqslant t_{\alpha/2}] = 1 - \alpha \tag{2.76}$$

式(2.76)建立的100(1−α)%置信区间为原假设 $H_0: \beta_2 = \beta^*$ 的接受域，置信区间以外的区域称为原假设 $H_0: \beta_2 = \beta^*$ 的拒绝域。

例如：在引例中的收入—消费模型中，$\hat{\beta}_2 = 0.7616$，$Se(\hat{\beta}_2) = 0.0149$，自由度 $= 8$，取 $\alpha = 5\%$，查 $t$ 分布表可知 $t_{\alpha/2} = 2.306$。若 $H_0: \beta_2 = \beta_2^* = 0.9$，$H_1: \beta_2 \neq 0.9$，则

$$P(-2.306 \leqslant \frac{\hat{\beta}_2 - 0.9}{Se(\hat{\beta}_2)} \leqslant 2.306) = 0.95 \tag{2.77}$$

因为

$$t = \frac{\hat{\beta}_2 - 0.9}{Se(\hat{\beta}_2)} = \frac{0.7616 - 0.9}{0.0149} = -9.2886 \tag{2.78}$$

所得的 $t$ 统计量不在式(2.77)的区间内，故拒绝原假设 $H_0: \beta_2 = 0.9$，不拒绝备择假设 $H_1: \beta_2 \neq 0.9$，如图2.6所示。

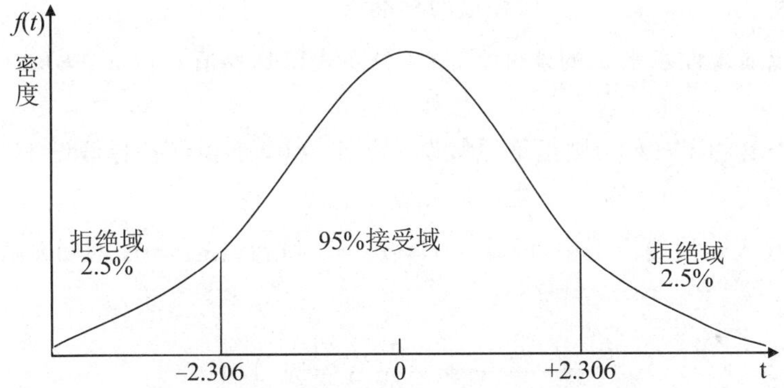


**图2.6　$t$ 的95%置信区间(自由度 = 8)**

如果式(2.75)中的 $\hat{\beta}_2 = \beta^*$，则 $t$ 统计量为0。可以看出，随着估计值 $\hat{\beta}$ 远离 $\beta^*$，$t$ 的绝对值 $|t|$ 将越来越大。就是说，随着 $t$ 统计量的绝对值的增大，原假设的可信程度在降低。当 $t$ 统计量的绝对值大于临界值 $t_{\alpha/2}$ 时，就拒绝原假设。临界值 $t_{\alpha/2}$ 来自 $t$ 分布表，其数值的大小取决于自由度 $n-k$ 和我们愿接受的第Ⅰ类错误(即 $H_0$ 为真时拒绝它)的概率。

因为我们使用了 $t$ 分布对回归系数进行假设检验，因此，该检验程序称为 $t$ 检验。如果一个统计量的值落在拒绝域上，我们称该统计量是统计上显著的，此时，我们拒绝原假设；如果一个统计量的值落在接受域上，我们称该统计量是统计上不显著的，此时，我们不拒绝原假设。

在经济计量分析中，$Y_i = \beta_1 + \beta_2 X_i + u_i$，$\beta_2$ 代表解释变量 $X$ 对被解释变量 $Y$ 的线性影响。如果 $X$ 对 $Y$ 的线性影响是显著的，则有 $\beta_2 \neq 0$。若 $X$ 对 $Y$ 的影响不显著，则有 $\beta_2 = 0$。因此，我们通常设定的假设为

原假设 $H_0: \beta_2 = 0$

备择假设 $H_1: \beta_2 \neq 0$

此时，得到 $t$ 统计量为

$$t=\frac{\hat{\beta}_2}{Se(\hat{\beta}_2)}=\frac{估计值}{标准误} \tag{2.79}$$

给定显著水平 $\alpha=5\%$，自由度为 $n-k$，查 $t$ 分布表可得临界值为 $t_{\alpha/2}$，如果 $|t|<t_{\alpha/2}$，则不拒绝原假设 $H_0:\beta_2=0$，即解释变量 $X$ 对被解释变量 $Y$ 的影响是不显著的，解释变量对被解释变量没有影响，该解释变量不应包含在模型中。如果 $|t|>t_{\alpha/2}$ 则拒绝原假设 $H_0:\beta_2=0$，不拒绝备择假设 $H_1:\beta_2\neq 0$，即解释变量 $X$ 对被解释变量 $Y$ 的影响是显著的，该解释变量应该保留在模型中。

对于截距项 $\beta_1$，除非有理论上的特别意义或者要进行经济预测，通常即使是不显著，也可不理会。

$t$ 检验决策规则：

(1) 设定假设

原假设 $H_0:\beta_j=0$，备择假设 $H_1:\beta_j\neq 0$

(2) 计算原假设 $H_0:\beta_j=0$ 条件下的 $t$ 统计量

$$t=\frac{参数估计值}{估计量的标准误}=\frac{\hat{\beta}_j}{Se(\hat{\beta}_j)}$$

(3) 在给定显著性水平 $\alpha$ 的条件下，查 $t$ 分布表得临界值 $t_{\alpha/2}(n-k)$

(4) 判断

如果 $|t|>t_{\alpha/2}(n-k)$，则拒绝原假设 $H_0:\beta_j=0$，不拒绝备择假设 $H_1:\beta_j\neq 0$

如果 $|t|<t_{\alpha/2}(n-k)$，则不拒绝原假设 $H_0:\beta_j=0$。

在引例的收入－消费模型中，假设为 $H_0:\beta_2=0$ 和 $H_1:\beta_2\neq 0$，回归系数 $\hat{\beta}_2$ 的 $t$ 统计量为

$$t=\frac{\hat{\beta}_2}{Se(\hat{\beta}_2)}=\frac{0.7616}{0.0149}=51.1141 \tag{2.80}$$

$t=51.1141>2.306$，因此拒绝原假设 $H_0:\beta_2=0$，不拒绝备择假设 $H_1:\beta_2\neq 0$，即解释变量 $X$ 对被解释变量 $Y$ 的影响是显著的，回归系数 $\beta_2$ 通过 $t$ 检验。

(二) $t$ 检验的相关问题

1. 显著性水平 $\alpha$

临界值 $t_{\alpha/2}$ 的大小取决于显著性水平 $\alpha$，即犯第Ⅰ类错误的概率(错误地拒绝了真实的原假设的概率)。$\alpha$ 越小临界值 $t_{\alpha/2}$ 越大，犯第Ⅰ类错误的概率越小。

例如把显著性水平由5%降为1%，则 $\beta_2$ 的置信系数由95%升为99%。因此，犯第Ⅰ类错误(错误地拒绝为真的原假设)的概率由5%降到至1%，但同时犯第Ⅱ类错误(错误地不拒绝为假的原假设)的概率却上升了。因此，选择显著性水平时，要根据两类错误的代价而定，两类错误的代价是随着实际问题而异的。在经济计量分析中，通常会选择相当小的显著性水平，即把犯第Ⅰ类错误的概率控制在较低水平。显著性水平通常在抽样前确定，一般取值为0.10,0.05,0.01。

2. 实际显著水平—— $P$ 值

一般经济计量分析中，都使用事先给定的显著性水平。当对给定的样本，算出一个检验统计量(如 $t$ 统计量)的值时，就可据相应的统计表得到等于或大于该统计量的概率，称

其为 $P$ 值。例如，当估计值为 $\hat{\beta}$ 时，$t$ 统计量为 $t_{\hat{\beta}}$，则其伴随概率 $P$ 值为 $P=\mathrm{P}[|t|>|t_{\hat{\beta}}|]$，$P$ 值是假设检验中的实际显著性水平或犯第Ⅰ类错误的实际概率。更确切地讲，$P$ 值是一个虚拟假设被拒绝的最低显著性水平。

例如，在引例的收入—消费模型中，$\hat{\beta}_1$ 和 $\hat{\beta}_2$ 的 $t$ 统计量值分别为 3.021 和 51.135。实际显著性水平都小于 5%，$t=3.021$ 对应的 $P$ 值为 0.0165，即实际显著性水平仅仅为 1.65%，而 $t=51.135$ 对应显著性水平小于万分之一(在 EViews 中以 0.0000 显示其值)。所测的 $t$ 统计量的 $P$ 值比 1%要小得多，就是说如果根据 $t=51.135$ 这个统计量值拒绝 $H_0: \beta_2=0$ 的虚拟假设，犯第Ⅰ类错误的概率要小于 0.01%，即小于万分之一。

$P$ 值度量的是犯第Ⅰ类错误的概率，即拒绝正确的原假设的概率。$P$ 值越大，错误地拒绝原假设的可能性就越大；$P$ 值越小，拒绝原假设时就越放心。

因此，可以通过 $P$ 值比较进行假设检验。当 $P<\alpha$ 时，$|t|>t_{\alpha/2}(n-k)$，拒绝原假设 $H_0: \beta_j=0$，不拒绝备择假设 $H_1: \beta_j \neq 0$；当 $P>\alpha$ 时，$|t|<t_{\alpha/2}(n-k)$，则不拒绝原假设 $H_0: \beta_j=0$。

3."2 倍 $t$"和"5%$P$ 值"简算法

当样本容量 $n$ 较大时($n \geqslant 30$)，$t$ 值只要大于 2.0，就将回归系数判定为显著的。当进行多元回归时，回归系数较多，利用这种方法非常方便，不需查 $t$ 分布表。因为通常在 5%的显著水平下，如果自由度在 28 以上(一元回归中的 $n \geqslant 30$)，则 $t$ 分布表中的临界值 $t_{\alpha/2}$，按四舍五入的原则，全部等于 2.0。同样，在 5%的显著水平下，无论样本容量多大，当 $P$ 值小于 5%时，即 $P<0.05$ 时，就可判定回归系数是显著的。

如果显著性水平不是 5%或样本较小，则回归系数的显著性检验的临界值就需据 $t$ 分布表来确定，而不能使用 2 或 5%做临界水平进行 $t$ 检验。

例如，在引例的收入—消费模型中，虽然 $\hat{\beta}_1$，$\hat{\beta}_2$ 的 $t$ 值分别为 3.021、51.135，都大于 2，但样本较小，不能直接判定 $\hat{\beta}_1$，$\hat{\beta}_2$ 是显著的。$\hat{\beta}_1$，$\hat{\beta}_2$ 的 $P$ 值分别为 0.0165、0.0000，均小于 5%，如果显著性水平 $\alpha=5\%$ 可判定 $\hat{\beta}_1$，$\hat{\beta}_2$ 都是显著的。

## 第五节 回归分析结果的报告与评价

### 一、回归分析结果的报告

回归分析的结果，应该以清晰的格式予以表达，通常采用如下格式(以收入—消费模型为例)

$$
\begin{array}{lll}
\hat{Y}_i = 159.8788 + 0.7616X_i & & \qquad (2.81) \\
Se & (52.9184) & (0.0149) \\
t & (3.0212) & (51.1354) \\
P & (0.0165) & (0.0000) \\
R^2 = 0.9970 & \hat{\sigma} = 67.6376 &
\end{array}
$$

式(2.81)中，第一排括号内的数字为回归系数估计值的标准误，第二排括号内的数字为在回归系数的真实值都是零的原假设下，由式(2.79)计算出来的 $t$ 统计量值。(例如 3.0212=159.8788÷52.9184)，第三排括号内的数字为 $P$ 值，即估计值的实际显著性水平，$P=0.0000$ 表示当原假设 $H_0:\beta_2=0$ 成立时，得到一个等于或大于 51.1354 的 $t$ 值的概率 $P\approx0$。也就是说，如果 $\beta_2$ 即边际消费倾向确实为零的话，我们得到一个 0.7616 的估计值的机会，实际上等于零。因此，我们可以拒绝真实的边际消费倾向是零的原假设。

## 二、回归分析结果的评价

用最小二乘法得到回归模型后，我们要对模型的特性进行评价。回归模型的评价如下：

1. 经济理论评价。根据经济理论，边际消费倾向应为小于 1 大于 0 的正数。在收入一消费模型中，我们得到的边际消费倾向为 0.7616，与经济理论的描述是一致的。

2. 统计上的显著性。由于 $\beta_1$，$\beta_2$ 是由样本推断而得到的，即使 $\beta_1$，$\beta_2$ 的真实值为 0，由于抽样的波动，我们也会得到不为 0 的估计值 $\hat{\beta}_1$，$\hat{\beta}_2$。因此，必须对回归系数进行显著性检验，判断回归系数的显著性。在收入一消费例中，边际消费倾向不仅是正的，而且在统计上也是显著地异于 0，$t$ 统计量的 $P$ 值约等于 0。

3. 回归分析模型的拟合优度，即解释变量 $X$ 在多大程度上解释了被解释变量 $Y$ 的变异。在收入一消费例中，$R^2=0.9970$，说明收入解释了消费变异的 99.70%，这是一个非常好的拟合。

4. 检验回归分析模型是否满足经典假定。该类检验将在第四章中予以讲授。

# 第六节　回归分析的应用——预测

## 一、预测概述

经济计量分析的目的之一就是预测。预测是关于未来事件可能结果的估计，对结果的估计依赖于过去和现在的信息。而预测信息就包含在回归分析模型中。把模型结果外推到样本区间以外，就能对被解释变量的未来值进行预测。

在时间序列分析中，预测就是指对事物未来状态的估计。在截面数据分析中，预测分析同样适用，此时的目的是预测当 $X$ 取特定值 $X_0$ 时，$Y$ 的可能结果值 $Y_0$。

点预测就是对预测对象的未来值给出一个估计值，区间预测就是给出预测对象实际值的一个置信区间。

由预测分析得到的信息有许多用途。经济系统中，预测常常用来指导经济政策和方针的制订。当预测到经济系统将出现高通货膨胀时，政府往往会提前采取紧缩的政策。当预测石油价格会上涨时，人们会增加石油的储备。预测结果还能用于指导建立模型。当预测结果与实际结果相差较大时，会利用误差信息对模型进行修正。

预测分事后模拟预测和事先预测。事后模拟预测指对样本期内已知 $Y$ 的结果值的区间进行估计，也称为模拟值。事先预测指对样本区外未知 $Y$ 的结果进行估计。

## 二、均值预测

在收入—消费模型中，我们得到样本回归模型为

$$\hat{Y}_i = 159.8788 + 0.7616X_i \tag{2.82}$$

其中 $\hat{Y}_i$ 是对应于给定 $X_i$ 的 $Y_i$ 的总体均值 $E(Y_i)$ 的估计量。均值预测就是预测对于给定的 $X_0$，$Y$ 的条件均值的值，也就是预测总体回归线本身上的点。

利用式(2.82)进行预测，假定 $X_0=2000$，对 $Y_i$ 的均值 $E(Y \mid X_0=2000)$ 进行预测，预测的点估计为

$$\begin{aligned}\hat{Y}_0 &= \hat{\beta}_1 + \hat{\beta}_2 X_0 \\ &= 159.879 + 0.762 \times 2000 \\ &= 1683.879\end{aligned} \tag{2.83}$$

这里 $\hat{Y}_0$ 是 $E(Y \mid X_0)$ 的估计量。可以证明，这个点预测是一个最佳线性无偏估计量。

$\hat{Y}_0$ 是一个估计量，不同于它的真实值 $E(Y \mid X_0)$。因为 $\hat{Y}_0$ 是随机变量 $\hat{\beta}_1$，$\hat{\beta}_2$ 的函数，因此，$\hat{Y}_0$ 也是一个随机变量。

可以证明，$\hat{Y}_0$ 是服从正态分布的，其均值为 $\beta_1+\beta_2X_0$，而方差为

$$Var(\hat{Y}_0) = \sigma^2\left[\frac{1}{n} + \frac{(X_0-\bar{X})^2}{\sum(X_i-\bar{X})^2}\right] \tag{2.84}$$

用 $\sigma^2$ 的无偏估计量 $\hat{\sigma}^2$ 代替式(2.84)中的 $\sigma^2$，可得

$$t = \frac{\hat{Y}_0 - (\beta_1+\beta_2X_0)}{Se(\hat{Y}_0)} \tag{2.85}$$

式(2.85)中，$Se(\hat{Y}_0)$ 代表 $\hat{Y}_0$ 的标准差。可以证明，式(2.85)中 $t$ 服从自由度为 $n-2$ 的 $t$ 分布。据式(2.85)可得到 $E(Y \mid X_0)$ 的置信区间为

$$P[\hat{\beta}_1 + \hat{\beta}_2X_0 - t_{\alpha/2}Se(\hat{Y}_0) \leqslant \beta_1+\beta_2X_0 \leqslant \hat{\beta}_1+\hat{\beta}_2X_0 + t_{\alpha/2}Se(\hat{Y}_0)] = 1-\alpha \tag{2.86}$$

根据收入—消费例中数据(表2.4)可得

$$\begin{aligned}Var(\hat{Y}_0) &= 4574.899\left[\frac{1}{10} + \frac{(2000-3250)^2}{20625000}\right] \\ &= 804.073\end{aligned}$$

$$Se(\hat{Y}_0) = 28.356$$

由此，可得到真实均值 $E(Y \mid X_0) = \beta_1+\beta_2X_0$ 的95%置信区间为

$$1683.079 - 2.306 \times 28.356 \leqslant E(Y \mid X=2000) \leqslant 1683.079 + 2.306 \times 28.356$$

即

$$1618.490 \leqslant E(Y \mid X=2000) \leqslant 1749.268 \tag{2.87}$$

式(2.87)的意义为，给定 $X_0=2000$，在重复抽样中，每100个类似式(2.87)的区间将有95个包含着真实的均值；真实均值的单个最优估计就是点估计值1683.079。

对表2.4中的每个 $X$ 值求类似于式(2.87)的置信区间，并把这些置信区间在二维直角坐标系中连结起来，就得到如图2.7所示的一个关于总体回归模型的置信域。

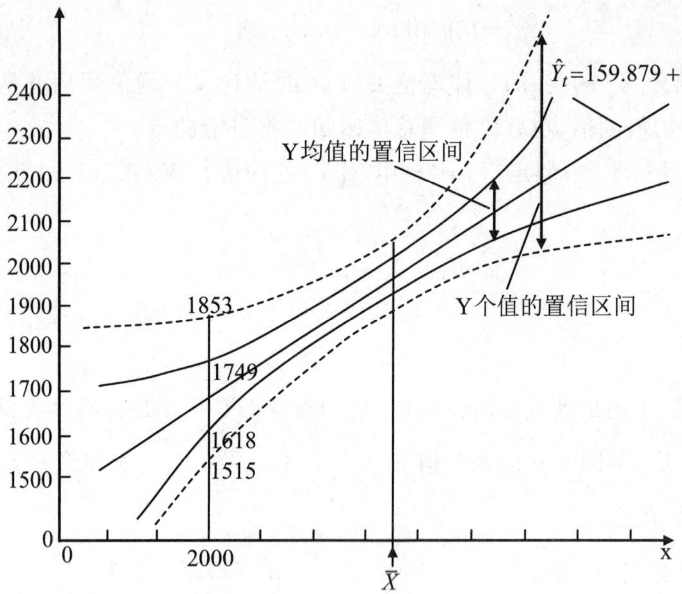


**图 2.7 Y 均值与 Y 个值的置信域**

## 三、个值预测

如果想预测个别家庭的消费支出，即预测对应于给定 $X$ 值（$X=X_0$）的单个 $Y$ 值（$Y=Y_0$），其点预测为 $\hat{Y}_0=\hat{\beta}_1+\hat{\beta}_2X_0$，$\hat{Y}_0$ 为 $Y_0$ 的最佳线性无偏估计量。个值预测的点预测与均值预测的点预测结果相同，但其方差不同，区间预测的结果也不同。其方差据下式计算。

$$Var(Y_0-\hat{Y}_0)=\sigma^2[1+\frac{1}{n}+\frac{(X_0-\bar{X})^2}{\sum(X_i-\bar{X})^2}] \tag{2.88}$$

可以证明，用 $\hat{\sigma}^2$ 代替 $\sigma^2$ 时，

$$t=\frac{Y_0-\hat{Y}_0}{Se(Y_0-\hat{Y}_0)} \tag{2.89}$$

$t$ 服从 $t$ 分布，可根据 $t$ 分布推断 $Y_0$ 的置信区间，即对 $Y_0$ 进行区间预测。

在个值预测中，$Y_0-\hat{Y}_0=\hat{e}_0$，代表预测误差。$\hat{e}_0$ 的来源有两个：一个是 $\hat{Y}_0$ 的抽样误差，来自对 $\beta_j$ 的估计，即 $Var(\hat{Y}_0)$，它随样本容量的增大而变小；另一个是总体误差项 $u$ 的方差 $\sigma^2$，它不随样本容量的变化而变化。

据式(2.89)，可得到个值预测的置信区间为

$$\hat{Y}_0-t_{\alpha/2}Se(Y_0-\hat{Y})\leqslant Y_0\leqslant\hat{Y}_0+t_{\alpha/2}Se(Y_0-\hat{Y}_0) \tag{2.90}$$

以收入—消费模型为例进行个值预测。$Y_0$ 的点预测与 $E(Y\mid X_0)$ 的点预测一样，同样是 1683.879。在 5%的显著性水平下，$X_0=2000$ 时，$(Y_0-\hat{Y}_0)$ 的方差和标准误为

$$Var(Y_0-\hat{Y}_0)=4574.899[1+\frac{1}{10}+\frac{(2000-3250)^2}{20625000}]$$

$$=5378.972$$

$$Se(Y_0-\hat{Y}_0)=73.341$$

则 $Y_0$ 的置信区间为

$$1683.079-2.306\times73.341\leqslant Y_0\mid X_0=2000\leqslant1683.079+2.306\times73.341$$

$$1514.755\leqslant Y_0\mid X_0=2000\leqslant1853.003 \tag{2.91}$$

可以看出个值预测的置信区间比均值预测的置信区间要宽。这是因为个值预测的误差除了来源于抽样波动外，还来源于误差项 $u$ 的随机扰动，而均值预测的误差来源仅仅为抽样波动。

据表 2.4 中的每个 $X$ 值求类似于式(2.91)的置信区间，并把这些置信区间在二维直角坐标系中连结起来，就得到如图 2.7 所示的一个关于 $Y$ 的个值预测的 95%的置信域。

在图 2.7 中，置信域的宽度是随着 $X_0$ 与 $\bar{X}$ 的距离而变化的。当 $X_0=\bar{X}$ 时，宽度最小。随着 $X_0$ 远离 $\bar{X}$，置信区间的宽度变大。由此可知样本回归线对未来结果的预测能力随着 $X_0$ 远离 $\bar{X}$ 越来越低。因此，当进行均值或个值预测时，就必须慎重考虑它的可靠性。预测点距离样本均值越远，其可靠性就越差。

## 小结

一元回归模型是学习回归分析的重点内容，本章就最简单的回归模型进行了展开分析。首先重点介绍了回归分析的起源、总体回归模型、样本回归模型，对回归分析的方法原理有了清晰的认识。然后导出了样本回归模型的参数估计方法，最小二乘法。讨论关于经典线性回归模型假定，在满足经典假定的条件下，最小二乘估计量是最佳线性无偏估计量。判定系数 $R^2$ 是度量拟合优度的统计量，表示解释变量对被解释变量的解释程度。由样本回归模型估计的结果是否能解释解释变量对被解释变量的影响要通过假设检验来确定统计显著性，统计 $t$ 检验是回归分析的重要内容。最后探讨了回归模型用于预测应用，回归模型在样本内拟合预测的效果是较好的，因为置信区间呈现喇叭口的形态，因此对样本两端的预测效果都很差。

## 关键术语

| | | |
|---|---|---|
| 统计关系 | 确定性关系 | 回归分析 |
| 相关分析 | 随机变量 | 非随机变量 |
| 总体回归函数 | 样本回归函数 | 随机误差项 |
| 普通最小二乘法 | 估计量 | 自由度 |
| 拟合优度 | 高斯一马尔科夫定理 | 解释平方和 |
| 残差平方和 | 总平方和 | 经典假定 |
| 拟合值 | 标准误 | 置信区间 |
| 区间估计 | 假设检验 | $t$ 检验 |
| 显著性水平 | 临界值 | 事后模拟预测 |
| 事先预测 | 均值预测 | 个值预测 |

线性性　　无偏性　　有效性

## 习题

2.1 什么是经典线性回归模型?

2.2 什么是最小二乘准则?

2.3 总体回归函数与样本回归函数有何区别?

2.4 试述随机误差项 $u_i$ 与残差项 $e_i$ 的区别与联系。

2.5 在经典线性回归模型之中,对随机误差项 $u_i$ 作了哪些假定?这些假定的意义为何?

2.6 为什么判定系数 $R^2$ 可度量拟合优度。

2.7 试说明总平方和、解释平方和和残差平方和的概念与意义。

2.8 说明显著性检验的意义。

2.9 下表是1992—2019年间我国每百人电话数(包括移动电话) $Y$ 与人均国内生产总值 $X$ (GDP,元)。问:这两个变量之间有何关系?

| 年份 | Y | X | 年份 | Y | X |
|---|---|---|---|---|---|
| 1992 | 1 | 2334 | 2006 | 63 | 8463 |
| 1993 | 2 | 2639 | 2007 | 70 | 9887 |
| 1994 | 3 | 2867 | 2008 | 74 | 10979 |
| 1995 | 5 | 3054 | 2009 | 80 | 12011 |
| 1996 | 6 | 3267 | 2010 | 87 | 13683 |
| 1997 | 8 | 3492 | 2011 | 95 | 15297 |
| 1998 | 10 | 3726 | 2012 | 103 | 16376 |
| 1999 | 13 | 3983 | 2013 | 111 | 17486 |
| 2000 | 19 | 4358 | 2014 | 113 | 18512 |
| 2001 | 27 | 4750 | 2015 | 109 | 19443 |
| 2002 | 34 | 5222 | 2016 | 111 | 20542 |
| 2003 | 42 | 5790 | 2017 | 116 | 22413 |
| 2004 | 50 | 6524 | 2018 | 126 | 23645 |
| 2005 | 57 | 7374 | 2019 | 128 | 25200 |

2.10 下表给出1993—2019年5个工业国家的通货膨胀率(%)

| 年份 | 美国 | 英国 | 日本 | 德国 | 法国 |
|---|---|---|---|---|---|
| 1993 | 3.0 | 2.6 | 1.2 | 4.5 | 2.1 |
| 1994 | 2.6 | 2.2 | 0.7 | 2.7 | 1.7 |
| 1995 | 2.8 | 2.7 | −0.1 | 1.7 | 1.8 |
| 1996 | 2.9 | 2.9 | 0.1 | 1.4 | 2.0 |
| 1997 | 2.3 | 2.2 | 1.7 | 1.9 | 1.2 |
| 1998 | 1.6 | 1.8 | 0.7 | 0.9 | 0.7 |
| 1999 | 2.2 | 1.8 | −0.3 | 0.6 | 0.5 |
| 2000 | 3.4 | 1.2 | −0.7 | 1.4 | 1.7 |
| 2001 | 2.8 | 1.5 | −0.7 | 2.0 | 1.6 |
| 2002 | 1.6 | 1.5 | −0.9 | 1.4 | 1.9 |
| 2003 | 2.3 | 1.4 | −0.3 | 1.0 | 2.1 |
| 2004 | 2.7 | 1.4 | 0.0 | 1.7 | 2.1 |
| 2005 | 3.4 | 2.1 | −0.3 | 1.5 | 1.7 |
| 2006 | 3.2 | 2.5 | 0.2 | 1.6 | 1.7 |
| 2007 | 2.9 | 2.4 | 0.1 | 2.3 | 1.5 |
| 2008 | 3.8 | 3.5 | 1.4 | 2.6 | 2.8 |
| 2009 | −0.4 | 2.0 | −1.4 | 0.3 | 0.1 |
| 2010 | 1.6 | 2.5 | −0.7 | 1.1 | 1.5 |
| 2011 | 3.2 | 3.9 | −0.3 | 2.1 | 2.1 |
| 2012 | 2.1 | 2.6 | −0.1 | 2.0 | 2.0 |
| 2013 | 1.5 | 2.3 | 0.3 | 1.5 | 0.9 |
| 2014 | 1.6 | 1.5 | 2.8 | 0.9 | 0.5 |
| 2015 | 0.1 | 0.4 | 0.8 | 0.5 | 0.0 |
| 2016 | 1.3 | 1.0 | −0.1 | 0.5 | 0.2 |
| 2017 | 2.1 | 2.6 | 0.5 | 1.5 | 1.0 |
| 2018 | 2.4 | 2.3 | 1.0 | 1.7 | 1.9 |
| 2019 | 1.8 | 1.7 | 0.5 | 1.4 | 1.1 |

(1)根据表中数据给出每个国家以时间为横轴的通货膨胀率图；

(2)估计回归模型

$$Y_{it}=\beta_1+\beta_2X_t+u_{it}$$

式中:$Y_{it}$=第i个国家的通货膨胀率

$i$=英国、日本、德国或法国

$X_t$=美国通货膨胀率

(3)对得到的每个回归模型进行检验；

(4)使用得到的四个回归模型,分析该国的通货膨胀率与美国的通货膨胀率之间的关系。

2.11 利用习题2.10的数据,对每一个国家拟合如下模型

$$Y_t=\beta_1+\beta_2X_t+u_t$$

其中，$Y_t$ =时期 $t$ 的通货膨胀率，$X_t$ =时间，取值 1,2,…,27

要求：据所得回归模型分析每一国家的通货膨胀行为。

2.12 下表是 2000—2019 年中国的财政收入 $Y$ 与国内生产总值 $X$ 的数据

| 年份 | GDP（亿元） | 财政收入（亿元） | 年份 | GDP（亿元） | 财政收入（亿元） |
|---|---|---|---|---|---|
| 2000 | 100280.1 | 13395.2 | 2010 | 334887.4 | 83101.5 |
| 2001 | 110532.8 | 16386.0 | 2011 | 376185.3 | 103874.4 |
| 2002 | 122333.5 | 18903.6 | 2012 | 404704.6 | 117253.5 |
| 2003 | 136479.8 | 21715.3 | 2013 | 434278.5 | 129209.6 |
| 2004 | 154697.4 | 26396.5 | 2014 | 462095.3 | 140370.0 |
| 2005 | 175885.6 | 31649.3 | 2015 | 487789.3 | 152269.2 |
| 2006 | 202999.8 | 38760.2 | 2016 | 518168.5 | 159605.0 |
| 2007 | 238415.0 | 51321.8 | 2017 | 568526.4 | 172592.8 |
| 2008 | 266102.5 | 61330.4 | 2018 | 615221.0 | 183359.8 |
| 2009 | 292550.6 | 68518.3 | 2019 | 644439.2 | 190390.1 |

数据来源：《中国统计年鉴 2020》光盘。

要求：

（1）根据表中数据绘出财政收入随 GDP 变化的散点图；

（2）建立财政收入受 GDP 影响的一元线性回归模型，并估计参数；

（3）检验所估计的回归模型，解释回归系数的经济含义；

（4）若 2020 年的 GDP 为 670216.8 亿元，预测 2020 年的财政收入并给出预测的 95% 置信区间。

2.13 一家大型家具制造商在 14 个城市的营业额及广告费数据如下表：

| 城市 | 营业额（百万元） | 广告费（百万元） | 城市 | 营业额（百万元） | 广告费（百万元） |
|---|---|---|---|---|---|
| 1 | 82 | 1.8 | 8 | 55 | 1.6 |
| 2 | 46 | 1.2 | 9 | 80 | 1.0 |
| 3 | 17 | 0.4 | 10 | 47 | 1.5 |
| 4 | 21 | 0.5 | 11 | 79 | 0.7 |
| 5 | 112 | 2.5 | 12 | 38 | 1.0 |
| 6 | 105 | 1.5 | 13 | 30 | 0.8 |
| 7 | 65 | 1.2 | 14 | 11 | 0.4 |

要求：

（1）建立营业额与广告费的一元回归模型并估计参数；

（2）对回归模型进行检验并解释参数的意义。

# 第三章 多元线性回归模型

在本章将把一元线性回归模型推广到多元线性回归模型,即在模型中将包含两个以上的解释变量。多元线性回归模型是实践中广泛应用的模型。我们从简单的双解释变量多元线性回归模型入手,然后再将其推广到三个及三个以上解释变量的多元线性回归模型。

## 第一节 多元回归模型的定义

### 一、多元回归模型的意义

第二章中探讨了一元线性回归模型的理论与应用。在一元线性回归模型中,假定影响被解释变量的因素只有一个,即解释变量 $X$,这种情形在经济计量分析中往往是不适宜的。因为在经济系统中,影响被解释变量的重要变量往往不止一个。例如在收入—消费模型中,除了收入影响消费外,还有其他因素明显地影响消费,很明显财富就是影响消费的重要变量。在劳动力市场上,影响工资的变量不仅仅是工作年限,受教育程度也是影响工资的一个重要变量。因此,在回归分析模型中,就需要引进更多的解释变量。

多元回归分析与一元回归分析相比有如下优点:

1. 多元回归分析可以研究多影响因素对被解释变量的影响。

2. 在模型中增加一些有助于解释 $Y$ 的因素,$Y$ 的变动就能更好地予以解释。因此,多元回归分析有助于更好地预测。

3. 多元回归模型更具有一般性。一元回归模型中,只能有一个解释变量,其函数形式不一定恰当。而多元回归模型具有较大的灵活性,有利于对总体回归模型做出正确的判断。

多元回归模型是经济学和其他社会科学进行计量分析时使用最为广泛的一个工具。

### 二、含有两个解释变量的多元回归模型

含有两个解释变量的多元回归模型是最简单的多元回归模型。模型形式为

$$Y_i = \beta_1 + \beta_2 X_{2i} + \beta_3 X_{3i} + u_i \tag{3.1}$$

其中,$Y_i$ 是被解释变量,$X_{2i}$ 和 $X_{3i}$ 是解释变量,$u_i$ 是随机干扰项,$i$ 指第 $i$ 项观测。

式(3.1)中的 $\beta_1$ 是截距项。表面上看,$\beta_1$ 代表 $X_2$ 和 $X_3$ 均取 0 时的 $Y$ 的均值,但这仅仅是一种机械的解释,实际上 $\beta_1$ 是指所有未包含到模型中来的变量对 $Y$ 的平均影响。系数 $\beta_2$ 和 $\beta_3$ 为偏回归系数,$\beta_2$ 表示在保持 $X_3$ 不变的条件下,$X_2$ 每变化一个单位时,$Y$ 的均值的变化。类似地,$\beta_3$ 表示在保持 $X_2$ 不变的条件下,$X_3$ 每变化一个单位时,$Y$ 的均值的变化。

例如在汽车需求分析中,可设定模型为

$$Y_t=\beta_1+\beta_2 P_t+\beta_3 I_t+u_t \tag{3.2}$$

其中,$Y_t$=汽车需求量,$P_t$=汽车价格,$I_t$=居民收入。$t$ 代表第 $t$ 次观测。式(3.2)中,汽车需求量主要受到价格和收入这两个变量的影响。

又如在劳动力市场中,工资水平模型为

$$W_i=\beta_1+\beta_2 E_i+\beta_3 EP_i+u_i \tag{3.3}$$

其中,$W_i$=工资,$E_i$=受教育水平,$EP_i$=工作经验。式(3.3)表示工资水平主要受受教育水平和工作经验两个变量的影响。

在含有两个解释变量的多元回归模型中,经典线性回归模型的假定条件如下。

**假定 1:** $u_i$ 零均值假定

$$E(u_i \mid X_{2i}, X_{3i})=0 \tag{3.4}$$

**假定 2:** $u_i$ 无序列相关假定

$$\mathrm{Cov}(u_i, u_j)=0 \quad i \neq j \tag{3.5}$$

**假定 3:** $u_i$ 同方差假定

$$Var(u_i)=\sigma^2 \tag{3.6}$$

**假定 4:** $u_i$ 与每一个解释变量无关

$$\mathrm{Cov}(u_i, X_{2i})=\mathrm{Cov}(u_i, X_{3i})=0 \tag{3.7}$$

**假定 5:** 无设定偏误

**假定 6:** 解释变量 $X$ 之间无完全的共线性

$X_2$ 与 $X_3$ 之间无完全的共线性关系。

无共线性的含义是,不存在一组不全为零的数 $\lambda_2$ 和 $\lambda_3$,使得

$$\lambda_2 X_{2i}+\lambda_3 X_{3i}=0 \tag{3.8}$$

如果这一关系式存在,则该 $X_2$ 和 $X_3$ 是共线的或线性关系。例如,$X_{2i}=2X_{3i}$ 或 $X_{2i}+X_{3i}=0$,则两变量就是完全线性关系。

## 三、含有多个解释变量的模型

多个解释变量的多元回归模型是一元回归模型和二元回归模型的推广。含被解释变量 $Y$ 和 $k-1$ 个解释变量 $X_2, X_3, \cdots, X_k$ 的多元总体回归模型表示如下

$$Y_i=\beta_1+\beta_2 X_{2i}+\beta_3 X_{3i}+\cdots+\beta_k X_{ki}+u_i \quad i=1, 2, \cdots \tag{3.9}$$

式(3.9)中,$\beta_1$ 为截距,$\beta_2, \beta_3, \cdots, \beta_k$ 为偏斜率系数,$u$ 为随机干扰项,$i$ 为第 $i$ 次观测。

式(3.9)的均值表达式为

$$E(Y_i)=\beta_1+\beta_2 X_{2i}+\beta_3 X_{3i}+\cdots+\beta_k X_{ki} \quad i=1, 2, \cdots \tag{3.10}$$

把式(3.10)表示为增量形式则为

$$\Delta E(Y_i)=\beta_2 \Delta X_{2i}+\beta_3 \Delta X_{3i}+\cdots+\beta_k \Delta X_{ki} \tag{3.11}$$

$X_2$ 的系数 $\beta_2$ 的意义为:在所有其他变量 $X_{3i}, X_{4i}, \cdots, X_{ki}$ 保持不变的条件下,$X_2$ 改变一个单位而导致 $Y_i$ 的均值的变化量。即在保持 $X_3, X_4, \cdots, X_k$ 不变的条件下,有

$$\Delta E(Y_i)=\beta_2 \Delta X_{2i} \tag{3.12}$$

其他斜率系数的意义与此类似。

例如,在汽车需求分析中,要研究竞争性市场中某一品牌汽车的需求。据需求理论,影响汽车需求的因素除了价格和收入外,还有与之竞争的其他品牌汽车的价格。因此,该品牌汽车的需求模型为

$$Y_t = \beta_1 + \beta_2 P_t + \beta_3 I_t + \beta_4 P_t' + u_t \tag{3.13}$$

式(3.13)中,$Y_t$=某品牌汽车需求量,$P_t$=该品牌汽车价格,$I_t$=居民收入,$P_t'$=竞争性品牌汽车的价格。

$\beta_2$ 代表当居民收入 $I_t$ 与竞争性品牌汽车价格 $P_t'$ 不变时,该品牌汽车价格降低一元,需求量增加的数量。

对于含有多个解释变量的总体回归模型,经典假定表述如下:

1. $E(u_i)=0$
2. $\mathrm{Cov}(u_i, u_j)=0, \quad i \neq j$
3. $Var(u_i)=\sigma^2$
4. $X_2, X_3, \cdots, X_k$ 是非随机变量,且 $\mathrm{Cov}(u_i, X_j)=0, j=2, 3, \cdots, k$
5. $X_2, X_3, \cdots, X_k$ 之间无完全的多重共线性
6. 无设定偏误
7. 为了假设检验 $u_i \sim N(0, \sigma^2)$

## 四、多元线性回归模型的矩阵表达

对总体回归模型(3.9)做 $n$ 次观测,可以得到样本数据形式的多元线性回归模型。这个模型包括 $n$ 个方程和 $k$ 个未知参数 $\beta_1, \beta_2, \beta_3, \cdots, \beta_k$。即

$$\begin{cases} Y_1 = \beta_1 + \beta_2 X_{21} + \beta_3 X_{31} + \cdots + \beta_k X_{k1} + u_1 \\ Y_2 = \beta_1 + \beta_2 X_{22} + \beta_3 X_{32} + \cdots + \beta_k X_{k2} + u_2 \\ \qquad \vdots \\ Y_n = \beta_1 + \beta_2 X_{2n} + \beta_3 X_{3n} + \cdots + \beta_k X_{kn} + u_n \end{cases} \tag{3.14}$$

式(3.14)的矩阵表达式为

$$Y = X\beta + U \tag{3.15}$$

其中

$$Y = \begin{bmatrix} Y_1 \\ Y_2 \\ \vdots \\ Y_n \end{bmatrix}_{n\times 1}, \quad X = \begin{bmatrix} 1 & X_{21} & X_{31} & \cdots & X_{k1} \\ 1 & X_{22} & X_{32} & \cdots & X_{k2} \\ \vdots & \vdots & \vdots & & \vdots \\ 1 & X_{2n} & X_{3n} & \cdots & X_{kn} \end{bmatrix}_{n\times k}$$

$$\beta = \begin{bmatrix} \beta_1 \\ \beta_2 \\ \vdots \\ \beta_k \end{bmatrix}_{k\times 1}, \quad U = \begin{bmatrix} u_1 \\ u_2 \\ \vdots \\ u_n \end{bmatrix}_{n\times 1}$$

这里:

$Y$ —被解释变量观测值的 $n \times 1$ 阶列向量;

$X$ —解释变量观测值的 $n \times k$ 阶矩阵,矩阵每个元素 $X_{ji}$ 表示第 $j$ 个变量的第 $i$ 个观

测值。矩阵的每一列表示一个解释变量的 $n$ 个观测值,截距项 $\beta_1$ 对应的观测值均为 1;

$\beta$ 一未知参数的 $k\times 1$ 阶列向量;

$U$ 一随机误差项的 $n\times 1$ 阶列向量。

与一元回归相同,据样本观测值就可以得到样本回归函数。假设得到了未知参数 $\beta_1$,$\beta_2$,$\beta_3$,…,$\beta_k$ 的估计值 $\hat{\beta}_1$,$\hat{\beta}_2$,$\hat{\beta}_3$,…,$\hat{\beta}_k$,则样本回归函数可表示为

$$\hat{Y}_i=\hat{\beta}_1+\hat{\beta}_2X_{2i}+\hat{\beta}_3X_{3i}+\cdots+\hat{\beta}_kX_{ki} \tag{3.16}$$

其随机表达式为

$$Y_i=\hat{\beta}_1+\hat{\beta}_2X_{2i}+\hat{\beta}_3X_{3i}+\cdots+\hat{\beta}_kX_{ki}+e_i \tag{3.17}$$

式(3.16)和(3.17)矩阵表达式分别为

$$\hat{Y}=X\hat{\beta} \tag{3.18}$$

$$Y=X\hat{\beta}+e \tag{3.19}$$

其中

$$\hat{Y}=\begin{bmatrix}\hat{Y}_1\\ \hat{Y}_2\\ \vdots\\ \hat{Y}_n\end{bmatrix}_{n\times 1},\hat{\beta}=\begin{bmatrix}\hat{\beta}_1\\ \hat{\beta}_2\\ \vdots\\ \hat{\beta}_k\end{bmatrix}_{k\times 1},e=\begin{bmatrix}e_1\\ e_2\\ \vdots\\ e_n\end{bmatrix}_{n\times 1}$$

这里:

$\hat{Y}$ 一被解释变量 $Y$ 的 $n\times 1$ 阶拟合值列向量;

$\hat{\beta}$ 一未知参数 $\beta$ 的 $k\times 1$ 阶估计值列向量;

$e$ 一残差 $e$ 的 $n\times 1$ 阶列向量。

经典假定的矩阵表达

**假定 1:** $u_i$ 零均值假定

$$\mathrm{E}(U)=0$$

即

$$\mathrm{E}(U)=\begin{bmatrix}E(u_1)\\ E(u_2)\\ \vdots\\ E(u_n)\end{bmatrix}=\begin{bmatrix}0\\ 0\\ \vdots\\ 0\end{bmatrix}=0$$

**假定 2:** $u_i$ 无序列相关假定

$$\mathrm{Cov}(u_i,u_j)=0\quad i\neq j$$

**假定 3:** $u_i$ 同方差假定

$$Var(u_i)=\sigma^2$$

假定 2 和假定 3 的矩阵表达式是

$$Var(U)=E[U-E(U)][V-E(U)]'=E(UU')$$

$$=E\left[\begin{pmatrix}u_1\\u_2\\\vdots\\u_n\end{pmatrix}(u_1,u_2,\cdots,u_n)\right]=E\begin{bmatrix}u_1^2 & u_1u_2 & \cdots & u_1u_n\\u_2u_1 & u_2^2 & \cdots & u_2u_n\\\vdots & \vdots & & \vdots\\u_nu_1 & u_nu_2 & \cdots & u_n^2\end{bmatrix}$$

$$=\begin{bmatrix}E(u_1^2) & E(u_1u_2) & \cdots & E(u_1u_n)\\E(u_2u_1) & E(u_2^2) & \cdots & E(u_2u_n)\\\vdots & \vdots & & \vdots\\E(u_nu_1) & E(u_nu_2) & \cdots & E(u_n^2)\end{bmatrix}$$

$$=\begin{bmatrix}\sigma^2 & 0 & \cdots & 0\\0 & \sigma^2 & \cdots & 0\\\vdots & \vdots & & \vdots\\0 & 0 & \cdots & \sigma^2\end{bmatrix}=\sigma^2 I_n$$

称 $Var(U)$ 为随机误差项向量 $U$ 的方差一协方差矩阵。

**假定 4:** $u_i$ 与每一个解释变量无关

$$\text{Cov}(u_i,X_{ji})=0$$

**假定 5:**无设定偏误

**假定 6:**解释变量 $X$ 之间无完全的共线性,解释变量的样本观测矩阵 $X$ 是满秩矩阵,即 $\text{rank}(X)=k$。

## 第二节　最小二乘估计

### 一、最小二乘估计量

对于两个解释变量的回归模型,其样本回归函数为

$$\hat{Y}_i=\hat{\beta}_1+\hat{\beta}_2X_{2i}+\hat{\beta}_3X_{3i} \tag{3.20}$$

式中,$\hat{\beta}_1,\hat{\beta}_2,\hat{\beta}_3$ 分别为 $\beta_1,\beta_2,\beta_3$ 的估计值。根据最小二乘准则,应选择使残差平方和最小的 $\hat{\beta}_1,\hat{\beta}_2,\hat{\beta}_3$。在给定 Y,$X_1$ 和 $X_2$ 的 $n$ 个观测值时,同时选择 $\hat{\beta}_1,\hat{\beta}_2,\hat{\beta}_3$ 使下式取最小值。

$$\sum_{i=1}^{n}e_i^2=\sum_{i=1}^{n}(Y_i-\hat{\beta}_1-\hat{\beta}_2X_{2i}-\hat{\beta}_3X_{3i})^2 \tag{3.21}$$

式(3.21)中 $i$ 表示第 $i$ 次观测。式(3.21)就是对从 1 到 $n$ 的观测值求和。

在含有多个解释变量的一般情形中,得到样本回归函数

$$\hat{Y}_i=\hat{\beta}_1+\hat{\beta}_2X_{2i}+\hat{\beta}_3X_{3i}+\cdots+\hat{\beta}_kX_{ki} \tag{3.22}$$

我们的目的就是得到式(3.22)中的估计值 $\hat{\beta}_1,\hat{\beta}_2,\cdots,\hat{\beta}_k$ 使残差平方和最小。就是使

$$\sum_{i=1}^{n}e_i^2=\sum_{i=1}^{n}(Y_i-\hat{\beta}_1-\hat{\beta}_2X_{2i}-\hat{\beta}_3X_{3i}-\cdots-\hat{\beta}_kX_{ki})^2 \tag{3.23}$$

最小的估计值 $\hat{\beta}_1,\hat{\beta}_2,\cdots,\hat{\beta}_k$。据微积分知识知道，这个最小化问题就是使用多元微积分求解。其原理与一元线性回归方程的最小二乘法相同。得到 $\hat{\beta}_1,\hat{\beta}_2,\cdots,\hat{\beta}_k$ 这 $k$ 个未知变量的 $k$ 个线性方程。

$$
\begin{aligned}
&\sum_{i=1}^{n}(Y_i-\hat{\beta}_1-\hat{\beta}_2X_{2i}-\cdots-\hat{\beta}_kX_{ki})=0\\
&\sum_{i=1}^{n}X_{2i}(Y_i-\hat{\beta}_1-\hat{\beta}_2X_{2i}-\cdots-\hat{\beta}_kX_{ki})=0\\
&\qquad\vdots\\
&\sum_{i=1}^{n}X_{ki}(Y_i-\hat{\beta}_1-\hat{\beta}_2X_{2i}-\cdots-\hat{\beta}_kX_{ki})=0
\end{aligned}
\tag{3.24}
$$

该方程组称为正规方程组，求解该方程组，可得到 $\hat{\beta}_1,\hat{\beta}_2,\cdots,\hat{\beta}_k$ 的值。即使是较小的方程组，手工计算也是很繁重的工作。借助经济计量分析软件，对较大的 $n$ 和 $k$，也能很快求解这些方程。如果使用普通最小二乘法而得到了式(3.16)的样本回归函数，就称其为：将 $Y$ 对 $X_2,X_3,\cdots,X_k$ 进行了回归。

将式(3.24)简化整理后可得

$$
\begin{cases}
n\hat{\beta}_1+\hat{\beta}_2\sum X_{2i}+\cdots+\hat{\beta}_k\sum X_{ki}=\sum Y_i\\
\hat{\beta}_1\sum X_{2i}+\hat{\beta}_2\sum X_{2i}^2+\cdots+\hat{\beta}_k\sum X_{ki}X_{2i}=\sum X_{2i}Y_i\\
\qquad\vdots\\
\hat{\beta}_1\sum X_{ki}+\hat{\beta}_2\sum X_{2i}X_{ki}+\cdots+\hat{\beta}_k\sum X_{ki}^2=\sum X_{ki}Y_i
\end{cases}
\tag{3.25}
$$

写成矩阵形式为

$$
\begin{bmatrix}
n & \sum X_{2i} & \cdots & \sum X_{ki}\\
\sum X_{2i} & \sum X_{2i}^2 & \cdots & \sum X_{ki}X_{2i}\\
\vdots & \vdots & & \vdots\\
\sum X_{ki} & \sum X_{2i}X_{ki} & \cdots & \sum X_{ki}^2
\end{bmatrix}
\begin{bmatrix}\hat{\beta}_1\\ \hat{\beta}_2\\ \vdots\\ \hat{\beta}_k\end{bmatrix}
=
\begin{bmatrix}\sum Y_i\\ \sum X_{2i}Y_i\\ \vdots\\ \sum X_{ki}Y_i\end{bmatrix}
\tag{3.26}
$$

$$
\begin{aligned}
X'X&=\begin{bmatrix}
1 & 1 & \cdots & 1\\
X_{21} & X_{22} & \cdots & X_{2n}\\
\vdots & \vdots & & \vdots\\
X_{k1} & X_{k2} & \cdots & X_{kn}
\end{bmatrix}
\begin{bmatrix}
1 & X_{21} & \cdots & X_{k1}\\
1 & X_{22} & \cdots & X_{k2}\\
\vdots & \vdots & & \vdots\\
1 & X_{2n} & \cdots & X_{kn}
\end{bmatrix}\\
&=\begin{bmatrix}
n & \sum X_{2i} & \cdots & \sum X_{ki}\\
\sum X_{2i} & \sum X_{2i}^2 & \cdots & \sum X_{ki}X_{2i}\\
\vdots & \vdots & & \vdots\\
\sum X_{ki} & \sum X_{2i}X_{ki} & \cdots & \sum X_{ki}^2
\end{bmatrix}
\end{aligned}
$$

$$X'Y=\begin{bmatrix}1 & 1 & \cdots & 1\\ X_{21} & X_{22} & \cdots & X_{2n}\\ \vdots & \vdots & & \vdots\\ X_{k1} & X_{k2} & \cdots & X_{kn}\end{bmatrix}\begin{bmatrix}Y_1\\ Y_2\\ \vdots\\ Y_n\end{bmatrix}=\begin{bmatrix}\sum Y_i\\ \sum X_{2i}Y_i\\ \vdots\\ \sum X_{ki}Y_i\end{bmatrix}$$

式(3.26)可以用矩阵表示如下

$$X'X\hat{\beta}=X'Y \tag{3.27}$$

式(3.27)为正规方程组的矩阵表达式。在经典假定 6 满足的情况下，$\text{rank}(X)=k$，$k$ 阶方阵 $X'X$ 为非奇异矩阵，逆矩阵 $(X'X)^{-1}$ 存在，因此可以求解矩阵方程(3.27)，得到解为

$$\hat{\beta}=(X'X)^{-1}X'Y \tag{3.28}$$

式(3.28)的 $\hat{\beta}$ 就是 $\beta$ 的最小二乘估计量。

利用矩阵求导运算可以非常简单的得到最小二乘估计量。对于矩阵形式的回归方程 $Y=X\beta+U$，其样本回归方程为 $Y=X\hat{\beta}+e$，因此残差平方和可以表示为

$$\begin{aligned}\sum_{i=1}^{n}e_i^2&=\sum_{i=1}^{n}(Y_i-\hat{\beta}_1-\hat{\beta}_2X_{2i}-\hat{\beta}_3X_{3i}-\cdots-\hat{\beta}_kX_{ki})^2\\&=e'e=(Y-\hat{Y})'(Y-\hat{Y})=(Y-X\hat{\beta})'(Y-X\hat{\beta})\\&=Y'Y-\hat{\beta}'X'Y-Y'X\hat{\beta}+\hat{\beta}'X'X\hat{\beta}\\&=Y'Y-2\hat{\beta}'X'Y+\hat{\beta}'X'X\hat{\beta}\end{aligned} \tag{3.29}$$

其中

$$e=\begin{bmatrix}e_1\\ e_2\\ \vdots\\ e_n\end{bmatrix}=\begin{bmatrix}Y_1-\hat{Y}_1\\ Y_2-\hat{Y}_2\\ \vdots\\ Y_n-\hat{Y}_n\end{bmatrix}=Y-\hat{Y}=Y-X\hat{\beta}$$

$e$ 为 $n\times 1$ 阶残差列向量。

对残差平方和求导使其为 0，可得

$$\begin{aligned}\frac{\partial(e'e)}{\partial\hat{\beta}}&=\frac{\partial(Y'Y-2\hat{\beta}'X'Y+\hat{\beta}'X'X\hat{\beta})}{\partial\hat{\beta}}\\&=-2X'Y+2X'X\hat{\beta}=0\end{aligned}$$

整理后可得到正规方程组(3.27)

$$X'X\hat{\beta}=X'Y$$

因此，$\beta$ 的最小二乘估计量为

$$\hat{\beta}=(X'X)^{-1}X'Y$$

【例 3.1】工资回归模型

利用横截面数据估计参数得到如下包含三个解释变量的模型。

$$\ln(Y)=0.284+0.092X_2+0.0041X_3+0.022X_4 \tag{3.30}$$

式中，$Y$ =工资，$X_2$ =受教育年限，$X_3$ =工龄，$X_4$ =现任职务的任期。

在式(3.30)中，系数 0.092 表示在保持 $X_3$ 和 $X_4$ 固定不变的情况下，劳动者多受一年教育，$\ln(Y)$ 增加 0.092，即工资增加 9.2%。也就是说，如果有两个劳动者具有同样的工龄和现职任期，在受教育水平相差一年时，$X_2$ 的系数表示了预计工资的差别。

## 二、判定系数 $R^2$ 及调整的判定系数 $\bar{R}^2$

### (一)判定系数 $R^2$

在一元回归模型中，判定系数 $R^2$ 是回归方程拟合优度的一个度量；它给出了在被解释变量 $Y$ 的总变差中由(一个)解释变量 $X$ 解释了的比例或百分比。将其推广到多元回归模型中，判定系数依然为解释平方和 $ESS$ 与总平方和 $TSS$ 的比值，即

$$R^2 = \frac{ESS}{TSS} = 1 - \frac{RSS}{TSS} \tag{3.31}$$

与一元回归模型一样，$R^2$ 也是一个在 0 与 1 之间的数。$R^2$ 的值越接近于 1，模型拟合就越好。当 $R^2 = 1$ 时，$RSS = 0$，表明被解释变量 $Y$ 的变化完全由解释变量 $X_2$，$X_3$，…，$X_k$ 决定。当 $R^2 = 0$ 时，$ESS = 0$，表明 $Y$ 的变化与 $X_2$，$X_3$，…，$X_k$ 无关。

### (二)调整的判定系数 $\bar{R}^2$

判定系数 $R^2$ 的一个重要性质是：在回归模型中增加一个解释变量后，它不会减少，而且通常会增大。即 $R^2$ 是回归模型中解释变量个数的非减函数。在式(3.31)中，$TSS$ 就是 $\sum(Y_i - \bar{Y})^2$，与模型中的 $X$ 变量的个数无关。但 $RSS$ 即 $\sum e_i^2$ 却与模型中出现的解释变量个数相关。随着 $X$ 变量个数的增加，$\sum e_i^2$ 会减小，至少不会增大；因此，判定系数 $R^2$ 将会增大。所以，使用 $R^2$ 来判断具有相同被解释变量 $Y$ 和不同个数解释变量 $X$ 的回归模型的优劣时就很不适当。此时，$R^2$ 不能用于比较两个回归方程的拟合优度。

为了消除解释变量个数对判定系数 $R^2$ 的影响，需使用调整后的判定系数：

$$\bar{R}^2 = 1 - \frac{\sum e_i^2/(n-k)}{\sum(Y_i - \bar{Y})^2/(n-1)} \tag{3.32}$$

式中，$k$ 为包括截距项在内的模型中的参数个数。在二元回归模型中 $k=3$，在一元回归模型中 $k=2$。所谓调整，就是指 $\bar{R}^2$ 的计算式中的 $\sum e_i^2$ 和 $\sum(Y_i - \bar{Y})^2$ 都用它们的自由度 $(n-k)$ 和 $(n-1)$ 去除。

调整的判定系数 $\bar{R}^2$ 和 $R^2$ 的关系为

$$\bar{R}^2 = 1 - (1 - R^2)\frac{n-1}{n-k} \tag{3.33}$$

由式(3.33)可以看出：(1)对于 $k > 1$，$\bar{R}^2 < R^2$。这意味着，随着 $X$ 变量的个数增加，$\bar{R}^2$ 比 $R^2$ 增加得慢些。(2)虽然 $R^2$ 非负，但 $\bar{R}^2$ 可以是负的。在应用中，如果遇到 $\bar{R}^2$ 出现负的情形，就令 $\bar{R}^2 = 0$。

只要被解释变量的函数形式相同，不论解释变量个数多少，函数形式是否相同，都可以使用调整的判定系数比较不同回归模型的拟合优度。

（三）回归分析中 $\bar{R}^2$ 的应用

在回归分析中，我们的目的并不是为了得到一个高的 $\bar{R}^2$，而是要得到真实总体回归系数的可靠估计并做出有关的统计推断。在实证分析中，经常碰到有着较高的 $\bar{R}^2$，但某些回归系数在统计上不显著的回归模型，这样的模型是没有应用价值的。所以，我们应更加关心解释变量对被解释变量的理论关系和统计显著性。如果在其他条件相同的条件下，得到一个较高 $\bar{R}^2$，当然很好；如果 $\bar{R}^2$ 偏低，也不能说明模型不好。在经典线性回归模型中，并不要求 $\bar{R}^2$ 一定是较高的。只有模型用于预测时，才会要求较高的拟合优度。

【例 3.2】大学平均成绩的决定因素

根据某大学 141 名学生的样本，以大学平均成绩 $Y$ 为被解释变量，高中平均成绩 $X_1$ 和大学能力测验分数 $X_2$ 为解释变量，用普通最小二乘法得到样本回归模型为

$$\hat{Y}=1.29+0.453X_1+0.0094X_2 \tag{3.34}$$

式(3.34)中，$R^2=0.176$，$n=141$。截距项 1.29 没有实际意义。因为，没有人在高中时的成绩为 0、测验成绩也为 0 时进入大学。$R^2=0.176$ 意味着，高中平均成绩 $X_1$ 和大学能力测验分数 $X_2$ 一起解释这个学生样本中大学平均成绩 $Y$ 的方差的 17.6%。这个比例虽然不高，但不能判定模型不好。因为影响一个学生大学表现的因素还有很多，包括家庭背景、个性、高中教育的质量和对大学专业的喜恶等。

## 三、最小二乘估计量的期望值和方差

（一）回归系数 $\hat{\beta}_j$ 的期望值

在多元回归模型满足经典假定的条件下，普通最小二乘估计量是总体参数的无偏估计。即

$$E(\hat{\beta}_j)=\beta_j,\ j=1,\ 2,\ \cdots,\ k \tag{3.35}$$

对这一结果有直接影响的假定为 $E(u_i)=0$，随机扰动项的期望值为 0 和 $\mathrm{Cov}(X_i,\ u_i)=0$，$X$ 非随机并与扰动项 $u$ 不相关。

在多元回归分析中，如果回归模型的函数形式设定有误或遗漏了与包含在模型中的变量相关的重要解释变量，都会导致经典假定 $E(u_i)=0$ 不成立，即 $E(u_i)\neq 0$。如此，则使得最小二乘估计量 $\hat{\beta}_j$ 不是总体参数的无偏估计，即 $E(\hat{\beta}_j)\neq\beta_j$。虽然在多元回归分析中，模型的函数形式更多，包含的变量数也较多，相对于一元回归分析，出现函数形式设定偏误和遗漏重要解释变量的可能性较小。但是，在一项应用研究中，由于理论的含糊性或数据的局限性，总有一些重要解释变量不能包含到回归模型中。如此，则会破坏普通最小二乘估计的无偏性，本章第五节将对此问题进行讨论。

关于 $\mathrm{Cov}(X_i,\ u_i)=0$ 假定不能满足，从而破坏无偏性，我们将在后面章节讨论它。

无偏性不是针对某一特定样本而言的，而是指将普通最小二乘法用于各种可能的随机样本时，这种方法得到的结果是无偏的。就是说将普通最小二乘法用于不同的样本，将会得到许多不同的估计值 $\hat{\beta}_{ij}$，$i$ 表示第 $i$ 个样本，$j$ 表示第 $j$ 个参数。这些不同的估计值的均值等于总体参数 $\beta_j$。但对于一个具体的估计值就谈不上无偏性。因为一个估计值是从一个特定的样本得到的一个固定数，它也许等于总体参数，也许不等于总体参数，我们

无法判定。虽然我们总是希望得到最接近总体真实性的估计值，但最小二乘法并不能保证这一点。

（二）$\hat{\beta}_j$ 的方差和标准误

$\hat{\beta}_j$ 的期望值度量了 $\hat{\beta}_j$ 的集中趋势。而 $\hat{\beta}_j$ 的方差则度量了 $\hat{\beta}_j$ 围绕其期望值的集中程度，也就是度量了 $\hat{\beta}_j$ 的估计精度。

在满足经典假定的条件下，偏斜率系数最小二乘估计量的方差为

$$Var(\hat{\beta}_j)=\frac{\sigma^2}{SST_j(1-R_j^2)} \tag{3.36}$$

式中，$SST_j=\sum_{i=1}^{n}(X_{ij}-\bar{X}_j)^2$ 为 $X_j$ 的总样本变异；$j=2, 3, \cdots, k$；$R_j^2$ 为将 $X_j$ 对所有其他解释变量（包括一个截距项）进行回归所得到的判定系数 $R^2$。

$Var(\hat{\beta}_j)$具有非常重要的指导意义。方差越大，则意味着估计量越不精确。

$\hat{\beta}_j$ 的方差取决于如下三个因素：$\sigma^2$，$SST_j$ 和 $R_j^2$。$j$ 表示第 $j$ 个解释变量。

1. $Var(\hat{\beta}_j)$与 $\sigma^2$ 成正比；$\sigma^2$ 越大，$\hat{\beta}_j$ 的方差 $Var(\hat{\beta}_j)$越大。回归模型的干扰项 $u$ 是对回归结果的干扰，干扰（$\sigma^2$）越大，使得估计任何一个解释变量对 $Y$ 的局部影响就越困难。由于 $\sigma^2$ 是总体的一个特征，所以它与样本容量无关。

2. $Var(\hat{\beta}_j)$与 $X_j$ 的总样本变异 $SST_j$ 成反比；总样本变异 $SST_j$ 越大，$\hat{\beta}_j$ 的方差 $Var(\hat{\beta}_j)$越小。因此，若其他条件不变，就估计 $\beta_j$ 而言，我们希望 $X_j$ 的样本方差越大越好。这一点在一元回归模型中，已经看到了。只要扩大样本容量，就能增大 $SST_j$，同时也就缩小了 $\hat{\beta}_j$ 的方差 $Var(\hat{\beta}_j)$，也就是提高了估计精度。

3. $Var(\hat{\beta}_j)$与解释变量之间的线性关联程度 $R_j^2$ 正相关；$R_j^2$ 越大，$\hat{\beta}_j$ 的方差 $Var(\hat{\beta}_j)$越大。在一元回归模型中，只有一个解释变量，不存在这一问题。这里的 $R_j^2$ 与 $Y$ 无关，它只涉及原模型中的解释变量 $X_2, X_3, \cdots, X_k$，其中 $X_j$ 作为被解释变量，其他解释变量作为解释变量。

在二元回归模型 $Y=\beta_1+\beta_2X_2+\beta_3X_3+u$ 中，$\hat{\beta}_2$ 的方差为

$$Var(\hat{\beta}_2)=\frac{\sigma^2}{SST_2(1-R_2^2)} \tag{3.37}$$

$R_2^2$ 是 $X_2$ 对 $X_3$（含截距）进行一元回归所得到的 $R^2$。由于 $R^2$ 度量了拟合优度，所以当 $R_2^2$ 接近于 1 时，则表明在这个样本中，$X_3$ 解释了 $X_2$ 的大部分变动，就是说 $X_2$ 与 $X_3$ 高度相关。随着 $R_2^2$ 的逐渐增加，$Var(\hat{\beta}_2)$会越来越大。因此，$X_2$ 与 $X_3$ 之间的线性关系越密切，斜率系数的普通最小二乘估计量的方差就越大。

对于一般情况，$R_j^2$ 是 $X_j$ 总变异中由模型中包括的其他解释变量解释的部分。也就是 $X_j$ 与其他解释变量之间的线性关联程度，关联程度越高，方差就越大；关联程度越小，方差就越小。最理想的情形是 $R_j^2=0$，但这种情形是难以碰到的。在所有其他条件都不变的情况下，就估计 $\beta_j$ 来说，$X_j$ 与其他解释变量之间关联程度越低越好。

另外，在多元回归模型中，某些解释变量之间的高度相关不影响模型中其他参数的估计方差。例如，有一个三个解释变量的模型：

$$Y = \beta_1 + \beta_2 X_2 + \beta_3 X_3 + \beta_4 X_4 + u \tag{3.38}$$

其中，$X_3$ 与 $X_4$ 高度相关，则 $Var(\hat{\beta}_3)$ 和 $Var(\hat{\beta}_4)$ 都很大。但 $X_3$ 与 $X_4$ 之间的相关程度对 $Var(\beta_2)$ 没有直接影响。如果 $X_2$ 与 $X_3$，$X_4$ 无关，则无论 $X_3$ 与 $X_4$ 如何相关，都有 $R_2^2 = 0$ 和 $Var(\hat{\beta}_2) = \sigma^2 / SST_2$。如果我们所关心的是参数 $\beta_2$，可以不管 $X_3$ 与 $X_4$ 之间的相关程度。

将 $Var(\hat{\beta}_j)$ 开方，则得 $\hat{\beta}_j$ 的标准误

$$Se(\hat{\beta}_j) = \sqrt{\frac{\sigma^2}{SST_j(1 - R_j^2)}} \tag{3.39}$$

（三）$\sigma^2$ 的估计量

由于干扰项 $u_i$ 不可观测，因此必须据样本结果估计 $\sigma^2$。$\sigma^2$ 的无偏估计量为

$$\hat{\sigma}^2 = \frac{\sum_{i=1}^{n} e_i^2}{n-k} = \frac{RSS}{n-k} \tag{3.40}$$

式(3.40)中 $\hat{\sigma}^2$ 为 $\sigma^2$ 的估计量，$n$ 为样本容量，$k$ 为多元回归模型中的参数个数。

可以证明，式(3.40)给出的 $\sigma^2$ 的估计量 $\hat{\sigma}^2$ 是 $\sigma^2$ 的无偏估计量。即

$$E(\hat{\sigma}^2) = \sigma^2 \tag{3.41}$$

$\hat{\sigma}^2$ 正的平方根 $\hat{\sigma}$ 被称为回归标准误。

$\sigma^2$ 的无偏估计量的证明如下

$$\begin{aligned} e &= Y - \hat{Y} = Y - X\hat{\beta} = (X\beta + U) - X[(X'X)^{-1}X'Y] \\ &= (X\beta + U) - X[(X'X)^{-1}X'(X\beta + U)] \\ &= X\beta + U - X[\beta + (X'X)^{-1}X'U] \\ &= U - X(X'X)^{-1}X'U \\ &= [I_N - X(X'X)^{-1}X']U \\ &= MU \end{aligned} \tag{3.42}$$

其中，$M = I_n - X(X'X)^{-1}X'$，$M$ 是 $n$ 阶对称幂等矩阵，即 $M = M'$，$M^2 = M$，则残差平方和为

$$e'e = (MU)'MU = U'M'MU = U'MU = U'[I_n - X(X'X)^{-1}X']U \tag{3.43}$$

$$\begin{aligned} E(e'e) &= E\{U'[I_n - X(X'X)^{-1}X']U\} \\ &= \sigma^2 tr[I_n - X(X'X)^{-1}X'] \\ &= \sigma^2[trI_n - trX(X'X)^{-1}X'] \\ &= \sigma^2(n-k) \end{aligned} \tag{3.44}$$

其中，符号 $tr$ 表示矩阵的迹，定义为矩阵主对角线上的和。因此可得

$$\sigma^2 = \frac{E(e'e)}{n-k} \tag{3.45}$$

所以，$\sigma^2$ 的无偏估计量为

$$\hat{\sigma}^2 = \frac{e'e}{n-k} = \frac{\sum e_i^2}{n-k} \tag{3.46}$$

### 四、最小二乘估计量的性质

在多元回归模型中，最小二乘估计量同样具有一元回归中的优良性质。高斯—马尔可夫定理对此给予了精辟的阐述。

高斯—马尔可夫定理：在多元线性回归模型的经典假定下，普通最小二乘估计量 $\hat{\beta}_1$，$\hat{\beta}_2$，…，$\hat{\beta}_k$ 分别是 $\beta_1$，$\beta_2$，…，$\beta_k$ 的最佳线性无偏估计量。就是说，普通最小二乘估计量 $\hat{\beta}_1$，$\hat{\beta}_2$，…，$\hat{\beta}_k$ 是所有线性无偏估计量中方差最小的。

在前面的讨论中，已经知道 $\hat{\beta}_j$ 是 $\beta_j$ 的无偏估计量，即 $E(\hat{\beta}_j)=\beta_j$。这表明了估计量 $\hat{\beta}_j$ 的集中趋势。

1. 线性性

线性一词的含义是指 $\hat{\beta}_j$ 是被解释变量 $Y_i$ 的线性函数

$$\hat{\beta}_j = \sum_{i=1}^{n} W_{ij} Y_i \tag{3.47}$$

式(3.47)中，每个 $W_{ij}$ 都是所有自变量样本值的一个函数。

2. 无偏性

$$\begin{aligned}\hat{\beta} &= (X'X)^{-1}X'Y = (X'X)^{-1}X'(X\beta+U) \\ &= \beta + (X'X)^{-1}X'U\end{aligned} \tag{3.48}$$

对式(3.48)取期望，可得

$$\begin{aligned}E(\hat{\beta}) &= \beta + E[(X'X)^{-1}X'U] \\ &= \beta + (X'X)^{-1}X'E(U) \\ &= \beta\end{aligned}$$

所以，$\hat{\beta}$ 是 $\beta$ 的无偏估计量。这里利用了随机误差项的经典假定。

3. 有效性

最佳一词的含义就是指最小方差。给定两个估计量，无疑是方差小的估计量优于方差大的估计量。$\hat{\beta}_j$ 是经典假定下 $\beta_j$ 的最小二乘估计量，对于任一线性无偏估计量 $\tilde{\beta}_j$，都有 $Var(\hat{\beta}_j) \leqslant Var(\tilde{\beta}_j)$。就是说，在一群线性无偏估计量中，普通最小二乘估计量的方差最小。

$\hat{\beta}$ 的方差—协方差矩阵为

$$\begin{aligned}Var(\hat{\beta}) &= E[\hat{\beta}-E(\hat{\beta})][\hat{\beta}-E(\hat{\beta})]' = E(\hat{\beta}-\beta)(\hat{\beta}-\beta)' \\ &= E\left[\begin{pmatrix}\hat{\beta}_1-\beta_1 \\ \hat{\beta}_2-\beta_2 \\ \vdots \\ \hat{\beta}_k-\beta_k\end{pmatrix}(\hat{\beta}_1-\beta_1, \hat{\beta}_2-\beta_2, \cdots, \hat{\beta}_k-\beta_k)\right]\end{aligned}$$

$$
=\begin{bmatrix} Var(\hat{\beta}_1) & \mathrm{Cov}(\hat{\beta}_1,\hat{\beta}_2) & \cdots & \mathrm{Cov}(\hat{\beta}_1,\hat{\beta}_k) \\ \mathrm{Cov}(\hat{\beta}_2,\hat{\beta}_1) & Var(\hat{\beta}_2) & \cdots & \mathrm{Cov}(\hat{\beta}_2,\hat{\beta}_k) \\ \vdots & \vdots & & \vdots \\ \mathrm{Cov}(\hat{\beta}_k,\hat{\beta}_1) & \mathrm{Cov}(\hat{\beta}_k,\hat{\beta}_2) & \cdots & Var(\hat{\beta}_k) \end{bmatrix} \tag{3.49}
$$

矩阵(3.49)中主对角线上的元素为 $\hat{\beta}_1,\hat{\beta}_2,\cdots,\hat{\beta}_k$ 的方差，非主对角线上的元素为它的协方差。

据式(3.48)可得

$$
\hat{\beta}-\beta=(X'X)^{-1}X'U
$$

因此

$$
\begin{aligned}
Var(\hat{\beta}) &= E(\hat{\beta}-\beta)(\hat{\beta}-\beta)'=E[(X'X)^{-1}X'U][(X'X)^{-1}X'U]' \\
&= E[(X'X)^{-1}X'UU'X(X'X)^{-1}] \\
&= (X'X)^{-1}X'[E(UU')]X(X'X)^{-1} \\
&= (X'X)^{-1}X'[\sigma^2 I_n]X(X'X)^{-1} \\
&= \sigma^2(X'X)^{-1}
\end{aligned} \tag{3.50}
$$

可以证明，最小二乘估计量 $\hat{\beta}$ 的方差是所有线性无偏估计量中方差最小的。

高斯—马尔可夫定理的意义在于，当经典假定成立时，不需要再去寻找其他无偏估计量，没有一个会优于普通最小二乘估计量。也就是说，如果存在一个好的线性无偏估计量，这个估计量的方差最多与普通最小二乘估计量的方差一样小，不会小于普通最小二乘估计量的方差。

高斯—马尔可夫定理证明了在多元线性回归分析中，使用普通最小二乘法进行参数估计的合理性。但是，这一定理是依赖于经典假定条件的，如果经典假定中的条件不成立，这个定理也就不再成立。普通最小二乘估计量也就不再是最佳线性无偏估计量了。

## 第三节　多元线性回归模型的检验

### 一、回归系数的显著性检验——$t$ 检验

回归分析的目的不仅仅是得到 $\beta_j$ 的估计值 $\hat{\beta}_j$，而同时要对总体回归函数中的每个 $\beta_j$ 的假设进行检验。总体回归模型为

$$
Y=\beta_1+\beta_2X_2+\beta_3X_3+\cdots+\beta_kX_k+u \tag{3.51}
$$

如果式(3.51)满足经典假定，则是经典线性回归模型。我们知道，$\beta_j$ 是总体参数，是未知数，总体信息未知时，$\beta_j$ 是不可测的。但是，我们可以对 $\beta_j$ 的值做出假设，通过统计推断来检验我们的假设。

可以证明，在 $u_i$ 服从正态分布及经典假定条件下

$$
t=\frac{\hat{\beta}_j-\beta_j}{Se(\hat{\beta}_j)} \tag{3.52}
$$

服从自由度为 $n-k$ 的 $t$ 分布。$k$ 为总体回归模型的参数个数，$\beta_j$ 为总体回归参数，$\hat{\beta}_j$ 为 $\beta_j$

的普通最小二乘估计量，$Se(\hat{\beta}_j)$为$\hat{\beta}_j$的标准误。

在经济计量分析中，我们最关心的是解释变量$X_j$是否与被解释变量$Y$线性相关。因此，我们的主要目的在于检验原假设

$$H_0: \beta_j = 0 \tag{3.53}$$

式(3.53)中，$j$对应$k-1$个解释变量中的任意一个。$\beta_j$是第$j$个变量的偏回归系数，度量了在所有其他解释变量不变的条件下，$X_j$对$Y$的影响；即$X_j$变化一个单位，对$Y$的期望值的影响。如式(3.53)成立，即$\beta_j=0$，则意味着$X_j$对$Y$的期望值没有任何影响。例如，工资模型中

$$W_i = \beta_1 + \beta_2 E_i + \beta_3 EP_i + u_i \tag{3.54}$$

其中，$W_i$＝工资，$E_i$＝受教育水平，$EP_i$＝工作经验。

原假设$H_0:\beta_3=0$意味着在受教育程度相同的条件下，工作经验对工资没有影响。这个假设价值很大，如果它是正确的，那么就是说个人在任现职之前的工作经验不会影响他的工资水平。如果$\beta_2>0$，则意味着以前的工作经验对现在的工资水平有促进作用。

在经济计量分析中，备择假设通常设定为

$$H_1: \beta_j \neq 0 \tag{3.55}$$

式(3.55)表示$X_j$对$Y$有显著影响，$\beta_j$可正可负。

与一元回归分析相同，对$\beta_j$进行检验使用如下的$t$统计量。

$$t_{\hat{\beta}_j} = \frac{\hat{\beta}_j}{Se(\hat{\beta}_j)} \tag{3.56}$$

给定$\hat{\beta}_j$和标准误$Se(\hat{\beta}_j)$，该$t$统计量就很容易获得。回归分析软件都直接报告$t$统计量及其标准误。

在式(3.56)中，$Se(\hat{\beta}_j)>0$，所以$t_{\hat{\beta}_j}$与$\hat{\beta}_j$的符号相同。在$Se(\hat{\beta}_j)$给定的条件下，$|t_{\hat{\beta}_j}|$与$|\hat{\beta}_j|$成正比。我们要检验的是原假设$H_0:\beta_j=0$，因为$\beta_j$不可测，只能用$\beta_j$的无偏估计量$\hat{\beta}_j$来进行统计推断。在实际分析中，点估计值$\hat{\beta}_j$不可能正好为0，$\hat{\beta}_j$的样本值与0相差越远，拒绝原假设$H_0:\beta_j=0$的可能性越大。由于在估计$\hat{\beta}_j$中存在抽样误差，所以$\hat{\beta}_j$的大小就必须由其抽样误差来衡量，即由$\hat{\beta}_j$的标准误$Se(\hat{\beta}_j)$来衡量。因此，$t_{\hat{\beta}_j}$度量了被估计的$\hat{\beta}_j$与0相差多大。$t_{\hat{\beta}_j}$的值充分远离0将导致拒绝原假设$H_0:\beta_j=0$，拒绝的标准决定于所选择的显著性水平$\alpha$。

我们所进行的假设检验是关于总体参数的，不是在检验一个来自特定样本的估计值。因此，将一个原假设表达成“$H_0:\hat{\beta}_j=0$”，或者在样本中的参数估计值是0.205时说“$H_0$：0.205＝0”，都是毫无意义的，我们要检验的是未知总体参数$\beta_j$是否为0。

多元回归中的$t$检验决策规则与一元回归相同。

【例3.3】工资回归模型

例3.1中的工资回归模型如下：

$$\begin{aligned} \ln(Y) &= 0.2840 + 0.0920X_2 + 0.0041X_3 + 0.0220X_4 \\ Se \quad & \quad (0.1040) \quad (0.0070) \quad\quad (0.0017) \quad\quad (0.0030) \end{aligned} \tag{3.57}$$

$R^2=0.3160 \qquad n=526$

式(3.57)中,$Y$=工资,$X_2$=受教育年限,$X_3$=工龄,$X_4$=现任职务的任期。

$$t_1=\frac{0.2840}{0.1040}=2.7308$$

$$t_2=\frac{0.0920}{0.0070}=13.1429$$

$$t_3=\frac{0.0041}{0.0017}=2.4118$$

$$t_4=\frac{0.0220}{0.0030}=7.3333$$

查 $t$ 分布表可知,5%显著性水平下的临界值 $t_{0.025}(522)=1.960$。模型中参数的 $t$ 统计量均大于临界值 $t_{0.025}(522)=1.960$,每一个估计的偏回归系数都是统计上显著的,即显著的异于 0。也就是说,拒绝每个原假设。这就意味着模型中的三个解释变量:受教育年限、工龄和现任职务的任期对被解释变量—工资都有显著的影响。

## 二、回归模型的整体显著性检验——F 检验

除了要判断每一个偏回归系数的显著性外,还需要对多元回归模型的总体显著性进行判断。多元回归模型的总体显著性就是对原假设

$$H_0:\beta_2=\beta_3=\cdots=\beta_k=0 \tag{3.58}$$

进行检验。检验的目的就是判断被解释变量 $Y$ 是否与 $X_2$, $X_3$, …, $X_k$ 在整体上有线性关系。

例如,对于二元回归模型

$$Y_i=\beta_1+\beta_2X_{2i}+\beta_3X_{3i}+u_i \tag{3.59}$$

若原假设 $H_0:\beta_2=\beta_3=0$ 成立,则表明 $Y$ 与 $X_2$, $X_3$ 没有线性关系,$X_2$, $X_3$ 对 $Y$ 都没有显著的线性影响。这个回归模型应为

$$Y_i=\beta_1+u_i \tag{3.60}$$

式(3.60)表明式(3.59)的回归模型是不能成立的。在整体显著性检验中对应的备择假设为 $H_1:\beta_2$ 和 $\beta_3$ 不同时为 0。备择假设的组合有三种结果:

1. $\beta_2\neq 0$ 且 $\beta_3\neq 0$
2. $\beta_2\neq 0$ 且 $\beta_3=0$
3. $\beta_2=0$ 且 $\beta_3\neq 0$

不论这三种情况的哪一种发生,式(3.59)均成立,称为回归模型整体显著。

在一元回归模型中,只有一个解释变量,对个别回归系数 $\beta_2$ 的 $t$ 检验就是对回归模型的整体显著性检验。而在多元回归模型中,可以证明,对回归系数的逐一显著性检验并不能代替对回归模型的整体显著性检验。

可以证明,对于多元线性回归模型:

$$Y_i=\beta_1+\beta_2X_{2i}+\beta_3X_{3i}+\cdots+\beta_kX_{ki}+u_i \tag{3.61}$$

在 $u_i$ 服从正态分布和原假设 $H_0:\beta_2=\beta_3=\cdots=\beta_k=0$ 条件下,变量

$$F=\frac{\text{解释平方和}/(k-1)}{\text{残差平方和}/(\text{本容量}-k)}=\frac{ESS/(k-1)}{RSS(n-k)} \tag{3.62}$$

服从自由度为$(k-1)$和$(n-k)$的$F$分布，即

$$F=\frac{ESS/(k-1)}{RSS/(n-k)}\sim F(k-1,n-k) \tag{3.63}$$

从$F$的表达式可以看出，如果原假设$H_0:\beta_2=\beta_3=\cdots=\beta_k=0$是真实的，则表明$Y$与$X_2,X_3,\cdots,X_k$整体上无线性关系，$Y$的变异全部来源于干扰项$u_i$，$F$统计量的值较小。如果原假设$H_0:\beta_2=\beta_3=\cdots=\beta_k=0$是虚假的，则表明$Y$与$X_2,X_3,\cdots,X_k$整体上有线性关系，$X_2,X_3,\cdots,X_k$对$Y$有显著影响，则解释平方和$ESS$要远远大于残差平方和$RSS$，从而得到一个较大的$F$统计量。因此，式(3.63)的$F$统计量为我们提供了检验多元回归模型整体显著性的一种方法。利用$F$分布，在给定显著性水平$\alpha$下，查$F$分布表可得$F_\alpha(k-1,n-k)$，如果$F>F_\alpha$，我们就拒绝$H_0$，如果$F<F_\alpha$就不拒绝$H_0$。至此，我们得到多元回归模型的整体显著性检验决策规则。

(1)设定假设

原假设$H_0:\beta_2=\beta_3=\cdots=\beta_k=0$

备择假设$H_1:\beta_j$不全为0，$j=2,3,\cdots,k$

(2)计算$F$统计量

$$F=\frac{ESS/(k-1)}{RSS/(n-k)} \tag{3.64}$$

(3)在给定显著性水平$\alpha$的条件下，查$F$分布表得临界值$F_\alpha(k-1,n-k)$

(4)判断

如果$F>F_\alpha(k-1,n-k)$，则拒绝$H_0$，接受备择假设$H_1$。

如果$F\leqslant F_\alpha(k-1,n-k)$，则不拒绝$H_0$。

$F$统计量与判定系数$R^2$的关系如下

$$F=\frac{R^2/(k-1)}{(1-R^2)/(n-k)} \tag{3.65}$$

式(3.65)表明，$F$统计量与$R^2$是同向变化的。当$R^2=0$时，$F=0$；$R^2$越大，$F$值也越大。$R^2=1$时，$F$无穷大。$F$检验即是对回归模型整体显著性的检验，也是对判定系数$R^2$的一个显著性检验。

【例3.4】在例3.3中$R^2=0.3160$，$n=526$，$k=4$，

则 $F=\dfrac{0.3160/(4-1)}{(1-0.3160)/(526-4)}=80.3887$

给定显著性水平$\alpha=5\%$，第1自由度$k-1=3$，第2自由度$n-k=522$，查$F$分布表可得$F_{0.05}(3,522)=2.60$

$F=80.3887>F_{0.05}(3,522)=2.60$。因此，工资回归模型是整体显著的，工资回归模型成立。

## 三、检验线性约束是否成立的F检验

对于一个三元回归模型

$$Y=\beta_1+\beta_2X_2+\beta_3X_3+\beta_4X_4+u \tag{3.66}$$

如果要检验某个解释变量的显著性可以使用$t$检验，如果要检验所有解释变量的整体

显著性可以使用上面介绍的 $F$ 检验。如果要检验模型中部分解释变量的联合显著性，如 $X_3$，$X_4$ 的联合显著性，该如何进行？这个检验就是要判定在控制了 $X_2$ 的情况下，$X_3$，$X_4$ 对被解释变量是否有线性解释作用。这就相当于对模型施加了某些线性约束，检验的目的就是判定这样的约束是否成立？完成这些检验就要使用检验线性约束的 $F$ 检验。此时检验原假设就是

$$H_0: \beta_3 = 0, \beta_4 = 0 \tag{3.67}$$

备择假设就是

$$H_1: \beta_3, \beta_4 \text{ 不全 } 0 \tag{3.68}$$

如果原假设成立，说明式(3.66)中 $X_3$，$X_4$ 对被解释变量没有线性影响；如果备择假设成立，说明式(3.66)中 $X_3$，$X_4$ 中至少有一个变量对被解释变量有线性影响。

我们能够使用 $t$ 检验完成式(3.67)的检验吗？在多元回归模型中由于受到其他变量的干扰，会使得 $t$ 检验出现误判，此时使用个别的 $t$ 检验会得出错误的结论，因此就必须借助检验线性约束的 $F$ 检验。这个 $F$ 检验的原理是什么呢？假如原假设成立，即式(3.67)成立，则回归模型为式(3.69)

$$Y = \beta_1 + \beta_2 X_2 + u \tag{3.69}$$

式(3.69)称为受约束模型，而式(3.66)为不受约束模型。对这两个模型进行 $OLS$ 参数估计就会得到残差平方和 $RSS$，对于约束模型记为 $RSS_r$，对于非约束模型记为 $RSS_{ur}$，由于残差平方和是解释变量个数的非减函数，因此，$RSS_r$ 大于 $RSS_{ur}$。如果两者没有差距，则不能拒绝原假设，说明解释变量 $X_3$，$X_4$ 是对被解释变量没有解释作用的；如果两者有明显差距，就拒绝原假设，说明解释变量 $X_3$，$X_4$ 中至少有一个是对被解释变量有解释作用的。下面针对一般情形介绍这个检验统计量。假设一个无约束的多元回归模型为

$$Y = \beta_1 + \beta_2 X_2 + \cdots + \beta_k X_k + u \tag{3.70}$$

无约束模型(3.70)中有 $k$ 个参数，如果要检验后 $m$ 个参数为 0 的原假设，则得到约束模型为

$$Y = \beta_1 + \beta_2 X_2 + \cdots + \beta_{k-m} X_{k-m} + u \tag{3.71}$$

这样检验的原假设和备择假设分别为

$$H_0: \beta_{k-m+1} = 0, \cdots, \beta_k = 0 \tag{3.72}$$

$$H_1: \beta_{k-m+1}, \cdots, \beta_k \text{ 不全 } 0 \tag{3.73}$$

对无约束模型(3.70)和约束模型(3.71)进行 $OLS$ 估计，得到无约束模型残差平方和 $RSS_{ur}$ 和约束模型残差平方和 $RSS_r$。得到 $F$ 统计量为

$$F = \frac{(RSS_r - RSS_{ur})/m}{RSS_{ur}/(n-k)} \tag{3.74}$$

在原假设成立的条件下，$F$ 统计量服从自由度为 $(m, n-k)$ 的 $F$ 分布，即

$$F \sim F(m, n-k) \tag{3.75}$$

由 $F$ 分布的定义可知，当 $F$ 值很大时，就拒绝原假设，约束条件不成立。这个临界值依赖于显著性水平 $\alpha$，记为 $F_\alpha(m, n-k)$，可以由 $F$ 分布表获得。如果 $F > F_\alpha(m, n-k)$，就拒绝 $H_0$，约束条件不成立；否则就不拒绝 $H_0$，约束条件成立。

在例 3.5 中，如果约束模型为 $Y = \beta_1 + \beta_2 X_2 + u$，则 $RSS_r = 1023.218$，$RSS_{ur} = 195.402$，$F = \dfrac{(1023.218 - 195.402)/2}{195.402/(22-4)} = 38.1283$，$F_{0.05}(2,18) = 3.55$，

$F > F_{0.05}(2,18)$，因此拒绝原假设，约束条件不成立。

【例 3.5】人口寿命回归模型

表 3.1 给出了 1992 年亚洲各国人均寿命 $Y$，按购买力平价计算的人均 GDP$X_2$，成人识字率 $X_3$（%）和一岁儿童疫苗接种率 $X_4$（%）。在一个经济系统中，人口寿命与生活水平、基本教育普及率和儿童疫苗接种状况有密切关系。因此，要研究人口寿命问题，可将模型设定为

$$Y=\beta_1+\beta_2X_2+\beta_3X_3+\beta_4X_4+u \tag{3.76}$$

式(3.76)中，$Y$＝人均寿命（年），$X_2$＝人均 GDP（100 美元），$X_3$＝成人识字率（%），$X_4$＝一岁儿童疫苗接种率（%）。

**表 3.1　亚洲各国（地区）人的发展指标（1992 年）**

| 国家和地区 | 平均寿命 $Y$（年） | 按购买力平价计算的人均 GDP $X_2$（100 美元） | 成人识字率 $X_3$（%） | 一岁儿童疫苗接种率 $X_4$（%） |
|---|---|---|---|---|
| 1. 中国（内地） | 70 | 29 | 80 | 94 |
| 2. 中国香港 | 77 | 185 | 90 | 79 |
| 3. 韩国 | 70 | 83 | 97 | 83 |
| 4. 新加坡 | 74 | 147 | 92 | 90 |
| 5. 泰国 | 69 | 53 | 94 | 86 |
| 6. 马来西亚 | 70 | 74 | 80 | 90 |
| 7. 斯里兰卡 | 71 | 27 | 89 | 88 |
| 8. 日本 | 79 | 194 | 99 | 99 |
| 9. 菲律宾 | 65 | 24 | 90 | 92 |
| 10. 朝鲜 | 71 | 18 | 95 | 96 |
| 11. 蒙古国 | 63 | 13 | 89 | 90 |
| 12. 印度尼西亚 | 62 | 27 | 84 | 92 |
| 13. 越南 | 63 | 13 | 89 | 90 |
| 14. 缅甸 | 57 | 7 | 81 | 74 |
| 15. 巴基斯坦 | 58 | 20 | 36 | 81 |
| 16. 老挝 | 50 | 18 | 55 | 36 |
| 17. 印度 | 60 | 12 | 50 | 90 |
| 18. 孟加拉国 | 52 | 12 | 37 | 69 |
| 19. 柬埔寨 | 50 | 13 | 38 | 37 |
| 20. 尼泊尔 | 53 | 11 | 27 | 73 |
| 21. 不丹 | 48 | 6 | 41 | 85 |
| 22. 阿富汗 | 43 | 7 | 32 | 35 |

资料来源：联合国发展规划署《人的发展报告》

据表 3.1 的样本数据，使用普通最小二乘法估计参数，得到样本回归模型

$$\hat{Y}=33.4046+0.0762X_2+0.1279X_3+0.2102X_4 \tag{3.77}$$

$$\begin{array}{lllll} Se & (3.4183) & (0.0159) & (0.0368) & (0.0504) \\ t & (9.7722) & (4.8023) & (3.4751) & (4.1708) \end{array}$$

$$P \quad (0.0000) \quad (0.0001) \quad (0.0027) \quad (0.0006)$$

$$R^2=0.8887 \qquad F=47.8908 \qquad n=22$$

人口寿命回归模型评价：

1. 判定系数 $R^2=0.8887$，说明解释变量人均 GDP、成人识字率、一岁儿童疫苗接种率解释了人口寿命总变异的 88.87%。

2. 回归系数的检验

式(3.77)样本回归模型中，自由度为 22－4＝18，取显著性水平 $\alpha=5\%$ 时，$t_{0.025}(18)=2.101$。$\hat{\beta}_1$，$\hat{\beta}_2$，$\hat{\beta}_3$，$\hat{\beta}_4$ 的 $t$ 统计量分别为

$$t_1=\frac{\hat{\beta}_1}{Se(\hat{\beta}_1)}=\frac{33.4046}{3.4183}=9.7722$$

$$t_2=\frac{\hat{\beta}_2}{Se(\hat{\beta}_2)}=\frac{0.0762}{0.0159}=4.8023$$

$$t_3=\frac{\hat{\beta}_3}{Se(\hat{\beta}_3)}=\frac{0.1279}{0.0368}=3.4751$$

$$t_4=\frac{\hat{\beta}_4}{Se(\hat{\beta}_4)}=\frac{0.2102}{0.0504}=4.1708$$

可以看出，4 个 $t$ 统计量均大于 $t_{0.025}(18)$，所以各偏回归系数均显著，说明模型中的解释变量均对被解释变量—人口寿命有显著影响。人均 GDP 每增加 100 美元，人口平均寿命增加 0.0762 年；成人识字率每增加 1 个百分点，人口平均寿命增加 0.1279 年；一岁儿童疫苗接种率增加 1 个百分点，人口平均寿命增加 0.2102 年。

实际上，从式(3.77)给出的实际显著性 $P$ 值可以看出，各偏回归系数实际显著性水平均小于 0.01，也就是说，即使是 1%的显著性水平下，各偏回归系数依然是显著的。

3. 总体显著检验——$F$ 检验

式(3.77) 中已给出 $F=47.8908$，已知 $k=4$，$n=22$，自由度为 $k-1=3$ 和 $n-k=18$，取显著水平 $\alpha=0.01$，查 $F$ 分布表可知 $F_{0.01}(3,18)=5.09$，$F>F_{0.01}(3,18)$，因此拒绝原假设 $H_0:\beta_2=\beta_3=\cdots=\beta_k=0$，接受备择假设 $H_0:\beta_j$ 不全为 0，$j=2, 3, \cdots, k$。说明人口人均寿命与人均 GDP、成人识字率、一岁儿童疫苗接种率整体上有线性关系，人均 GDP、成人识字率、一岁儿童疫苗接种率对人口人均寿命有显著影响。

## 第四节　回归模型的函数形式

在前面所用的回归分析中，除工资模型外，被解释变量与解释变量的关系均为线性关系，即被解释变量对解释变量的一阶导数均为常数。但是在经济系统中，这种线性关系并不能满足要求，我们要用到许多变量间非线性关系的回归模型。例如，工资决定模型的被解释变量就是对数形式。对于多数非线性模型，可以通过重新定义被解释变量和解释变量把非线性模型转换为线性回归模型。

在此，主要讨论如下四种形式的回归模型。

1. 对数线性模型

2. 半对数模型
3. 双曲线模型
4. 多项式模型

## 一、对数线性模型

(一)双对数线性模型

在进行某商品的市场需求分析时,我们知道价格是影响需求量的重要因素,设定如下模型

$$Y_i = \beta_1 X_i^{\beta_2} e^{u_i} \tag{3.78}$$

式(3.78)中,$Y_i$ = 需求量,$X_i$ = 价格。对式(3.78)取对数可得

$$\ln Y_i = \ln\beta_1 + \beta_2 \ln X_i + u_i \tag{3.79}$$

式(3.79)中 ln 表示以 $e$ ($e$=2.718)为底的自然对数。

令 $\alpha = \ln\beta_1$,则式(3.79)可表达为

$$\ln Y_i = \alpha + \beta_2 \ln X_i + u_i \tag{3.80}$$

该模型中 $\ln Y_i$ 对 $\alpha$,$\beta_2$ 是线性关系,$\ln Y_i$ 对 $\ln X_i$ 也是线性关系。该模型可称为对数—对数线性模型,简称为对数线性模型。

令 $Y_i' = \ln Y_i$,$X_i' = \ln X_i$,则式(3.80)可表达为

$$Y_i' = \alpha + \beta_2 X_i' + u_i \tag{3.81}$$

如果式(3.81)满足经典假定,我们就可以使用普通最小二乘法估计参数 $\alpha$ 和 $\beta_2$,并且得到的估计量 $\hat{\alpha}$ 和 $\hat{\beta}_2$ 分别是 $\alpha$ 和 $\beta_2$ 的最佳线性无偏估计量。

对数线性模型的优点在于:斜率系数 $\beta_2$ 度量了 $Y$ 对 $X$ 的弹性,也就是当解释变量 $X$ 变化 1%时,$Y$ 变化的百分比。模型中 $X$ 代表价格,$Y$ 代表需求量,预期价格弹性 $\beta_2 < 0$。因此,$\beta_2$ 就代表当价格 $X$ 上涨或下调 1%时,需求量下降或上涨的百分比。在式(3.81)中,取 $\ln Y$ 对 $\ln X$ 的导数可得

$$\beta_2 = \frac{d\ln Y}{d\ln X} = \frac{\frac{dY}{Y}}{\frac{dX}{X}} = \frac{Y\text{ 的相对变化}}{X\text{ 的相对变化}} \tag{3.82}$$

由于在线性回归模型中,$\beta_2$ 是一个常数,因此,对数线性模型假定 $Y$ 与 $X$ 之间的弹性系数 $\beta_2$ 在整个研究范围内保持不变,所以称为不变弹性模型。如果 X=1%,即解释变量变化 1%,则 Y 的变化为 $\beta_2 \times 1\% = \beta_2\%$。

对数线性模型的多元回归模型为

$$\ln Y_i = \beta_1 + \beta_2 \ln X_{2i} + \beta_3 \ln X_{3i} + \cdots + \beta_k \ln X_{ki} + u_i \tag{3.83}$$

$\beta_2, \beta_3, \cdots, \beta_k$ 分别为 $Y$ 对 $X_2, X_3, \cdots, X_k$ 的弹性。

在回归分析中使用对数线性模型的优点和规则。

1. 对数线性模型的优点

(1)对数线性模型中斜率系数度量了一个变量($Y$)对另一个变量($X$)的弹性。

(2)斜率系数与变量 $X$,$Y$ 的测量单位无关,其结果值与 $X$,$Y$ 的测量单位无关。

(3)当 $Y > 0$ 时,使用对数形式 $\ln Y$ 比使用水平值 $Y$ 作为被解释变量的模型更接近经

典线性模型。大于零的变量，其条件分布常常是有异方差性或偏态性；取对数后，虽然不能消除这两方面的问题，但可大大弱化这两方面的问题。

(4)取对数后会缩小变量的取值范围，使得估计值对被解释变量或解释变量的异常值不会很敏感。

2. 对数线性模型的经验法则

对于何时取对数并不存在一个固定模式，但有一些经验法则。

(1)对于大于0的数量变量，通常均可取对数。例如，需求量、价格、工资等。

(2)以年度量的变量，如受教育年数、工龄、年龄等则通常以其原有形式出现。

(3)以比例或百分比度量的变量，如失业率、通货膨胀率、犯罪率等变量即可使用原形式也可使用对数形式。但两种使用方法中参数的意义不同。

(4)使用对数时，变量不能取0或负值。

【例3.6】美国咖啡需求函数(1970—1980年)

表3.2给出了美国1970—1980年的咖啡需求量和实际价格水平资料。

**表3.2 美国咖啡需求量($Y$)和实际价格($X$)**

| 年份 | $Y$(每人每日杯数) | $X$(每磅美元) |
|---|---|---|
| 1970 | 2.57 | 0.77 |
| 1971 | 2.50 | 0.74 |
| 1972 | 2.35 | 0.72 |
| 1973 | 2.30 | 0.73 |
| 1974 | 2.25 | 0.76 |
| 1975 | 2.20 | 0.75 |
| 1976 | 2.11 | 1.08 |
| 1977 | 1.94 | 1.81 |
| 1978 | 1.97 | 1.39 |
| 1979 | 2.06 | 1.20 |
| 1980 | 2.02 | 1.17 |

在该需求函数中，要用需求的价格弹性来解释价格对需求量的影响，因此，采用对数线性模型

$$\ln Y_t = \beta_1 + \beta_2 \ln X_t + u_t \tag{3.84}$$

使用普通最小二乘法，得到如下的样本回归模型：

$$\ln Y_t = 0.7774 - 0.2530 \ln X_t \tag{3.85}$$

$$\begin{array}{lll} Se & (0.0152) & (0.0494) \\ t & (51.0046) & (-5.1251) \\ P & (0.0000) & (0.0006) \\ R^2 = 0.7448 & & F = 26.27 \end{array}$$

其中，$Y_t$=咖啡消费(每人每日杯数)，$X_t$=咖啡实际价格(每磅美元)。

从样本回归模型可以看出，咖啡需求的价格弹性为−0.25。就是说，在1970—1980年的样本期内，咖啡每磅实际价格每增加1%，咖啡需求量(每日饮用咖啡的杯数)平均减少0.25%。因为咖啡价格弹性的绝对值小于1，所以说咖啡的需求是价格非弹性的。

（二）单对数模型

1. 对数到线性模型

在经济系统中，人们用GDP、失业、进出口、投资、人口等指标的增长率来描述经济系统的发展状态。对数—线性模型为我们提供了方便，该类对数—线性模型为

$$\ln Y_t = \beta_1 + \beta_2 t + u_t \tag{3.86}$$

式(3.86)中，$Y_t$＝要研究的经济现象，$t$＝时间变量。

$t$ 时间变量的使用，主要是研究被解释变量在时间上的变动规律。例如，我们常常要研究GDP、就业、失业、股票价格等经济现象在一定时期内的变化规律。

在式(3.86)中，被解释变量为对数形式，解释变量为线性形式，称为对数到线性的单对数模型。式(3.86)的通用形式为

$$\ln Y_t = \beta_1 + \beta_2 X_t + u_t \tag{3.87}$$

式(3.87)中，斜率系数 $\beta_2$ 的含义为：解释变量 $X$ 绝对量改变一个单位时，被解释变量 $Y$ 的相对改变量。即

$$\beta_2 = \frac{Y\text{ 的相对改变量}}{X\text{ 的绝对改变量}} = \frac{\Delta Y/Y}{\Delta X} \tag{3.88}$$

对于式(3.88)当 $\Delta X = 1$ 时，Y 的相对变化为 $\frac{\Delta Y}{Y} = \beta_2$，当 $\Delta X = 1\%$ 时，即 X 增加 1 个百分点，Y 的相对变化为 $\frac{\Delta Y}{Y} = \beta_2 \times 1\% = \beta_2\%$。

对于式(3.86)，如果 $Y_t$ ＝国内生产总值，取 $\Delta t = 1$，则

$$\beta_2 = \frac{\Delta Y_t / Y_t}{\Delta t} = \frac{Y_t - Y_{t-1}}{Y_t} \tag{3.89}$$

很显然，$\beta_2$ 代表经济增长率。

【例 3.7】利用表 3.3 中实际 GDP 数据，取时间变量 $t = 1, 2, \cdots, 19$，得到中国 1985—2005 年的经济增长模型为

**表 3.3　1985—2005 年中国实际 GDP**

| 年份 | 实际 GDP（亿元） | 年份 | 实际 GDP（亿元） |
|---|---|---|---|
| 1985 | 8964.40 | 1995 | 23053.83 |
| 1986 | 9753.27 | 1996 | 25267.00 |
| 1987 | 10884.65 | 1997 | 27490.49 |
| 1988 | 12114.62 | 1998 | 29634.75 |
| 1989 | 12611.32 | 1999 | 31738.82 |
| 1990 | 13090.55 | 2000 | 34277.92 |
| 1991 | 14294.88 | 2001 | 36848.76 |
| 1992 | 16324.75 | 2002 | 39907.21 |
| 1993 | 18528.59 | 2003 | 43618.58 |
| 1994 | 20863.19 | 2004 | 48024.06 |
| | | 2005 | 52778.44 |

注：表中数据来源于《中国统计年鉴 2006》。实际 GDP 为 1985 年可比价指标。

$$\ln(GDP)=9.0134+0.0893\,t \tag{3.90}$$

$$\begin{array}{lll} Se & (0.0164) & (0.0013) \\ t & (551.0815) & (68.5273) \\ P & (0.0000) & (0.0000) \end{array}$$

$$R^2=0.9960 \quad F=4692.99.204 \quad n=21$$

式(3.90)的中国经济增长模型说明中国在1985—2005年期间，实际GDP每年增长8.93%。

2. 线性到对数模型

类似于对数到线性的单对数模型，如果我们想测度解释变量的相对改变量对被解释变量的绝对改变量的影响，我们就需要使用解释变量是对数形式，被解释变量是线性形式的回归模型。

$$Y_t=\beta_1+\beta_2\ln X_t+u_t \tag{3.91}$$

称式(3.91)为线性到对数模型。模型中斜率系数$\beta_2$的含义为解释变量$X$相对量改变1个单位时，被解释变量$Y$的绝对变化量。

$$\beta_2=\frac{Y\text{ 的绝对变化量}}{X\text{ 的相对变化量}}=\frac{\Delta Y}{\Delta X/X} \tag{3.92}$$

$$\Delta Y=\beta_2\cdot\Delta X/X \tag{3.93}$$

当$\Delta X/X=0.01=1\%$时，$\Delta Y=0.01\beta_2$，即当解释变量$X$增加1%时，被解释变量$Y$增加的绝对量为$0.01\beta_2$。

【例3.8】中国能源消费对GDP的影响(1989—2005年)

**表3.4 中国能源消费与GDP**

| 年份 | 实际GDP(亿元) | 能源消费量(万吨标准煤) |
|---|---|---|
| 1989 | 12611.32 | 96934 |
| 1990 | 13090.55 | 98703 |
| 1991 | 14294.88 | 103783 |
| 1992 | 16324.75 | 109170 |
| 1993 | 18528.59 | 115993 |
| 1994 | 20863.19 | 122737 |
| 1995 | 23053.83 | 131176 |
| 1996 | 25267.00 | 138948 |
| 1997 | 27490.49 | 137798 |
| 1998 | 29634.75 | 132214 |
| 1999 | 31738.82 | 130119 |
| 2000 | 34277.92 | 130297 |
| 2001 | 36848.76 | 134914 |
| 2002 | 39907.21 | 148222 |
| 2003 | 43618.58 | 167800 |
| 2004 | 48024.06 | 203227 |
| 2005 | 52778.44 | 222468 |

注：表中数据来源于《中国统计年鉴2006》，实际GDP为1985年可比价指标。

为了研究能源增长的相对变化对经济总量 GDP 增长的影响，可使用线性到对数模型（为了说明线性到对数回归模型的应用，此处使用了也许不恰当的一元回归模型）。

$$Y_t = \beta_1 + \beta_2 \ln X_t + u_t \tag{3.94}$$

式(3.84)中，$Y$=国内生产总值(亿元)，$X$=能源消费总量(万吨标准煤)。

利用表 3.4 中数据，使用普通最小二乘法，可得回归模型：

$$\hat{Y}_t = -581105.5 + 51680.41\ln X \tag{3.95}$$

$$\begin{array}{lll} Se & (54703.53) & (51680.41) \\ t & (-10.6228) & (11.1499) \\ P & (0.0000) & (0.0000) \\ R^2 = 0.8923 & F = 124.3203 & n = 17 \end{array}$$

回归模型(3.95)中，斜率系数 $\hat{\beta}_2$ 是高度显著的，$\hat{\beta}_2 = 51680.41$ 说明在 1989—2005 年期间，能源消费量每增加 1%，国内生产总值平均增长 516.8041 亿元。

## 二、倒数模型

当解释变量以倒数形式出现时的模型称为倒数模型或双曲线模型。

$$Y_t = \beta_1 + \beta_2 \frac{1}{X_t} + u_t \tag{3.96}$$

式(3.96)中，$Y$ 对 $X$ 是非线性，但对参数 $\beta_1$，$\beta_2$ 而言是线性，$Y$ 对 $\frac{1}{X}$ 也是线性的。此模型的特点为当 $X$ 值趋向于无穷大时，$\beta_2 \frac{1}{X}$ 趋向于 0，$Y$ 趋向于 $\beta_1$。

双曲线模型主要有以下三种形式，如图 3.1 所示。

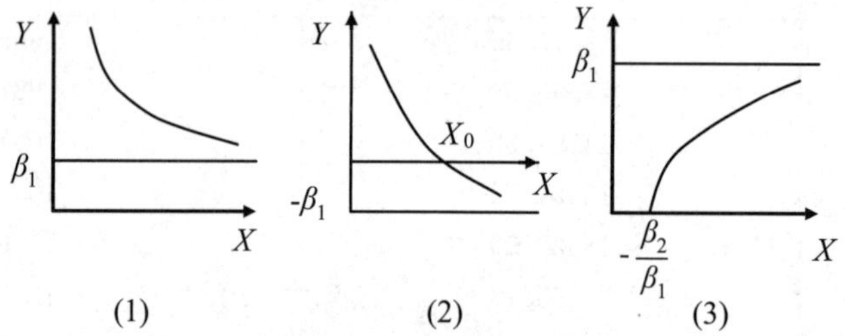


**图 3.1　倒数模型图**

图 3.1 中图(1)可用来描述平均总成本曲线，单位固定成本随着产量 $X$ 的增加而下降。

图 3.1 中图(2)可用来描述宏观经济学中著名的菲利普斯曲线(Phillips curve)。在工资变化率 $Y$ 随失业率 $X$ 的变化中，存在两个明显不同的阶段。在失业率 $X$ 低于自然失业率 $X_0$ 时，由失业率的单位变化引起的工资变化要快于当失业率高于自然失业率 $X_0$ 时，由失业率的同样的变化引起的工资变化。$\beta_1$ 表示工资变化率的渐近底线。

图 3.1 中图(3)可用来描述恩格尔支出曲线。如令 $Y$ 为对某一商品的支出，$X$ 为收入，则某些商品具有如下特性：(1)收入上存在一个临界水平。当收入低于此水平时，消费者就不会购买该商品；这个临界水平就是图 3.1 中图(3)中的 $-\frac{\beta_2}{\beta_1}$。(2)消费上有一饱和

水平。当消费达到这一水平时,无论消费者收入有多高,都不会多购买一点。这个饱和水平就是图中的渐近线 $\beta_1$。

## 三、多项式模型

多项式模型在研究成本和生产函数的经济计量分析中有较大的应用价值。边际成本曲线和平均总成本曲线均为 $U$ 形曲线,我们必须用二次曲线去描述它。

$$Y=\beta_0+\beta_1 X+\beta_2 X^2+u \tag{3.97}$$

式(3.97)称为二次函数或二次多项式。对于更加复杂的总产量曲线和总成本曲线,可使用三次多项式去描述。

$$Y=\beta_0+\beta_1 X+\beta_2 X^2+\beta_3 X^3+u \tag{3.98}$$

式(3.98)称为三次函数或三次多项式。

【例 3.9】总成本函数

表 3.5 给出了某产品的产量和总成本数据。

**表 3.5 产量与总成本**

| 产量 | 总成本(元) | 产量 | 总成本(元) |
|---|---|---|---|
| 1 | 193 | 6 | 260 |
| 2 | 226 | 7 | 274 |
| 3 | 240 | 8 | 297 |
| 4 | 244 | 9 | 350 |
| 5 | 257 | 10 | 420 |

使用表 3.5 中的数据绘制散点图。如图 3.2 所示

由图 3.2 可以看出,总成本与总产出之间的关系为一条拉长的 S 曲线,因此需要用三次多项式来描述它。

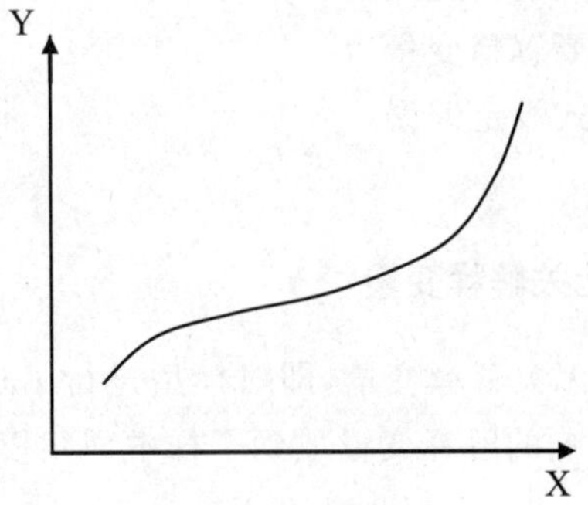


**图 3.2 总成本曲线**

$$Y=\beta_0+\beta_1 X+\beta_2 X^2+\beta_3 X^3+u \tag{3.99}$$

式(3.99)中,$Y$=总成本,$X$=产量。

利用表 3.5 中的数据,使用普通最小二乘法,得到如下的回归模型。

$$\hat{Y}=141.7667+63.4776X-12.9615X^2+0.9396X^3 \tag{3.100}$$

$$Se \quad (6.3753) \quad (4.7786) \quad (0.9857) \quad (0.0591)$$

$$
\begin{array}{lllll}
t & (22.2368) & (13.2837) & (-13.1501) & (15.8968) \\
P & (0.0000) & (0.0000) & (0.0000) & (0.0000) \\
R^2 = 0.9983 & & F = 1202.22 & & n = 10
\end{array}
$$

模型中各偏回归系数均显著，拟合优度很高，是个较优良的总成本函数。

## 第五节　多元回归模型的设定偏误

### 一、正确的多元回归模型

在前面的讨论中，假定所用回归模型是正确设定的，正确设定的回归模型应具有如下特点：

1.模型中只包含关键变量。就是说所选定的模型是最简便的。

模型是对现实经济系统的抽象。一个模型应尽量简单，我们应在设定模型时只引进抓住现实本质的关键变量，把影响微弱的变量放到干扰项 $u$ 中去。

2.模型参数可识别。对于给定的一组数据，估计的参数具有唯一值。

3.较高的拟合优度。

要用解释变量 $X$ 解释被解释变量 $Y$，$X$ 对 $Y$ 的解释能力就应该较高，就要求有尽可能高的 $\bar{R}^2$。

4.估计的回归系数与经济理论一致。

如果回归模型中估计的参数的符号是错误的，那么回归模型也是不成立的。

一个正确的回归模型的判定并没有一个统一的标准，在经济计量分析实践中，我们会使用各种检验方法去判断回归模型的性质，第四章会重点阐述这些内容。

多元回归模型的设定偏误主要包括以下三种：

1.回归模型中包含了无关解释变量

2.回归模型中遗漏了重要解释变量

3.回归模型中的函数形式设定偏误

下面将分别予以讨论。

### 二、回归模型中包含了无关解释变量

多元回归模型中包含了无关解释变量，即对模型进行了过度设定。就是说，把一个在总体回归模型中对 $Y$ 没有影响的解释变量放到了样本回归模型中。假定真实模型为

$$Y_i = \beta_1 + \beta_2 X_{2i} + u_i \tag{3.101}$$

而设定的回归模型为

$$Y_i = \alpha_1 + \alpha_2 X_{2i} + \alpha_3 X_{3i} + v_i \tag{3.102}$$

解释变量 $X_3$ 对 $Y$ 没有影响，$X_3$ 在总体回归模型(3.101)中的参数 $\beta_3 = 0$。在模型(3.102)中，$X_3$ 是一个与被解释变量 $Y$ 无关的变量。引入 $X_3$ 将导致如下结果：

1.有误模型(3.102)的参数最小二乘估计量均无偏，即 $E(\hat{\alpha}_1) = \beta_1$，$E(\hat{\alpha}_2) = \beta_2$ 和 $E(\hat{\alpha}_3) = \beta_3 = 0$。

2. $\hat{\alpha}_2$ 的方差非最小，大于正确模型(3.91)中 $\hat{\beta}_2$ 的方差。也就是说，在模型(3.102)中，$X_3$ 的引入将使 $\hat{\alpha}_1$，$\hat{\alpha}_2$ 的方差无必要地增大，降低估计的精度。

## 三、回归模型中遗漏了重要解释变量

在多元回归模型中，遗漏了一个实际上应该包括在总体模型中的解释变量称为对模型设定不足。就是说，我们遗漏了一个对被解释变量有显著影响的解释变量。

假定真实模型为

$$Y_i = \beta_1 + \beta_2 X_{2i} + \beta_3 X_{3i} + u_i \tag{3.103}$$

而我们设定的回归模型为

$$Y_i = \alpha_1 + \alpha_2 X_{2i} + v_i \tag{3.104}$$

$X_3$ 是对 $Y$ 有显著影响的变量，而在模型(3.104)中却将其漏掉了。遗漏 $X_3$ 将导致如下后果：

1. 如果遗漏的变量 $X_3$ 与包含的变量 $X_2$ 相关，则 $\hat{\alpha}_1$ 和 $\hat{\alpha}_2$ 是有偏误的，且非一致。就是说，$E(\hat{\alpha}_1)$ 不等于 $\beta_1$，$E(\hat{\alpha}_2)$ 不等于 $\beta_2$，而且不论样本多大，偏误都不会消失。

2. 如果 $X_3$ 与 $X_2$ 不相关，则 $\hat{\alpha}_1$ 是有偏误的，而 $\hat{\alpha}_2$ 则是无偏的。

3. $\sigma^2$ 不能正确地估计。

4. 对于所估计的参数的统计显著性，容易导出错误的结论。

【例 3.10】在例 3.8 中，为了说明线性到对数回归模型的应用，使用了一元回归模型，但这很可能是一个有误的设定。因为影响经济增长的因素除了能源消费量外还有劳动投入、资本投入、技术进步、制度、金融等非能源类因素的影响，在此我们用时间变量 $t$ 代表这些因素。则回归模型应为

$$Y_t = \beta_1 + \beta_2 \ln X_t + \beta_3 t + \beta_4 t^2 + u_t \tag{3.105}$$

式(3.95)中，$Y$=国内生产总值(亿元)，$X$=能源消费总量，$t$=时间($t$=1, 2, 3, …, 19)。

时间变量 $t$ 的使用是经济计量分析中的常用手段。第一，当我们研究的兴趣仅仅在于变量的时间特性时，就使用时间 $t$ 做解释变量。例如，研究 GDP、就业率、股票价格随时间变化的规律性。第二，有时要选择的解释变量是无法观测的或难以获得数据，我们就用 $t$ 变量作为它们的替代变量。此时，假定这个无法测定的变量是时间变量 $t$ 的函数。

在本例中，我们用时间变量 $t$ 代表所有除能源消费量外影响经济增长的因素，设定其他影响因素是时间变量 $t$ 的函数。

利用表 3.4 中的数据，设定 $t$=1, 2, …, 19，使用普通最小二乘法，得到回归模型

$$\hat{Y}_t = -54035.40 + 5641.935\ln X_t + 1077.198t + 60.856\,t^2 \tag{3.106}$$

| | | | | |
|---|---|---|---|---|
| $Se$ | (18758.43) | (1641.123) | (122.6306) | (5.7738) |
| $t$ | (−2.8806) | (3.4379) | (8.7841) | (10.5401) |
| $P$ | (0.0000) | (0.0000) | (0.0000) | (0.0000) |

$\bar{R}^2 = 0.9988$　　$DW = 1.0439$　　$F = 3891.66$　　$n = 15$

对比式(3.95)和式(3.106)可知：

1. 一元回归模型中，能源消费量每增加 1%，GDP 平均增长 595.97 亿元。而在引入时间变量 $t$ 的多元回归模型中，能源消费量每增加 1%，GDP 平均增长 56.42 亿元。一元

回归模型中由于设定偏误，高估了能源消费量对经济增长的影响。由于遗漏了时间趋势变量，能源消费量就承担了遗漏变量对 GDP 的影响，因而无法准确测定能源消费量对 GDP 的真实影响。

2. 两个模型的标准误也是不同的。

3. 多元回归模型中拟合优度要优于一元回归模型。

由此可见，如果在回归分析中遗漏了重要解释变量，将会带来较严重的后果。所以在建立回归分析模型时，就必须深入了解建模的有关经济理论，将影响被解释变量的重要变量引入到回归模型中。

### 四、回归模型的函数形式设定偏误

如果回归模型的函数形式设定有误也会产生设定误差。

经济理论只能告诉我们经济系统中各经济变量之间的相互关联性，并不能阐明变量之间关联的函数形式。

例如，使用生产函数时，据经济理论我们只能知道产出是投入要素的函数，并未告诉我们具体的函数形式。我们可以用线性函数也可以用对数线性函数去研究它。

线性函数 $Y_i = \beta_1 + \beta_2 X_{2i} + \beta_3 X_{3i} + u_i$ (3.107)

对数线性函数 $\ln Y_i = \alpha_1 + \alpha_2 \ln X_{2i} + \alpha_3 \ln X_{3i} + v_i$ (3.108)

式(3.107)中，$\beta_2$，$\beta_3$ 为斜率，式(3.108)中 $\alpha_2$，$\alpha_3$ 为弹性，两者意义不同。在线性函数中，弹性为 $\beta_2(\frac{X_2}{Y})$，$\beta_3(\frac{X_3}{Y})$，是一个变弹性模型，而式(3.108)的弹性 $\alpha_2$，$\alpha_3$ 为常数，是一个不变弹性模型。只有选择了正确的函数形式，才能得到有效估计和正确的经济解释。

为了研究的方便，我们通常将非线性模型用线性模型去近似表达，这种近似必然存在误差，从而影响参数估计的效果。

例如，当变量真实关系为多项式模型：

$$Y_i = \beta_0 + \beta_1 X_i + \beta_2 X_i^2 + \beta_3 X_i^3 + u_i \quad (3.109)$$

而在研究中使用了线性模型

$$Y_i = \beta_0 + \beta_1 X_i + v_i \quad (3.110)$$

则线性模型(3.110)中，遗漏了变量 $X^2$ 和 $X^3$，且遗漏变量与 $X$ 相关，用普通最小二乘法估计参数是有偏误的。

函数形式的设定偏误有多种多样，我们在选择模型的函数形式时必须谨慎小心，而这又是一个探索和改进的过程，我们只能通过不断地尝试来找到最恰当的函数形式。

## 小结

多元回归模型是社会经济分析中常用的模型，本章就实际应用的回归模型进行了展开分析。首先重点介绍了多元回归分析的参数估计，其回归系数的解释不同于一元回归，斜率系数是偏回归系数。推出了多元回归模型度量拟合优度的统计量——调整的 $R^2$，是考虑了解释变量个数后的拟合优度，可以比较解释变量个数不同的模型的拟合优度。对参数估计量方差的影响因素也不同于一元回归，要考虑解释变量之间的线性关联性，解释变量与其他解释变量的线性关系越紧密该解释变量的参数估计精度越低。然后介绍了 $F$ 检验和约束的 $F$ 检验，对回归分析的整体显著性和约束条件是否成立进行统计检验。讨论了回归模型的函数形式设定问题，包括对数模型、双曲线模型和多项式模型，这是实证分析中常用的几种函数形式。特别是对数线性模型，在经济计量分析中的使用很普遍，因此对这一模型形式进行了深入的讨论。最后探讨了回归模型的设定错误问题，对三种常见的回归模型设定错误问题进行了探讨，其中遗漏变量和函数形式设定错误是实证分析中面临的最大问题。

## 关键术语

| | | |
|---|---|---|
| 多元回归模型 | 多重共线性 | 方差膨胀因子 |
| 整体显著性 | $F$ 检验 | 约束的 $F$ 检验 |
| 调整的 $R^2$ | 对数模型 | 多项式模型 |
| 双曲线模型 | 弹性 | 半弹性 |
| 模型设定错误 | 多余解释变量 | 遗漏解释变量 |
| 函数形式错误 | | |

## 习　题

3.1 在多元性回归模型中，为什么要使用调整的判定系数 $\bar{R}^2$？

3.2 对于多元线性回归模型，为什么在进行了总体显著性 $F$ 检验之后，还要对每个偏回归系数进行是否为 0 的 $t$ 检验。

3.3 什么是回归模型的设定偏误？后果为何？

3.4 为研究旅游酒店的投资收益，收集了某地 1987—2015 年的旅游酒店的经营数据。设定酒店生产函数为 C－D 生产函数：$Y=AL^{\alpha}K^{\beta}e^{u}$，式中，$Y$＝酒店年净收益(万元)；$L$＝劳动投入(万元)；$K$＝资本存量(万元)；$e$ 为自然对数的底。使用对数线性模型得到如下回归结果(括号内数字为标准误)

$$\ln Y = 1.655 + 0.258\ln L + 0.745\ln K$$
$$(0.185)\quad(0.125)\quad(0.095)$$
$$R^2 = 0.995$$

要求：(1)检验该回归模型并给予说明；

(2)使用回归结果分析酒店经营状况。

3.5 现有某地近期 15 年的某种商品销售量 $Y$，居民可支配收入 $X_1$，该种商品的价格指数 $X_2$，社会拥有量 $X_3$ 和其他商品价格指数 $X_4$ 的资料，据这些资料使用普通最小二乘法得到两个样本回归模型为：

模型 1：$\hat{Y} = -12.760 + 0.104X_1 - 0.188X_2 + 0.319X_4$

$Se\quad(6.52)\quad(0.01)\quad(0.07)\quad(0.12)$

$R^2 = 0.997$

模型 2：$\hat{Y}=-13.530+0.097X_1-0.199X_2+0.015X_3+0.34X_4$

$Se$ (7.5) (0.03) (0.09) (0.05) (0.15)

模型中括号内的数字为对应回归系数的标准误。

要求：(1)对上述模型进行检验；

(2)选择一个合适的回归模型。

3.6 现有某商品各时期的销售量、价格和广告支出额数据如下：

| | 销售量(万件) | 价格(元/件) | 广告支出额(万元) |
|---|---|---|---|
| 1 | 55 | 100 | 5.50 |
| 2 | 70 | 90 | 6.30 |
| 3 | 90 | 80 | 7.20 |
| 4 | 100 | 70 | 7.00 |
| 5 | 90 | 70 | 6.30 |
| 6 | 105 | 70 | 7.35 |
| 7 | 80 | 70 | 5.60 |
| 8 | 110 | 65 | 7.15 |
| 9 | 125 | 60 | 7.50 |
| 10 | 115 | 60 | 6.90 |
| 11 | 130 | 55 | 7.15 |
| 12 | 130 | 50 | 6.50 |

要求：(1)估计销售量 $Q$ 对价格 $P$ 和广告支出额 $A$ 的线性回归模型；

$$Q_t=\beta_1+\beta_2P_t+\beta_3A_t+u_t$$

(2)对模型进行检验；

(3)解释回归模型的经济意义。

3.7 某健康协会对中风与血压、年龄的关系进行了长达 10 年的研究，其中的部分资料如下所示：

| 中风风险 | 血压 | 年龄 | 中风风险 | 血压 | 年龄 |
|---|---|---|---|---|---|
| 12 | 152 | 57 | 56 | 177 | 90 |
| 24 | 163 | 67 | 28 | 196 | 86 |
| 13 | 155 | 58 | 51 | 189 | 59 |
| 18 | 155 | 76 | 36 | 173 | 71 |
| 32 | 120 | 56 | 15 | 135 | 70 |
| 37 | 135 | 78 | 48 | 209 | 67 |
| 15 | 98 | 80 | 15 | 199 | 77 |
| 22 | 152 | 78 | | | |

要求：(1)用中风风险为被解释变量，血压和年龄为解释变量估计回归模型；

(2)检验并解释回归模型并说明血压和年龄是否对中风有明显影响。

3.8 收集股票数据的截面数据如下：

| 每股价格(元) | 每股净资产(元) | 每股资本收益率(%) |
|---|---|---|
| 12.31 | 4.94 | −59.20 |
| 21.75 | 9.46 | −71.80 |
| 11.00 | 4.95 | 17.90 |
| 3.25 | 9.58 | 5.12 |
| 65.60 | 4.33 | 20.07 |
| 35.95 | 8.46 | 13.33 |
| 82.05 | 2.33 | 75.34 |
| 15.00 | 7.35 | −11.90 |

要求:(1)据上述资料建立股票价格回归模型;

(2)检验并解释回归模型。

3.9 为研究鲜花市场中对玫瑰的需求,搜集了某国有关玫瑰需求量及相关指标的数据如下表:

| 年与季 | $Y$ | $X_2$ | $X_3$ | $X_4$ | $X_5$ |
|---|---|---|---|---|---|
| 1971—Ⅲ | 11484 | 2.26 | 3.49 | 158.11 | 1 |
| —Ⅳ | 9348 | 2.54 | 2.85 | 173.36 | 2 |
| 1972—Ⅰ | 8429 | 3.07 | 4.06 | 165.26 | 3 |
| —Ⅱ | 10079 | 2.91 | 3.64 | 172.92 | 4 |
| —Ⅲ | 9240 | 2.73 | 3.21 | 178.46 | 5 |
| —Ⅳ | 8862 | 2.77 | 3.66 | 198.62 | 6 |
| 1973—Ⅰ | 6216 | 3.59 | 3.76 | 186.28 | 7 |
| —Ⅱ | 8253 | 3.23 | 3.49 | 188.98 | 8 |
| —Ⅲ | 8038 | 2.60 | 3.13 | 180.49 | 9 |
| —Ⅳ | 7476 | 2.89 | 3.20 | 183.33 | 10 |
| 1974—Ⅰ | 5911 | 3.77 | 3.65 | 181.87 | 11 |
| —Ⅱ | 7950 | 3.64 | 3.60 | 185.00 | 12 |
| —Ⅲ | 6134 | 2.82 | 2.94 | 184.00 | 13 |
| —Ⅳ | 5868 | 2.96 | 3.12 | 188.20 | 14 |
| 1975—Ⅰ | 3160 | 4.24 | 3.58 | 175.67 | 15 |
| —Ⅱ | 5872 | 3.69 | 3.53 | 188.00 | 16 |

表中,$Y$=售出的玫瑰数量(打)

$X_2$=玫瑰的平均批发价格(美元/打)

$X_3$=石竹的平均批发价格(美元/打)

$X_4$=平均每月家庭可支配收入(美元/周)

$X_5$=底特律(Detriot)市区的时间趋势变量,从1971年Ⅲ季度到1975年Ⅱ季度,取值为1,2,…,16。

考虑以下需求函数:

$$Y_t=\alpha_1+\alpha_2X_{2t}+\alpha_3X_{3t}+\alpha_4X_{4t}+\alpha_5X_{5t}+u_t$$

$$\ln Y_t = \beta_1 + \beta_2 \ln X_{2t} + \beta_3 \ln X_{3t} + \beta_4 \ln X_{4t} + \beta_5 \ln X_{5t} + u_t$$

要求：(1)估计线性模型的参数并解释所得结果。

(2)估计对数——线性模型的参数并解释所得结果。

(3) $\beta_2$，$\beta_3$ 和 $\beta_4$ 分别为需求的价格弹性、替代价格弹性和收入弹性。它们的先验符号是什么？回归结果与先验结果相符吗？

(4)应该选用哪个模型，为什么？

# 第四章　违背经典假定的回归模型

前几章所讨论的回归模型是在满足经典假定条件下进行的。只有当一个回归模型满足经典假定条件时，才能得到一个较好的估计。然而，在研究实际的社会经济等问题时，经常会遇到一些违背经典假定的情况。在这些情况下，如果直接用普通最小二乘法估计模型，参数的性质就很不理想。因此，如何处理这些问题，就是我们需要面对的问题。本章将重点讨论模型违背几种主要经典假定条件下的建模方法。

## 第一节　异方差性

### 一、异方差性的概念

在回归模型的经典假定中，要求对所有的 $i(i=1,2,\cdots,n)$ 都有

$$Var(u_i)=\sigma^2 \tag{4.1}$$

即对于所有的样本点，$u_i$ 具有相同的方差。但是在建立实际问题的回归模型时，经常存在与此假定相违背的情况，即模型出现了异方差。

设模型为

$$Y_i=\beta_1+\beta_2X_{2i}+\cdots+\beta_kX_{ki}+u_i(i=1,2,\cdots,n) \tag{4.2}$$

如果其他假定均不变，但模型中的随机误差项 $u_i$ 的方差不全相等，即

$$Var(u_i)=\sigma_i^2 \qquad (i=1,2,\cdots,n) \tag{4.3}$$

则称 $u_i$ 具有异方差性。也称为方差非齐性。

### 二、异方差产生的背景和原因

现实经济活动是非常错综复杂的，因而在建立实际问题的计量经济模型时，经常会出现某一因素或一些因素随着解释变量观测值的变化而对被解释变量产生不同的影响，从而导致随机误差项产生不同的方差。

【例 4.1】在研究城镇居民收入与消费的关系时，已经知道居民收入与消费水平有着密切的关系。用 $X_i$ 表示第 $i$ 户的收入，$Y_i$ 表示第 $i$ 户的消费额，那么反映收入与消费之间的模型为

$$Y_i=\beta_1+\beta_2X_i+u_i \qquad (i=1,2,\cdots,n) \tag{4.4}$$

在式(4.4)的模型中，根据各户收入分成不同组别，一般情况下，低收入组的家庭购买差异性较小，大都购买生活必需品；而高收入组的家庭购买行为差异就很大，高档消费品很多，房子、汽车的规格选择余地也很大，这样购买金额的差异就很大，导致消费模型的随机误差项 $u_i$ 具有不同的方差。

【例 4.2】利用某行业的不同企业的截面样本数据估计 C—D 生产函数

$$y = AL^{\alpha}K^{\beta}e^{u} \quad (4.5)$$

由于这里的 $u$ 表示了包括不同企业的工艺、地理条件、工人素质、管理水平上的差异以及其他因素，对于不同企业，这些因素对产出的影响程度不同，引起 $u_i$ 偏离其均值的程度不同，从而出现了异方差。

引起异方差的原因还有很多，如模型中省略了重要的解释变量，模型的函数形式设定不准确等都容易产生异方差。一般情况下样本数据为截面数据时容易产生异方差性。

## 三、异方差产生的后果

在经济计量分析中，如果模型中的随机误差项存在异方差，则对模型会产生以下后果。

### （一）对参数估计量统计特性的影响

1. 参数的 OLS 估计量仍然具有无偏性。根据经典线性回归模型中参数估计量的统计特性可知，参数 OLS 估计量的无偏性仅依赖于经典假定中随机误差项的零均值假定以及解释变量的非随机性，异方差的存在并不影响参数估计量的无偏性。

2. 参数的 OLS 估计量不再具有最小方差性。在模型参数的所有线性无偏估计量中，OLS 估计量方差最小的重要前提是随机误差项为同方差，如果不满足这一条件，将不能保证 OLS 估计量的方差最小。也就是说，在出现异方差时，虽然 OLS 估计量仍然保持无偏性和一致性，但已失去了有效性，即参数的 OLS 估计量不再具有最小方差。

### （二）对参数显著性检验的影响

在 $u_i$ 存在异方差时，OLS 估计量不再具有最小方差。如果仍然用不存在异方差时的 OLS 方式估计其方差，例如，在一元回归时仍用 $Var(\hat{\beta}_2)=\sigma^2/\sum(X_i-\bar{X})^2$ 去估计参数估计量的方差，将会低估存在异方差时的真实方差，从而低估 $Se(\hat{\beta}_2)$，这将导致夸大用于参数显著性检验的 $t$ 统计量。如果仍用夸大的 $t$ 统计量进行参数的显著性检验，可能造成本应不拒绝的原假设被错误地拒绝，从而夸大所估计参数的统计显著性。

### （三）对模型预测的影响

尽管参数的 OLS 估计量仍然具有无偏性，但是已不再具有有效性，从而对 $Y$ 的预测也将不是有效的。同时，在预测值的置信区间中也包含随机误差项共同的方差 $\sigma_u^2$。所以，当模型出现异方差性时，它的预测功能失效。

异方差性的存在，会对回归模型的正确建立和统计推断带来严重后果，因此，在计量经济分析中，有必要检验模型是否存在异方差。

## 四、异方差性的检验

对于异方差性的检验，人们进行了大量的研究，目前提出的诊断方法已有十多种，但没有一个公认的最优方法，下面介绍几种常见的方法。

### （一）图示检验法

1. 相关图形分析法

方差描述的是随机变量相对其均值的离散程度，而被解释变量 $Y$ 与随机误差项 $u$ 有相同的方差，所以分析 $Y$ 与 $X$ 的相关图形，可以粗略地看到 $Y$ 的离散程度及与 $X$ 之间是否有相关关系。如果随着 $X$ 的增加，$Y$ 的离散程度有逐渐增大(或减小)的变化趋势，则认为存在递增型(或递减型)的异方差。

2. 残差图分析法

残差图分析法是一种直观、方便的分析方法。它通过绘制残差平方 $e_i^2$ 对 $X_i$ 的散点图来判断是否存在异方差。如果 $e_i^2$ 不随 $X_i$ 而变化，则表明不存在异方差；如果 $e_i^2$ 随 $X_i$ 而变化，则表明存在异方差。如图 4.1(a)所示，$e_i^2$ 不随 $X_i$ 而变化，表明不存在异方差；如图 4.1(b)、(c)、(d)所示，随着 $X_i$ 的变化残差表现出一定的变化趋势，在这种情况下，就可以判断出该回归模型有一定的异方差性。

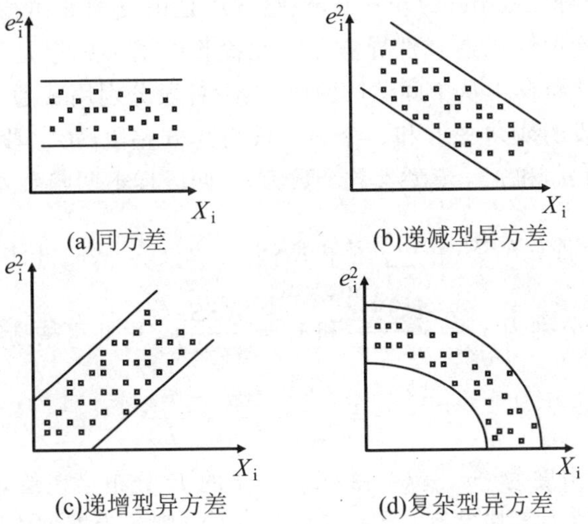


**图 4.1　残差散点图**

图示检验法的特点是简单易操作，不足的是对异方差的判断比较粗糙，由于引起异方差的原因错综复杂，仅靠图形分析有时很难准确地判断模型是否存在异方差，还需要采用其他的统计检验方法。

(二)等级相关系数法

等级相关系数法又称斯皮尔曼(Spearman)检验，是一种应用较广泛的方法。这种检验方法既适用于大样本，也适用于小样本。将异方差性与误差项和某个解释变量之间相关程度联系起来，从而将对异方差性的研究转化为对它们之间相关程度的研究。进行等级相关系数检验通常有三个步骤：

第一步，作 $Y$ 关于 $X$ 的普通最小二乘估计，求出 $u_i$ 的近似估计值，即 $e_i$ 的值。

第二步，取 $e_i$ 的绝对值，即 $|e_i|$，将序列按 $X_i$ 排序，把 $X_i$ 和 $|e_i|$ 按递增或递减的次序划分等级，按下式计算出等级相关系数

$$r_s = 1 - \frac{6}{n(n^2-1)}\sum_{i=1}^{n} d_i^2 \tag{4.6}$$

其中，$n$ 为样本容量，$d_i$ 为对应于 $X_i$ 和 $|e_i|$ 的等级的差数。

第三步，做等级相关系数的显著性检验。在 $n>8$ 的情况下，用式(4.7)对样本等级相关系数 $r_s$ 进行 $t$ 检验。检验的统计量为

$$t=\frac{r_s\sqrt{n-2}}{\sqrt{1-r_s^2}} \tag{4.7}$$

在给定的显著性水平 $\alpha$ 下，由 $t$ 分布表可查出自由度为 $n-2$，对应概率为 $\alpha/2$ 的临界值 $t_{\alpha/2}(n-2)$。如果 $t\leqslant t_{\alpha/2}(n-2)$，则可以认为模型中不存在异方差，如果 $t>t_{\alpha/2}(n-2)$，说明 $X_i$ 和 $|e_i|$ 之间存在系统关系，则说明模型中存在异方差。在多元的情况下，需对每一个解释变量做等级相关系数检验。只有当每个解释变量检验都不存在异方差时，模型中才不存在异方差。否则，模型中存在异方差。

（三）戈德菲尔德—夸特检验（样本分段比检验）

戈德菲尔德—夸特（Goldfeld-Quandt）检验方法是由戈德菲尔德和夸特于 1965 年提出来的，可用于检验递增性或递减性异方差。此检验的基本思想是将样本按某个解释变量的大小顺序排列，并将样本从中间截成两段；然后各段分别用普通最小二乘法拟合回归模型，并分别计算各段的残差平方和。令第一段为高方差段，第二段为低方差段，并记两段的样本容量分别为 $n_1$ 和 $n_2$，模型参数个数为 $k$，两段样本回归残差分别为 $e_{1i}$ 和 $e_{2i}$，则两段的残差平方和分别为 $RSS_1=\sum_{i=1}^{n_1}e_{1i}^2$ 和 $RSS_2=\sum_{i=1}^{n_2}e_{2i}^2$，从而可计算出各段模型的随机误差项的方差估计量分别为 $\hat{\sigma}_1^2=\frac{RSS_1}{n_1-k}$ 和 $\hat{\sigma}_2^2=\frac{RSS_2}{n_2-k}$，由此可构造出检验统计量为

$$F=\frac{\hat{\sigma}_1^2}{\hat{\sigma}_2^2}=\frac{RSS_1/(n_1-k)}{RSS_2/(n_2-k)} \tag{4.8}$$

该统计量服从自由度为 $(n_1-k)$ 和 $(n_2-k)$ 的 $F$ 分布。在给定的显著性水平 $\alpha$ 之下，若此统计量 $F$ 的值大于临界值 $F_\alpha(n_1-k,n_2-k)$，则认为模型中随机误差项存在异方差。反之，如果其 $F$ 值小于临界值 $F_\alpha(n_1-k,n_2-k)$，则认为模型中随机误差项不存在异方差。

为了提高此检验的功效，戈德菲尔德和夸特曾经建议，将观测样本分成两段时，可将中间的部分数据删掉。然而，删掉的数据越多，各段中估计的自由度就越小，从而又会影响检验的功效。因此，删掉的中间部分数据也不能太多。一般地，删掉的数据不应多于样本观测数据的 1/3。

（四）戈里瑟（Glejser）检验

戈里瑟检验的基本思想是用残差绝对值 $|e_i|$ 对每个解释变量建立各种回归模型，如 $|e_i|=\alpha_1+\alpha_2X_i+v_i$，$|e_i|=\alpha_1+\alpha_2\frac{1}{X_i}+v_i$，$|e_i|=\alpha_1+\alpha_2\sqrt{X_i}+v_i$ 等等，并检验回归系数 $\alpha_2$ 是否为 0。设原假设为 $H_0:\alpha_2=0$，备择假设为 $H_1:\alpha_2\neq 0$，可应用 $t$ 检验进行判断，如果 $\alpha_2\neq 0$，则认为存在异方差。该检验的特点是不仅能判断模型是否存在异方差，而且还能对异方差随某个解释变量变化的函数形式进行诊断。

（五）怀特（White）检验

怀特检验的基本思想是：如果存在异方差，其方差 $\sigma_i^2$ 与解释变量有关系，则可以分析 $\sigma_i^2$ 是否与解释变量有某些形式的联系以判断异方差性。但是 $\sigma_i^2$ 一般是未知的，可以用 OLS 法估计的残差平方 $e_i^2$ 作为其估计值，再将残差平方 $e_i^2$ 对所有解释变量及其平方项和交叉乘积项进行线性回归，并检验各回归系数是否全部为 0。

例如，对于两个解释变量的回归模型

$$Y_i=\beta_1+\beta_2X_{2i}+\beta_3X_{3i}+u_i \tag{4.9}$$

怀特检验步骤如下：

第一步，使用普通最小二乘法估计模型(4.9)，并获得残差 $e_i$。

第二步，做如下的辅助回归

$$e_i^2=\alpha_1+\alpha_2X_{2i}+\alpha_3X_{3i}+\alpha_4X_{2i}^2+\alpha_5X_{3i}^2+\alpha_6X_{2i}X_{3i}+v_i \tag{4.10}$$

其中，$v_i$ 为随机误差项。

第三步，计算该辅助回归的判定系数 $R^2$，在无异方差的原假设下，可以证明，辅助回归的 $R^2$ 乘以样本容量 $n$ 渐近地服从自由度为辅助回归中解释变量个数 $r$（不包括常数项）的 $\chi^2$ 分布，即

$$nR^2\sim\chi^2(r) \tag{4.11}$$

在本例中，辅助回归有 5 个解释变量，即 $r=5$。

第四步，给定显著性水平 $\alpha$，查 $\chi^2$ 分布表的临界值 $\chi_\alpha^2(5)$，如果 $nR^2>\chi_\alpha^2(5)$，则拒绝原假设，表明模型中随机误差项存在异方差。如果 $nR^2\leqslant\chi_\alpha^2(5)$，则无异方差，即在辅助回归中，有 $\alpha_2=\alpha_3=\alpha_4=\alpha_5=\alpha_6=0$。

## 五、异方差性的修正

当所研究的问题存在异方差性时，就违背了线性回归模型的经典假定。此时，就不能用普通最小二乘法进行参数估计，必须寻求适当的补救方法，对原来的模型进行变换，使变换后的模型满足同方差性假定，然后使用普通最小二乘法进行模型参数的估计，就可得到理想的回归模型。消除异方差性的方法通常使用加权最小二乘法(WLS)。

考虑一元线性回归模型

$$Y_i=\beta_1+\beta_2X_i+u_i \qquad (i=1,2,\cdots,n) \tag{4.12}$$
$$Var(u_i)=\sigma_i^2$$

### (一) $\sigma_i^2$ 已知时

如果每个观测点的误差项方差 $\sigma_i^2$ 是已知的，使用 $1/\sigma_i$ 为权数，对模型(4.12)做如下变换

$$\frac{Y_i}{\sigma_i}=\frac{\beta_1}{\sigma_i}+\beta_2\frac{X_i}{\sigma_i}+\frac{u_i}{\sigma_i} \tag{4.13}$$

由于 $Var(\frac{u_i}{\sigma_i})=\frac{1}{\sigma_i^2}Var(u_i)=\frac{1}{\sigma_i^2}\cdot\sigma_i^2=1$，即通过加权变换使随机误差项变成同方差了。

如果模型的其他假定条件都满足，则模型(4.13)就变成满足经典假定的回归模型了，就可利用普通最小二乘法估计参数，得到的估计量是最佳线性无偏估计量。

通过加权变换使原模型中的异方差误差项转换为同方差误差项，使加权变换后的模型满足最小二乘法的假定，从而使用普通最小二乘法估计参数，这种方法称为加权最小二乘法。

### (二) $\sigma_i^2$ 未知时

如果 $\sigma_i^2$ 是未知的，一般情况下，可根据误差与解释变量或被解释变量的关系来确定变

换的权数。一般先采用戈里瑟检验方法确定 $e_i$ 与 $X_i$ 之间的关系。

1. 如 $|e_i|$ 与 $\sqrt{X_i}$ 之间为线性关系，则可认为

$$\sigma_i^2 = E(u_i^2) = \sigma^2 X_i \tag{4.14}$$

这时，选择 $\frac{1}{\sqrt{X_i}}$ 为权数，即对模型(4.12)两边同时乘以 $\frac{1}{\sqrt{X_i}}$，将异方差模型变为同方差模型。即将模型(4.12)变为

$$\frac{Y_i}{\sqrt{X_i}} = \frac{\beta_1}{\sqrt{X_i}} + \beta_2\sqrt{X_i} + \frac{u_i}{\sqrt{X_i}} \tag{4.15}$$

由于 $Var(\frac{u_i}{\sqrt{X_i}}) = \frac{1}{X_i}Var(u_i) = \frac{1}{X_i}\cdot\sigma_i^2 = \sigma^2$，即通过加权后随机误差项变为同方差了，则可使用普通最小二乘法估计模型(4.15)的参数，得到最佳线性无偏估计量。

2. 如 $|e_i|$ 与 $X_i$ 之间为线性关系，则可认为

$$\sigma_i^2 = E(u_i^2) = \sigma^2 X_i^2 \tag{4.16}$$

这时，选择 $\frac{1}{X_i}$ 为权数，可将模型(4.12)变换为如下模型：

$$\frac{Y_i}{X_i} = \frac{\beta_1}{X_i} + \beta_2 + \frac{u_i}{X_i} \tag{4.17}$$

由于 $Var(\frac{u_i}{X_i}) = \frac{1}{X_i^2}Var(u_i) = \frac{1}{X_i^2}\cdot\sigma_i^2 = \sigma^2$，即通过加权后随机误差项变为同方差了，则可使用普通最小二乘法估计模型(4.17)的参数。注意，在变换后的模型(4.17)中，斜率项 $\beta_1$ 是原模型(4.12)的距截项，截距项 $\beta_2$ 是原模型(4.12)的斜率项。

3. 用 $e_i$ 作为 $u_i$ 的近似估计量，则可认为

$$\sigma_i^2 = E(u_i^2) \approx e_i^2 \tag{4.18}$$

这时，选择 $\frac{1}{|e_i|}$ 为权数，可将模型(4.12)变换为如下模型

$$\frac{Y_i}{|e_i|} = \frac{\beta_1}{|e_i|} + \frac{\beta_2 X_i}{|e_i|} + \frac{u_i}{|e_i|} \tag{4.19}$$

由于 $Var(\frac{u_i}{|e_i|}) = \frac{1}{|e_i|^2}Var(u_i) = \frac{1}{e_i^2}\cdot\sigma_i^2 \approx 1$，即通过加权后随机误差项变为同方差了，则可使用普通最小二乘法估计模型(4.19)的参数，得到最佳线性无偏估计量。

（三）加权最小二乘法的矩阵表达

一般情况下，对于模型

$$Y = X\beta + U \tag{4.20}$$

如果存在

$$\begin{aligned} &E(U) = 0 \\ &\mathrm{Cov}(U) = E(UU') = \sigma^2\Omega \end{aligned} \tag{4.21}$$

$$\Omega = \begin{bmatrix} \sigma_1^2 & & & \\ & \sigma_2^2 & & \\ & & \ddots & \\ & & & \sigma_n^2 \end{bmatrix}$$

说明模型中随机误差项存在异方差。

如果选择矩阵 $P$ 为

$$P=\begin{bmatrix}\frac{1}{\sigma_1} & & & \\ & \frac{1}{\sigma_2} & & \\ & & \ddots & \\ & & & \frac{1}{\sigma_n}\end{bmatrix}$$

则根据矩阵理论,有 $P\Omega P'=I$。

用矩阵 $P$ 变换式(4.20),得

$$PY=PX\beta+PU \tag{4.22}$$

令

$$Y^*=PY=\begin{bmatrix}\frac{Y_1}{\sigma_1}\\ \frac{Y_2}{\sigma_2}\\ \vdots\\ \frac{Y_n}{\sigma_n}\end{bmatrix},X^*=PX=\begin{bmatrix}\frac{1}{\sigma_1} & \frac{X_{21}}{\sigma_1} & \cdots & \frac{X_{k1}}{\sigma_1}\\ \frac{1}{\sigma_2} & \frac{X_{22}}{\sigma_2} & \cdots & \frac{X_{k2}}{\sigma_2}\\ \vdots & \vdots & & \vdots\\ \frac{1}{\sigma_n} & \frac{X_{2n}}{\sigma_n} & \cdots & \frac{X_{kn}}{\sigma_n}\end{bmatrix},U^*=PU=\begin{bmatrix}\frac{u_1}{\sigma_1}\\ \frac{u_2}{\sigma_2}\\ \vdots\\ \frac{u_n}{\sigma_n}\end{bmatrix}$$

即

$$\boldsymbol{Y}^*=\boldsymbol{X}^*\boldsymbol{\beta}+U^* \tag{4.23}$$

该模型具有同方差,这是因为

$$\mathrm{Cov}(U^*)=E(U^*U^{*'})=E(PUU'P')=PE(UU')P'=P\sigma^2\Omega P'=\sigma^2P\Omega P'=\sigma^2I$$

对变换后的模型应用 OLS 法可以求出参数的加权最小二乘估计量,该估计量是无偏、有效的估计量。

## 六、案例分析

中国农村居民人均现金消费支出主要由人均纯收入来决定。农村居民人均纯收入包括工资性收入、家庭经营收入、财产性收入和转移性收入等。表 4.1 给出的是 2013 年我国各地区农村居民家庭人均工资性收入与人均现金消费支出的数据。

为了分析比较人均现金消费与人均工资收入的关系,现建立人均现金消费支出与人均工资收入的回归模型。模型设立如下

$$Y_i=\beta_1+\beta_2X_i+u_i \tag{4.24}$$

其中,$Y_i$ 表示人均现金消费支出,$X_i$ 表示人均工资性收入。

利用普通最小二乘法,根据表 4.1 中的数据,可以估计出该回归方程为(方程下面的数值分别为相应估计量的标准误差和 $t$ 值,以下同)

$$\hat{Y}_i=2914.297+0.8241X_i \tag{4.25}$$

$$Se\quad(365.4711)\quad(0.0692)$$

$$t \quad (7.9741) \quad (11.9112)$$

$$R^2 = 0.8303 \quad F = 141.8770$$

**表 4.1　我国各地区农村人均工资性收入和人均现金消费支出**

| 地　区 | 人均工资性收入（元） | 人均现金消费支出（元） | 地　区 | 人均工资性收入（元） | 人均现金消费支出（元） |
|---|---|---|---|---|---|
| 北　京 | 12034.9 | 13470.2 | 湖　北 | 3868.2 | 5531.1 |
| 天　津 | 9091.5 | 10088.6 | 湖　南 | 4595.6 | 5854.2 |
| 河　北 | 5236.7 | 5969.6 | 广　东 | 7072.4 | 7881.5 |
| 山　西 | 4041.1 | 5463.2 | 广　西 | 2712.3 | 4547.0 |
| 内蒙古 | 1694.6 | 6763.3 | 海　南 | 3001.5 | 5090.7 |
| 辽　宁 | 4209.4 | 6864.9 | 重　庆 | 4089.2 | 5057.8 |
| 吉　林 | 1813.2 | 6827.6 | 四　川 | 3542.8 | 5406.1 |
| 黑龙江 | 1991.4 | 6542.1 | 贵　州 | 2572.6 | 3888.3 |
| 上　海 | 12239.4 | 13872.9 | 云　南 | 1729.2 | 3953.0 |
| 江　苏 | 7608.5 | 9486.9 | 西　藏 | 1475.3 | 2661.5 |
| 浙　江 | 9204.3 | 11541.1 | 陕　西 | 3151.2 | 5420.7 |
| 安　徽 | 3733.5 | 5344.9 | 甘　肃 | 2203.4 | 4393.7 |
| 福　建 | 5193.9 | 7552.5 | 青　海 | 2347.5 | 5506.6 |
| 江　西 | 4422.1 | 4910.1 | 宁　夏 | 2878.4 | 5942.1 |
| 山　东 | 5127.2 | 7184.2 | 新　疆 | 1311.8 | 5519.9 |
| 河　南 | 3581.6 | 5353.0 | | | |

资料来源：《中国农村统计年鉴 2014》，中国统计出版社，2014 年。

由于地区之间存在不同的人均工资收入，因此，各地区个体现金消费水平也会有所不同，这种差异使得模型很容易产生异方差。若以 $X_i$ 为横坐标，残差 $e_i$ 的平方 $e_i^2$ 为纵坐标，得到残差图如图 4.2 所示。

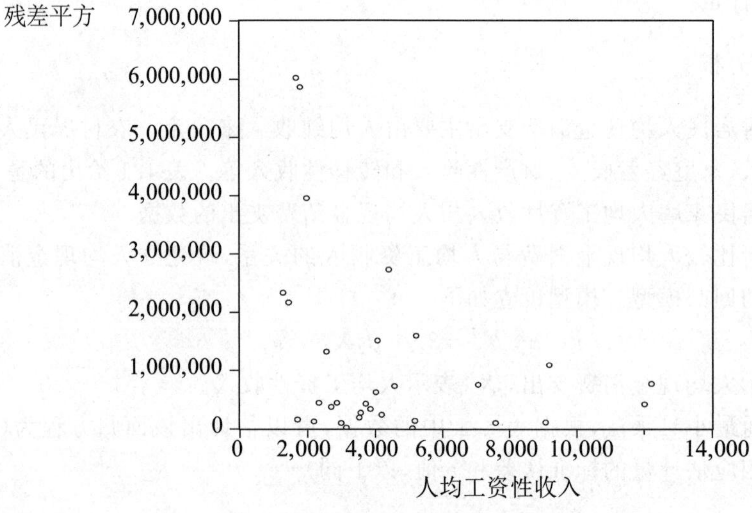


**图 4.2　残差图**

由图 4.2 可以看出，残差平方 $e_i^2$ 对解释变量的散点图主要分布在图形中的下三角部分，大致可以看出残差平方 $e_i^2$ 随解释变量 $X_i$ 的变动呈减小的趋势，因此，模型很可能存在异方差。但是否确实存在异方差还应通过更进一步的检验。

运用怀特检验，因为本例为一元回归，故无交叉乘积项，则相应的辅助回归为

$$e_i^2 = \alpha_0 + \alpha_1 X_i + \alpha_2 X_i^2 + v_i \tag{4.26}$$

由怀特检验知，$nR^2 = 16.286$，在 $\alpha = 0.05$ 的情况下，查 $\chi^2$ 分布表，得临界值 $\chi^2_{0.05}(2) = 5.9915$。比较计算的 $\chi^2$ 统计量与临界值，因为 $nR^2 = 7.0469 > \chi^2_{0.05}(2) = 5.9915$，所以拒绝原假设，表明模型存在异方差。

现运用加权最小二乘法来消除异方差，分别取权数 $w_1 = \dfrac{1}{\sqrt{X_i}}$，$w_2 = \dfrac{1}{X_i}$，$w_3 = \dfrac{1}{|e_i|}$，得到的估计结果分别如式(4.27)、(4.28)、(4.29)所示。

$$\hat{Y}_i = 3523.796 + 0.6870 X_i \tag{4.27}$$

$$\begin{array}{lll} Se & (420.1867) & (0.1120) \\ t & (8.3863) & (6.1325) \end{array}$$

$$R^2 = 0.5646 \quad DW = 1.1560 \quad F = 37.6074$$

此时，由怀特检验知，$nR^2 = 16.2861 > \chi^2_{0.05}(2) = 5.9915$，$P$ 值为 $0.0003 < 0.05$，说明异方差依然存在。

$$\hat{Y}_i = 4029.278 + 0.5273 X_i \tag{4.28}$$

$$\begin{array}{lll} Se & (500.0554) & (0.1806) \\ t & (8.0577) & (2.9193) \end{array}$$

$$R^2 = 0.2271 \quad DW = 1.1576 \quad F = 8.5223$$

此时，由怀特检验知，$nR^2 = 16.0194 > \chi^2_{0.05}(2) = 5.9915$，$P$ 值为 $0.0001 < 0.05$，说明异方差依然存在。

$$\hat{Y}_i = 2617.448 + 0.8865 X_i \tag{4.29}$$

$$\begin{array}{lll} Se & (141.1514) & (0.0287) \\ t & (18.5436) & (30.8753) \end{array}$$

$$R^2 = 0.9705 \quad DW = 1.0690 \quad F = 953.2829$$

此时，由怀特检验知，$nR^2 = 5.3903 < \chi^2_{0.05}(2) = 5.9915$，$P$ 值为 $0.0675 > 0.05$，说明异方差已消除，应采用该模型。

因此最终模型为

$$\hat{Y}_i = 2617.448 + 0.8865 X_i \tag{4.30}$$

$$\begin{array}{lll} Se & (141.1514) & (0.0287) \\ t & (18.5436) & (30.8753) \end{array}$$

$$R^2 = 0.9705 \quad DW = 1.0690 \quad F = 953.2829$$

## 第二节 自相关

### 一、自相关的概念

对于模型

$$Y_i = \beta_1 + \beta_2 X_{2i} + \beta_3 X_{3i} + \cdots + \beta_k X_{ki} + u_i \quad (i = 1,2,\cdots,n) \tag{4.31}$$

在经典假定中假设随机误差项无自相关，即 $u_i$ 在不同观测点之间是不相关的

$$\mathrm{Cov}(u_i, u_j) = E(u_i u_j) = 0 \qquad (i \neq j) \tag{4.32}$$

如果对于不同的观测点，随机误差项之间不再是不相关的，而是存在某种相关性，即 $\mathrm{Cov}(u_i, u_j) \neq 0$，则认为出现了自相关性，又称为序列相关。

### 二、自相关的表现形式

如果仅存在

$$\mathrm{Cov}(u_t, u_{t+1}) \neq 0 \qquad (t = 1,2,\cdots,n) \tag{4.33}$$

则称为一阶自相关。这是最常见的一种序列相关形式。

一阶自相关往往可以写成如下形式：

$$u_t = \rho u_{t-1} + v_t \qquad (-1 < \rho < 1) \tag{4.34}$$

其中，$\rho$ 为一阶自相关系数，$v_t$ 为满足经典假定的随机误差项，即 $E(v_t) = 0, Var(v_t) = \sigma^2$，$\mathrm{Cov}(v_t, v_{t+i}) = 0, i \neq 0$。因为模型(4.34)中 $u_{t-1}$ 是 $u_t$ 滞后一期的值，则称式(4.34)为一阶自回归形式，记为 AR(1)，式(4.34)中的 $\rho$ 也称为一阶自回归系数。可以看出，如果 $\rho < 0$，则 $u_t$ 与 $u_{t-1}$ 为负相关；如果 $\rho > 0$，则 $u_t$ 与 $u_{t-1}$ 为正相关；如果 $\rho = 0$，则 $u_t$ 与 $u_{t-1}$ 不相关。

如果式(4.34)中的误差项不满足经典假定，即 $v_t$ 中包含有 $u_t$ 的成分，例如包含有 $u_{t-2}$ 的影响，则应把 $u_{t-2}$ 包含在模型中，即

$$u_t = \rho_1 u_{t-1} + \rho_2 u_{t-2} + v_t' \tag{4.35}$$

其中，$v_t'$ 是满足经典假定的误差项，$\rho_1$ 为一阶自相关系数，$\rho_2$ 为二阶自相关系数。式(4.35)称为二阶自回归形式，记为 AR(2)。

一般地，如果

$$u_t = \rho_1 u_{t-1} + \rho_2 u_{t-2} + \cdots + \rho_m u_{t-m} + v_t \tag{4.36}$$

其中，$v_t$ 是满足经典假定的误差项，$\rho_m$ 是 $m$ 阶自相关系数，称式(4.36)为 $m$ 阶自回归形式，记为 AR($m$)。

### 三、自相关产生的背景和原因

在实际问题的研究中，经常遇到时间序列中出现自相关的情形。产生自相关的背景及其原因通常有以下几个方面。

1. 模型设定误差

所谓模型设定误差是指模型中遗漏了重要的解释变量或者模型函数形式不正确。这种误差存在于随机误差项中，从而带来了自相关。例如，本来应该用两个解释变量去解释

$Y$，即

$$Y_t = \beta_1 + \beta_2 X_{2t} + \beta_3 X_{3t} + u_t \tag{4.37}$$

但是在建立模型时，模型设定为

$$Y_t = \beta_1 + \beta_2 X_{2t} + v_t \tag{4.38}$$

因此，$v_t = \beta_3 X_{3t} + u_t$，即 $X_3$ 对 $Y$ 的影响便归入到随机误差项中了，这就造成了自相关。

模型函数形式的设定错误也可能引起自相关。例如，假定某实际问题的正确回归函数应由指数模型(4.39)来表示

$$Y_t = \beta_1 \exp(\beta_2 X_t + u_t) \tag{4.39}$$

但是，如果误用了线性回归模型(4.40)来表示

$$Y_t = \beta_1 + \beta_2 X_t + u_t' \tag{4.40}$$

这时，误差项 $u_t'$ 就表现为自相关。

2.经济变量的滞后效应

滞后效应是指某一变量对另一变量的影响不仅限于当期，还会延后若干期。在实际问题的研究中，许多经济变量都会产生滞后效应，例如物价指数、基建投资、国民收入、消费、货币发行量等都有一定的滞后性。如前期消费额对后期消费额一般会有明显的影响。在研究消费支出对收入的回归分析中，经常会发现当期的消费支出除了依赖于其他变量外，还依赖于前期的消费支出，用模型表示为

$$Y_t = \beta_1 + \beta_2 X_t + \beta_3 Y_{t-1} + u_t \tag{4.41}$$

出现这种现象是由于心理、技术及制度上等等的原因，消费者不会轻易改变他们的消费习惯。这样模型中就出现了自相关。

3.实际问题中出现的蛛网现象

蛛网现象是微观经济学中的一个概念。它表示某种商品的供给量受前一期价格影响而表现出来的某种规律性，即呈蛛网状收敛或发散于供需的均衡点。由于规律性的作用，使得所用回归模型的误差项不再是随机的了，而产生了某种自相关。例如，许多农产品的当期供给受前一期的价格的影响。这样，今年某种农产品的生产和供给计划取决于上一年的价格。因此，农产品的供给函数可表示为

$$S_t = \beta_1 + \beta_2 P_{t-1} + u_t,\ t = 1,2,\cdots,n \tag{4.42}$$

其中，$S_t$ 为 $t$ 时期农产品供给量；$P_{t-1}$ 为 $t-1$ 时期农产品的价格。

假设在 $t$ 时期末，价格 $P_t$ 低于 $P_{t-1}$，于是在 $t+1$ 期初，农民决定比 $t$ 时期少生产一些，则 $t+1$ 期的产量会低于 $t$ 期。这样下去，就会形成蛛网现象。

4.数据处理造成的自相关

在回归分析建模中，经常要对原始数据进行一些处理，如在具有季节性时间序列资料的建模中，常常要消除季节性，这就需要对数据作修匀处理。但如果采用了不恰当的差分变换，就会带来自相关。

自相关问题主要存在于时间序列数据中，但是在截面数据中也可能会出现自相关。例如，一个家庭或一个地区的消费行为可能会影响另外一些家庭或地区。

## 四、自相关性的后果

当一个线性回归模型的随机误差项存在自相关时，就违背了线性回归方程的经典假

定，如果仍然直接用普通最小二乘法估计参数，将会产生严重后果，一般情况下自相关产生的后果与异方差类似。

（一）对参数估计量统计特性的影响

参数的估计量依然是无偏的，但不再具有最小方差性，即参数的 OLS 估计量不再是最佳线性无偏估计量。

（二）对参数显著性检验的影响

当模型中随机误差项存在自相关时，OLS 估计量不再具有最小方差性。如果仍然用 OLS 法去估计参数及其方差，会低估参数估计量的方差。由于对参数显著性检验的 $t$ 统计量为 $t=\hat{\beta}_2/Se(\hat{\beta}_2)\sim t(n-k)$，当参数估计量的方差被低估时，其标准差 $Se(\hat{\beta}_2)$ 也将被低估，从而使得 $t$ 统计量的值被高估。这就会夸大所估计参数的显著性，对本来不重要的解释变量可能误认为重要而被保留，这时参数的显著性检验就失去了意义。

（三）对模型预测的影响

区间预测与参数估计量的方差有关，在方差有偏误或非最小的情况下，使得预测估计不准确，预测精度降低。所以，当模型出现自相关性时，它的预测功能失效。

## 五、序列相关的检验

随机误差项存在自相关时给普通最小二乘法的运用带来了诸多问题，因此，有必要诊断模型是否存在自相关性。下面介绍几种主要的诊断方法。

（一）图示检验法

图示检验法是一种直观的诊断方法，它是把给定的回归模型直接用普通最小二乘法估计参数，求出残差项 $e_t$，用 $e_t$ 作为随机误差项 $u_t$ 的估计值，再描绘 $e_t$ 的散点图，根据散点图来判断 $e_t$ 的相关性。残差 $e_t$ 的散点图通常有两种绘制方式。

1. 绘制 $e_{t-1}$，$e_t$ 的散点图。用 $(e_{t-1},e_t)(t=1,2,\cdots,n)$ 作为散布点绘图。如果大部分点落在第Ⅰ、Ⅲ象限，表明随机误差项 $u_t$ 存在着正的自相关，如图 4.3 所示；如果大部分点落在第Ⅱ、Ⅳ象限，那么随机误差项 $u_t$ 存在着负的自相关，如图 4.4 所示。

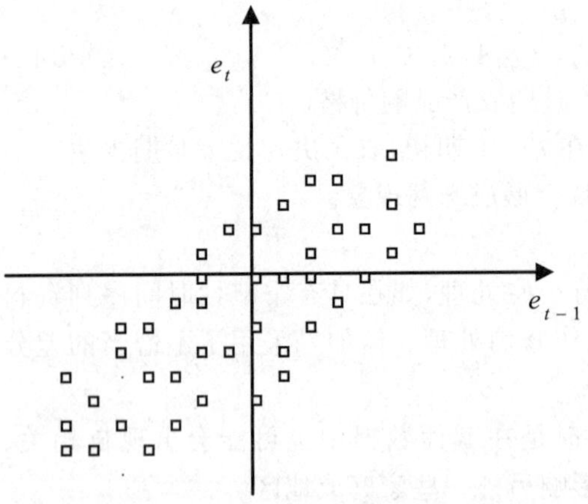


**图 4.3　$u_t$ 正相关时 $e_t$ 与 $e_{t-1}$ 的关系**

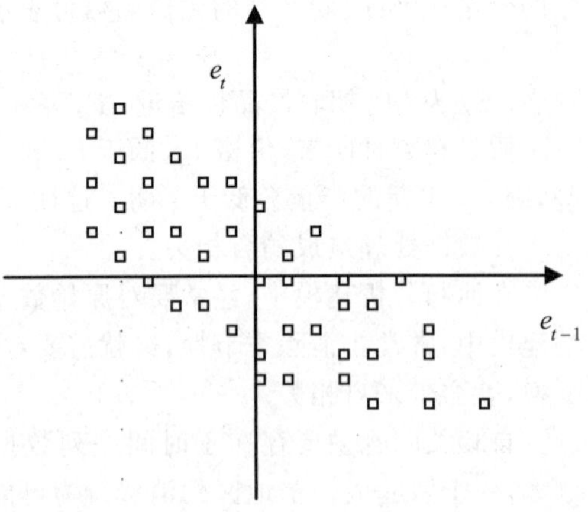


**图 4.4　$u_t$ 负相关时 $e_t$ 与 $e_{t-1}$ 的关系**

2.按照时间顺序绘制回归残差项 $e_t$ 的图形。如果 $e_t(t=1,2,\cdots,n)$ 随着 $t$ 的变化逐次有规律地变化，呈现锯齿形或循环形状的变化，就可判断 $e_t$ 存在相关，表明 $u_t$ 存在着自相关。如果 $e_t$ 随着 $t$ 的变化逐次变化并不断地改变符号，那么随机误差项 $u_t$ 存在负的自相关，如图 4.5 所示；如果 $e_t$ 随着 $t$ 的变化逐次变化并不频繁地改变符号，而是几个正的 $e_t$ 后面跟着几个负的，则表明随机误差项 $u_t$ 存在正的自相关，如图 4.6 所示。

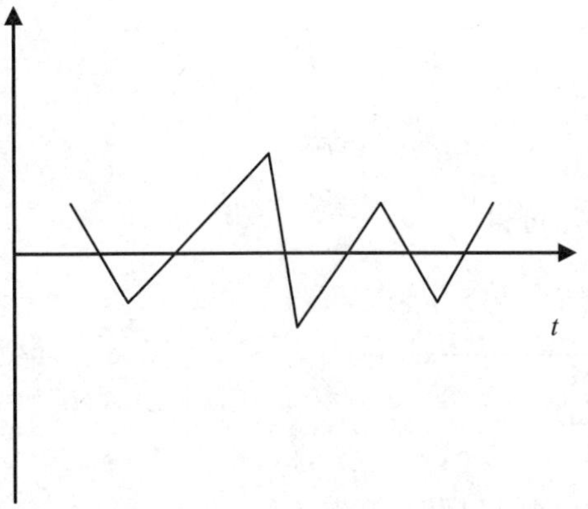


**图 4.5　$u_t$ 负相关时 $e_t$ 的分布图**

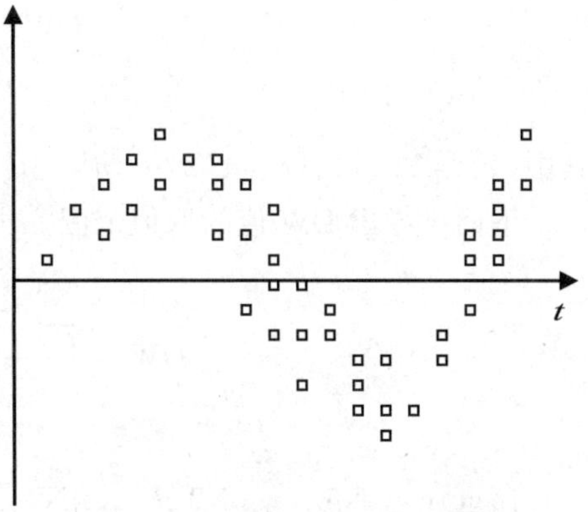


**图 4.6　$u_t$ 正相关时 $e_t$ 的分布图**

（二）自相关系数法

随机误差项 $u_t$，$u_{t-1}$ 的自相关系数定义为

$$\rho=\frac{\sum_{t=2}^{n}u_t u_{t-1}}{\sqrt{\sum_{t=2}^{n}u_t^2}\sqrt{\sum_{t=2}^{n}u_{t-1}^2}} \tag{4.43}$$

自相关系数 $\rho$ 的取值范围是 $[-1,1]$，当 $\rho>0$ 时，表明误差序列存在正相关，当 $\rho<0$ 时，表明误差序列存在负相关。在实际应用中，误差序列 $u_t,u_{t-1}$ 的真实值是未知的，需要用其估计值 $e_t$ 代替，得自相关系数的估计值为

$$\hat{\rho}=\frac{\sum_{t=2}^{n}e_t e_{t-1}}{\sqrt{\sum_{t=2}^{n}e_t^2}\sqrt{\sum_{t=2}^{n}e_{t-1}^2}} \tag{4.44}$$

$\hat{\rho}$ 作为自相关系数 $\rho$ 的估计值与样本量有关，需要做统计显著性检验才能确定自相关性的存在，通常采用下面介绍的 DW 检验代替对 $\hat{\rho}$ 的检验。

（三）DW 检验

DW 检验是 J. Durbin（杜宾）和 G. S. Watson（沃特森）于 1951 年提出的一种适用于小样本的检验方法。DW 检验只能用于检验随机误差项具有一阶自回归形式的自相关问题。这种检验方法是建立经济计量学模型中最常用的方法，一般的计算机软件都可以计算出 DW 值。

前面已经知道，随机误差项的一阶自回归形式为

$$u_t=\rho u_{t-1}+v_t \tag{4.45}$$

为了检验序列的相关性，构造的原假设是

$$H_0:\rho=0 \tag{4.46}$$

为了检验上述假设，构造 DW 统计量，首先要求出回归估计式的残差 $e_t$，定义 DW 统计量为

$$DW=\frac{\sum_{t=2}^{n}(e_t-e_{t-1})^2}{\sum_{t=1}^{n}e_t^2} \tag{4.47}$$

其中，$e_t=Y_t-\hat{Y}_t(t=1,2,\cdots,n)$。

下面推导出 DW 值的取值范围。由式(4.47)可得

$$DW=\frac{\sum_{t=2}^{n}e_t^2+\sum_{t=2}^{n}e_{t-1}^2-2\sum_{t=2}^{n}e_te_{t-1}}{\sum_{t=1}^{n}e_t^2} \tag{4.48}$$

如果认为 $\sum_{t=2}^{n}e_t^2\approx\sum_{t=2}^{n}e_{t-1}^2\approx\sum_{t=1}^{n}e_t^2$，则由式(4.48)得

$$DW\approx 2\left[1-\frac{\sum_{t=2}^{n}e_te_{t-1}}{\sum_{t=2}^{n}e_t^2}\right] \tag{4.49}$$

同理，当认为 $\sum_{t=2}^{n}e_t^2\approx\sum_{t=2}^{n}e_{t-1}^2\approx\sum_{t=1}^{n}e_t^2$ 时

$$\hat{\rho}\approx\frac{\sum_{t=2}^{n}e_te_{t-1}}{\sum_{t=2}^{n}e_t^2} \tag{4.50}$$

因此

$$DW\approx 2(1-\hat{\rho}) \tag{4.51}$$

所以，DW 值与 $\hat{\rho}$ 的对应关系如表 4.2 所示。

**表 4.2　DW 值与 $\hat{\rho}$ 的值的对应关系**

| $\hat{\rho}$ | DW |
|---|---|
| −1 | 4 |
| (−1,0) | (2,4) |
| 0 | 2 |
| (0,1) | (0,2) |
| 1 | 0 |

由上述讨论可知，DW 的取值范围为 $0\leqslant DW\leqslant 4$。

根据样本容量 $n$ 和解释变量的数目 $k'$（不包括常数项），查 DW 分布表，得临界值 $d_L$ 和 $d_U$，然后按表 4.3 中的准则判断模型的自相关状态。

表 4.3　DW 检验决策规则

| | |
|---|---|
| $0 \leqslant DW \leqslant d_L$ | 误差项 $u_1, u_2, \cdots, u_n$ 间存在正相关 |
| $d_L < DW \leqslant d_U$ | 不能判定是否有自相关 |
| $d_U < DW < 4 - d_U$ | 误差项 $u_1, u_2, \cdots, u_n$ 间无自相关 |
| $4 - d_U \leqslant DW < 4 - d_L$ | 不能判定是否有自相关 |
| $4 - d_L \leqslant DW \leqslant 4$ | 误差项 $u_1, u_2, \cdots, u_n$ 间存在负相关 |

表 4.3 可以用坐标图更加直观地表示出来，如图 4.7 所示。

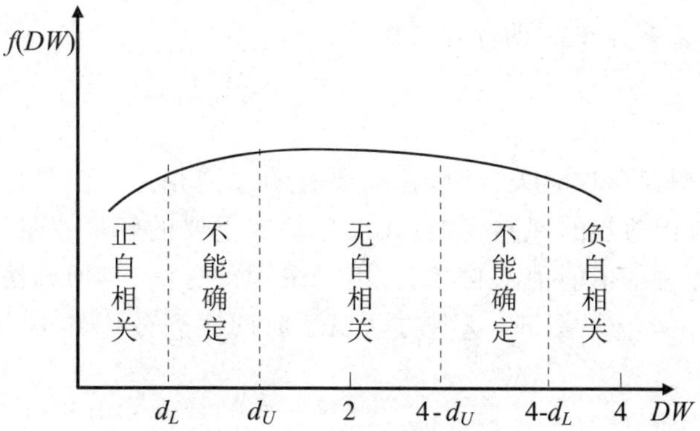


图 4.7　DW 检验示意图

需要注意的是，DW 检验尽管有着广泛的应用，但也有明显的缺点和局限性。

1. DW 检验有两个不能确定的区域，一旦 DW 值落在这两个区域，就无法判断。这时，只有增大样本容量或选取其他方法；

2. DW 统计量的上、下界表要求 $n \geqslant 15$，这是因为样本如果再小，利用残差就很难对自相关的存在性做出比较正确的诊断；

3. DW 检验不适应随机误差项具有高阶序列相关的检验；

4. 只适用于有常数项的回归模型并且解释变量中不能含滞后的被解释变量，并且要求解释变量为非随机的和数据序列无缺失项。

（四）拉格朗日乘数检验

拉格朗日乘数检验是由布劳殊（Breusch）和戈弗雷（Godfrey）于 1978 年提出来的，所以又称为 GB 检验（也称为 LM 检验），它克服了 DW 检验的缺陷，适用于高阶自相关以及模型中存在滞后被解释变量的模型。

对于多元回归模型

$$Y_t = \beta_1 + \beta_2 X_{2t} + \beta_3 X_{3t} + \cdots + \beta_k X_{kt} + u_t \tag{4.52}$$

假定误差项 $u_t$ 为式(4.53)的 $p$ 阶自回归 AR $(p)$ 模式

$$u_t = \rho_1 u_{t-1} + \rho_2 u_{t-2} + \cdots + \rho_p u_{t-p} + v_t \tag{4.53}$$

其中 $v_t$ 为满足经典假定的误差项。

现在欲检验的原假设为

$$H_0: \rho_1 = \rho_2 = \cdots = \rho_p = 0 \tag{4.54}$$

即不存在任何阶数的自相关。

GB检验的步骤如下：

1.用OLS估计式(4.52)，得到残差项 $e_t$。

2.将 $e_t$ 对式(4.52)中所有的解释变量 $X$ 以及第一步估计得到的残差滞后值 $e_{t-1}$，$e_{t-2}$，…，$e_{t-p}$ 做回归，即

$$e_t = \alpha_1 + \alpha_2 X_{2t} + \cdots + \alpha_k X_{kt} + \hat{\rho}_1 e_{t-1} + \hat{\rho}_2 e_{t-2} + \cdots + \hat{\rho}_p e_{t-p} + \varepsilon_t \tag{4.55}$$

并得到该辅助回归的判定系数 $R^2$。

3.若样本容量很大，则有 $(n-p)R^2 \sim \chi^2(p)$，即 $(n-p)R^2$ 服从自由度为 $p$ 的 $\chi^2$ 分布。在给定显著性水平下，若 $(n-p)R^2 > \chi^2(p)$，则拒绝原假设，此时式(4.53)中至少有一个 $\rho$ 在统计上显著不为0，说明存在自相关。

## 六、补救措施

当一个回归模型存在自相关性时，首先要查明序列相关产生的原因。如果是回归模型选用不当，则应改用适当的回归模型；如果是缺少重要的解释变量，则应增加该解释变量；如果以上两种方法都不能消除自相关，则需采用差分法、自回归法、移动平均法，或者这些方法的综合运用等方法处理，这些方法属于时间序列分析方法。本书在此介绍几种常用的方法。

### (一)差分法

差分法是一类克服自相关的有效的方法，被广泛地采用。差分法是将原模型变换为差分模型，分为一阶差分法和广义差分法。

1.一阶差分法

一阶差分法是将原模型

$$Y_t = \beta_1 + \beta_2 X_{2t} + \cdots + \beta_k X_{kt} + u_t \tag{4.56}$$

变换为

$$\Delta Y_t = \beta_2 \Delta X_{2t} + \cdots + \beta_k \Delta X_{kt} + u_t - u_{t-1} \tag{4.57}$$

其中，$\Delta Y_t = Y_t - Y_{t-1}$，$\Delta X_{it} = X_{it} - X_{i(t-1)}$，$(i=2,3,\cdots,k)$，如果原模型存在完全一阶正自相关，即

$$u_t = u_{t-1} + v_t \tag{4.58}$$

其中，$v_t$ 为满足经典假定的误差项。那么对于式(4.57)的差分模型，则应满足经典假定，用普通最小二乘法估计式(4.57)的差分模型，得到的参数估计量即为原模型参数的无偏、有效的估计量。

实际问题中，完全一阶正自相关的情况并不多见，所以人们不是经常直接使用差分模型。对于非完全一阶正自相关的情况，只要存在一定程度的一阶正自相关，差分模型就可以有效地加以克服。通常人们采用下面的广义差分法，但估计的过程将变得较为复杂。

2.广义差分法

广义差分法可以克服所有类型的序列相关带来的问题，一阶差分法是它的一个特例。如果模型(4.56)的随机误差项存在如式(4.59)的关系

$$u_t = \rho_1 u_{t-1} + \rho_2 u_{t-2} + \cdots + \rho_p u_{t-p} + v_t \tag{4.59}$$

其中，$v_t$ 为满足经典假定的误差项，则可以将原模型(4.56)变换为

$$Y_t - \rho_1 Y_{t-1} - \rho_2 Y_{t-2} - \cdots - \rho_p Y_{t-p}$$

$$
\begin{aligned}
&= \beta_1(1-\rho_1-\rho_2-\cdots-\rho_p) \\
&\quad + \beta_2(X_{2t}-\rho_1 X_{2,t-1}-\rho_2 X_{2,t-2}-\cdots-\rho_p X_{2,t-p})+\cdots \\
&\quad + \beta_k(X_{kt}-\rho_1 X_{k,t-1}-\rho_2 X_{k,t-2}-\cdots-\rho_p X_{p,t-p})+v_t
\end{aligned}
\tag{4.60}
$$

模型(4.60)即为广义差分模型，该模型不存在自相关问题。采用普通最小二乘法估计模型(4.60)得到的参数估计量，即为原模型参数的无偏、有效的估计量。

在进行一阶广义差分时，解释变量 $X$ 与被解释变量 $Y$ 均以差分形式出现，因而样本容量由 $n$ 减少为 $n-1$，即丢失了第一个观测值。如果样本容量较大，减少一个观测值对估计结果影响不大。但是，如果样本容量较小，则对估计精度产生较大的影响。此时，可采用普莱斯—温斯滕(Prais-Winsten)变换，将第一个样本观测值补充到差分序列中。将第一个观测值变换为 $Y_1\sqrt{1-\rho^2}$ 和 $X_1\sqrt{1-\rho^2}$，此时，样本容量依然为 $n$，再使用普通最小二乘法估计参数。

3. 随机误差项相关系数的估计

应用广义差分法，必须已知不同样本点之间随机误差项的相关系数 $\rho_1,\rho_2,\cdots,\rho_p$。实际上，人们并不知道它们的具体数值，所以必须首先对它们进行估计。于是发展了许多估计方法，诸如科克伦—奥科特迭代法、杜宾两步法等。其基本思想是采用普通最小二乘法估计原模型，得到随机误差项的“近似估计值”，然后利用该“近似估计值”求得随机误差项相关系数的估计量。不同的方法旨在使这些估计量更加逼近实际。

例如，杜宾两步法就是其中一种常用的方法。以采用普通最小二乘法估计原模型得到的随机误差项的“近似估计值”作为模型(4.59)的样本观测值，普通最小二乘法估计该模型，得到随机误差项的相关系数 $\rho_1,\rho_2,\cdots,\rho_p$ 的估计值，并替换方程(4.60)右边的 $\rho_1,\rho_2,\cdots,\rho_p$，然后再采用普通最小二乘法估计该方程，得到原模型参数 $\beta_1,\beta_2,\cdots,\beta_k$ 的估计量。

(二)广义最小二乘法(GLS)

广义最小二乘法，顾名思义，是最具有普遍意义的最小二乘法。其中普通最小二乘法和加权最小二乘法是它的特例。

设回归模型为

$$
Y = X\beta + U \tag{4.61}
$$

如果存在自相关，同时存在异方差，即有

$$
\mathrm{Cov}(U,U') = E(UU') = \begin{bmatrix} \sigma_1^2 & \sigma_{12} & \cdots & \sigma_{1n} \\ \sigma_{21} & \sigma_2^2 & \cdots & \sigma_{2n} \\ \vdots & \vdots & & \vdots \\ \sigma_{n1} & \sigma_{n2} & \cdots & \sigma_n^2 \end{bmatrix} = \sigma^2\Omega
$$

显然，$\Omega$ 是一对称正定矩阵，根据矩阵原理，存在一个可逆矩阵 $P$，使得

$$
P\Omega P' = I
$$

则

$$
\Omega = P^{-1}(P')^{-1} = (PP')^{-1}
$$

因此

$$
\Omega^{-1} = PP'
$$

利用矩阵 $P$ 对式(4.61)做如下变换

$$PY = PX\beta + PU \tag{4.62}$$

令

$$Y^* = PY,\quad X^* = PX,\quad U^* = PU$$

则

$$Y^* = X^*\beta + U^* \tag{4.63}$$

模型(4.63)满足同方差与随机误差项相互独立的假定。这是因为

$$E(U^*U^{*'}) = E(PUU'P') = PE(UU')P' = P\sigma^2\Omega P' = \sigma^2 P\Omega P' = \sigma^2 I$$

对式(4.63)应用 OLS 估计,得

$$\begin{aligned}\hat{\beta} &= (X^{*'}X^*)^{-1}X^{*'}Y^* \\ &= [(PX)'(PX)]^{-1}(PX)'PY \\ &= [X'P'PX]^{-1}X'P'PY \\ &= (X'\Omega^{-1}X)^{-1}X'\Omega^{-1}Y\end{aligned}$$

该估计量即是式(4.62)的广义最小二乘估计量。当 $\Omega = I$ 时,该估计量就是普通最小二乘估计量,因此普通最小二乘法是广义最小二乘法的特例。另外,可以看出,第一节异方差性修正中所采用的加权最小二乘法也是它的一个特例。

通常用广义最小二乘法来修正具有一阶自相关的回归模型。即误差项有(4.64)的形式

$$u_t = \rho u_{t-1} + v_t \tag{4.64}$$

可以证明

$$Var(u_t) = \sigma_u^2 = \frac{\sigma_v^2}{1-\rho^2}$$

$$\mathrm{Cov}\,(u_t, u_{t-s}) = \rho^s \sigma_u^2$$

于是

$$\mathrm{Cov}\,(U, U') = \sigma_u^2 \begin{bmatrix} 1 & \rho & \rho^2 & \cdots & \rho^{n-1} \\ \rho & 1 & \rho & \cdots & \rho^{n-2} \\ \vdots & \vdots & \vdots & & \vdots \\ \rho^{n-1} & \rho^{n-2} & \rho^{n-3} & \cdots & 1 \end{bmatrix} = \sigma_u^2 \Omega$$

因此可求得

$$\Omega^{-1} = \begin{bmatrix} 1 & -\rho & & & & & \\ -\rho & 1+\rho^2 & -\rho & & & & 0 \\ & -\rho & 1+\rho^2 & -\rho & & & \\ & & & \ddots & & & \\ & & & -\rho & 1+\rho^2 & -\rho \\ 0 & & & & -\rho & 1 \end{bmatrix}$$

代入 $\hat{\beta} = (X'\Omega^{-1}X)^{-1}X'\Omega^{-1}Y$,可得到参数广义最小二乘估计量。

## 七、实际案例

表 4.4 给出了中国出口总额($Y$)与国内生产总值($X$)的数据。

表 4.4 1992—2017 年中国实际 GDP 和出口额

| 年份 | 实际 GDP X (亿元) | 实际出口额 Y (亿元) |
|---|---|---|
| 1992 | 24716.0428 | 4250.1105 |
| 1993 | 28266.8637 | 4187.5896 |
| 1994 | 31047.6549 | 6652.7360 |
| 1995 | 33444.0775 | 6789.0389 |
| 1996 | 36149.0185 | 6330.6187 |
| 1997 | 39036.7187 | 7424.2487 |
| 1998 | 42053.6182 | 7514.5690 |
| 1999 | 45345.0628 | 8091.1169 |
| 2000 | 50001.4139 | 10288.6732 |
| 2001 | 54898.7983 | 10906.3619 |
| 2002 | 60760.4276 | 13452.1928 |
| 2003 | 67786.9177 | 17899.9352 |
| 2004 | 76836.8128 | 23312.7559 |
| 2005 | 87361.6594 | 29217.7777 |
| 2006 | 100820.5762 | 35651.8770 |
| 2007 | 118472.9938 | 41019.3741 |
| 2008 | 132280.7618 | 41563.9112 |
| 2009 | 145551.4739 | 34202.7497 |
| 2010 | 166722.1730 | 43200.3990 |
| 2011 | 187406.4599 | 47202.2404 |
| 2012 | 201717.2768 | 48289.3782 |
| 2013 | 216561.6815 | 49891.1146 |
| 2014 | 229695.0282 | 51320.9703 |
| 2015 | 242377.8843 | 49656.2021 |
| 2016 | 256433.3103 | 47735.3570 |
| 2017 | 280767.2720 | 52041.6371 |

数据来源:《中国统计年鉴 2018》,出口总额与生产总值为 1990 年可比价指标。

通常,影响出口的因素很多,但由于受各种条件的限制,现只引入国内生产总值一个变量做解释变量,即出口模型设定为

$$Y_t = \beta_1 + \beta_2 X_t + u_t \tag{4.65}$$

使用普通最小二乘法估计模型,得

$$\begin{aligned} \hat{Y}_t &= 2769.331 + 0.2118X_t \\ Se \quad &(2088.803) \quad (0.0150) \\ t \quad &(1.3258) \quad (14.1568) \end{aligned} \tag{4.66}$$

$$R^2 = 0.8931 \quad F = 200.4144 \quad DW = 0.2623$$

该回归方程的判定系数很高,回归系数均显著。对样本量为 26,一个解释变量的模型,在给定 5%的显著性水平下,查 DW 统计表可知,$d_L=1.30$,$d_U=1.46$,$DW<d_L$,说明模型中有自相关。这一点也可从残差图中看出,该模型的残差图如图 4.8 所示。

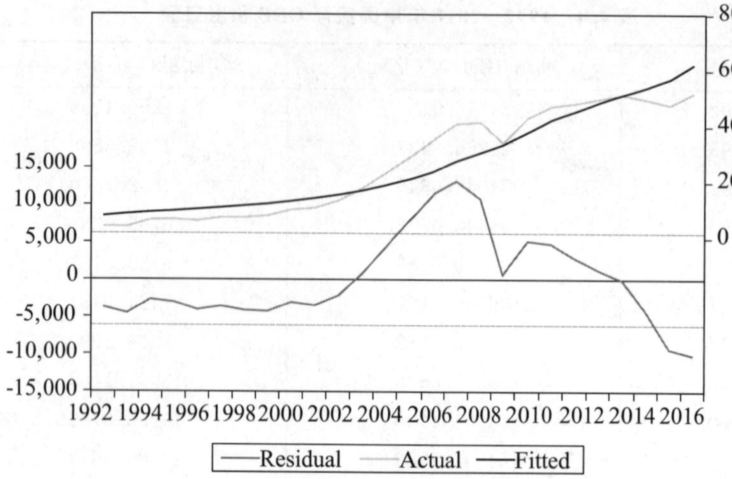


**图 4.8 残差图**

在图 4.8 中，残差随着时间的变化逐次有规律地变化，连续为正和连续为负，表明残差项存在一阶正自相关，模型估计得到的 $t$ 统计量和 $F$ 统计量不可靠，需要采取补救措施。

由于原模型的误差项 $u_t$ 序列相关的形式为一阶自相关。即

$$u_t = \rho u_{t-1} + v_t \tag{4.67}$$

其中，$v_t$ 为满足经典假定的误差项。使用普通最小二乘法估计 $\rho$ 的估计值 $\hat{\rho}$，得

$$\begin{aligned} e_t &= 0.9073 e_{t-1} \\ Se &\quad (0.1094) \\ t &\quad (8.2949) \end{aligned} \tag{4.68}$$

由式(4.68)可知 $\hat{\rho}=0.9073$，$t$ 检验表明 $\hat{\rho}$ 是高度显著的，即误差项 $u_t$ 有一阶正自相关。

对原模型进行广义差分变换，变换后的模型形式为

$$Y_t - \hat{\rho}Y_{t-1} = \beta_1(1-\hat{\rho}) + \beta_2(X_t - \hat{\rho}X_{t-1}) + v_t \tag{4.69}$$

把 $\hat{\rho}=0.9073$ 代入，即

$$Y_t - 0.9073Y_{t-1} = \beta_1(1-0.9073) + \beta_2(X_t - 0.9073X_{t-1}) + v_t \tag{4.70}$$

令 $Y_t^* = Y_t - 0.9073Y_{t-1}$，$X_t^* = X_t - 0.9073X_{t-1}$，使用普通最小二乘法估计式(4.70)，可得回归方程为

$$\begin{aligned} \hat{Y}_t^* &= 1152.181 + 0.1565X_t^* \\ Se &\quad (1153.939) \quad (0.0483) \\ t &\quad (0.9985) \quad (3.2382) \\ R^2 &= 0.3131 \quad F = 10.4860 \quad DW = 1.6470 \end{aligned} \tag{4.71}$$

由于使用广义差分数据，样本容量减少了 1 个，为 25 个。查 5% 的显著性水平的 DW 统计表可知 $d_L = 1.25$，$d_U = 1.45$，模型中的 $d_U < DW = 1.6470 < 4 - d_U$，说明广义差分模型中已无序列相关。同时可见，判定系数 $R^2$，$t$ 和 $F$ 统计量也均达到理想状态。

根据 $\hat{\beta}_1(1-\hat{\rho}) = 1152.181$，可得

$$\hat{\beta}_1 = \frac{1152.181}{1-0.9073} = 12429.1370 \tag{4.72}$$

因此，原回归模型应为

$$Y_t = 12429.1370 + 0.1565X_t \tag{4.73}$$
$$Se \quad (1153.939) \quad (0.0483)$$
$$t \quad (0.9985) \quad (3.2382)$$
$$R^2 = 0.3131 \quad F = 10.4860 \quad DW = 1.6470$$

采用普莱斯—温斯滕变换后的普通最小二乘估计结果为

$$\hat{Y}_t^* = 1070.023 + 0.1587X_t^* \tag{4.74}$$
$$Se \quad (1101.940) \quad (0.0469)$$
$$t \quad (0.9710) \quad (3.3852)$$
$$R^2 = 0.3232 \quad F = 11.4596 \quad DW = 1.6389$$

对比式(4.71)和式(4.74)可发现，两者的参数估计值和各检验统计量的差别很小，这是因为本例中样本还不算太小。如果实际应用中样本较小，则两者的差异会较大。

由 $\hat{\beta}_1(1-\hat{\rho}) = 1070.023$，可得 $\hat{\beta}_1 = 11549.3312$，由此，得到最终的模型为

$$\hat{Y}_t = 11549.3312 + 0.1587X_t \tag{4.75}$$
$$Se \quad (1101.940) \quad (0.0469)$$
$$t \quad (0.9710) \quad (3.3852)$$
$$R^2 = 0.3232 \quad F = 11.4596 \quad DW = 1.6389$$

## 第三节　多重共线性

### 一、多重共线性的概念

前面讨论多元线性回归模型的估计时，强调了假定无完全多重共线性，即对于模型

$$Y_i = \beta_1 + \beta_2 X_{2i} + \beta_3 X_{3i} + \cdots + \beta_k X_{ki} + u_i \quad (i = 1, 2, \cdots, n) \tag{4.76}$$

要求各解释变量之间无完全多重共线性。如果某两个或多个解释变量之间出现了相关性，则称为多重共线性。多重共线性分完全共线性和近似共线性。

从数学意义上说明多重共线性，即是对于解释变量 $X_2, X_3, \cdots, X_k$，如果存在不全为 0 的数 $c_2, c_3, \cdots, c_k$，使得

$$c_2 X_{2i} + c_3 X_{3i} + \cdots + c_k X_{ki} = 0 \tag{4.77}$$

则称解释变量 $X_2, X_3, \cdots, X_k$ 之间存在着完全的多重共线性。

在矩阵表示的线性回归模型

$$Y = X\beta + U \tag{4.78}$$

中，完全共线性指：$r(X) < k$，即在

$$X = \begin{bmatrix} 1 & X_{21} & X_{31} & \cdots & X_{k1} \\ 1 & X_{22} & X_{32} & \cdots & X_{k2} \\ \vdots & \vdots & \vdots & & \vdots \\ 1 & X_{2n} & X_{3n} & \cdots & X_{kn} \end{bmatrix}$$

中，至少有一列向量可由其他列向量线性表示。例如当 $X_3=\lambda X_2$ 时，则 $X_3$ 对 $Y$ 的作用可由 $X_2$ 代替。

在实际经济问题中，完全共线性的情况并不多见，一般出现的是在一定程度上的共线性，即近似共线性。如果存在不全为 0 的数 $c_2,c_3,\cdots,c_k$，使得

$$c_2X_{2i}+c_3X_{3i}+\cdots+c_kX_{ki}+v_i=0 \tag{4.79}$$

其中，$v_i$ 为随机误差项，这表明解释变量 $X_2,X_3,\cdots,X_k$ 只是一种近似的线性关系。

## 二、多重共线性产生的背景和原因

在现实经济活动中，一个变量的变化往往受到多个因素的影响，而影响因素之间常常存在一定的相关性。一般地，产生多重共线性的主要原因有以下四个方面。

(1)经济变量一般具有共同趋势。例如，对于时间序列数据资本投入与劳动投入，在经济周期当中一般具有共同的变化趋势，当把这两个变量同时作为解释变量引入模型时就可能带来多重共线性问题。

(2)模型中包含滞后变量。当模型中引入了解释变量的滞后变量时，由于解释变量与其滞后变量往往呈现高度相关性，这就导致了多重共线性。

(3)样本资料的限制。由于完全符合理论模型所要求的样本数据较难收集，特定样本可能存在某种程度的多重共线性。例如，如果抽样仅限于总体中解释变量取值的一个有限范围，使得数据差异不大，这时就可能出现多重共线性。

(4)利用截面数据建立模型也可能出现多重共线性。例如，生产函数中，资本投入与劳动力投入往往出现高度相关情况，大企业二者都大，小企业二者都小。

## 三、多重共线性的后果

### (一) 完全多重共线性的后果

1. 参数最小二乘估计量不存在。在矩阵表示的多元线性回归模型 $Y=X\beta+U$ 中，最小二乘法估计量为

$$\hat{\beta}=(X'X)^{-1}X'Y \tag{4.80}$$

如果存在完全多重共线性，则 $X$ 矩阵的秩小于 $k$，此时 $|X'X|=0$，正规方程组的解不唯一，$(X'X)^{-1}$ 不存在，无法得到参数的估计量。

2. 参数估计量的方差无限大。在解释变量之间存在完全共线性时，参数估计的方差将变为无穷大。

### (二) 严重多重共线性的后果

近似多重共线性在多元回归模型中多数情况下都是存在的，只是程度不同，当共线性很严重时则会对回归模型产生严重的影响。主要有以下几个方面。

1. 参数估计量的方差变大。参数 OLS 估计量方差的表达式为 $Var(\hat{\beta})=\sigma^2(X'X)^{-1}$，如果模型中存在严重多重共线性，会使得 $|X'X|\approx 0$，使得 $(X'X)^{-1}$ 主对角线元素较大，这就使得参数估计的方差增大。

以二元线性回归模型 $Y_i=\beta_1+\beta_2X_{2i}+\beta_3X_{3i}+u_i$ 为例，$\hat{\beta}_2$ 的方差为

$$Var(\hat{\beta}_2)=\sigma^2(X'X)^{-1}$$

$$=\frac{\sigma^2\sum(X_{3i}-\bar{X}_3)^2}{\sum(X_{2i}-\bar{X}_2)^2\sum(X_{3i}-\bar{X}_3)^2-[\sum(X_{2i}-\bar{X}_2)\sum(X_{3i}-\bar{X}_3)]^2}$$

$$=\frac{\dfrac{\sigma^2}{\sum(X_{2i}-\bar{X}_2)^2}}{1-\dfrac{[\sum(X_{2i}-\bar{X}_2)(X_{3i}-\bar{X}_3)]^2}{\sum(X_{2i}-\bar{X}_2)^2\sum(X_{3i}-\bar{X}_3)^2}}$$

$$=\frac{\sigma^2}{\sum(X_{2i}-\bar{X}_2)^2}\cdot\frac{1}{1-R^2}$$

其中

$$\frac{[\sum(X_{2i}-\bar{X}_2)(X_{3i}-\bar{X}_3)]^2}{\sum(X_{2i}-\bar{X}_2)^2\sum(X_{3i}-\bar{X}_3)^2}$$

恰好为 $X_2$ 与 $X_3$ 的线性相关系数的平方 $R^2$。

当 $X_2$ 与 $X_3$ 不相关时，$R^2=0$，$Var(\hat{\beta}_2)=\dfrac{\sigma^2}{\sum(X_{2i}-\bar{X}_2)^2}$；

当 $X_2$ 与 $X_3$ 完全共线时，$R^2=1$，$Var(\hat{\beta}_2)=\infty$；

当 $X_2$ 与 $X_3$ 近似共线时，$0<R^2<1$，

$Var(\hat{\beta}_2)=\dfrac{\sigma^2}{\sum(X_{2i}-\bar{X}_2)^2}\cdot\dfrac{1}{1-R^2}>\dfrac{\sigma^2}{\sum(X_{2i}-\bar{X}_2)^2}$，即近似多重共线性使参数估计量的方差增大，方差增大的速度取决于方差扩大因子 VIF。VIF 定义为

$$VIF=\frac{1}{1-R^2}$$

2. 参数的置信区间趋于变大。存在多重共线性时，参数估计量的方差变大，其标准误差也随着变大，导致总体参数的置信区间也随之变大。

3. 严重多重共线时，参数的假设检验容易做出错误的判断，有时可能造成回归方程高度显著的情况下，有些回归系数通不过显著性检验。

## 四、多重共线性的检验

如何检验回归模型中变量之间存在多重共线性呢？对于完全的多重共线性，当最小二乘法无解时就可以发现。对于近似的多重共线性需要判断其是否严重，下面介绍几种常用的方法。

### （一）方差扩大因子法

对于多元线性回归模型来说，如果分别以每个解释变量为被解释变量，做对其他解释变量的辅助回归，可以得到每个辅助回归的判定系数。若以 $X_j$ 为被解释变量做对其他解释变量辅助回归判定系数用 $R_j^2$ 表示，则 $X_j$ 的参数估计量 $\hat{\beta}_j$ 的方差可表示为

$$Var(\hat{\beta}_j)=\frac{\sigma^2}{\sum(X_j-\bar{X}_j)^2}\cdot\frac{1}{(1-R_j^2)} \tag{4.81}$$

当解释变量 $X_j$ 与其他解释变量无线性关系时，辅助回归的判定系数 $R_j^2=0$。此时，$\hat{\beta}_j$ 的方差为

$$Var(\hat{\beta}_j)=\frac{\sigma^2}{\sum(X_j-\bar{X}_j)^2} \tag{4.82}$$

$\dfrac{1}{1-R_j^2}$ 度量了 $X_j$ 与其他解释变量之间的线性关联程度对估计量 $\hat{\beta}_j$ 的方差的影响，称其为 $X_j$ 的方差扩大因子，即

$$VIF_j=\frac{1}{1-R_j^2} \tag{4.83}$$

由式(4.83)可知 $VIF\geqslant 1$。由于 $R_j^2$ 度量了解释变量 $X_j$ 与其余 $k-1$ 个解释变量(包括常数项)的线性相关程度，这种相关程度越强，说明解释变量之间的多重共线性越严重，$R_j^2$ 也就越接近于 1，$VIF_j$ 也就越大。反之，$X_j$ 与其余 $k-1$ 个解释变量的线性相关程度越弱，解释变量之间的多重共线性也就越弱，$R_j^2$ 也就越接近于 0，$VIF_j$ 也就越接近于 1。由此可见，$VIF_j$ 的大小反映了解释变量之间多重共线性的程度，因此可由它来度量多重共线性的严重程度。经验表明，当 $VIF_j\geqslant 10$ 时，就说明解释变量 $X_j$ 与其余解释变量之间有严重的多重共线性，且这种多重共线性可能会过度地影响最小二乘估计量的精度。

也可以用 $k$ 个解释变量所对应的方差扩大因子的平均数来度量多重共线性的严重程度。当

$$\overline{VIF}=\frac{1}{k}\sum_{j=1}^{k}VIF_j \tag{4.84}$$

远远大于 10 时就表示存在严重的多重共线性问题。

(二)特征根判定法

1.特征根分析

根据矩阵行列式的性质，矩阵的行列式等于其特征根的连乘积。因而，当行列式 $|X'X|\approx 0$ 时，矩阵 $X'X$ 至少有一个特征根近似为零。反之可以证明，当矩阵 $X'X$ 至少有一个特征根近似为零时，$X$ 的列向量间必存在严重多重共线性。

如果矩阵 $X'X$ 有多个特征根近似为零，取每个特征根的特征向量为标准正交化向量，即可证明：$X'X$ 有多少个特征根接近于零，设计矩阵 $X$ 就有多少个多重共线性关系，并且这些多重共线性关系的系数向量就等于接近于零的那些特征根对应的特征向量。

2.条件数

特征根分析表明，当矩阵 $X'X$ 有一个特征根近似为零时，矩阵 $X$ 的列向量必存在多重共线性，并且 $X'X$ 有多少个特征根接近于零，矩阵 $X$ 就有多少个多重共线性关系。那么特征根近似为零的标准如何确定呢？这可以用下面介绍的条件数确定。记 $X'X$ 的最大特征根为 $\lambda_m$，称

$$k_i=\sqrt{\frac{\lambda_m}{\lambda_i}} \quad (i=2,3,\cdots,n) \tag{4.85}$$

为特征根 $\lambda_i$ 的条件指数(Condition Index)。

条件数度量了矩阵 $X'X$ 的特征根散布程度，可以用它来判断多重共线性是否存在以及多重共线性的严重程度。通常 $0<k<10$ 时，认为矩阵 $X$ 没有多重共线性；

$10 \leqslant k < 100$ 时，认为矩阵 $X$ 存在较强的多重共线性；当 $k \geqslant 100$ 时，则认为存在严重的多重共线性。

（三）逐步回归检验法

逐步回归的基本思想是将变量逐个引入模型，对回归模型进行估计，根据拟合优度的变化决定新引入的变量是否独立。如果拟合优度变化显著，则说明新引入的变量是一个独立解释变量；如果拟合优度变化很不显著，则说明新引入的变量与其他变量之间存在共线性关系。

（四）直观判定法

根据检验，通常以下情况的出现可能表明存在多重共线性。

1. 有些解释变量的回归系数所带符号与定性分析结果违背时，可能存在多重共线性问题。

2. 一些重要的解释变量在回归方程中没有通过显著性检验时，可初步判断存在着严重的多重共线性。

3. 解释变量间的相关系数较大时，可能会出现多重共线性问题。

4. 当增加或剔除一个解释变量，或者改变一个观测值时，回归系数的估计值发生较大变化，就认为回归方程可能存在严重的多重共线性。

5. 对于采用时间序列数据做样本，以简单线性形式建立的计量经济模型，往往存在多重共线性。

## 五、多重共线性的补救措施

对于完全的多重共线性，是因为模型设定错误造成的，改变模型设定，去掉共线性变量就可以解决问题。对于严重的多重共线性问题，处理比较困难，下面提供几种常用的处理方法。

（一）使用非样本先验信息

如果据先前的经济计量分析或经济理论分析已知模型中的共线性解释变量的参数间具有某种线性关系，则可利用此条件消除解释变量间的多重共线性。例如，对于 C—D 生产函数，其对数线性形式为

$$\ln Y = \ln A + \alpha \ln L + \beta \ln K + u \tag{4.86}$$

式中，$Y$ = 国内生产总值，$L$ = 劳动力投入，$K$ = 资本投入。

由于在时间序列数据中劳动力投入 $L$ 和资本投入 $K$ 有很高的相关性，因此该模型中往往有较严重的多重共线性。如果有先验信息判断该经济系统是规模报酬不变的，则有 $\alpha + \beta = 1$，则式(4.86)变为

$$\ln \frac{Y}{L} = \ln A + \beta \ln \frac{K}{L} + u \tag{4.87}$$

即将式(4.86)的两个解释变量的对数线性模型转变为式(4.87)的一个解释变量的对数线性模型，消除了多重共线性。使用普通最小二乘法估计出式(4.87)的资本弹性 $\hat{\beta}$，则劳动力弹性为 $\hat{\alpha} = 1 - \hat{\beta}$ 从而得到式(4.86)C—D 生产函数。

（二）横截面与时间序列数据并用

首先利用横截面数据估计出部分参数，将结果代入原模型后，再利用时间序列数据估计另外的部分参数。例如，要研究汽车需求量，可设定模型为

$$\ln Y_t = \beta_1 + \beta_2 \ln P_t + \beta_3 \ln I_t + u_t \tag{4.88}$$

其中，$Y$ =汽车销售量，$P$ =汽车价格，$I$ =消费者收入。

在时间序列数据中，价格和收入一般都有着较高的相关关系。因此，在式(4.88)中将有多重共线性问题。如果能够取得某一期间横截面数据，此时价格保持不变，则式(4.88)变为 $\ln Y$ 对 $\ln I$ 的一元回归模型，则可得到收入弹性 $\beta_3$ 的估计值 $\hat{\beta}_3$。然后再利用时间序列数据估计式(4.89)

$$\ln Y_t - \hat{\beta}_3 \ln I_t = \beta_1 + \beta_2 \ln P_t + u_t \tag{4.89}$$

得到 $\hat{\beta}_1$，$\hat{\beta}_2$，从而得到汽车需求模型。

这种方法假定横截面数据估计的收入弹性与时间序列数据估计的收入弹性是相等的。

(三)剔除一些不重要的共线性解释变量

通常在经济问题的建模中，由于认识水平的局限，容易考虑过多的解释变量。当涉及解释变量较多时，大多数回归方程都受到多重共线性的影响。这时，最常用的办法是首先做解释变量的筛选，舍去一些不重要的解释变量。如果有几个变量的方差扩大因子大于10，则可把方差扩大因子最大者所对应的解释变量首先剔除，再重新建立回归方程，如果仍然存在严重的多重共线性，则再继续剔除方差扩大因子最大者所对应的解释变量，直到回归方程中不再存在严重的多重共线性为止。

一般而言，在选择回归模型时，可以将回归系数的显著性检验、方差扩大因子的多重共线性检验与解释变量的经济意义结合起来考虑，以引进或剔除变量。

值得注意的是，从模型中剔除变量以缓解多重共线性的问题可能会导致设定上的偏误。

(四)增大样本容量

建立一个实际经济问题的回归模型，如果所收集的样本数据太少，容易产生多重共线性。从本质上讲，多重共线性是样本现象，所以可能在同样变量的另一样本中共线性又没有那样严重。

当增加样本容量时，$\sum (X_j - \bar{X}_j)^2$ 也会增大。因此，在 $R_j^2$ 固定不变的条件下，会减小估计量 $\hat{\beta}_j$ 的方差，从而减弱了多重共线性对回归方程的影响。因此，增大样本容量也是缓解多重共线性的一个途径。

增大样本容量的方法在有些经济问题中是不现实的，因为在经济问题中，许多解释变量是不受控制的，或由于种种原因不可能再得到一些新的样本数据。在有些情况下，虽然可以增大一些样本数据，但解释变量个数较多时，往往难以确定增加什么样的数据，才能克服多重共线性。

(五)逐步回归法

根据前述逐步回归的思想，可通过逐步回归筛选并剔除引起严重多重共线性的变量。其基本步骤为：先用被解释变量分别对每一个解释变量做简单回归，然后以对被解释变量贡献最大的解释变量所对应的回归方程为基础，再逐个引入其他解释变量。若新引入的变量明显地改进了 $\bar{R}^2$ 和 $F$ 检验，且其他参数的 $t$ 检验仍是显著的，则应保留该变量；若新引入的变量未能明显改进 $\bar{R}^2$ 和 $F$ 检验，且对其他参数的 $t$ 检验没有什么影响，则认为该变量是多余的；若新引入的变量未能明显改进 $\bar{R}^2$ 和 $F$ 检验，且显著地影响了其他参数估计值的数值和符号，致使某些回归系数通不过 $t$ 检验，则说明出现了严重的多重共线性。

（六）使用有偏估计

处理多重共线性对回归模型的影响是近 40 年来统计学家们关注的热点课题之一，除以上方法被人们应用外，统计学家还致力改进古典的最小二乘法，提出以采用有偏估计为代价来提高估计量稳定性的方法，如岭回归法、主成分法、偏最小二乘法等，这些方法已有不少应用效果很好的经济例子，而且在计算机如此发达的今天，具体计算也不难实现。

## 六、实际案例

表 4.5 是我国旅游收入及一些主要影响因素的一组数据。

为了分析各主要因素对我国旅游收入的影响，建立旅游收入（$Y$）为被解释变量，国内旅游人数（$X_2$）、城镇居民人均旅游支出（$X_3$）、农村居民人均旅游支出（$X_4$）、铁路里程（$X_5$）、公路里程（$X_6$）为解释变量的回归模型。为避免伪回归，消除异方差等因素影响，这里对各变量取对数，建立的回归模型如下

$$\ln Y_t = \beta_1 + \beta_2 \ln X_{2t} + \beta_3 \ln X_{3t} + \beta_4 \ln X_{4t} + \beta_5 \ln X_{5t} + \beta_6 \ln X_{6t} + u_t \qquad (4.90)$$

采用最小二乘法得到如下估计结果：

$$\widehat{\ln Y_t} = -9.3545 + 1.0822\ln X_{2t} + 0.4097\ln X_{3t} + 0.4683\ln X_{4t} + 0.0978\ln X_{5t} - 0.0463\ln X_{6t}$$

$$t \quad (-10.2324)\ (12.6902)\quad (2.3355)\quad (6.8882)\quad (0.6709)\quad (-1.0561)$$

$$R^2 = 0.9996 \qquad F = 4612.38 \qquad DW = 1.6367$$

由此可以看出，该模型的 $R^2 = 0.9996$，，判定系数很高，$F = 4612.38$，模型整体显著。但是当 $\alpha = 0.05$ 时，$t_{\alpha/2}(n-k) = t_{0.025}(15-6) = 2.262$，$\ln X_{5t}$，$\ln X_{6t}$ 系数的 $t$ 检验不显著，而且 $\ln X_{6t}$ 符号与预期相反，这表明很可能存在严重的多重共线性。

**表 4.5 2003—2017 年我国旅游收入及相关数据**

| 年份 | 国内旅游收入（亿元） | 国内旅游人数（万人） | 城镇居民人均旅游支出（元） | 农村居民人均旅游支出（元） | 铁路里程（万公里） | 公路里程（万公里） |
|---|---|---|---|---|---|---|
| 2003 | 1698.0026 | 87000 | 317.1627 | 103.1230 | 7.3 | 180.98 |
| 2004 | 2236.4973 | 110200 | 328.0687 | 103.4089 | 7.44 | 187.07 |
| 2005 | 2465.2344 | 121200 | 325.2558 | 109.5532 | 7.54 | 334.52 |
| 2006 | 2862.2231 | 139400 | 333.2174 | 105.2447 | 7.71 | 345.7 |
| 2007 | 3406.7217 | 161000 | 377.3085 | 100.1220 | 7.8 | 358.37 |
| 2008 | 3622.2470 | 171200 | 334.6350 | 116.3349 | 7.97 | 373.02 |
| 2009 | 4246.1516 | 190200 | 318.4889 | 125.1708 | 8.55 | 386.08 |
| 2010 | 5077.9122 | 210300 | 340.1458 | 125.2059 | 9.12 | 400.82 |
| 2011 | 7394.1390 | 264100 | 321.1463 | 182.3100 | 9.32 | 410.64 |
| 2012 | 8476.1457 | 295700 | 325.7686 | 185.2470 | 9.76 | 423.75 |
| 2013 | 9559.7647 | 326200 | 328.6600 | 190.4210 | 10.31 | 435.62 |
| 2014 | 10811.7606 | 361100 | 331.7077 | 194.7315 | 11.18 | 446.39 |
| 2015 | 12028.3154 | 400000 | 330.1856 | 197.1949 | 12.1 | 457.73 |
| 2016 | 13584.0574 | 444000 | 331.1459 | 188.6358 | 12.4 | 469.63 |
| 2017 | 15499.6033 | 500100 | 330.6122 | 191.0596 | 12.7 | 477.35 |

数据来源：《中国统计年鉴 2018》，国内旅游收入和城镇（农村）居民人均旅游支出为 1990 年可比价指标。

采用方差膨胀因子对模型中存在的多重共线性问题进行检验，结果如表 4.6。

**表 4.6　方差膨胀因子检验结果 1**

| 变量 | $VIF$ | $1/VIF$ |
|---|---|---|
| $\ln X_2$ | 95.25 | 0.0105 |
| $\ln X_3$ | 2.24 | 0.4463 |
| $\ln X_4$ | 16.83 | 0.0594 |
| $\ln X_5$ | 26.72 | 0.0272 |
| $\ln X_6$ | 7.66 | 0.1306 |

由方差膨胀因子可以看出，$\ln X_2$ 的方差膨胀因子最大，为 95.25，远大于 10，故剔除掉 $\ln X_2$。

再对模型进行回归，结果如下

$$\widehat{\ln Y_t} = -11.9887 + 1.5876\ln X_{3t} + 1.0494\ln X_{4t} + 1.7416\ln X_{5t} + 0.3909\ln X_{6t} \quad (4.91)$$

$$t \quad (-3.2655) \quad (2.5861) \quad (5.0634) \quad (6.3179) \quad (3.4960)$$

$$R^2 = 0.9926 \quad \bar{R}^2 = 0.997 \quad F = 336.6982 \quad DW = 2.0676$$

由此可以看出，剔除掉 $\ln X_2$ 后，回归方程的各变量系数在 5% 的显著性水平下均显著，且方程的 $F$ 检验显著，说明模型回归效果好。再对模型进行方差膨胀因子检验，如表 4.7 所示，各变量的膨胀因子均小于 10，故模型不存在多重共线性。

**表 4.7　方差膨胀因子检验结果**

| 变量 | $VIF$ | $1/VIF$ |
|---|---|---|
| $\ln X_3$ | 1.61 | 0.6199 |
| $\ln X_4$ | 9.20 | 0.1087 |
| $\ln X_5$ | 7.72 | 0.1295 |
| $\ln X_6$ | 2.93 | 0.3415 |

最终修正多重共线性影响后的回归模型如式(4.91)。这说明，国内旅游收入对城镇居民人均旅游支出的弹性为 1.5876，对农村居民人均旅游支出弹性为 1.0494，对铁路里程的弹性为 1.7416，对公路里程的弹性为 0.3909。即在其他因素不变的情况下，城镇居民人均旅游支出每提高 1%，国内旅游收入将平均提高 1.5876%；农村居民人均旅游支出每提高 1%，国内旅游收入将平均提高 1.0494%；铁路里程每增加 1%，国内旅游收入将平均增加 1.7416%；公路里程每增加 1%，国内旅游收入将平均增加 0.3909%。

## 第四节　随机解释变量

在模型经典假定中，假定解释变量是确定性变量，并且与随机误差项不相关。违背这一基本假定的问题就称为随机解释变量问题，也称为内生解释变量问题。

### 一、随机解释变量问题

对于模型

$$Y_t = \beta_1 + \beta_2 X_{2t} + \beta_3 X_{3t} + \cdots + \beta_k X_{kt} + u_t \quad (t = 1,2,\cdots,n) \tag{4.92}$$

其经典假定之一就是解释变量 $X_2, X_3, \cdots, X_k$ 是确定性变量。如果存在一个或多个随机变量作为解释变量,则称模型存在随机解释变量问题。

随机解释变量问题又分为三种不同的情况。为了讨论方便,假设式(4.92)中的 $X_2$ 为随机解释变量。

1.随机解释变量与随机误差项相互独立。即

$$\text{Cov}(X_{2t}, u_t) = 0$$

2.随机解释变量与随机误差项同期相关,即

$$\text{Cov}(X_{2t}, u_t) \neq 0$$

3.随机解释变量与随机误差项同期无关但异期相关,即

$$\text{Cov}(X_{2t}, u_t) = 0$$

$$\text{Cov}(X_{2t}, u_{t-s}) \neq 0 \quad (s \neq 0)$$

## 二、实际经济问题中的随机解释变量问题

在实际经济问题中,经济变量往往都具有随机性。但是在单方程经济计量学模型中,如果是外生变量则被认为是确定性的。如果解释变量与遗漏到误差项中的变量相关,则会产生随机解释变量(内生解释变量)问题。用滞后被解释变量作为模型的解释变量是随机解释变量问题的主要表现。而由于经济活动具有连续性,使得这类模型在以时间序列数据作样本的模型中占据较大份额。例如,消费不仅受收入的影响,还受前期消费水平的影响;投资不仅受收入的影响,还受前期投资水平的影响。这样,当模型中出现滞后被解释变量时,往往会带来随机解释变量问题。

## 三、产生随机解释变量问题的原因

1.省略解释变量的影响

由于省略的解释变量包含在随机误差项之中,如果省略的解释变量同模型中的某个解释变量是相关的,这就造成该解释变量与随机误差项相关。

2.滞后被解释变量作解释变量

滞后被解释变量为非确定性变量。如果模型中的解释变量包含有滞后被解释变量,就会带来随机解释变量问题。

3.联立方程模型中,如果一个变量在一个方程中作为被解释变量,而在另一个方程中作为解释变量,这样就使得该变量成为了随机解释变量。

4.数据测量误差

变量的观测值与实际值之间的误差也会带来随机解释变量问题。

## 四、随机解释变量问题的后果

经济计量学模型一旦出现随机解释变量,如果仍采用普通最小二乘法估计模型参数,不同性质的随机解释变量会产生不同的后果。

将式(4.92)写成矩阵形式

$$Y = X\beta + U \tag{4.93}$$

其普通最小二乘参数估计量为

$$\hat{\beta}=(X'X)^{-1}X'Y=(X'X)^{-1}X'(X\beta+U) \tag{4.94}$$

对式(4.94)两边取期望,有

$$\begin{aligned}E(\hat{\beta})&=(X'X)^{-1}E(X'X\beta+X'U)\\&=\beta+(X'X)^{-1}E(X'U)\end{aligned}$$

可见,随机解释变量带来什么后果取决于它与随机误差项是否相关。具体也有三种不同的情况:

1. 如果随机解释变量与随机误差项相互独立,得到的参数估计量仍然是无偏的,且是一致估计量。这在前面的章节已经得到证明。

2. 如果随机解释变量与随机误差项同期不相关,但异期相关,得到的参数估计量有偏,但却是一致的。

对于一元回归模型

$$Y_t=\beta_1+\beta_2X_t+u_t$$

参数有如下的最小二乘估计量:

$$\hat{\beta}_2=\frac{\sum(X_t-\bar{X})(Y_t-\bar{Y})}{\sum(X_t-\bar{X})^2}=\beta_2+\frac{\sum(X_t-\bar{X})u_t}{\sum(X_t-\bar{X})^2}$$

则有

$$E(\hat{\beta}_2)=\beta_2+E\left(\frac{\sum(X_t-\bar{X})u_t}{\sum(X_t-\bar{X})^2}\right)=\beta_2+\sum E(k_tu_t)$$

其中

$$k_t=\frac{(X_t-\bar{X})}{\sum(X_t-\bar{X})^2}$$

由于 $k_t$ 中包含有不同期的 $X$,所以 $X$ 与 $u_t$ 异期相关会引起 $k_t$ 与 $u_t$ 相关,导致 $E(\hat{\beta}_2)\neq\beta_2$,即参数估计量是有偏的。但是

$$p\lim\left[\beta_2+\frac{\sum(X_t-\bar{X})u_t}{\sum(X_t-\bar{X})^2}\right]=\beta_2+\frac{p\lim\left[\frac{1}{n}\sum(X_t-\bar{X})u_t\right]}{p\lim\left[\frac{1}{n}\sum(X_t-\bar{X})^2\right]}=\beta_2+\frac{\mathrm{Cov}(X_t,u_t)}{Var(X_t)}=\beta_2$$

即 $\hat{\beta}_2$ 是 $\beta_2$ 的一致估计量。

3. 如果随机解释变量与随机误差项同期相关,得到的参数估计量有偏且非一致。这在上面的证明中可以看出。

## 五、工具变量法

模型中出现随机解释变量且与随机误差项相关时,OLS 估计量是有偏的。如果随机解释变量与随机误差项异期相关,则可以通过增大样本容量的办法来得到一致的估计量;但如果是同期相关,即使增大样本容量也无济于事。这时,最常用的估计方法是工具变量法。

所谓工具变量法，就是在进行参数估计的过程中选择适当的工具变量，替代回归模型中同随机误差项存在相关性的解释变量。

1. 工具变量的选取

工具变量的选取应满足以下条件：

(1)与所替代的解释变量相关

(2)与随机误差项不相关

2. 工具变量法的应用

设一元回归模型为

$$Y_t = \beta_1 + \beta_2 X_t + u_t \tag{4.95}$$

用普通最小二乘法估计式(4.95)，相当于用 1 和 $X_t$ 去乘模型两边，然后对 $t$ 求和，再略去 $\sum u_t$ 和 $\sum X_t u_t$，得到的正规方程组为

$$\begin{cases} \sum Y_t = n\beta_1 + \beta_2 \sum X_t \\ \sum X_t Y_t = \beta_1 \sum X_t + \beta_2 \sum X_t^2 \end{cases} \tag{4.96}$$

求解该方程组即可得到参数的最小二乘估计量。在 $X_t$ 与 $u_t$ 相关的情况下，最小二乘估计量不具有一致性。如果按照工具变量的选取条件选取 $Z$ 为 $X$ 的工具变量，则在上述估计过程中不用 $X$ 而改用 $Z$ 乘以模型的两边，并对 $t$ 求和。利用工具变量与随机误差项不相关的性质，在大样本的情况下可略去 $\sum u_t$ 和 $\sum Z_t u_t$，得到如下的正规方程组

$$\begin{cases} \sum Y_t = n\beta_1 + \beta_2 \sum X_t \\ \sum Z_t Y_t = \beta_1 \sum Z_t + \beta_2 \sum Z_t X_t \end{cases} \tag{4.97}$$

于是

$$\hat{\beta}_2 = \frac{\sum (Z_t - \bar{Z})(Y_t - \bar{Y})}{\sum (Z_t - \bar{Z})(X_t - \bar{X})}, \qquad \hat{\beta}_1 = \bar{Y} - \hat{\beta}_2 \bar{X}$$

这种求模型参数估计量的方法称为工具变量法，所得估计量称为工具变量法估计量。

对于多元线性回归模型式(4.92)，其矩阵形式为

$$Y = X\beta + U \tag{4.98}$$

假设 $X_2$ 与随机误差项相关，采用工具变量法，用工具变量 $Z$ 替代 $X$，得到的正规方程组为

$$Z'Y = Z'X\hat{\beta} \tag{4.99}$$

参数估计量为

$$\hat{\beta} = (Z'X)^{-1} Z'Y \tag{4.100}$$

其中

$$Z' = \begin{bmatrix} 1 & 1 & \cdots & 1 \\ Z_1 & Z_2 & \cdots & Z_n \\ X_{31} & X_{32} & \cdots & X_{3n} \\ \vdots & \vdots & & \vdots \\ X_{k1} & X_{k2} & \cdots & X_{kn} \end{bmatrix}$$

称 $Z'$ 为工具变量矩阵。通常，对于没有选择另外的变量作为工具变量的解释变量，可以认为选择了自身作为工具变量。

3. 工具变量法估计量仍然是有偏的，但却是一致估计量

在一元回归模型(4.95)中，用工具变量法所求的参数估计量为

$$\hat{\beta}_2=\frac{\sum(Z_t-\bar{Z})(Y_t-\bar{Y})}{\sum(Z_t-\bar{Z})(X_t-\bar{X})}=\frac{\sum(Z_t-\bar{Z})Y_t}{\sum(Z_t-\bar{Z})(X_t-\bar{X})}=\frac{\sum(Z_t-\bar{Z})(\beta_1+\beta_2X_t+u_t)}{\sum(Z_t-\bar{Z})(X_t-\bar{X})}$$

$$=\frac{\beta_2\sum(Z_t-\bar{Z})(X_t-\bar{X})}{\sum(Z_t-\bar{Z})(X_t-\bar{X})}+\frac{\sum(Z_t-\bar{Z})u_t}{\sum(Z_t-\bar{Z})(X_t-\bar{X})}$$

$$=\beta_2+\frac{\sum(Z_t-\bar{Z})u_t}{\sum(Z_t-\bar{Z})(X_t-\bar{X})}$$

两边取概率极限得

$$p\lim(\hat{\beta}_2)=\beta_2+\frac{p\lim[\frac{1}{n}(Z_t-\bar{Z})u_t]}{p\lim[\frac{1}{n}(Z_t-\bar{Z})(X_t-\bar{X})]}$$

如果工具变量 $Z$ 选取恰当，即有

$$p\lim[\frac{1}{n}(Z_t-\bar{Z})u_t]=\mathrm{Cov}(Z_t,u_t)=0$$

$$p\lim[\frac{1}{n}(Z_t-\bar{Z})(X_t-\bar{X})]=\mathrm{Cov}(Z_t,X_t)\neq 0$$

因此

$$p\lim(\hat{\beta}_2)=\beta_2$$

即在大样本下，工具变量法估计量具有一致性。

但是在小样本下，由于

$$E(\hat{\beta}_2)=\beta_2+E[\frac{\sum(Z_t-\bar{Z})u_t}{\sum(Z_t-\bar{Z})(X_t-\bar{X})}]\neq\beta_2$$

即工具变量法仍是有偏的。

4. 工具变量法的局限性

(1)在实践中，找到一个既具有经济意义，又满足条件的工具变量非常困难。

(2)若满足条件的工具变量有多个时，在选择方面具有任意性。

(3)检验工具变量与随机误差项不相关有很大困难。

由于工具变量法的这些缺陷，造成了应用上的困难，所以工具变量法的价值主要在理论方面。

## 六、实际案例

表 4.8 给出了 2002—2017 年我国国内生产总值、最终消费支出及资本形成总额的一组数据。

表 4.8 我国国内生产总值、最终消费支出及资本形成总额

| 年份 | 国内生产总值 X（亿元） | 最终消费支出 Y（亿元） | 资本形成总额 Z（亿元） |
|---|---|---|---|
| 2002 | 61047.26367 | 36974.19885 | 22528.56286 |
| 2003 | 68227.41281 | 39221.82175 | 27543.02895 |
| 2004 | 77264.96007 | 42295.32778 | 32958.98289 |
| 2005 | 88234.30172 | 47313.24828 | 36160.25345 |
| 2006 | 101633.11 | 52712.00764 | 41268.99618 |
| 2007 | 119116.0122 | 59724.38331 | 49122.71232 |
| 2008 | 132454.8506 | 65191.58676 | 57233.18385 |
| 2009 | 145885.7056 | 72019.92139 | 67596.02158 |
| 2010 | 165784.7625 | 80326.74352 | 79380.17012 |
| 2011 | 186156.8552 | 92313.55894 | 89366.30584 |
| 2012 | 201949.3179 | 101205.5429 | 95280.207 |
| 2013 | 217186.9422 | 109268.9025 | 102623.7344 |
| 2014 | 230839.2695 | 117103.8952 | 107974.2192 |
| 2015 | 245915.4545 | 127429.4194 | 110041.7919 |
| 2016 | 257139.0674 | 137913.1857 | 113506.7143 |
| 2017 | 275647.0952 | 147814.9478 | 122415.1887 |

数据来源：《中国统计年鉴 2018》。

为了考察我国最终消费支出与 GDP 的关系，建立如下一元线性回归模型

$$Y_t = \beta_1 + \beta_2 X_t + u_t$$

采用普通最小二乘法估计的模型为

$$\hat{Y}_t = 875.1992 + 0.5107X_t$$
$$t \quad (0.3693) \quad (37.7718)$$
$$R^2 = 0.9903 \quad F = 1426.711$$

模型中最终消费支出为随机变量。由于最终消费支出是 GDP 的一部分，所以 GDP 也应该是随机变量，这就违反了模型中解释变量非随机的假定。而且 GDP 也必然与 $u_t$ 同期相关，所以应该选择一个工具变量设法替代变量 GDP。

资本形成总额是 GDP 的一部分，与 GDP 高度相关。经过计算，以上模型的残差与资本形成总额的相关系数为 $-0.0711$，这在一定程度上说明了两者之间不相关。基于以上理由，可以选择资本形成总额做 GDP 的工具变量，最后得到如下工具变量法估计结果：

$$\hat{Y}_t = 1456.744 + 0.5071X_t$$
$$t \quad (0.4651) \quad (24.8841)$$
$$R^2 = 0.9902 \quad DW = 0.2500$$

## 小结

1. 当随机误差项存在异方差时，异方差不会影响 OLS 估计量的无偏性和一致性性

质，但是将导致估计量的方差不再是最小方差，即不是 BLUE。同时这里也介绍了几种常用的异方差检验方法，如戈里瑟检验、戈德菲尔德－夸特（Goldfeld-Quandt）检验、怀特检验等。

2. 当随机误差项存在序列相关或者自相关时，OLS 估计量仍然满足无偏性和一致性，但不再满足有效性。且常用的解释变量系数显著性检验和模型显著性检验失效。常用的自相关检验方法有自相关系数法、DW 检验以及拉格朗日乘数检验等，补救措施有差分法和广义最小二乘法。

3. 多重共线性是指诸解释变量之间存在完全的或近似完全的线性关系。当模型存在多重共线性时，会导致如下后果：若为完全共线性，即为确定性方程关系，参数无法估计；若为近似完全共线性，则回归系数估计是可能的，但存在较大的标准误，无法准确估计。常见的检验方法包括方差扩大因子法、特征值检验法、逐步回归法等等。

4. 随机解释变量问题指的是解释变量与随机误差项存在相关性。常出现于省略解释变量、使用滞后被解释变量等情况下，使得模型参数估计有偏且非一致性，严重影响了模型的估计结果，常见的处理方法为工具变量法，但工具变量法也存在一定的局限性，寻找难度较大。

## 关键术语

| | | |
|---|---|---|
| 异方差性 | 解释变量非随机性 | 最小方差性 |
| 图示检验法 | 残差图分析法 | 等级相关系数法 |
| 斯皮尔曼检验 | 样本分段比检验法 | 临界值 |
| 戈里瑟检验 | 怀特检验 | 加权最小二乘法 |
| 自相关 | 序列相关 | 一阶自相关系数 |
| 二阶自相关系数 | 模型设定误差滞后效应 | 自相关系数法 |
| 高阶自相关 | DW 检验 | 拉格朗日乘数检验 |
| 随机误差项相关系数 | 一阶差分法 | 广义差分法 |
| 完全共线性 | 广义最小二乘法 | 多重共线性 |
| 滞后变量 | 截面数据 | 逐步回归检验法 |
| 特征根判定法 | 条件数 | 随机解释变量 |
| 直观判定法 | 样本先验信息 | 工具变量法 |

## 习题

4.1 什么叫异方差性？异方差的存在对模型参数的普通最小二乘估计有何影响？

4.2 产生异方差的原因是什么？试举例说明经济现象中的异方差性。

4.3 为何会出现回归模型中随机误差项的序列相关性？

4.4 如何使用 DW 统计量来进行自相关检验？该检验方法的前提和局限性有哪些？

4.5 多重共线性的实质是什么？为什么会出现多重共线性？

4.6 简述多重共线性的后果有哪些？对多重共线性的处理方法有哪些？

4.7 什么是随机解释变量问题？随机解释变量问题有哪几种表现形式？

4.8 工具变量法的基本思想是什么？

4.9 设消费函数模型为

$$Y_t = \beta_1 + \beta_2 X_{2t} + \beta_3 X_{3t} + u_t$$

其中，$Y_t$ 为消费支出，$X_{2t}$ 为个人可支配收入，$X_{3t}$ 为个人的流动资产，$u_t$ 为随机误差项，并且 $E(u_t)=0$，$Var(u_t)=\sigma^2 X_{2t}^2$（其中 $\sigma^2$ 为常数）。试回答以下问题：

(1)选用适当的变换修正异方差，写出变换过程；

(2)写出修正异方差后的参数估计量的表达式。

4.10 对于四个解释变量的回归模型

$$Y_t = \beta_1 + \beta_2 X_{2t} + \beta_3 X_{3t} + \beta_4 X_{4t} + \beta_5 X_{5t} + u_t$$

如果样本容量为 50，当 DW 统计量为以下数值时，请判断模型中的自相关情况。

(1) $DW = 1.05$

(2) $DW = 1.40$

(3) $DW = 2.50$

(4) $DW = 3.97$

4.11 考虑以下模型：

$$Y_t = \beta_1 + \beta_2 X_t + \beta_3 Y_{t-1} + u_t$$

其中，$Y$ 为人均消费支出消费，$X$ 为人均收入。

(1)请解释该模型的含义。

(2)该模型在估计中可能会遇到哪些问题？

(3)如何克服以上问题？

4.12 设有柯布——道格拉斯生产函数，其对数线性形式为：

$$\ln Y = \ln A + \alpha \ln L + \beta \ln K + u$$

其中，$Y$ 为国内生产总值，$L$ 为劳动力投入，$K$ 为资本投入。

时间序列数据中劳动投入 $L$ 和资本投入 $K$ 有很高的相关性，存在较严重多重共线性。如果有已知信息判断该经济系统为规模报酬不变，如何修改上述模型来消除多重共线性。

4.13 下表是某一地区 31 年中个人储蓄和个人收入的样本资料。

| 时期 | 储蓄额(元) | 收入额(元) | 时期 | 储蓄额(元) | 收入额(元) |
|---|---|---|---|---|---|
| 1 | 264 | 8777 | 17 | 1578 | 24127 |
| 2 | 105 | 9210 | 18 | 1654 | 25604 |
| 3 | 90 | 9954 | 19 | 1400 | 26500 |
| 4 | 131 | 10508 | 20 | 1829 | 27670 |
| 5 | 122 | 10979 | 21 | 2200 | 28300 |
| 6 | 107 | 11912 | 22 | 2017 | 27430 |
| 7 | 406 | 12747 | 23 | 2105 | 29560 |
| 8 | 503 | 13499 | 24 | 1600 | 28150 |
| 9 | 431 | 14269 | 25 | 2250 | 32100 |
| 10 | 588 | 15522 | 26 | 2420 | 32500 |

续表

| 时期 | 储蓄额(元) | 收入额(元) | 时期 | 储蓄额(元) | 收入额(元) |
|---|---|---|---|---|---|
| 11 | 898 | 16730 | 27 | 2570 | 35250 |
| 12 | 950 | 17663 | 28 | 1720 | 33500 |
| 13 | 779 | 18575 | 29 | 1900 | 36000 |
| 14 | 819 | 19635 | 30 | 2100 | 36200 |
| 15 | 1222 | 21163 | 31 | 2300 | 38200 |
| 16 | 1702 | 22880 | | | |

要求:(1)用普通最小二乘法估计个人储蓄函数;

(2)用戈德菲尔德—匡特检验进行异方差性检验;

(3)用加权最小二乘法估计个人储蓄函数。

4.14 现有某地区居民农产品的消费量 $Y$ 和居民收入 $X$ 的样本资料。

| 时期 | $Y$ | $X$ | 时期 | $Y$ | $X$ |
|---|---|---|---|---|---|
| 1 | 116.5 | 255.7 | 9 | 146.8 | 330.0 |
| 2 | 120.8 | 263.3 | 10 | 149.6 | 340.2 |
| 3 | 124.4 | 275.4 | 11 | 153.0 | 350.7 |
| 4 | 125.5 | 278.3 | 12 | 158.2 | 367.3 |
| 5 | 131.7 | 296.7 | 13 | 163.2 | 381.3 |
| 6 | 136.2 | 309.3 | 14 | 170.5 | 406.5 |
| 7 | 138.7 | 315.8 | 15 | 178.2 | 430.8 |
| 8 | 140.2 | 318.8 | 16 | 185.9 | 451.5 |

要求:(1)用普通最小二乘法估计该地区居民农产品的消费量函数 $Y_t=\beta_1+\beta_2 X_t+u_t$;

(2) 进行序列相关检验;

(3)假设存在一阶序列相关 $u_t=\rho u_{t-1}+v_t$,试用广义差分法处理序列相关问题。

4.15 根据某地近 18 年的时序资料,使用普通最小二乘法,估计得到该地的进口模型为

$$\hat{Y}=-19.73+0.032X_1+0.414X_2+0.243X_3$$
$$(4.125)\quad(0.187)\quad(0.322)\quad(0.285)$$
$$R^2=0.973$$

其中,Y 为该地区的进口总额,$X_1$ 为该地的国内生产总值,$X_2$ 为存货形成额,$X_3$ 为消费额,括号中的数字为相应参数估计量的标准误。根据这些资料分析该模型存在什么问题。

4.16 对于模型

$$Y_t=\beta_1+\beta_2 X_{2t}+\beta_3 X_{3t}+\alpha_1 Y_{t-1}+u_t$$

假设 $Y_{t-1}$ 与 $u_t$ 相关。为了解决内生性问题,采用工具变量法:先求 $Y_t$ 关于 $X_{2t}$ 与 $X_{3t}$ 的回归,得到 $\hat{Y}_t$,再做如下回归

$$Y_t=\beta_1+\beta_2 X_{2t}+\beta_3 X_{3t}+\alpha_1 \hat{Y}_{t-1}+u_t$$

试问:该方法能否解决原模型中 $Y_{t-1}$ 与 $u_t$ 的相关引发的内生性问题?为什么?

# 第五章 虚拟变量模型

前面几章讨论了有关量的因素如何建立经济计量模型、估计参数和进行假设检验。在经济计量模型中除了有量的因素外还有质的因素，质的因素包括被解释变量为质的因素和解释变量为质的因素。为了度量质的因素产生的影响，引入一种新的变量——虚拟变量。本章讨论解释变量为质的因素时如何进行参数估计等一系列问题。

## 第一节 虚拟变量的概念与设定

### 一、虚拟变量的概念

在经济计量分析中，经常会碰到所建模型的被解释变量不仅受诸如收入、产量、价格、成本、需求、投资等数量变量的影响，而且也受到诸如战争、自然灾害、国际环境、季节变动以及政府经济政策变动等质量变量的影响。建立经济计量模型若不考虑这些质量变量的影响作用，显然是不适宜的。所以，在建立经济计量模型时，既要考虑数量变量，也要考虑质量变量。

但是质量变量和数量变量不同，数量变量可以在事前规定好的尺度上，用不同的数值表现出来，质量变量却只能以属性、种类的不同具体形式表现出来。例如，性别可表现为男或女；人种可表现为白种人和非白种人；宗教信仰可表现为教徒和非教徒；政府的经济政策可表现为改革开放前和改革开放后，如此等等。显然，这种不同的具体形式是无法直接引入经济计量模型中去的。但由于这类变量通常表现为品质、属性、种类的出现或者未出现，所以可以根据质量变量的这一特征将其数量化。

给定某一质量变量某属性的出现为 1，未出现为 0，称这样的变量为虚拟变量。例如，研究性别的影响时，可将男性设为 1，女性设为 0。当然，哪种情况取 0，哪种情况取 1 要视研究情况而定。0 和 1 只是一个符号而已，不代表它们有高低的意义。可以把男性设为 1，也可以设为 0，得到的结论是一样的。这样就可以把量化的质量变量引入经济计量模型中，以便进一步进行数学处理。

需要指出的是，虚拟变量主要是用来代表质的因素，但是有些情况下也可以用来代表数量因素。例如在建立储蓄函数时，“收入”显然是一个重要解释变量，虽然是“数量”因素，但是为了方便也可以用虚拟变量表示。例如，可以把居民分为两个收入组。第一组：月收入为 2000 元以下的居民；第二组：月收入为 2000 元以上的居民。用“1”表示第一收入组，“0”表示第二收入组，就可以估计收入对储蓄的影响。当然，如果愿意把组分得更细些，可以多引入几个虚拟变量。

## 二、虚拟变量的设定原则

虚拟解释变量模型的设定因为质的因素的多少和这些因素特征的多少而引入的虚拟变量也会不同。以一个最简单的虚拟变量模型为例，如果只包含一个质的因素，而且这个因素仅有两个特征，则回归模型中只需引入一个虚拟变量。如果是含有多个质的因素，自然要引入多个虚拟变量。如果只有一个质的因素，且具有 $m$ 个特征，那么如果是含有截距项的模型，就要引入 $m-1$ 个虚拟变量；不含有截距项的，应该引入 $m$ 个虚拟变量，这就是虚拟变量的设定原则。实际上，虚拟变量相当于分段函数，对于一个定类数据，属于这个集合，就取值为 1，不属于这个集合，就取值为 0。在使用虚拟变量时应注意以下几点：

1. 用“1”来代表质的因素的哪个特征是可以任意设定的。一般认为，“1”代表具有某些特征，但没有具体规定。

2. 虚拟变量 $D=0$ 所代表的特性或状态通常称为基础类型。和其他特征或状态比较的意义上说，基础类型为对比的基础。

3. 如果一个回归模型有截距项，而且这个质的因素又有两种特征，也就是将其分两类，则只需要引入一个虚拟变量。如果它有 $m$ 个特征，就要引入 $m-1$ 个虚拟变量；如果回归方程没有截距项，那么这个质的因素有多少个特征就要设多少个虚拟变量，这就是虚拟变量的使用原则。

如果虚拟变量设定不当，会使最小二乘法无解，称这种情况为虚拟变量陷阱。下面就用线性代数中的知识来说明这一点。引入两个虚拟变量对有截距项和没有截距项的情况分别讨论。

例如，居民的消费支出模型，根据正常年份和非正常年份可以设定为

$$Y_i=\beta_0+\beta_1 D+\beta_2 X_i+u_i \tag{5.1}$$

式中，$Y_i$＝第 $i$ 年居民的消费水平，$X_i$＝第 $i$ 年居民的收入水平，$D$ 为虚拟变量。$D=1$ 表示正常年份这一特征，$D=0$ 表示非正常年份。

对有截距项的情况，如果设两个虚拟变量，则回归模型为

$$Y_i=\beta_0+\beta_1 D_{1i}+\beta_2 D_{2i}+\beta_3 X_i+u_i \tag{5.2}$$

$$D_{1i}=\begin{cases}1 & \text{正常年份}\\ 0 & \text{非正常年份}\end{cases}\qquad D_{2i}=\begin{cases}1 & \text{非正常年份}\\ 0 & \text{正常年份}\end{cases}$$

式(5.2)也可表示为

$$Y_i=\beta_0 X_{1i}+\beta_1 X_{2i}+\beta_2 X_{3i}+\beta_3 X_i+u_i \tag{5.3}$$

其中，$X_{1i}=1$，$X_{2i}=D_{1i}$，$X_{3i}=D_{2i}$，显然如下等式成立

$$X_{1i}=X_{2i}+X_{3i} \tag{5.4}$$

式(5.4)表明模型(5.3)即原模型(5.2)中有完全的多重共线性，将导致最小二乘估计无解。称该情景为掉入虚拟变量陷阱。所以，在有截距项的情况下，如果一个质的因素有多少个特征就引入多少个虚拟变量是行不通的。

对没有截距的情况，如果设两个虚拟变量，则回归模型为

$$Y_i=\beta_1 D_{1i}+\beta_2 D_{2i}+\beta_3 X_i+u_i \tag{5.5}$$

显然模型(5.5)中，解释变量 $D_1$，$D_2$ 和 $X$ 之间无完全的多重共线性，可以使用普通最小二乘法估计式(5.5)的参数。

## 第二节 虚拟解释变量模型

### 一、截距变动模型和斜率变动模型

(一)包含一个虚拟变量的截距变动模型

假设只有一个定性因素影响被解释变量的变化,而且这个因素仅有两种特征,这时候只需要引入一个虚拟变量。

【例 5.1】假设有一个包括正常年份和非正常年份(2008 年全球金融危机的影响)居民消费的样本,并打算用这些数据估计消费函数。由于在正常年份和非正常年份居民在消费水平上存在明显差异,所以一些外界的影响是一个重要的解释变量。用一个虚拟变量来表示这个质的因素,消费函数为

$$Y_i = \beta_0 + \beta_1 D + \beta_2 X_i + u_i \tag{5.6}$$

式中,$Y_i$ =第 $i$ 年居民的消费水平,$X_i$ =第 $i$ 年居民的收入水平,$D$ 为虚拟变量。$D=1$ 表示正常年份这一特征,$D=0$ 表示非正常年份,假设 $E(u_i)=0$,式(5.6)可以写成

$$D=1 \quad \text{正常年份}\ E(Y_i) = \beta_0 + \beta_1 + \beta_2 X_i \tag{5.7}$$

$$D=0 \quad \text{非正常年份}\ E(Y_i) = \beta_0 + \beta_2 X_i \tag{5.8}$$

式(5.7)和式(5.8)分别为正常年份和非正常年份的居民消费水平。二者具有相同的斜率,但是截距不同。

利用最小二乘法对式(5.6)进行估计,可得到

$$\hat{Y}_i = \hat{\beta}_0 + \hat{\beta}_1 D + \hat{\beta}_2 X_i \tag{5.9}$$

对 $\beta_1$ 作 $t$ 检验,若 $\beta_1$ 显著地不为 0,就认为正常年份和非正常年份居民在消费行为上的差异是明显的。若 $\beta_1>0$,则正常年份的居民消费水平高于非正常年份的居民消费水平。

(二)斜率变动模型

在实际问题中,斜率单独变动出现的情形一般比较少,它指的是改变了变动的速率。

例如城镇居民家庭与农村居民家庭的消费函数,在边际消费倾向(斜率)上可能会有所不同,假设它们的消费函数在截距项没有区别。那么回归模型可记为

$$Y_i = \beta_0 + \beta_1 X_i + \beta_2 (DX_i) + u_i \tag{5.10}$$

其中,$Y_i$ =第 $i$ 个家庭的消费水平,$X_i$ =第 $i$ 个家庭的收入水平,

$$D = \begin{cases} 1 & \text{城镇居民家庭} \\ 0 & \text{农村居民家庭} \end{cases}$$

式(5.10)可以表示为

$$D=1,\ Y_i = \beta_0 + (\beta_1 + \beta_2) X_i + u_i \tag{5.11}$$

$$D=0,\ Y_i = \beta_0 + \beta_1 X_i + u_i \tag{5.12}$$

(三)包含多个虚拟变量的截距变动模型

如果一个质的因素仅有两种特征,只需引入一个虚拟变量。但是,很多质的因素往往不只具有两个特征,例如全世界的国家可以分为发达国家、发展中国家、不发达国家;我国少数民族在很多问题上有差异,所以当把民族作为虚拟变量时,不能简单将其分为汉族和

非汉族;季节因素是我们最常见的质的因素,它具有四个特征,按照前面的原则,要引入三个虚拟变量。

例如,用季度资料研究羊毛衫的消费额在季节上有没有什么区别?可以建立模型如下:

$$Y_t = \beta_0 + \beta_1 D_{1t} + \beta_2 D_{2t} + \beta_3 D_{3t} + \beta_4 X_t + u_t \tag{5.13}$$

其中,$Y_t$ =季度的消费,$X_t$ =季度的收入,对于四个季度,我们引入了三个虚拟变量:

$$D_{1t} = \begin{cases} 1 & \text{第一季度} \\ 0 & \text{其他} \end{cases} \quad D_{2t} = \begin{cases} 1 & \text{第二季度} \\ 0 & \text{其他} \end{cases} \quad D_{3t} = \begin{cases} 1 & \text{第三季度} \\ 0 & \text{其他} \end{cases}$$

这里,第四季度为基础类型,其截距项为 $\beta_0$。而其他三个季度的截距项分别为 $\beta_0+\beta_1$,$\beta_0+\beta_2$,$\beta_0+\beta_3$。$\beta_1$,$\beta_2$,$\beta_3$ 代表季节变动引起的消费差异。四个季度的回归模型分别为

$$\text{第一季度 } Y_t = \beta_0 + \beta_1 + \beta_4 X_t + u_t \tag{5.14}$$

$$\text{第二季度 } Y_t = \beta_0 + \beta_2 + \beta_4 X_t + u_t \tag{5.15}$$

$$\text{第三季度 } Y_t = \beta_0 + \beta_3 + \beta_4 X_t + u_t \tag{5.16}$$

$$\text{第四季度 } Y_t = \beta_0 + \beta_4 X_t + u_t \tag{5.17}$$

(四)截距和斜率同时变动模型

下面研究截距和斜率同时变动的虚拟变量模型。

当需要考虑斜率发生变化时,可在模型中加入定量变量与虚拟变量的乘积项,例如:

$$Y_t = \beta_0 + \beta_1 X_t + \beta_2 D + \beta_3 X_t D + u_t \tag{5.18}$$

其中 $X_t$ 为定量变量;$D$ 为虚拟变量。当 $D=0$ 或 1 时,上述模型可表达为:

$$Y_t = \begin{cases} (\beta_0 + \beta_2) + (\beta_1 + \beta_3) X_t + u_t, & D = 1 \\ \beta_0 + \beta_1 X_t + u_t, & D = 0 \end{cases} \tag{5.19}$$

通过检验 $\beta_2$,$\beta_3$ 是否为零,可判断模型斜率、截距是否发生显著性变化。

【例 5.2】居民人均消费性支出与居民人均可支配收入关系研究

全国 31 个省级地区(不包括港澳台)2013 年和 2018 年居民人均消费性支出 $Y$(元/人)与居民人均可支配收入 $X$(元/人)数据见表 5.1。将 2018 年数据进行可比价处理,用 62 组数据画的散点图见图 5.1、5.2,可以看出居民人均消费性支出与居民人均可支配收入之间存在线性关系,可以建立线性模型。

**表 5.1 居民人均消费性支出与居民人均可支配收入数据**

| 地区 | 2013 年居民人均消费性支出(元/人) | 2013 年居民人均可支配收入(元/人) | 2018 年居民人均消费性支出(元/人) | 2018 年居民人均可支配收入(元/人) | 2018 年居民人均消费性支出(可比价)(元/人) | 2018 年居民人均可支配收入(可比价)(元/人) |
|---|---|---|---|---|---|---|
| 北京 | 29175.63 | 40830.04 | 39842.69 | 62361.22 | 36409.29 | 56987.32 |
| 天津 | 20418.67 | 26359.2 | 29902.91 | 39506.15 | 27326.06 | 36101.75 |
| 河北 | 10872.18 | 15189.64 | 16722 | 23445.65 | 15281.00 | 21425.25 |
| 山西 | 10118.33 | 15119.72 | 14810.12 | 21990.14 | 13533.88 | 20095.17 |
| 内蒙古 | 14877.66 | 18692.89 | 19665.22 | 28375.65 | 17970.59 | 25930.41 |
| 辽宁 | 14950.16 | 20817.84 | 21398.31 | 29701.45 | 19554.34 | 27141.96 |
| 吉林 | 12054.34 | 15998.12 | 17200.41 | 22798.37 | 15718.19 | 20833.75 |

续表

| 地 区 | 2013年居民人均消费性支出（元/人） | 2013年居民人均可支配收入（元/人） | 2018年居民人均消费性支出（元/人） | 2018年居民人均可支配收入（元/人） | 2018年居民人均消费性支出(可比价)（元/人） | 2018年居民人均可支配收入(可比价)（元/人） |
|---|---|---|---|---|---|---|
| 黑龙江 | 12037.23 | 15903.45 | 16993.96 | 22725.85 | 15529.53 | 20767.48 |
| 上 海 | 30399.88 | 42173.64 | 43351.3 | 64182.65 | 39615.55 | 58651.79 |
| 江 苏 | 17925.75 | 24775.54 | 25007.44 | 38095.79 | 22852.45 | 34812.93 |
| 浙 江 | 20610.09 | 29774.99 | 29470.68 | 45839.84 | 26931.08 | 41889.65 |
| 安 徽 | 10544.09 | 15154.31 | 17044.64 | 23983.58 | 15575.84 | 21916.82 |
| 福 建 | 16176.63 | 21217.95 | 22996.04 | 32643.93 | 21014.38 | 29830.88 |
| 江 西 | 10052.77 | 15099.68 | 15792.02 | 24079.68 | 14431.16 | 22004.64 |
| 山 东 | 11896.77 | 19008.26 | 18779.77 | 29204.61 | 17161.45 | 26687.94 |
| 河 南 | 10002.47 | 14203.71 | 15168.5 | 21963.54 | 13861.37 | 20070.86 |
| 湖 北 | 11760.77 | 16472.46 | 19537.79 | 25814.54 | 17854.14 | 23590.00 |
| 湖 南 | 11945.85 | 16004.9 | 18807.94 | 25240.75 | 17187.19 | 23065.66 |
| 广 东 | 17421 | 23420.75 | 26053.98 | 35809.9 | 23808.81 | 32724.02 |
| 广 西 | 9596.5 | 14082.3 | 14934.75 | 21485.03 | 13647.77 | 19633.58 |
| 海 南 | 11192.88 | 15733.28 | 17528.44 | 24579.04 | 16017.95 | 22460.97 |
| 重 庆 | 12600.2 | 16568.67 | 19248.47 | 26385.84 | 17589.76 | 24112.07 |
| 四 川 | 11054.66 | 14230.99 | 17663.55 | 22460.55 | 16141.41 | 20525.04 |
| 贵 州 | 8288 | 11083.06 | 13798.06 | 18430.18 | 12609.03 | 16841.98 |
| 云 南 | 8823.81 | 12577.87 | 14249.93 | 20084.19 | 13021.96 | 18353.46 |
| 西 藏 | 6306.79 | 9740.43 | 11520.23 | 17286.06 | 10527.49 | 15796.45 |
| 陕 西 | 11217.32 | 14371.55 | 16159.69 | 22528.26 | 14767.15 | 20586.91 |
| 甘 肃 | 8943.39 | 10954.4 | 14623.95 | 17488.39 | 13363.75 | 15981.35 |
| 青 海 | 11576.5 | 12947.84 | 16557.19 | 20757.26 | 15130.39 | 18968.53 |
| 宁 夏 | 11292.02 | 14565.78 | 16715.09 | 22400.42 | 15274.69 | 20470.09 |
| 新 疆 | 11391.84 | 13669.62 | 16189.09 | 21500.24 | 14794.01 | 19647.48 |

备注1：数据来源于国家统计局数据库。

备注2：以2013年价格为基期对2018年数据进行可比价处理，CPI=1.0943。

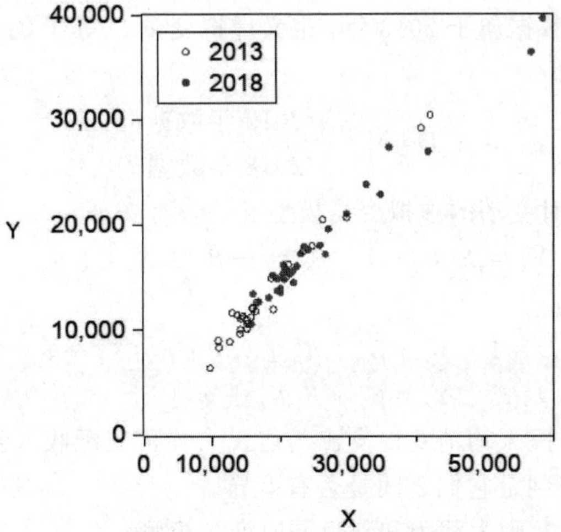


**图5.1 居民人均消费性支出与居民人均可支配收入关系散点图**

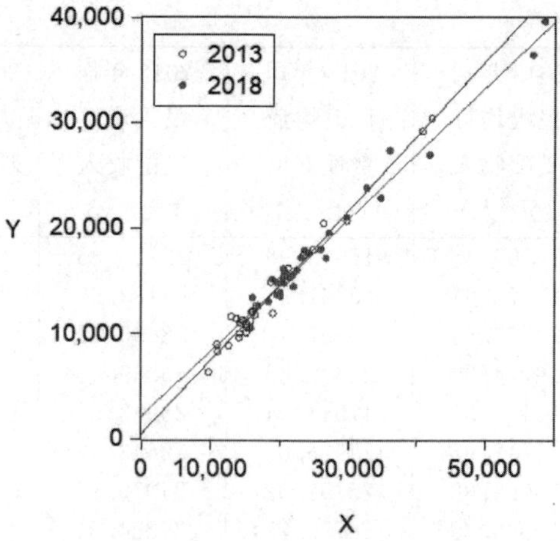


图 5.2 居民人均消费性支出与居民人均可支配收入散点图及拟合直线

利用最小二乘法得到模型(5.20)(5.21),其中(5.20)表示 2013 年居民人均消费性支出与居民人均可支配收入之间的线性关系,(5.21)表示 2018 年居民人均消费性支出与居民人均可支配收入之间的线性关系。

$$\hat{Y}_t = 477.1433 + 0.7071X_t \tag{5.20}$$
$$t \quad (1.1814) \quad (34.6312)$$
$$R^2 = 0.9764 \quad DW = 1.4957$$

$$\hat{Y}_t = 2168.171 + 0.6232X_t \tag{5.21}$$
$$t \quad (4.3457) \quad (34.6310)$$
$$R^2 = 0.9764 \quad DW = 1.6522$$

式中,$Y_t$ =第 $t$ 年居民人均消费性支出,$X_t$ =第 $t$ 年居民人均可支配收入。

从表 5.1 中的数据及图 5.1、5.2 可以观察到,2013 年和 2018 年,居民人均消费性支出与居民人均可支配收入之间的关系发生了显著变化,不同年份的观测值呈现两组特征,可以考虑用虚拟变量区别两个不同年度居民人均消费性支出与居民人均可支配收入之间的关系并建立模型。若数据属于 2013 年,定义虚拟变量 $D$ 等于 0;若数据属于 2018 年,定义虚拟变量 $D$ 等于 1,即

$$D = \begin{cases} 0, & 2013\text{ 年数据} \\ 1, & 2018\text{ 年数据} \end{cases}$$

建立截距和斜率同时变动的虚拟变量模型

$$Y_t = \beta_0 + \beta_1 D + \beta_2 X_t + \beta_3 (DX_t) + u_t \tag{5.22}$$

式 5.21 可以表示为

$$D=1 \quad Y_t = \beta_0 + \beta_1 + (\beta_2 + \beta_3)X_t + u_t \tag{5.23}$$
$$D=0 \quad Y_t = \beta_0 + \beta_2 X_t + u_t \tag{5.24}$$

$\beta_1$ 和 $\beta_3$ 分别表示居民人均消费性支出与居民人均可支配收入函数在截距和斜率上的差异,一般通过 $t$ 检验来判定它们之间是否有差异。

1. 若 $\beta_1 \neq 0, \beta_3 \neq 0$,则为截距和斜率同时变动模型;

2. 若 $\beta_1 \neq 0, \beta_3 = 0$,则为截距变动模型;

3. 若 $\beta_1=0,\beta_3=0$，则表示居民人均消费性支出与居民人均可支配收入的关系没有跟随时间变化；

4. 若 $\beta_1=0,\beta_3\neq 0$，则为斜率变动模型，这种情况在现实中出现得不是很多。

再次用最小二乘法进行估计，得到结果

$$\hat{Y}_t=477.1433+0.7071X_t+1691.028D_1-0.0838D_1X_t \quad (5.25)$$

$$t \quad (1.0683) \quad (31.316) \quad (2.6407) \quad (-2.9947)$$

$$R^2=0.9797 \quad DW=1.71$$

式(5.25)表明在加入虚拟变量后，模型的系数都通过 $t$ 检验，更加符合实际背景。

将上述模型改写

$$2013\text{ 年 } \hat{Y}_t=477.1433+0.7071X_t$$

$$2018\text{ 年 } \hat{Y}_t=2168.1713+0.6233X_t$$

由上述模型可知，与 2013 年相比，我国 2018 年的边际消费倾向明显降低了，下降了 0.0838。在 2013 年，居民人均可支配收入每增加 1 元，居民人均消费性支出平均增加 0.7071 元；在 2018 年，居民人均可支配收入每增加 1 元，居民人均消费性支出平均增加 0.6233 元。

## 二、多个质的因素的虚拟变量模型

前面讨论的回归模型只包括一个质的因素，但是在很多情形下，往往有两个以上的质的因素影响回归模型的被解释变量。例如，在考察居民的食品消费行为时，可以考虑的质的因素有居民的性别、民族、受教育程度、地理区域等等。再如，除收入水平外，冰激凌消费量还会受到季节和地区等质的因素影响。这些质的因素可能不仅仅改变模型的截距和斜率，质的因素之间也往往有相互影响。

例如，高收入水平和低收入水平的居民在家电消费量上的差异会随着季节不同而改变。为了方便，建立以下简单的食品消费模型

$$C_t=\beta_0+\beta_1D_1+\beta_2D_2+\beta_3D_3+\beta_4D_4+\beta_5D_5+\beta_6D_1D_2+\beta_7D_1D_3+\beta_8X_t+u_t \quad (5.26)$$

性别：$D_1=\begin{cases}1 & \text{男}\\0 & \text{女}\end{cases}$ 　　年龄层次 1：$D_2=\begin{cases}1 & 25\text{ 岁以下}\\0 & \text{其他}\end{cases}$

年龄层次 2：$D_3=\begin{cases}1 & 25-50\text{ 岁}\\0 & \text{其他}\end{cases}$ 　　学历 1：$D_4=\begin{cases}1 & \text{初中及以下}\\0 & \text{其他}\end{cases}$

学历 2：$D_5=\begin{cases}1 & \text{高中}\\0 & \text{其他}\end{cases}$

式(5.25)中，$C_t$ 和 $X_t$ 分别表示居民的食品消费和居民的收入，$D_1,D_2,D_3,D_4,D_5$ 是虚拟变量，分别表示性别因素、年龄因素和学历因素。性别因素只有两个特征男和女，设一个虚拟变量 $D_1$。年龄分为三个层次，25 岁以下、25－50 岁和 50 岁以上，设两个虚拟变量 $D_2$ 和 $D_3$。受教育程度分为三个层次，初中以下、高中和高中以上，设两个虚拟变量 $D_4$ 和 $D_5$。模型中还有虚拟变量之间的乘积，考虑了截距项的各种变化可能。$D_i$ 取值不同，截距不同，如

$$D_1 = D_2 = D_3 = D_4 = D_5 = 0 \qquad 截距为 \beta_0$$
$$D_1 = 1 \quad D_2 = D_3 = D_4 = D_5 = 0 \qquad 截距为 \beta_0 + \beta_1$$

其余的依次类推。$\beta_6$ 和 $\beta_7$ 为性别和年龄层次的相互影响系数。采用通常的统计检验方法对各种可能的情况进行检验。例如，如果 $\beta_1$ 在统计上显著，说明性别这个质的因素会明显影响食品的消费量。同时，$\beta_2$ 在统计上显著，就表明 25 岁以下居民在食品消费上和别的层次的居民是有显著差异的，那么年龄也会是个很重要的影响因素。

这里虚拟变量仅仅影响回归模型的截距，由此可以推广到更一般的情形，也就是虚拟变量同时改变回归模型的截距和斜率，那样考虑得更周全，但是也会更复杂，在这里不做讨论。

## 第三节　变参数模型和分段回归

### 一、变参数模型

从上一节的讨论可知，由于引入了虚拟变量，回归模型的截距或斜率不再是固定不变的。下面要介绍的变参数模型是虚拟变量模型的推广，它认为回归模型的截距或斜率会随着样本观察值的改变而系统地改变。

#### (一)截距变动模型

系统变参数模型也可以分为截距变动模型和截距、斜率同时变动模型。设线性回归模型为

$$Y_t = \beta_{1t} + \beta_2 X_{2t} + \cdots + \beta_k X_{kt} + u_t \quad t = 1, 2, \cdots, T \tag{5.27}$$

式中，$X$ 为解释变量，$Y$ 为被解释变量。截距项 $\beta_{1t}$ 和前面的虚拟变量模型的截距项有所不同，下面多了一个下标 $t$。这就是说，虽然回归模型斜率在整个样本时期保持不变，但是截距项 $\beta_{1t}$ 是随着时间 $t$ 的变化而变化的。如果 $\beta_{1t}$ 的变化为非随机的，而且这种变化完全由外生变量决定，那么式(5.26)就是一个非随机变参数模型。为了讨论方便，把 $\beta_{1t}$ 定义为式(5.28)。

$$\beta_{1t} = a_0 + a_1 Z_t \tag{5.28}$$

式中，$a_0$ 和 $a_1$ 为要求的参数，也可以称为“超参数”，$Z_t$ 是用来解释 $\beta_{1t}$ 变动情况的外生变量。将式(5.28)代入式(5.27)中，整理得到

$$Y_t = a_0 + a_1 Z_t + \beta_2 X_{2t} + \cdots + \beta_k X_{kt} + u_t \tag{5.29}$$

可用最小二乘法对式(5.29)中的超参数和其他参数一并进行估计。如果 $Z_t$ 为虚拟变量，那么式(5.29)就是一个虚拟变量模型，而且是一个截距项变动斜率不变的模型。因此，虚拟变量模型是变参数模型的一种特殊形式。

#### (二)截距和斜率同时变动模型

只需要在式(5.29)的基础上进行改进。将 $\beta_2$ 换为 $\beta_{2t}$，且假定 $\beta_{2t}$ 有如下关系式

$$\beta_{2t} = b_0 + b_1 W_t \tag{5.30}$$

将式(5.30)代入式(5.29)，则有

$$Y_t = a_0 + a_1 Z_t + b_0 X_{2t} + b_1 W_t X_{2t} + \beta_3 X_{3t} + \cdots + \beta_k X_{kt} + u_t \tag{5.31}$$

以上模型只假定 $\beta_{1t}$ 和 $\beta_{2t}$ 存在系统变化，实际上还有很多参数都可能存在这种变化，

甚至可能存在$\beta_{1t}$和$\beta_{2t}$等系数不是线性变化的，也就是说超参数本身可能不为常数。这种情况只是在理论上提出来，实际操作会因为太复杂而没有太多的应用。

用最小二乘法估计得到式(5.31)中的参数估计值后，就可以对参数是否存在系统变化进行统计检验。如果$a_1$和$b_1$在统计上不显著，就可以把$\beta_1$和$\beta_2$看作常数；否则，认为$\beta_1$和$\beta_2$存在系统变化。

显然，如果错误地把$\beta_1$和$\beta_2$当作常数，就等同于错误地解释了经济变量之间的关系。相当于省略了重要的解释变量$Z_t$和$W_t$，产生设定偏误，还可能会产生自相关等问题。

(三)应用案例

【例5.3】研究1997—2012年城镇居民家庭人均可支配收入对城镇居民家庭平均每百户移动电话拥有量的影响，建立一个简单的系统变参数模型：

$$Y_t = \beta_{1t} + \beta_{2t}X_t + u_t \quad t = 1997,1998,\cdots,2012 \tag{5.32}$$

其中，$X_t$和$Y_t$分别代表城镇居民家庭人均可支配收入和城镇居民家庭平均每百户移动电话拥有量。$t$=年份，$u_t$=随机误差项。

注意到模型的截距$\beta_{1t}$和系数$\beta_{2t}$是随着时间的推移而不断变化的，也就是说，城镇居民家庭人均可支配收入对城镇居民家庭平均每百户移动电话拥有量的影响是逐年变化的。引起$\beta_{1t}$和$\beta_{2t}$变化的因素中有许多是不可观测或难以度量的，所以无法把这些因素作为解释变量直接引入模型。然而，与城镇居民家庭平均每百户移动电话拥有量有关的众多因素是随着时间推进而逐渐改变的，因此，我们可以用时间变量$T$来代表这些因素。

假定$\beta_{1t}$和$\beta_{2t}$的变化可以由下面的关系式来表示

$$\beta_{1t} = a_0 + a_1T + a_2T^2 \tag{5.33}$$

$$\beta_{2t} = b_0 + b_1T + b_2T^2 \tag{5.34}$$

$$T = 1,2,3,\cdots,16$$

将式(5.33)和式(5.34)代入式(5.32)，得到

$$Y_t = a_0 + a_1T + a_2T^2 + b_0X_t + b_1TX_t + b_2T^2X_t + u_t \tag{5.35}$$

用最小二乘法试算，给定$\alpha=0.05$，$a_0$，$a_1$，$a_2$，$b_0$，$b_1$和$b_2$在统计上均显著，估计的最终模型为

$$\hat{Y}_t = -704.6744 + 43.3266T + 0.1482X_t - 0.0212TX_t + 6.2149T^2 + 0.0005T^2X_t \tag{5.36}$$

$$t \quad (-3.7934) \quad (4.103) \quad (3.7416) \quad (-4.1114) \quad (4.8108 \quad (3.5350)$$

$$R^2 = 0.9954 \qquad DW = 1.9228$$

由$R^2$与DW值可知，模型拟合效果较好，且不存在自相关。

估计和检验结果表明：

1.$b_0$和$b_1$在统计上是显著的，说明城镇居民家庭平均每百户移动电话拥有量从1997年以来是有变化的。

2.$\beta_{2t}$的曲线表明，从1997年开始，随着时间的变化，城镇居民家庭平均每百户移动电话拥有量与城镇居民家庭人均可支配收入是正相关关系，即城镇居民家庭平均每百户移动电话拥有量随着城镇居民家庭人均可支配收入的增加而不断增加，但增速逐渐放缓。

$$\beta_{2t} = 0.1482 - 0.0212T + 0.0005T^2$$

3.如果忽略城镇居民家庭平均每百户移动电话拥有量的变化，将模型设定为

$$Y_t = \beta_0 + \beta_1X_t + u_t \tag{5.37}$$

则估计结果为

$$\hat{Y}_t = -73.253 + 0.0175X_t \quad (5.38)$$

$$t\ (-4.5702)\ (12.2282)$$

$$R^2 = 0.91 \qquad DW = 0.2246$$

城镇居民家庭平均每百户移动电话拥有量的增速是固定不变的,模型可能错误地描述了城镇居民家庭平均每百户移动电话拥有量和城镇居民家庭人均可支配收入的关系;而且,DW 值也显示模型有自相关。

## 二、分段回归

在经济关系中常有这样的情况:当解释变量 $X$ 的值达到某水平 $X^*$ 之前,与被解释变量 $Y$ 之间存在某种线性关系;当解释变量 $X$ 的值达到或超过 $X^*$ 以后,与被解释变量的关系就会发生变化。因此,如果知道 $X$ 的转折点 $X^*$,就可以用虚拟变量来估计每一段的斜率。这就是分段线性回归。

【例 5.4】CPI 是消费价格指数,反映了物价的变动水平;GDP 是国内生产总值,反映了经济的增长。一般而言 GDP 增长的国家 CPI 也会温和上扬,两种指标保持同步,说明经济结构发展比较合理,如果 GDP 增长平稳,CPI 增长较快,就说明该国经济增长可能有不协调的成分。

以 CPI 为例,在 1999 年以前,我国居民的消费价格指数呈较快上升的趋势,但是 1997、1998 年爆发了亚洲金融危机,对经济整体及居民的生活造成很大影响,从 1999 年之后,居民消费价格指数的增长较为缓慢,甚至出现负增长。显然,1999 年是一个转折点,即 $X^* = 1999$。于是,我们可以用以下模型描述我国居民在 1990 年至 2005 年期间消费价格指数的变动趋势。

$$Y_t = \beta_0 + \beta_1 t + \beta_2 (t - X^*) D + u_t \quad (5.39)$$

式中,$Y_t$ 为某年的 CPI,$t$ 为年份($t = 1990, 1991, \cdots, 2005$),$D$ 为虚拟变量,满足

$$D = \begin{cases} 1 & t \geqslant X^* \\ 0 & t < X^* \end{cases} \quad (5.40)$$

于是,两个不同时期的 CPI 的变动趋势为

$$1999\text{年以前} \quad Y_t = \beta_0 + \beta_1 t + u_t \quad (5.41)$$

$$1999\text{年以后} \quad Y_t = \beta_0 - \beta_2 X^* + (\beta_1 + \beta_2) t + u_t \quad (5.42)$$

在 1999 年以前,回归模型的斜率是 $\beta_1$,而在 1999 年之后回归模型的斜率则为($\beta_1 + \beta_2$)。如果 $\beta_2$ 在统计上是显著的,则表明 1999 年以后物价水平发生了明显变化。

【例 5.5】上例中 $X$ 只有一个转折点,但在某些情况下,解释变量存在多个转折点。例如,CPI 的上涨在 1990 年至 1994 年是一个快速上涨期,1994 年至 1999 年为下降期,1999 年之后缓慢上涨。

设 $Y_t$ 为 CPI,$X_1^* = 1994$,$X_2^* = 1999$,可以建立以下回归模型

$$Y_t = \beta_0 + \beta_1 t + \beta_2 D_1 (t - X_1^*) + \beta_3 D_2 (t - X_2^*) + u_t \quad (5.43)$$

其中,$t$ 为时间,$D_1$ 和 $D_2$ 都是虚拟变量,而且有

$$D_1 = \begin{cases} 1 & X_1^* \leqslant t < X_2^* \\ 0 & \text{其他} \end{cases} \qquad D_2 = \begin{cases} 1 & t \geqslant X_2^* \\ 0 & \text{其他} \end{cases}$$

那么,三个不同时期的 CPI 的变动趋势为

1994 年以前 $D_1=0 \quad D_2=0, \quad Y_t=\beta_0+\beta_1 t$ (5.44)

1994—1999 年 $D_1=1, \quad D_2=0, \quad Y_t=\beta_0+\beta_1 t+\beta_2(t-X_1^*)$ (5.45)

1999 年之后 $D_1=0, \quad D_2=1, \quad Y_t=\beta_0+\beta_1 t+\beta_3(t-X_2^*)$ (5.46)

## 小结

本章讨论解释变量及被解释变量为质的因素时如何进行参数估计等一系列问题。

1. 虚拟变量的概念及设定原则。虚拟变量主要代表质的因素,这类变量通常表现为品质、属性、种类的出现或者未出现,所以可以根据质量变量的这一特征将其数量化。虚拟变量设定原则是当只有一个质的因素,有 $m$ 个特征时,如果模型含有截距项,就要引入 $m-1$ 个虚拟变量;如果不含截距项,就要引入 $m$ 个虚拟变量。

2. 虚拟解释变量模型的建立。有三种形式:(1)截距变动模型。虚拟变量只改变截距项。(2)斜率变动模型。虚拟变量只改变斜率项。(3)截距和斜率同时变动的模型。虚拟变量同时改变截距和斜率项。

3. 变参数模型及分段回归。变参数模型是虚拟变量模型的推广,它认为回归模型的截距或斜率会随着样本观察值的改变而系统地改变。有两种形式:(1)截距变动的变参数模型;(2)截距和斜率同时变动的变参数模型。分段回归是引入虚拟变量对时间序列数据进行分段回归的方法。当解释变量 $X$ 的值达到某水平 $X^*$ 之前,与被解释变量 $Y$ 之间存在某种线性关系;当解释变量 $X$ 的值达到或超过 $X^*$ 以后,与被解释变量的关系就会发生变化。因此,如果知道 $X$ 的转折点 $X^*$,就可以用虚拟变量来估计每一段的斜率。

## 关键术语

| | | |
|---|---|---|
| 质的因素 | 质量变量 | 虚拟变量 |
| 因素特征 | 截距变动模型 | 斜率变动模型 |
| 截距和斜率同时变动模型 | 变参数模型 | 分段回归 |
| 非随机变参数模型 | 超参数 | |

## 习题

5.1 回归模型中引入虚拟变量的一般规则是什么?

5.2 举例说明截距变动模型与截距和斜率同时变动模型各适用于什么情况?

5.3 设某地区职工工资的收入模型为 $Y_i=\beta_1+\beta_2 X_i+u_i$,式中,$Y$ 为职工工资收入,$X$ 为工龄,考虑职工收入受教育程度的影响而引入合适的虚拟变量,并对上述模型加以改进。

5.4 已知下述模型:$Y_t=\alpha_0+\alpha_1 X_{1t}+\alpha_2 X_{2t}+u_t$,如果参数 $\alpha_1,\alpha_2$ 都是随时间变化而线性变化的,应如何对以上模型进行变换?

5.5 下面是根据时序样本资料估计出的短期利率函数:

$$\hat{Y}_t = 5.5 + 0.93X_t - 0.38X_{t-1} - 5.2(P_t/P_{t-4}) + 0.5Y_{t-1} - 0.05(D_1 - D_4) + 0.08(D_2 - D_4) + 0.06(D_3 - D_4)$$

式中：Y——4—6 个月的商业票据贴现率

X——90 天国库券的利率

P——价格指数

$D_i$—— 季度虚拟变量 $= \begin{cases} 1, & \text{第 } i \text{ 季度} \\ 0, & \text{其他} \end{cases}$

要求：

(1)分析写出各季度的商业票据贴现率函数；

(2)在该模型中，4 个季度的虚拟变量全部被引入，这是否违反了引入虚拟变量的一般规则？该模型中虚拟变量的这种使用方法与虚拟变量的一般使用方法有什么不同？

(3)在该模型中，如果用通货膨胀率 $\pi_t = (P_t - P_{t-4})/P_{t-4}$ 代替 $P_t/P_{t-4}$，模型中的回归系数将会有什么变化？

5.6 为了评价从 1979 年 7 月起联邦放宽利率管制政策以来的影响，S. 兰格(Sidney Langer)对 1975 年三季度至 1983 年二季度的季度数据估计得如下模型

$$Y_t = 8.587 - 0.133P_t - 0.710Un_t - 0.239M_t + 0.359Y_{t-1} + 2.583D_t$$

$Se$ (1.956) (0.099) (0.191) (0.073) (0.104) (0.755)

$R^2 = 0.916$

其中，$Y$ 为 3 个月国库券利率，$P$ 为通货膨胀率，$Un$ 为失业率，$M$ 为货币存量，$D$ 为虚拟变量，对从 1979 年 7 月 1 日开始的观测值取 1。

要求：(1)检验回归模型并评价估计结果。

(2)放宽利率管制有何效果？如何评价。

(3) $P$，$Un$，$M$ 的系数都是负的，你能做出经济上的解释吗？

# 第六章　滞后变量模型

前面各章中所讨论的回归模型都属于静态模型，即认为被解释变量的变化仅仅依赖于解释变量的当期影响，没有考虑变量之间时间因素的作用。然而，在实际经济活动中，由于经济活动主体的决策与行动都需要一个过程，加之人们的生活习惯、制度和技术条件的限制以及对未来预期等因素的影响，经济变量的变化往往存在滞后现象，这使得经济变量的影响不仅取决于同期各种因素，而且也取决于过去时期的各种因素，有时还受自身过去值的影响。例如，居民现期消费水平，不仅受本期居民收入影响，同时受到前几个时期居民收入的影响。对于这类问题的分析，就是本章所要介绍的滞后变量模型。

## 第一节　滞后变量模型的概念

### 一、经济活动中的滞后现象

在实际经济现象中，有时解释变量对被解释变量的影响并不仅会在当期表现出来，而且会延后若干期，也就是说，解释变量对被解释变量的作用会延续一段时间。此外，由于经济活动的惯性，被解释变量的当期变化也往往和自身过去取值相关。这种被解释变量受到自身或另一解释变量的前几期值影响的现象称为滞后效应。表示前几期值的变量称为滞后变量。

下面来看一个关于滞后效应的例子。消费者的消费水平不仅依赖于当年的收入，还跟以前的收入水平有关。已知一消费者每年收入增加 10000 元，那么该消费者每年的消费支出会呈何种变化？当人们的收入增加时一般不会将增加的收入全部马上花掉。假设该消费者的消费增加按如下模式进行：当年增加消费支出 4000 元，第二年再增加消费支出 3000 元，第三年再增加消费支出 2000 元，剩下的 1000 元作为储蓄。第三年的消费支出不仅取决于当年的收入，还与第一年和第二年的收入有关。于是，由该例可以得到式(6.1)消费函数关系式。

$$Y_t = 常量 + 0.4X_t + 0.3X_{t-1} + 0.2X_{t-2} + u_t \tag{6.1}$$

式中，$Y$ 为消费支出，$X$ 为收入。

### 二、产生滞后效应的原因

经济活动中引起滞后效应的原因很多。一般说来，主要有以下几种方面。

1. 心理上的原因

由于消费习惯的影响，人们并不因为价格降低或收入增加而立即改变其消费习惯。因为人们要改变消费习惯以适应新的情况往往需要一段时间。这种心理因素会造成消费同收入的关系上出现滞后效应。

2. 技术上的原因

产品的生产周期有长有短，但都需要一定的周期，例如我国目前正在调整产业结构，但建设和调整都需要一定的时间。又如，农产品生产周期为一年，在市场经济条件下，农产品的本期供应量取决于前期或者前若干期市场价格的影响。这样，农产品供应量与价格之间出现滞后效应。

3. 制度上的原因

某些规章制度的约束使人们对某些外部变化不能立即做出反应，从而出现滞后现象。例如，企业要改变它的产品结构和产量，会受到过去签订的供货合同的制约；拥有一定数量定期存款的消费者，要调整自己的消费水平，会受到银行契约制度的限制。

### 三、滞后变量模型

以滞后变量作为解释变量，就得到滞后变量模型。它的一般形式为

$$Y_t = \alpha + \beta_0 X_t + \beta_1 X_{t-1} + \beta_2 X_{t-2} + \cdots + \beta_s X_{t-s} + \gamma_1 Y^{t-1} + \gamma_2 Y_{t-2} + \cdots + \gamma_q Y_{t-q} + u_t \tag{6.2}$$

其中，$s$，$q$ 分别为滞后解释变量和滞后被解释变量的滞后期长度。如果滞后期长度有限，则称为有限滞后变量模型；如果滞后期无限，则称为无限滞后变量模型。

1. 分布滞后模型

如果模型中没有滞后被解释变量，仅有解释变量 $X$ 的当期值及其若干期的滞后值，即

$$Y_t = \alpha + \beta_0 X_t + \beta_1 X_{t-1} + \beta_2 X_{t-2} + \cdots + \beta_s X_{t-s} + u_t \tag{6.3}$$

其中，$s$ 为滞后长度。具有这种滞后分布结构的模型称为分布滞后模型。根据滞后长度 $s$ 取值的有限和无限，将模型(6.3)式分别称为有限分布滞后模型和无限分布滞后模型。

在分布滞后模型中，各回归系数体现了解释变量当期值和各个滞后值对被解释变量的影响程度，即通常所说的乘数效应。回归系数 $\beta_0$ 称为短期乘数或即期乘数，它表示解释变量 $X$ 变化一个单位对同期被解释变量 $Y$ 产生的影响；$\beta_1, \beta_2, \cdots, \beta_s$ 称为延期乘数或动态乘数，它们表示解释变量 $X$ 的各个前期值变动一个单位对被解释变量 $Y$ 的滞后影响；所有乘数的和 $\sum \beta_i = \beta_0 + \beta_1 + \beta_2 + \cdots = \beta < \infty$ 称为长期乘数或总分布乘数，表示 $X$ 变动一个单位，由于滞后效应而形成的对 $Y$ 总影响的大小。

2. 自回归模型

如果模型中的解释变量仅包含 $X$ 的当期值与被解释变量 $Y$ 的一个或多个滞后值，即

$$Y_t = \alpha + \beta_0 X_t + \gamma_1 Y_{t-1} + \gamma_2 Y_{t-2} + \cdots + \gamma_q Y_{t-q} + u_t \tag{6.4}$$

则称这类模型为自回归模型。其中，$q$ 称为自回归模型的阶数。如果 $q=1$，则模型变为

$$Y_t = \alpha + \beta_0 X_t + \gamma_1 Y_{t-1} + u_t \tag{6.5}$$

称为一阶自回归模型。

## 第二节　分布滞后模型的估计

### 一、分布滞后模型估计的困难

如前所述，分布滞后模型可分为有限分布滞后模型与无限分布滞后模型两类。对于

无限分布滞后模型,因为其包含无限多个参数,无法用最小二乘法直接对其估计。对于这类模型,主要是通过适当的模型变换,使其转化为只需估计有限个参数的自回归模型。对于有限分布滞后模型,即使它满足经典假定条件,对它应用普通最小二乘估计也存在以下困难。

1.产生多重共线性问题

时间序列 $X_t$ 的各期变量之间往往是高度相关的,因而分布滞后模型常常产生多重共线性问题。

2.损失自由度问题

由于样本容量有限,当滞后变量数目增加时,必然使得自由度减少。由于经济数据的收集常常受到各种条件的限制,估计这类模型时经常会遇到数据不足的困难。

3.对于有限分布滞后模型,最大滞后期 $k$ 较难确定。

最大滞后期 $k$ 的确定往往带有主观随意性。为了避免有限分布滞后模型直接应用最小二乘估计的困难,总是假定影响系数具有某种特殊结构,依照不同的系数结构的假定,建立不同的估计方法。

正是由于以上这些原因,使得直接利用普通最小二乘法对有限分布滞后模型估计就不再能得到具有较好统计性质的估计量。对于这些缺陷,人们进行了广泛地研究,提出了一系列的修正方法。有限分布滞后模型的估计方法通常有经验加权法和阿尔蒙法等。

## 二、经验加权法

所谓经验加权法,是指根据观察及经验为滞后变量的系数指定权数,即根据经验赋予式(6.3)中的各滞后变量的系数 $\beta_0,\beta_1,\cdots,\beta_k$ 相应的权数,使滞后变量按权数的线性组合构成新的变量 $W$,然后用最小二乘法进行估计。

利用经验加权法估计模型的基本步骤如下:

1.根据经验确定滞后长度

设外生变量滞后模型为

$$Y_t=\alpha+\beta_0X_t+\beta_1X_{t-1}+\cdots+\beta_kX_{t-k}+u_t \tag{6.6}$$

其中,$u_t$ 满足经典假设,$k$ 为一个确定有限的数。

2.确定 $\beta_0,\beta_1,\cdots,\beta_k$ 的权数

根据经验,可以对 $\beta_0,\beta_1,\cdots,\beta_k$ 赋予不同结构形式的权数,常用的滞后结构类型有递减滞后结构、∧ 形滞后结构、矩形滞后结构等。

递减滞后结构是指 $X$ 的近期量对 $Y_t$ 影响比远期量大。对 $X$ 的近期量赋予较大权数,远期量赋予较小权数,权数随着 $X$ 滞后期的不断增大而逐渐递减。这个结构适合于消费函数,因为近期收入对现期影响大,远期收入对现期影响小。

∧ 形滞后结构,即两头小中间大,是指假定权数先递增,再递减。这个结构适合于投资函数。

矩形滞后结构,是指 $X$ 的逐期滞后值对 $Y$ 影响相同,给定相等的权数。

例如,假设某经济变量服从一个滞后 3 期的分布滞后模型

$$Y_t=\alpha+\beta_0X_t+\beta_1X_{t-1}+\beta_2X_{t-2}+\beta_3X_{t-3}+u_t \tag{6.7}$$

如果根据经验判断滞后解释变量对被解释变量的影响递减,权数取如下形式

$$\frac{1}{2},\frac{1}{4},\frac{1}{6},\frac{1}{8}$$

即有

$$\begin{aligned}Y_t &= \alpha + \beta_0(\frac{1}{2}X_t) + \beta_0(\frac{1}{4}X_{t-1}) + \beta_0(\frac{1}{6}X_{t-2}) + \beta_0(\frac{1}{8}X_{t-3}) + u_t \\ &= \alpha + \beta_0(\frac{1}{2}X_t + \frac{1}{4}X_{t-1} + \frac{1}{6}X_{t-2} + \frac{1}{8}X_{t-3}) + u_t\end{aligned} \tag{6.8}$$

3.利用第一组权数构造第一个新的序列,不妨记为 $W_t^{(1)}$

例如,对于上例中所取的权数,构造的新的序列就是

$$W_t^{(1)} = \frac{1}{2}X_t + \frac{1}{4}X_{t-1} + \frac{1}{6}X_{t-2} + \frac{1}{8}X_{t-3} \tag{6.9}$$

将式(6.9)代入式(6.8),式(6.8)就变为

$$Y_t^{(1)} = \alpha + \gamma_1 W_t^{(1)} + u_t \tag{6.10}$$

这里,$\gamma_1$ 就是 $\beta_0$,为了与 $W_t^{(1)}$ 相对应,将原来的 $Y_t$ 记作 $Y_t^{(1)}$,实际上两者是一样的。

4.对式(6.10)应用最小二乘法求系数的估计值 $\hat{\alpha}$,$\hat{\gamma}_1$,并对式(6.10)的估计方程进行统计检验及经济计量检验,包括判定系数、$t$ 检验、$F$ 检验及 DW 检验等,并记下相应统计量的取值。

5.照同样的方法重新给定第二组权数、第三组权数……,并依次构造新的序列 $W_t^{(2)}$,$W_t^{(3)}$,…,$W_t^{(i)}$,建立新的方程

$$\begin{aligned}Y_t^{(2)} &= \alpha + \gamma_2 W_t^{(2)} + u_t \\ Y_t^{(3)} &= \alpha + \gamma_3 W_t^{(3)} + u_t \\ &\vdots \\ Y_t^{(i)} &= \alpha + \gamma_i W_t^{(i)} + u_t\end{aligned}$$

对这些新的方程进行最小二乘估计,记下每个方程相应的检验统计量的值。

6.择优

根据对模型回归得到的统计量,从所建立的模型中选出一个最优的模型,其相应的那组权数就是最优权数,根据最优权数就可以得到滞后变量对应系数的最优估计值。

经验加权法的优点是简单易行、不损失自由度、避免多重共线性干扰及参数估计具有一致性的特点。缺点是设置权数的随意性较大,这就要求分析者对实际问题的特征要有比较深刻的了解。

## 三、阿尔蒙多项式法

阿尔蒙多项式法的基本思想是:如果有限分布滞后模型中的参数 $\beta_i (i=0,1,2,\cdots,k)$ 的分布可以近似用一个关于 $i$ 的低阶多项式表示,就可以利用多项式减少模型中的参数。

对于模型(6.6),假定它的系数 $\beta_i$ 是随着 $i$ 增大而减小的递减滞后结构或先增加后减小的倒 U 型结构。依据数学分析的维斯特拉斯(Weierstrass)定理,多项式可以逼近各种形式的函数。于是,阿尔蒙对模型(6.6)中的系数 $\beta_i$ 用阶数适当的多项式去逼近,即

$$\beta_i = \alpha_0 + \alpha_1 i + \alpha_2 i^2 + \cdots + \alpha_m i^m \quad (i=0,1,2,\cdots,k; m<k) \tag{6.11}$$

式(6.11)称为阿尔蒙多项式变换。最高阶数 $m$ 要视函数形式而定,实际应用中,一般 $m$

取 2,3,很少超过 4。

取模型(6.6)中的滞后长度 $k=3$,系数多项式表达式(6.11)中 $m=2$,分布滞后模型为

$$Y_t=\alpha+\beta_0X_t+\beta_1X_{t-1}+\beta_2X_{t-2}+\beta_3X_{t-3}+u_t \tag{6.12}$$

系数多项式表达式为

$$\beta_i=\alpha_0+\alpha_1 i+\alpha_2 i^2 \quad (i=0,1,2,3) \tag{6.13}$$

其中,$\alpha_0,\alpha_1,\alpha_2$ 为待估计的参数。

将式(6.13)代入式(6.12)并整理得

$$\begin{aligned}Y_t=&\alpha+\alpha_0(X_t+X_{t-1}+X_{t-2}+X_{t-3})\\&+\alpha_1(X_{t-1}+2X_{t-2}+3X_{t-3})\\&+\alpha_2(X_{t-1}+4X_{t-2}+9X_{t-3})+u_t\end{aligned} \tag{6.14}$$

如果记

$$\begin{aligned}Z_{0t}&=X_t+X_{t-1}+X_{t-2}+X_{t-3}\\Z_{1t}&=X_{t-1}+2X_{t-2}+3X_{t-3}\\Z_{2t}&=X_{t-1}+4X_{t-2}+9X_{t-3}\end{aligned}$$

则式(6.14)可变换为

$$Y_t=\alpha+\alpha_0Z_{0t}+\alpha_1Z_{1t}+\alpha_2Z_{2t}+u_t \tag{6.15}$$

利用样本数据对式(6.15)进行最小二乘估计,可得到式(6.15)各个参数的估计值,分别记为 $\hat{\alpha}$, $\hat{\alpha}_0$, $\hat{\alpha}_1$, $\hat{\alpha}_2$,将之代入式(6.13),可得原模型(6.12)参数的估计值为

$$\begin{aligned}\hat{\beta}_0&=\hat{\alpha}_0\\\hat{\beta}_1&=\hat{\alpha}_0+\hat{\alpha}_1+\hat{\alpha}_2\\\hat{\beta}_2&=\hat{\alpha}_0+2\hat{\alpha}_1+4\hat{\alpha}_2\\\hat{\beta}_3&=\hat{\alpha}_0+3\hat{\alpha}_1+9\hat{\alpha}_2\end{aligned}$$

将阿尔蒙多项式方法推广到 $k$ 阶分布滞后模型,设阿尔蒙多项式中的最高阶数为 $m$,则根据式(6.11)将阿尔蒙多项式变换具体列出就是

$$\begin{aligned}\beta_0&=\alpha_0\\\beta_1&=\alpha_0+\alpha_1+\cdots+\alpha_m\\\beta_2&=\alpha_0+2\alpha_1+\cdots+2^m\alpha_m\\&\vdots\\\beta_k&=\alpha_0+k\alpha_1+k^2\alpha_2+\cdots+k^m\alpha_m\end{aligned}$$

把 $\beta_0,\beta_1,\cdots,\beta_k$ 代入式(6.6)中有

$$\begin{aligned}Y_t=&\alpha+\alpha_0X_t+(\alpha_0+\alpha_1+\cdots+\alpha_m)X_{t-1}\\&+(\alpha_0+2\alpha_1+\cdots+2^m\alpha_m)X_{t-2}\\&+\cdots+(\alpha_0+k\alpha_1+k^2\alpha_2+\cdots+k^m\alpha_m)X_{t-k}+u_t\\=&\alpha+\alpha_0(X_t+X_{t-1}+\cdots+X_{t-k})\\&+\alpha_1(X_{t-1}+2X_{t-2}+\cdots+kX_{t-k})\\&+\cdots+\alpha_m(X_{t-1}+2^mX_{t-2}+\cdots+k^mX_{t-k})+u_t\end{aligned} \tag{6.16}$$

记

$$Z_{0t}=X_t+X_{t-1}+\cdots+X_{t-k} \tag{6.17}$$
$$Z_{1t}=X_{t-1}+2X_{t-2}+\cdots+kX_{t-k}$$
$$\vdots$$
$$Z_{mt}=X_{t-1}+2^mX_{t-2}+\cdots+k^mX_{t-k}$$

则式(6.16)变为

$$Y_t=\alpha+\alpha_0Z_{0t}+\alpha_1Z_{1t}+\cdots+\alpha_mZ_{mt}+u_t \tag{6.18}$$

对于式(6.18),在 $u_t$ 满足经典假定的条件下,可用普通最小二乘法进行参数估计,并进行显著性检验,检验结果也可以说明多项式次数的假定是否合理。将估计的参数 $\hat{\alpha}_0$, $\hat{\alpha}_1,\cdots,\hat{\alpha}_m$ 代入到式(6.11),即可求出原分布滞后模型的参数 $\hat{\beta}_0$, $\hat{\beta}_1,\cdots,\hat{\beta}_k$。

可以看出,通过阿尔蒙多项式变换,新模型中的变量个数少于原分布滞后模型中的个数,从而自由度得到了保证。同时,新模型中的解释变量为原模型变量的线性组合,这在一定程度上缓解了多重共线性问题。

## 四、案例分析

表 6.1 给出了我国 2000—2018 年国民总收入( $X$ )和社会消费品零售总额( $Y$ )的数据资料,拟建立一个滞后模型来考察两者之间的关系。

**表 6.1 我国 2000—2018 年国民总收入与社会消费品零售总额数据**

| 年份 | 国民总收入(亿元) | 社会消费品零售总额(亿元) | 年份 | 国民总收入(亿元) | 社会消费品零售总额(亿元) |
|---|---|---|---|---|---|
| 2000 | 99066.1 | 39105.7 | 2010 | 483392.8 | 187205.8 |
| 2001 | 109276.2 | 43055.4 | 2011 | 537329.0 | 214432.7 |
| 2002 | 120480.4 | 48135.9 | 2012 | 588141.2 | 242842.8 |
| 2003 | 136576.3 | 52516.3 | 2013 | 644380.2 | 271896.1 |
| 2004 | 161415.4 | 59501.0 | 2014 | 686255.7 | 300930.8 |
| 2005 | 185998.9 | 68352.6 | 2015 | 743408.3 | 332316.3 |
| 2006 | 219028.5 | 79145.2 | 2016 | 831381.2 | 366261.6 |
| 2007 | 270704.0 | 93571.6 | 2017 | 915887.3 | 380986.9 |
| 2008 | 321229.5 | 114830.1 | 2018 | 483392.8 | 187205.8 |
| 2009 | 347934.9 | 133048.2 | | | |

已知收入对消费有促进作用,但是无法预期该影响的时滞期,需取滞后期试算(操作中为了减少异方差的影响,分别对两个变量取自然对数计算)。经过试算发现,在 2 阶阿尔蒙多项式变换下,滞后期取到 3 期时,估计效果最佳。建立如下分布滞后模型

$$Y_t=\alpha+\beta_0X_t+\beta_1X_{t-1}+\beta_2X_{t-2}+\beta_3X_{t-3}+u_t$$

$\beta_i(i=0,1,2,3)$ 用二次多项式近似,即

$$\beta_i=\alpha_0+\alpha_1 i+\alpha_2 i^2 \quad (i=0,1,2,3)$$

阿尔蒙多项式变换后,得到如下方程

$$Y_t=\alpha+\alpha_0Z_{0t}+\alpha_1Z_{1t}+\alpha_2Z_{2t}+u_t$$

其中

$$Z_{0t}=X_t+X_{t-1}+X_{t-2}+X_{t-3}$$
$$Z_{1t}=X_{t-1}+2X_{t-2}+3X_{t-3}$$
$$Z_{2t}=X_{t-1}+4X_{t-2}+9X_{t-3}$$

采用最小二乘法进行估计,回归结果为

$$Y_t=-1.3374+0.2508Z_{0t}-0.0593Z_{1t}-0.0286Z_{2t}$$
$$t\quad(-14.0836)\ (3.2238)\quad(-2.0660)\ (2.8064)$$
$$R^2=0.9996\quad F=10868.11\quad DW=1.8852$$

从估计结果可以看出,各系数的回归结果都是显著的,说明阿尔蒙多项式变换有效的缓解了原本解释变量间的高度共线性,有着较高的拟合优度及 $F$ 值,说明解释变量对 $Y$ 的线性影响是显著的,解释性较强。

由 $\alpha_i$ 的估计值可得到 $\beta_i$ 的估计值为

$$\hat{\beta}_0=\hat{\alpha}_0=0.2508$$
$$\hat{\beta}_1=\hat{\alpha}_0+\hat{\alpha}_1+\hat{\alpha}_2=0.2201$$
$$\hat{\beta}_2=\hat{\alpha}_0+2\hat{\alpha}_1+4\hat{\alpha}_2=0.2466$$
$$\hat{\beta}_3=\alpha\hat{\alpha}_0+3\hat{\alpha}_1+9\hat{\alpha}_2=0.3305$$

得到的分布滞后模型估计式为

$$Y_t=-1.3374+0.2508X_t+0.2201X_{t-1}+0.2466X_{t-2}+0.3305X_{t-3}$$

从估计结果中可以看出,当年以及滞后 3 年内的国民总收入对社会消费品零售总额均有显著的正向影响。

## 第三节 自回归模型的构建

在实际经济问题中,有时需要使用自回归模型进行分析。引入自回归模型的方式有两种途径:一是对无限分布滞后的滞后结构做某种假设,通过转变化成自回归模型;另一途径就是在模型中考虑预期因素,然后基于经济学原理对模型作出某种假定而导出。

### 一、库伊克模型

由于多重共线性及自由度的限制,给有限分布滞后模型的估计带来了困难。虽然阿尔蒙多项式滞后模型部分地解决了这个问题,但是它有一些麻烦的限制,在某些情况下,寻求正确的多项式阶数和适当的滞后长度是很困难的。这时,无限分布滞后模型常常是更合理的模型形式,它隐含着解释变量 $X$ 过去所有时期的取值都会对被解释变量 $Y$ 的当期值产生影响。此外,有时从经济理论中推导出来的模型也是具有明显的无限的滞后长度的模型。显然,必须对无限滞后模型施加一定的约束,才可以考察它的各个参数的情况。

对于无限分布滞后模型

$$Y_t=\alpha+\beta_0X_t+\beta_1X_{t-1}+\cdots+u_t \tag{6.19}$$

库伊克(koyck)提出了两个假设:

1. 模型中所有参数的符号都是相同的。
2. 模型中的参数是按几何数列衰减的,即

$$\beta_j = \beta_0 \lambda^j \qquad j = 0,1,2,\cdots \tag{6.20}$$

式中，$0 < \lambda < 1$，$\lambda$ 称为分布滞后的衰减率，$\lambda$ 越小，衰减速度就越快，$X$ 滞后的远期值对当期 $Y$ 值的影响就越小。

顺便指出，以上库伊克(koyck)提出的对模型(6.19)的两个先验约束在很多情况下是合理的。例如，在消费函数中，各期收入对当前消费的影响都是正的，且这种影响随着滞后长度增加，越来越小。

将式(6.20)代入式(6.19)中，得到模型

$$Y_t = \alpha + \beta_0 X_t + \beta_0 \lambda X_{t-1} + \beta_0 \lambda^2 X_{t-2} + \cdots + \beta_0 \lambda^j X_{t-j} + \cdots + u_t \tag{6.21}$$

将式(6.21)滞后一期，有

$$Y_{t-1} = \alpha + \beta_0 X_{t-1} + \beta_0 \lambda X_{t-2} + \beta_0 \lambda^2 X_{t-3} + \cdots + \beta_0 \lambda^{j-1} X_{t-j} + \cdots + u_{t-1} \tag{6.22}$$

对式(6.22)两边同乘以 $\lambda$ 并与式(6.21)相减，得

$$Y_t - \lambda Y_{t-1} = \alpha(1-\lambda) + \beta_0 X_t + (u_t - \lambda u_{t-1}) \tag{6.23}$$

即

$$Y_t = \alpha(1-\lambda) + \beta_0 X_t + \lambda Y_{t-1} + (u_t - \lambda u_{t-1}) \tag{6.24}$$

式(6.24)就是库伊克模型，上述变换称为库伊克变换。

如果令 $\alpha^* = \alpha(1-\lambda)$，$\beta^* = \beta_0$，$\beta_1^* = \lambda$，$u_t^* = u_t - \lambda u_{t-1}$，则(6.24)式变为

$$Y_t = \alpha^* + \beta_0^* X_t + \beta_1^* Y_{t-1} + u_t^* \tag{6.25}$$

由此可见，通过库伊克变换将一个无限分布滞后模型变成一阶自回归模型，从而极大的简化了模型结构，而且最大限度的保证了自由度，解决了滞后长度难以确定的问题，另外，多重共线性问题也得到了有效的缓解。但库伊克变换也同时产生了两个新问题：一是模型中随机误差项存在一阶自相关性；二是滞后被解释变量与随机误差项不独立。这些新问题需要进一步解决。另外，由于库伊克模型只是通过对模型进行纯数学上的变换得到的，没有相应的经济意义，在实际问题中运用很少。

## 二、自适应预期模型

在经济活动中，某些经济变量的变化会或多或少地受到另一些经济变量预期值的影响。例如，家庭本期消费水平往往不是取决于本期实际收入，而是取决于本期收入的预期值。即第 $t$ 期的消费水平 $Y_t$ 不是依赖于同期的实际收入水平 $X_t$，而是依赖于同期的预期收入水平 $X_t^*$。这是一个比较合理的经济行为假定，这种经济现象是很常见的。当通货膨胀比较严重的时候，商品需求量不是取决于当期的价格，而是取决于对未来价格水平的预期；企业的生产计划取决于对未来销售状况的预期；股票的价格涨跌情况也是由人们对未来形势的展望所决定的。

自适应预期模型就是建立在如下的经济理论基础上：影响被解释变量 $Y_t$ 的因素不是 $X_t$ 而是其预期值 $X_t^*$，即

$$Y_t = \beta_0 + \beta_1 X_t^* + u_t \tag{6.26}$$

其中，$u_t$ 为随机误差项。

回归分析中，解释变量的预期值是不可观测的，因此，在实际应用中需要对预期的形成机制做出某种假定，自适应预期假定就是其中之一。

所谓自适应预期假定，就是预期的形成过程如式(6.27)所表达的

$$X_t^* = X_{t-1}^* + \gamma(X_t - X_{t-1}^*) \tag{6.27}$$

其中，$\gamma$ 称为预期调整系数，且 $0 \leqslant \gamma \leqslant 1$。也就是说，本期预期值 $X_t^*$ 等于前一期预期值 $X_{t-1}^*$ 加上一个修正量，该修正量 $\gamma(X_t - X_{t-1}^*)$ 是前一期预期误差 $(X_t - X_{t-1}^*)$ 的一部分。这一调整过程叫作自适应过程。

对式(6.27)变形，得

$$X_t^* = \gamma X_t + (1-\gamma) X_{t-1}^* \tag{6.28}$$

这说明本期预期值是本期真实值与上期预期值的加权平均，权数分别为 $\gamma$ 和 $1-\gamma$。若 $\gamma = 1$，那么本期预期值就等于本期真实值，若 $\gamma = 0$，则说明对预期值没有进行修正。

将式(6.28)代入式(6.26)，得

$$\begin{aligned} Y_t &= \beta_0 + \beta_1[\gamma X_t + (1-\gamma)X_{t-1}^*] + u_t \\ &= \beta_0 + \beta_1 \gamma X_t + \beta_1(1-\gamma)X_{t-1}^* + u_t \end{aligned} \tag{6.29}$$

将式(6.26)滞后一期乘以 $1-\gamma$，得

$$(1-\gamma)Y_{t-1} = \beta_0(1-\gamma) + \beta_1(1-\gamma)X_{t-1}^* + (1-\gamma)u_{t-1} \tag{6.30}$$

式(6.29)与式(6.30)相减，整理后得

$$Y_t = \beta_0\gamma + \beta_1\gamma X_t + (1-\gamma)Y_{t-1} + [u_t - (1-\gamma)u_{t-1}] \tag{6.31}$$

令

$$\beta_0^* = \beta_0\gamma,\ \beta_1^* = \beta_1\gamma,\ \beta_2^* = 1-\gamma,\ u_t^* = u_t - (1-\gamma)u_{t-1} \tag{6.32}$$

则式(6.31)变为

$$Y_t = \beta_0^* + \beta_1^* X_t + \beta_2^* Y_{t-1} + u_t^* \tag{6.33}$$

即通过自适应预期假定，把自适应预期模型变换成一阶自回归模型了。

## 三、部分调整模型

部分调整模型首先是由纳洛夫(Nerlove)基于如下事实提出的：在讨论滞后效应时，解释变量在某一时期内的变动所引起的被解释变量值的变化，要经过相当长一段时间才能充分表现出来。

因此，部分调整模型所根据的行为假定是：模型所表达的不应是 $t$ 期解释变量观测值与同期被解释变量观测值之间的关系，而应是 $t$ 期解释变量观测值与同期被解释变量希望达到的水平之间的关系。即

$$Y_t^* = \beta_0 + \beta_1 X_t + u_t \tag{6.34}$$

其中，$Y_t^*$ 为被解释变量的希望值或最佳值，$X_t$ 为解释变量在第 $t$ 期的真实值，$u_t$ 为随机误差项。

模型(6.34)说明，被解释变量的希望值是同期解释变量的线性函数。这种现象在现实生活中也很常见。例如，本期商品库存量的希望值取决于本期实际销售量；资本存量的希望值取决于同期实际生产水平。

以收入与消费的关系来说明上式的经济意义，$X_t$ 代表第 $t$ 期的收入水平，$Y_t^*$ 代表第 $t$ 期希望达到的消费水平，当收入水平变动之后，消费者要对消费水平进行多次调整才能同新的收入水平相适应，这种假设是合理的。

由于种种原因，如资金和原材料的限制、合同的不易变更性、决策的延迟及惯性等，使被解释变量的希望值难以实现，被解释变量的实际变动值 $Y_t - Y_{t-1}$ 往往只能达到希望水

平与实际水平变动 $Y_t^* - Y_{t-1}$ 的一部分。设只达到了 $\delta$ 比例的一部分，则部分调整假设可表示为

$$Y_t - Y_{t-1} = \delta(Y_t^* - Y_{t-1}) \tag{6.35}$$

式中，$\delta$ 为部分调整系数，且有 $0 \leqslant \delta \leqslant 1$。当 $\delta = 1$ 时，表示实际消费水平的变化与所希望的消费水平的变化一致；当 $\delta = 0$ 时，表示实际消费水平不变，完全没有调整。另外，$\delta$ 的数值表示调整速度，$\delta$ 越大调整速度越快，实际水平就越接近于希望消费水平或最佳消费水平。

由部分调整假设式(6.35)可得

$$Y_t^* = \frac{1}{\delta} Y_t + \frac{\delta - 1}{\delta} Y_{t-1} \tag{6.36}$$

式(6.36)说明 $t$ 时期希望消费水平是当期实际消费水平与前期实际消费水平的加权平均数。其权数分别为 $\frac{1}{\delta}$ 和 $\frac{\delta - 1}{\delta}$。

将式(6.36)代入式(6.34)，整理得

$$Y_t = \delta\beta_0 + \delta\beta_1 X_t + (1 - \delta) Y_{t-1} + \delta u_t \tag{6.37}$$

令

$$\beta_0^* = \delta\beta_0, \beta_1^* = \delta\beta_1, \beta_2^* = 1 - \delta, u_t^* = \delta u_t \tag{6.38}$$

则式(6.37)可以写成

$$Y_t = \beta_0^* + \beta_1^* X_t + \beta_2^* Y_{t-1} + u_t^* \tag{6.39}$$

这说明部分调整模型本质上是一个自回归模型。若能得到该模型的参数估计，代入式(6.38)就可求出原来模型的参数估计。

从上面的分析可以看出，库伊克模型、自适应预期模型与部分调整模型的最终形式都是一阶自回归模型，这样，对这三类模型的估计就可以转化成对相应一阶自回归模型的估计了。

## 第四节　自回归模型的估计与检验

### 一、自回归模型的估计

第三节所讨论的库伊克模型、自适应预期模型与部分调整模型最终都可以转化为一阶自回归模型，相应地，对这三类模型的估计就转化成了对一阶自回归模型的估计。但是，滞后被解释变量的存在可能导致它与随机误差项相关，另外，随机误差项之间也可能出现序列相关性。为了说明这一点，下面分别来考察这三个模型对应的一阶自回归模型中随机误差项的特征。

1. 库伊克模型

在库伊克模型(6.25)中，$u_t^* = u_t - \lambda u_{t-1}$，其中 $u_t$ 满足经典假定。有

$$\begin{aligned}\mathrm{Cov}(u_t^*, u_{t-1}^*) &= E[(u_t - \lambda u_{t-1}) - E(u_t - \lambda u_{t-1})][(u_{t-1} - \lambda u_{t-2}) - E(u_{t-1} - \lambda u_{t-2})] \\ &= E[(u_t - \lambda u_{t-1})(u_{t-1} - \lambda u_{t-2})] \\ &= E(u_t u_{t-1}) - \lambda E(u_{t-1}^2) - \lambda E(u_t u_{t-2}) + \lambda^2 E(u_{t-1} u_{t-2})\end{aligned}$$

$$=-\lambda E(u_{t-1}^2)=-\lambda\sigma^2\neq 0$$

$$\mathrm{Cov}(Y_{t-1},u_t^*)=\mathrm{Cov}(Y_{t-1},u_t-\lambda u_{t-1})=\mathrm{Cov}(Y_{t-1},u_t)-\lambda\mathrm{Cov}(Y_{t-1},u_{t-1})$$
$$=-\lambda\mathrm{Cov}(Y_{t-1},u_{t-1})\neq 0$$

2. 自适应预期模型

在自适应预期模型(6.33)中，$u_t^*=u_t-(1-\gamma)u_{t-1}$，其中 $u_t$ 满足经典假定。也有

$$\mathrm{Cov}(u_t^*,u_{t-1}^*)\neq 0$$
$$\mathrm{Cov}(Y_{t-1},u_t^*)\neq 0$$

3. 部分调整模型

在部分调整模型(6.39)中，$u_t^*=\delta u_t$，其中 $u_t$ 满足古典假定。有

$$\mathrm{Cov}(u_t^*,u_{t-1}^*)=E[\delta u_t-E(\delta u_t)][(\delta u_{t-1}-E(\delta u_{t-1})]=\delta^2E(u_tu_{t-1})=0$$

$$\mathrm{Cov}(Y_{t-1},u_t^*)=\mathrm{Cov}(Y_{t-1},\delta u_t)=\delta\mathrm{Cov}(Y_{t-1},u_t)=0$$

由上可以看出,库伊克模型和自适应预期模型的随机误差项出现了序列相关,且与滞后被解释变量相关。只有部分调整模型满足随机误差项独立和滞后被解释变量与随机误差项同期不相关的假定。可以使用普通最小二乘法估计参数,得到有偏一致的估计量。因此,对自回归模型的估计主要视滞后被解释变量与随机误差项的不同关系进行的,即估计自回归模型需要解决两个问题:一是设法消除滞后被解释变量与随机误差项的相关性;二是检验随机误差项是否存在序列相关。

由于部分调整模型滞后被解释变量与误差项同期不相关,因此可以使用普通最小二乘法进行参数估计,得到有偏、一致的估计量。对于自适应预期模型,就需要采用如下的方法估计参数。

(一)广义最小二乘法

在自适应预期模型随机误差项协方差的推导过程中发现，$u_t^*$ 仅存在一阶自相关关系,即 $\mathrm{Cov}(u_t^*,u_{t-1}^*)\neq 0$,$\mathrm{Cov}(u_t^*,u_{t-i}^*)=0\ (i>1)$。对自适应预期模型

$$\begin{cases}Y_t=\beta_0^*+\beta_1^*X_t+\beta_2^*Y_{t-1}+u_t^*\\ u_t^*=u_t-(1-\gamma)u_{t-1}\end{cases}\tag{6.40}$$

变形,得到

$$\begin{cases}Y_t=\beta_0^*+\beta_1^*X_t+\beta_2^*Y_{t-1}+u_t^*\\ u_t^*=\rho u_{t-1}^*+\zeta_t\end{cases}\tag{6.41}$$

其中，$\rho=-(1-\gamma)$，$\zeta_t=u_t-(1-\gamma)^2u_{t-2}$。可见，$\zeta_t$ 具有零均值同方差的性质,并且 $\zeta_t$ 与 $Y_{t-1}$ 不相关，$\zeta_t$ 与 $\zeta_{t-1}$ 不相关,但 $\zeta_t$ 与 $\zeta_{t-2}$ 相关,即 $\zeta_t$ 序列仍存在自相关。

将式(6.41)第一个等式滞后一期并乘以自相关系数 $\rho$ 得

$$\rho Y_{t-1}=\rho\beta_0^*+\rho\beta_1^*X_{t-1}+\rho\beta_2^*Y_{t-2}+\rho u_{t-1}^*\tag{6.42}$$

式(6.41)与式(6.42)相减,整理得到

$$Y_t=\beta_0^*(1-\rho)+\beta_1^*X_t-\rho\beta_1^*X_{t-1}+(\beta_2^*+\rho)Y_{t-1}-\rho\beta_2^*Y_{t-2}+\zeta_t\tag{6.43}$$

因为式(6.43)中的随机扰动项 $\zeta_t$ 存在自相关、$\zeta_t$ 与 $Y_{t-1}$ 不相关,在这种情况下,运用普通最小二乘法估计式(6.43)所得的参数估计量虽然仍是有偏的,但已是一致估计量。可见,利用广义最小二乘法来估计(6.40)式是可行的。

令

$$\alpha_0=\beta_0^*(1-\rho),\alpha_1=\beta_1^*,\alpha_2=-\rho\beta_1^*,\alpha_3=\beta_2^*+\rho,\alpha_4=-\rho\beta_2^* \tag{6.44}$$

则将式(6.43)变换为

$$Y_t=\alpha_0+\alpha_1X_t+\alpha_2X_{t-1}+\alpha_3Y_{t-1}+\alpha_4Y_{t-2}+\zeta_t \tag{6.45}$$

用普通最小二乘法估计式(6.45)，可得估计量 $\hat{\alpha}_1$ 和 $\hat{\alpha}_2$，由此得到 $\rho$ 的一致估计量 $\hat{\rho}=-\dfrac{\hat{\alpha}_1}{\hat{\alpha}_2}$，将 $\hat{\rho}$ 代入式(6.43)并写成差分形式

$$(Y_t-\hat{\rho}Y_{t-1})=\beta_0^*(1-\hat{\rho})+\beta_1^*(X_t-\hat{\rho}X_{t-1})+\beta_2^*(Y_{t-1}-\hat{\rho}Y_{t-2})+\zeta_t \tag{6.46}$$

将模型(6.46)中的 $(X_t-\hat{\rho}X_{t-1})$ 看成新的解释变量，$(Y_t-\hat{\rho}Y_{t-1})$ 和 $(Y_{t-1}-\hat{\rho}Y_{t-2})$ 看成新的被解释变量和滞后变量，对式(6.46)应用普通最小二乘法，可以得到 $\beta_0^*$，$\beta_1^*$，$\beta_2^*$ 的一致估计量。

（二）工具变量法

对于一阶自回归模型

$$Y_t=\beta_1+\beta_2X_t+\alpha Y_{t-1}+u_t \tag{6.47}$$

若滞后被解释变量 $Y_{t-1}$ 与随机误差项同期相关（如库伊克模型与自适应预期模型），则 OLS 估计量是有偏的，并且不是一致估计量。因此，对上述模型，可以采用工具变量法。即找到一个新的变量作为 $Y_{t-1}$ 的工具变量进行估计。

工具变量的选择有多种方式。在实际估计中，一般选择 $\hat{Y}_{t-1}$ 作为 $Y_{t-1}$ 的工具变量，其中 $\hat{Y}_{t-1}$ 是 $X$ 若干期滞后值的某一线性组合

$$\hat{Y}_{t-1}=\alpha_0+\alpha_1X_{t-1}+\alpha_2X_{t-2}+\cdots+\alpha_sX_{t-s} \tag{6.48}$$

由于 $X_t$ 与 $u_t$ 不相关，$\hat{Y}_{t-1}$ 作为对 $X$ 滞后值的回归，也与 $u_t$ 不相关。因此，可以选择 $\hat{Y}_{t-1}$ 作为 $Y_{t-1}$ 的工具变量，得到参数的一致估计量。

## 二、自回归模型的检验

在前面提到的自回归模型中，含有滞后被解释变量 $Y_{t-1}$ 作为解释变量，这时要检验模型中随机误差项是否存在序列相关性，$DW$ 检验就不再适用了。因为应用 $DW$ 检验的一个前提条件就是解释变量为非随机变量，否则就会得到错误的结论。

为此，杜宾(Durbin)本人于 1970 年提出了一种在大样本情形下检验自回归模型

$$Y_t=\beta_0+\beta_1X_t+\beta_2Y_{t-1}+u_t \tag{6.49}$$

的随机误差项有无一阶自相关的方法，这种方法称为 $h$ 检验法。他定义的统计量（称为 $h$ 统计量）为

$$h=\hat{\rho}\sqrt{\frac{n}{1-nVar(\hat{\beta}_2)}} \tag{6.50}$$

其中，$\hat{\beta}_2$ 是模型中 $Y_{t-1}$ 的系数 $\beta_2$ 的估计量，$Var(\hat{\beta}_2)$ 是 $\hat{\beta}_2$ 的方差的样本估计值，$n$ 为样本容量，$\hat{\rho}$ 是随机误差项一阶自相关系数的估计值，在应用时，可取 $\hat{\rho}=1-\dfrac{1}{2}d$，$d$ 是通常意义下 DW 统计量的取值。

$h$ 统计量的原假设为 $H_0:\rho=0$，备择假设为 $H_1:\rho\neq 0$。

在大样本情形下，杜宾(Durbin)证明了在原假设 $H_0:\rho=0$ 成立的条件下，统计量 $h$ 渐近地服从零均值和单位方差的正态分布。由此得出检验方法：对给定的显著性水平 $\alpha$，可查得标准正态分布正的临界值 $Z_{\alpha/2}$，如果 $|h|>Z_{\alpha/2}$，则拒绝 $H_0$，认为随机误差项存在一阶自相关；反之，如果 $|h|<Z_{\alpha/2}$，则不拒绝 $H_0$，即接受随机误差项无一阶自相关的假设。

值得注意的是，$h$ 检验法具有如下特征：

(1)该检验法可适应任意阶的自回归模型，计算 $h$ 统计量时只需用到滞后变量 $Y_{t-1}$ 回归系数的估计方差。

(2)如果 $nVar(\hat{\beta}_2)\geqslant 1$ 时，$h$ 统计量就不再有意义，不过，在实践中，这种情形很少发生。

(3) $h$ 检验法只适用于大样本情形。

## 三、案例分析

表 6.2 给出了我国 1990—2011 年各年末货币流通量和城乡居民储蓄存款额的数据。

**表 6.2 我国各年末货币流通量和城乡居民储蓄存款额**

| 年份 | 货币流通量 Y(亿元) | 居民储蓄存款额 X(亿元) | 年份 | 货币流通量 Y(亿元) | 居民储蓄存款额 X(亿元) |
|---|---|---|---|---|---|
| 1990 | 2644.4 | 7119.8 | 2001 | 15688.8 | 73762.4 |
| 1991 | 3177.8 | 9241.6 | 2002 | 17278.0 | 86910.6 |
| 1992 | 4336.0 | 11759.4 | 2003 | 19746.0 | 103617.3 |
| 1993 | 5864.7 | 15203.5 | 2004 | 21468.3 | 119555.4 |
| 1994 | 7288.6 | 21518.8 | 2005 | 24031.7 | 141051.0 |
| 1995 | 7885.3 | 29662.3 | 2006 | 27072.6 | 161587.3 |
| 1996 | 8802.0 | 38520.8 | 2007 | 30334.3 | 172534.2 |
| 1997 | 10177.6 | 46279.8 | 2008 | 34219.0 | 217885.4 |
| 1998 | 11204.2 | 53407.5 | 2009 | 38246.0 | 260771.7 |
| 1999 | 13455.5 | 59621.8 | 2010 | 44628.2 | 303302.5 |
| 2000 | 14652.7 | 64332.4 | 2011 | 50748.5 | 343635.9 |

资料来源：《中国统计年鉴 2012》，中国统计出版社，2012。

为了研究我国长期货币流通量与居民储蓄存款额之间的关系，现建立如下长期货币流通模型

$$Y_t^*=\beta_0+\beta_1X_t+u_t \tag{6.51}$$

其中，$Y_t^*$ 为长期货币流通需求量。由于长期货币流通需求量不可观测，故作如下部分调整

$$Y_t-Y_{t-1}=\delta(Y_t^*-Y_{t-1}) \tag{6.52}$$

其中，$Y_t$ 为每年实际货币流通量。将式(6.51)代入式(6.52)得到短期货币流通模型

$$Y_t=\delta\beta_0+\delta\beta_1X_t+(1-\delta)Y_{t-1}+\delta u_t \tag{6.53}$$

对式(6.53)运用 OLS 估计，回归结果如下

$$\hat{Y}_t=1183.919+0.0372X_t+0.8244Y_{t-1} \tag{6.54}$$

$$Se \quad (319.9832) \quad (0.0090) \quad (0.0737)$$
$$t \quad (3.6999) \quad (4.1546) \quad (11.1852)$$
$$\bar{R}^2 = 0.9990 \qquad F = 8986.622 \qquad DW = 2.3457$$

由回归结果可知，$DW = 2.3457$，$Se(1-\hat{\delta}) = 0.0737$，$n = 22$，于是有

$$h = (1 - \frac{2.3457}{2})\sqrt{\frac{22}{1 - 22 \times 0.0737^2}} = -0.86409$$

取显著性水平 $\alpha = 0.05$，查正态分布表得临界值 $Z_{0.025} = 1.960$，因为 $|h| < Z_{0.025}$，故模型的随机误差项 $\delta u_t$ 不存在一阶自相关。

由参数估计结果 $1-\hat{\delta} = 0.8244$，得 $\hat{\delta} = 0.1756$。

最后得到长期货币流通需求模型的估计式

$$Y_t^* = 6742.136 + 0.2119X_t \tag{6.55}$$

估计结果表明，居民储蓄存款额对中国货币流通量的影响，短期为 0.0372，长期为 0.2119，即居民储蓄存款每增加 1 亿元，短期货币流通量将增加 0.0372 亿元，长期货币流通量将增加 0.2119 亿元。

如果直接对下式作 OLS 回归

$$Y_t = \beta_0 + \beta_1 X_t + u_t \tag{6.56}$$

得到的估计结果为

$$Y_t = 4082.997 + 0.1380X_t \tag{6.57}$$
$$Se \quad (424.0324) \quad (0.0029)$$
$$t \quad (9.6290) \quad (46.8262)$$
$$\bar{R}^2 = 0.9910 \quad F = 2192.692 \quad DW = 0.5100$$

可以看出，该模型存在一阶正自相关，且该模型只能估计平均影响效应，无法区分短期影响与长期影响，因此，式(6.54)的设定更合理。

## 第五节 格兰杰检验

### 一、格兰杰因果关系检验

在现实经济活动中，许多变量之间是相互影响的。例如，GDP 的增长能够促进消费，反过来看，消费的提高又能促进 GDP 的增长。现在的问题是：当两个变量在时间上有先后关系时，能否从统计上考察这种关系是单向的还是双向的呢？即主要是一个变量过去的行为在影响另一个变量的当前行为呢？还是双方过去的行为在相互影响着对方的当前行为？

格兰杰因果关系检验假定了有关两个变量的预测信息全部包含在这两个变量的时间序列之中。检验要求估计以下的回归：

$$Y_t = \sum_{i=1}^{m}\alpha_i X_{t-i} + \sum_{i=1}^{m}\beta_i Y_{t-i} + u_{1t} \tag{6.58}$$

$$X_t = \sum_{i=1}^{m}\lambda_i Y_{t-i} + \sum_{i=1}^{m}\delta_i X_{t-i} + u_{2t} \tag{6.59}$$

其中误差项 $u_{1t}$ 和 $u_{2t}$ 假定是不相关的。下面分 4 种情况来讨论：

1. 如果式(6.58) $X$ 各滞后项前的系数整体不为零,而式(6.59) $Y$ 各滞后项前的系数整体为零,则表明有从 $X$ 到 $Y$ 的单向因果关系。

2. 如果式(6.58) $X$ 各滞后项前的系数整体为零,而式(6.59) $Y$ 各滞后项前的系数整体不为零,则表明有从 $Y$ 到 $X$ 的单向因果关系。

3. 如果 $X$ 与 $Y$ 各滞后项前的系数整体不为零,则表明 $X$ 与 $Y$ 之间有双向因果关系。

4. 如果 $X$ 与 $Y$ 各滞后项前的系数整体为零,则表明 $X$ 与 $Y$ 之间是相互独立的。

以式(6.58)给出的回归模型为例,格兰杰因果关系检验的步骤如下:

1. 将当前的 $Y$ 对所有 $Y$ 的滞后项做回归,这是一个受约束的回归。记该回归的残差平方和为 $RSS_R$。

2. 再做包含有 $X$ 的滞后项的回归,这是一个无约束的回归。记该回归的残差平方和为 $RSS_U$。

3. 给定原假设 $H_0$:$X$ 各滞后项前的系数整体为零,即 $X$ 不是 $Y$ 的格兰杰原因。

4. 为了检验此假设,计算如下 $F$ 统计量

$$F=\frac{(RSS_R-RSS_U)/m}{RSS_U/(n-k)} \tag{6.60}$$

它服从自由度为 $m$ 和 $(n-k)$ 的 $F$ 分布。其中,$m$ 为 $X$ 的滞后项的个数,$n$ 为样本容量,$k$ 为包含可能存在的常数项及其他变量在内的无约束回归模型中待估参数的个数。

5. 在给定的显著性水平 $\alpha$ 下,如果计算的 $F$ 值大于 $F$ 分布相应的临界值 $F_\alpha(m,n-k)$,则拒绝原假设,认为 $X$ 是 $Y$ 的格兰杰原因。

同样地,要检验 $Y$ 是不是导致 $X$ 的原因,可重复以上步骤。

需要指出的是,格兰杰因果关系检验对于滞后期长度的选择有时很敏感,不同的滞后期可能会得到完全不同的检验结果。因此,一般而言,常进行不同滞后期长度的检验。

## 二、案例分析

表 6.3 给出了我国 1990—2015 年国内生产总值(GDP)与最终消费支出(CONS)的数据。

**表 6.3 我国 GDP 与消费支出**

| 年份 | GDP(亿元) | CONS(亿元) | 年份 | GDP(亿元) | CONS(亿元) |
|---|---|---|---|---|---|
| 1990 | 19067.0 | 12001.4 | 2003 | 138314.7 | 79513.1 |
| 1991 | 22124.2 | 13614.2 | 2004 | 162742.1 | 89086.0 |
| 1992 | 27334.2 | 16225.1 | 2005 | 189190.4 | 101447.8 |
| 1993 | 35900.1 | 20796.7 | 2006 | 221206.5 | 114728.6 |
| 1994 | 48822.7 | 28272.3 | 2007 | 271699.3 | 136229.5 |
| 1995 | 61539.1 | 36197.9 | 2008 | 319935.9 | 157466.3 |
| 1996 | 72102.5 | 43086.8 | 2009 | 349883.3 | 172728.3 |
| 1997 | 80024.8 | 47508.7 | 2010 | 410708.3 | 198998.1 |
| 1998 | 85486.3 | 51460.4 | 2011 | 486037.8 | 241022.1 |
| 1999 | 90823.8 | 56621.7 | 2012 | 540988.9 | 271112.8 |
| 2000 | 100576.8 | 63667.7 | 2013 | 596962.9 | 300337.8 |
| 2001 | 111250.2 | 68546.7 | 2014 | 647181.7 | 328312.6 |
| 2002 | 122292.2 | 74068.2 | 2015 | 699109.4 | 362266.5 |

资料来源:《中国统计年鉴 2016》,中国统计出版社,2016。

现检验两者之间的因果关系。在前面给出的两个回归中对每个变量取 2 期滞后，相应的原假设是：所考虑的变量不是另一个变量的格兰杰原因。估计结果如表 6.4 所示。

**表 6.4　格兰杰因果检验结果**

| 非因果关系的方向 | $F$ 值 | 决定 |
|---|---|---|
| GDP CONS | 7.56 | 拒绝 |
| CONS GDP | 4.62 | 拒绝 |

在给定 5%的显著性水平下，$F$ 分布的临界值是 3.07（对于 2 和 21 的自由度而言），故对于两种原假设均应拒绝，说明按支出法计算的 GDP 与最终消费支出之间有双向的因果关系。

为了说明格兰杰因果检验是否依赖于模型中引入的滞后期的个数，表 6.5 给出了取 3～7 期滞后的检验结果。

**表 6.5　格兰杰因果检验结果**

| 非因果关系的方向 | 滞后长度 | $F$ 值 | 决定 |
|---|---|---|---|
| GDP CONS | 3 | 7.20 | 拒绝 |
| CONS GDP | 3 | 2.87 | 不拒绝 |
| GDP CONS | 4 | 21.86 | 拒绝 |
| CONS GDP | 4 | 7.21 | 拒绝 |
| GDP CONS | 5 | 16.94 | 拒绝 |
| CONS GDP | 5 | 6.08 | 拒绝 |
| GDP CONS | 6 | 14.13 | 拒绝 |
| CONS GDP | 6 | 4.19 | 拒绝 |
| GDP CONS | 7 | 14.46 | 拒绝 |
| CONS GDP | 7 | 3.39 | 拒绝 |

从上述 $F$ 检验结果的特性中，可以发现，滞后长度为 3 时，不拒绝最终消费支出不是 GDP 的原因。这也说明了格兰杰检验的结果对于模型中引入的滞后期的个数是敏感的。

## 小结

1. 由于技术、制度或要素本身的原因，被解释变量对于解释变量的响应可能存在一定的时滞。考虑时滞的回归模型称为滞后变量模型。有两类滞后变量模型：分布滞后模型（由解释变量的当前和滞后值作为解释变量）；自回归模型（被解释变量的滞后值作为解释变量）。

2. 有限分布滞后模型可用 OLS 估计，但解释变量的相继滞后值的相关会引发多重共线性问题。

3. 对于无限分布滞后模型，人们设计了库伊克、自适应性预期、部分调整等简洁的模型。前者是一个代数的方法，后两者有经济理论为依据。这三个模型的共同特性，就是它们全部可由无限分布滞后模型转化为自回归模型。若滞后变量与误差项相关，则 OLS 估计量不仅有偏且非一致，库伊克和自适应预期模型都属于此类，因此，为了得到库伊克和自适应预期模型的一致估计，一般采用工具变量法进行估计；而部分调整模型仍可继续使用 OLS 得到一致估计。

4. 阿尔蒙多项式分布滞后模型，不仅给予了实际应用更大的灵活性，同时也避免了自回归模型带来的估计问题。该模型的主要问题是滞后期和多项式阶数的确定。

5. 分布滞后模型和自回归模型由于考虑了时间因素，将经济分析由静态变为动态。

6. 分布滞后和自回归模型由于涉及滞后而引发了经济变量中的因果关系的讨论，使得格兰杰因果模型受到广泛关注，但是该方法对模型的滞后期长短异常敏感，因此应用中应该格外注意。

## 关键术语

| | | |
|---|---|---|
| 滞后效应 | 滞后变量 | 分布滞后模型 |
| 自回归模型 | 经验加权法 | 阿尔蒙多项式 |
| 库伊克模型 | 自适应预期模型 | 部分调整模型 |
| 广义最小二乘法 | 工具变量法 | $h$ 检验法 |
| 格兰杰检验 | | |

## 习题

6.1 什么是滞后现象？产生滞后现象的原因主要有哪些？

6.2 对有限分布滞后模型为什么无法直接采用普通最小二乘法估计参数？解决的一般方法是什么？

6.3 简述自适应预期模型建立的理论基础及自适应预期假定的含义。

6.4 库伊克模型、自适应预期模型与部分调整模型之间有哪些异同点？模型估计中会存在哪些困难？

6.5 简述阿尔蒙多项式法的基本原理。

6.6 能否直接用 DW 统计量检验自回归模型的自相关问题？为什么？

6.7 格兰杰检验是怎样用来检验两变量间的因果关系的？

6.8 由经济理论得知，现在的消费水平受到现在和过去收入水平的影响，即

$$C_t = f(X_t, X_{t-1}, X_{t-2}, \cdots)$$

其中，$C$ 为消费支出，$X$ 为收入水平。试用库伊克变换推导出上述消费函数的适当模型。

6.9 设有限分布滞后模型为

$$Y_t = \alpha + \beta_o X_t + \beta_1 X_{t-1} + \beta_2 X_{t-2} + \beta_3 X_{t-3} + \beta_4 X_{t-4} + u_t$$

假设用 2 阶多项式

$$\beta_i = \alpha_0 + \alpha_1 i + \alpha_2 i^2 \qquad (i = 0,1,2,3,4)$$

变换该模型得到阿尔蒙多项式模型，然后使用普通最小二乘法估计这个模型，得到

$$\hat{\alpha}_0 = 0.5, \hat{\alpha}_1 = 0.45, \hat{\alpha}_2 = -0.1$$

(1)求 $\beta_0, \beta_1, \beta_2, \beta_3, \beta_4$ 的估计值。

(2)求 $X$ 对 $Y$ 的短期乘数、长期乘数和延期乘数。

6.10 考虑如下分布滞后模型：

$$Y_t = \alpha + \beta_0 X_t + \beta_1 X_{t-1} + \beta_2 X_{t-2} + \beta_3 X_{t-3} + \beta_4 X_{t-4} + u_t$$

假定 $\beta_i$ 可适当地用二次多项式表达如下

$$\beta_i = \alpha_0 + \alpha_1 i + \alpha_2 i^2$$

如果施加约束 $\beta_0 = \beta_2 = 0$，你将怎样估计模型？

6.11 考虑如下模型

$$M_t = \alpha + \beta_1 Y_t^* + \beta_2 R_t^* + u_t$$

其中，$M$ 为实际货币流通量，$Y^*$ 为期望实际收入，$R^*$ 为预期利率。对于期望值做如下假定

$$Y_t^* = \gamma_1 Y_t + (1-\gamma_1) Y_{t-1}^*$$
$$R_t^* = \gamma_2 R_t + (1-\gamma_2) R_{t-1}^*$$

其中，$\gamma_1$ 与 $\gamma_2$ 为预期系数，取值为 0 与 1 之间。

(1)如何利用可观测的变量来表达 $M_t$？

(2)分析这样变换存在什么问题？

6.12 考虑如下模型

$$Y_t = \alpha + \beta_1 X_{1t} + \beta_2 X_{2t} + \beta_3 Y_{t-1} + u_t$$

假定 $Y_{t-1}$ 与 $u_t$ 相关。为了消除此相关性，采用如下工具变量法：先做 $Y_t$ 对 $X_{1t}$ 与 $X_{2t}$ 的回归，得到 $Y_t$ 的估计值 $\hat{Y}_t$，然后做以下回归

$$Y_t = \alpha + \beta_1 X_{1t} + \beta_2 X_{2t} + \beta_3 \hat{Y}_{t-1} + u_t$$

其中，$\hat{Y}_{t-1}$ 是 $\hat{Y}_t$ 的滞后值。试说明该方法为什么可以消除模型中 $Y_{t-1}$ 与 $u_t$ 之间的相关性。

6.13 下表给出了 1992—2013 年某地区生产总值 $X$ 与固定资产投资额 $Y$ 的历史数据。

**1992—2013 年某地区生产总值 $X$ 与固定资产投资额 $Y$ 数据**

| 年份 | 地区生产总值 X(亿元) | 固定资产投资额 Y(亿元) | 年份 | 地区生产总值 X(亿元) | 固定资产投资额 Y(亿元) |
|---|---|---|---|---|---|
| 1992 | 402 | 170 | 2003 | 1024 | 528 |
| 1993 | 432 | 217 | 2004 | 1154 | 599 |
| 1994 | 465 | 201 | 2005 | 1336 | 687 |
| 1995 | 489 | 200 | 2006 | 1540 | 792 |
| 1996 | 499 | 215 | 2007 | 1700 | 893 |
| 1997 | 560 | 241 | 2008 | 1906 | 1030 |
| 1998 | 601 | 280 | 2009 | 1962 | 1250 |
| 1999 | 641 | 290 | 2010 | 2415 | 1520 |
| 2000 | 748 | 335 | 2011 | 2785 | 1952 |
| 2001 | 813 | 385 | 2012 | 3082 | 2529 |
| 2002 | 886 | 440 | 2013 | 3380 | 3095 |

(1)设定模型 $Y_t^* = \alpha + \beta X_t + u_t$ 做部分调整假定,估计参数,并做出解释。

(2)设定模型 $Y_t = \alpha + \beta X_t^* + u_t$ 做自适应预期假定,估计参数,并做出解释。

(3)比较上述两种模型的假定,哪一个拟合较好?

6.14 在习题 6.13 中,检验地区生产总值 $X$ 与固定资产投资额 $Y$ 之间的双向因果关系(注意滞后长度)。

# 第七章　联立方程模型

本章以前所讨论的都是假定经济变量之间的关系为简单的单向关系，我们建立单一方程模型来揭示其中的单向依赖关系。然而，在实际经济系统中，诸多经济变量间的关系是极为错综复杂的。对这种关系，若仍以单一方程模型来描述，显然是不恰当的。在很多情况下，诸多经济变量间是相互依存、互为因果的多向关系，这时，只有建立多方程联立的模型才能全面、真实地描述经济系统的运行机制。本章介绍联立方程模型的相关知识，包括联立方程模型的概念和类型、联立方程模型的识别问题及识别条件、联立方程的估计方法和联立性检验等。

## 第一节　联立方程模型的概念

联立方程模型就是描述经济变量间联立依存性的方程体系。一个经济变量在某个方程中可能是被解释变量，而在另一个方程中却是解释变量。

在介绍联立方程模型之前，首先给出如下定义：

(1)内生变量，由模型系统决定其取值的变量称为内生变量。

(2)外生变量，由模型系统以外的因素决定其取值的变量称为外生变量。

(3)前定变量，外生变量和滞后内生变量合称为前定变量。

【注】联立方程模型必须是完整的。所谓"完整"是指联立方程模型内的方程个数应大于或等于内生变量个数。否则联立方程模型是不完整的，是无法求解的。

### 一、引例

当一个或多个解释变量与解释变量被联合确定时，联立性问题就会出现，尤其是通过一种平衡机制来确定解释变量的情况。以下是几个联立方程模型的例子。

【例 7.1】需求—供给模型

$$\text{需求函数：} Q_t^d = \alpha_0 + \alpha_1 P_t + u_1 \qquad \alpha_1 < 0 \tag{7.1}$$

$$\text{供给函数：} Q_t^s = \beta_0 + \beta_1 P_t + u_2 \qquad \beta_1 > 0 \tag{7.2}$$

$$\text{均衡条件：} Q_t^d = Q_t^s$$

其中，$Q^d$ =需求量，$Q^s$ =供给量，$u_{1t}$，$u_{2t}$ =随机误差项。根据定义，此模型中 $Q$ 和 $P$ 为内生变量。模型中有 2 个内生变量，2 个方程，所以此模型是一个完整的联立方程模型。

【例 7.2】工资—价格模型

$$W_t = \alpha_0 + \alpha_1 UN_t + \alpha_2 P_t + u_{1t} \tag{7.3}$$

$$P_t = \beta_0 + \beta_1 W_{t-1} + \beta_2 R_t + \beta_3 M_t + u_{2t} \tag{7.4}$$

其中，$W$ =货币工资变化率，$UN$ =失业率(%)，$P$ =价格变化率，$R$ =资本成本变化率，$M$ =进口原材料变化率，$t$ 是时间，$u_{1t}$，$u_{2t}$ =随机误差项。根据定义，此模型中 $W_t$，$P_t$

为内生变量；$UN_t$，$R_t$，$M_t$ 为外生变量；$W_{t-1}$ 为内生滞后变量；$UN_t$，$R_t$，$M_t$，$W_{t-1}$ 为前定变量。模型中有 2 个内生变量，2 个方程，所以此模型是一个完整的联立方程模型。

【例 7.3】凯恩斯模型

$$\text{消费函数：} C_t = \alpha_0 + \alpha_1 Y_t + u_{1t} \tag{7.5}$$

$$\text{投资函数：} I_t = \beta_0 + \beta_1 Y_t + \beta_2 Y_{t-1} + u_{2t} \tag{7.6}$$

$$\text{国民收入恒等式：} Y_t = C_t + I_t + G_t \tag{7.7}$$

其中，$C_t$ ＝宏观消费，$Y_t$ ＝国民收入，$I_t$ ＝投资，$G_t$ ＝政府支出。根据定义，此模型中 $C_t$，$I_t$，$Y_t$ 为内生变量；$G_t$ 为外生变量；$Y_{t-1}$ 为内生滞后变量；$G_t$，$Y_{t-1}$ 为前定变量。模型中有 3 个内生变量，3 个方程，所以此模型是一个完整的联立方程模型。

【注】关于内生变量和外生变量的划分不是绝对的，它将随着不同的模型系统而发生变化。例如，例 7.3 中若去掉投资函数，则投资 $I_t$ 将由内生变量转化为外生变量。

上述三个模型都是联立方程模型。不难看出，联立方程模型就是由多个相互联系的单一方程构成的经济计量模型。联立方程模型描述经济变量间的因果关系是双向的，即某一经济变量决定着其他一些经济变量，反过来又受其他经济变量所决定。因此，联立方程模型可以更全面、真实地反映经济系统的运行过程。

## 二、联立方程模型的联立性偏误

在联立方程模型中，一些变量可能在某一方程中作为解释变量，而在另一方程中又作为被解释变量。这就会导致解释变量与随机干扰项之间存在相关关系，从而违背了最小二乘估计理论的一个重要假定。如果直接使用普通最小二乘法，就会产生所估计的参数是有偏的、非一致的问题，称为联立性偏误。

以例 7.3 凯恩斯模型中的消费函数(7.5)为例。

假定消费函数(7.5)满足经典回归模型通常的假定条件，即 $E(u_{1t})=0$，$E(u_{1t}^2)=\sigma^2$，$E(u_{1t}u_{1,t+i})=0$，$(i\neq 0)$。我们首先证明消费函数中(7.5)的 $Y_t$ 和 $u_{1t}$ 相关，然后证明 $\alpha_1$ 的普通最小二乘估计量 $\hat{\alpha}_1$ 是有偏的、非一致估计量。证明如下：

将式(7.5)代入式(7.7)得到：

$$Y_t = \alpha_0 + \alpha_1 Y_t + I_t + G_t + u_{1t} \tag{7.8}$$

即

$$Y_t = \frac{\alpha_0}{1-\alpha_1} + \frac{1}{1-\alpha_1} I_t + \frac{1}{1-\alpha_1} G_t + \frac{1}{1-\alpha_1} u_{1t} \tag{7.9}$$

根据假定有

$$E(Y_t) = \frac{\alpha_0}{1-\alpha_1} + \frac{1}{1-\alpha_1} I_t + \frac{1}{1-\alpha_1} G_t \tag{7.10}$$

式(7.9)减去式(7.10)结果是

$$Y_t - E(Y_t) = \frac{1}{1-\alpha_1} u_{1t} \tag{7.11}$$

且

$$u_{1t} - E(u_{1t}) = u_{1t} \tag{7.12}$$

由此得 $Y_t$ 和 $u_{1t}$ 的协方差为

$$\mathrm{Cov}(Y_t,u_{1t})=E\{[Y_t-E(Y_t)][u_{1t}-E(u_{1t})]\}$$
$$=\frac{1}{1-\alpha_1}E(u_{1t}^2)=\frac{\sigma^2}{1-\alpha_1}\neq 0 \tag{7.13}$$

$Y_t$ 和 $u_{1t}$ 相关得证。

下面证明 $\hat{\alpha}_1$ 是 $\alpha_1$ 的有偏、非一致估计量。用最小二乘估计法估计 $\alpha_1$ 有

$$\hat{\alpha}_1=\frac{\sum(C_t-\bar{C})(Y_t-\bar{Y})}{\sum(Y_t-\bar{Y})^2}=\frac{\sum[C_t(Y_t-\bar{Y})-\bar{C}(Y_t-\bar{Y})]}{\sum(Y_t-\bar{Y})^2}=\frac{\sum C_t(Y_t-\bar{Y})}{\sum(Y_t-\bar{Y})^2}$$

代入 $C_t$，得

$$\hat{\alpha}_1=\frac{\sum(\alpha_0+\alpha_1Y_t+u_{1t})(Y_t-\bar{Y})}{\sum(Y_t-\bar{Y})^2}$$

展开得到

$$\hat{\alpha}_1=\alpha_1+\frac{\sum u_{1t}(Y_t-\bar{Y})}{\sum(Y_t-\bar{Y})^2} \tag{7.14}$$

对式(7.14)两边同时取期望得到

$$E(\hat{\alpha}_1)=\alpha_1+E\left[\frac{\sum u_{1t}(Y_t-\bar{Y})}{\sum(Y_t-\bar{Y})^2}\right]$$

又根据式(7.13) $Y_t$ 和 $u_{1t}$ 相关，所以

$$E(\hat{\alpha}_1)=\alpha_1+E\left[\frac{\sum u_{1t}(Y_t-\bar{Y})}{\sum(Y_t-\bar{Y})^2}\right]\neq\alpha_1$$

有偏性得证。

对式(7.14)两边应用概率极限法则得到

$$\begin{aligned}\underset{T\to\infty}{p\lim}(\hat{\alpha}_1)&=\alpha_1+\underset{T\to\infty}{p\lim}\left[\frac{\sum u_{1t}(Y_t-\bar{Y})}{\sum(Y_t-\bar{Y})^2}\right]\\&=\alpha_1+\underset{T\to\infty}{p\lim}\left[\frac{\sum u_{1t}(Y_t-\bar{Y})/T}{\sum(Y_t-\bar{Y})^2/T}\right]\\&=\alpha_1+\left[\frac{\underset{T\to\infty}{p\lim}\sum u_{1t}(Y_t-\bar{Y})/T}{\underset{T\to\infty}{p\lim}\sum(Y_t-\bar{Y})^2/T}\right]\end{aligned}$$

上式第二步用样本容量 $T$ 分别去除 $\sum u_{1t}(Y_t-\bar{Y})$ 和 $\sum(Y_t-\bar{Y})^2$，得到 $Y_t$ 和 $u_{1t}$ 的样本协方差和 $Y_t$ 的样本方差。

即

$$\underset{T\to\infty}{p\lim}(\hat{\alpha}_1)=\alpha_1+\frac{\sigma^2}{(1-\alpha_1)\sigma_Y^2}\neq\alpha_1 \tag{7.15}$$

其中 $\sigma_Y^2$ 表示 $Y_t$ 的方差。非一致性得证。

从以上例子看出若联立方程模型存在联立性偏误，将使得普通最小二乘估计法不再适用。因此，当结构式联立方程模型中存在联立性偏误时应使用其他方法进行参数估计。

## 三、联立方程模型的形式

联立方程模型可分为结构式模型、简化式模型和递归模型。

(一)结构式模型

每一个方程都把内生变量表示为其他内生变量、前定变量和随机误差项的函数，描述经济变量关系结构的联立方程组称为结构式模型。如例 7.3 凯恩斯模型

消费函数：$C_t = \alpha_0 + \alpha_1 Y_t + u_{1t}$

投资函数：$I_t = \beta_0 + \beta_1 Y_t + \beta_2 Y_{t-1} + u_{2t}$

国民收入恒等式：$Y_t = C_t + I_t + G_t$

该模型是结构式模型。结构式模型中的参数称为结构式参数，它表示每个解释变量对被解释变量的直接影响，其正负号表示影响的方向，绝对值表示影响的程度。例如，在模型中，结构参数 $\alpha_1$ 表示内生变量 $Y$ 对内生变量 $C$ 的直接影响。$\alpha_1$ 表示在其他变量保持不变时，$Y$ 变动一个单位所引起内生变量 $C$ 的变动数量，$\alpha_1 > 0$ 说明 $C$ 随 $Y$ 的增加而增加，两者呈正相关关系。模型的第一个方程不包括前定变量 $G$，表示其结构参数为零，称为被排斥在方程外的变量。

在联立方程的结构式模型中，由于解释变量可能是随机的内生变量，一般情况下，它们与方程中的随机误差项是不独立的，也就是说，单个方程可能无法满足标准线性回归的假定。此时，若对方程使用普通最小二乘估计法进行估计，如第二部分所证，联立方程模型将会出现联立性偏误，即估计得到的参数估计量是有偏、非一致的。

(二)简化式模型

把结构式模型中每个内生变量表示为前定变量和随机误差项的函数，就得到一个新的模型，称此模型为简化式模型。

将例 7.3 中的内生变量 $C_t$，$Y_t$，$I_t$ 用前定变量和误差项来表示，则得到该模型的简化式

$$\begin{cases} C_t = \dfrac{\alpha_1\beta_2}{1-\alpha_1-\beta_1}Y_{t-1} + \dfrac{\alpha_1}{1-\alpha_1-\beta_1}G_t + \dfrac{(1-\beta_1)u_{1t}+\alpha_1 u_{2t}}{1-\alpha_1-\beta_1} & (7.16) \\ I_t = \dfrac{\beta_2(1-\alpha_1)}{1-\alpha_1-\beta_1}Y_{t-1} + \dfrac{\beta_1}{1-\alpha_1-\beta_1}G_t + \dfrac{\beta_1 u_{1t}+(1-\alpha_1)u_{2t}}{1-\alpha_1-\beta_1} & (7.17) \\ Y_t = \dfrac{\beta_2}{1-\alpha_1-\beta_1}Y_{t-1} + \dfrac{1}{1-\alpha_1-\beta_1}G_t + \dfrac{u_{1t}+u_{2t}}{1-\alpha_1-\beta_1} & (7.18) \end{cases}$$

式(7.16)、式(7.17)和式(7.18)称为简化式方程。简化式模型的一般表达式为

$$\begin{cases} C_t = \pi_{11} + \pi_{12}Y_{t-1} + \pi_{13}G_t + v_{1t} & (7.19) \\ I_t = \pi_{21} + \pi_{22}Y_{t-1} + \pi_{23}G_t + v_{2t} & (7.20) \\ Y_t = \pi_{31} + \pi_{32}Y_{t-1} + \pi_{33}G_t + v_{3t} & (7.21) \end{cases}$$

式中，简化式参数 $\pi_{ij}$ 是结构式参数 $\alpha_i$，$\beta_i$ 的函数，$v_{1t}$，$v_{2t}$ 与 $v_{3t}$ 是简化式方程的误差项。简化式参数与结构式参数的关系为

$$\pi_{11} = \frac{\alpha_1\beta_2}{1-\alpha_1-\beta_1}, \quad \pi_{12} = \frac{\alpha_1}{1-\alpha_1-\beta_1}, \quad v_{1t} = \frac{(1-\beta_1)u_{1t}+\alpha_1 u_{2t}}{1-\alpha_1-\beta_1} \quad (7.22)$$

$$\pi_{21}=\frac{\beta_2(1-\alpha_1)}{1-\alpha_1-\beta_1},\quad \pi_{22}=\frac{\beta_1}{1-\alpha_1-\beta_1},\quad v_{2t}=\frac{\beta_1 u_{1t}+(1-\alpha_1)u_{2t}}{1-\alpha_1-\beta_1} \tag{7.23}$$

$$\pi_{31}=\frac{\beta_2}{1-\alpha_1-\beta_1},\quad \pi_{32}=\frac{1}{1-\alpha_1-\beta_1},\quad v_{3t}=\frac{u_{1t}+u_{2t}}{1-\alpha_1-\beta_1} \tag{7.24}$$

简化式模型中,每个方程中的解释变量都是前定变量,与随机误差项无关。简化式参数表示前定变量对内生变量的直接影响和间接影响的总度量。

(三)递归模型

如果在结构式模型的方程体系中每个内生变量只是前定变量和比其序号低的内生变量的函数。则称这种特殊的结构式模型为递归模型,形如

$$\begin{aligned}
Y_1&=\beta_{11}X_1+\cdots+\beta_{1k}X_k+u_1\\
Y_2&=\beta_{21}X_1+\cdots+\beta_{2k}X_k+\varepsilon_{21}Y_1+u_2\\
Y_3&=\beta_{31}X_1+\cdots+\beta_{3k}X_k+\alpha_{31}Y_1+\alpha_{32}Y_2+u_3\\
&\vdots\\
Y_m&=\beta_{m1}X_1+\cdots+\beta_{mk}X_k+\alpha_{m1}Y_1+\alpha_{m2}Y_2+\cdots+\alpha_{m,m-1}Y_{m-1}+u_m
\end{aligned}$$

其中 $y_i(i=1,2,\cdots,m)$ 为内生变量,$x_j(j=1,2,\cdots,k)$ 为外生变量。其随机误差项满足

$$E(u_1u_2)=E(u_1u_3)=\cdots=E(u_2u_3)=\cdots=E(u_{m-1}u_m)=0$$

即各方程的随机误差项互不相关。

## 第二节　联立方程模型的识别

估计联立方程模型之前,必须弄清模型的识别情况。模型的识别情况及问题,在模型设定时就应解决。

### 一、引入识别概念的例子

为了说明识别概念,我们来分析例 7.1 需求—供给模型。

$$\begin{cases}Q^d=\alpha_0+\alpha_1P+u_1 & \alpha_1<0\\ Q^s=\beta_0+\beta_1P+u_2 & \beta_1>0\\ Q^d=Q^s\end{cases}$$

系统处于平衡状态,即 $Q^d=Q^s$,用任意非零常数 $\lambda_1$ 乘以 $Q^d$,$\lambda_2$ 乘以 $Q^s$,则得

$$\lambda_1Q^d=\lambda_1\alpha_0+\lambda_1\alpha_1P+\lambda_1u_1$$

$$\lambda_2Q^s=\lambda_2\beta_0+\lambda_2\beta_1P+\lambda_2u_2$$

将两式相加,并令 $Q^d=Q^s=Q$,则

$$(\lambda_1+\lambda_2)Q=\lambda_1\alpha_0+\lambda_2\beta_0+(\lambda_1\alpha_1+\lambda_2\beta_1)P+\lambda_1u_1+\lambda_2u_2 \tag{7.25}$$

若 $\lambda_1+\lambda_2\neq 0$,用 $\lambda_1+\lambda_2$ 除式(7.25)两端,则得

$$\begin{aligned}Q&=\frac{\lambda_1\alpha_0+\lambda_2\beta_0}{\lambda_1+\lambda_2}+\frac{\lambda_1\alpha_1+\lambda_2\beta_1}{\lambda_1+\lambda_2}P+\frac{\lambda_1u_1+\lambda_2u_2}{\lambda_1+\lambda_2}\\&=b_0+b_1P+v\end{aligned} \tag{7.26}$$

这里

$$b_0=\frac{\lambda_1\alpha_0+\lambda_2\beta_0}{\lambda_1+\lambda_2}$$

$$b_1=\frac{\lambda_1\alpha_1+\lambda_2\beta_1}{\lambda_1+\lambda_2}$$

$$v=\frac{\lambda_1 u_1+\lambda_2 u_2}{\lambda_1+\lambda_2}$$

方程 $Q=b_0+b_1P+v$ 称为线性组合方程，随着 $\lambda_1,\lambda_2$ 取不同值（$\lambda_1+\lambda_2\neq 0$）就得到不同的线性组合方程。

现在来研究模型的估计问题。如果对第二个方程（供给函数）用关于 $P$，$Q$ 的样本资料进行估计，得

$$\hat{Q}=\hat{b}_0+\hat{b}_1P \tag{7.27}$$

显然，由于第一个方程（需求函数）、第二个方程（供给函数）和线性组合方程的内生变量、前定变量都相同，且用同一形式给出，我们不能肯定估计出的参数究竟是哪一个方程的参数。因此，估计是无效的。

产生这种情况的原因是这三个方程在统计形式上是相同的，无法加以区分，也就是说它们不具有唯一的统计形式。把由于方程不具有唯一的统计形式，致使不能判断方程属性的问题称为识别问题。方程不具有唯一的统计形式，就称该方程不能识别。例如，在上述模型中，需求函数和供给函数都是不能识别的。

## 二、识别的概念

从前面的例子可以看到，模型的识别问题实际上就是模型的估计或评价问题，“识别”的概念是经济计量学的基本概念。下面从线性组合方程唯一的统计形式入手，给出结构式方程识别性的概念。

若模型的某一方程与模型中其他任何方程及任何线性组合方程的内生变量、前定变量不完全相同，则称此结构方程具有唯一的统计形式；否则，就称此结构方程不具有唯一的统计形式。

下面给出识别的定义。

定义：若某一结构方程具有唯一的统计形式，则称此方程是可以识别的；否则，就称此结构方程是不可识别的。若线性联立方程中的每个结构方程都是可以识别的，则称此模型是可以识别的；否则，就称此模型是不可识别的。

理解“识别”概念时，应注意以下几点：

1. 只有当模型中每一个方程均可识别时，整个模型才是可识别的。因此，判断联立方程模型的识别性，必须对模型中的方程逐个进行识别。

2. 模型中的平衡方程和定义方程，即恒等式不需识别。

## 三、识别的分类

经济计量学把模型的识别分为可识别和不可识别两类。可识别的模型又分为恰好识别和过度识别两种情况。在可识别的模型中，结构式参数具有唯一数值的方程称为恰好识别；结构式参数具有多个数值的方程称为过度识别。前面已举例说明了不可识别情况，

这里只举例说明可识别中的恰好识别与过度识别。

以例 7.1 设有需求供给模型为例

$$\begin{cases} D_t = \alpha_0 + \alpha_1 P_t + \alpha_2 I_t + u_{1t} & (7.28) \\ S_t = \beta_0 + \beta_1 P_t + \beta_2 P_{t-1} + u_{2t} & (7.29) \\ D_t = S_t = Q_t & (7.30) \end{cases}$$

其中，$D$ =需求量，$S$ =供给量，$P$ =市场商品价格，$I$ =消费者收入。$D$，$S$，$P$ 为内生变量，$I$ 为外生变量，$P_{t-1}$ 为滞后变量。

式(7.30)表示供给量等于需求量，即市场是供求平衡的，供求平衡的量为 $Q_t$。因此，该模型可以简化为

$$\begin{cases} Q_t = \alpha_0 + \alpha_1 P_t + \alpha_2 I_t + u_{1t} & (7.31) \\ Q_t = \beta_0 + \beta_1 P_t + \beta_2 P_{t-1} + u_{2t} & (7.32) \end{cases}$$

这是结构式模型，据此可得简化式模型为

$$\begin{cases} P_t = \pi_0 + \pi_1 I_t + \pi_2 P_{t-1} + v_{1t} & (7.33) \\ Q_t = \pi_3 + \pi_4 I_t + \pi_5 P_{t-1} + v_{2t} & (7.34) \end{cases}$$

其中，

$$\pi_0 = \frac{\beta_0 - \alpha_0}{\alpha_1 - \beta_1} \qquad \pi_1 = -\frac{\alpha_2}{\alpha_1 - \beta_1}$$

$$\pi_2 = \frac{\beta_2}{\alpha_1 - \beta_1} \qquad v_{1t} = \frac{u_{2t} - u_{1t}}{\alpha_1 - \beta_1}$$

$$\pi_3 = \frac{\alpha_1\beta_0 - \alpha_0\beta_1}{\alpha_1 - \beta_1} \qquad \pi_4 = -\frac{\alpha_2\beta_1}{\alpha_1 - \beta_1}$$

$$\pi_5 = \frac{\alpha_1\beta_2}{\alpha_1 - \beta_1} \qquad v_{2t} = \frac{\alpha_1 u_{2t} - \beta_1 u_{1t}}{\alpha_1 - \beta_1}$$

从所给的需求－供给模型可知结构式模型中共有六个结构式参数，即 $\alpha_0$，$\alpha_1$，$\alpha_2$ 和 $\beta_0$，$\beta_1$，$\beta_2$。而在其简化式模型中也含有六个参数，即 $\pi_0$，$\pi_1$，$\pi_2$，$\pi_3$，$\pi_4$，$\pi_5$。因此，可以从六个简化式参数导出六个结构式参数，从六个简化式参数中求出结构式参数的唯一表达式，从而唯一地确定了结构式参数值。所以，整个模型是可识别的，而且是恰好识别的。

现在对上述需求－供给模型做了一些修改，引入表示财富的变量 $R_t$（外生变量），得到下列模型。

【例 7.4】需求－供给模型

$$\begin{cases} Q_t = \alpha_0 + \alpha_1 P_t + \alpha_2 I_t + \alpha_3 R_t + u_{1t} & (7.35) \\ Q_t = \beta_0 + \beta_1 P_t + \beta_2 P_{t-1} + u_{2t} & (7.36) \end{cases}$$

研究这个模型的识别性。仿照上例的讨论方法，简化式模型为

$$\begin{cases} P_t = \pi_0 + \pi_1 I_t + \pi_2 R_t + \pi_3 P_{t-1} + v_{1t} & (7.37) \\ Q_t = \pi_4 + \pi_5 I_t + \pi_6 R_t + \pi_7 P_{t-1} + v_{2t} & (7.38) \end{cases}$$

其中

$$\pi_0 = \frac{\beta_0 - \alpha_0}{\alpha_1 - \beta_1} \qquad \pi_1 = -\frac{\alpha_2}{\alpha_1 - \beta_1}$$

$$\pi_2 = -\frac{\alpha_3}{\alpha_1 - \beta_1} \qquad \pi_3 = \frac{\beta_2}{\alpha_1 - \beta_1}$$

$$v_{1t} = \frac{u_{2t} - u_{1t}}{\alpha_1 - \beta_1} \qquad \pi_4 = \frac{\alpha_1\beta_0 - \alpha_0\beta_1}{\alpha_1 - \beta_1}$$

$$\pi_5 = -\frac{\alpha_2\beta_1}{\alpha_1 - \beta_1} \qquad \pi_6 = -\frac{\alpha_3\beta_1}{\alpha_1 - \beta_1}$$

$$\pi_7 = \frac{\alpha_1\beta_2}{\alpha_1 - \beta_1} \qquad v_{2t} = \frac{\alpha_1 u_{2t} - \beta_1 u_{1t}}{\alpha_1 - \beta_1}$$

模型包含七个结构式参数，但是有八个简化式参数可用来求解这七个结构式参数。这时，方程数大于变量数，因此结构式参数没有唯一解，有多个解。所以，本例是过度识别的。

用识别的定义判断方程的可识别性，用以上方法判断过度识别和恰好识别过于繁琐，很不方便。我们必须建立切实可行、方便省时的判别法来解决模型的识别问题。

## 四、识别的条件

模型识别的条件有两个，即阶条件和秩条件。阶条件是必要条件，秩条件是充分必要条件。判断模型的识别情况，要将两个条件结合起来，灵活应用。

设结构式模型所含方程的总数（或内生变量总数）为 $M$，模型包含的变量总数（包括前定变量和内生变量）为 $H$，待识别的方程包含的变量总数（包括内生变量和前定变量）为 $G$。下面对方程可识别的阶条件、秩条件进行讨论。

1. 阶条件：若某一个结构式方程是可以识别的，则此方程排斥的变量总数大于或等于模型中方程数减 1，即

$$M - 1 \leqslant H - G$$

上式中，等号成立为恰好识别，不等号成立为过度识别，即

若 $M - 1 > H - G$，则不可识别；

$M - 1 = H - G$，则为恰好识别；

$M - 1 < H - G$，则为过度识别。

应用阶条件时要注意：

(1) 阶条件是必要条件，不是充分条件，所以，不能仅从不等式 $M-1 \leqslant H-G$ 的成立，来断定方程是可以识别的。

(2) 如果阶条件不成立，则方程不可识别。

【例 7.5】例 7.4 模型的识别。

$$\begin{cases} Q_t = \alpha_0 + \alpha_1 P_t + \alpha_2 I_t + \alpha_3 R_t + u_{1t} & (7.39) \\ Q_t = \beta_0 + \beta_1 P_t + \beta_2 P_{t-1} + u_{2t} & (7.40) \end{cases}$$

这里 $M = 2, H = 5, G_1 = 4, G_2 = 3$，则有

$$H - G_1 = 1 \quad M - 1 = 1, \quad M - 1 = H - G_1;$$

$$H - G_2 = 2 \quad M - 1 = 1, \quad M - 1 < H - G_2。$$

所以，两个方程都满足阶条件，方程(7.39)为恰好识别，方程(7.40)为过度识别。

2. 秩条件：在具有 $M$ 个方程的结构式模型中，任何一个方程可以识别的充分必要条件是：不包括在该方程中的变量(包括内生变量和前定变量)的参数所组成的矩阵(记为 $A$ )的秩为 $M-1$，即 $r(A)=M-1$。秩条件是充分必要条件，也就是说：如果秩条件成立，则方程是可识别的；如果方程是可识别的，则秩条件成立，如果秩条件不成立，则方程是不可识别的。

注意，秩条件虽然是充分必要条件，但它不能断定方程是恰好识别还是过度识别。因此，必须将秩条件和阶条件结合起来，才能完成方程识别性判断。

【例 7.6】以例 7.3 凯恩斯模型为例说明判断结构式方程识别性的实际步骤

消费函数：$C_t=\alpha_0+\alpha_1 Y_t+u_{1t}$

投资函数：$I_t=\beta_0+\beta_1 Y_t+\beta_2 Y_{t-1}+u_{2t}$

国民收入恒等式：$Y_t=C_t+I_t+G_t$

试判断第二个方程的识别性。

解：第一步，将各方程删去误差项，把变量全部移至方程左边，写作

$$\begin{cases}C_t-\alpha_0-\alpha_1 Y_t=0\\ I_t-\beta_0-\beta_1 Y_t-\beta_2 Y_{t-1}=0\\ Y_t-C_t-I_t-G_t=0\end{cases}$$

将参数列入表 7.1 中。

**表 7.1 参数表**

| 参数 \ 变量<br>方程 | $C_t$ | $I_t$ | $Y_t$ | $Y_{t-1}$ | $G_t$ |
|---|---|---|---|---|---|
| 1 | 1 | 0 | $-\alpha_1$ | 0 | 0 |
| 2 | 0 | 1 | $-\beta_1$ | $-\beta_2$ | 0 |
| 3 | $-1$ | $-1$ | 1 | 0 | $-1$ |

第二步，划去要判断识别性的方程的参数行，划去该方程中非零参数的那些列。例如，本例研究第二个方程的识别性，就划去表 7.1 中第二行参数，再划去第二、三、四列的参数，从而得到表 7.2。

**表 7.2 参数表**

| 参数 \ 变量<br>方程 | $C_t$ | $I_t$ | $Y_t$ | $Y_{t-1}$ | $G_t$ |
|---|---|---|---|---|---|
| 1 | 1 | | | | 0 |
| 2 | | | | | |
| 3 | $-1$ | | | | $-1$ |

第三步，求得所余参数矩阵的秩，并利用秩条件做出判断。本例所得的矩阵是

$$\begin{pmatrix}1 & 0\\ -1 & -1\end{pmatrix}$$

所以 $r=2$，而 $M-1=2$，即 $r(A)=M-1$。判断结果是:第二个方程是可以识别的。

第四步,若第三步判断结果为可以识别的,就进一步用阶条件判断其是恰好识别还是过度识别。对于第二个方程来说，$H=5, G=3, M=3$，所以 $H-G=M-1$，第二个方程为恰好识别。

重复以上四个步骤就可以判断第一个方程是过度识别的,第三个方程为恒等式不用判断,所以例 7.3 凯恩斯模型是过度识别的。

## 第三节 联立方程模型的估计

联立方程模型的估计是指对结构模型中的参数进行估计,其估计方法可以分为两大类:单方程估计法和系统估计法。单方程估计法只考虑被估计方程的回归系数的约束问题,而不过多地考虑方程组中其他方程所施加的回归系数约束,因此又称有限信息估计法。系统估计法在估计模型中的所有方程的同时,要考虑由于略去或缺少某些变量而对每个方程所施加的回归系数约束,因此又称完全信息估计法。

在单方程估计法和系统估计法两类方法中又有许多具体的估计方法。单方程估计法包括:间接最小二乘法(ILS)、二阶段最小二乘法(TSLS)、工具变量法(IV)、有限信息极大似然法(LIML)、最小方差比法(LVR)等;系统估计法包括:三阶段最小二乘法(3SLS)、完全信息极大似然法(FIML)等。

理论上系统估计法充分利用了模型中全部变量的信息,估计出的参数估计量会优于单方程估计法。但在实际应用中,一方面由于系统估计法的计算量太大,另一方面由于系统估计法对设定误差(如漏掉变量或函数形式的设定偏差)非常敏感,即会把模型中一个或多个方程的设定误差传递给其他方程,所以更常用的是单方程估计法。

对于可识别的联立方程模型,常用的单方程估计方法有间接最小二乘法(ILS)、二阶段最小二乘法(2SLS),下面逐一加以讨论。

### 一、间接最小二乘法

简化式方程的解释变量均为前定变量,无联立性偏误问题,可以使用最小二乘估计法估计简化式参数,从而导出结构式参数,这就是间接最小二乘法的思路。

#### (一)间接最小二乘法的步骤

间接最小二乘法(ILS)只适用于恰好识别的模型,包括以下三个步骤:

第一步,将结构式模型化为简化式模型。也就是把每一个内生变量表示为前定变量和随机误差项的函数。

第二步,对简化式模型的各方程用最小二乘法估计参数,从而得到简化式参数估计值。注意,由于模型满足间接最小二乘法的假设,因此,用最小二乘法估计是恰当的。

第三步,把简化式参数的估计值代入结构式参数与简化式参数的关系式,求得结构式参数的估计值。由于方程是恰好识别的,所以,结构式参数的估计值是唯一的。

这种方法是由简化式参数的最小二乘法估计值,经过间接计算才求得结构式参数估计值,故称为间接最小二乘法,求得的估计值称为间接最小二乘法估计值。

下面举例说明间接最小二乘法的具体步骤。

【例 7.7】简化的凯恩斯模型为

$$C_t = \alpha_0 + \alpha_1 Y_t + u_t \tag{7.41}$$

$$Y_t = C_t + S_t \tag{7.42}$$

式(7.41)为消费函数,据识别的阶条件和秩条件可知该方程为恰好识别,可使用间接最小二乘法估计结构参数 $\alpha_0$, $\alpha_1$。消费模型的简化式方程为

$$C_t = \pi_0 + \pi_1 S_t + v_{1t} \tag{7.43}$$

式(7.43)中, $\pi_0 = \dfrac{\alpha_0}{1-\alpha_1}$, $\pi_1 = \dfrac{\alpha_1}{1-\alpha_1}$

解得: $\alpha_0 = \dfrac{\pi_0}{1+\pi_1}$, $\alpha_1 = \dfrac{\pi_1}{1+\pi_1}$

用最小二乘估计法估计式(7.43),得到 $\pi_0$ 和 $\pi_1$ 的估计值 $\hat{\pi}_0$ 和 $\hat{\pi}_1$。由此,可解出

$$\hat{\alpha}_0 = \frac{\hat{\pi}_0}{1+\hat{\pi}_1}, \quad \hat{\alpha}_1 = \frac{\hat{\pi}_1}{1+\hat{\pi}_1}$$

$\hat{\alpha}_0$, $\hat{\alpha}_1$ 即为消费函数(7.41)的间接最小二乘估计量, $\hat{\alpha}_0$, $\hat{\alpha}_1$ 为有偏、一致估计量。

(二)间接最小二乘法估计量的特性

在满足间接最小二乘法假定条件的情况下,简化式参数估计量是最佳线性无偏估计量,而结构式参数的估计量则是有偏、一致估计量。

## 二、二阶段最小二乘法

二阶段最小二乘法其目的是尽量消除由于在解释变量中存在内生变量而产生的偏误。

(一)二阶段最小二乘法的思路

联立方程模型中,内生解释变量与外生变量均相关(直接相关或间接相关)。当外生变量较多时,就无法判断选用哪个外生变量为工具变量才是最好的。二阶段最小二乘法的思路就是将所有的外生变量结合起来产生一个复合变量,作为最优工具变量。具体方法为,把方程中的随机解释变量(某一个内生变量)对联立方程组系统中的所有外生变量进行 OLS 回归。把该随机解释变量分解成拟合值和残差两部分,这两个部分之间是不相关的。利用该随机解释变量的拟合值作为其工具变量,这样就可以使用 OLS 进行估计了。

(二)二阶段最小二乘法的步骤

对于恰好识别和过度识别的结构式模型都可以采用二阶段最小二乘法估计回归系数,具体步骤如下:

第一阶段:将待估计方程中的内生解释变量 $Y_t$ 对联立方程模型中的全部前定变量回归,即估计简化式方程,计算内生解释变量 $Y_t$ 的估计值 $\hat{Y}_t$。

第二阶段:将 $\hat{Y}_t$ 作为 $Y_t$ 的工具变量,对待估计的结构方程使用最小二乘估计法估计其参数。

下面举例说明二阶段最小二乘法的具体步骤。

【例 7.8】例 7.3 的凯恩斯模型为

消费函数：$C_t = \alpha_0 + \alpha_1 Y_t + u_{1t}$

投资函数：$I_t = \beta_0 + \beta_1 Y_t + \beta_2 Y_{t-1} + u_{2t}$

国民收入恒等式：$Y_t = C_t + I_t + G_t$

模型中消费函数是过度识别的，可使用二阶段最小二乘法估计其参数。

第一阶段根据求得的简化式模型可知：

$$Y_t = \pi_{31} + \pi_{32} Y_{t-1} + \pi_{33} G_t + v_{3t}$$

对内生变量 $Y_t$ 用普通最小二乘估计法估计其参数

$$\hat{Y}_t = \hat{\pi}_{31} + \hat{\pi}_{32} Y_{t-1} + \hat{\pi}_{33} G_t$$

第二阶段将 $\hat{Y}_t$ 作为 $Y_t$ 的工具变量。用于估计 $\alpha_0$，$\alpha_1$ 的方程式如下

$$\sum_{i=1}^{n} (C_{it} - \hat{\alpha}_0 - \hat{\alpha}_1 Y_{it}) = 0$$

$$\sum_{i=1}^{n} \hat{Y}_{it} (C_{it} - \hat{\alpha}_0 - \hat{\alpha}_1 Y_{it}) = 0$$

这是未知参数 $\alpha_0$，$\alpha_1$ 的两个线性方程组，给定 $C_t$，$Y_t$，$\hat{Y}_t$ 的数据，它很容易求解。

（三）二阶段最小二乘法估计量特性

二阶段最小二乘法得到的估计量是有偏、一致估计量。

经验表明，二阶段最小二乘法估计量在多数情况下优于其他估计量，并且其计算成本低。因此，二阶段最小二乘法已成为联立方程模型参数估计的首选方法。

对于恰好识别的方程，二阶段最小二乘法与间接最小二乘法的估计结果完全相同。

## 三、联立性检验

联立方程模型中若方程没有联立性，则 OLS 估计可以得到有效并且一致的参数估计量；相反 2SLS 则产生一致的但并非有效的估计量。若方程有联立性，则 OLS 估计量将是非一致的，而 2SLS 估计量给出参数一致的且有效的估计量。因此在我们摒弃 OLS 法而使用其他方法之前，应检验方程的联立性问题是否存在。

联立性问题的原因在于方程中有一个或多个解释变量是内生变量，它们很可能会与随机误差项相关。因此，联立性检验的本质是检验解释变量是否与随机误差项相关。如果相关，则存在联立性问题，这时需要找出不同于 OLS 的估计方法；如果不相关，则可以使用 OLS 估计方法进行估计。在具体情形中判断可使用豪斯曼的设定误差检验。

对同一参数的两个估计量差异的显著性检验称作豪斯曼检验（Hausman test），简称 H 检验。豪斯曼检验是由 Hausman 于 1978 年提出，是在 Durbin（1914）和 Wu（1973）研究的基础上发展起来的。豪斯曼设定误差检验的一种形式可用于检验联立性问题。现举例说明。

考虑例 7.3 凯恩斯模型中的消费函数是否存在联立性问题，即 $Y_t$ 是否与 $u_{1t}$ 相关（如果相关则存在联立性）。

首先，得到凯恩斯模型的简化式模型

$$\begin{cases} C_t = \pi_{11} + \pi_{12} Y_{t-1} + \pi_{13} G_t + v_{1t} \\ I_t = \pi_{21} + \pi_{22} Y_{t-1} + \pi_{23} G_t + v_{2t} \\ Y_t = \pi_{31} + \pi_{32} Y_{t-1} + \pi_{33} G_t + v_{3t} \end{cases}$$

用 OLS 估计简化式模型的第三个方程得到

$$\hat{Y}_t = \hat{\pi}_{31} + \hat{\pi}_{32} Y_{t-1} + \hat{\pi}_{33} G_t$$

即 $Y_t = \hat{Y}_t + \hat{v}_{3t}$，代入到(7.5)有

$$C_t = \alpha_0 + \alpha_1 (\hat{Y}_t + \hat{v}_{3t}) + u_{1t} = \alpha_0 + \alpha_1 \hat{Y}_t + \alpha_1 \hat{v}_{3t} + u_{1t} \tag{7.44}$$

在无联立性即 $Y_t$ 不是内生变量的假设下，$\hat{v}_{3t}$ 与 $u_{1t}$ 之间的相关在渐近意义上等于零。对(7.44)式做回归，如果 $\hat{v}_{3t}$ 的系数在统计意义上为零，则不存在联立性问题；若 $\hat{v}_{3t}$ 的系数在统计意义上是显著的，则存在联立性问题。顺便指出，豪斯曼联立性检验又被称为豪斯曼内生性检验。在本例中，我们要探究 $Y_t$ 是不是内生变量，如果是模型就有联立性问题。

于是豪斯曼检验本质上包含如下两个步骤：

步骤 1：求 $Y_t$ 对 $Y_{t-1}$ 和 $G_t$ 的回归并得到 $\hat{v}_{3t}$；

步骤 2：求 $C_t$ 对 $\hat{Y}_t$ 和 $\hat{v}_{3t}$ 的回归并对 $\hat{v}_{3t}$ 的系数做 $t$ 检验。如果检验结果是显著的，则不拒绝联立性假设；否则拒绝。

## 小结

在实际经济系统中，经济变量之间的关系是极为错综复杂的。若用单一方程去描述变量之间的关系，将会存在诸多不足。为了全面、真实地描述经济系统的运行机制，可以建立联立方程模型。

联立方程模型是根据经济理论和某些假设条件，区分各种不同的经济变量，建立一组方程式来描述经济变量间的联立关系。

联立方程模型按方程的形式可分为结构式模型、简化式模型和递归模型。结构式模型中的每一个方程都把内生变量表示为其他内生变量、前定变量和随机误差项的函数，来描述经济变量关系结构；在简化式模型中，每个内生变量表示为前定变量和随机误差项的函数；递归模型是一种特殊的结构式模型，指在结构式模型的方程体系中每个内生变量只是前定变量和比其序号低的内生变量的函数。

估计联立方程模型之前，必须弄清模型的识别情况。若某一结构方程具有唯一的统计形式，则称此方程是可以识别的；否则，就称此结构方程是不可识别的。可识别的模型又分为恰好识别和过度识别两种情况。在可识别的模型中，结构式参数具有唯一数值的方程称为恰好识别；结构式参数具有多个数值的方程称为过度识别。

模型识别的条件有两个，即阶条件和秩条件。阶条件是必要条件，秩条件是充分必要条件。判断模型的识别情况，要将两个条件结合起来，灵活应用。

对于可识别的联立方程模型，常用的估计方法有间接最小二乘法(ILS)、二阶段最小二乘法(2SLS)。同时在我们摒弃 OLS 法而使用其他方法之前，应检验方程的联立性问题是否存在。联立性问题的检验方法有豪斯曼设定检验和外生性检验。

## 关键术语

| | | |
|---|---|---|
| 联立方程模型 | 内生变量 | 外生变量 |
| 前定变量 | 恒等式 | 结构式模型 |
| 简化式模型 | 可识别方程 | 不可识别方程 |
| 恰好识别方程 | 过度识别方程 | 阶条件 |
| 秩条件 | 豪斯曼设定检验 | 外生性检验 |

## 习题

7.1 已知结构式模型

$$Y_{1t}=\beta_{10}+\beta_{11}Y_{2t}+r_{11}X_{1t}+u_{1t}$$
$$Y_{2t}=\beta_{20}+\beta_{21}Y_{1t}+r_{21}X_{2t}+u_{2t}$$

的简化式模型为

$$Y_{1t}=\pi_{10}+\pi_{11}X_{1t}+\pi_{12}X_{2t}+w_t$$
$$Y_{2t}=\pi_{20}+\pi_{21}X_{1t}+\pi_{22}X_{2t}+v_t$$

问:(1)结构方程都是可以识别的吗?

(2)若 $r_{11}=0$,识别情况会发生什么变化?

7.2 设有模型

$$C_t=\beta_{10}+\beta_{11}Y_t+u_{1t}$$
$$I_t=\beta_{20}+\beta_{21}Y_t+\beta_{22}Y_{t-1}+u_{2t}$$
$$Y_t=C_t+I_t+G_t$$

其中,$C_t=$消费支出,$I_t=$投资支出,$Y_t=$收入,$G_t=$政府支出,$G_t$ 与 $Y_{t-1}$ 为前定变量。

试解答以下问题:

(1)求简化式方程,确定结构方程的可识别性;

(2)用什么方法估计恰好识别和过度识别方程的参数,为什么?

7.3 设有货币需求和供给模型

$$货币需求\ M_t^d=\beta_0+\beta_1Y_t+\beta_2R_t+\beta_3P_t+u_{1t}$$
$$货币供给\ M_t^s=\alpha_0+\alpha_1Y_t+u_{2t}$$

其中,$M=$货币存量,$Y=$收入,$R=$利率,$P=$价格,$R$ 和 $P$ 是前定变量。

问:(1)需求函数、供给函数是可识别的吗?

(2)用什么方法估计可识别方程的参数,为什么?

(3)如果给供给函数添加解释变量 $Y_{t-1}$ 和 $M_{t-1}$,模型两方程识别性会发生什么变化?用什么方法估计参数?

7.4 设有农作物需求—供给模型

$$需求函数\ Q_t=\alpha_0+\alpha_1P_t+\alpha_2X_t+u_{1t}$$
$$供给函数\ Q_t=\beta_0+\beta_1P_t+u_{2t}$$

其中,$Q=$产量,$P=$价格,$X=$收入,$X$ 为外生变量。解答下列问题:

(1)确定结构式方程的识别性;

(2)求简化式模型;

(3)判断该模型中是否存在联立性问题;

(4)根据以下资料,采用适当方法估计结构式方程。

| 年份 | $Q$<br>(1999=100) | $P$<br>(1999=100) | $X$<br>(以 1999 年为基期) |
|---|---|---|---|
| 2000 | 91 | 96 | 3706 |
| 2001 | 89 | 99 | 4026 |
| 2002 | 90 | 99 | 4518 |
| 2003 | 85 | 103 | 4933 |
| 2004 | 92 | 117 | 5368 |
| 2005 | 95 | 119 | 5947 |
| 2006 | 98 | 120 | 6633 |
| 2007 | 99 | 142 | 7516 |
| 2008 | 105 | 162 | 8233 |
| 2009 | 106 | 158 | 9142 |
| 2010 | 110 | 176 | 10093 |
| 2011 | 116 | 205 | 11131 |
| 2012 | 120 | 210 | 12309 |
| 2013 | 124 | 217 | 13305 |
| 2014 | 126 | 217 | 14367 |
| 2015 | 130 | 220 | 15432 |
| 2016 | 130 | 228 | 16407 |
| 2017 | 130 | 220 | 17609 |

# 第八章　时间序列经济计量模型

时间序列数据是经济计量分析中最常见的一类数据,对其进行计量分析是经济计量学最为重要的内容之一。无论是单一方程模型还是联立方程模型都假定有关的时间序列是平稳的(stationary),只有满足这一假定,相应的统计检验才是有效的。

在进行时间序列分析时,伪回归(spurious regression)是一个重要问题。就是经济现象之间不存在有意义的经济关系,但回归结果却表现为变量之间存在有意义的经济关系的错误结论。这往往是因为两个无经济关系的时间序列数据表现出一致的变化趋势,即使彼此之间无任何经济关联,也会得到较高的拟合优度,但这并不能反映两者之间的真实关系。时间序列计量分析方法就是要探明经济变量之间的关系是真实存在的还是虚假的,这种虚拟的“伪回归”是如何因为时间序列的不平稳而产生的。

## 第一节　时间序列的基本概念

### 一、时间序列数据的平稳性

随机变量是刻画随机现象的有力工具。随机变量的动态变化过程称为随机过程。一般地,对于每一特定的 $t(t \in T)$,$Y_t$ 为一随机变量,称这一族随机变量 $\{Y_t\}$ 为一个随机过程。若 $T$ 为一连续区间,则 $\{Y_t\}$ 为连续型随机过程。若 $T$ 为离散集合,则 $\{Y_t\}$ 为离散型随机过程。离散型时间指标集的随机过程通常称为随机型时间序列,简称为时间序列。经济分析中常用的时间序列数据都是经济变量随机序列的一个实现。

时间序列的平稳性(stationary process)是时间序列经济计量分析中非常重要的问题。时间序列的平稳性是指时间序列的统计规律不会随着时间的推移而发生变化。就是说产生时间序列数据的随机过程的特征不随时间变化而变化。用平稳时间序列进行计量分析,估计方法和假设检验才有效。一个平稳的时间序列过程的概率分布与时间的位移无关。如果从序列中任意取一组随机变量并把这个序列向前移动 $h$ 个时期,其联合概率分布保持不变。这就是严格平稳的含义,其严格定义如下。

平稳随机过程:对一个随机过程 $\{Y_t: t=1,2,\cdots\}$,$h$ 为整数,如 $\{Y_{t1}, Y_{t2}, \cdots, Y_{tm}\}$ 的联合分布与 $\{Y_{t,1+h}, Y_{t,2+h}, \cdots, Y_{t,m+h}\}$ 的联合分布相同,那么随机过程 $\{Y_t\}$ 就是平稳的。

平稳性的特征就是要求所有时间相邻项之间的相关关系具有相同的性质。判断一个时间序列数据是否产生于一个平稳过程是很困难的。通常而言,时间序列数据是弱平稳的就足够了。因此,弱平稳是时间序列分析中的常用平稳性概念。

弱平稳也称为协方差平稳过程。

弱平稳是指随机过程 $\{Y_t\}$ 的均值和方差不随时间的推移而变化,并且任何两时期之间的协方差仅依赖于该两时期的间隔,而与 $t$ 无关。即随机过程 $\{Y_t\}$ 满足

(1) 均值 $E(Y_t)=\mu$,$\mu$ 为与时间 $t$ 无关的常数。

(2) 方差 $Var(Y_t)=\sigma^2$,$\sigma^2$ 为与时间 $t$ 无关的常数。

(3) 协方差 $\mathrm{Cov}(Y_t,Y_{t+h})=\gamma_h$,只与时间间隔 $h$ 有关,与时间 $t$ 无关。

则称$\{Y_t\}$为弱平稳过程。在时间序列计量分析中,平稳过程通常指的是弱平稳。

如果一个时间序列是不平稳的,就称它为非平稳时间序列。也就是说,时间序列的统计规律随时间的推动而发生变化。此时,要通过回归分析研究某个变量在跨时间区域的对一个或多变量的依赖关系就是困难的,也就是说当时间序列为非平稳时,就无法知道一个变量的变化如何影响另一个变量。

在时间序列计量分析实践中,时间序列的平稳性是根本性前提,因此,在进行经济计量分析前,必须对时间序列数据进行平稳性检验。

## 二、平稳性的单位根检验

时间序列的平稳性可通过图形和自相关函数进行检验。在现代,单位根检验方法为时间序列平稳性检验的最常用方法。

(一)单位根检验(unit root test)

时间序列中往往存在滞后效应,即前后变量彼此相关。对于时间序列 $Y_t$ 而言,最典型的状况就是一阶自回归形式 $AR(1)$,即 $Y_t$ 与 $Y_{t-1}$ 相关,而与 $Y_{t-2}$,$Y_{t-3}$,… 无关。其表达式为

$$Y_t=\rho Y_{t-1}+v_t \tag{8.1}$$

其中,$v_t$ 为经典误差项,也称之为白噪声。

如果式(8.1)中 $\rho=1$,则

$$Y_t=Y_{t-1}+v_t \tag{8.2}$$

式(8.2)中 $Y_t$ 称为随机游走序列。随机游走序列的特征为以 $Y_t$ 前一期的 $Y_{t-1}$ 为基础,加上一个均值为零且独立于 $Y_{t-1}$ 的随机变量。随机游走的名字正是来源于它的这个特征。

对式(8.2)进行反复迭代,可得

$$Y_t=v_t+v_{t-1}+\cdots+v_1+Y_0 \tag{8.3}$$

对式(8.3)取期望可得

$$\begin{aligned}E(Y_t)&=E(v_t)+E(v_{t-1})+\cdots+E(v_1)+E(Y_0)\\&=E(Y_0),\quad t\geqslant 1\end{aligned} \tag{8.4}$$

随机游走时间序列的期望值与 $t$ 无关。

假定 $Y_0$ 非随机,则 $Var(Y_0)=0$,因此

$$\begin{aligned}Var(Y_t)&=Var(v_t)+Var(v_{t-1})+\cdots+Var(v_1)\\&=\sigma_v^2 t\end{aligned} \tag{8.5}$$

式(8.5)表明随机游走序列的方差是时间 $t$ 的线性函数,说明随机游走过程是非平稳的。

表达时间序列前后期关系的最一般模型为 $m$ 阶自回归模型 $AR(m)$。

$$Y_t=\rho_1 Y_{t-1}+\rho_2 Y_{t-2}+\cdots+\rho_m Y_{t-m}+v_t \tag{8.6}$$

引入滞后算子 $L$,

$$LY_t=Y_{t-1},L^2Y_t=Y_{t-2},\cdots,L^mY_t=Y_{t-m} \tag{8.7}$$

则式(8.6) 变换为

$$(1-\rho_1 L-\rho_2 L^2-\cdots-\rho_m L^m)Y_t=v_t \tag{8.8}$$

记 $\Phi(L)=(1-\rho_1 L-\rho_2 L^2-\cdots-\rho_m L^m)$，则称多项式方程

$$\Phi(L)=(1-\rho_1 L-\rho_2 L^2-\cdots-\rho_m L^m)=0$$

为 AR($m$) 的特征方程。可以证明，如果该特征方程的所有根在单位圆外（根的模大于1），则 AR($m$) 模型是平稳的。

对于 AR(1) 过程

$$Y_t=\rho Y_{t-1}+v_t \tag{8.9}$$

$v_t$ 为经典误差项，如果 $\rho=1$，则 $Y_t$ 有一个单位根，称 $Y_t$ 为单位根过程，序列 $Y_t$ 是非平稳的。因此，要判断某时间序列是否平稳可通过判断它是否存在单位根，这就是时间序列平稳性的单位根检验。

检验一个时间序列 $Y_t$ 的平稳性，可通过检验一阶自回归模型 $Y_t=\rho Y_{t-1}+v_t$ 中的参数 $\rho$ 是否小于 1。或者检验另一种表达形式

$$\begin{aligned}\Delta Y_t&=(\rho-1)Y_{t-1}+v_t\\&=\gamma Y_{t-1}+v_t\end{aligned} \tag{8.10}$$

中参数 $\gamma$ 是否小于 0。

式(8.9)中的参数 $\rho=1$ 时，时间序列 $Y_t$ 是非平稳的。式(8.10)中，$\gamma=0$ 时，时间序列 $Y_t$ 是非平稳的。

（二）DF 检验

要检验时间序列的平稳性，可通过 $t$ 检验完成假设检验。即对于下式

$$Y_t=\rho Y_{t-1}+v_t \tag{8.11}$$

要检验该序列是否含有单位根。设定原假设为 $H_0:\rho=1$，则 $t$ 统计量为

$$t=\frac{\hat{\rho}-1}{Se(\hat{\rho})} \tag{8.12}$$

但是，在原假设下（序列非平稳），$t$ 不服从传统的 $t$ 分布，因此 $t$ 检验方法就不再适用。Dickey 和 Fuller 于 1976 年提出了这一情况下 $t$ 统计量服从的分布（此时表示为 $\tau$ 统计量），即 DF 分布，因此该检验方法称为 DF 检验。该方法采用 OLS 法估计式(8.11)，计算 $t$ 统计量的值，与 DF 分布表中给定显著性水平下的临界值比较。如果 $t$ 统计量的值小于临界值（左尾单侧检验），就意味着 $\rho$ 足够小，拒绝原假设 $H_0:\rho=1$，判别时间序列 $Y_t$ 不存在单位根，是平稳的。

Dickey 和 Fuller 研究认为 DF 检验的临界值与数据序列的生成过程以及回归模型的类型有关。因此，他们针对以下三种模型编制了 DF 分布表。

(1)一阶自回归模型

$$Y_t=\rho Y_{t-1}+v_t \tag{8.13}$$

(2)包含常数项的模型

$$Y_t=\alpha+\rho Y_{t-1}+v_t \tag{8.14}$$

(3)包含常数项和时间趋势项的模型

$$Y_t=\alpha+\beta t+\rho Y_{t-1}+v_t \tag{8.15}$$

DF 检验常用的表达式为如下的差分表达式，即

$$\Delta Y_t=(\rho-1)Y_{t-1}+v_t \tag{8.16}$$

令 $\gamma=\rho-1$，则

$$\Delta Y_t = \gamma Y_{t-1} + v_t \tag{8.17}$$

同理,可得另外两种模型为

$$\Delta Y_t = \alpha + \gamma Y_{t-1} + v_t \tag{8.18}$$

$$\Delta Y_t = \alpha + \beta t + \gamma Y_{t-1} + v_t \tag{8.19}$$

对于式(8.17)、(8.18)、(8.19)而言,对应的原假设和备择假设为

$$H_0: \gamma = 0\ (Y_t \text{ 非平稳})$$

$$H_0: \gamma < 0\ (Y_t \text{ 平稳})$$

DF 检验的判别规则是:DF≥临界值,则 $Y_t$ 非平稳,DF<临界值,则 $Y_t$ 是平稳的。

(三)ADF 检验

进行 DF 检验时,假定误差项 $v_t$ 为经典误差项,不存在自相关,即时间序列 $Y_t$ 是一阶自相关过程 AR(1)。但多数时间序列经济计量模型均不能满足这一条件,使用 OLS 法进行参数估计通常表现为随机误差项为自相关,导致 DF 检验无效。为了保证单位根检验的有效性,Dickey 和 Fuller 对 DF 检验进行扩充,形成了 ADF 检验(augment Dickey-Fuller test)。

ADF 检验是通过如下三个模型完成的

$$(1)\ \Delta Y_t = \gamma Y_{t-1} + \sum_{i=1}^{m} \alpha_i \Delta Y_{t-i} + v_t \tag{8.20}$$

$$(2)\ \Delta Y_t = \alpha + \gamma Y_{t-1} + \sum_{i=1}^{m} \alpha_i \Delta Y_{t-i} + v_t \tag{8.21}$$

$$(3)\ \Delta Y_t = \alpha + \beta t + \gamma Y_{t-1} + \sum_{i=1}^{m} \alpha_i \Delta Y_{t-i} + v_t \tag{8.22}$$

模型(3)中 $t$ 是时间变量。原假设都是 $H_0: \gamma = 0$,即存在单位根。ADF 检验的原理与 DF 检验相同,模型不同时,检验临界值亦不同。实际检验时,首先对模型(3)进行单位根检验,然后模型(2)、模型(1)。在此过程中,只要"不存在单位根"的结论出现,检验就结束。否则就一直检验到模型(1)。

【例 8.1】检验中国 1993—2019 年出口总额与进口总额的平稳性,见表 8.1。

**表 8.1　中国 1993—2019 年出口总额与进口总额**

| 年份 | 出口总额(亿元) | 进口总额(亿元) | 年份 | 出口总额(亿元) | 进口总额(亿元) |
|---|---|---|---|---|---|
| 1993 | 5284.8 | 5986.2 | 2007 | 59426.5 | 46522.6 |
| 1994 | 9632.4 | 9205.7 | 2008 | 60172.0 | 47664.4 |
| 1995 | 9828.0 | 8720.1 | 2009 | 49511.3 | 41416.6 |
| 1996 | 9165.6 | 8423.0 | 2010 | 62533.0 | 55332.6 |
| 1997 | 10748.1 | 8370.2 | 2011 | 68319.7 | 62732.2 |
| 1998 | 10879.7 | 8308.7 | 2012 | 69894.5 | 62028.4 |
| 1999 | 11712.8 | 9956.4 | 2013 | 72216.2 | 63740.8 |
| 2000 | 14896.4 | 13455.8 | 2014 | 74286.4 | 62140.2 |
| 2001 | 15789.4 | 14452.2 | 2015 | 71877.4 | 53124.4 |
| 2002 | 19474.9 | 17655.4 | 2016 | 69096.5 | 52397.8 |
| 2003 | 25913.8 | 24419.7 | 2017 | 75324.2 | 61311.9 |
| 2004 | 33749.3 | 31915.9 | 2018 | 78980.9 | 67793.8 |
| 2005 | 42297.4 | 36643.4 | 2019 | 80611.2 | 66993.2 |
| 2006 | 51616.7 | 42157.1 | | | |

注:表中数据是 1993 年可比价数据,来源于《中国统计年鉴》(1999—2020)和统计局数据库。

由于出口总额与进口总额均为有长期趋势的时间序列，因此应选用模型(3)进行 ADF 检验。检验结果如表 8.2 所示。设 $X$ 为出口总额，$Y$ 为进口总额。

**表 8.2　时间序列平稳性检验表**

| 变量 | ADF 检验值 | 显著性水平 | 临界值 | 检验结果 |
|---|---|---|---|---|
| $X$ | －1.7211 | 5% | －3.5950 | 不平稳 |
| $Y$ | －1.8507 | 5% | －3.5950 | 不平稳 |

由检验结果可以看出，ADF 检验的 $\tau$ 统计量均大于临界值，因此不能拒绝原假设，序列 X，Y 均存在单位根，出口总额 X 与进口总额 Y 均为不平稳时间序列。

## 第二节　单整、伪回归、趋势平稳与差分平稳随机过程

### 一、单整

对于随机游走序列 $Y_t = Y_{t-1} + v_t$，其一阶差分为

$$\Delta Y_t = Y_t - Y_{t-1} = v_t \tag{8.23}$$

由于 $v_t$ 是一个白噪声序列，因此差分后时间序列 $\{\Delta Y_t\}$ 是平稳的。

如果一个时间序列经过一次差分后变为平稳的序列，则称该时间序列是一阶单整序列，记为 $\{Y_t\} \sim I(1)$。一般地，如果序列 $\{Y_t\}$ 经过 $d$ 次差分后平稳，则称该序列是 $d$ 阶单整序列，记为 $\{Y_t\} \sim I(d)$，如果时间序列本身是平稳的，称为 0 阶单整序列，记为 $\{Y_t\} \sim I(0)$。

在现实经济系统中，多数经济变量的时间序列是非平稳的，如 GDP、财政收入、居民收入等。只有少数时间序列是平稳的，如利率、通货膨胀率等。多数非平稳的时间序列经过一次或多次差分可变为平稳的。也有少数时间序列不能通过差分变为平稳的，称这类序列为非单整时间序列。

【例 8.2】检验例 8.1 中出口总额 $X$ 与进口总额 $Y$ 的单整性。

使用 ADF 检验，结果如表 8.3 所示。

**表 8.3　时间序列单整性检验表**

| 变量 | ADF 检验值 | 显著性水平 | 临界值 | 检验结果 |
|---|---|---|---|---|
| $X$ 一次差分 | －4.2196 | 5% | －3.6032 | 平稳 |
| $Y$ 一次差分 | －4.0051 | 5% | －3.6122 | 平稳 |

由表 8.3 的检验结果可以看出 ADF 检验的 $\tau$ 统计量均小于临界值，因此拒绝原假设，序列 $X$，$Y$ 的一次差分序列均不存在单位根，为平稳序列。因此，出口总额 $X$ 与进口总额 $Y$ 均为一阶单整序列，即 I(1)序列。

### 二、伪回归、趋势平稳与差分平稳随机过程

经济系统中存在一些时间序列，虽然在经济意义上彼此不相关，但由于二者表现出共同的变化趋势，当对它们进行回归时往往表现出较高的拟合优度和统计显著性。但这种

回归结果并没有实际意义，这是一种虚假的回归，称为伪回归。伪回归就是对于两个独立的单整序列进行回归时，常常会得到一个显著的 $t$ 估计量。

例如，$\{X_t\}$ 和 $\{Y_t\}$ 分别为相互独立的随机游走序列。$X_t = X_{t-1} + a_t$，$Y_t = Y_{t-1} + e_t$，$a_t$，$e_t$ 为白噪声，且相互独立。这就意味着 $\{X_t\}$ 和 $\{Y_t\}$ 是相互独立的，如果 $Y_t$ 对 $X_t$ 做回归，即 $\hat{Y}_t = \hat{\beta}_1 + \hat{\beta}_2 X_t$，因为 $X_t$，$Y_t$ 彼此独立，回归系数应该是不显著的，即原假设 $H_0: \beta_2 = 0$ 是不能拒绝的。但是，葛兰杰和纽博尔德（Granger and Newbold，1974）通过模拟证明事实并非如此，即使 $Y_t$ 与 $X_t$ 是彼此独立的，在很大比例的次数里，$Y_t$ 对 $X_t$ 的回归都会产生一个统计上显著的 $t$ 统计量。这种现象就是伪回归，即 $Y_t$ 与 $X_t$ 之间根本没有关系，但用了 $t$ 统计量的 OLS 回归往往表示它们之间存在某种关系。

为了避免这种伪回归，可通过引入趋势变量 $t$ 消除这种趋势性影响。但这种方法仅适用于趋势变量是确定性的，不适用于趋势变量为随机性的。

要判断一个时间序列的趋势是确定性的还是随机性的，可通过 ADF 检验的模型(3)来完成。如检验表明给定时间序列有单位根，则该时间序列具有随机性趋势。如果它没有单位根，则表明该序列具有确定性趋势。

对于具有确定性趋势的时间序列 $\{Y_t\}$，可表示为

$$Y_t = \beta_1 + \beta_2 t + v_t \tag{8.24}$$

如果式(8.24)中 $v_t$ 是平稳的，则 $Y_t - \beta_2 t = \beta_1 + v_t$ 是平稳的，此时称 $\{Y_t\}$ 是趋势平稳随机过程。

对于具有随机性趋势的时间序列 $\{Y_t\}$ 可表示为

$$Y_t = \alpha + Y_{t-1} + v_t \tag{8.25}$$

如果式(8.25)中的 $v_t$ 是平稳的，则 $\Delta Y_t = \alpha + v_t$ 是平稳的，称 $\{Y_t\}$ 为差分平稳过程。

对于经济预测而言，趋势平稳过程的预测是可靠的，而差分平稳过程的预测则是靠不住的。

## 第三节　时间序列模型

利用平稳时间序列进行时间序列分析就是建立恰当的时间序列模型并利用模型进行预测。时间序列模型不同于经典回归模型，建立模型的依据不是不同变量之间的因果关系，而是通过对时间序列的分析寻找时间序列自身的变化规律。在进行预测时则是依据时间序列的过去值预测未来值。

### 一、时间序列模型的分类

时间序列模型是指仅用时间序列的过去值和误差项建立的模型，其一般形式为

$$Y_t = F(Y_{t-1}, Y_{t-2}, \cdots, v_t) \tag{8.26}$$

#### （一）自回归过程

如果一个线性随机过程可以表示为

$$Y_t = \varphi_1 Y_{t-1} + \varphi_2 Y_{t-2} + \cdots + \varphi_p Y_{p-1} + v_t \tag{8.27}$$

其中，$\varphi_1$，$\varphi_2$，…，$\varphi_p$ 是回归系数，$v_t$ 是白噪声，则称式(8.27)为 $p$ 阶自回归过程，用 AR($p$) 表示。它是由 $Y_t$ 的 $p$ 个滞后变量的加权和以及 $v_t$ 相加而成的，因此称为自回归

过程。

对于自回归模型 AR $(p)$，如果特征方程 $\Phi(Z)=(1-\rho_1 Z-\rho_2 Z^2-\cdots-\rho_p Z^p)=0$ 的所有根的绝对值都大于 1(根的模大于 1)，则该自回归模型 AR $(p)$ 是平稳的，即该随机过程是平稳的。

(二)移动平均过程

如果一个线性随机过程可以表示为

$$Y_t=v_t+\theta_1 v_{t-1}+\theta_2 v_{t-2}+\cdots+\theta_q v_{t-q} \tag{8.28}$$

$\theta_1,\theta_2,\cdots,\theta_q$ 是回归系数，$v_t$ 是白噪声，则称式(8.28)为 $q$ 阶移动平均过程。式(8.28)可以用滞后算子表示为

$$Y_t=(1+\theta_1 L+\theta_2 L^2+\cdots+\theta_q L^q)v_t \tag{8.29}$$

由定义可知，任何一个 $q$ 阶移动平均过程都是由 $q+1$ 个白噪声变量的加权和组成，因此有限阶移动平均过程都是平稳的过程。

(三)自回归移动平均过程

由自回归和移动平均两部分共同构造的随机过程称为自回归移动平均过程。记为 ARMA $(p,q)$，其中 $p,q$ 为自回归和移动平均分量的滞后阶数。ARMA $(p,q)$ 的一般表达式为

$$Y_t=\varphi_1 Y_{t-1}+\varphi_2 Y_{t-2}+\cdots+\varphi_p Y_{t-p}+v_t+\theta_1 v_{t-1}+\cdots+\theta_q v_{t-q} \tag{8.30}$$

ARMA $(p,q)$ 模型是由 AR $(p)$ 模型和 MA $(q)$ 模型组合而成的。由于 MA $(q)$ 模型总是平稳的，因此，ARMA $(p,q)$ 模型的平稳性就只依赖于 AR $(p)$ 部分的平稳性。如果 AR $(p)$ 部分是平稳的，则 ARMA $(p,q)$ 模型是平稳的。

如果特征方程的根的值在单位圆上，称这种根为单位根，含有单位根的时间序列是非平稳的时间序列。但经过若干次差分后该过程可以转化为平稳过程。如果随机过程 $Y_t$ 经过 $d$ 次差分后可以变换为一个包含 $p$ 阶自回归算子，$q$ 阶移动平均算子的平稳随机过程，则称为 $(p,d,q)$ 阶单整自回归移动平均过程，记为 ARIMA $(p,d,q)$ 过程。

## 二、随机时间序列模型的识别

随机时间序列模型的识别就是找出一个平稳的随机时间序列是由什么随机过程或模型生成的，即判断该时间序列是 AR $(p)$ 过程或 MA $(q)$ 过程或 ARMA $(p,q)$ 过程。实际中单凭对时间序列的观察很难确定其属于哪一种模型，通常使用自相关函数和偏自相关函数识别模型的类别。

(一)自相关函数和偏自相关函数

1. 自相关函数 ACF

为了了解自相关函数，先介绍自协方差概念。

随机过程$\{Y_t\}$中的每一个元素 $Y_t$ 都是随机变量。对于平稳的随机过程，其期望为常数 $\mu$，其方差也是常数 $\sigma^2$。相隔 $k$ 期的两个随机变量 $Y_t$ 和 $Y_{t-k}$ 的协方差就是自协方差，其定义为

$$\gamma_k=\text{Cov}(Y_t,Y_{t-k})=E[(Y_t-\mu)(Y_{t-k}-\mu)] \tag{8.31}$$

自协方差序列 $\gamma_k(k=0,1,2,\cdots,K)$ 称为随机过程$\{Y_t\}$的自协方差函数，其中 $K$ 一般为有限值。当 $k=0$ 时，$\gamma_0=Var(Y_t)=\sigma^2$，转化为方差。

自相关系数的定义为

$$\rho_k=\frac{\mathrm{Cov}(Y_t,Y_{t-k})}{\sqrt{Var(Y_t)}\sqrt{Var(Y_{t-k})}}=\frac{E[(Y_t-\mu)(Y_{t-k}-\mu)]}{\sqrt{E[(Y_t-\mu)^2]}\sqrt{E[(Y_{t-k}-\mu)^2]}} \tag{8.32}$$

对于平稳随机过程，$Var(Y_t)=Var(Y_{t-k})=\sigma^2$，所以式(8.32)可以写为

$$\rho_k=\frac{\mathrm{Cov}(Y_t,Y_{t-k})}{\sigma^2}=\frac{E[(Y_t-\mu)(Y_{t-k}-\mu)]}{\sigma^2}=\frac{\gamma_k}{\sigma^2}=\frac{\gamma_k}{\gamma_0} \tag{8.33}$$

当 $k=0$ 时，有 $\rho_0=1$(自相关系数为 1)。

以滞后期 $k$ 为变量的自相关系数序列 $\rho_k(k=0,1,\cdots,K)$ 称为自相关函数，其中 $K$ 为有限值。自相关函数是随机变量与其不同滞后期变量的相关系数序列，可以用来考察变量与其滞后变量的自相关程度。因为 $\rho_k=\rho_{-k}$，即 $Y_t$ 与 $Y_{t-k}$，$Y_{t+k}$ 的自相关系数相等，所以自相关函数是以 0 为对称的，实际研究中只需给出自相关函数的正半部分即可。

2. 偏自相关函数 PACF

偏自相关函数是描述随机过程结构特征的另一种方法。用 $\varphi_{kj}$ 表示 $k$ 阶自回归式中第 $j$ 个回归系数，则 $k$ 阶自回归模型表示为

$$Y_t=\varphi_{k1}Y_{t-1}+\varphi_{k2}Y_{t-2}+\cdots+\varphi_{kk}Y_{t-k}+v_t \tag{8.34}$$

其中 $\varphi_{kk}$ 是最后一个回归系数。若把 $\varphi_{kk}$ 视为滞后期的函数，则称 $\varphi_{kk}$，$k=1,2,\cdots$为偏自相关函数。它由式(8.35)的 $\varphi_{11},\varphi_{22},\cdots,\varphi_{kk}$ 组成。

$$\begin{aligned}&Y_t=\varphi_{11}Y_{t-1}+v_t\\&Y_t=\varphi_{21}Y_{t-1}+\varphi_{22}Y_{t-2}+v_t\\&\vdots\\&Y_t=\varphi_{k1}Y_{t-1}+\varphi_{k2}Y_{t-2}+\cdots+\varphi_{kk}Y_{t-k}+v_t\end{aligned} \tag{8.35}$$

因为偏自相关函数中每一个回归系数 $\varphi_{kk}$ 恰好表示 $Y_t$ 与 $Y_{t-k}$ 在排除了其中间变量 $Y_{t-1},Y_{t-2},\cdots,Y_{t-k+1}$ 影响后的相关系数，因此称为偏自相关系数。

(二)AR($p$)过程的识别

1. 用自相关函数 ACF 识别

对于一阶自回归模型 AR(1)

$$Y_t=\varphi_1Y_{t-1}+v_t \tag{8.36}$$

用 $Y_{t-k}$ 同乘式(8.36)两侧得

$$Y_{t-k}Y_t=\varphi_1Y_{t-k}Y_{t-1}+Y_{t-k}v_t \tag{8.37}$$

两侧同取期望(其中 $E(Y_{t-k}v_t)=0$)，得 $\gamma_k=\varphi_1\gamma_{k-1}$，两侧同除 $\gamma_0$，得

$$\rho_k=\varphi_1\rho_{k-1}=\varphi_1\varphi_1\rho_{k-2}=\cdots=\varphi_1^k\rho_0 \tag{8.38}$$

因为 $\rho_0=1$，所以有

$$\rho_k=\varphi_1^k,(k\geqslant 0) \tag{8.39}$$

对于平稳时间序列，有 $|\varphi_1|<1$，所以当 $\varphi_1$ 的值为正时，自相关函数呈指数衰减至 0。当 $\varphi_1$ 的值为负时，自相关函数正负交错呈指数衰减至 0。这种现象称为拖尾或称 AR(1) 有无穷记忆。

对于 AR($p$)过程，按特征根的取值不同，自相关函数有两种不同表现。

(1)当特征方程的根为实数时，自相关函数将随着 $k$ 的增加而呈几何衰减至 0，称为指数衰减。(2)当特征方程的根中含有一对共轭复根时，自相关函数将按正弦振荡形式衰

减。实际中的平稳自回归过程的自相关函数常由指数衰减和正弦衰减两部分混合而成。由式(8.39)可以看出,当特征方程的根较小时,自相关函数会很快衰减至0。当有一个实数根接近1时,自相关函数将衰减很慢,近似于线性衰减,称 $Y_t$ 具有拖尾特征。当有两个以上的根接近1时,自相关函数同样会衰减很慢。

2. 用偏自相关函数PACF识别

对于AR($p$)过程,当 $k \leqslant p$ 时,$\varphi_{kk} \neq 0$,当 $k > p$ 时,$\varphi_{kk} = 0$。偏自相关函数在滞后期 $p$ 以后具有截尾特性,因此可以用此特性识别AR($p$)过程的阶数。

对于AR(1)过程,当 $k=1$ 时,$\varphi_{11} \neq 0$,当 $k>1$ 时,$\varphi_{kk}=0$。所以AR(1)过程的偏自相关函数特征是在 $k=1$ 时出现峰值($\varphi_{11}=\rho_1$),然后截尾。

在实际识别时,由于样本偏自相关函数 $\hat{\varphi}_{kk}$ 是总体偏自相关函数 $\varphi_{kk}$ 的一个估计,因为样本波动,当 $k > p$ 时,$\hat{\varphi}_{kk}$ 不会全为0,而是在0的左右波动。可以证明,当 $k > p$ 时,$\hat{\varphi}_{kk}$ 服从渐近正态分布:$\hat{\varphi}_{kk} \sim N(0,1/n)$,$n$ 为样本容量。如果样本偏自回归函数 $\hat{\varphi}_{kk}$ 满足 $\hat{\varphi}_{kk} < \frac{2}{\sqrt{n}}$,就可以以95%的置信水平判断该时间序列在 $k > p$ 后截尾。

(三)MA($q$)过程的识别

1. 用自相关函数ACF识别

对于MA(1)过程

$$Y_t = v_t + \theta_1 v_{t-1} \tag{8.40}$$

有

$$\gamma_k = E[(v_t + \theta_1 v_{t-1})(v_{t-k} + \theta_1 v_{t-k-1})]$$

当 $k=0$ 时

$$\gamma_0 = E[(v_t^2 + \theta_1 v_t v_{t-1} + \theta_1 v_t v_{t-1} + \theta_1^2 v_{t-1}^2)] = (1+\theta_1^2)\sigma^2$$

当 $k=1$ 时

$$\begin{aligned}\gamma_1 &= E[(v_t v_{t-1} + \theta_1 v_{t-1}^2 + \theta_1 v_t v_{t-2} + \theta_1^2 v_{t-1} v_{t-2})]\\ &= \theta_1 E(v_{t-1}^2) = \theta_1 \sigma^2\end{aligned}$$

当 $k > 1$ 时

$$\gamma_k = 0$$

因此,MA(1)过程的自相关函数为

$$\rho_k = \frac{\gamma_k}{\gamma_0} = \begin{cases} 1, & k=0 \\ \dfrac{\theta_1}{1+\theta_1{}^2}, & k=1 \\ 0, & k>1 \end{cases} \tag{8.41}$$

由式(8.41)可以看出,MA(1)过程的自相关函数具有截尾特征。当 $k>1$ 时,$\rho_k = 0$。

同理,MA($q$)过程的自相关函数也具有截尾特征。当 $k \leqslant q$ 时,自相关函数呈衰减特征。当 $k > q$ 时,自相关函数为0,具有截尾特征。

在实际识别时,由于样本自相关函数 $\hat{\rho}_k$ 是总体自相关函数 $\rho_k$ 的一个估计,因为样本波动,当 $k>q$ 时,$\hat{\rho}_k$ 不会全为0,而是在0的左右波动。可以证明,当 $k>q$ 时,$\hat{\rho}_k$ 服从渐近正态分布:$\hat{\rho}_k \sim N(0,1/n)$,$n$ 为样本容量。如果样本自回归函数 $\hat{\rho}_k$ 满足 $\hat{\rho}_k < \frac{2}{\sqrt{n}}$,就

可以以95%的置信水平判断该时间序列在 $k>q$ 后截尾。

2. 用偏自相关函数PACF识别

MA(1)过程可以表达为 $v_t$ 关于无穷序列 $Y_t, Y_{t-1}, Y_{t-2}, \cdots$ 的线性组合，即

$$v_t = Y_t - \theta_1 Y_{t-1} - \theta_1^2 Y_{t-2} - \cdots$$

或

$$Y_t = \theta_1 Y_{t-1} + \theta_1^2 Y_{t-2} + \cdots + v_t \tag{8.42}$$

式(8.42)是一个AR(∞)过程，它的偏自相关函数非截尾但趋于0，因此MA(1)偏自相关函数是拖尾但却趋于0。在式(8.42)中，只有 $|\theta_1|<1$ 时才有意义，否则就表示距离 $Y_t$ 越远的 $Y$ 值对 $Y_t$ 的影响越大，这是不符合常理的。所以，$|\theta_1|<1$ 是MA(1)的可逆性条件(invertibility condition)或可逆性。

因为任何一个可逆的MA ($q$) 过程都可以转换成一个无限阶的、系数按几何级数衰减的AR过程，所以MA ($q$) 过程的偏自相关函数呈缓慢衰减特征，称为拖尾特征。

MA(1)过程的偏自相关函数呈指数衰减特征。若 $\theta_1<0$，偏自相关函数呈交替改变符号式衰减；若 $\theta_1>0$，偏自相关函数呈负数的指数衰减。

对于MA(2)过程，若特征方程的根是实数，偏自相关函数由两个指数衰减形式叠加而成。特征方程的根是虚数，若 $\theta_1>0$，偏自相关函数呈正弦衰减特征(拖尾特征)。

(四)ARMA ($p,q$) 过程的识别

ARMA ($p,q$) 的自相关函数可以视为AR ($p$) 的自相关函数和MA ($q$) 的自相关函数的混合物。当 $p=0$ 时，它具有截尾性质，当 $q=0$ 时，它具有拖尾性质，当 $p,q$ 都不为0时，它具有拖尾性质。

对于ARMA (1,1) 过程，自相关函数从 $\rho_1$ 开始衰减。$\rho_1$ 的大小取决于 $\varphi_1$ 和 $\theta_1$。若 $\varphi_1>0$，指数衰减是平滑的，或正或负。若 $\varphi_1<0$，自相关函数为正负交替式指数衰减。对于高阶的ARMA过程，自相关函数的表现形式比较复杂，有可能呈指数衰减、正弦衰减或二者的混合衰减。

ARMA ($p,q$) 过程的偏自相关函数也是无限延长的，其表现形式与MA ($q$) 过程的偏自相关函数类似。据模型中移动平均分量的阶数 $q$ 和参数 $\theta_i(i=1,2,\cdots,q)$ 的不同，偏自相关函数呈指数衰减和正弦衰减混合形式。

对于时间序列数据，自相关函数通常是未知的，相关图是对自相关函数的估计。因为MA过程和ARMA过程中MA分量的自相关函数具有截尾特性，所以可以利用相关图估计MA过程的阶数 $q$。相关图是识别MA过程和ARMA过程中MA分量阶数的重要方法。

对于时间序列数据，偏自相关函数通常是未知的，偏相关图是对偏自相关函数的估计。因为AR过程和ARMA过程中AR分量的偏自相关函数具有截尾特性，所以可以利用偏相关图估计自回归过程的阶数 $p$。偏相关图是识别AR过程和ARMA过程中AR分量阶数的重要方法。

## 三、随机时间序列模型的建立

对于时间序列模型，完成了平稳性检验和模型识别后就可以估计模型参数建立计量模型。时间序列模型的建立与应用主要有以下四个步骤。

第一步，进行模型识别

对于平稳时间序列，用相关图和偏相关图确定模型形式，即确定 $p$，$q$ 的值。对于非平稳的时间序列模型，应通过差分把其变为平稳的时间序列。

对于平稳的时间序列，如果相关图表现为拖尾衰减特征，而偏自相关图在 $p$ 期后出现截止特征，则该过程是一个 $p$ 阶自回归过程。如果相关图在 $q$ 期后出现截止而偏相关图呈现拖尾衰减特征，则该过程是一个 $q$ 阶移动平均过程。如果相关图和偏相关图都呈现拖尾衰减特征，则就是一个混合形式的随机过程。有关识别规则列于表 8.4 中。

**表 8.4 ARMA($p$,$q$)模型的 ACF 与 PACF 理论模式**

| 模型 | ACF | PACF |
|---|---|---|
| 白噪声 | $\rho_k = 0$ | $\varphi_{kk} = 0$ |
| AR ($p$) | 衰减趋于零(几何型或振荡型) | $p$ 阶后截尾：$\varphi_{kk} = 0, k > p$ |
| MA ($q$) | $q$ 阶后截尾：$\rho_k = 0, k > q$ | 衰减趋于零(几何型或振荡型) |
| ARMA ($p$,$q$) | $q$ 阶后衰减趋于零(几何型或振荡型) | $p$ 阶后衰减趋于零(几何型或振荡型) |

模型识别实际上是利用相关图、偏相关图分别估计自相关函数与偏自相关函数的特征。与自相关函数相比，相关图具有较大方差，并表现为更高的自相关。实际中相关图、偏相关图的特征不会像自相关函数与偏自相关函数那样“规范”，所以应该善于从相关图、偏相关图中识别出模型的真实参数 $p$,$q$。另外，估计的模型形式不是唯一的，所以在模型识别阶段应多选择几种模型形式，以供进一步选择。

模型阶数的识别与实际经验有很大关系。图 8.1 — 图 8.5 就是一些特定 ARMA($p$,$q$)模型的自相关图(ACF)和偏自相关图(PACF)的理论模式。

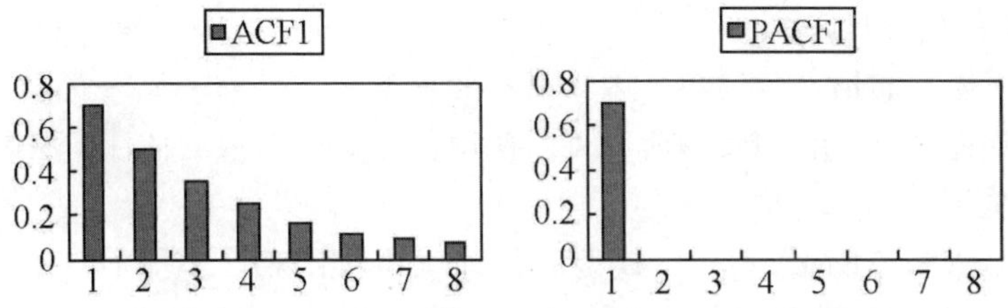


**图 8.1 模型 $Y_t = 0.7Y_{t-1} + v_t$**

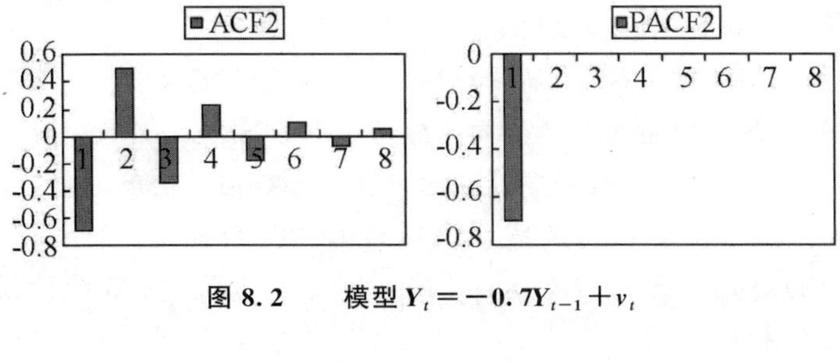


**图 8.2 模型 $Y_t = -0.7Y_{t-1} + v_t$**

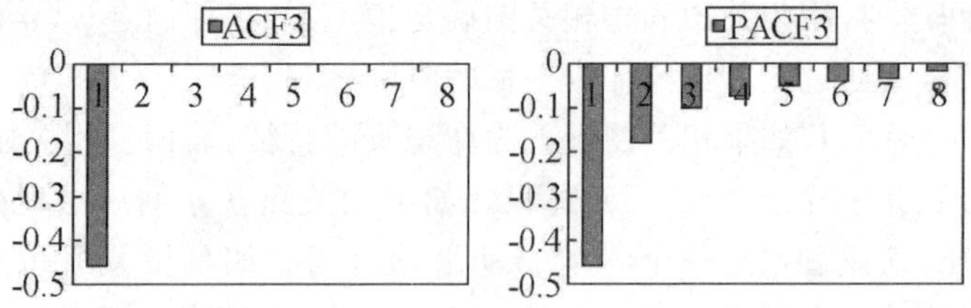


**图 8.3　模型 $Y_t = v_t - 0.7v_{t-1}$**

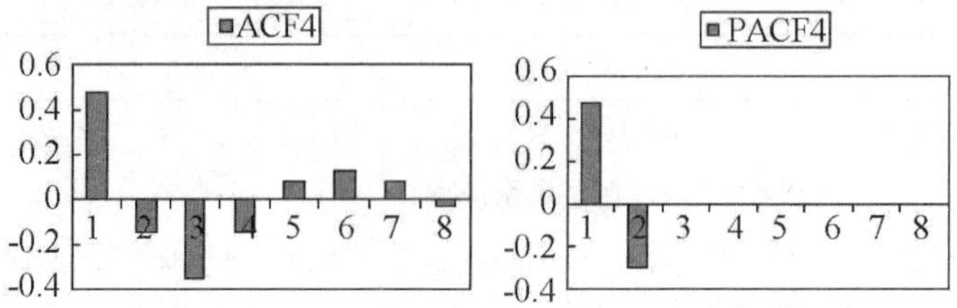


**图 8.4　模型 $Y_t = 0.7Y_{t-1} - 0.49Y_{t-2} + v_t$**

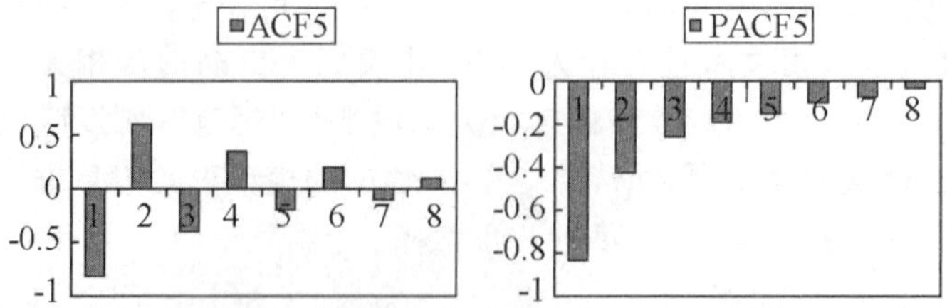


**图 8.5　模型 $Y_t = -0.7Y_{t-1} + v_t - 0.7v_{t-1}$**

第二步,模型参数的估计

对 AR ($p$) 模型的估计较简单。因为滞后变量 $Y_{t-1}, Y_{t-2}, \cdots, Y_{t-p}$ 都是 $t$ 期以前的,这些滞后变量与误差项 $v_t$ 相互独立,所以可以使用普通最小二乘法估计模型参数,得到具有一致性的估计量。

对于 MA ($q$) 和 ARMA ($p,q$) 模型的估计就比较困难。不能简单的用最小二乘法估计参数,一般应该采用迭代式的非线性最小二乘法,这些方法在流行的经济计量分析软件中有广泛的使用。

第三步,诊断与检验

完成模型的识别与参数估计后,需要对估计结果进行诊断与检验,来判断所选用的模型是否正确。这一阶段主要进行两个方面的检验以判别模型是否正确。一是检验估计值是否具有统计显著性;二是检验残差序列的随机性。参数估计值的显著性检验是通过 $t$ 统计量完成的,而模型拟合的优劣以及残差序列随机性的判别是用伯克斯—皮尔斯(Box-Pierce,1970)提出的 $Q$ 统计量或拉格朗日 LM 统计量完成的。LM 统计量在第四章已经介绍了,下面介绍 $Q$ 统计量检验。

若拟合模型的误差项为白噪声过程,统计量

$$Q = T(T+2)\sum_{k=1}^{k}\frac{r_k^2}{T-K} \sim \chi^2(K-p-q) \tag{8.43}$$

渐近服从 $\chi^2(K-p-q)$ 分布,其中 $T$ 表示样本容量,$r_k$ 表示用残差序列计算的自相关系数值，$K$ 表示自相关系数的个数或最大滞后期，$p$ 表示模型自回归部分的最大滞后值，$q$ 表示移动平均部分的最大滞后值。

这时的原假设为 $H_0:\rho_1=\rho_1=\cdots=\rho_k=0$(模型的误差序列是白噪声过程)。

用残差序列计算自相关系数估计值，进而计算 $Q$ 统计量的值。若拟合的模型不正确，残差序列中必含有其他成分，$Q$ 值将很大。反之，$Q$ 值将很小。判别规则是：

若 $Q\leqslant\chi_\alpha^2(K-p-q)$，则不拒绝 $H_0$

若 $Q\geqslant\chi_\alpha^2(K-p-q)$，则拒绝 $H_0$

其中 $\alpha$ 表示检验水平。

第四步，时间序列模型预测

下面以 ARMA(1,1)模型为例具体介绍预测方法。其他形式时间序列模型的预测方法与此类似。

设对时间序列样本 $\{Y_t\}$，$t=1,2,\cdots,T$ 所拟合的模型是

$$Y_t=\varphi_1Y_{t-1}+u_t+\theta_1u_{t-1} \tag{8.44}$$

则理论上 $T+1$ 期 $Y_t$ 的值应按下式计算

$$Y_{T+1}=\varphi_1Y_T+u_{T+1}+\theta_1u_T \tag{8.45}$$

用估计的参数 $\hat{\varphi}_1$，$\hat{\theta}_1$ 和残差 $e_T$ 分别代替上式中的 $\varphi_1$，$\theta_1$ 和 $u_T$。上式(8.45)中的 $u_{T+1}$ 是未知的，但知 $E(u_{T+1})=0$，所以取 $u_{T+1}=0$。$Y_T$ 是已知的(样本值)，对 $Y_{T+1}$ 的预测按下式进行

$$\hat{Y}_{T+1}=\hat{\varphi}_1Y_T+\hat{\theta}_1e_T \tag{8.46}$$

仿照(8.46)式，理论上 $Y_{T+2}$ 的预测式是

$$Y_{T+2}=\varphi_1Y_{T+1}+u_{T+2}+\theta_1u_{T+1} \tag{8.47}$$

取 $u_{T+1}=0$，$u_{T+2}=0$，则 $Y_{T+2}$ 的实际预测式是

$$\hat{Y}_{T+2}=\hat{\varphi}_1\hat{Y}_{T+1} \tag{8.48}$$

其中 $\hat{Y}_T+1$ 是上一步得到的预测值。以此类推 $Y_{T+3}$ 的预测式是

$$\hat{Y}_{T+3}=\hat{\varphi}_1\hat{Y}_{T+2} \qquad \text{S}(8.49)$$

由上可见，随着预测期的加长，预测式中移动平均部分逐步淡出预测模型，预测式变成了纯自回归形式。

## 第四节　协整与误差修正模型

### 一、协整的概念

协整(Cointegration)的概念是由恩格尔和格兰杰(Engle and Granger)于 1987 年正式提出，这个概念的提出使得非零阶单整变量的回归也变得有意义。

经济系统中的某些变量具有长期依存关系，经济学中称其为均衡关系，这种均衡关系的存在是经济计量建模的依据。这种均衡关系的存在表示经济系统中形成均衡的机制是稳定的，当因为季节的影响或随机干扰使这些变量偏离其均衡点时，均衡机制会在下一期进行调整使其重新回到均衡状态。但是，如果这种偏离是持久的，则变量之间的均衡机制

是不稳定的，均衡关系已遭到破坏。协整就是这种均衡关系的统计表示。

协整概念的提出使得我们能研究两个或多个变量之间的均衡关系。对于每个单独的序列而言可能是非平稳的，但是这些时间序列的线性组合却可能是平稳的。

协整：时间序列 $\{X_t\}$，$\{Y_t\}$ 是两个 I(1)过程，如果存在 $\beta$ 使得 $Y_t-\beta X_t$ 成为 I(0)过程，则称 $X_t$ 和 $Y_t$ 是协整的。其实，协整就是指多个非平稳时间序列的某种线性组合是平稳的。

一般地，如果序列 $Y_{1t},Y_{2t},\cdots,Y_{kt}$ 都是 $d$ 阶单整的，存在非零向量 $\alpha=\{a_1,\alpha_2,\cdots,\alpha_k\}$，使得 $\alpha Y_t\sim \mathrm{I}(d-b)$，其中，$b>0$，$Y_t=(Y_{1t},Y_{2t},\cdots,Y_{kt})'$，则称 $Y_{1t}$，$Y_{2t}$，$\cdots$，$Y_{kt}$ 是 $(d,b)$ 阶协整，记为 $Y_t\sim \mathrm{CI}(d,b)$。$\alpha$ 为协整向量。

协整的定义告诉我们，只有两个变量都是单整变量，并且它们的单整阶数相同时，才能协整，如果它们的单整阶数不同，就不可能协整。

协整的意义在于：具有各自长期波动规律的两个时间序列，如果它们是协整的，则它们之间存在着一个长期稳定的协整关系。从变量之间的协整关系出发建立经济计量模型是牢固可靠的，可以避免出现伪回归。因此，协整检验是经济计量分析建模的根本所在。

## 二、协整的检验

协整检验从检验对象上可以分为两类：一类是基于回归残差的协整检验，这种检验也称为单一方程的协整检验；另一类是基于回归系数的协整检验。这里，只考虑单一方程的协整检验。

### （一）两变量的恩格尔—格兰杰检验

这种协整检验方法就是对回归方程的残差进行单位根检验。从协整的思想来看，两变量之间具有协整关系就是具有长期均衡关系。因此，被解释变量不能由解释变量解释的部分，即残差序列应该是平稳的。如果残差是平稳的，说明两变量之间的线性组合是平稳的，则变量之间具有协整关系。

恩格尔—格兰杰检验法也称为 EG 两步法，其检验程序如下。

第一步，如果 $X_t$，$Y_t$ 均为 $d$ 阶单整序列，用 OLS 法估计回归方程（协整回归）

$$Y_t=\alpha+\beta X_t+u_t \tag{8.50}$$

得到残差 $e_t=Y_t-(\hat{\alpha}+\hat{\beta}X_t)$。

第二步，检验 $e_t$ 的平稳性。如果 $e_t$ 为平稳序列，则 $X_t$ 与 $Y_t$ 是协整的，否则不是协整的。如果 $X_t$ 与 $Y_t$ 不是协整的，则它们的任一线性组合都是非平稳的，因此残差 $e_t$ 也是非平稳的。通过对残差 $e_t$ 的平稳性检验，就可判断 $X_t$ 与 $Y_t$ 之间是否存在协整关系。检验 $e_t$ 的平稳性的方法可使用前面介绍的 DF 检验或 ADF 检验。这里的 DF 或 ADF 检验是针对协整回归计算出的残差项 $e_t$ 进行的，并不是针对非均衡误差 $u_t$ 进行的，对于 $e_t$ 平稳性检验的 DF 与 ADF 临界值比正常的 DF 与 ADF 临界值要小。麦克金农（Mackinnon，1991）通过模拟试验给出了协整检验的临界值。

【例 8.3】中国出口总额 $X$ 与进口总额 $Y$ 的协整检验。

为了研究中国进出口的平衡问题，需要估计出口对进口的影响弹性，因此需要设定对数回归模型。即 $\ln Y=\alpha+\beta\ln X+u$。进行 ADF 检验可知 $\ln Y$ 和 $\ln X$ 均为 I(1) 序列。$\ln Y$ 和 $\ln X$ 进行协整回归可得

$$\hat{Y}=0.3478+0.9523X \tag{8.51}$$

$$t \quad (1.8499) \quad (52.7014)$$

$$R^2=0.9911$$

对该模型的残差 $e_t$ 进行 ADF 检验，结果如表 8.5 所示。

**表 8.5 残差 $e_t$ 的平稳性检验**

| 变量 | ADF 检验值 | 显著性水平 | 临界值 | 检验结果 |
|---|---|---|---|---|
| $e_t$ | −3.6228 | 5% | −3.29 | 平稳 |

由表 8.5 的检验结果可以看出 ADF 检验的 $\tau$ 统计量小于临界值，因此拒绝原假设，残差 $e_t$ 序列不存在单位根，为平稳序列。因此，进口总额和出口总额为 (1,1) 阶协整的，两变量之间存在长期的稳定均衡关系。

(二)多变量协整关系检验

对多个变量间的协整关系的检验要比双变量协整关系检验复杂。因为对于多变量而言，可能存在多种稳定的线性组合，也就是存在多个协整关系。

多变量协整检验与双变量协整检验的原理是相同的，就是判断是否有稳定的线性组合。检验的步骤如下：

第一步，对于 $k+1$ 个同阶单整序列，建立回归方程

$$Y_t=\alpha_0+\alpha_1X_{1t}+\alpha_2X_{2t}+\cdots+\alpha_kX_{kt}+u_t \tag{8.52}$$

用 OLS 法估计该模型，得到残差为

$$e_t=Y_t-(\hat{\alpha}_0+\hat{\alpha}_1X_{1t}+\hat{\alpha}_2X_{2t}+\cdots+\hat{\alpha}_kX_{kt}) \tag{8.53}$$

第二步，检验残差序列 $e_t$ 是否平稳

如果通过变换各种线性组合(即用不同的变量为被解释变量)，都不能得到平稳的残差序列，则认为这些变量之间不存在协整关系。

## 三、误差修正模型

误差修正模型最早是由 Sarger(1964)提出的，误差修正模型的基本形成是在 1978 年由 Davidson，Hendry，Srba 和 Yeo 提出的，因此又称为 DHSY 模型。变量之间存在协整关系说明变量间存在长期稳定的均衡关系，这种长期稳定的均衡关系是在短期动态过程的不断波动下形成的。变量间长期均衡关系的存在是因为存在一种调节机制，即误差修正机制使得长期关系的偏差被控制在一定范围内。任何一组协整时间序列变量都存在误差修正机制，反映短期调节行为。

对于具有协整关系序列 $X_t$，$Y_t$，其误差修正模型为

$$\Delta Y_t=\beta_0+\beta_1\Delta X-\lambda ecm_{t-1}+\varepsilon_t \tag{8.54}$$

其中，ecm 表示误差修正项。$\lambda$ 的误差修正系数，一般情况下 $0<\lambda<1$。

ecm 的修正原理如下：若 $t-1$ 时刻 $Y$ 大于其长期均衡值，ecm 为正，则 $-\lambda$ecm 为负，使得 $\Delta Y_t$ 减少；若 $t-1$ 时刻 $Y$ 小于其长期均衡值，ecm 为负，$-\lambda$ecm 为正，使得 $\Delta Y_t$ 增大。ecm 体现了对 $Y_t$ 与 $X_t$ 长期均衡关系的控制。

对于误差修正模型，恩格尔和格兰杰于 1987 年提出了著名的 Granger 表述定理。如

果变量 $X$ 与 $Y$ 是协整的，则它们之间的短期非均衡关系总能由一个误差修正模型表述。建立误差修正模型，首先需要对变量进行协整检验，变量之间具有长期均衡关系时，方可以用这种关系构成误差修正项。从而可以建立短期模型，将误差修正项看做一个解释变量，连同其他反映短期波动的解释变量一起建立短期模型。

在误差修正模型中 $\mathrm{ecm}_t = Y_t - k_0 - k_1 X_t$ 是非均衡误差。$\hat{Y}_t = k_0 + k_1 X_t$ 表示 $Y_t$ 和 $X_t$ 的长期关系。$k_0$ 和 $k_1$ 是长期参数，$\beta_0$ 和 $\beta_1$ 是短期参数。由于 $X_t$ 与 $Y_t$ 存在协整关系，因此 ecm 是平稳的，如果 $Y_t, X_t \sim \mathrm{I}(1)$，则 $\Delta Y_t, \Delta X_t \sim \mathrm{I}(0)$，在误差修正模型中变量都是平稳的。使用 OLS 法估计参数不存在伪回归问题。

建立误差修正模型一般由两步完成。

第一步，建立长期关系模型。检验变量间的协整关系，估计长期均衡关系参数。

第二步，建立短期动态关系，即误差修正模型。

【例 8.4】建立 1993—2019 年中国出口总额与进口总额的误差修正模型。

由例 8.3 可知，进口总额和出口总额为(1,1)阶协整的，因此可建立误差修正模型。误差修正模型为

$$\Delta \ln Y = 0.0095 + 0.9754 \Delta \ln X - 0.4883 e_{t-1} \tag{8.55}$$

$$t \quad (-0.6284) \quad (10.9249) \quad (-2.8902)$$

$$R^2 = 0.8471$$

误差修正项的系数为 $-0.4883$，说明在每一年，进口总额对其长期均衡值的偏离有 48.83%得到纠正。进口总额受到短期冲击后，很快就会回到其长期均衡路径上去。

## 小结

时间序列分析是经济计量分析的重要内容。本章第一部分重点介绍了平稳时间序列的概念与检验。使用非平稳数据进行回归分析可能得出虚假的结果，这是格兰杰提出的伪回归概念，平稳性是避免伪回归的前提条件。第二部分介绍了时间序列模型 ARMA，这是不同于一般因果分析的特殊回归分析方法，用变量自身的一系列滞后变量做解释变量。对于这类模型有着特殊的设定和识别方法，特别介绍了自相关函数与偏自相关函数，这是时间序列分析的重要工具。第三部分介绍了协整与误差修正模型。协整概念的提出是对伪回归问题的呼应，解决了非平稳时间序列回归时可能引发的伪回归问题，只要变量之间具有协整关系就不会产生伪回归问题。这里介绍了基于回归残差的 EG 协整检验方法。协整代表了变量之间的长期均衡关系，这种长期依赖的均衡关系一定会伴随短期的波动与偏离，误差修正模型就是解释这种短期修正过程的模型。

## 关键术语

| | | | |
|---|---|---|---|
| 随机过程 | 连续区间 | 平稳 | 协方差平稳 |
| 单位根检验 | 一阶自回归 | 白噪声 | 随机游走序列 |
| 滞后算子 | DF 检验 | ADF 检验 | 单整 |

| | | | |
|---|---|---|---|
| 趋势平稳 | 伪回归 | 特征方程 | ARMA 模型 |
| 自相关函数 | 偏自相关函数 | 拖尾 | 截尾 |
| 可逆性 | $Q$ 统计量 | 协整 | 均衡关系 |
| 协整检验 | 误差修正模型 | | |

## 习题

8.1 什么是平稳随机过程？

8.2 什么是单整和伪回归？

8.3 什么是单位根检验？

8.4 什么是协整？其意义是什么？

8.5 如何进行协整检验？

8.6 什么是误差修正模型？其意义是什么？

8.7 利用中国统计年鉴可得 GDP 和社会商品零售总额的数据如下表。判断 $\ln Y$ 和 $\ln X$ 的平稳性。检验 $\ln Y$ 和 $\ln X$ 之间的协整性，如果具有协整关系，请建立相应的协整模型。

| 年份 | GDP($X$) | 财政收入($Y$) | 年份 | GDP($X$) | 财政收入($Y$) |
|---|---|---|---|---|---|
| 1978 | 3678.70 | 1132.26 | 1999 | 20940.60 | 11444.08 |
| 1979 | 4024.04 | 1146.38 | 2000 | 23094.72 | 13395.23 |
| 1980 | 4187.96 | 1159.93 | 2001 | 25354.53 | 16386.04 |
| 1981 | 4395.93 | 1175.79 | 2002 | 28061.41 | 18903.64 |
| 1982 | 4691.83 | 1212.33 | 2003 | 31306.36 | 21715.25 |
| 1983 | 5154.12 | 1366.95 | 2004 | 35485.19 | 26396.47 |
| 1984 | 6066.87 | 1642.86 | 2005 | 40345.45 | 31649.29 |
| 1985 | 6938.91 | 2004.82 | 2006 | 46565.02 | 38760.20 |
| 1986 | 7430.04 | 2122.01 | 2007 | 54688.73 | 51321.78 |
| 1987 | 8124.71 | 2199.35 | 2008 | 61039.82 | 61330.35 |
| 1988 | 8527.47 | 2357.24 | 2009 | 67106.61 | 68518.30 |
| 1989 | 8178.44 | 2664.90 | 2010 | 76818.01 | 83101.51 |
| 1990 | 8714.34 | 2937.10 | 2011 | 86291.12 | 103874.43 |
| 1991 | 9826.72 | 3149.48 | 2012 | 92833.00 | 117253.52 |
| 1992 | 11413.40 | 3483.37 | 2013 | 99616.79 | 129209.64 |
| 1993 | 13053.07 | 4348.95 | 2014 | 105997.53 | 140370.03 |
| 1994 | 14340.69 | 5218.10 | 2015 | 111891.35 | 152269.23 |
| 1995 | 15444.89 | 6242.20 | 2016 | 118859.88 | 159604.97 |
| 1996 | 16696.29 | 7407.99 | 2017 | 130411.19 | 172592.77 |
| 1997 | 18028.53 | 8651.14 | 2018 | 141122.21 | 183359.84 |
| 1998 | 19423.40 | 9875.95 | 2019 | 147824.43 | 190390.08 |

# 第九章　面板数据计量模型

前面的章节讨论了怎样处理横截面数据计量模型和时间序列计量模型。在这一章中，将讨论如何处理将横截面数据与时间序列数据结合在一起的数据，通常分为独立混合横截面数据与面板数据，本章将重点讨论面板数据的相关内容。首先将介绍什么是独立混合横截面数据与面板数据以及面板数据在数据分析中具有哪些优势；然后再介绍几种最常用的面板数据模型——混合回归模型、固定效应模型和随机效应模型；最后对固定效应模型和随机效应模型加以比较。

## 第一节　面板数据

### 一、独立混合横截面数据与面板数据的定义

独立混合横截面数据是在不同时点上，在某一总体中进行简单随机抽样的结果。例如，政府每年都会对武汉市市区出售的住房抽取关于房价、住房面积、房间数等数据的随机样本，经过若干年收集的年度数据就是混合横截面数据。

面板数据也被称为："纵列数据""平行数据""固定调查对象数据""时间序列和横截面数据的联合"等等。不同于混合横截面数据，它被用来描述一个总体中给定样本在一段时间的情况，并对样本中每一个样本单位都进行多重观察。这种多重观察包括对样本单位在某一个时期(时点)上多个特性进行观察，也包括对这些特性在一段时间的连续观察。

独立混合横截面数据与面板数据都含有横截面与时间序列两种维度，不同之处在于面板数据不同时期的样本个体是相同的，而独立混合横截面数据的样本则由不同时期同一总体中进行简单随机抽样得到。独立混合横截面数据常用于进行政策分析，结合引入年度虚拟变量，可对于某一政策实施前后的社会效益的变化情况进行研究(详细可参见Wooldridge《计量经济学导论》第十三章"垃圾焚化炉的区位对住房价格的影响"例)，本章将重点探讨面板数据的相关理论与实际应用。

面板数据从横截面看，是由若干个体在某一时点构成的横截面观测值，从纵剖面看每个个体都是一个时间序列。面板数据用双下标变量表示。例如

$$Y_{it}, i=1, 2, \cdots, N; t=1, 2, \cdots, T$$

$i$ 对应面板数据中的不同个体，$N$ 表示面板数据中含有 $N$ 个个体；$t$ 对应面板数据中不同时点或时期，$T$ 表示时间序列的最大长度。若固定 $t$ 不变，$Y_{i.}(i=1, 2, \cdots, N)$ 是第 $t$ 期横截面上的 $N$ 个随机变量；若固定 $i$ 不变，$Y_{.t}(t=1, 2, \cdots, T)$ 是第 $i$ 个纵剖面上的一个时间序列(个体)。

【例 9.1】2007—2013 年中国东北、华北、华东 15 个省级地区的城镇居民家庭人均消费(不变价格)和人均收入(不变价格)数据见表 9.1 和表 9.2。人均消费和人均收入两个面

板数据都是平衡面板数据，各有 15 个地区。两个面板的数据都是 7 年的，每年都有 15 个数据，共 105 组观测值。

**表 9.1 2007—2013 年中国东北、华北、华东 15 个省级地区的城镇居民家庭人均消费数据**

| 地区人均消费（元） | 2007 | 2008 | 2009 | 2010 | 2011 | 2012 | 2013 |
|---|---|---|---|---|---|---|---|
| AH(安徽) | 8531.90 | 8980.783 | 9759.288 | 10656.761 | 11574.572 | 12898.992 | 13665.305 |
| BJ(北京) | 15330.44 | 15667.217 | 17297.896 | 18819.469 | 19647.393 | 20811.658 | 22014.405 |
| FJ(福建) | 11055.13 | 11968.280 | 13100.001 | 13926.971 | 14948.252 | 16286.873 | 17154.367 |
| HB(河北) | 8234.97 | 8637.486 | 9309.624 | 9652.327 | 10313.374 | 10843.465 | 11493.186 |
| HLJ(黑龙江) | 7519.28 | 8215.051 | 9191.479 | 9847.335 | 10517.122 | 10968.272 | 11728.982 |
| JL(吉林) | 8560.30 | 9260.064 | 10396.672 | 10754.186 | 11389.151 | 12478.965 | 13221.687 |
| JS(江苏) | 10715.15 | 11381.512 | 12549.885 | 13220.598 | 14700.079 | 16078.726 | 17008.153 |
| JX(江西) | 7810.73 | 8232.298 | 9252.168 | 9800.546 | 10317.571 | 10931.557 | 11573.501 |
| LN(辽宁) | 9429.73 | 10760.926 | 11808.076 | 12375.640 | 13115.508 | 14296.439 | 15169.62 |
| NMG(内蒙古) | 9281.46 | 10277.763 | 11780.084 | 12943.816 | 13915.022 | 15031.767 | 15794.514 |
| SD(山东) | 9666.61 | 10509.691 | 11476.998 | 12219.018 | 12956.729 | 13744.855 | 14600.332 |
| SH(上海) | 17255.38 | 18337.505 | 19926.083 | 21358.664 | 21971.907 | 22346.284 | 23426.019 |
| SX(山西) | 8101.84 | 8230.036 | 8826.759 | 8961.330 | 9882.187 | 10374.677 | 10859.940 |
| TJ(天津) | 12028.88 | 12734.356 | 14180.781 | 15323.471 | 16257.801 | 17200.860 | 18089.749 |
| ZJ(浙江) | 14091.19 | 14467.547 | 16127.431 | 16604.977 | 18046.147 | 18622.559 | 19650.378 |

资料来源：《中国统计年鉴(2008—2014)》

**表 9.2 2007—2013 年中国东北、华北、华东 15 个省级地区的城镇居民家庭人均收入数据**

| 地区人均收入（元） | 2007 | 2008 | 2009 | 2010 | 2011 | 2012 | 2013 |
|---|---|---|---|---|---|---|---|
| AH(安徽) | 12499.34 | 13351.796 | 14964.087 | 16316.424 | 18221.442 | 20213.828 | 20983.315 |
| BJ(北京) | 24575.58 | 26344.437 | 29653.005 | 31494.445 | 33178.003 | 35574.684 | 37932.666 |
| FJ(福建) | 16983.26 | 18847.060 | 21126.971 | 22802.061 | 24563.571 | 27047.765 | 28500.816 |
| HB(河北) | 12335.96 | 13442.264 | 15077.913 | 16215.575 | 17404.913 | 18950.069 | 20342.145 |
| HLJ(黑龙江) | 10882.21 | 11683.896 | 13067.000 | 13913.520 | 14935.657 | 16361.606 | 17516.145 |
| JL(吉林) | 11798.58 | 12950.156 | 14436.218 | 15464.510 | 16817.408 | 18495.865 | 19538.522 |
| JS(江苏) | 17686.48 | 19171.574 | 21463.461 | 23126.648 | 25378.203 | 27774.656 | 29330.878 |
| JX(江西) | 11984.00 | 12714.409 | 14293.56 | 15282.256 | 16386.016 | 18097.322 | 19176.526 |
| LN(辽宁) | 13438.43 | 15172.775 | 17013.503 | 18651.534 | 20289.906 | 22328.036 | 23478.356 |
| NMG(内蒙古) | 12977.07 | 14422.440 | 16143.122 | 17586.531 | 19183.847 | 21033.316 | 22136.421 |
| SD(山东) | 15366.26 | 16756.681 | 18474.541 | 20246.928 | 22148.047 | 24396.450 | 26132.205 |
| SH(上海) | 26101.54 | 28132.349 | 30757.122 | 32901.452 | 35477.920 | 38093.888 | 40669.441 |
| SX(山西) | 12468.41 | 12951.713 | 14136.958 | 15458.917 | 17116.343 | 18775.992 | 19807.267 |
| TJ(天津) | 17828.15 | 20088.536 | 22577.644 | 24927.587 | 26398.537 | 28298.966 | 29707.236 |
| ZJ(浙江) | 22583.83 | 23842.423 | 26215.432 | 28020.040 | 30255.244 | 32840.800 | 34845.185 |

资料来源：《中国统计年鉴(2008—2014)》。

## 二、面板数据模型的优点

运用面板数据进行经济计量分析，是近年来研究较多的一个领域。运用面板数据进行计量经济分析的模型称为“面板数据模型”。面板数据模型具有许多优势：

(1)与截面数据模型比较，面板数据模型控制了不可观测经济变量所引起的 OLS 估计的偏差，使得模型设定更合理、模型参数的样本估计量更准确。

(2)与时间序列模型相比较，面板数据模型扩大了样本容量，提供了更多有效信息、更多变化性、更少共线性、更多自由度，降低了经济变量间的多重共线性，提高了估计量的有效性。

(3)面板数据能更好地识别和度量时间序列数据或截面数据不可发觉的潜在因素对被解释变量的影响。

(4)相对于纯横截面和纯时间序列数据而言，面板数据有利于建立和检验更复杂的行为模型。

(5)动态面板数据模型能够更准确地反映经济变量的动态调整；而且通过滞后期自变量能够间接反映潜在因素对当期因变量的影响。

(6)微观面板数据能够收集到更准确的微观单位(个体、企业、家庭、省市区)的数据，可以降低由此得到的宏观统计数据误差的影响。

(7)宏观面板数据可以用来研究经济合作组织内各成员单位的协同效应。

因此，面板数据的计量经济分析的研究具有重要的理论意义和应用价值。

## 三、面板数据模型类型

在面板数据模型建立过程中，不但可以建立线性模型，还可以建立非线性模型；不仅可以建立静态计量模型，还可以建立动态计量模型。

线性面板数据模型的形式主要包括六大类：

(1)截距项和解释变量的系数都不变的混合模型。

(2)截距项变化但是解释变量的系数不变的固定效应模型和随机效应模型。

(3)截距项和解释变量的系数都改变的确定系数面板数据模型和随机系数面板数据模型。

(4)微观面板数据的平均个体或平均时间的平均回归模型。

(5)线性的动态面板数据模型通常包括普通的动态面板数据，及将 VAR 推广到面板数据的 Panel data VAR(P-VAR)模型。

(6)利用面板数据模型还可以建立联立方程模型和多种带测量误差形式的模型。

非线性面板数据模型主要包括：

(1)离散面板数据模型和非平衡面板数据模型。

(2)受限因变量的模型(Logit 和 Probit 模型)。

(3)生存模型以及点过程模型。

时间跨度较长的时间序列的出现，为面板数据分析提供了两个重要的研究方向——面板数据序列的稳定性和数据序列的长期均衡性，面板数据研究的热点领域是面板单位根检验和面板协整检验。

## 四、混合回归模型(Pooled Model)

如果从时间上看,不同个体之间不存在显著性差异;从截面上看,不同截面之间也不存在显著性差异,即不存在显著的随时间或者随个体变化的效应,那么就可以利用如下模型

$$Y_{it}=\alpha+\sum_{k=1}^{K}\beta_k X_{k,it}+u_{it}$$

$$i=1,\ 2,\ \cdots,\ N;t=1,\ 2,\ \cdots,\ T;\ k=1,2,\ \cdots,\ K \tag{9.1}$$

其中 $Y_{it}$ 为被解释变量,$\alpha$ 表示截距项,$X_{k,it}$ 为解释变量,$\beta_k$ 为相应的回归系数,$u_{it}$ 为误差项(标量)。则称此模型为混合回归模型。

写成矩阵形式如下

$$Y_i=1_T\alpha+X_i\beta+U_i \tag{9.2}$$

其中,

$$Y_i=\begin{bmatrix}Y_{i1}\\Y_{i2}\\\vdots\\Y_{iT}\end{bmatrix}_{T\times1},\quad 1_T=\begin{bmatrix}1\\1\\\vdots\\1\end{bmatrix}_{T\times1},\quad X_i=\begin{bmatrix}X_{1i1}&X_{2i1}&X_{3i1}&\cdots&X_{Ki1}\\X_{1i2}&X_{2i2}&X_{3i2}&\cdots&X_{Ki2}\\\vdots&\vdots&\vdots&&\vdots\\X_{1iT}&X_{2iT}&X_{3iT}&\cdots&X_{KiT}\end{bmatrix}_{T\times K},$$

$$\beta=\begin{bmatrix}\beta_1\\\beta_2\\\vdots\\\beta_K\end{bmatrix}_{K\times1},\quad U_i=\begin{bmatrix}u_{i1}\\u_{i2}\\\vdots\\u_{iT}\end{bmatrix}_{T\times1}$$

进一步简化,可写为

$$Y=1_{NT}\alpha+X\beta+U \tag{9.3}$$

其中,

$$Y=\begin{bmatrix}Y_1\\Y_2\\\vdots\\Y_N\end{bmatrix}_{NT\times1},1_{NT}=\begin{bmatrix}1_T\\1_T\\\vdots\\1_T\end{bmatrix}_{NT\times1},X=\begin{bmatrix}X_1\\X_2\\\vdots\\X_N\end{bmatrix}_{NT\times K},\beta=\begin{bmatrix}\beta_1\\\beta_2\\\vdots\\\beta_K\end{bmatrix}_{K\times1},U=\begin{bmatrix}U_1\\U_2\\\vdots\\U_T\end{bmatrix}_{NT\times1}$$

混合回归模型的特点是对任何个体和截面,回归系数 $\alpha$ 和 $\beta_k$ 都相同。可以直接把面板数据混合在一起用普通最小二乘法(OLS)估计参数。

如果模型是正确设定的,解释变量与误差项不相关,即 $\mathrm{Cov}(X_{it},u_{it})=0$。那么无论是 $N\rightarrow\infty$,还是 $T\rightarrow\infty$,模型参数的混合最小二乘估计量(Pooled OLS)都是一致估计量。

【例 9.2】以例 9.1 中 2007—2013 中国东北、华北、华东 15 个省级地区的城镇居民家庭人均消费 $Y$(不变价格) 和人均收入 $X$ (不变价格)数据(表 9.1 和表 9.2)建立消费的混合估计模型

$$Y_{it}=\alpha+\beta X_{it}+u_{it} \tag{9.4}$$

在本章例题 9.2—9.6 中,用 $Y_{it}$ 表示第 $i$ 个地区第 $t$ 年的城镇居民家庭人均消费数据,用 $X_{it}$ 表示第 $i$ 个地区第 $t$ 年的城镇居民家庭人均收入数据,$u_{it}$ 为随机误差项。其中 $i=1,2,3,\cdots,15;t=1,2,3,\cdots,7$。

对模型(9.4)进行最小二乘估计,得到估计的混合回归模型为

$$Y_{it}=1786.669+0.540X_{it}$$
$$t\quad(7.441)\quad(49.550)$$
$$R^2=0.960\qquad DW=0.139$$

则 15 个省级地区在 2007—2013 年期间,人均收入每增加 1 元,人均消费平均增加 0.540 元,即平均边际消费倾向为 0.540。

观察输出结果可知,所有系数都具有独立的统计显著性,斜率系数具有所期望的正号,而且 $R^2$ 以及调整以后的 $R^2$ 都相当高,但是 DW 统计量的估计值十分低,这表明数据可能存在着自相关应归咎于模型设定偏误。因为混合估计模型假定 15 个省市区的截距项和居民家庭人均收入 $X_{it}$ 的斜率系数都是相同的,这些严格的假定很可能扭曲了居民家庭人均消费 $Y_{it}$ 和居民家庭人均收入 $X_{it}$ 之间的关系。

## 第二节　固定效应模型(Fixed Effects Model)

如果自变量对因变量的效应不随个体和时间变化,并且解释因变量的信息不够完整,即自变量中遗漏了一些影响因变量的不可观测的且随个体或时间变化的潜在因素时,可以加入虚拟变量以反映潜在因素对因变量的影响,通常称此种模型为固定效应模型。固定效应模型的特点是,对于不同的时间序列(或不同的横截面)模型的自变量的系数保持不变,截距项随个体(或时点)变化而改变。固定效应模型可分为 3 种类型,即个体固定效应模型、时点固定效应模型和个体时点固定效应模型。

### 一、个体固定效应模型

如果对于不同的时间序列(个体)截距项是不同的,但对于不同的横截面,模型的截距项没有显著变化,那么就应该建立个体固定效应模型,其模型的一般形式如下

$$Y_{it}=\alpha_0+\lambda_i+\sum_{k=1}^{K}\beta_k X_{k,it}+u_{it}=\alpha_i+\sum_{k=1}^{K}\beta_k X_{k,it}+u_{it} \tag{9.5}$$

$Y_{it}$ 和 $X_{k,it}(i=1,2,\cdots,N;t=1,2,\cdots,T;k=1,2,\cdots,K)$ 分别表示因变量和自变量,$u_{it}(i=1,2,\cdots,N;t=1,2,\cdots,T)$ 表示随机误差项。

式(9.5)可用虚拟变量表示为

$$Y_{it}=\varphi_1+\varphi_2 D_2+\cdots+\varphi_N D_N+\sum_{k=1}^{K}\beta_k X_{k,it}+u_{it}=\varphi_1+\sum_{i=2}^{N}\varphi_i D_i+\sum_{k=1}^{K}\beta_k X_{k,it}+u_{it} \tag{9.6}$$

其中,

$$D_i=\begin{cases}1, & \text{如果属于第 } i \text{ 个个体}, i=2,\cdots,N。\\ 0, & \text{其他}\end{cases}$$

式(9.5)也可写成如下矩阵形式

$$Y_i=1_T\alpha_i+X_i\beta+U_i \tag{9.7}$$

其中,

$$Y_i=\begin{bmatrix}Y_{i1}\\Y_{i2}\\\vdots\\Y_{iT}\end{bmatrix}_{T\times1},\quad 1_T=\begin{bmatrix}1\\1\\\vdots\\1\end{bmatrix}_{T\times1},\quad X_i=\begin{bmatrix}X_{1,i1}&X_{2,i1}&X_{3,i1}&\cdots&X_{K,i1}\\X_{1,i2}&X_{2,i2}&X_{3,i2}&\cdots&X_{K,i2}\\\vdots&\vdots&\vdots&&\vdots\\X_{1,iT}&X_{2,iT}&X_{3,iT}&\cdots&X_{K,iT}\end{bmatrix}_{T\times K},$$

$$\beta=\begin{bmatrix}\beta_1\\\beta_2\\\vdots\\\beta_K\end{bmatrix}_{K\times1},\quad U_i=\begin{bmatrix}u_{i1}\\u_{i2}\\\vdots\\u_{iT}\end{bmatrix}_{T\times1}。$$

进一步简化，可写为

$$Y=M\alpha+X\beta+U \tag{9.8}$$

其中，

$$Y=\begin{bmatrix}Y_1\\Y_2\\\vdots\\Y_N\end{bmatrix}_{NT\times1},\quad M=\begin{bmatrix}1_T&0&\cdots&0\\0&1_T&\cdots&0\\\vdots&\vdots&&\vdots\\0&0&\cdots&1_T\end{bmatrix}_{NT\times N},$$

$$\alpha=\begin{bmatrix}\alpha_1\\\alpha_2\\\vdots\\\alpha_N\end{bmatrix}_{N\times1},\quad X=\begin{bmatrix}X_1\\X_2\\\vdots\\X_N\end{bmatrix}_{NT\times K},\quad \beta=\begin{bmatrix}\beta_1\\\beta_2\\\vdots\\\beta_K\end{bmatrix}_{K\times1},\quad U=\begin{bmatrix}U_1\\U_2\\\vdots\\U_N\end{bmatrix}。$$

## 二、个体固定效应模型的估计

1. 最小二乘虚拟变量(LSDV)估计

面板数据模型用 OLS 方法估计时应满足如下 5 个假定条件：

(1)$E(U_i)=0$

(2)$E(U_iU_i')=\sigma^2 I$

(3)$E(U_iU_j')=0, i\neq j$

(4)自变量与误差项相互独立，即 $E(X'U)=0$

(5)自变量是非随机的，且自变量之间不存在完全共线性

当模型满足上述假定条件时，则模型(9.8)是一个包含 $N$ 个虚拟变量(禁止了共同的截距项)的多元线性回归模型，用最小二乘法估计模型的系数，可以得到系数的最佳线性无偏估计量。

记 $Z=[M,X]$，则可写成矩阵形式为

$$\begin{pmatrix}\hat{\alpha}\\\hat{\beta}\end{pmatrix}=(Z'Z)^{-1}Z'Y \tag{9.9}$$

如果想估计确定性的个体效应，则必须做出假定 $\sum_{i=1}^{N}\lambda_i=0$，则此时

$$\hat{\alpha}_0 = \bar{Y} - \bar{X}\hat{\beta}$$
$$\hat{\lambda}_i = \bar{Y}_i - \hat{\alpha}_0 - \bar{X}_i\hat{\beta} \tag{9.10}$$
$$\bar{Y} = \frac{\sum_{i=1}^{N}\sum_{t=1}^{T} Y_{it}}{NT}, \bar{X} = \frac{\sum_{i=1}^{N}\sum_{t=1}^{T} X_{it}}{NT}$$

2. 离差(within)OLS 估计

在实际应用时，若设定模型为(9.5)，利用 LSDV 估计法估计固定效应模型，引入 $N$ 个虚拟变量，当 $N$ 较大的时候，由于引入的虚拟变量过多，消耗了许多自由度，使得估计过程变得非常复杂。于是，出于估计的简便性，通常采用一种名为离差 OLS 估计的方法来替代最小二乘虚拟变量估计。

为了说明离差 OLS 的原理，先定义两个有用的算子

$$P = M(M'M)^{-1}M' = \begin{bmatrix} P^0 & 0 & \cdots & 0 \\ 0 & P^0 & \cdots & 0 \\ \vdots & \vdots & & \vdots \\ 0 & 0 & \cdots & P^0 \end{bmatrix}_{NT\times NT}, P^0 = \begin{bmatrix} \frac{1}{T} & \frac{1}{T} & \cdots & \frac{1}{T} \\ \frac{1}{T} & \frac{1}{T} & \cdots & \frac{1}{T} \\ \vdots & \vdots & & \vdots \\ \frac{1}{T} & \frac{1}{T} & \cdots & \frac{1}{T} \end{bmatrix}_{T\times T}$$

$$Q = I_{NT} - P = \begin{bmatrix} Q^0 & 0 & \cdots & 0 \\ 0 & Q^0 & \cdots & 0 \\ \vdots & \vdots & & \vdots \\ 0 & 0 & \cdots & Q^0 \end{bmatrix}_{NT\times NT}, Q^0 = I_T - \frac{1}{T}1_T 1_T'$$

容易验证，$P$,$Q$ 为幂等矩阵，$P' = P$,$Q' = Q$，且 $PQ = \mathbf{0}$。

以 $Q$ 左乘公式(9.8)得

$$QY = QX\beta + QU \tag{9.11}$$

其中，

$$QY = \begin{bmatrix} Q^0Y_1 \\ Q^0Y_2 \\ \vdots \\ Q^0Y_N \end{bmatrix} = \begin{bmatrix} Y_1 - 1_T\bar{Y}_1 \\ Y_2 - 1_T\bar{Y}_2 \\ \vdots \\ Y_N - 1_T\bar{Y}_N \end{bmatrix}, \bar{Y}_i = \frac{1}{T}\sum_{t=1}^{T} Y_{it}$$

$$QX = \begin{bmatrix} Q^0X_1 \\ Q^0X_2 \\ \vdots \\ Q^0X_N \end{bmatrix} = \begin{bmatrix} X_1 - 1_T\bar{X}_1 \\ X_2 - 1_T\bar{X}_2 \\ \vdots \\ X_N - 1_T\bar{X}_N \end{bmatrix}, \bar{X}_i = \frac{1}{T}\sum_{t=1}^{T} X_{it} = \frac{1}{T}\sum_{t=1}^{T}(X_{1it}, X_{2it}, \cdots, X_{kit})$$

这样在模型中截距项和虚拟变量就消失了，变形后的模型用最小二乘法得到离差 OLS 估计量

$$\hat{\beta}_w = (X'QX)^{-1}X'QY \tag{9.12}$$

用 OLS 法估计式(9.8)、(9.11)中的 $\beta$，结果是一样的，但用式(9.11)估计，可以减少被估参数个数，并且得到的估计参数也具有一致性。进而得到模型的参数

$$\hat{\alpha}_i = \bar{Y}_i - \bar{X}_i\hat{\beta}_w \tag{9.13}$$

如果想估计确定性的个体效应，则必须做出假定 $\sum_{i=1}^{N}\lambda_i = 0$，则此时

$$\begin{aligned} &\hat{\alpha}_0 = \bar{Y} - \bar{X}\hat{\beta}_w \\ &\hat{\lambda}_i = \bar{Y}_i - \hat{\alpha}_0 - \hat{\beta}'_w\bar{X}_i = \bar{Y}_i - \bar{Y} \\ &\bar{Y} = \frac{\sum_{i=1}^{N}\sum_{t=1}^{T}Y_{it}}{NT}, \bar{X} = \frac{\sum_{i=1}^{N}\sum_{t=1}^{T}X_{it}}{NT} \end{aligned} \tag{9.14}$$

估计量 $\hat{\beta}_w$ 的方差阵为

$$Var(\hat{\beta}_w) = \sigma_u^2(X'Q^0X)^{-1} \tag{9.15}$$

方差 $\sigma_u^2$ 的一致估计量为

$$\hat{\sigma}_u^2 = \frac{\sum_{i=1}^{N}\sum_{t=1}^{T}(Y_{it} - X_{it}\hat{\beta}_w)^2}{NT - N - K} \tag{9.16}$$

【例 9.3】如果认为例 9.1 中 15 个省级地区因地域性差异而导致消费习惯有显著性差异，而这些差异的影响是潜在的且难以度量的，则考虑以例 9.1 中 2007—2013 年中国东北、华北、华东 15 个省级地区的城镇居民家庭人均消费和人均收入数据(表 9.1 和表 9.2)建立个体固定效应模型。估计的模型形式如下

$$Y_{it} = \alpha_0 + \lambda_i + \beta X_{it} + u_{it} = \alpha_i + \beta X_{it} + u_{it} \tag{9.17}$$

对上述模型进行估计，输出结果

$$\begin{aligned} &\hat{\alpha}_0 = 2463.902 \quad \hat{\beta} = 0.508 \\ &t \quad (11.583) \quad (50.660) \\ &DW = 0.694 \quad R^2 = 0.992 \end{aligned}$$

相对于混合回归模型，个体固定效应模型的 $R^2$ 有所改善，DW 统计量为 0.694，这表明模型的自相关性大为减弱，个体固定效应模型更为准确地反映了 15 个省级地区的截距项和居民家庭人均收入 $X_{it}$ 之间的关系。

**表 9.3 参数 $\lambda_i$ 和 $\alpha_i$ 的估计值 $\hat{\lambda}_i$ 和 $\hat{\alpha}_i$**

| 地区 | $\hat{\lambda}_i$ | $\hat{\alpha}_i$ | 地区 | $\hat{\lambda}_i$ | $\hat{\alpha}_i$ | 地区 | $\hat{\lambda}_i$ | $\hat{\alpha}_i$ |
|---|---|---|---|---|---|---|---|---|
| 北京 | 177.950 | 2641.852 | 吉林 | 457.507 | 2921.409 | 山东 | −708.7887 | 1755.113 |
| 上海 | 1354.773 | 3818.675 | 江苏 | −692.492 | 1771.410 | 河北 | −934.4818 | 1529.420 |
| 浙江 | −71.331 | 2392.571 | 安徽 | −52.965 | 2410.937 | 黑龙江 | 112.459 | 2576.361 |
| 辽宁 | 499.686 | 2963.588 | 福建 | 0.062 | 2463.964 | 内蒙古 | 1295.047 | 3758.949 |
| 天津 | 331.521 | 2795.423 | 山西 | −1176.917 | 1286.985 | 江西 | −592.0292 | 1871.873 |

东北、华北、华东 15 个省级地区城镇居民家庭平均每人全年的边际消费倾向为 0.508，而自发性消费水平存在显著的区别，各地区城镇居民家庭平均每人全年的自发性消费水平为表 9.3 中 $\hat{\alpha}_i$ 值所示。

## 三、个体固定效应的检验

由于面板数据模型设定形式的多样性，如何确定面板数据的模型形式就显得非常重要。对于混合回归模型和个体固定效应模型来说，两者最大的不同在于截距项的约束性不同，即混合回归模型的截距项全部相同，约束性较强，个体效应模型的截距项随着个体的变化而变化，约束性较弱。于是，相对于混合回归模型来说，是否有必要建立个体固定效应模型可以通过对残差平方和进行方差分析，构造 $F$ 检验来完成。

原假设 $H_0$：不同个体的模型截距项相同（应建立混合估计模型）。

备择假设 $H_1$：不同个体的模型截距项不同（应建立个体固定效应模型）。

$F$ 统计量定义为

$$F=\frac{(SSE_r-SSE_u)/[(NT-K-1)-(NT-N-K)]}{SSE_u/(NT-N-K)}=\frac{(SSE_r-SSE_u)/(N-1)}{SSE_u/(NT-N-K)} \tag{9.18}$$

其中 $SSE_r$，$SSE_u$ 分别表示约束模型（混合估计模型）和非约束模型（个体固定效应模型）的残差平方和。非约束模型比约束模型多了 $N-1$ 个被估计参数（混合估计模型给出公共截距项）。本例中所谓的约束，主要是指对于截距项设定形式的约束。

在给定的显著性水平下，计算 $F$ 统计量，与 $F$ 分布表中相应临界值进行比较，如果拒绝了原假设，则倾向于建立个体固定效应模型，否则就倾向于建立混合回归模型。

【例 9.4】继续采用例 9.1 的数据，对模型的设定形式进行检验。

原假设 $H_0:\lambda_1=\lambda_2=\cdots=\lambda_{15}=0$。

备择假设 $H_1:\lambda_i(i=1,2,\cdots,15)$ 不全为 0。

则 $F$ 统计量为

$$F=\frac{(SSE_r-SSE_u)/(N-1)}{SSE_u/(NT-N-K)}=\frac{(60472347-11573720)/(15-1)}{11573720/(105-15-1)}=26.859$$

$F=26.859>F_{0.05}(14,89)=2.2$ 所以拒绝原假设 $H_0$，认为不同地区的截距项不同，应该建立个体固定效应模型，或者说建立个体固定效应模型比混合回归模型更加合适。

## 四、时点固定效应模型

时点固定效应模型就是对于不同的截面（时点）有不同截距的模型。如果确定对于不同的截面，模型的截距显著不同，但是对于不同的时间序列（个体）截距是相同的，那么应该建立时点固定效应模型，表示如下

$$Y_{it}=\gamma_0+\delta_t+\sum_{k=1}^{K}\beta_k X_{k,it}+u_{it}=\gamma_t+\sum_{k=1}^{K}\beta_k X_{k,it}+u_{it} \tag{9.19}$$

$Y_{it}$ 和 $X_{k,it}$ 分别表示被解释变量和解释变量，$u_{it}$ 表示随机误差项。

模型(9.19)用虚拟变量表示为

$$Y_{it}=\varphi_1+\varphi_2 W_2+\cdots+\varphi_T W_T+\sum_{k=1}^{K}\beta_k X_{k,it}+u_{it}=\varphi_1+\sum_{t=2}^{T}\varphi_t W_t+\sum_{k=1}^{K}\beta_k X_{k,it}+u_{it} \tag{9.20}$$

其中，

$$W_t=\begin{cases}1, & 如果属于第\ t\ 个横截面, t=2,3,\cdots,T\\ 0, & 其他\end{cases}$$

如果满足上述模型假定条件，对模型(9.19)进行 OLS 估计，全部参数估计量都具有无偏性和一致性。

### 五、个体时点固定效应模型

个体时点固定效应模型就是对于不同的时间序列(个体)、不同的截面(时点)都有不同截距的模型。如果确知对于不同的时间序列(个体)、不同的截面模型的截距都显著地不相同，那么应该建立个体时点固定效应模型，表示如下

$$Y_{it}=\alpha^*+\lambda_i+\delta_t+\sum_{k=1}^{K}\beta_k X_{k,it}+u_{it} \tag{9.21}$$

也可以写成虚拟变量形式

$$Y_{it}=\lambda_1+\lambda_2 D_2+\cdots+\lambda_N D_N+\varphi_1 W_1+\varphi_2 W_2+\cdots+\varphi_T W_T+\sum_{k=1}^{K}\beta_k X_{k,it}+u_{it} \tag{9.22}$$

其中虚拟变量

$$D_i=\begin{cases}1, & 如果属于第\ i\ 个个体, i=2,3,\cdots,N\\ 0, & 其他\end{cases}$$

$$W_t=\begin{cases}1, & 如果属于第\ t\ 个截面,\ t=1,2,\cdots,T\\ 0, & 其他\end{cases}$$

$u_{it}(i=1,2,\cdots,N;t=1,2,\cdots,T)$ 表示随机误差项。$Y_{it}$，$X_{k,it}(i=1,2,\cdots,N;t=1,2,\cdots,T)$ 分别表示被解释变量和解释变量。

如果满足上述模型假定条件，对模型(9.22)进行 OLS 估计，全部参数估计量都是无偏的和一致的。

## 第三节 随机效应模型(Random Effects Model)

### 一、随机效应的概念

随机效应的基本想法是假定误差项在时间序列(个体)上和截面上都是相关的，因而可以将随机误差项分解为 3 个分量，表示如下

$$u_{it}=\lambda_i+\delta_t+w_{it} \tag{9.23}$$

其中 $\lambda_i \sim N(0,\sigma_\lambda^2)$ 表示个体随机误差分量；$\delta_t \sim N(0,\sigma_\delta^2)$ 表示截面随机误差分量；$w_{it} \sim N(0,\sigma_w^2)$ 表示混合随机误差分量。同时还假定 $\lambda_i$，$\delta_t$，$w_{it}$ 之间互不相关，各自分别不存在截面自相关、时间自相关和混合自相关。随机效应模型的基本形式

$$Y_{it}=\alpha_0+\sum_{k=1}^{K}\beta_k X_{k,it}+\lambda_i+\delta_t+w_{it} \quad (9.24)$$

一般又把(9.24)式称为双分量误差分解模型或者是个体时点随机效应模型。如果模型中只存在个体随机误差分量 $\lambda_i$，而不存在时间随机误差分量 $\delta_t$，则称为个体随机效应模型；如果只存在时间随机误差分量 $\delta_t$，而不存在个体随机误差分量 $\lambda_i$，则称为时点随机效应模型。实际中，个体随机效应模型最常用。

## 二、个体随机效应模型

个体随机效应模型的基本形式如下

$$Y_{it}=\alpha_0+\sum_{k=1}^{K}\beta_k X_{k,it}+\lambda_i+w_{it} \quad (9.25)$$

个体随机误差项 $\lambda_i$ 是属于第 $i$ 个个体的随机误差，并在整个时间范围内（$t=1,2,\cdots,T$）保持不变。随机误差项 $\lambda_i$，$w_{it}$ 应满足如下条件

(1) $E(\lambda_i)=0$，$E(\lambda_i^2)=\sigma_\lambda^2$，$E(\lambda_i\lambda_j)=0$，$i\neq j$；$i,j=1,2,\cdots,N$

(2) $E(w_{it})=0$，$E(w_{it}^2)=\sigma_w^2$，$E(w_{it}w_{js})=0$，$i\neq j$；$t\neq s$；$i,j=1,2,\cdots,N$；$t,s=1,2,\cdots,T$

(3) $E(w_{it}\lambda_j)=0$，$i\neq j$；$i,j=1,2,\cdots,N$；$t=1,2,\cdots,T$

(4) $X_{it}$ 与 $w_{it}$，$\lambda_j$ 独立，$i=1,2,\cdots,N$；$t=1,2,\cdots,T$

实质上可理解为总体截距项的均值为 $\alpha_0$，而样本中第 $i$ 个个体的截距项对 $\alpha_0$ 的偏离为 $\lambda_i$，这样单个个体截距项的差异都体现在误差项 $u_{it}$ 中。

再来考察一下误差项的方差，此时

$E(u_{it}^2)=E(w_{it}+\lambda_i)^2=\sigma_w^2+\sigma_\lambda^2$

$E(u_{it}u_{is})=E[(w_{it}+\lambda_i)(w_{is}+\lambda_i)]=E[(w_{it}w_{is}+w_{it}\lambda_i+w_{is}\lambda_i+\lambda_i^2)]=\sigma_\lambda^2$，$t\neq s$

令 $u_i=(u_{i1},u_{i2},\cdots,u_{iT})'$

则有

$$\Omega=E(u_iu_i')=\begin{bmatrix}(\sigma_w^2+\sigma_\lambda^2) & \sigma_\lambda^2 & \cdots & \sigma_\lambda^2\\ {\sigma_\lambda}^2 & (\sigma_w^2+\sigma_\lambda^2) & \cdots & \sigma_\lambda^2\\ \vdots & \vdots & & \vdots\\ \sigma_\lambda^2 & \sigma_\lambda^2 & \cdots & (\sigma_w^2+\sigma_\lambda^2)\end{bmatrix}_{T\times T}$$

因为第 $i$ 期与 $j$ 期观测值是相互独立的，所以 $NT$ 个观测值所对应的随机误差项的方差与协方差矩阵 $V$ 是

$$V=\begin{bmatrix}\Omega & 0 & \cdots & 0\\ 0 & \Omega & \cdots & 0\\ \vdots & \vdots & & \vdots\\ 0 & 0 & \cdots & \Omega\end{bmatrix}_{NT\times NT}$$

于是 $Y_{it}=\alpha_0+\sum_{k=1}^{K}\beta_k X_{k,it}+\lambda_i+w_{it}$ 也可以写成

$$Y_{it}=\alpha_0+\lambda_i+\sum_{k=1}^{K}\beta_k X_{k,it}+w_{it}=\alpha_i+\sum_{k=1}^{K}\beta_k X_{k,it}+w_{it} \quad (9.26)$$

这样，服从正态分布的截距项 $\lambda_i$ 就被包含在回归函数的截距项 $\alpha_i$ 中。于是随机效应模型也可以用矩阵表示为

$$Y_i = 1_T\alpha_i + X_i\beta + W_i \tag{9.27}$$

$$Y_i = \begin{bmatrix} Y_{i1} \\ Y_{i2} \\ \vdots \\ Y_{iT} \end{bmatrix}_{T\times 1}, \quad 1_T = \begin{bmatrix} 1 \\ 1 \\ \vdots \\ 1 \end{bmatrix}_{T\times 1}, \quad X_i = \begin{bmatrix} X_{1,i1} & X_{2,i1} & X_{3,i1} & \cdots & X_{K,i1} \\ X_{1,i2} & X_{2,i2} & X_{3,i2} & \cdots & X_{K,i2} \\ \vdots & \vdots & \vdots & & \vdots \\ X_{1,iT} & X_{2,iT} & X_{3,iT} & \cdots & X_{K,iT} \end{bmatrix}_{T\times K},$$

$$\beta = \begin{bmatrix} \beta_1 \\ \beta_2 \\ \vdots \\ \beta_K \end{bmatrix}_{K\times 1}, \quad W_i = \begin{bmatrix} w_{i1} \\ w_{i2} \\ \vdots \\ w_{iT} \end{bmatrix}_{T\times 1}$$

进一步简化，可写为

$$Y = M\alpha + X\beta + W \tag{9.28}$$

其中，

$$Y = \begin{bmatrix} Y_1 \\ Y_2 \\ \vdots \\ Y_N \end{bmatrix}_{NT\times 1}, \quad M = \begin{bmatrix} 1_T & 0 & \cdots & 0 \\ 0 & 1_T & \cdots & 0 \\ \vdots & \vdots & & \vdots \\ 0 & 0 & \cdots & 1_T \end{bmatrix}_{NT\times N}, \quad 1_T = \begin{bmatrix} 1 \\ 1 \\ \vdots \\ 1 \end{bmatrix}_{T\times 1}$$

$$\alpha = \begin{bmatrix} \alpha_1 \\ \alpha_2 \\ \vdots \\ \alpha_N \end{bmatrix}_{N\times 1}, \quad X = \begin{bmatrix} X_1 \\ X_2 \\ \vdots \\ X_N \end{bmatrix}_{NT\times K}, \quad \beta = \begin{bmatrix} \beta_1 \\ \beta_2 \\ \vdots \\ \beta_K \end{bmatrix}_{K\times 1}, \quad W = \begin{bmatrix} w_1 \\ w_2 \\ \vdots \\ w_N \end{bmatrix}_{NT\times 1}$$

## 三、随机效应模型的估计

当协方差矩阵 $V$ 已知时，采用广义最小二乘法 GLS(Generalized Least Squares)估计模型 $Y_{it} = \alpha_0 + \sum_{k=1}^{K}\beta_k X_{k,it} + \lambda_i + w_{it}$，得到参数估计值

$$\hat{\beta}_{GLS} = (Z'V^{-1}Z)^{-1}Z'V^{-1}Y \tag{9.29}$$

如果协方差矩阵 $V$ 未知，则采用一种被称为 FGLS(Feasible Generalized Least Squares，可行 GLS)的估计方法估计参数。进行 FGLS 估计的关键是估计 ${\sigma_w}^2$，${\sigma_\lambda}^2$ 和 $\sigma_u^2$。假定要估计的模型形式为式(9.26)，即

$$Y_{it} = \alpha_i + \sum_{k=1}^{K}\beta_k X_{k,it} + w_{it}$$

估计的步骤如下：

(1)利用离差估计法估计 ${\sigma_w}^2$。根据模型(9.26)得到估计的参数值，并将参数代入模型，估计得到误差项 $\hat{w}_{it}$，则估计得到 $\hat{\sigma}_w^2 = \dfrac{\sum \hat{w}_{it}^2}{NT - T - K - 1}$

(2) 利用中间估计法估计 ${\sigma_\lambda}^2$。先算出变量的时间序列均值，设它们为新的变量，即

$$\bar{Y}_i=\frac{1}{T}\sum_{t=1}^{T}Y_{it},\bar{X}_{k,i\cdot}=\frac{1}{T}\sum_{t=1}^{T}X_{k,it}$$

再用这些新变量设定回归模型，即

$$\bar{Y}_i=\theta_0+\sum_{k=1}^{K}\theta_k\bar{X}_{k,i\cdot}+\lambda_i \tag{9.30}$$

用最小二乘法对模型(9.30)进行回归估计。于是求得式(9.30)误差项的方差的估计量

$$\hat{\sigma}_\lambda^2=\frac{T\sum\hat{\lambda}_i^2}{N-K}$$

(3)理论上来说，$\hat{\sigma}_\lambda^2$ 是必须大于零的，同时 $\hat{\sigma}_\lambda^2$ 是大于 $\hat{\sigma}_w^2$ 的。计算校正系数

$$\eta=1-\frac{\hat{\sigma}_w}{\hat{\sigma}_\lambda}$$

(4)对原始数据进行修正，设定新的变量

$$Y_{it}^*=Y_{it}-\eta\bar{Y}_i\ ,\ X_{k,it}^*=X_{k,it}-\eta\bar{X}_{ki}$$

用这些修正过的变量建立一个新的回归模型即

$$Y_{it}^*=\beta_0+\sum_{k=1}^{K}\beta_k X_{ki}^*+\nu_{it} \tag{9.31}$$

用最小二乘法对(9.31)进行估计，得出的参数估计值 $\hat{\beta}_k(i=1,2,\cdots,K)$ 就是个体随机效应模型的最佳线性无偏估计量。再将 $\hat{\beta}_k$ 的估计结果代入模型(9.27)即可求得截距项的估计值 $\hat{\alpha}_i$。对于随机效应模型，FGLS 估计量不但是一致估计量，而且是有效估计量。

【例 9.5】以例 9.1 中 2007—2013 年中国东北、华北、华东 15 个省级地区的城镇居民家庭人均消费(不变价格)和人均收入数据(表 9.1 和表 9.2)建立消费的个体随机效应估计模型，估计结果见表 9.4。

$$Y_{it}=\alpha_0+\lambda_i+\beta X_{it}+w_{it}=\alpha_i+\beta X_{it}+w_{it} \tag{9.32}$$

估计得到结果为

$$\hat{\alpha}_0=2379.578\quad \hat{\beta}_{GLS}=0.512$$
$$(8.721)\qquad\qquad (53.583)$$
$$R^2=0.965\qquad DW=0.596$$

**表 9.4　个体随机效应模型中参数 $\lambda_i$ 和 $\alpha_i$ 的估计结果**

| 地区 | $\hat{\lambda}_i$ | $\hat{\alpha}_i$ | 地区 | $\hat{\lambda}_i$ | $\hat{\alpha}_i$ | 地区 | $\hat{\lambda}_i$ | $\hat{\alpha}_i$ |
|---|---|---|---|---|---|---|---|---|
| 北京 | 131.454 | 2511.032 | 天津 | 306.660 | 2686.239 | 山东 | −681.681 | 1697.897 |
| 上海 | 1258.578 | 3638.156 | 安徽 | −34.448 | 2345.130 | 黑龙江 | 135.128 | 2514.707 |
| 辽宁 | 490.680 | 2870.258 | 山西 | −1114.790 | 1264.790 | 河北 | −882.756 | 1496.822 |
| 浙江 | −97.689 | 2281.888 | 江苏 | −677.297 | 1702.281 | 内蒙古 | 1261.294 | 3640.872 |
| 吉林 | 461.599 | 2841.177 | 福建 | −7.367 | 2372.211 | 江西 | −549.367 | 1830.211 |

## 四、个体随机效应模型设定检验

混合回归模型中截距项是确定的，不存在个体效应。个体随机效应模型中个体之间

有显著性差异，这种差异通过随机变量 $\lambda_i$ 来反映，于是可以通过检验 $\lambda_i$ 的随机性来确定是否有必要建立个体随机效应模型。Breusch 和 Pagan 基于 LM(Lagrange Multiplier，拉格朗日乘数)法，提出了如下检验。

LM 检验的原假设为：

$H_0: \sigma_\lambda^2 = 0$(混合回归模型)

$H_1: \sigma_\lambda^2 \neq 0$(个体随机效应模型)

LM 检验的统计量为

$$LM = \frac{NT}{2(T-1)} \left[ \frac{\sum_{i=1}^{N} \left[ \sum_{t=1}^{T} \hat{u}_{it} \right]^2}{\sum_{i=1}^{N} \sum_{t=1}^{T} \hat{u}_{it}^2} - 1 \right]^2 \tag{9.33}$$

其中，$\hat{u}$ 表示由混合估计模型计算的残差。统计量 LM 服从 1 个自由度的 $\chi^2$ 分布，即 $LM \sim \chi^2(1)$。

在给定的显著性水平下，计算 LM 统计量，与 $\chi^2$ 分布表中相应临界值进行比较，如果拒绝原假设，则倾向于建立随机效应模型，否则倾向于建立混合回归模型。

【例 9.6】使用例题 9.1 数据，用混合模型计算 LM 统计量的值。

$$LM = \frac{NT}{2(T-1)} \left[ \frac{\sum_{i=1}^{N} \left[ \sum_{t=1}^{T} \hat{u}_{it} \right]^2}{\sum_{i=1}^{N} \sum_{t=1}^{T} \hat{u}_{it}^2} - 1 \right]^2 = 8.75 > \chi^2(1) = 3.8415$$

所以拒绝原假设，结论是应该建立个体随机效应模型，或者说建立个体随机效应模型比混合回归模型更合适。

## 第四节 固定效应模型和随机效应模型的识别与比较

### 一、Hausman 检验

对同一参数的两个估计量差异的显著性检验称作 Hausman 检验，简称 H 检验。H 检验由 Hausman 于 1978 年提出，是在 Durbin(1914)和 Wu(1973)研究的基础上发展起来的。所以 H 检验也称作 Wu-Hausman 检验和 Durbin-Wu-Hausman 检验。

由前文可知，通常采用离差 OLS 法来估计固定效应的参数 $\beta$，而采用 FGLS 估计法来估计随机效应的参数 $\beta$。假定面板模型的误差项满足通常的假定条件，如果真实的模型是随机效应回归模型，那么 $\beta$ 的离差 OLS 估计量 $\hat{\beta}_w$ 和可行 GLS 法估计量 $\hat{\beta}_{GLS}$ 都应具有一致性。如果真实的模型是个体固定效应回归模型，则参数 $\beta$ 的离差 OLS 法估计量 $\hat{\beta}_w$ 是一致估计量，但可行 GLS 估计量 $\hat{\beta}_{GLS}$ 是非一致估计量。可以通过 H 统计量检验 $(\hat{\beta}_w - \hat{\beta}_{GLS})$ 的非零显著性检验面板数据模型中是否存在个体固定效应。原假设与备择假设是

$H_0$：个体效应与回归变量无关(个体随机效应回归模型)。

$H_1$：个体效应与回归变量相关(个体固定效应回归模型)。

检验统计量为

$$\begin{aligned} H &= (\hat{\beta}_w - \hat{\beta}_{GLS})'[Var(\hat{\beta}_w - \hat{\beta}_{GLS})]^{-1}(\hat{\beta}_w - \hat{\beta}_{GLS}) \\ &= (\hat{\beta}_w - \hat{\beta}_{GLS})'[Var(\hat{\beta}_w) - Var(\hat{\beta}_{GLS})]^{-1}(\hat{\beta}_w - \hat{\beta}_{GLS}) \end{aligned} \tag{9.34}$$

【例 9.6】采用 Hausman 统计量检验例 9.2 中个体固定效应或者说例 9.3 中个体随机效应是否存在。输出结果为：

检验统计量的值 $H = 1.758185 < \chi^2(1) = 3.8415$。则不能拒绝原假设，认为应该建立个体随机效应模型而不是个体固定效应模型。

### 二、两种模型的比较

随机效应模型和固定效应模型哪一个更好些？实际是各有优缺点。

1. 对于从时间序列和截面两方面上看都存在较大变化的数据，随机效应模型能明确地描述出误差来源的特征。固定效应模型的好处是很容易分析任意截面数据所对应的因变量均值与全部截面数据对应的因变量均值的差异程度。

2. 若 $T$（横截面的数量）较大而 $N$（时间序列数据的数量）较小，那么两种模型计算出来的参数估计值很可能没有什么差别。而当 $N$ 较大而 $T$ 较小时候，两种方法的估计值会有显著性的差异。

## 小结

本章主要讨论如何处理将横截面数据与时间序列数据结合在一起的数据，通常分为独立混合横截面数据与面板数据。其中，独立混合横截面数据是在不同时点上在某一总体中进行简单随机抽样的结果，而面板数据主要被用来描述一个总体中给定样本在一段时间的情况，并对样本中每一个样本单位都进行多重观察。我们将重点讨论面板数据的相关内容。

9.1 节主要对独立混合横截面数据与面板数据的定义、面板数据模型的优点、面板数据模型的类型以及混合回归模型进行了具体介绍。9.2 节主要介绍了固定效应模型。首先，讨论了个体固定效应模型的建模、估计与检验方法。接着，分别介绍了时点固定效应模型与个体时点固定效应模型，以及它们的估计方法。在 9.3 节中，系统学习了随机效应模型。具体而言，关于个体随机效应模型的构建、估计与检验方法均在这一节中进行了详细讨论。9.4 节将固定效应模型与随机效应模型进行了比较，并介绍了 Hausman 检验，这一检验方法可对选择固定效应模型还是随机效应模型提供帮助。

## 关键术语

| | | |
|---|---|---|
| 横截面数据计量模型 | 时间序列计量模型 | 随机效应模型 |
| 混合回归模型 | 固定效应模型 | 面板数据 |
| 潜在因素 | 离差 OLS 估计 | 截距项 |
| 离散面板数据模型 | 滞后期 | 生存模型 |
| 非平衡面板数据模型 | 面板单位根检验 | 面板协整检验 |

点过程模型　　个体固定效应模型　　时点固定效应模型
个体时点固定效应模型　　非约束模型　　约束模型
个体随机误差分量　　混合随机误差分量　　广义最小二乘法
截面随机误差分量　　离差估计法　　Hausman 检验

## 习题

9.1 什么是面板模型，利用面板数据建立模型有什么好处？

9.2 面板模型的分类有哪些？

9.3 比较随机效应模型与固定效应模型的优缺点？

9.4 面板数据模型的 $F$ 检验是怎样的？

9.5 简述 Hausman 检验的基本原理及应用？

9.6 面板数据模型有几种估计方法，各种估计方法如何选用？

9.7 案例：全国省级地区城镇居民人均食品支出与收入的关系研究(1985—2005)。

(1) $F$ 检验结果及 Hausman 检验结果见下表。试从表中判断使用哪种面板模型？

Redundant Fixed Effects Tests
Pool: POOL01
Test cross-section fixed effects

| Effects Test | Statistic | d.f. | Prob. |
|---|---|---|---|
| Cross-section F | 33.635670 | (27,559) | 0.0000 |
| Cross-section Chi-square | 567.382642 | 27 | 0.0000 |

Correlated Random Effects - Hausman Test
Pool: POOL01
Test cross-section random effects

| Test Summary | Chi-Sq. Statistic | Chi-Sq. d.f. | Prob. |
|---|---|---|---|
| Cross-section random | 24.401191 | 1 | 0.0000 |

Cross-section random effects test comparisons:

| Variable | Fixed | Random | Var(Diff.) | Prob. |
|---|---|---|---|---|
| LOG(LOG(I1?)) | 6.064533 | 6.072674 | 0.000003 | 0.0000 |

(2)若带有两个误差自回归项的个体固定效应模型如下，试计算人均食品支出对人均收入的弹性大小，有着怎样的变化趋势？

$$\log food = -4.9784 + \cdots + 5.8147\log(\log inconet) + 1.0093AR(1) - 0.3349AR(2)$$
$$(-34.9) \qquad (86.4) \qquad (24.8) \qquad (-8.4)$$

$R^2 = 0.995 \quad DW = 2.2 \quad N \times T = 532$

Dependent Variable: LOG(F1?)
Method: Pooled Least Squares
Date: 05/28/08 Time: 18:34
Sample (adjusted): 1987 2005
Included observations: 19 after adjustments
Cross-sections included: 28
Total pool (balanced) observations: 532
Convergence achieved after 7 iterations

| Variable | Coefficient | Std. Error | t-Statistic | Prob. |
|---|---|---|---|---|
| C | -4.978374 | 0.142782 | -34.86701 | 0.0000 |
| LOG(LOG(I1?)) | 5.814738 | 0.067268 | 86.44104 | 0.0000 |
| AR(1) | 1.009299 | 0.040833 | 24.71776 | 0.0000 |
| AR(2) | -0.334921 | 0.039643 | -8.448515 | 0.0000 |
| Fixed Effects (Cross) | | | | |
| ANH--C | 0.070863 | | | |
| BEJ--C | 0.086019 | | | |

# 第十章　时间序列条件异方差模型

传统的经济计量模型在回归时，通常假定模型残差的方差保持不变。然而，在实际的金融序列中，诸如股票价格、通货膨胀率、利率、汇率等，经常会出现方差随时间变化的特点。金融领域的研究者们发现，在金融时间序列数据中，许多经济随机变量的分布有着更宽的尾部，其方差也在不断变化中。同时，在经济变量的这种变化中，波动幅度较大的变化会相对地集中在某些时间段里，而波动幅度较小的变化会相对集中在另一些时段里，金融上将这种现象称为时间序列数据波动的集群性。在实际建模中，如果忽略变量的异方差性，将使得估计系数不再具有有效性。同时，方差的时变性也给预测带来一定的困难，降低模型的预测精度。

1982 年美国圣地亚哥加州大学经济学家恩格尔(Engle)教授提出了自回归条件异方差(autoregressive conditional heteroskedasticity model, ARCH 模型)，它主要用于具有集群性及方差波动性特点的经济类时间序列数据的回归分析及预测。实践证明，ARCH 模型在经济金融领域的应用中取得了良好的效果。

此后，随着实践的深入，ARCH 模型的一些扩展模型也被相继提出，如 GARCH 模型、EGARCH 模型、ARCH-M 模型、成分 GARCH 模型等，它们对 ARCH 模型作了不同方面的补充，ARCH 族模型形成了一个有机体系，使 ARCH 类模型广泛应用于金融领域的建模及研究过程中。

## 第一节　自回归条件异方差模型

### 一、问题的提出

先看一个一般的例子。如图 10.1 是 2009—2019 年上证综合指数及其对数收益率的日交易数据构成的时序图。对数收益率的计算由式(10.1)给出。

$$r_t = \ln p_t - \ln p_{t-1} \tag{10.1}$$

其中，$p_t$ 表示上证综合指数，$r_t$ 表示对数收益率。

图 10.2 表示上证综合指数对数收益率。通常金融中收益率时间序列的特征有一些共同之处。

1. 收益率序列的方差不仅随时间变化，而且有时变化很剧烈。

2. 从时间上来看，收益率表现出“波动集群”特征，即方差在一定时段中比较小，而在另一时段中比较大。Engle，Ito 和 Lin(1990)认为波动性的聚集效应有两种原因：一，如果消息集中到达，那么收益就可能显示出聚集性。Bolleslev，Chou 和 Kroner(1992)把名义利率、股票红利分配、货币供给、石油价格、商业周期和信息模式等作为波动聚集的根源；二，如果市场交易主体偏好不同，并且需要花费时间来消化信息冲击，从而消除预期差异，那么市场的动态变化趋向于波动聚集。

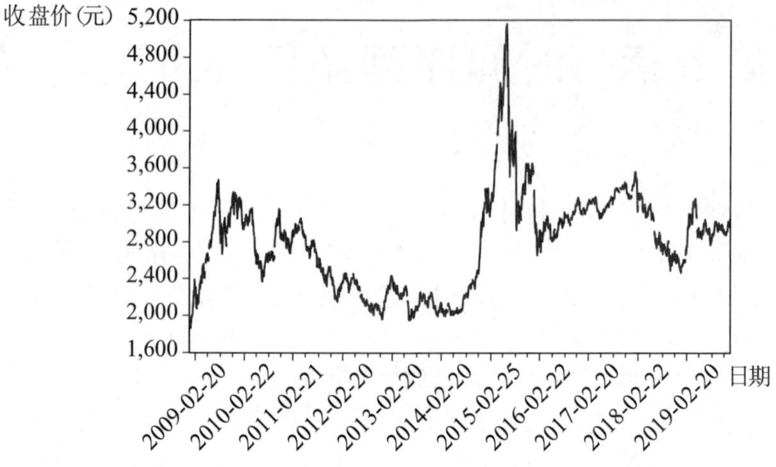


**图 10.1　上证综合指数 $p_t$**

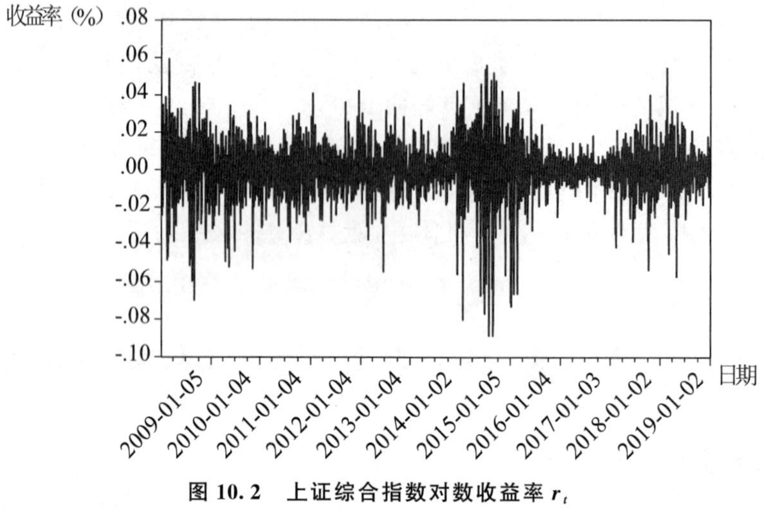


**图 10.2　上证综合指数对数收益率 $r_t$**

3. 从取值的分布上来看，收益率表现的是“高峰厚尾”特征，即均值附近与尾区的概率值比正态分布大，而其余区域的概率比正态分布小。图 10.3 给出高峰厚尾分布示意图。图 10.4 给出一个高峰厚尾分布实例。

图 10.2 的波动集群性显示出前后期方差有一定的相关关系，自回归条件异方差(ARCH)模型就是用来描述这类关系的。它将条件方差表示为残差平方项的滞后期的线性组合，通过一个自回归的模型来表达方差的前后相关性。通过对序列的方差的具体描述和刻画，可以更好地提高模型的预测精度。在金融领域，对波动率的建模有两个重要的应用：一是衍生证券定价，二是风险价值(VaR)的管理。因此对方差或波动的精确刻画有助于更好地控制风险，实行有效的风险防范措施。

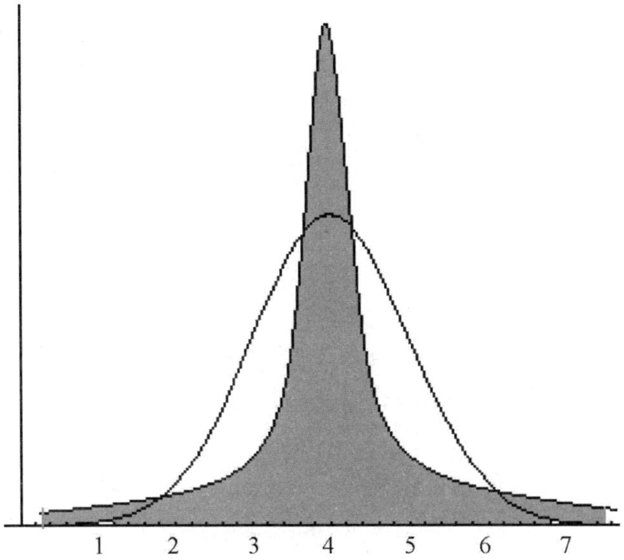


图 10.3　高峰厚尾分布特征示意图 $r_t$

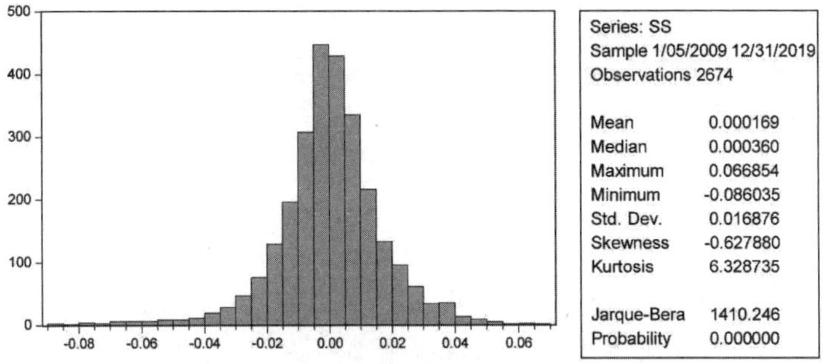


图 10.4　标准化的深圳综合股票收益分布直方图

## 二、ARCH 模型的定义

为了刻画预测误差的条件方差中可能存在的某种自相关性，恩格尔(Engle)提出了自回归条件异方差模型。其主要思想是：扰动项 $u_t$ 的条件方差依赖于它的前期值 $u_{t-1}$，$u_{t-2}$，… $u_{t-q}$ 的平方项的大小。ARCH(1)模型就是时刻 $t$ 的 $u_t$ 的条件方差( $\sigma_t^2$ )依赖于时刻( $t-1$)的扰动项平方的大小，即依赖于 $u_{t-1}^2$。

一般地说，考虑 $k$ 个变量的回归模型

$$Y_t = \beta_0 + \beta_1 X_1 + \beta_2 X_2 + \cdots + \beta_k X_k + u_t \tag{10.2}$$

$$\sigma_t^2 = E(u_t^2) = \alpha_0 + \alpha_1 u_{t-1}^2 + \alpha_2 u_{t-2}^2 + \cdots + \alpha_q u_{t-q}^2 \tag{10.3}$$

$X_t$ 的分量也可以包括 $Y_t$ 的滞后变量。另外，$u_t$ 满足独立同分布的假设，且有 $E(u_t)=0$，$D(u_t)=\sigma_t^2$。则称 $u_t$ 服从$q$ 阶的 ARCH 过程，记作 $u_t \sim \text{ARCH}(q)$。其中式(10.2)称作均值方程，式(10.3)称作 ARCH 方程。

式(10.2)和式(10.3)还应满足如下条件。对于式(10.2)，为保证平稳性，特征方程

$$1 - \beta_1 L - \beta_2 L^2 - \cdots - \beta_p L^p = 0 \tag{10.4}$$

的根应在单位圆之外。

$Y_t$ 的条件期望是：在这个模型中，变量 $Y_t$ 的无条件方差是固定的，但是其条件方差却不一定

$$Var(Y_t|Y_{t-1})=E((Y_t-X_t'\beta)^2|Y_{t-1})=E(u_t^2|Y_{t-1})$$

其中，$Var(Y_t|Y_{t-1})$ 表示基于 $(t-1)$ 时刻的信息集合 $Y_{t-1}$ 的 $Y_t$ 的条件方差，出现这种情况的原因可能是因为误差项存在自回归结构。

对于式(10.3)，由于 $u_t^2$ 的非负性，对 $\alpha_i$ 应有如下约束

$$\alpha_0>0,\alpha_i\geqslant 0,\quad i=1,2,\cdots,q \tag{10.5}$$

当全部 $\alpha_i=0,i=1,2,\cdots,q$ 时，条件方差 $\sigma_t^2=\alpha_0$。因为方差是非负的，所以要求 $\alpha_0>0$。为保证 $\sigma_t^2$ 是一个平稳过程，式(10.3)的特征方程

$$1-\alpha_1L-\alpha_2L^2-\cdots-\alpha_qL^q=0 \tag{10.6}$$

的根都应在单位圆之外。对于 $\alpha_i(i=1,2,\cdots,q)$ 的另一个约束是

$$0\leqslant\alpha_1+\alpha_2+\cdots+\alpha_q<1 \tag{10.7}$$

对式(10.3)求期望

$$\begin{aligned}\sigma_t^2&=\alpha_0+\alpha_1E(u_{t-1}^2)+\alpha_2E(u_{t-2}^2)+\cdots+\alpha_qE(u_{t-q}^2)\\&=\alpha_0+\alpha_1\sigma_{t-1}^2+\alpha_2\sigma_{t-2}^2+\cdots+\alpha_q\sigma_{t-q}^2\end{aligned}$$

当 $T\to\infty$时，$\sigma^2=\alpha_0+\alpha_1\sigma^2+\alpha_2\sigma^2+\cdots+\alpha_q\sigma^2$

则无条件方差

$$\sigma^2=\frac{\alpha_0}{1-\sum_{i=1}^{q}\alpha_i} \tag{10.8}$$

可见若保证 $\sigma_t^2$ 是一个平稳过程，应该有约束 $0\leqslant(\alpha_1+\alpha_2+\cdots+\alpha_q)<1$。因为 $Var(Y_t)=Var(u_t)=\sigma^2$，所以式(10.8)可以用来预测 $Y_t$ 的方差。

一般地，若 $u_t\sim$ ARCH($q$)，则可表示为：$u_t=\sqrt{h_t}\cdot v_t$，并且假设 $v_t$ 独立同分布，$E(v_t)=0,Var(v_t)=1,h_t$ 有表达式：$h_t=\alpha_0+\alpha_1u_{t-1}^2+\cdots+\alpha_qu_{t-q}^2$。显然，在任何时刻 $u_t$ 的条件期望为 0，而条件方差为 $h_t$。

ARCH 模型在刻画条件异方差上有以下特点：

1. 表明过去的波动扰动对市场未来波动有着正向而减缓的影响。因此波动会持续一段时间，从而模拟了市场波动的集群性现象，即较大幅度的波动后面一般紧接着较大幅度的波动，较小幅度的波动后面一般紧接着较小幅度的波动，这称为波动的聚集性。但 ARCH 模型没有说明波动的方向。

2. 利用 ARCH 模型可以更精确地估计参数，提高预测精度。当存在 ARCH 效应时，若仍使用方差为常数的普通最小二乘法来估计参数，就会产生偏差，掩盖预测的不确定性。然而，若使用 ARCH 模型，则不仅可以提高预测值的精度，还可以知道预测值的可靠性。当方差较大时，预测值的置信区间就较大，从而可靠性较差；当方差较小时，预测值的置信区间就较小，从而可靠性较好。

3. ARCH 模型的主要贡献在于发现了经济时间序列中比较明显的变化是可以预测的，并且说明了这种变化是来自某一特定类型的非线性依赖性，而不是方差的外生结构变化。

## 三、ARCH 模型建立的基本步骤

要建立一个合适的 ARCH 模型来对方差进行描述和预测，需要首先判断模型中是否存在条件异方差现象，而后进一步对方差进行建模，并依照信息判断准则来选用较好的拟合模型，最终对模型的效果进行评价和分析。ARCH 模型的建模一般有以下步骤。

（一）建立时间序列的计量模型，使用估计的残差来检验 ARCH 效果

在均值方程（回归模型或时间序列模型）的误差项中是否存在自回归条件异方差应该进行假设检验。检验 ARCH 可以使用 F，LM，LR，W 统计量。

1. 自回归条件异方差的（拉格朗日乘子检验法）*LM* 检验

① 建立原假设

$H_0:\alpha_1=\alpha_2=\cdots=\alpha_q=0$（不存在 ARCH 效应）

$H_1:\alpha_1,\alpha_2,\cdots,\alpha_q$ 不全为零

在原假设成立条件下，OLS 估计量是一致的、有效的；

在备择假设成立条件下，OLS 估计量是一致的，但不是有效的。

② 估计 $Y_t=\beta_0+\beta_1X_1+\beta_2X_2+\cdots+\beta_kX_k+u_t$，计算 $\hat{u}_t^2$。

③ 估计辅助回归式

$$\hat{u}_t^2=\alpha_0+\alpha_1\hat{u}_{t-1}^2+\alpha_2\hat{u}_{t-2}^2+\cdots+\alpha_q\hat{u}_{t-q}^2+v_t \tag{10.9}$$

④ 用③步得到的可决系数 $R^2$ 构成统计量 $LM=TR^2$。其中 $T$ 表示辅助回归式的样本容量。在原假设成立条件下有

$$LM=TR^2\sim\chi^2_{(q)} \tag{10.10}$$

若 $LM<\chi^2_{\alpha(q)}$，不拒绝 $H_0$；若 $LM>\chi^2_{\alpha(q)}$，不拒绝 $H_1$。

注意：辅助回归式中要有常数项 $\alpha_0$。

2. 自回归条件异方差的 *F* 检验

① 建立原假设

$H_0:\alpha_1=\alpha_2=\cdots=\alpha_q=0$（不存在 ARCH 效应）

$H_1:\alpha_1,\alpha_2,\cdots,\alpha_q$ 不全为零

② 估计 $Y_t=\beta_0+\beta_1X_1+\beta_2X_2+\cdots+\beta_kX_k+u_t$，计算 $\hat{u}_t^2$。

③ 用 $\hat{u}_t^2$ 估计 2 个辅助回归式

$$\hat{u}_t^2=\alpha_0+v_t \tag{10.11}$$

$$\hat{u}_t^2=\alpha_0+\alpha_1\hat{u}_{t-1}^2+\alpha_2\hat{u}_{t-2}^2+\cdots+\alpha_q\hat{u}_{t-q}^2+v_t \tag{10.12}$$

④ 构造 *F* 统计量，在原假设成立条件下有

$$F=\frac{(RSS_r-RSS_u)/q}{RSS_u/(T-q-1)}\sim F(q,T-q-1) \tag{10.13}$$

其中，$RSS_r$，$RSS_u$ 分别表示由式（10.11）和式（10.12）得到的残差平方和。

若 $F<F_{\alpha(q,T-q-1)}$，不拒绝 $H_0$；若 $F>F_{\alpha(q,T-q-1)}$，不拒绝 $H_1$。

如果结论是应该建立 ARCH 模型，则进一步应该对 ARCH 模型的阶数 $q$ 进行检验。对此可以采用 $t$ 检验。

3. 模型残差平方的 Q 检验（Ljung-Box Q 统计量）

①计算出残差值

$$\hat{u}_t^2 = Y_t - (\hat{\beta}_0 + \hat{\beta}_1 X_1 + \hat{\beta}_2 X_2 + \cdots + \hat{\beta}_k X_k) \tag{10.14}$$

②计算出残差平方的均值

$$\hat{\sigma}^2 = \frac{1}{T}\sum_{t=1}^{T}\hat{u}_t^2 \tag{10.15}$$

③计算出残差平方的样本自相关系数

$$\hat{\rho}_i = \frac{\sum_{t=i+1}^{T}(\hat{u}_t^2 - \hat{\sigma}^2)(\hat{u}_{t-i}^2 - \hat{\sigma}^2)}{\sum_{t=1}^{T}(\hat{u}_t^2 - \hat{\sigma}^2)}$$

④计算 $Q_{LB}$ 统计量

$$Q_{LB} = T(T+2)\sum_{i=1}^{p}\frac{\hat{\rho}_i^2}{T-i} \tag{10.16}$$

其中，$T$ 为样本容量，$p$ 为设定的滞后阶数。

$Q_{LB}$ 统计量的原假设 $H_0$ 是：序列不存在 $p$ 阶自相关；当原假设成立时

$$Q_{LB} = T(T+2)\frac{\sum_{i=1}^{p}\hat{\rho}_i^2}{T-i} \text{近似} \sim \chi^2(p-1) \tag{10.17}$$

当 $Q_{LB} \geqslant \chi_\alpha^2(p-1)$ 时，拒绝原假设 $H_0$。

(二)识别 ARCH 模型的阶数、估计模型参数

1. 阶数的识别

从式(10.14)中，可以估计相应的残差，从而得到时间序列 $\hat{u}_t^2$，分析序列 $\hat{u}_t^2$ 的自相关函数和偏自相关函数，使用 AIC 或 BIC 准则来确定序列适当的滞后长度。

2. 使用条件似然函数估计参数

当 ARCH 模型经常应用在回归模型中

$$Y_t = X'_t\beta + u_t \tag{10.18}$$

其中，$\beta = (\beta_0, \beta_1, \cdots, \beta_K)'$，$X_t = (1, X_1, X_2, \cdots, X_k)'$，$X_t$ 的分量也可以包括 $Y_t$ 的滞后变量。为计算方便，假定已知 $Y_t$,$X_t$ 的 $T+q$ 组观测值，从而保证估计参数所用的样本容量为 $T$。

$$u_t \sim \text{ARCH}(q) \text{ 可以表示为：} u_t = \sqrt{h_t}v_t$$

其中 $v_t \sim N(0,1)$，$v_t$ 与 $X_t$ 相互独立，$h_t = \alpha_0 + \alpha_1 u_{t-1}^2 + \alpha_2 u_{t-2}^2 + \cdots + \alpha_q u_{t-q}^2$，所以有 $\sigma_t^2 = E(u_t^2) = h_t$，$E(u_t) = 0$。$Y_t$ 服从正态分布，概率密度函数为

$$f(Y_t | X_t, \alpha_i, \beta) = \frac{1}{\sqrt{2\pi h_t}}\exp(-\frac{(Y_t - X'_t\beta)^2}{2h_t}) \tag{10.19}$$

其中

$$\begin{aligned} h_t = {} & \alpha_0 + \alpha_1(Y_{t-1} - X'_{t-1}\beta)^2 + \alpha_2(Y_{t-2} - X'_{t-2}\beta)^2 + \cdots \\ & + \alpha_q(Y_{t-q} - X'_{t-q}\beta)^2 \end{aligned} \tag{10.20}$$

用参数 $\beta$ 和 $\alpha = (\alpha_0, \alpha_1, \alpha_2, \cdots, \alpha_q)'$ 组成参数向量 $\gamma$

$$\gamma = \begin{pmatrix}\beta \\ \alpha\end{pmatrix} \tag{10.21}$$

模型（10.14）的对数似然函数是

$$\ln L(\gamma)=\sum_{t=1}^{T}\ln(f(Y_t|X_t,\gamma))$$
$$=-\frac{T}{2}\ln(2\pi)-\frac{1}{2}\sum_{t=1}^{T}\ln(h_t)-\frac{1}{2}\sum_{t=1}^{T}\frac{(Y_t-X'_t\beta_t)^2}{h_t} \qquad (10.22)$$

求 $\gamma$ 的极大似然估计量就是求 $\hat{\gamma}$ 使 $\ln L(\gamma)$ 在 $\gamma=\hat{\gamma}$ 处获得极大值。通过对 $\ln L(\gamma)$ 求 $\gamma$ 的偏导数，得到 $\gamma$ 的极大似然估计值，它具有一致性。

（三）检验 ARCH 模型、根据情况修改模型

对于 ARCH 模型，把残差标准化 $v_t=\frac{u_t}{\sqrt{h_t}}$，则 $\{v_t\}$ 应该是正态白噪声序列。所以可以依据这个特点来检验模型的拟合好坏。

1. Ljung-Box Q 统计量检验序列是否存在自相关，可以使用 ACF 检验图。

原假设 $H_0$：残差序列为白噪声序列

2. 利用 JB 检验或 Q-Q 图检验序列的正态性。

原假设 $H_0$：序列服从正态分布

（四）预测

ARCH 类模型对于时间序列方差的建模非常有用，因此 ARCH 类模型的主要作用在于预测时间序列的方差，从而研究时间序列的波动性。在预测时，我们可以使用历史数据的移动平均法来预测方差的波动，也可以使用 ARCH 类模型来进行预测。

向前一步预测：$h_T(1)=\alpha_0+\alpha_1u_T^2+\cdots+\alpha_qu_{T+1-q}^2$

向前两步预测：$h_T(2)=\alpha_0+\alpha_1h_T(1)+\alpha_2u_T^2+\cdots+\alpha_qu_{T+2-q}^2$

向前 $l$ 步预测：$h_T(l)=\alpha_0+\sum_{i=1}^{q}\alpha_ih_T(l-i)$

其中，当 $l-i\leqslant 0$ 时，$h_T(l-i)=u_{T+l-i}^2$。

## 四、GARCH 模型

在 ARCH($q$) 中，如果滞后期 $q$ 值很大，那么 $u_t^2$ 的方差依赖于很多时刻之前的变化量。在金融领域中，采用日数据来估计股票收益的应用就是如此。这样，我们必须估计很多参数，而这点很难精确做到。同时，为了保证条件方差为正，要求参数为正。当参数过多时，用实际数据估计出的模型往往不能满足这一要求。从而，ARCH($q$) 模型不具实用性。但是，我们发现 ARCH 模型的方程不过是条件方差的分布滞后模型，我们就能够用少数几个条件方差的滞后值来替代许多 $u_t^2$ 的滞后值。由此，便产生了广义自回归条件异方差模型（generalized autoregressive conditional heteroskedasticity model，GARCH 模型）。GARCH 模型是 1986 年波勒斯勒夫（Bollerslev）将 ARCH 模型进行的推广。

（一）GARCH 模型定义

ARCH($q$) 模型是关于 $\sigma_t^2$ 的分布滞后模型。为避免 $u_t^2$ 的滞后项过多，可采用加入 $\sigma_t^2$ 的滞后项的方法。对于式（10.3），可给出如下形式

$$\sigma_t^2=\alpha_0+\alpha_1u_{t-1}^2+\lambda_1\sigma_{t-1}^2 \qquad (10.23)$$

此模型称为广义自回归条件异方差模型，用 GARCH（1，1）表示。其中 $u_{t-1}$ 称为

ARCH 项，$\sigma_{t-1}^2$ 称为 GARCH 项。式(10.23)应满足的条件是 $\alpha_0>0,\alpha_1\geqslant 0,\lambda_1\geqslant 0$。

当 $0\leqslant\lambda_1<1$，式(10.23)变为

$$(1-\lambda_1 L)\sigma_t^2=\alpha_0+\alpha_1 u_{t-1}^2$$

所以有

$$\begin{aligned}\sigma_t^2&=\frac{\alpha_0}{1-\lambda_1}+\frac{\alpha_1}{1-\lambda_1 L}u_{t-1}^2\\&=\frac{\alpha_0}{1-\lambda_1}+(\alpha_1+\alpha_1\lambda_1 L+\alpha_1\lambda_1^2L^2+\alpha_1\lambda_1^3L^3+\cdots)u_{t-1}^2\end{aligned}$$

所以 GARCH 模型可以看作是无限阶的 ARCH 模型。

GARCH 模型的一般表达式是含有 $q$ 个 ARCH 项和 $p$ 个 GARCH 项，即 GARCH$(p,q)$

$$\sigma_t^2=\alpha_0+\alpha_1 u_{t-1}^2+\cdots+\alpha_q u_{t-q}^2+\lambda_1\sigma_{t-1}^2+\cdots+\lambda_p\sigma_{t-p}^2 \tag{10.24}$$

模型式(10.24) 应满足的条件是

$$\begin{aligned}&\alpha_0>0,\\&\alpha_i\geqslant 0,\ i=1,2,\cdots,q,\\&\lambda_i\geqslant 0,\ i=1,2,\cdots,p,\\&0\leqslant(\sum\nolimits_{i=1}^q\alpha_i+\sum\nolimits_{i=1}^p\lambda_i)<1\end{aligned}$$

对于 GARCH 模型，相应均值方程被解释变量的条件期望和条件方差分别是

$$E\{Y_t|X_t\}=X_t'\beta$$

$$Var\{Y_t|X_t\}=\sigma_t^2$$

对式(10.24)两侧求期望，并令 $T\to\infty$，则 $u_t$ 的无条件方差表达式是

$$\sigma^2=\frac{\alpha_0}{1-\sum\limits_{i=1}^q\alpha_i-\sum\limits_{i=1}^p\lambda_i} \tag{10.25}$$

所以当 $\sum\limits_{i=1}^q\alpha_i+\sum\limits_{i=1}^p\lambda_i<1$ 时，$Var(u_t)<\infty$，干扰项$\{u_t\}$ 为一平稳过程。若

$$\sum_{i=1}^q\alpha_i+\sum_{i=1}^p\lambda_i=1 \tag{10.26}$$

则意味着干扰项 $\{u_t\}$ 的方差 $Var(u_t)\to\infty$，无限大的方差说明序列是不稳定的。通常将式(10.26)成立时的 GARCH$(p,q)$ 模型称为 IGARCH 模型。如果 $\alpha_0>0$，称 $\alpha_1+\lambda_1=1$ 条件下的 GARCH(1,1)为单整 GARCH 模型，记作 IGARCH(1,1)。

若 $\sum\nolimits_{i=1}^q\alpha_i+\sum\nolimits_{i=1}^p\lambda_i<1$ 成立，干扰项 $u_t$ 为平稳过程，从另一角度讲，可以说明外部冲击对干扰项 $u_t$ 的波动特征产生的影响将随着时间的推移而逐渐衰减。$\sum\nolimits_{i=1}^q\alpha_i+\sum\nolimits_{i=1}^p\lambda_i$ 值的大小反映出外部冲击对 $u_t$ 波动特征产生影响的持久性，故称为衰减系数。这个值越大，说明冲击的衰减越慢。

（二）GARCH 模型与 ARCH 模型的比较

GARCH$(p,q)$ 模型包含 ARCH$(q)$ 模型作为特例，其同样具有 ARCH$(q)$ 模型的特点，能模拟价格波动的集群性现象。两者的区别在于，GARCH$(p,q)$ 模型的条件方差不

仅是滞后残差平方的线性函数，而且是滞后条件方差的线性函数。因此利用GARCH$(p,q)$模型，能在计算量不大时，更合适、更方便地描述高阶的ARCH$(q)$过程，也符合计量经济学中建模所遵循的从一般到具体的原则，因而具有更大的适用性。

实践中大多数金融数据序列的分布较正态分布而言，尾巴拖得更长，中间峰顶更尖，即具有尖峰厚尾特征。GARCH$(p,q)$模型有助于模拟这种现象。实践中还发现，当样本较大时，GARCH$(p,q)$就足以描述方差的动态特征，而且越是高频率的序列，ARCH效应越显著。

（三）GARCH模型的残差分布

GARCH$(p,q)$模型的优点之一是有助于解释厚尾现象。但实践中却发现GARCH$(p,q)$模型不能完全解释这一现象，即用GARCH$(p,q)$模型模拟数据后得到的标准残差不一定近似为正态分布。而残差的正态分布假设是对模型进行极大似然估计的基础。通常我们假设残差服从正态分布，但是金融序列的尖峰厚尾现象，甚至是条件分布的尖峰厚尾现象使得正态分布的假定可能会造成模型设定误差。

因此，为了说明大量金融时间数据序列所呈现的厚尾巴特征，必须寻找一个比正态分布尾巴更厚的分布。最常用的非正态残差分布包括$t$分布和广义误差分布（GED）。

$u_t \mid \psi_{t-1} \sim t(n)$可用自由度为$n$的$t$分布代替GARCH(1,1)模型中的正态分布，其中$n$为参数，且$n>2$，这里$t$分布的自由度$n$可以看作是测量厚尾巴程度的参数。当$n>30$时，$t$分布近似为正态分布，因而正态分布可以看作是$t$分布的极限形式。而当$n$显著小于30时，$t$分布比对应的正态分布有更厚的尾巴。因此在ARCH模型中使用正态分布拟合数据不理想时，可以改用$t$分布。实践证明，使用$t$分布后，效果确实改善。

$t$分布的密度函数

$$t(x,v)=\frac{\gamma(\frac{v+1}{2})\times(1+\frac{x^2}{v})^{-\frac{v+1}{2}}}{\gamma(\frac{v}{2})\times\sqrt{v\pi}} \tag{10.27}$$

广义误差分布的密度函数

$$f(u_t)=\frac{v\exp[-(1/2)\left|\frac{u_t h_t^{-1/2}}{\lambda}\right|^v]}{\lambda 2^{[(v+1)/v]}\Gamma(1/v)}h_t^{-1/2} \tag{10.28}$$

其中$\lambda=\left[\frac{2^{-2/v}\Gamma(1/v)}{\Gamma(3/v)}\right]^{1/2}$，$\Gamma(\cdot)$是伽玛函数，$v$是尾部厚度的度量，对于正态分布$v=2$；对于尖峰态分布，则$v<2$，分布特点是尾部比正态分布尾部厚。

（四）GARCH模型的检验

检验模型存在ARCH效应后，既可以建立ARCH模型，也可以建立GARCH模型。但如果用ARCH模型来拟合时，有很多的滞后项，$q$值很大，建议使用GARCH模型。在实际应用中，GARCH(1,1)和GARCH(2,1)一般足可以满足对自回归条件异方差的描述。

（五）GARCH模型的评价

GARCH模型对ARCH模型进行了拓展，具有以下优点：

1. 只用很少的参数就能对实际数据拟合得很好。

2. 描述了金融时间序列波动聚集性。

3. 该模型被广泛地应用于股票、汇率和利率数据的分析。

4. 有许多变形来拟合波动性的不同特点。

5. 对条件异方差进行正确估计后可以使回归参数的估计量更具有效性。

但同时也有一些不足之处：

1. 滞后阶数 $q$ 较大时，参数估计很难做到精确。

2. 为了保证条件方差为正，参数要求为正。当参数过多时，用实际数据估计出的模型往往不能满足这一要求。同时，这些约束隐含对所有的 $m \geqslant 1$，在任何时期增加 $u_t^2$ 都会增加 $\sigma_{t+m}^2$，从而排除了 $\sigma_t{}^2$ 的随机波动行为。这些非负约束也给 GARCH 模型的参数估计带来困难。

3. GARCH 模型不能解释股票收益和收益变化波动之间出现的负相关现象。

由于 GARCH$(p,q)$ 模型假定条件方差是过去残差平方的函数，因此残差的符号不影响波动，即条件方差对正的价格变化和负的价格变化的反应是对称的。

4. 因为没有一致的测量波动持久性的准则，所以难以利用 GARCH$(p,q)$ 模型对条件方差的冲击是否会持久这一问题进行评价。

在对金融时间序列进行研究时，研究者常常对条件方差的冲击会存留多久这一问题比较关注。如果波动变化只是暂时的，则市场对风险溢价不会有明显的调整。因此由将来预期现金流的净现值决定的股票价格和折现因子都不会发生明显变化；如果波动冲击无限期地存留，则可能改变整个风险溢价的期限结构，从而对长期资本货物的投资产生显著影响。但 GARCH 模型难以对这点进行评价。

## 五、其他 GARCH 类模型

1. ARCH-M，GARCH-M，ABSGARCH-M 和 EGARCH-M 模型

恩格尔（Engle）、利林（Lilien）和罗宾（Robins）（1987）又引入了 ARCH 均值（ARCH-in-mean）或 ARCH-M 回归模型的，表达式为

$$Y_t = X_t'\beta + \varphi\sigma_t^2 + u_t$$

$$\sigma_t^2 = \alpha_0 + \alpha_1 u_{t-1}^2 + \alpha_2 u_{t-2}^2 + \cdots + \alpha_p u_{t-p}^2 \tag{10.29}$$

其中，参数 $\varphi$ 是用条件方差 $\sigma_t^2$ 衡量的，可观测到预期风险波动对 $Y_t$ 的影响程度，它代表了风险和收益之间的一种权衡。

同样地，GARCH-M，ABSGARCH-M 和 EGARCH-M 模型分别称为波动项进入均值方程的 GARCH，ABSGARCH 和 EGARCH 模型。这些模型可以描述金融资产的回报除了受其他一些因素影响外，也受对回报波动的大小影响。

ARCH-M 模型一般有两种变形：

（1）用条件标准差 $\sigma_t$ 代替条件方差 $\sigma_t^2$

$$Y_t = X_t'\beta + \varphi\sigma_t + u_t$$

（2）将条件方差 $\sigma_t^2$ 换成其对数形式 $\ln\sigma_t^2$

$$Y_t = X_t'\beta + \varphi\ln(\sigma_t^2) + u_t$$

这一扩展在描述资产预期收益与预期风险紧密相关的金融领域有十分重要的意义。

简单地说，若用 $Y_t$ 表示某金融资产的收益率水平，方差 $\sigma_t^2$ 作为风险指标，表示收益率水平的波动程度。那么模型将风险因素 $\varphi\sigma_t$ 作为解释变量之一，直接引入收益率的决定过程中。而根据资产定价理论，股票风险是决定股票价格的重要因素，一个证券的投资者在做出某一投资决策时，不但要考虑证券的预期收益率，而且还要考虑收益率的波动。因此，模型所示的 ARCH/GARCH-M 模型恰好反映了"应该将风险因素引入金融资产定价过程"的思想。

2. 因子 GARCH 模型

因子 GARCH 模型通过一个单一的 GARCH 波动性，由市场因子的波动性的估计和预测来估计预测个体资产的波动性和相关性。在资本资产定价模型中，单一资产或者证券组合的回报与市场回报之间的关系可用回归方程表示

$$r_{i,t}=\alpha_i+\beta_i M_t+u_{i,t} \tag{10.30}$$

其中，$r_{i,t}$ 表示某一个资产组合的收益率；$M_t$ 表示市场在 $t$ 期的收益率；$\beta_i$ 为资产组合的 beta 系数。假设 $\sigma_{i,t}$ 为资产 $i$ 组合在 $t$ 期的标准差，$\sigma_{ij,t}$ 为在 $t$ 期资产 $i$ 和资产 $j$ 之间的协方差，$\sigma_{u_i,t}$ 表示资产 $i$ 的扰动项在 $t$ 期的标准差，从而有下列方程

$$\begin{aligned}\sigma_{i,t}^2&=\beta_i^2\sigma_{M,t}^2+\sigma_{u_i,t}\\ \sigma_{ij,t}&=\beta_i\beta_j\sigma_{M,t}^2+\sigma_{u_{i,t},u_{j,t}}\end{aligned} \tag{10.31}$$

这样，通过对上面两个线性回归方程的联立求解，可得到因子灵敏度参数 $\beta_i$ 以及误差方差和协方差的估计。

3. AugmentedGARCH($p$,$q$) 模型

扩展的 GARCH 模型，是指该模型能够在特性上包含众多已知的 GARCH 模型的特性，这些已知的 GARCH 模型称为扩展模型在参数取不同值时的特殊形式。不同的参数代表不同的 GARCH 模型，如 LGARCH，MGARCH，EGARCH，TGARCH，GJR-GARCH 等。

4. 成分条件异方差模型

GARCH(1,1)模型将条件方差设定为

$$\sigma_t^2=\omega+\alpha u_{t-1}^2+\beta\sigma_{t-1}^2$$

令 $\omega=\bar{\omega}(1-\alpha-\beta)$，其中 $\bar{\omega}$ 是非条件方差或长期波动率，过程变为

$$\sigma_t^2=\bar{\omega}+\alpha(u_{t-1}^2-\bar{\omega})+\beta(\sigma_{t-1}^2-\bar{\omega}) \tag{10.32}$$

式(10.32)表示了均值趋近于 $\bar{\omega}$，这个 $\bar{\omega}$ 在所有时期都为常数。相反地，成分 ARCH 模型允许均值趋近于一个变动的水平 $q_t$

$$\sigma_t^2-q_t=\alpha(u_{t-1}^2-q_{t-1})+\beta(\sigma_{t-1}^2-q_{t-1}) \tag{10.33}$$

$$q_t=\bar{\omega}+\rho(q_{t-1}-\bar{\omega})+\varphi(u_{t-1}^2-\sigma_{t-1}^2) \tag{10.34}$$

此处 $\sigma_t^2$ 仍然是波动率，而 $q_t$ 代替了 $\bar{\omega}$，它是随时间变化的长期变动。式(10.33)描述了暂时分量 $\sigma_t^2-q_t$，它将随 $\alpha+\beta$ 的作用收敛到零。式(10.34)描述了长期分量 $q_t$，它将在 $\rho$ 的作用下收敛到 $\bar{\omega}$。典型的 $\rho$ 在 0.99 和 1 之间，所以 $q_t$ 缓慢的接近 $\bar{\omega}$。我们把暂时方程和长期方程联合起来

$$\begin{aligned}\sigma_t^2=&(1-\alpha-\beta)(1-\rho)\omega+(\alpha+\varphi)u_{t-1}^2-[\alpha\rho+(\alpha+\beta)\varphi]u_{t-2}^2\\&+(\beta-\varphi)\sigma_{t-1}^2-[\beta\rho-(\alpha+\beta)\varphi]\sigma_{t-2}^2\end{aligned} \tag{10.35}$$

该方程表明了成分 ARCH 模型是一个非线性的严格的 GARCH(2,2)模型。在成分 ARCH 模型的条件方差方程中,可以包含外生变量,它可以在长期方程中,也可以在暂时方程中(或者两者均可)。暂时方程中的变量将对变化率的短期移动产生影响,而长期方程中的变量将影响变动率的长期水平。

5. ABSGARCH /ARCH 模型

为了保证方差为正,又提出了如下两种模型形式。一种是绝对值 GARCH /ARCH 模型,写作 ABSGARCH /ARCH(absolute GARCH /ARCH)。在 ABSGARCH /ARCH 模型中使用的是新息的绝对值。ABSGARCH($p,q$)表示如下,

$$\sigma_t^2=\alpha_0+\sum\nolimits_{i=1}^{q}\alpha_i\left|u_{t-i}\right|+\sum\nolimits_{j=1}^{p}\lambda_j\sigma_{t-j}^2 \tag{10.36}$$

与 GARCH ($p,q$) 模型比较, $|u_{t-i}|$ 代替了 $u_{t-i}^2$。采用绝对值形式减小了 $u_t^2$ 的幅度。Pesaran-Pesaran(1997)还把 ABSGARCH 模型写成如下形式。

$$\sigma_t=\alpha_0+\sum\nolimits_{i=1}^{q}\alpha_i\left|u_{t-i}\right|+\sum\nolimits_{j=1}^{p}\lambda_j\sigma_{t-j} \tag{10.37}$$

6. AR-GARCH 模型

对残差序列 $u_t$ 拟合 GARCH 模型有一个基本要求:$u_t$ 为零均值、纯随机的异方差序列。有时回归函数 $Y_t=\gamma_0+\gamma_1x_{1t}+\cdots+\gamma_kx_{kt}$ 不能充分提取原序列中的相关信息,残差序列可能具有自相关性,而不是纯随机的。这时需要对 $u_t$ 先拟合自回归模型,再考虑自回归残差序列 $v_t$ 的方差齐性,如果 $v_t$ 有异方差,再对它拟合 GARCH 模型。

这样构造的模型称为 AR($m$)-GARCH($p,q$) 模型,具体形式如下

$$\begin{aligned}
&Y_t=\gamma_0+\gamma_1x_{1t}+\cdots+\gamma_kx_{kt}+u_t\\
&u_t=\sum_{k=1}^{m}\beta_ku_{t-k}+v_t\\
&h_t=\omega+\sum_{i=1}^{p}\eta_ih_{t-i}+\sum_{j=1}^{q}\lambda_jv_{t-j}^2+e_t\\
&e_t\overset{i.i.d}{\sim}N(0,1)
\end{aligned} \tag{10.38}$$

## 第二节　非对称的条件异方差模型

### 一、非对称性的含义

对于 ARCH 模型,一个单位的利好信息冲击和一个单位的利坏信息冲击对波动的影响是一样的。但实际上,在股票市场中经常观测到的现象是坏消息引起的波动要比同等程度下好消息引起的波动大一些。利好、利坏信息冲击对股票市场波动的影响是不一样的。相同单位的利坏信息冲击对波动的影响常常要比利好信息冲击来的大。信息对股票市场波动的这种非对称性影响称为杠杆效应。

Engle 和 Ng (1993) 首先提出“信息冲击曲线”(news impact curve)概念,若截止于 $t-2$ 期以前的信息保持不变,滞后条件方差保持无条件方差水平,那么信息冲击曲线就是用 $\sigma_t^2$ 对 $u_{t-1}$ 描绘的曲线。这可由图 10.5 简单表示。

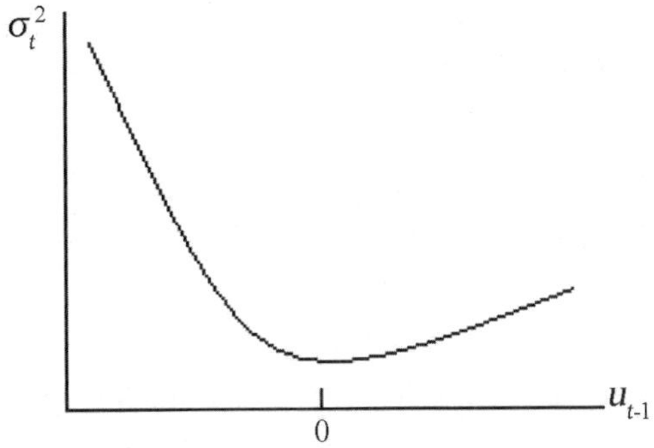


**图 10.5 收益波动非对称性示意图**

图 10.5 中，$u_{t-1}$ 小于 0，表示预测的残差小于 0，是利坏消息的影响；而 $u_{t-1}$ 大于 0，表示利好消息的影响。以 0 为分界点，将曲线分为两部分，这两部分所表示的条件方差的变化率是不相同的。由此反映出，对于利坏消息，波动率更大一些，这是由于杠杆效应的作用。而在利好消息下，波动率相对比较平缓。一般地，TARCH 模型、EGARCH 模型、GJR 模型及 APARCH 模型可以描述这类波动的非对称性特征。

## 二、非对称性的检验

EGARCH 和 GJR 模型都反映了市场对信息的非对称性反应，Engle-Ng(1993)年提出了非对称性检验方法。Engle-Ng 方法是首先对收益率建立一个 GARCH 模型，然后得到残差，对残差进行一系列的回归和检验。

1. 方法一是符号检验，检验方程为

$$\hat{u}_{t-1}^2 = \varphi_0 + \varphi_1 S_{t-1}^- + w_t \tag{10.39}$$

其中，$\hat{u}_{t-1}^2$ 是 GARCH 的残差，$S_{t-1}^-$ 是虚拟变量，如果 $t-1$ 时刻的残差小于 0，则取值为 1，否则取值为 0；$w_t$ 是独立同分布的误差项。原假设 $H_0: \varphi_1 = 0$。若拒绝原假设，则说明收益率存在非对称性。

2. 方法二是检验扰动的大小是否存在不对称性，这一检验称为规模检验。检验方程为

$$\hat{u}_{t-1}^2 = \varphi_0 + \varphi_1 S_{t-1}^- \hat{u}_{t-1} + w_t \tag{10.40}$$

规模检验的原假设为 $H_0: \varphi_1 = 0$。若 $\varphi_1 \neq 0$ 则表示利坏消息的影响系数为 $\varphi_1 \hat{u}_{t-1}$。

3. Engle-Ng 还提供了一种检验方法，同时进行规模和符号偏差检验。回归模型如下

$$\begin{aligned} &\hat{u}_{t-1}^2 = \varphi_0 + \varphi_1 S_{t-1}^- + \varphi_2 S_{t-1}^- \hat{u}_{t-1} + \varphi_3 S_{t-1}^+ \hat{u}_{t-1} + w_t \\ &S_{t-1}^+ = 1 - S_{t-1}^- \end{aligned} \tag{10.41}$$

$H_0: \varphi_1 = 0$ 表示没有符号偏差，即正的或负的扰动对波动率的影响相同；

$H_0: \varphi_2 = 0$ 或 $H_0: \varphi_3 = 0$ 表示没有规模偏差，即扰动程度的不同对波动率没有影响；

$H_0: \varphi_1 = \varphi_2 = 0$ 或 $H_0: \varphi_1 = \varphi_3 = 0$ 表示没有符号和规模偏差。

4. 在对称的 GARCH 模型中，标准化残差平方序列和标准化的残差序列的交叉相关系数应为 0，而在非对称的 TARCH 模型或 EGARCH 模型中，交叉相关系数应为负值。

对该对称性的检验可以建立在对交叉相关系数的 Ljung-Box Q 检验基础上，只需观

察一下残差序列和残差平方序列的交叉相关图,就可以判断是否可由该水平值预测平方值。具有对称性的模型,其标准化残差的交叉相关 Ljung-Box Q 统计量应不显著。

## 三、TGARCH 模型

TGARCH 模型,又称门限 GARCH 模型。它是由 Zakaran(“Threshold Heteroskedastic Model”,INSEE,Paris,1990)以及 Glosten, Jaganathan, and Runkle(“Relationship between the Expected Value and the Volatility of the Nominal Excess Return on Stocks”,Journal of Finance,1994)分别独立提出的。以 TGARCH(1.1)为例,方差的模型是

$$\sigma_t^2 = \alpha_0 + \alpha_1 u_{t-1}^2 + \gamma u_{t-1}^2 d_{t-1} + \lambda_1 \sigma_{t-1}^2 \tag{10.42}$$

其中

$$d_t = \begin{cases} 0, u_t > 0 \\ 1, u_t < 0 \end{cases}$$

$u_t > 0$ 表示利好消息,$u_t < 0$ 表示利坏消息。对于 TGARCH 模型,利好和利坏消息对条件方差的影响是不一样的。当出现利好消息时,波动的平方项的系数是 $\alpha_1$。当出现利坏消息时,波动的平方项的系数是 $\alpha_1 + \gamma$。当 $\gamma = 0$ 时,条件方差对冲击的反应是对称的。当 $\gamma \neq 0$ 时,条件方差对冲击的反应是非对称的。

更一般的 TGARCH 模型形式如下

$$\sigma_t^2 = \alpha_0 + \sum_{i=1}^{q} \alpha_i u_{t-i}^2 + \gamma u_{t-1}^2 d_{t-1} + \sum_{j=1}^{p} \lambda_j \sigma_{t-j}^2 \tag{10.43}$$

用该模型预测时,假定残差的分布基本上是对称的,这样可以认为 $d$ 在一半时间内为 1,但不知道具体何时为 1。这样在预测中,可以设定 $d = 0.5$。

## 四、EGARCH 模型

奈尔逊(Nelson)在 1991 年对 ARCH 模型作了进一步推广,提出了指数 GARCH(exponential GARCH),记为 EGARCH。其条件方差方程为

$$\ln(\sigma_t^2) = \alpha_0 + \sum_{i=1}^{q} \alpha_i \left[\frac{u_{t-i}}{\sigma_{t-i}}\right] + \sum_{i=1}^{q} \gamma_i \left[\left|\frac{u_{t-i}}{\sigma_{t-i}}\right| - \mu\right] + \sum_{j=1}^{p} \lambda_j \ln(\sigma_{t-j}^2) \tag{10.44}$$

其中,$\left(\left|\frac{u_{t-i}}{\sigma_{t-i}}\right| - \mu\right)$ 是 ARCH 项。$\left[\frac{u_{t-i}}{\sigma_{t-i}}\right]$ 描述利好、利坏的差异。

因为等式右侧是 $\sigma_t^2$ 的对数,所以无论等式右侧是正是负,作为其反对数,$\sigma_t^2$ 总是正的。上式右侧第 2 项是用条件标准差 $\sigma_t$ 除信息 $u_t$ 及其滞后项,$(u_t/\sigma_t)$ 表示标准信息。第 3 项是用均值 $\mu$ 减标准信息的绝对值。为了解释怎样把对称性引入模型,取 $q = 1$,$p = 0$。式(10.44)变为

$$\ln(\sigma_t^2) = \alpha_0 + \alpha_1 \left[\frac{u_{t-1}}{\sigma_{t-1}}\right] + \gamma_1 \left[\left|\frac{u_{t-1}}{\sigma_{t-1}}\right| - \mu\right] \tag{10.45}$$

与 GARCH 和 ABSGARCH 相比,这种模型的优点在于可以区别正信息和负信息的不同影响。正信息表示“利好”,负信息表示“利坏”。虽然正信息和负信息的绝对值相同,但 EGARCH 模型可以区别正、负信息对波动的不同影响。

指数广义自回归条件异方差模型最重要的特征是引入不对称性来反映这种杠杆效应。另外，ARCH 模型假设扰动项为正态分布，正态分布是对称分布并且集中在均值周围。但是在实证研究中，发现金融工具的收益率分布的尾部比正态分布要厚，即小概率事件发生的概率大于正态分布相应的概率。指数广义自回归条件异方差模型对过程的分布做了更宽的假设。

### 五、GJR 模型

由 Glosten，Jagannathan 和 Runkle 于 1993 年提出，模型形式为

$$u_t = \sqrt{h_t}v_t$$
$$h_t = \alpha_0 + \beta_1 h_{t-1} + \cdots \beta_p h_{t-p} + \alpha_1 u_{t-1}^2 + \cdots + \alpha_q u_{t-q}^2 + \lambda S^{-1} u_{t-1}^2 \qquad (10.46)$$

$S^{-1}$ 是虚拟变量，如果 $u_{t-1} < 0$，则 $S^{-1}$ 取值为 1，如果 $u_{t-1} \geqslant 0$ 则 $S^{-1}$ 取值为 0。模型中的最后一项表明市场对不同信息的不同反应。

### 六、APARCH 模型

考虑到股票收益率分布的不对称性，以及股票收益率绝对值序列的自相关性，Ding，Granger and Engle(1993)提出了 APARCH $(p,q)$ 模型为

$$(\sqrt{h_t})^\delta = \omega + \sum_{j=1}^{q} \alpha_j (|u_{t-j}| - \gamma_j u_{t-j})^\delta + \sum_{i=1}^{p} \beta_i (\sqrt{h_{t-i}})^\delta \qquad (10.47)$$

其中，$\omega > 0, \alpha_j \geqslant 0 (j=1,2,\cdots,q), \beta_i \geqslant 0 (i=1,2,\cdots,p), -1 \leqslant \gamma_j \leqslant 1 (j=1,2,\cdots,q)$，如果 $\gamma_j > 0$，表示预期利坏消息引起的波动大于同幅度利好消息引起的波动的上升，$\gamma_j < 0$ 表示预期利好消息引起的波动大于同幅度利坏消息引起的波动的上升。

当 $\delta=2, \beta_i=0 (i=1,2,\cdots,p), \gamma_j=0 (j=1,2,\cdots,q)$，APARCH 模型为 ARCH 模型；

当 $\delta=2, \gamma_j=0 (j=1,2,\cdots,q)$ 时，APARCH 模型为 GARCH 模型；

当 $\delta=1, \gamma_j=0 (j=1,2,\cdots,q)$ 时，APARCH 模型为 Taylor(1986)和 Schwert(1990)的 GARCH 模型；

当 $\delta=2$ 时，APARCH 模型为 GJR-GARCH 模型；

当 $\delta=1$ 时，APARCH 模型为 Zakoian(1994)的 TARCH 模型；

当 $\delta=2$ 时，APARCH 模型为 GJR-GARCH 模型；

当 $\delta=1$ 时，APARCH 模型为 Zakoian(1994)TARCH 模型；

当 $\beta=0, \gamma_j=0 (j=1,2,\cdots,q)$ 时，APARCH 模型为 Higgins and Bera(1992)的 NARCH 模型；

当 $\delta \to \infty$时，APARCH 模型为 Geweke(1986)和 Pentula(1986)的 log-ARCH 模型；

## 第三节 实证分析：中国股市的 ARCH 类模型的应用

GARCH 模型和其众多的扩展模型广泛地应用于经济学和金融领域的分析。包括对宏观经济变量，如通货膨胀率、价格指数、汇率等的分析；对金融市场的时间序列，如股票市场指数的波动性和收益率的分析；以及对金融产品的定价的分析等诸多方面。

1996 年我国沪深两市实行了 10%的股价涨跌限制，我国对股市风险的管理更规范了

一步，对股市风险的影响也是很长远的。因此，本例分析了 2009 年至今我国股市波动性的特征，选取了 2009 年 1 月 5 日至 2019 年 12 月 31 日上证综合指数和深圳成分股的收盘价，共 2675 个观测值。数据来源于同花顺软件。

本例先通过实证分析讨论我国沪深股票市场波动的集聚性，波动率和收益率的关系，信息的不对称性，然后研究了两个市场之间的关系。

## 一、我国股市波动率特征的研究

假设 $p_t$ 为 $t$ 期的收盘指数，在探讨金融资产价格的变化时，常用对数收益率

$$r_t = \ln p_t - \ln p_{t-1}$$

其中，$p_{t-1}$ 为上一期的大盘指数。从而计算得到 2674 个沪市和深市的收益率序列 $hs_t$，$ss_t$。

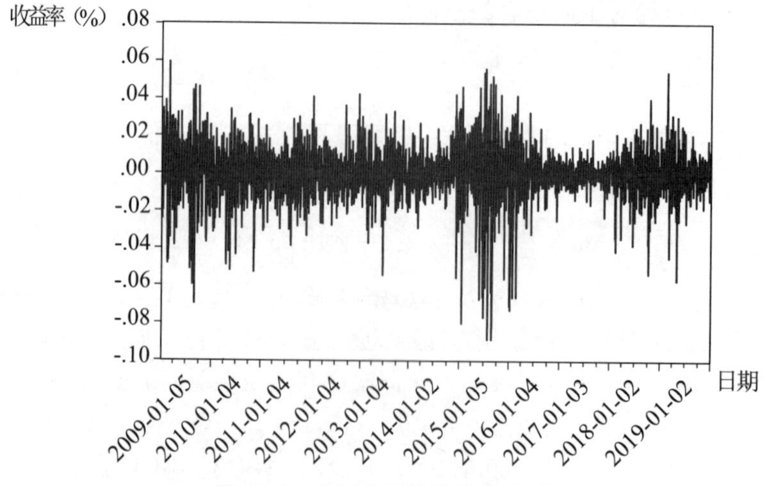


图 10.6　上海市场的收益率序列

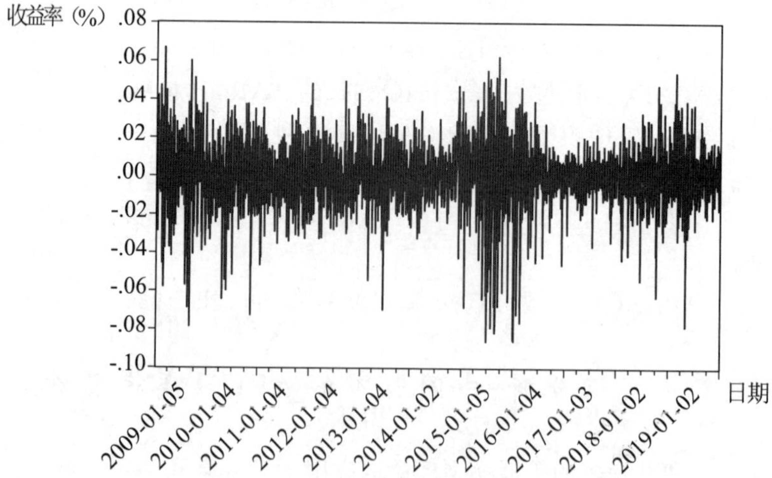


图 10.7　深圳市场的收益率序列

从图 10.6 和图 10.7 可以直观地看出，收益率序列的波动随时间而变化，表明存在异方差的情况。上海、深圳股市收益率的波动性明显存在一定的集聚性，大的波动后面紧跟着大的波动，波动在一定时段上很小，在另一时段中比较大，大小波动区间之间存在比较明显的区别。

有关指数收益率时间序列的一些基本统计资料如图 10.8 和图 10.9 所示。从图中可以看出，沪深两个市场的峰度达 6.3 以上，呈现明显的尖峰厚尾特征，同时都带有一定的负偏态，相比而言，上海股市比深圳股市收益率分布的峰度更高，偏度更大。两市的平均收益率及最大最小值很相近，在波动性上沪市波动性略小一些。从 JB 统计量检验上得出结论，两市收益率都不服从正态分布。

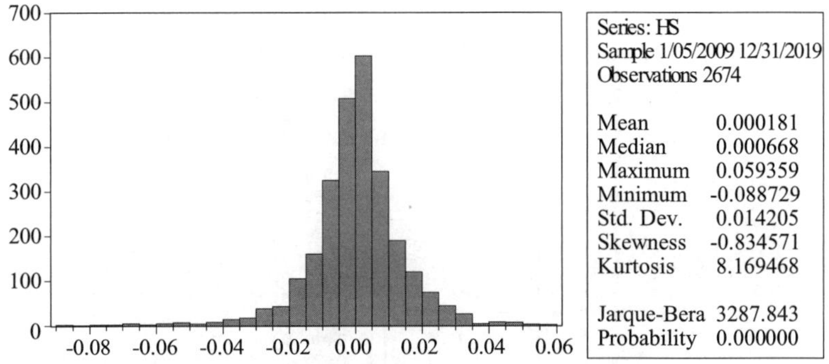


**图 10.8 上证综指收益率序列的基本统计资料**

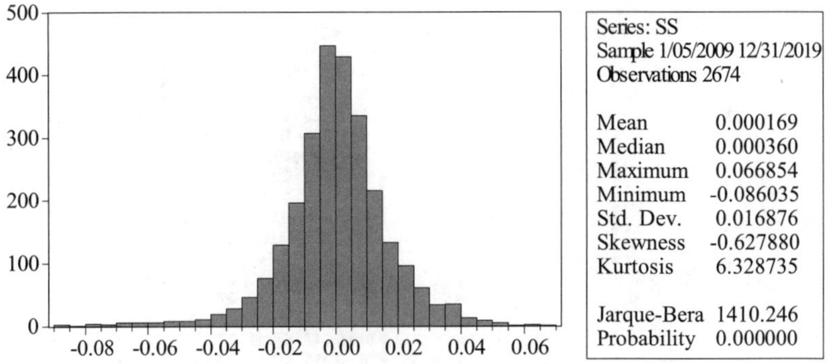


**图 10.9 深圳成指收益率序列的基本统计资料**

(一)上海、深圳股市收益率的平稳性与自相关性检验

对收益率序列进行平稳性检验，考虑到序列可能存在异方差，此时用 ADF 方法检验平稳性的效果不佳，因此选用 PP 检验[①]。检验结果为沪深两市收益率序列都是平稳的，可预测的。

① Phillips 和 Perron 于 1988 年对 ADF 检验进行了非参数修正，提出了 PP 检验统计量，它适用于异方差场合，且服从 ADF 检验统计量的极限分布。

| Autocorrelation | Partial Correlation | | AC | PAC | Q-Stat | Prob |
|---|---|---|---|---|---|---|
| | | 1 | 0.034 | 0.034 | 3.1665 | 0.075 |
| | | 2 | -0.023 | -0.024 | 4.5600 | 0.102 |
| | | 3 | 0.022 | 0.023 | 5.8159 | 0.121 |
| | | 4 | 0.040 | 0.038 | 10.197 | 0.037 |
| | | 5 | 0.001 | -0.001 | 10.200 | 0.070 |
| | | 6 | -0.057 | -0.055 | 18.802 | 0.005 |
| | | 7 | 0.037 | 0.040 | 22.560 | 0.002 |
| | | 8 | 0.039 | 0.032 | 26.557 | 0.001 |
| | | 9 | 0.033 | 0.035 | 29.486 | 0.001 |
| | | 10 | -0.019 | -0.017 | 30.414 | 0.001 |
| | | 11 | -0.040 | -0.043 | 34.813 | 0.000 |
| | | 12 | 0.019 | 0.014 | 35.805 | 0.000 |
| | | 13 | 0.058 | 0.058 | 44.799 | 0.000 |
| | | 14 | -0.072 | -0.071 | 58.743 | 0.000 |
| | | 15 | 0.016 | 0.028 | 59.471 | 0.000 |
| | | 16 | 0.037 | 0.023 | 63.060 | 0.000 |
| | | 17 | 0.007 | -0.001 | 63.207 | 0.000 |
| | | 18 | 0.016 | 0.027 | 63.888 | 0.000 |
| | | 19 | -0.021 | -0.017 | 65.075 | 0.000 |
| | | 20 | 0.062 | 0.052 | 75.468 | 0.000 |
| | | 21 | 0.035 | 0.032 | 78.821 | 0.000 |
| | | 22 | -0.021 | -0.022 | 80.040 | 0.000 |
| | | 23 | -0.070 | -0.066 | 93.356 | 0.000 |
| | | 24 | -0.034 | -0.035 | 96.487 | 0.000 |
| | | 25 | 0.037 | 0.024 | 100.22 | 0.000 |
| | | 26 | -0.045 | -0.037 | 105.67 | 0.000 |
| | | 27 | -0.029 | -0.011 | 108.02 | 0.000 |
| | | 28 | 0.068 | 0.057 | 120.68 | 0.000 |
| | | 29 | 0.003 | -0.013 | 120.71 | 0.000 |
| | | 30 | -0.018 | -0.008 | 121.59 | 0.000 |
| | | 31 | -0.036 | -0.024 | 125.20 | 0.000 |
| | | 32 | -0.032 | -0.032 | 128.05 | 0.000 |
| | | 33 | 0.031 | 0.022 | 130.58 | 0.000 |
| | | 34 | 0.014 | 0.020 | 131.11 | 0.000 |
| | | 35 | 0.014 | 0.020 | 131.66 | 0.000 |
| | | 36 | -0.006 | -0.008 | 131.77 | 0.000 |

**图 10.10** 上海股票市场收益率的自相关图与偏自相关图

| Autocorrelation | Partial Correlation | | AC | PAC | Q-Stat | Prob |
|---|---|---|---|---|---|---|
| | | 1 | 0.047 | 0.047 | 5.9143 | 0.015 |
| | | 2 | -0.017 | -0.020 | 6.7247 | 0.035 |
| | | 3 | 0.029 | 0.031 | 8.9481 | 0.030 |
| | | 4 | 0.007 | 0.004 | 9.0966 | 0.059 |
| | | 5 | 0.000 | 0.001 | 9.0967 | 0.105 |
| | | 6 | -0.019 | -0.020 | 10.046 | 0.123 |
| | | 7 | 0.052 | 0.054 | 17.373 | 0.015 |
| | | 8 | 0.036 | 0.030 | 20.895 | 0.007 |
| | | 9 | 0.022 | 0.022 | 22.213 | 0.008 |
| | | 10 | -0.037 | -0.041 | 25.874 | 0.004 |
| | | 11 | -0.020 | -0.018 | 26.906 | 0.005 |
| | | 12 | 0.006 | 0.005 | 27.017 | 0.008 |
| | | 13 | 0.039 | 0.043 | 31.188 | 0.003 |
| | | 14 | -0.047 | -0.051 | 37.072 | 0.001 |
| | | 15 | 0.015 | 0.019 | 37.704 | 0.001 |
| | | 16 | 0.015 | 0.004 | 38.289 | 0.001 |
| | | 17 | -0.001 | 0.004 | 38.291 | 0.002 |
| | | 18 | 0.007 | 0.010 | 38.416 | 0.003 |
| | | 19 | -0.005 | -0.003 | 38.496 | 0.005 |
| | | 20 | 0.034 | 0.028 | 41.671 | 0.003 |
| | | 21 | 0.023 | 0.021 | 43.107 | 0.003 |
| | | 22 | -0.011 | -0.012 | 43.424 | 0.004 |
| | | 23 | -0.053 | -0.050 | 50.945 | 0.001 |
| | | 24 | -0.050 | -0.051 | 57.689 | 0.000 |
| | | 25 | -0.008 | -0.007 | 57.862 | 0.000 |
| | | 26 | -0.015 | -0.011 | 58.432 | 0.000 |
| | | 27 | -0.023 | -0.017 | 59.854 | 0.000 |
| | | 28 | 0.055 | 0.050 | 67.933 | 0.000 |
| | | 29 | 0.013 | 0.006 | 68.417 | 0.000 |
| | | 30 | 0.010 | 0.019 | 68.665 | 0.000 |
| | | 31 | -0.049 | -0.044 | 75.259 | 0.000 |
| | | 32 | -0.039 | -0.029 | 79.388 | 0.000 |
| | | 33 | 0.026 | 0.023 | 81.259 | 0.000 |
| | | 34 | 0.013 | 0.014 | 81.732 | 0.000 |
| | | 35 | 0.016 | 0.015 | 82.414 | 0.000 |
| | | 36 | 0.006 | 0.001 | 82.501 | 0.000 |

**图 10.11** 深圳股票市场收益率的自相关图与偏自相关图

同时，做滞后36期的自相关图与偏自相关图，如图10.10和图10.11可知，上证收益率三阶以上都有较强的自相关性，检验Q统计量很大，上海股市收益率非白噪声序列。而深圳收益率从一阶开始就表现出较强的相关性，并一直持续到36期自相关。综上所述，沪深两市股票收益率序列都不是白噪声，却是平稳的时间序列，可以做相关的预测。

（二）对收益率序列建立均值方程

计算上证综合指数收益率与深圳成分指数收益率的相关系数为0.933，表明沪深股市日收益率序列之间存在很强的相关性，沪深收益率的走势具有相同的走势。因此，要建立上证收益率的均值方程时，加入深圳成分指数收益率作为解释变量。同样地，在对深圳成分指数收益率作回归时，也将上证指数收益率作为解释变量。

$$hs_t = 0.7832ss_t - 0.9438hs_{t-2} + \varepsilon_t + 0.9159\varepsilon_{t-2} \qquad (10.48)$$

$$t \quad (134.29) \quad (-30.42) \quad (24.28)$$

$$R^2 = 0.87 \quad DW = 1.97$$

$$AIC = -7.72 \quad SC = -7.72$$

$$ss_t = 1.1092hs_t - 0.4486ss_{t-2} + \varepsilon_t - 0.5062\varepsilon_{t-2} \qquad (10.49)$$

$$t \quad (134.92) \quad (-1.94) \quad (-2.27)$$

$$R^2 = 0.87 \quad DW = 1.95$$

$$AIC = -7.38 \quad SC = -7.37$$

从上证综合指数和深圳成分指数的收益率方程可以看出，深圳收益率的当期值与上证收益率表现出较强的正相关关系，其回归系数为0.7832。同时，当期上证综指收益率对深圳成分指数收益率的影响作用的回归系数为1.1092，相比较而言，沪市对深市的影响作用更大一些。沪深两市收益率与前期值的相关性表明，股市当前的股价信息对后来股价走势的影响是很显著的。深圳当前的股价信息对后来股价的走势提供的信息相对上海来说多一些。

用拉格朗日乘数(LM)法检验，认为均值方程的残差项已不存在序列相关性。同时，残差的PP检验显示，当最大滞后期为27时，两市残差的$t$统计量远远小于1%显著性水平下对应的临界值$-3.432605$，说明残差序列是平稳的。同时也证明了对收益率拟合的均值方程是合适的，见表10.1所示。

**表10.1 收益率残差序列的平稳性检验**

| | PP检验 | 1%显著性水平的临界值 |
|---|---|---|
| 上证综指收益率残差序列 | −51.4767 | −3.432604 |
| 深证成指收益率残差序列 | −50.4461 | −3.432604 |

同时对残差作异方差性检验，常用的是ARCH-LM检验，见表10.2。对沪深市场收益率回归方程残差序列进行检验，当回归滞后期为10时，LM统计量和$F$统计量值都很大，因此拒绝了原假设，认为残差均有异方差性。需进一步使用ARCH类模型来拟合这种异方差性，以提高均值方程参数估计的精度，从而提高预测的精度。

表 10.2 ARCH-LM 检验结果

| | LM 统计量 | $p$ 值 | $F$ 统计量 | $p$ 值 |
|---|---|---|---|---|
| 上海综合指数 | 605.6884 | 0.0000 | 78.0684 | 0.0000 |
| 深圳成分指数 | 465.8495 | 0.0000 | 56.2245 | 0.0000 |

(三)ARCH 模型建立

在收益率序列已经存在 ARCH 效应的前提下,用条件异方差模型来拟合残差的波动性。由于收益率的残差并不服从正态分布。因此,在做参数似然估计时,需要采用一定的厚尾分布,本例中均采用广义误差分布(GED 分布)。根据 AIC 和 SC 信息判断准则,选择最优的拟合模型。

上证指数收益率的拟合模型为

$$hs_t = 0.7545ss_t - 0.9545hs_{t-2} + \varepsilon_t + 0.9418\varepsilon_{t-2} \qquad (10.50)$$

$$t \quad (170.38) \quad (-49.00) \quad (40.75)$$

$$h_t = 5.21 * 10^{-7} + 0.098u_{t-1}{}^2 + 0.88h_{t-1}$$

$$t \quad (4.23) \quad (7.96) \quad (64.71)$$

$$R^2 = 0.87 \quad DW = 1.98 \quad AIC = -8.04 \quad SC = -8.03$$

其中,广义误差分布的参数为 1.52,统计量为 27.11。从广义误差分布的参数来看,$v < 2$,表示残差的平方项分布呈尖峰状态,有更多的离散点。在此情况下,股票市场更易受到意外信息的影响。从模型上可以看出,方差模型的各项系数(除常数项以外)之和小于 1,表明残差的平方项是趋于平稳的。同时,衰减系数为 $\alpha + \beta = 0.098 + 0.88 = 0.978$,表示信息在股市中衰减得很慢,前期信息对后期的影响作用是长久的。并且,上一期的条件方差对本期条件方差的影响系数为 0.88,影响作用很大。相比之下,上一期波动的残差的平方项对本期条件方差的影响作用较小。

同样地,深圳成分指数收益率的拟合模型为

$$ss_t = 1.1559hs_t - 0.9462ss_{t-2} + \varepsilon_t + 0.9344\varepsilon_{t-2} \qquad (10.51)$$

$$t \quad (163.88) \quad (-29.82) \quad (26.32)$$

$$h_t = 8.47 * 10^{-7} + 0.1453u_{t-1}^2 - 0.071u_{t-1}^2 + 0.9h_{t-1}$$

$$t \quad (3.8) \quad (4.98) \quad (-2.33) \quad (57.31)$$

$$R^2 = 0.87 \quad DW = 1.96 \quad AIC = -7.62 \quad SC = -7.61$$

对应的广义误差分布的参数为 1.43,统计量为 27.17。在深圳条件方差的模型中可知,出现了负系数项,说明模型的拟合不当,这也是 GARCH 模型的缺陷之一。GARCH 模型要对参数进行非负的约束,而实际情况中这种非负约束往往并不能满足。因此,需要更好的模型来拟合这种情况。

## 二、关于中国股市非对称性的检验

为了研究上海证券市场与深圳证券市场对利好与利坏消息的不同反应,需要借助于非对称模型,此时选用 EARCH 模型。EGARCH 相比 GARCH 模型有几个优点:第一,指数函数去除了 ARCH 和 GARCH 模型所要求的估计系数必须为正的限制;第二,GARCH 模型的一个缺点是条件方差决定于扰动项的大小而不是其符号,因此 GARCH 不能包含许多金融时间序列中明显的负向不对称。而 EGARCH 模型把标准残差作为方差方程中的移动平均的回归因子，但保留了数量效应的估计，从而解决了这个问题。

上证综合指数收益率的 EGARCH(1,1)模型

$$hs_t = 0.7551ss_t - 0.5049hs_{t-2} + \varepsilon_t + 0.4918\varepsilon_{t-2} \quad (10.52)$$

$$t \quad (169.22) \quad (-2.39) \quad (2.30)$$

$$\ln h_t = -0.3480 + 0.1908\left|\frac{u_{t-1}}{\sqrt{h_{t-1}}}\right| + 0.0358\frac{u_{t-1}}{\sqrt{h_{t-1}}} + 0.9816\ln h_{t-1}$$

$$t \quad (-6.46) \quad (9.39) \quad (3.16) \quad (223.49)$$

$$R^2 = 0.87 \quad DW = 1.98 \quad AIC = -8.05 \quad SC = -8.03$$

对应的广义误差分布的参数为 1.51，检验统计量为 26.84。用 EGARCH 模型可以看出，利好消息出现时，对股市波动率的影响系数为 0.2266，利空消息对波动率的影响系数为－0.155。

对深圳成分指数收益率的 EGARCH(1,1)模型

$$ss_t = 1.1562hs_t - 0.9438ss_{t-2} + \varepsilon_t + 0.9326\varepsilon_{t-2} \quad (10.53)$$

$$t \quad (167.63) \quad (-33.98) \quad (29.94)$$

$$\ln h_t = -0.4187 + 0.1785\left|\frac{u_{t-1}}{\sqrt{h_{t-1}}}\right| - 0.0463\frac{u_{t-1}}{\sqrt{h_{t-1}}} + 0.973\ln h_{t-1}$$

$$t \quad (-5.68) \quad (8.42) \quad (-3.54) \quad (154.41)$$

$$R^2 = 0.87 \quad DW = 1.96 \quad AIC = -7.63 \quad SC = -7.61$$

对应的广义误差分布的参数为 1.43，检验统计量为 26.99。通过模型可以看出，利好消息对波动率的影响系数为 0.1322，利空消息对波动率的影响系数为－0.2248。

对比上证指数收益率与深圳成分指数收益率对不同信息的反应可以看出，在对利空消息的反应上，深圳成分指数比上证指数对利空消息的反应强；而在对利好消息的反应上，深圳指数的反应较上证指数的反应程度稍弱一些。

通过对中国股票市场的 ARCH 类模型的分析可以得到以下结论：

1. 上海证券市场和深圳证券市场收益率序列的方差均随时间而变化，存在异方差的情况，表现为收益率波动性明显存在一定的集聚性。

有关指数收益率时间序列的一些基本统计数据显示沪深两个市场的峰度达 6.3 以上，呈现明显的尖峰厚尾特征，同时都带有一定的正偏态。这反映出我国股市总的收益为正，且股市中出现异常值的概率更大一些。相比而言，上海股市比深圳股市收益率分布的峰度更高，偏度更小。另外，两市的平均收益率及最大最小值很相近，并且都不服从正态分布。

2. 从上证综合指数和深圳成分指数的收益率方程可以看出，上证收益率与深圳收益率的当期值表现出 0.7832 较强的正相关关系，这是我国股市在总体上一致的表现，两市收益率有着极强的相依关系，并且受到一些共同因素的作用。同时，两市收益率的滞后一期项对当期收益率都有着正向的影响作用，只是影响程度不同。

同时，当期上证综指收益率对深圳成分指数收益率的影响作用的回归系数为 1.1092，相比较而言，沪市对深市的影响作用更大一些。沪深两市收益率与前期值的相关性表明，股市当前的股价信息对后来股价走势的影响是很显著的。深圳当前的股价信息对后来股

价走势提供的信息相对上海来说多一些。

3.运用GARCH模型分析上证收益率的波动性，各项系数之和即衰减系数为$\alpha+\beta=0.098+0.88=0.978$，表示信息在股市中衰减得很慢，前期信息对后期的影响作用是长久的。并且，上一期的条件方差对本期条件方差的影响系数为0.88，影响作用很大。相比之下，上一期波动的残差的平方项对本期条件方差的影响作用较小。

4.上海证券市场用EGARCH模型可以看出，当利好消息出现时，对股市波动率的影响系数为0.2266，利空消息对波动率的影响系数为$-0.155$，而深圳证券市场中利好消息对波动率的影响系数为0.1322，利空消息对波动率的影响系数为$-0.2248$。比较而言，深圳证券市场中非对称效应更明显一些。

## 小结

本章讨论了时间序列条件异方差模型的定义、分类、估计和检验的相关问题。ARCH（自回归条件异方差）模型主要用于具有集群性及方差波动性特点的经济类时间序列数据的回归分析及预测。随着实践的深入，ARCH模型的扩展也相应被提出，本章主要介绍GARCH模型、ARCH-M模型、GARCH-M模型、ABSGARCH-M模型、EGARCH-M模型，以及非对称模型中的TGARCH模型、EGARCH模型、GJR模型及APARCH模型。

在10.1节中，由一个上证指数和对数收益率的问题引出ARCH模型的定义和特点。利用ARCH模型刻画条件异方差时有以下特点：表明过去的波动扰动对市场未来波动有着正向而减缓的影响；利用ARCH模型可以更精确地估计参数，提高预测精度；ARCH模型的主要贡献在于发现了经济时间序列中比较明显的变化是可以预测的。而ARCH模型的建模首先必须判断模型中是否存在条件异方差现象，再进一步对方差进行建模。检验ARCH可以使用F，LM，LR，W统计量。原假设都为不存在ARCH效应，备择假设为存在ARCH效应。在模型建立前还必须进行阶数的识别，使用AIC或BIC准则来确定序列适当的滞后长度。再利用条件似然函数估计参数，建立ARCH模型。对于ARCH模型，把残差标准化$v_t=\dfrac{u_t}{\sqrt{h_t}}$，则$\{v_t\}$应该是正态白噪声序列。所以可以依据这个特点来检验模型的拟合好坏。由于ARCH模型的方程不过是条件方差的分布滞后模型，我们能够用少数几个条件方差的滞后值来替代许多$u_t{}^2$的滞后值，广义自回归条件异方差模型便由此产生。ARCH模型是GARCH模型的特例，同样具有ARCH模型的特点，能模拟价格波动的聚群性现象。GARCH模型的条件方差不仅是滞后残差平方的线性函数，而且是滞后条件方差的线性函数。因此，利用GARCH模型能在计算量不大，更合适、更方便地描述高阶ARCH过程，具有更大的适用性。

10.2节主要介绍了非对称的条件异方差模型，一般地，TARCH模型、EGARCH模型、GJR模型及APARCH模型可以描述这类波动的非对称性特征。非对称性的检验方法有符号检验，方程是$\hat{u}_{t-1}^2=\varphi_0+\varphi_1 S_{t-1}^-+w_t$；规模检验的方程是$\hat{u}_{t-1}^2=\varphi_0+\varphi_1 S_{t-1}^-\hat{u}_{t-1}+w_t$；规模和符号偏差检验方程是

$$\hat{u}_{t-1}^2=\varphi_0+\varphi_1 S_{t-1}^-+\varphi_2 S_{t-1}^-\hat{u}_{t-1}+\varphi_3 S_{t-1}^+\hat{u}_{t-1}+w_t$$

$$S_{t-1}^+=1-S_{t-1}^-。$$

10.3 节举例中国股市的 ARCH 类模型的应用，先通过实证分析讨论我国沪深股票市场波动的集聚性，波动率和收益率的关系，信息的不对称性，然后研究了两个市场之间的关系。

## 关键术语

| | | |
|---|---|---|
| 波动集群性 | 时间序列条件异方差模型 | ARCH 模型 |
| GARCH 模型 | EGARCH 模型 | ARCH-M |
| 高峰厚尾 | 衍生证券定价 | 风险价值管理 |
| 条件异方差 | 波动聚集性 | 非线性依赖性 |
| 均值方程 | LM 检验 | Q 检验 |
| QLB 统计量 | 阶数 | 条件似然函数 |
| ACF 检验图 | IGARCH 模型 | 衰减系数 |
| 非对称性 | 杠杆效应 | |

## 习题

10.1 ARCH 模型常用来描述哪类序列，这类序列有哪些共同特征？

10.2 在回归建模中如果忽略了随机扰动项的异方差性，会带来怎样的问题？

10.3 ARCH 类模型的作用。

10.4 ARCH 模型的优点。

10.5 ARCH 模型的建立步骤。

10.6 GARCH 模型相对于 ARCH 模型的优点，二者有何关系？

10.7 非对称模型的意义？

10.8 Engle-Chowdury(1992)对 IBM 收益率序列估计时，得如下结果

$$\hat{y}_t = 0.00056 + u_t = 0.00056 + \hat{u}_t$$

$$\hat{\sigma}_t^{\ 2} = \hat{\alpha}_0 + 0.053\hat{u}_{t-1}^{\ 2} + 0.953\hat{\sigma}_{t-1}^{\ 2}$$

试分析该模型表达的含义？

# 第十一章　向量自回归模型

在第八章中，介绍了单变量时间序列模型的定义与应用，随着计量经济学的发展和所要研究问题复杂性的不断提高，以向量代替单变量进行计量分析的研究变得越来越普遍，其中和单变量时间序列模型类似的一种研究方法，即为向量自回归模型——VAR 模型。本章介绍向量自回归模型的原理与应用。

## 第一节　向量自回归模型(VAR 模型)

1980 年西姆斯(Sims)提出向量自回归模型。这种模型采用多方程联立的形式，它不以经济理论为基础，在模型的每一个方程中，内生变量对模型的全部内生变量的滞后项进行回归，从而估计全部内生变量的动态关系，而不带任何约束条件，目前这种方法已得到广泛的应用。

### 一、VAR 模型的提出

向量自回归模型的提出是在对原先的联立方程组模型缺陷改进的基础上进行的。最早对联立模型的研究是由科普曼斯(Koopmans)(1950)和霍德(Hood)(1953)提出的。这两篇文章为联立方程组模型在二十世纪五六十年代的广泛应用和发展打下了基础。

但是，在实际应用中，联立方程组模型存在着许多不容易解决的问题。例如，当所包含的变量数目较多时，联立方程组模型所需要估计的参数非常多，计算非常繁琐，且在变量内生性和外生性的划分上，容易出现较大的偏差。这些问题直接影响着联立方程组模型估计的准确性，且由于利用联立方程组模型进行预测时，有时比建立联立方程组模型还要复杂。因此，在预测应用上，联立方程组模型也存在不少问题。正由于这些问题的存在，联立方程组模型在实际运用中遇到越来越多的困难，因此需要有新的模型对其进行改进和替代。

1980 年 Sims 提出向量自回归模型(Vector Autoregression, VAR)，在很多方面改善了联立方程组模型所面临的问题。

首先，对 VAR 模型中所有的变量不再区分内生变量还是外生变量，可以全部作为内生变量来处理，因此减少了由于主观判断有误而增加的联立方程组模型中的不确定性。

其次，由于在 VAR 模型的方程中，方程式右边的变量均为向量的一阶或多阶滞后量，因此，在使用所得出的模型表达式进行预测时，右边使用的变量值都是历史数据，而不需要像联立方程组模型那样，对一些变量要进行事先预测。所以，向量自回归模型在预测方面要比联立方程组模型更加准确。

当然，在 VAR 模型中，需要估计的参数数量也非常大。

## 二、向量自回归(VAR)模型的定义

VAR 模型是自回归模型的联立形式,所以称向量自回归模型。假设 $Y_{1t}$,$Y_{2t}$ 之间存在关系,如果分别建立两个自回归模型

$$Y_{1t}=f(Y_{1,t-1},Y_{1,t-2},\cdots)$$
$$Y_{2t}=f(Y_{2,t-1},Y_{2,t-2},\cdots)$$

则无法捕捉两个变量之间的关系。如果采用联立的形式,就可以建立两个变量之间的关系。VAR 模型的结构与两个参数有关。一个是所含变量个数 $N$,一个是最大滞后阶数 $k$。

以两个变量 $Y_{1t}$,$Y_{2t}$ 滞后一期的 VAR 模型为例

$$\begin{cases}Y_{1t}=c_1+\pi_{11.1}Y_{1,t-1}+\pi_{12.1}Y_{2,t-1}+u_{1t}\\ Y_{2t}=c_2+\pi_{21.1}Y_{1,t-1}+\pi_{22.1}Y_{2,t-1}+u_{2t}\end{cases} \tag{11.1}$$

其中 $u_{1t},u_{2t}\sim N(0,\Omega)$,$\mathrm{Cov}(u_{1t},u_{2t})=0$。写成矩阵形式是

$$\begin{bmatrix}Y_{1t}\\ Y_{2t}\end{bmatrix}=\begin{bmatrix}c_1\\ c_2\end{bmatrix}+\begin{bmatrix}\pi_{11.1} & \pi_{12.1}\\ \pi_{21.1} & \pi_{22.1}\end{bmatrix}\begin{bmatrix}Y_{1,t-1}\\ Y_{2,t-1}\end{bmatrix}+\begin{bmatrix}u_{1t}\\ u_{2t}\end{bmatrix} \tag{11.2}$$

设 $\boldsymbol{Y}_t=\begin{bmatrix}Y_{1t}\\ Y_{2t}\end{bmatrix}$,$c=\begin{bmatrix}c_1\\ c_2\end{bmatrix}$,$\prod_1=\begin{bmatrix}\pi_{11.1} & \pi_{12.1}\\ \pi_{21.1} & \pi_{22.2}\end{bmatrix}$,$u_t=\begin{bmatrix}u_{1t}\\ u_{2t}\end{bmatrix}$,则

$$\boldsymbol{Y}_t=c+\prod{}_1\boldsymbol{Y}_{t-1}+u_t \tag{11.3}$$

那么,含有 $N$ 个变量滞后 $k$ 期的 VAR 模型表示如下

$$Y_t=c+\prod{}_1Y_{t-1}+\prod{}_2Y_{t-2}+\cdots+\prod{}_kY_{t-k}+u_t,u_t\sim N(0,\Omega) \tag{11.4}$$

其中,

$$\boldsymbol{Y}_t=(Y_{1t},Y_{2t},\cdots,Y_{Nt})'$$
$$c=(c_1,c_2,\cdots,c_N)'$$
$$\prod{}_j=\begin{bmatrix}\pi_{11.j} & \pi_{12.j} & \cdots & \pi_{1N.j}\\ \pi_{21.j} & \pi_{22.j} & \cdots & \pi_{2N.j}\\ \vdots & \vdots & & \vdots\\ \pi_{N1.j} & \pi_{N2.j} & \cdots & \pi_{NN.j}\end{bmatrix},\quad j=1,2,\cdots,k$$
$$u_t=(u_{1t},u_{2t},\cdots,u_{Nt})'$$

$Y_t$ 为 $N\times1$ 阶时间序列列向量。$c$ 为 $N\times1$ 阶常数项列向量。$\prod_1,\cdots,\prod_k$ 均为 $N\times N$ 阶参数矩阵,$u_t\sim N(0,\Omega)$ 是 $N\times1$ 阶随机误差列向量,其中每一个元素都是非自相关的,但不同方程对应的随机误差项之间可能存在相关性。

因为 VAR 模型中每个方程的右侧只含有内生变量的滞后项,他们与 $u_t$ 是渐近不相关的,所以可以用 OLS 法依次估计每一个方程,得到的参数估计量都具有一致性。

VAR 模型的特点是:

(1)不以严格的经济理论为依据。在建模过程中需要明确两点:一是确定有相关关系的变量,并把它们都纳入 VAR 模型中;二是确定滞后期。

(2)VAR 模型对参数不施加零约束,它对无显著性的参数估计值并不从模型中剔除,也不分析回归参数的经济意义。

(3)VAR 模型的解释变量中不包括任何当期变量,所有与联立方程模型有关的问题

在 VAR 模型中都不存在，主要是参数估计量的非一致性问题。

(4)VAR 模型的另一个特点是有很多参数需要估计。比如一个 VAR 模型含有三个变量，最大滞后期 $k=3$，则有 $kN^2=3\times3^2=27$ 个参数需要估计。当样本容量较小时，大多参数的估计量误差较大。

(5)无约束 VAR 模型的应用之一是预测。由于在 VAR 模型中每个方程的右侧都不含有当期变量，这种模型用于样本外一期预测的优点是不必对解释变量在预测期内的取值做任何预测。

(6)用 VAR 模型做样本外近期预测非常准确。做样本外长期预测时，则只能预测出变动的趋势，而对短期波动预测不理想。

Sims 认为 VAR 模型中的全部变量都是内生变量。近年来也有学者认为具有单向因果关系的变量，也可以作为外生变量加入 VAR 模型，以增强模型的解释能力。

## 三、VAR 模型的稳定性条件

对于 VAR 模型来说，稳定性是指当把一个脉冲冲击施加在 VAR 模型中某一个方程的新息过程上时，随着时间的推移，分析这个冲击是否会逐渐消失。如果消失，那么说明系统是稳定的，否则系统不稳定。只有稳定的 VAR 模型不会由于受到冲击而长久改变自己的值。含有单位根的 VAR 模型是非平稳过程。当新息中存在脉冲冲击时，VAR 模型中内生变量的响应不会随时间的推移而消失。

对于一阶向量自回归模型 $\boldsymbol{Y}_t=c+\prod_1\boldsymbol{Y}_{t-1}+u_t$，其稳定性条件是特征方程 $\left|\prod_1-\lambda I\right|=0$ 的特征根全部落在单位圆内，或者滞后算子方程 $\left|I-\mathrm{L}\prod_1\right|$ 的根都在单位圆以外。更一般的，对于 VAR $(k)$ 模型，

$$Y_t=c+\prod_1 Y_{t-1}+\prod_2 Y_{t-2}+\cdots+\prod_k Y_{t-k}+u_t,u_t\sim N(0,\Omega),$$

为了推导它的稳定性条件，需要对以上模型进行矩阵转换。为此，定义

$$\boldsymbol{Y}_t=\begin{bmatrix}Y_t\\Y_{t-1}\\Y_{t-2}\\\vdots\\Y_{t-k+1}\end{bmatrix}_{Nk\times1},\quad c=\begin{bmatrix}c\\0\\0\\\vdots\\0\end{bmatrix}_{Nk\times1},\quad \prod=\begin{bmatrix}\prod_1&\prod_2&\cdots&\prod_{k-1}&\prod_k\\0&0&\cdots&0&0\\I&I&\cdots&0&0\\\vdots&\vdots&&\vdots&\vdots\\0&0&\cdots&I&0\end{bmatrix}_{Nk\times1},$$

$$\boldsymbol{u}_t=\begin{bmatrix}u_t\\0\\0\\\vdots\\0\end{bmatrix}_{Nk\times1}$$

则 VAR $(k)$ 模型可转化为

$$\boldsymbol{Y}_t=c+\prod\boldsymbol{Y}_{t-1}+u_t\tag{11.5}$$

那么，VAR $(k)$ 模型的稳定性条件是特征方程 $\left|\prod-\lambda I\right|=0$ 的特征根全部落在单位圆内，或者滞后算子方程 $\left|I-\mathrm{L}\prod\right|$ 的根都在单位圆以外。

## 第二节 VAR模型的建立

建立VAR模型的非常重要的一个问题就是滞后阶数的确定。这需要综合考虑,既要有合适数目的滞后项,又要有足够数目的自由度。事实上这是VAR模型的一个缺陷,实际中常常不得不限制滞后项的数目,使它少于反映模型动态特征所应有的理想数目。

### 一、建立VAR模型需要明确的参数

前面讨论了向量自回归VAR模型的基本形式和特征,下面考虑如何建立一个向量自回归模型,来更好地拟合现实经济的问题。

由前面的介绍可知,在建模过程中需要明确两件事,首先是要确定变量个数 $N$,即总共有哪些变量是相互有关系的,需要把有关系的变量都包括在VAR模型中;其次是要确定滞后期 $k$,即到底需要多少滞后变量才能解释清楚。由此可见,关于滞后期 $k$ 的决定对于模型的建立是非常重要的。

### 二、VAR模型滞后期 $k$ 的选择方法

滞后期如果太少,误差项的自相关会很严重,并导致参数的非一致性估计。正如ADF检验的原理一样,在VAR模型中适当加大 $k$ 值(增加滞后变量个数),可以消除误差项中存在的自相关。但从另一方面看,$k$ 值又不宜过大。$k$ 值过大会导致自由度减小,直接影响模型参数估计量的有效性。下面介绍几种选择 $k$ 值的方法。

1. 用LR统计量选择 $k$ 值。LR(似然比)统计量定义为

$$\mathrm{LR}=-2\left[\log L_{(k)}-\log L(k+1)\right]\sim\chi^2(N^2) \tag{11.6}$$

其中 $\log L(k)$ 和 $\log L(k+1)$ 分别是VAR($k$)和VAR($k+1$)模型的极大似然估计值。$k$ 表示VAR模型中滞后变量的最大滞后期。LR统计量渐近服从 $\chi^2(N^2)$ 分布。显然当VAR模型滞后期的增加不会给极大似然函数值带来显著性增大时,即LR统计量的值小于临界值时,新增加的滞后变量对VAR模型毫无意义。应该注意,当样本容量相比待估参数个数不够充分大时,LR的有限样本分布与LR渐近分布存在很大差异。

2. 用赤池(Akaike)信息准则(AIC)选择 $k$ 值

在很多情况下,似然比检验所要求的随机误差项正态分布的条件在时间序列数据中并不能够得到满足,因此需用其他方法来确定滞后期数。这种判断滞后期 $k$ 是否恰当的统计量是AIC统计量,其计算公式为

$$\mathrm{AIC}=\log\left(\frac{\sum_{t=1}^{T}\hat{u}_t^2}{T}\right)+\frac{2k}{T} \tag{11.7}$$

其中 $\hat{u}_t$ 表示残差,$T$ 表示样本容量,$k$ 表示最大的滞后期。选择滞后期值 $k$ 的原则是在增加 $k$ 值的过程中使AIC值达到最小,当AIC最小时,此时的 $k$ 值是合适的。

3. 用施瓦茨(Schwarz)准则(SC)选择 $k$ 值

SC准则也是判断滞后期是否合适的一种统计量,其计算公式为

$$\mathrm{SC}=\log\left(\frac{\sum_{t=1}^{T}\hat{u}_t^2}{T}\right)+\frac{k\log \mathrm{T}}{T} \tag{11.8}$$

其中 $\hat{u}_t$ 表示残差，$T$ 表示样本容量，$k$ 表示最大滞后期。SC 准则同 AIC 准则一样，选择最佳 $k$ 值的原则是在增加 $k$ 值的过程中使 SC 值达到最小。

AIC 与 SC 信息准则都要求它们的值越小越好。在利用这些准则建立一个初步的模型之后，还必须检验它的恰当性，这与单变量模型的诊断性检验类似，如分析模型的过度拟合及残差序列的交叉相关性等。

4. 用贝叶斯(Bayes)信息准则(BIC)选择 $k$ 值

$$\mathrm{BIC}=\log\left(\frac{\sum_{t=1}^{T}\hat{u}_t^2}{T}\right)+\frac{k}{T}\log T \tag{11.9}$$

其中 $\hat{u}_t$ 表示残差，$T$ 表示样本容量，$k$ 表示最大滞后期。选择 $k$ 值的原则是在增加 $k$ 值的过程中使 BIC 的值达到最小。

### 三、VAR 模型的参数估计

如果 VAR 模型中变量经过检验是平稳的，并且方程右边包含相同的解释变量，随机误差项满足基本假定，则可分别用普通最小二乘法对单个方程予以估计，所得到的估计量是一致的、渐进有效的。当上述条件不满足时，需要用到估计联立方程的其他方法。

## 第三节　格兰杰因果关系检验

VAR 模型通过建立自回归形式的联立方程组，研究变量之间的相互关系。与向量自回归相关联的一个问题是：一个变量的引入是否能提升另一个变量的预测效果？本节将讨论多元变量间的预测关系，这种分析方法由 Granger (1969)提出并由 Sims (1972) 进行了推广，被称为格兰杰因果关系检验(Granger causality test)。

### 一、格兰杰因果关系

在本节中，我们将研究多个变量之间的预测关系。以两个变量 $Y_{1t}$，$Y_{2t}$ 为例，如果变量 $Y_{1t}$ 能帮助预测 $Y_{2t}$，则说 $Y_{1t}$ 是 $Y_{2t}$ 的格兰杰原因。更正式地，如果对于所有 $s>0$ 都有 $Y_{2,t+s}$ 基于 $(Y_{2,t},Y_{2,t-1},\cdots)$ 和 $(Y_{1,t},Y_{1,t-1},\cdots)$ 共同进行预测的均方误差小于 $Y_{2,t+s}$ 基于 $(Y_{2,t},Y_{2,t-1},\cdots)$ 的一个预测的 MSE，则称 $Y_{1t}$ 是 $Y_{2t}$ 的格兰杰原因。用数学方程式表达，即若

$$\mathrm{MSE}\left[\hat{E}(Y_{2,t+s}\mid Y_{2,t},Y_{2,t-1},\cdots,Y_{1,t},Y_{1,t-1},\cdots)\right]<\mathrm{MSE}\left[\hat{E}(Y_{2,t+s}\mid Y_{2,t},Y_{2,t-1},\cdots)\right] \tag{11.10}$$

成立，则 $Y_{1t}$ 是 $Y_{2t}$ 的格兰杰原因。

Granger (1969)提出这一定义的原因在于，如果一个事件 $Y_{1t}$ 是引起另一个事件 $Y_{2t}$ 的原因，那么事件 $Y_{1t}$ 将会出现在 $Y_{2t}$ 之前。因此，我们可以通过检查加上 $Y_{1t}$ 的滞后值是否能显著改善 $Y_{2t}$ 的预测值来检验它们之间可能存在的格兰杰因果关系。

### 二、格兰杰因果关系检验

关于一个特定的变量 $Y_{1t}$ 是否是其他变量 $Y_{2t},\cdots,Y_{Nt}$ 的格兰杰原因的检验可以基于

式(11.4)。不失一般性,在此我们考虑二元的情况。为了进行这个检验,假设存在一个 $k$ 阶自回归

$$Y_{2t}=\sum_{i=1}^{k}\alpha_i Y_{2,t-i}+\sum_{i=1}^{k}\beta_i Y_{1,t-i}+u_{2t} \tag{11.11}$$

并使用 OLS 回归对以上模型进行估计。检验变量 $Y_{1t}$ 是否是 $Y_{2t}$ 的格兰杰原因等价于以下 $F$ 检验

$$H_0:\beta_1=\beta_2=\cdots=\beta_k=0$$

实现此检验的一种方法是计算由式(11.11)得到的残差平方和 $RSS_1=\sum_{t=1}^{T}\hat{u}_t^2$,再将此式与模型 $Y_{2t}=\sum_{i=1}^{k}\alpha_i Y_{2,t-i}+e_t$ 通过 OLS 估计得到的残差平方和 $RSS_2=\sum_{t=1}^{T}\hat{e}_t^2$ 做比较,即构建统计量

$$\mathrm{S}=\frac{(RSS_0-RSS_1)/k}{RSS_1/(T-2k-1)}\sim F(k,T-2k-1)$$

如果统计量估计值 $\hat{S}$ 大于 $F(k,T-2k-1)$ 分布的 5%临界值,则拒绝 $Y_{1t}$ 不是 $Y_{2t}$ 的格兰杰原因的原假设;即如果 $\hat{S}$ 充分大,则可以推断 $Y_{1t}$ 是 $Y_{2t}$ 的格兰杰原因。

对于格兰杰因果关系检验,需要注意以下两点:

(1)存在一些前瞻性行为的时间序列,如股价和利率,通常被认为是许多重要经济变量良好的预测器。但很显然,这并不意味着这些序列引起了 GDP 或通胀的上涨或下跌。因此,对这些序列进行格兰杰因果关系检验有助于验证它们是否对所研究的经济变量预测有作用,而不能用来判断序列之间的因果方向。

(2)对于格兰杰因果关系任何经验检验的结果对于序列都可能存在非平稳问题和滞后阶数 $k$ 的选择是极为敏感的。

## 第四节 脉冲响应函数

在实际建模过程中,由于 VAR 模型是一种非理论性模型,它无需对变量做任何先验性约束,因此在分析 VAR 模型时,往往不分析一个变量的变化对另一个变量的影响如何,而是分析一个误差项发生变化,或者说模型受到某种冲击时对系统的动态影响,这种分析方法称为脉冲响应函数方法(impulse response function, IRF)。

### 一、脉冲响应函数基本思想

脉冲响应函数是描述一个内生变量对误差冲击的反应。具体地说,它描述的是在随机误差项上施加一个标准差大小的冲击后对内生变量的当期值和未来值所带来的影响。由于在 VAR 模型中,所有的变量之间都有一定的相关性。因此,任何一个变量的冲击不仅会影响自身的变化,而且还会对其他变量产生影响。

下面根据 VAR(2)模型来说明脉冲响应函数的基本思想。

$$\begin{cases}Y_{1t}=c_1+\pi_{11.1}Y_{1,t-1}+\pi_{12.1}Y_{2,t-1}+\pi_{11.2}Y_{1,t-2}+\pi_{12.2}Y_{2,t-2}+u_{1t}\\Y_{2t}=c_2+\pi_{21.1}Y_{1,t-1}+\pi_{22.1}Y_{2,t-1}+\pi_{21.2}Y_{1,t-2}+\pi_{22.2}Y_{2,t-2}+u_{2t}\end{cases} \tag{11.12}$$

其中模型满足 $E(u_{1t})=E(u_{2t})=0, E(u_{1t}u_{2t})=0$，假定上述系统从第0期开始活动，且设开始时各内生变量的初值为0，又设在第0期给定扰动项 $u_{10}=1, u_{20}=0$，并且其后均为0，即 $u_{1t}=0, u_{2t}=0(t=1,2,\cdots)$，称此为第0期给 $Y_{1t}$ 以一个标准差的脉冲，下面讨论 $Y_{1t}$ 与 $Y_{2t}$ 的响应。$t=0$ 时

$$Y_{10}=1, Y_{20}=0$$

把其结果带入(11.12)，得 $t=1$ 时

$$Y_{11}=\pi_{11.1}, Y_{21}=\pi_{21.1}$$

再把其结果带入(11.12)，得 $t=2$ 时，

$$Y_{12}=\pi_{11.1}{}^{2}+\pi_{12.1}+\pi_{11.2}\pi_{21.1}, Y_{22}=\pi_{21.1}\pi_{11.1}+\pi_{22.1}+\pi_{21.2}\pi_{21.1}$$

以此类推，假设其结果分别为

$$Y_{10}, Y_{11}, Y_{12}, Y_{13}, Y_{14}, \cdots$$

称为由 $Y_{1t}$ 的脉冲引起的 $Y_{1t}$ 的响应函数。同理可计算

$$Y_{20}, Y_{21}, Y_{22}, Y_{23}, Y_{24}, \cdots$$

称为由 $Y_{1t}$ 的脉冲引起的 $Y_{2t}$ 的脉冲响应函数。

当然，第0期的脉冲可以反过来，从 $u_{10}=0, u_{20}=1$ 出发，可以求由 $Y_{2t}$ 的脉冲引起的 $Y_{1t}$ 的响应函数和 $Y_{2t}$ 的响应函数。因而以上的脉冲响应可有效捕捉到冲击的效果。

## 二、多变量 VAR 模型的脉冲响应函数

将上述讨论推广到多变量的 VAR($k$) 模型上去，由式(11.4)可得(为了方便，这里把常数项去掉)

$$\begin{aligned} Y_t &= (I_N-\Pi_1\mathrm{L}-\cdots-\Pi_k\mathrm{L}^k)^{-1}u_t \\ &= (I_N+C_1\mathrm{L}+C_2\mathrm{L}^2+\cdots)u_t, \quad t=1,2,\cdots,T \end{aligned} \tag{11.13}$$

(11.13)表达式的系数可以按下面的方式给出，由于 VAR($k$) 模型的系数矩阵 $\Pi_i$ 和式(11.13)的系数矩阵 $C_i$ 满足下面的关系：

$$(I_N-\Pi_1\mathrm{L}-\cdots-\Pi_k\mathrm{L}^k)(I_N+C_1\mathrm{L}+C_2\mathrm{L}^2+\cdots)=I_N \tag{11.14}$$

$$I_N+\Psi_1\mathrm{L}+\Psi_2\mathrm{L}^2+\cdots=I_N \tag{11.15}$$

其中：$\Psi_1=\Psi_2=\cdots=0$。关于 $\Psi_q$ 的条件递归得到了 MA 系数

$$\begin{aligned} &C_1=\Pi_1 \\ &C_2=\Pi_1C_1+\Pi_2 \\ &\vdots \\ &C_q=\Pi_1C_{q-1}+\Pi_2C_{q-2}+\cdots+\Pi_kC_{q-k} \end{aligned} \tag{11.16}$$

其中：$q=1,2,\cdots$，$C_{q-k}=\begin{cases} I_N, 若\ q-k=0 \\ 0_N, 若\ q-k<0 \end{cases}$

考虑(11.13)表达式

$$Y_t=(I_N+C_1\mathrm{L}+C_2\mathrm{L}^2+\cdots)u_t, \ t=1,2,\cdots T \tag{11.17}$$

$Y_t$ 中的第 $i$ 个变量 $Y_{it}$ 可以写成如下形式

$$Y_{it}=\sum_{j=1}^{N}(c_{ij}^{(0)}u_{jt}+c_{ij}^{(1)}u_{jt-1}+c_{ij}^{(2)}u_{jt-2}+c_{ij}^{(3)}u_{jt-3}+\cdots) \tag{11.18}$$

$i=1,2,3,\cdots,N\,,\ t=1,2,\cdots,T$

下面为说明问题,仅考虑两个变量的情形:$C_q=(c_{ij}{}^{(q)})\,,q=0,1,2,\cdots,\quad i,j=1,2$

$$\begin{pmatrix}Y_{1t}\\Y_{2t}\end{pmatrix}=\begin{pmatrix}c_{11}^{(0)} & c_{12}^{(0)}\\c_{21}^{(0)} & c_{22}^{(0)}\end{pmatrix}\begin{pmatrix}u_{1t}\\u_{2t}\end{pmatrix}+\begin{pmatrix}c_{11}^{(1)} & c_{12}^{(1)}\\c_{21}^{(1)} & c_{22}^{(1)}\end{pmatrix}\begin{pmatrix}u_{1t-1}\\u_{2t-1}\end{pmatrix}$$

$$+\begin{pmatrix}c_{11}^{(2)} & c_{12}^{(2)}\\c_{21}^{(2)} & c_{22}^{(2)}\end{pmatrix}\begin{pmatrix}u_{1t-2}\\u_{2t-2}\end{pmatrix}+\cdots \tag{11.19}$$

现假定在基期给 $Y_1$ 一个单位的脉冲,即给定:$u_{1t}=1,t=0,u_{1t}=0,t=1,2,\cdots$,由 $y_1$ 的脉冲引起 $Y_2$ 的响应函数

$$\begin{aligned}&t=0,Y_{20}=c_{21}^{(0)}\\&t=1,Y_{21}=c_{21}^{(1)}\\&t=2,Y_{22}=c_{21}^{(2)}\\&\qquad\vdots\end{aligned} \tag{11.20}$$

因此,一般地,由 $Y_j$ 的脉冲引起的 $Y_i$ 的响应函数可以求得如下:

$$c_{ij}^{(0)},c_{ij}^{(1)},c_{ij}^{(2)},c_{ij}^{(3)},\cdots \tag{11.21}$$

且 $Y_j$ 的脉冲引起的 $y_i$ 的累积响应函数可表示为 $\sum\limits_{q=0}^{\infty}(c_{ij}^{(q)})$

$C_q$ 的第 $i$ 行、第 $j$ 列元素可以表示为

$$c_{ij}^{(q)}=\frac{\partial y_{i,t+q}}{\partial u_{jt}},\ q=0,1,2,\cdots,\quad t=1,2,\cdots,T \tag{11.22}$$

作为 $q$ 的函数,它描述了在时期 $t$,其他变量和早期变量不变的情况下 $Y_{i,t+q}$ 对 $Y_{jt}$ 的一个冲击的反应,我们把它称作脉冲响应函数。

用矩阵的形式可以表示为

$$C_q=\frac{\partial Y_{t+q}}{\partial u_t} \tag{11.23}$$

即 $C_q$ 第 $i$ 行、第 $j$ 列元素等于时期 $t$ 第 $j$ 个变量的扰动项增加一个单位,而其他时期的扰动项为常数时,对时期 $t+q$ 的第 $i$ 个变量值的影响。但是,对于上述脉冲响应函数结果的解释却存在一个问题:前面我们假设协方差矩阵 $\boldsymbol{\Sigma}$ 是非对角矩阵,这意味着扰动项向量 $u_t$ 中的其他元素随着第 $j$ 个元素 $u_{jt}$ 的变化而变化,这与计算脉冲响应函数时假定 $u_{jt}$ 变化,而 $u_t$ 中的其他元素不变化相矛盾。于是就需要利用一个正交化的脉冲响应函数来解决这个问题。

对脉冲响应函数的解释出现困难源于实际中各方程对应的误差项从来都不是完全非相关的。当误差项相关时,它们有一个共同的组成部分,不能被任何特定的变量所识别。为处理这一问题,常引入一个变换矩阵 $\boldsymbol{M}$ 与 $u_t$ 相乘

$$v_t=\boldsymbol{M}\mathrm{u}_t\sim \mathrm{N}(0,\boldsymbol{\Omega})$$

从而把 $u_t$ 的方差协方差矩阵变换为一个对角矩阵 $\boldsymbol{\Omega}$。目前有多种变换方法,其中一种变换方法称作乔利斯基(Cholesky)分解法,从而使得误差项正交。

### 三、方差分解

脉冲响应函数描述的是 VAR 模型中一个内生变量的冲击给其他内生变量带来的影

响。而方差分解是通过分析每一个结构冲击对内生变量变化(通过方差来度量)的贡献度评价不同结构冲击的重要性。因此,方差分解给出对 VAR 模型中变量产生影响的每个扰动项的相对重要信息。

脉冲响应函数是随着时间的推移观察模型中各变量对于冲击是如何反应的,然而如果只简单地说明变量间的影响关系又过于详细了。因此 Sims 于 1980 年依据式(11.13)提出了方差分解方法,定量的但是比较粗糙的把握变量间的影响关系。

根据式(11.18)

$$Y_{it}=\sum_{j=1}^{N}(c_{ij}^{(0)}u_{jt}+c_{ij}^{(1)}u_{jt-1}+c(2)_{ij}u_{jt-2}+c_{ij}^{(3)}u_{jt-3}+\cdots)$$

$$i=1,2,3,\cdots,N,\ t=1,2,\cdots,T \tag{11.24}$$

可知括号内的内容是第 $j$ 个扰动项 $u_j$ 从无限过去到现在时点对 $Y_i$ 影响的总和,求其方差,假定 $u_j$ 无序列相关。则

$$E[(c_{ij}^{(0)}u_{jt}+c_{ij}^{(1)}u_{jt-1}+c_{ij}^{(2)}u_{jt-2}+c_{ij}^{(3)}u_{jt-3}+\cdots)^2]=\sum_{q=0}^{\infty}(c_{ij}^{(q)})^2\sigma_{jj}^2$$

$$i,j=1,2,\cdots,N \tag{11.25}$$

这是第 $j$ 个扰动项对第 $i$ 个变量从无限过去到现在时点的影响用方差加以评价的结果。此处假定扰动项向量的协方差矩阵$\boldsymbol{\Sigma}$是对角矩阵,则 $Y_i$ 的方差是上述方差的 $N$ 项算术和

$$\mathrm{Var}(Y_{it})=\sum_{j=i}^{N}\left\{\sum_{q=0}^{\infty}(c_{ij}^{(q)})^2\sigma_{jj}^2\right\},\ i=1,2,\cdots,N,\ t=1,2,\cdots,T \tag{11.26}$$

$Y_i$ 的方差可以分解成 $N$ 个不相关的项,因此为了测定各个扰动项相对 $Y_i$ 的方差的贡献,定义了如下尺度

$$\mathrm{RVC}_{j\to i}(\infty)=\frac{\sum_{q=0}^{\infty}(c_{ij}^{(q)})^2\sigma_{jj}^2}{\mathrm{Var}(Y_{it})}=\frac{\sum_{q=0}^{\infty}(c_{ij}^{(q)})^2\sigma_{jj}^2}{\sum_{j=i}^{N}\left\{\sum_{q=0}^{\infty}(c_{ij}^{(q)})^2\sigma_{jj}^2\right\}},\ i,j,\cdots,N \tag{11.27}$$

$\mathrm{RVC}_{j\to i}(\infty)$ 称为相对方差贡献率,是根据第 $j$ 个变量基于冲击的方差对 $Y_i$ 方差的相对贡献度来观测第 $j$ 个变量对第 $j$ 个变量的影响。

实际上不可能用到 $q=\infty$ 的 $c_{ij}^{(q)}$ 项和来评价。如果模型满足平稳性条件,则 $c_{ij}^{(q)}$ 随着 $q$ 的增大呈几何级数衰减,所以只取有限项的 $s$ 项。VAR($k$) 模型的前 $s$ 项的预测误差为

$$C_0u_t+C_1u_{t-1}+C_2u_{t-2}+\cdots+C_{s-1}u_{t-s-1}$$

可得近似的相对方差贡献率(RVC)

$$\mathrm{RVC}_{j\to i}(s)=\frac{\sum_{q=0}^{s-1}(c_{ij}^{(q)})^2\sigma_{jj}^2}{\mathrm{Var}(Y_{it})}=\frac{\sum_{q=0}^{s-1}(c_{ij}^{(q)})^2\sigma_{jj}^2}{\sum_{j=i}^{N}\left\{\sum_{q=0}^{s-1}(c_{ij}^{(q)})^2\sigma_{jj}^2\right\}},\quad i,j,\cdots,N \tag{11.28}$$

其中,$\mathrm{RVC}_{j\to i}(s)$ 具有如下性质

(1) $0\leqslant \mathrm{RVC}_{j\to i}(s)\leqslant 1,\quad i,j=1,2,\cdots,N$

(2) $\sum_{j=1}^{N}\mathrm{RVC}_{j\to i}(s)=1,\quad i,j=1,2,\cdots,N$

如果 $\mathrm{RVC}_{j\to i}(s)$ 大时,意味着第 $j$ 个变量对第 $i$ 个变量的影响大;相反地,$\mathrm{RVC}_{j\to i}(s)$ 小时,意味着第 $j$ 个变量对第 $i$ 个变量的影响小。

## 第五节 Johansen 协整检验

VAR 模型的一个重要的应用就是通过考察协整关系为约束条件的 VAR 模型来检验模型中各变量之间的长期动态关系，这就是 Johansen 在 1998 年提出的一种以 VAR 模型为基础的检验回归系数的方法，是一种进行多变量协整检验较好的方法。

### 一、Johansen 协整检验的基本思想

建立模型

$$\boldsymbol{Y}_t = C + \prod\nolimits_1 \boldsymbol{Y}_{t-1} + \prod\nolimits_2 \boldsymbol{Y}_{t-2} + \cdots + \prod\nolimits_k \boldsymbol{Y}_{t-k} + u_t, u_t \sim N(0, \boldsymbol{\Omega}) \tag{11.29}$$

其中 $\boldsymbol{Y}_t = (Y_{1t}, Y_{2t}, \cdots, Y_{Nt})'$，假定 $\boldsymbol{Y}_t \sim \mathrm{I}(1)$，此假定具有一般性。通过重新整理和变换参数，模型可以表示为

$$\Delta \boldsymbol{Y}_t = \Gamma_1 \Delta \boldsymbol{Y}_{t-1} + \Gamma_2 \Delta \boldsymbol{Y}_{t-2} + \cdots + \Gamma_{k-1} \Delta \boldsymbol{Y}_{t-(k-1)} + \prod \boldsymbol{Y}_{t-k} + u_t \tag{11.30}$$

其中，$\Gamma_j = -\sum_{i=j+1}^{k} \prod_{\mathrm{i}}, (\mathrm{j} = 1, \cdots, \mathrm{k} - 1), \prod = -I + \prod_1 + \cdots + \prod_{\mathrm{k}}$。

模型(11.30)中除 $\prod \boldsymbol{Y}_{t-k}$ 之外，所有的项都是平稳的。如果 $\prod \boldsymbol{Y}_{t-k}$ 是非平稳的，则 $\boldsymbol{Y}_t$ 的分量之间不存在协整关系。如果 $\prod \boldsymbol{Y}_{t-k}$ 是平稳的，则 $\boldsymbol{Y}_t$ 各分量之间存在协整关系。可见，压缩矩阵 $\prod$ 决定 VAR 模型中的变量是否存在以及在多大范围内存在协整关系。$\boldsymbol{Y}_t$ 之间的分量是否具有协整关系主要依赖于矩阵 $\prod$ 的秩。设 $\prod$ 的秩为 $r$，则存在三种情况，$r = N, r = 0, 0 < r < N$，$N$ 为变量的个数。

(1)如果 $r=N$，只有 $\boldsymbol{Y}_t$ 的各分量都是 I(0) 时，才能保证 $\prod \boldsymbol{Y}_{t-k}$ 是由 I(0) 变量构成的向量，而这与已知 $\boldsymbol{Y}_t$ 的各分量为 I(1) 相矛盾，所以必然有 $r < N$。

(2)如果 $r=0$，意味着 $\prod = 0$，此时式(11.30)是一个差分方程，各项均为 I(0)变量，不需要讨论 $\boldsymbol{Y}_t$ 之间是否存在协整关系。

(3)下面讨论 $0 < r < N$ 的情形。

$0 < r < N$ 表示存在 $r$ 个协整组合，其余 $n - r$ 个关系仍为 I(1) 关系。这时 $\prod$ 可以分解成 $N \times r$ 阶矩阵 $\boldsymbol{\alpha}$ 和 $\boldsymbol{\beta}$，他们的秩都是 $r$，使得 $\prod = \boldsymbol{\alpha}\boldsymbol{\beta}'$，并且 $\boldsymbol{\beta}' \boldsymbol{Y}_{t-k}$ 是平稳的，$\boldsymbol{\beta}' \boldsymbol{Y}_{t-k} \sim \mathrm{I}(0)$。即

$$\prod \boldsymbol{Y}_{t-k} = \boldsymbol{\alpha}\boldsymbol{\beta}' \boldsymbol{Y}_{t-k} = (\boldsymbol{\alpha}_1, \boldsymbol{\alpha}_2, \cdots, \boldsymbol{\alpha}_r) \begin{pmatrix} \boldsymbol{\beta}_1 \\ \boldsymbol{\beta}_2 \\ \vdots \\ \boldsymbol{\beta}_r \end{pmatrix} \begin{pmatrix} Y_{1,t-k} \\ Y_{2,t-k} \\ \vdots \\ Y_{N,t-k} \end{pmatrix}_{N\times 1}$$

$$= \begin{pmatrix} \alpha_{11} & \cdots & \alpha_{1r} \\ \alpha_{21} & \cdots & \alpha_{2r} \\ \vdots & \vdots & \vdots \\ \alpha_{N1} & \cdots & \alpha_{Nr} \end{pmatrix}_{N\times r} \begin{pmatrix} \beta_{11} & \cdots & \beta_{1N} \\ \vdots & \vdots & \vdots \\ \beta_{r1} & \cdots & \beta_{rN} \end{pmatrix}_{r\times N} \begin{pmatrix} Y_{1,t-k} \\ Y_{2,t-k} \\ \vdots \\ Y_{N,t-k} \end{pmatrix}_{N\times 1}$$

$$
=\begin{bmatrix} \alpha_{11} & \cdots & \alpha_{1r} \\ \alpha_{21} & \cdots & \alpha_{2r} \\ \vdots & \vdots & \vdots \\ \alpha_{N1} & \cdots & \alpha_{Nr} \end{bmatrix}_{N\times r} \begin{pmatrix} \beta_{11}Y_{1,t-k}+\cdots+\beta_{1N}Y_{N,t-k} \\ \vdots \\ \beta_{r1}Y_{1,t-k}+\cdots+\beta_{rN}Y_{N,t-k} \end{pmatrix}_{r\times 1}
$$

$$
=\begin{pmatrix} \alpha_{11}(\beta_{11}Y_{1,t-k}+\cdots+\beta_{1N}Y_{N,t-k})+\cdots+\alpha_{1r}(\beta_{r1}Y_{1,t-k}+\cdots+\beta_{rN}Y_{N,t-k}) \\ \vdots \\ \alpha_{N1}(\beta_{11}Y_{1,t-k}+\cdots+\beta_{1N}Y_{N,t-k})+\cdots+\alpha_{Nr}(\beta_{r1}Y_{1,t-k}+\cdots+\beta_{rN}Y_{N,t-k}) \end{pmatrix}_{N\times 1} \tag{11.31}
$$

其中，$r$ 是协整关系的数量。$\boldsymbol{\beta}=(\boldsymbol{\beta}_1,\boldsymbol{\beta}_2,\cdots,\boldsymbol{\beta}_r)$ 称作协整参数矩阵，其每列均为协整向量，反应 $\boldsymbol{Y}_t$ 各分量之间的长期均衡关系。$\boldsymbol{\alpha}$ 称为调整系数矩阵，其含义是反映本期变量对上期均衡的短期调整。系统内各变量的变化将分为变量间长期均衡关系的变化（由均衡参数向量 $\beta$ 体现）和短期内对非均衡状态进行修正（通过调整参数向量 $\boldsymbol{\alpha}$ 体现）。

Johansen 方法是在 VAR 形式下检验协整参数矩阵 $\boldsymbol{\beta}$ 的秩和调整系数矩阵 $\boldsymbol{\alpha}$。当然，这里同 E－G 两步法协整检验一样，在进行 Johansen 检验前要对系统中各个变量用 ADF 进行单位根检验，只有确定了各变量单整阶数相同，如均为 I(1) 过程后，变量之间才可能协整，才能进行 Johansen 检验。其基本步骤如下：

首先检验协整参数矩阵 $\boldsymbol{\beta}$ 的秩为 $r$（即系统中含协整向量的个数）。初始时，零假设为 $H_0:r=0$，备择假设是 $H_1:r>0$。如果在零假设下，某一构造的统计值小于对应 $r$ 下的临界值（可查表），则不拒绝 $H_0$，表示不含协整向量，即变量间不存在协整关系，不再进行下一步，否则就说明至少有一个协整向量，此时待检验的零假设变为 $H_0:r\leqslant 1$，备择假设相应的变为 $H_1:r>1$。若此时构造的统计量的值小于对应 $r$ 下的临界值，则不拒绝 $H_0$，表示 $r=1$，即含有一个协整向量，或变量间只存在一个协整关系。若这一步构造的统计量的值大于对应 $r$ 下的临界值，则拒绝 $H_0:r\leqslant 1$ 的假设（说明变量间至少有两个协整向量），继续检验 $H_0:r\leqslant 2$，以此类推。如果最后拒绝了 $H_0:r=r^*-1$ 但未拒绝 $H_0:r\leqslant r^*$，则结论是协整参数矩阵 $\boldsymbol{\beta}$ 的秩 $r=r^*$，即含有 $r^*$ 个协整关系。

## 二、Johansen 协整检验的两种方法

### （一）特征根迹检验（Trace 检验）

由 $r$ 个最大特征根可得到 $r$ 个协整向量，而对于其余 $k-r$ 个非协整组合来说，$\lambda_{r+1}$，$\cdots$，$\lambda_k$ 应该为 0，因此可得到原假设、备择假设为

$$
H_{r0}:\lambda_r>0,\lambda_{r+1}=0
$$

$$
H_{r1}:\lambda_{r+1}>0,r=0,1,\cdots,k-1
$$

相应的检验统计量为

$$
\eta_r=-T\sum_{i=r+1}^{k}\ln(1-\lambda_i),\quad r=0,1,\cdots,k-1 \tag{11.32}
$$

$\eta_r$ 称为特征根迹统计量，依次检验这一系列统计量的显著性。

(1)当 $\eta_0$ 不显著时（即 $\eta_0$ 值小于某一显著性水平下的 Johansen 分布临界值），不拒绝 $H_{00}(r=0)$，表明存在 $N$ 个单位根，0 个协整向量（即不存在协整关系）。当 $\eta_0$ 显著时（即

$\eta_0$ 值大于某一显著性水平下的 Johansen 分布临界值)，拒绝 $H_{00}(r=0)$。表明至少有一个协整向量，必须接受 $\eta_1$ 的检验。

(2)当 $\eta_1$ 不显著时，不拒绝 $H_{10}$，表明只有一个协整向量，依次进行下去，直到不拒绝 $H_{r0}$，说明存在 $r$ 个协整向量。这 $r$ 个协整向量就是对应于最大的 $r$ 个特征根的经过正规化的特征向量。根据上面的假设检验，大于临界值拒绝原假设，继续检验的过程可以归纳为如下的序贯过程：

$\eta_1$ <临界值，不拒绝 $H_{10}$，表明只有 1 个协整向量；

$\eta_1$ >临界值，不拒绝 $H_{10}$，表明至少有 2 个协整向量；

⋮

$\eta_r$ <临界值，不拒绝 $H_{r0}$，表明只有 $r$ 个协整向量；

(二)最大特征值检验

对于 Johansen 协整检验，另外一个类似的检验方法就是

$$H_{r0}: \lambda_{r+1}=0$$

$$H_{r1}: \lambda_{r+1}>0$$

构造的统计量是基于最大特征值的，其形式为

$$\xi_r=-T\ln(1-\lambda_{r+1}),\ r=0,1,\cdots,k-1$$

其中 $\xi_r$ 为最大特征根统计量，简记为 λ-max 统计量。检验从下往上进行，首先是检验 $\xi_0$。如果 $\xi_0$ <临界值，不拒绝 $H_{00}$，无协整向量；$\xi_0$ >临界值，拒绝 $H_{00}$，至少有一个协整向量。

不拒绝 $H_{00}(r=0)$，表明最大特征根为 0，无协整向量，否则不拒绝 $H_{01}$，至少有一个协整向量；如果 $\xi_1$ 显著，拒绝 $H_{10}$，不拒绝至少有两个协整向量的 $H_{11}$；依次进行下去，直到不拒绝 $H_{r0}$，共有 $r$ 个协整向量。

## 三、协整方程的形式

与单变量时间序列可能出现的均值非零、包含确定性趋势一样，协整方程也可以包含截距和确定性趋势，方程(11.31)可能会出现以下情况。

(1)序列 $Y_t$ 没有确定趋势，协整方程没有截距：

$$\prod \boldsymbol{Y}_{t-k}=\boldsymbol{\alpha}\boldsymbol{\beta}'\boldsymbol{Y}_{t-k} \tag{11.33}$$

(2) 序列 $Y_t$ 没有确定趋势，协整方程有截距项 $\rho_0$

$$\prod \boldsymbol{Y}_{t-k}=\boldsymbol{\alpha}(\boldsymbol{\beta}'\boldsymbol{Y}_{t-k}+\rho_0) \tag{11.34}$$

(3)序列 $Y_t$ 有确定性趋势，但协整方程只有截距项

$$\prod \boldsymbol{Y}_{t-k}=\boldsymbol{\alpha}(\boldsymbol{\beta}'Y_{t-k}+\rho_0)+\boldsymbol{\alpha}_{\perp}\gamma_0 \tag{11.35}$$

(4)序列 $Y_t$ 和协整方程都有线性趋势，协整方程的线性趋势表示为 $\rho_1 t$

$$\prod \boldsymbol{Y}_{t-k}=\boldsymbol{\alpha}(\boldsymbol{\beta}'\boldsymbol{Y}_{t-k}+\rho_0+\rho_1 t)+\boldsymbol{\alpha}_{\perp}\gamma_0 \tag{11.36}$$

(5)序列 $Y_t$ 有二次趋势序列 $\alpha_{\perp}(\gamma_0+\gamma_1 t)$，协整方程仅有线性趋势

$$\prod \boldsymbol{Y}_{t-k}=\boldsymbol{\alpha}(\boldsymbol{\beta}'\boldsymbol{Y}_{t-k}+\rho_0+\rho_1 t)+\boldsymbol{\alpha}_{\perp}(\gamma_0+\gamma_1 t) \tag{11.37}$$

其中，$\boldsymbol{\alpha}_{\perp}$ 是 $N\times(N-r)$ 矩阵，它被称为 $\boldsymbol{\alpha}$ 的正交互余矩阵，即 $\boldsymbol{\alpha}'\boldsymbol{\alpha}_{\perp}=0$ 且 $r(\boldsymbol{\alpha}'\boldsymbol{\alpha}_{\perp})=N$。

这里需要注意两点：

(1)Johansen 协整检验的临界值对 $N=10$ 的序列都是有效的。而且临界值依赖于趋势假设,对于包含其他确定性回归量的模型可能是不合适的。即协整方程不同可能导致检验结果不同。

(2)基于迹统计量和最大特征值统计量得到的结论有可能产生冲突。此时看哪一种检验估计得到的协整向量对协整关系的解释能力强。

## 第六节　向量误差修正(VEC)模型

如果 VAR 模型

$$\boldsymbol{Y}_t = C + \prod\nolimits_1 \boldsymbol{Y}_{t-1} + \prod\nolimits_2 \boldsymbol{Y}_{t-2} + \cdots + \prod\nolimits_k \boldsymbol{Y}_{t-k} + \boldsymbol{u}_t, \boldsymbol{u}_t \sim N(0,\Omega) \tag{11.38}$$

的内生变量均含有单位根,那么可以用这些变量的一阶差分序列建立一个平稳的 VAR 模型。

$$\Delta \boldsymbol{Y}_t = \prod\nolimits_1^* \Delta \boldsymbol{Y}_{t-1} + \prod\nolimits_2^* \Delta \boldsymbol{Y}_{t-2} + \cdots + \prod\nolimits_k^* \Delta \boldsymbol{Y}_{t-k} + \boldsymbol{u}_t^* \tag{11.39}$$

然而,当这些变量存在协整关系时,采用差分的方法构造 VAR 模型虽然是平稳的,但不是最优的选择。

如果 $\boldsymbol{Y}_t \sim \mathrm{I}(1)$, 且非平稳变量间存在协整关系,那么由这些非平稳变量组成的线性组合则是平稳的。建立单纯的差分 VAR 模型将丢失重要的非均衡误差信息,因为变量间的协整关系给出了变量间的长期关系,同时用这种非均衡误差以及差分变量同样可以构造平稳的 VAR 模型,从而得到一类重要的模型,即向量误差修正模型。

对于 $k$ 阶 VAR 模型, $\boldsymbol{Y}_t = C + \prod_1 \boldsymbol{Y}_{t-1} + \prod_2 \boldsymbol{Y}_{t-2} + \cdots + \prod_k \boldsymbol{Y}_{t-k} + \boldsymbol{u}_t$, 其向量误差修正模型(VEC)的表达式为

$$\Delta \boldsymbol{Y}_t = \Gamma_1 \Delta \boldsymbol{Y}_{t-1} + \cdots + \Gamma_{k-1} \Delta \boldsymbol{Y}_{t-(k-1)} + \prod \boldsymbol{Y}_{t-k} + \boldsymbol{u}_t \tag{11.40}$$

其中, $\Gamma_j = -\sum\limits_{i=j+1}^{k} \prod_{\mathrm{j}}, \mathrm{j}=1,2,\cdots,\mathrm{k}-1$

$$\prod = -\Gamma_0 - \mathrm{I} = \sum_{\mathrm{i}=1}^{\mathrm{k}} \prod\nolimits_{\mathrm{i}} - \mathrm{I} = \prod\nolimits_1 + \prod\nolimits_2 + \cdots + \prod\nolimits_{\mathrm{k}} - \mathrm{I} \tag{11.41}$$

式(11.40)是向量误差修正模型(VEC)的一般表达式。$\prod$ 为多项式矩阵,其中每一个元素都是一个多项式,运算规则与一般矩阵相同,滞后期的延长不影响对协整向量个数的分析。

根据 Granger 定理,向量误差修正模型(VEC)的表达式为

$$\boldsymbol{A}^*(\mathrm{L})(1-\mathrm{L})\boldsymbol{Y}_t = \boldsymbol{\alpha\beta}'\boldsymbol{Y}_{t-k} + \boldsymbol{d}(\mathrm{L})\boldsymbol{u}_t \tag{11.42}$$

其中 $\boldsymbol{A}^*(\mathrm{L})$ 是多项式矩阵 $\boldsymbol{A}(\mathrm{L})$ 分离出因子 $(1-\mathrm{L})$ 后降低一阶的多项式矩阵, $\boldsymbol{d}(\mathrm{L})$ 是由滞后算子表示的多项式矩阵。

上式与式(11.38)完全相同。其中

$$A^*(\mathrm{L})(1-\mathrm{L})\boldsymbol{Y}_t = \boldsymbol{A}^*(\mathrm{L})\Delta \boldsymbol{Y}_t = \Delta \boldsymbol{Y}_t - \Gamma_1 \Delta \boldsymbol{Y}_{t-1} - \Gamma_2 \Delta \boldsymbol{Y}_{t-2} - \Gamma_{k-1} \Delta \boldsymbol{Y}_{t-(k-1)}$$

$$\boldsymbol{d}(\mathrm{L})\boldsymbol{u}_t = \boldsymbol{u}_t \tag{11.43}$$

这里 $\boldsymbol{d}(\mathrm{L})$ 退化为单位列向量。

具体的 VEC 估计过程一般包括下面两个步骤:(1)确定变量间的协整关系以及协整关系的数量。(2)在确定变量间的协整关系后,对参数进行估计。

## 第七节 案例分析

本节使用1978—2018年中国城镇化率、第二产业增加值和第三产业增加值统计数据,建立VAR模型对全国城镇化率、第二产业增加值和第三产业增加值的增长率间的关系进行实证研究。

### 一、数据的选取与处理

本节选取1978—2018年的第三产业增加值、第二产业增加值年度数据,为消除通货膨胀因素,用1978年为基准的GDP平减指数进行平减得到实际值;选取全国总人口数及城镇人口统计数据计算城镇人口占比得城镇化率。数据来源于中国国家统计局和EPS统计数据平台。

对三个变量作对数处理,以减小异方差性的影响及实现非线性关系的线性化处理。记 $\ln scy$ 为第三产业增加值的对数,$\ln csh$ 为城市化率的对数,$\ln gy$ 为第二产业增加值的对数。同时,对变量作对数差分处理,以 $s_t,c_t,g_t$ 分别表示第三产业增加值、城市化率和第二产业增加值的对数差分序列。即

$$\begin{aligned} s_t &= \ln scy_t - \ln scy_{t-1} \\ c_t &= \ln csh_t - \ln csh_{t-1} \\ g_t &= \ln gy_t - \ln gy_{t-1} \end{aligned} \tag{11.44}$$

由图11.1可以看出,在1978年到2018年间第三产业生产总值的对数、第二产业生产总值的对数及城市化率的对数值均呈略微的上升趋势。但比较而言,第二产业生产总值和第三产业生产总值的上升趋势更为接近,二者的值也较为接近。而城市化率的对数值变化较为缓慢。同时,由于城市化率为一个相对数,其值均小于1,因此在图中值变化不大,且对数值小于0。

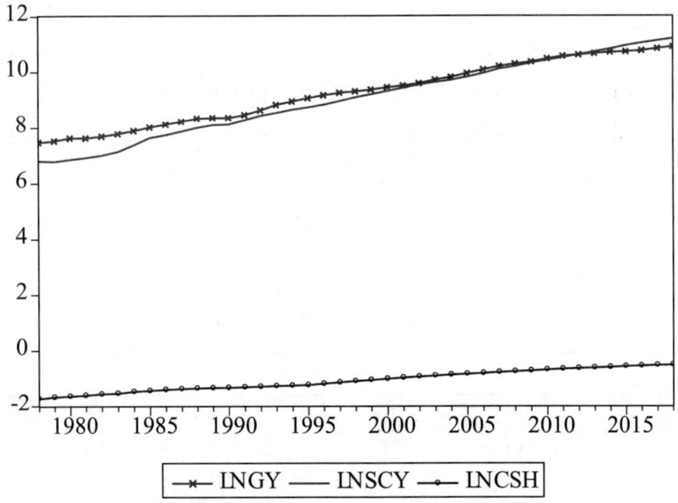


**图11.1 lnscy,lngy,lncsh时序图**

VAR 模型建立在变量平稳或具有协整关系基础上，否则会出现伪回归现象。因此，先对变量进行平稳性检验。从图 11.1 的时序图中可以看出数据具有递增的趋势，故设定方程为带时间项和截距项的形式，检验结果如表 11.1。从检验表可以看出，时间序列的对数项均不平稳，而对数差分项为平稳的序列，从而可知，$\ln scy_t$，$\ln csh_t$，$\ln gy_t$ 均为一阶单整的单位根过程。说明第三产业生产总值的增长率、城市化率的增长率及第二产业生产总值的增长率的数据生成过程具有随时间递增的特点。

**表 11.1　时间序列 $\ln scy_t$，$\ln csh_t$，$\ln gy_t$ 的单位根 ADF 检验**

| 变量 | ADF 统计量 | 5%临界值 | 1%临界值 | 相应的 P 值 | 结论 |
|---|---|---|---|---|---|
| $\ln scy_t$ | −2.665287 | −3.529758 | −4.211868 | 0.2557 | 不平稳 |
| $\ln csh_t$ | −1.356400 | −3.529758 | −4.211868 | 0.8581 | 不平稳 |
| $\ln gy_t$ | −2.520910 | −3.529758 | −4.211868 | 0.3170 | 不平稳 |
| $s_t$ | −6.406174 | −3.544284 | −4.243644 | 0.0000 | 平稳 |
| $c_t$ | −4.463262 | −3.529758 | −4.211868 | 0.0052 | 平稳 |
| $g_t$ | −3.636020 | −3.533083 | −4.219126 | 0.0399 | 平稳 |

说明：1. 检验对数序列时，检验方程中三个变量均带趋势项与常数项，检验对数差分序列时，检验方程带常数项。
2. 检验为 mackinnon(1996)单边检验方法。

当对三个经济变量的对数序列建立 VAR 模型，并做模型稳定性检验时，发现模型不稳定。因此，重新对三个变量的对数差分项建立 VAR 模型。同时，对数差分项近似表示该变量的增长率，具有明确的经济意义。

## 二、VAR 模型及结果分析

由于时间序列的差分项 $s_t$，$c_t$，$g_t$ 均为平稳序列，因此可直接对三者之间的关系建立模型。

（一）模型结构滞后期的选择

VAR 模型中的一个重要问题是滞后阶数的确定。在选择滞后阶数 $k$ 时，一方面希望滞后阶数足够大，以便能完整反映所构造模型的动态特征。但是另一方面，滞后阶数越大，需要有足够数目的滞后项，又要有足够数目的自由度，使它少于反映模型动态特征性所应有的理想数目。常用的确定滞后期的方法有 LR(似然比)检验、赤池信息准则(AIC)、施瓦茨准则(SC)、FPE 准则和汉南一奎因准则。检验结果如表 11.2，从表中可以看到合适的最大滞后期为 2 期，以滞后 2 期建立 VAR 模型并进行平稳性检验与格兰杰因果检验。

**表 11.2　VAR 模型滞后期的选择性检验**

| Lag | LogL | LR | FPE | AIC | SC | HQ |
|---|---|---|---|---|---|---|
| 0 | 236.8496 | NA | 3.16e−10 | −13.36283 | −13.22952 * | −13.31381 |
| 1 | 252.5901 | 27.88328 | 2.15e−10 | 13.74801 | −13.21474 | −13.56392 |
| 2 | 265.3742 | 20.45451 * | 1.76e−10 * | −13.96424 | −13.03103 | −13.64210 * |
| 3 | 271.0335 | 8.084770 | 2.20e−10 | −13.77334 | −12.440119 | −13.31314 |
| 4 | 282.5832 | 14.51956 | 2.02e−10 | −13.91904 | −12.18594 | −13.32077 |
| 5 | 293.4633 | 11.81268 | 2.02e−10 | −14.02647 * | −11.89342 | −13.29014 |

（二）模型稳定性检验

对于 VAR(2)模型，对 $y_t$ 中心化处理后，有

$$y_t = A_1 y_{t-1} + A_2 y_{t-2} + \varepsilon_t \quad t = 1,2,\cdots,T$$

令 $\Phi(L) = (A_1 L + A_2 L^2)$，则 VAR 模型可表示为 $y_t = \Phi(L) y_t + \varepsilon_t$

VAR 模型平稳的充要条件为特征方程 $|\Phi(L) - \lambda \mathrm{I}| = 0$ 的根都在单位圆内。从图 11.2 中可以看出 VAR 模型对应的特征方程的所有根均在单位圆以内，所以建立的 VAR(2)模型是比较稳定的，表示该系统稳定。此时，对变量间的关系建立 VAR 模型来分析才有意义，这也为随后的脉冲响应和方差分解奠定基础。

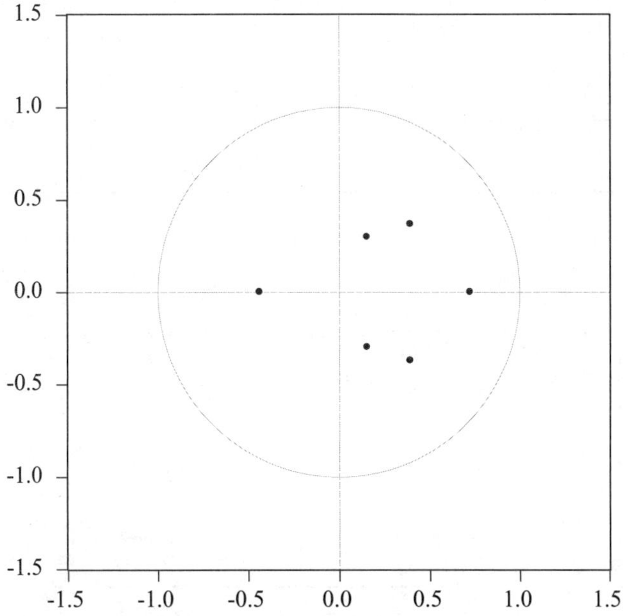


**图 11.2 VAR 模型单位根示意图**

对残差项进行检验，结果表明，在 5%的显著性水平下，各方程的回归残差项均满足正态性，不存在自相关性和异方差现象。

（三）VAR 模型的参数估计

建立以第三产业增加值、第二产业增加值及城市化率各自的增长率为系统的三元结构 VAR(2)模型

$$y_t = A_0 + A_1 y_{t-1} + A_2 y_{t-2} + \varepsilon_t \quad t = 1,2,\cdots,T \tag{11.45}$$

其中，$y_t$ 是 3 维内生变量向量，滞后 2 期，$T$ 是样本个数。$A_0$ 是 3 维系数向量，矩阵 $A_1$，$A_2$ 为 2×2 维系数矩阵，是待估计的系数矩阵。$\varepsilon_t$ 是 3 维扰动向量，它们相互之间可以同期相关，但不与自己的滞后值相关。假设 $\sum$ 是 $\varepsilon_t$ 的协方差矩阵，是一个 2×2 的正定矩阵。其展开式为：

$$\begin{pmatrix} s_t \\ c_t \\ g_t \end{pmatrix} = A_0 + A_1 \begin{pmatrix} s_{t-1} \\ c_{t-1} \\ g_{t-1} \end{pmatrix} + A_2 \begin{pmatrix} s_{t-2} \\ c_{t-2} \\ g_{t-2} \end{pmatrix} + \begin{pmatrix} \varepsilon_1 \\ \varepsilon_2 \\ \varepsilon_3 \end{pmatrix}, t = 1,2,\cdots,T \tag{11.46}$$

在选择了合适的滞后期，并进行了稳定性验证后，可对 VAR 模型进行参数估计，由于

VAR 模型的误差项之间有同期相关性，若误差项满足多元正态分布，可使用对数似然估计来估计 VAR 模型的参数。参数估计结果见表 11.3、11.4、11.5。

**表 11.3　VAR(2) 模型的估计结果**

| 解释变量 | 回归方程 $s_t$ | | 回归方程 $c_t$ | | 回归方程 $g_t$ | |
|---|---|---|---|---|---|---|
| | 系数 | $t$ 值 | 系数 | $t$ 值 | 系数 | $t$ 值 |
| $s_{t-1}$ | 0.304501 | 1.66112 | −0.041057 | −0.87001 | 0.102399 | 0.63763 |
| $s_{t-2}$ | −0.088800 | −0.57958 | −0.034856 | −0.88370 | 0.079204 | 0.59008 |
| $c_{t-1}$ | 1.255670 | 2.00189 | 0.365138 | 2.26127 | 0.598169 | 1.08856 |
| $c_{t-2}$ | −0.727825 | −1.26851 | 0.384090 | 2.60034 | −1.278003 | −2.54251 |
| $g_{t-1}$ | 0.255555 | 1.34859 | −6.12E−05 | −0.00126 | 0.708774 | 4.26940 |
| $g_{t-2}$ | −0.286383 | −1.52627 | 0.029101 | 0.60245 | −0.324304 | −1.97288 |
| $C$ | 0.077131 | 2.89600 | 0.013008 | 1.89713 | 0.053593 | 2.29689 |

**表 11.4　VAR 各方程检验结果**

| 判别变量 | $s_t$ | $c_t$ | $g_t$ |
|---|---|---|---|
| R-squared | 0.312942 | 0.372668 | 0.484960 |
| Adj. R-squared | 0.179963 | 0.251249 | 0.385274 |
| Sum sq. resids | 0.045135 | 0.002991 | 0.034641 |
| S. E. equation | 0.038157 | 0.009823 | 0.033428 |
| F-statistic | 2.353324 | 3.069266 | 4.864911 |
| Log likelihood | 74.05824 | 125.6236 | 79.08622 |
| Akaike AIC | −3.529381 | −6.243349 | −3.794012 |
| Schwarz SC | −3.227721 | −5.941689 | −3.492351 |
| Mean dependent | 0.114410 | 0.029540 | 0.086468 |
| S. D. dependent | 0.042137 | 0.011352 | 0.042636 |

**表 11.5　VAR 模型整体检验结果**

| | |
|---|---|
| Determinant resid covariance (dof adj.) | 1.19E−10 |
| Determinant resid covariance | 6.49E−11 |
| Log likelihood | 283.9559 |
| Akaike information criterion | −13.83978 |
| Schwarz criterion | −12.93480 |

从表 11.4 可以看出，各方程的检验统计量均通过显著性检验。表 11.5 反映了方程总体拟合效果。

（四）因果性分析

为了更好地观察第三产业增加值、城市化率及第二产业增加值的增长率的动态关系，可以进行格兰杰因果关系检验。Granger 因果关系基于向量自回归模型来定义，这里仍然用前面建立的 VAR(2)模型来进行 Granger 因果关系检验。

检验因果关系分三步[①]：

1. 选取初步的滞后阶数，估计 VAR 模型，从而得到相应的残差序列；

① 王少平. 宏观计量的若干前沿理论与应用[M]. 南开大学出版社，2003. 9：p86.

2. 对残差序列进行正态性检验，根据检验结果调整滞后期；

3. 对最终估计的 VAR 模型进行参数约束检验，确定变量之间的因果关系。

在本节中，对于三变量的 VAR(2)模型，由于前面已对残差进行了正态性检验，并通过了验证。因此，可直接在 VAR(2)的基础上进行格兰杰因果性检验。

运用格兰杰因果关系检验的目的是对理论模型中得出的三者作为一个经济系统互为因果的关系进行验证，同时它又可以与后面的脉冲响应分析相互补充和印证。

**表 11.6 格兰杰因果关系检验表**

| 原假设 | 卡方统计量 | 自由度 | $p$ 值 | 结论 |
|---|---|---|---|---|
| $c_t$ 不是 $s_t$ 的 *Granger* 原因 | 4.459717 | 2 | 0.1075 | 拒绝 $H_0$ |
| $g_t$ 不是 $s_t$ 的 *Granger* 原因 | 2.738410 | 2 | 0.2543 | 不拒绝 $H_0$ |
| $c_t$，$g_t$ 不能 *Granger* 同时引起 $s_t$ | 6.543876 | 4 | 0.1620 | 拒绝 $H_0$ |
| $s_t$ 不是 $c_t$ 的 *Granger* 原因 | 2.347659 | 2 | 0.3092 | 不拒绝 $H_0$ |
| $g_t$ 不是 $c_t$ 的 *Granger* 原因 | 0.501922 | 2 | 0.7781 | 不拒绝 $H_0$ |
| $s_t$，$g_t$ 不能 *Granger* 同时引起 $c_t$ | 2.495080 | 4 | 0.6455 | 不拒绝 $H_0$ |
| $s_t$ 不是 $g_t$ 的 *Granger* 原因 | 1.151372 | 2 | 0.5623 | 不拒绝 $H_0$ |
| $c_t$ 不是 $g_t$ 的 *Granger* 原因 | 6.556478 | 2 | 0.0377 | 不拒绝 $H_0$ |
| $s_t$，$c_t$ 不能 *Granger* 同时引起 $g_t$ | 7.256793 | 4 | 0.1229 | 不拒绝 $H_0$ |

从表中可知，在 5%的显著性水平下，城镇化增长率 $c_t$ 是第二产业增长率 $s_t$ 的格兰杰原因，这说明在我国第二产业的增长速度有赖于城镇化率的增长速度。第二产业增长率与第三产业增长率均不是城镇化率增长率的格兰杰原因，说明我国城镇化率发展不依赖于第二产业增长速度与第三产业增长速度。同时，第二产业增长率 $g_t$ 及城市化率的发展速度 $c_t$ 不构成 $s_t$ 的格兰杰原因，表明我国第三产业的发展快慢不依赖于第二产业的发展速度及城市化率的发展速度。

（五）脉冲响应函数

基于建立的向量自回归模型 VAR(2)，为了更好地观察第三产业增加值、第二产业增加值及城市化率的增长率三者之间的动态关系，可以从脉冲响应函数和方差分解上来考察。脉冲响应函数描述了各个变量一个单位方差的变化对其他变量和自身当前及未来值的影响。具体地说，它描述的在随机误差项上施加一个标准差大小的新息冲击后对内生变量的当期值和未来值所带来的影响。由于在 VAR 模型中，所有的变量都与其他变量相关，因此，任何一个变量的冲击不仅会影响到自己的变化，而且会对其他变量产生影响。

基于本节建立的三变量 VAR(2)模型分别给出第三产业增长率、城市化率增长率及第二产业增长率一个单位的正冲击对城市化率增长率的脉冲响应函数图及脉冲响应函数表。

在图 11.3 至图 11.5 中，横轴表示冲击作用的滞后期（单位：年），对应本节的样本期为 38 年，纵轴表示受到冲击的变量，实线表示脉冲响应函数，代表了某一变量对相应其他变量冲击的反应。

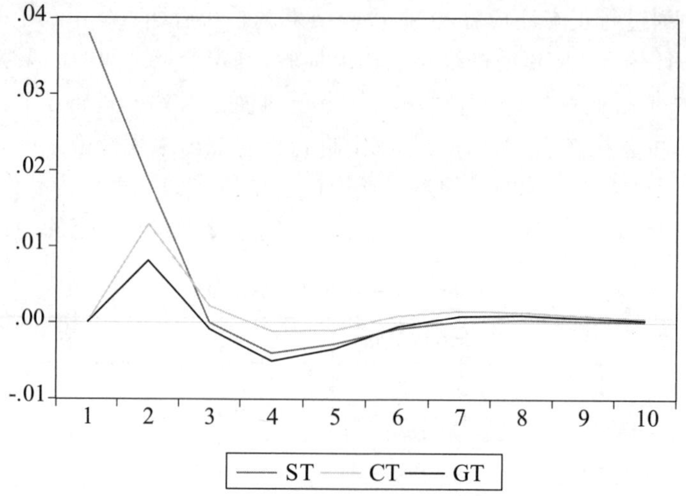


图 11.3　第三产业增加值增长率脉冲响应曲线

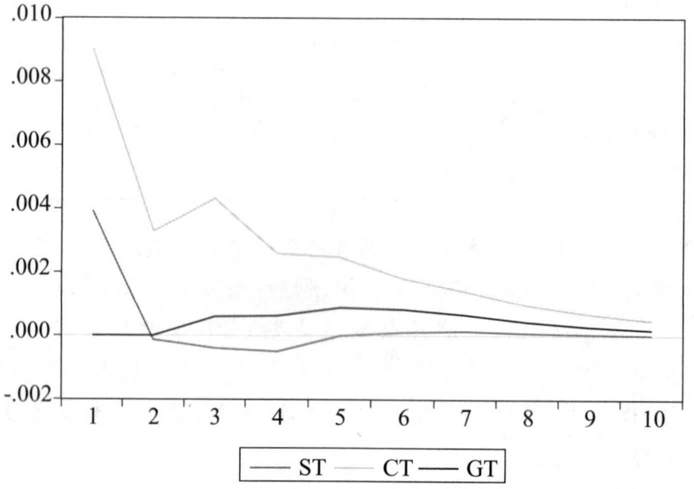


图 11.4　城镇化率增长率脉冲响应曲线

由图 11.3 可以看出，当给第三产业增加值自身一个标准差的冲击后，会对自身产生逐渐减弱对正向冲击作用，第三期开始变为负向冲击，至第四期达最低点－0.004，随后趋于 0。

给城镇化率一个标准差的冲击后，当期不影响第三产业增加值的增长率，而后产生正向冲击至第二期达最强，随即开始减弱，至第四期出现相对较弱对负向冲击，并达到最弱点－0.01，随后逐渐回升，至第六期变为正向冲击效应，而后逐渐趋于 0。短期看，城镇化率对第三产业增加值增长率的影响存在促进作用，随时间变化呈现先负向后正向的冲击影响，但会逐渐趋于稳定状态。

给第二产业一个标准差的冲击后，对第三产业增加值增长率的影响类似于城镇化率对其冲击影响，开始短期内呈现为正向冲击，至第二期达最强，随即呈现下降趋势至第三期变为负向冲击，在第四期达到最低点－0.005，随后负向减弱至第七期变为较弱的正向冲击，而后逐渐趋向于 0。

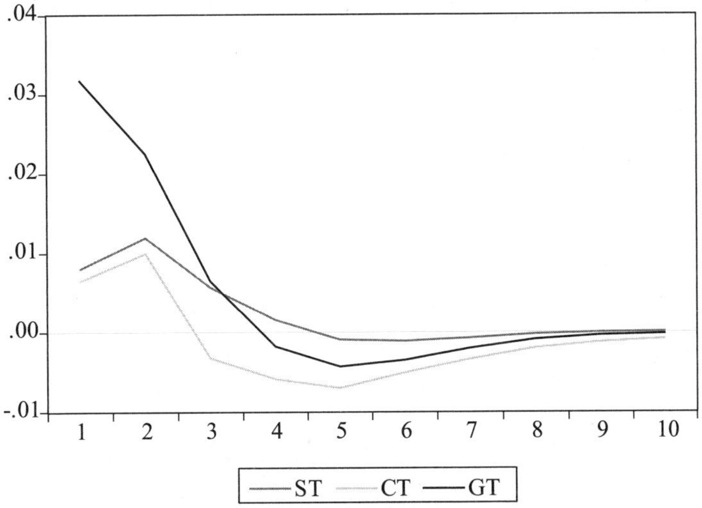


**图 11.5　第二产业增加值增长率脉冲响应曲线**

由图 11.4 可以看出,给第三产业增加值增长率一个标准差的冲击后,当期对城镇化率的增长率有促进作用,在第二期快速下降,一直到第四期达到最低点－0.005,说明城镇化率对第三产业增加值增长率的影响存在短期促进作用,随后很快趋于 0,保持稳定。

当给城镇化率自身一个标准差的冲击后,当期会对自身产生正向影响,而城镇化率对冲击的反应会逐渐缓慢下降,在较长的时间内趋于稳定。

而给第二产业一个标准差的冲击后,两期不影响城镇化率的增长率,而后出现较小的回升,说明第二产业增加值对城镇化率增长率的影响存在滞后的促进作用,这种影响虽然不大但在较长时期内才趋于 0,逐渐趋于稳定状态。整体看,相较于第二产业增加值及第三产业增加值增长率,城镇化率对冲击的反应较小。

由图 11.5 可以看出,给第三产业增加值增长率一个标准差的冲击后,当期对第二产业增加值的增长率产生的正向影响,持续上升至第二期达到最高点 0.012,说明第三产业增加值对第二产业增加值增长率增长存在促进作用,随后第二产业增加值对冲击的反应快速下降至第四期后趋于 0。说明短时间内第二产业增加值的冲击对城市化率的增长率的影响为正,且在冲击后快速趋于稳定状态。

给城镇化率增长率一个标准差的冲击后,当期对第二产业增加值的增长率正向影响至第二期达峰值 0.01,从第三期快速下降,第五期达到最低点－0.007,随后缓慢回升趋于 0。说明第二产业增加值的冲击对城市化率的增长率有短暂的正向影响但很快消失并出现阻碍影响,在经过较长时期趋于稳定状态。

给第二产业自身一个标准差的冲击后,当期呈现较强的正向影响,而后呈快速下降趋势至第六期,而后趋于 0。说明第二产业增加值自身受到冲击后会产生正向影响,但这种影响会随时间快速减弱,甚至产生负向影响,在一段时间后趋于稳定。

(六)方差分解

脉冲响应函数描述的是 VAR 模型中的一个内生变量的冲击给其他内生变量所带来的影响。而方差分解是通过分析每一个结构冲击对内生变量变化的贡献度,进一步评价不同结构冲击的重要性。它把系统中每个内生变量的波动按其成因分解为各方程新息

(随机误差项)相关联的组成部分。从而了解各新息对内生变量的重要性。

本节的方差分解模型为

$$\mathrm{RVC}_{i\to j}(s)=\frac{\sum_{q=0}^{s-1}(c_{ij}^{(q)})^2\sigma_{jj}^2}{\sum_{j=1}^{k}\left[\sum_{q=0}^{s-1}(c_{ij}^{(q)})^2\sigma_{jj}^2\right]},i,j=1,2,\cdots,k \tag{11.47}$$

根据建立的 VAR(2)模型估计相应的方差贡献率,得表 11.7 至表 11.9 的方差分解表,根据方差分解表画得方差贡献率图,如图 11.6 至图 11.8 所示。

**表 11.7 城镇化率增长率方差分解表**

| Period | S. E. | ST | CT | GT |
|---|---|---|---|---|
| 1 | 0.038157 | 15.96042 | 84.03958 | 0.000000 |
| 2 | 0.045116 | 14.36701 | 85.63299 | 3.54E−06 |
| 3 | 0.045179 | 12.32252 | 87.40228 | 0.275193 |
| 4 | 0.045651 | 11.83499 | 87.61476 | 0.550245 |
| 5 | 0.045875 | 11.25397 | 87.67138 | 1.074655 |
| 6 | 0.045895 | 10.95377 | 87.53015 | 1.516079 |
| 7 | 0.045930 | 10.78679 | 87.43054 | 1.782673 |
| 8 | 0.045965 | 10.70946 | 87.39290 | 1.897633 |
| 9 | 0.045980 | 10.67178 | 87.38527 | 1.942952 |
| 10 | 0.045984 | 10.65373 | 87.38488 | 1.961383 |
| 11 | 0.045986 | 10.64438 | 87.38531 | 1.970313 |
| 12 | 0.045986 | 10.63942 | 87.38534 | 1.975247 |
| 13 | 0.045986 | 10.63673 | 87.38516 | 1.978114 |
| 14 | 0.045987 | 10.63529 | 87.38498 | 1.979734 |
| 15 | 0.045987 | 10.63453 | 87.38487 | 1.980608 |
| 16 | 0.045987 | 10.63413 | 87.38481 | 1.981061 |
| 17 | 0.045987 | 10.63392 | 87.38478 | 1.981293 |
| 18 | 0.045987 | 10.63382 | 87.38477 | 1.981411 |
| 19 | 0.045987 | 10.63376 | 87.38477 | 1.981472 |
| 20 | 0.045987 | 10.63373 | 87.38476 | 1.981505 |

图 11.6 分析了第二产业及第三产业对城市化率变动的方差贡献程度,图中横轴表示滞后期数(单位:年),纵轴表示对城市化率波动的方差贡献。从图 11.6 可以看出,第二产业贡献率始终小于第三产业及城市化率自身的贡献率,几乎为 0。当期城市化率的波动主要来自自身和第三产业增长率的波动。长期来看,城市化率波动的方差贡献主要来自自身贡献率,第三产业贡献率占比较小,第二产业几乎没有。

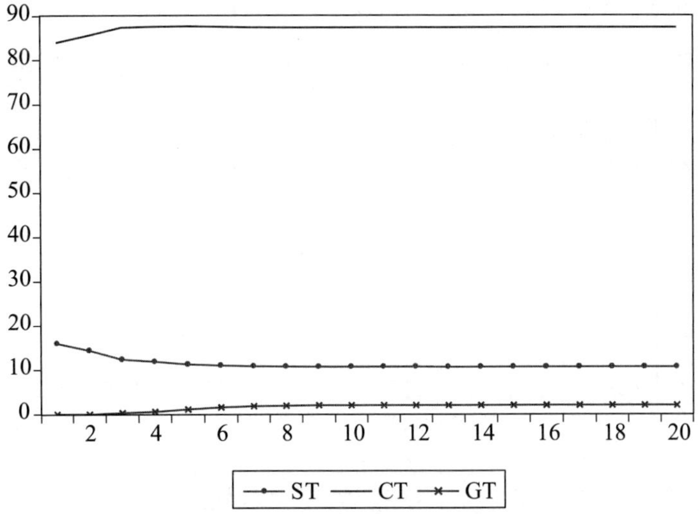


**图 11.6 城镇化增长率方差贡献率**

**表 11.8 第三产业增加值增长率方差分解表**

| Period | S. E. | ST | CT | GT |
|---|---|---|---|---|
| 1 | 0.038157 | 100.0000 | 0.000000 | 0.000000 |
| 2 | 0.045116 | 88.50934 | 8.243789 | 3.246867 |
| 3 | 0.045179 | 88.26298 | 8.461661 | 3.275355 |
| 4 | 0.045651 | 87.22245 | 8.349058 | 4.428489 |
| 5 | 0.045875 | 86.74102 | 8.316297 | 4.942680 |
| 6 | 0.045895 | 86.69912 | 8.348643 | 4.952236 |
| 7 | 0.045930 | 86.56875 | 8.449658 | 4.981588 |
| 8 | 0.045965 | 86.44299 | 8.533387 | 5.023619 |
| 9 | 0.045980 | 86.38914 | 8.570301 | 5.040560 |
| 10 | 0.045984 | 86.37247 | 8.583588 | 5.043937 |
| 11 | 0.045986 | 86.36762 | 8.588124 | 5.044260 |
| 12 | 0.045986 | 86.36567 | 8.590072 | 5.044257 |
| 13 | 0.045986 | 86.36460 | 8.591132 | 5.044266 |
| 14 | 0.045987 | 86.36391 | 8.591788 | 5.044305 |
| 15 | 0.045987 | 86.36347 | 8.592181 | 5.044349 |
| 16 | 0.045987 | 86.36322 | 8.592402 | 5.044381 |
| 17 | 0.045987 | 86.36309 | 8.592517 | 5.044397 |
| 18 | 0.045987 | 86.36302 | 8.592575 | 5.044405 |
| 19 | 0.045987 | 86.36299 | 8.592604 | 5.044408 |
| 20 | 0.045987 | 86.36297 | 8.592619 | 5.044409 |

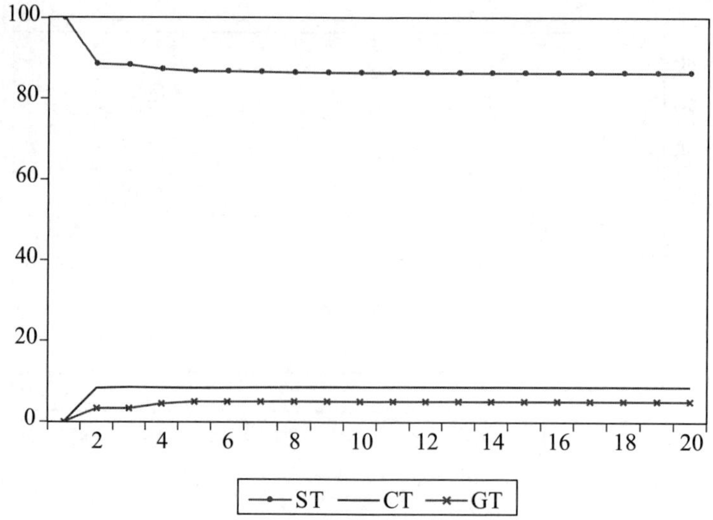


图 11.7 第三产业增长率方差贡献率

图 11.7 分析了第二产业及城镇化率对第三产业变动的方差贡献程度，从图 11.7 可以看出，当期第三产业增长率的波动主要来自自身，第二产业增长率对第三产业增长率变动的方差贡献率始终小于城镇化率；第一期至第二期，城镇化率及第二产业增加值增长率对第三产业变动的贡献率有所增长，而后贡献率保持稳定。长期来看，第三产业波动的方差贡献主要来源于自身贡献率，城镇化率与第二产业增加值增长率方差贡献占比较小。

表 11.9 第二产业增加值增长率方差分解表

| Period | S. E. | ST | CT | GT |
|---|---|---|---|---|
| 1 | 0.038157 | 5.725904 | 3.714174 | 90.55992 |
| 2 | 0.045116 | 11.04249 | 7.528477 | 81.42904 |
| 3 | 0.045179 | 12.21821 | 7.741499 | 80.04029 |
| 4 | 0.045651 | 12.09321 | 9.330849 | 78.57594 |
| 5 | 0.045875 | 11.72886 | 11.41753 | 76.85361 |
| 6 | 0.045895 | 11.56940 | 12.43497 | 75.99563 |
| 7 | 0.045930 | 11.50626 | 12.88417 | 75.60956 |
| 8 | 0.045965 | 11.48288 | 13.04197 | 75.47515 |
| 9 | 0.045980 | 11.47347 | 13.10622 | 75.42031 |
| 10 | 0.045984 | 11.46925 | 13.13629 | 75.39446 |
| 11 | 0.045986 | 11.46674 | 13.15362 | 75.37964 |
| 12 | 0.045986 | 11.46517 | 13.16388 | 75.37095 |
| 13 | 0.045986 | 11.46424 | 13.16980 | 75.36596 |
| 14 | 0.045987 | 11.46374 | 13.17299 | 75.36327 |
| 15 | 0.045987 | 11.46349 | 13.17464 | 75.36187 |
| 16 | 0.045987 | 11.46336 | 13.17548 | 75.36117 |
| 17 | 0.045987 | 11.46329 | 13.17590 | 75.36081 |
| 18 | 0.045987 | 11.46326 | 13.17612 | 75.36062 |
| 19 | 0.045987 | 11.46324 | 13.17624 | 75.36052 |
| 20 | 0.045987 | 11.46323 | 13.17630 | 75.36047 |

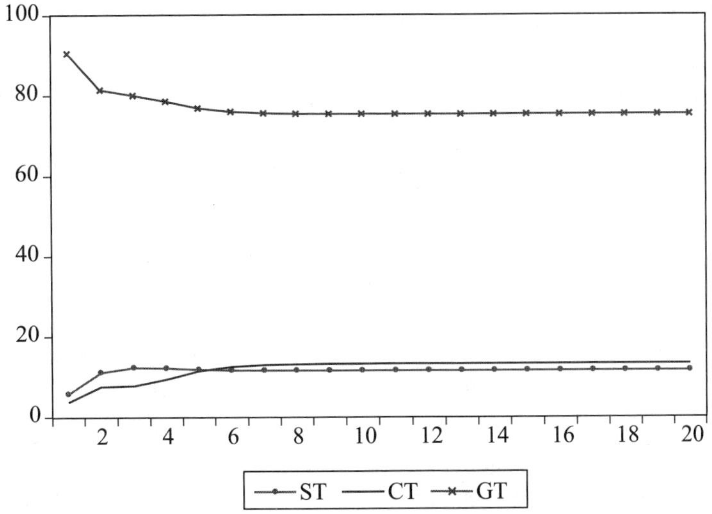


**图 11.8 第二产业增长率方差贡献率**

图 11.8 分析了第三产业及城镇化率对第二产业变动的方差贡献程度，可以看出，城镇化率贡献率在前五期小于第三产业及第二产业自身的贡献率，五期以后城镇化率贡献率超过第三产业，但两者方差贡献度差别不大且占比较小。当期第二产业增长率的波动主要来自自身。长期来看，第二产业增长率波动的方差贡献主要来源于自身贡献率，其中第三产业与城镇化率贡献率占小部分。

## 小结

在第八章的基础上，本章将单变量时间序列模型推广至多变量，介绍了向量自回归(VAR)模型。向量自回归模型是在对原先联立方程组模型的缺陷改进的基础上提出的。本章的主要内容如下：

11.2 节主要介绍了 VAR 模型的建立和估计。在构建模型时，我们需要确定滞后阶数。滞后期 $k$ 的选择方法包括用 LR 统计量、AIC 准则、SC 准则和 BIC 准则。如果变量满足平稳性、方程右边包含相同的解释变量、随机误差项满足基本假定，VAR 模型可以利用普通最小二乘法对单个方程予以估计，所得到的估计量是一致的和渐进有效的。

11.3 节主要介绍了脉冲响应函数的具体信息。在分析 VAR 模型时，我们考虑的是模型受到某种冲击时对系统的动态影响，这种分析方法称为脉冲响应函数方法。而方差分解是通过每一个结构冲击对内生变量的变化(通过方差来度量)的贡献度进一步评价不同结构冲击的重要性。因此，方差分解可以给出对 VAR 模型中变量产生影响的每个扰动项的相对重要信息。

11.4 节主要介绍了 Johansen 协整检验，主要方法包括特征根迹检验和最大特征值检验。特征根迹检验通对检验一系列特征根迹统计量的显著性，来确定协整向量的个数。而最大特征值检验构建的统计量是基于最大特征值的，通过从下至上进行检验，可以判断协整向量的个数。

11.5 节主要介绍了向量误差修正模型。同时用非均衡误差以及变量的差分变量构造的平稳的 VAR 模型就是向量误差修正模型。具体的 VEC 的估计过程一般包括下面两个步骤:(1)确定变量间的协整关系以及协整关系的数量;(2)在确定变量间的协整关系后,对参数进行具体的估计。

## 关键术语

| | | |
|---|---|---|
| 向量自回归模型 | 滞后阶数 | 渐进不相关 |
| 滞后期 | LR 统计量 | AIC 准则 |
| SC 准则 | BIC 准则 | 脉冲响应函数 |
| 多变量 VAR 模型 | 方差分解 | 序列相关 |
| 协方差矩阵 | 方差贡献率 | 平稳性条件 |
| 预测误差 | 变量协整检验 | 协整参数矩阵协整向量 |
| 线性趋势 | 特征根迹检验 | 最大特征值检验 |
| 向量误差修正模型 | | |

## 习题

11.1 向量自回归(VAR)模型中的滞后阶数 $k$ 是个非常重要的参数,$k$ 值的过大或过小会对模型产生什么样的影响?同时 $k$ 值的确定方法有哪几种(写出两种方法)?

11.2 VAR 模型中脉冲响应函数是模型中的一个内生变量的冲击给其他内生变量带来的影响,试结合两变量 VAR 模型阐述脉冲响应函数的基本思想。

11.3 Johansen1998 年提出了一种以 VAR 为基础的检验回归系数的方法,那么 Johansen 协整检验的基本思想是什么?它的检验方法有哪几种?请详细阐述。

11.4 试阐述向量误差修正模型(VEC)与向量自回归模型(VAR)之间的关系并简单推导如何由向量自回归模型(VAR)得到向量误差修正模型(VEC)的过程。

11.5 做向量自回归模型(VAR)的一般步骤是什么?试做简单阐述。

11.6 若 $y_t=\beta_0+\sum_{i=1}^{k}\beta_i y_{t-i}+u_t$,$y_t$ 是 $p$ 个变量的 $k$ 阶滞后所决定的 $p\times1$ 向量变量,$u_t$ 是 $p\times1$ 误差向量,$\beta_0$ 是 $p\times1$ 常数向量,$\beta_i$ 是 $y$ 的第 $i$ 阶之后的 $p\times p$ 系数矩阵

(1)如果 $P=2,k=3$,写出 VAR 模型的全部方程并仔细定义你所使用的新术语。

(2)讨论你在有 VAR 模型建立金融经济计量模型时所观察到该方法的弱点。

(3)两个研究人员,得到同样的一组数据,独立工作得到 VAR 方程不同的滞后阶数。描述和评价两种方法,并判断哪一个滞后阶数更为恰当。

11.7 建立中国 GDP、宏观消费与基本建设投资的模型。

(1)非平稳经济变量之间可以建立 *VAR* 模型吗?

(2)检验变量间是否存在协整关系得到的结果如下,问三个变量存在几个协整关系?

**Johansen Cointegration Test**

Date: 05/19/20 Time: 20:31
Sample (adjusted): 1982 2018
Included observations: 37 after adjustments
Trend assumption: Linear deterministic trend
Series: LNFAI LNGDP LNCONSP
Lags interval (in first differences): 1 to 1

Unrestricted Cointegration Rank Test (Maximum Eigenvalue)

| Hypothesized No. of CE(s) | Eigenvalue | Max-Eigen Statistic | 0.05 Critical Value | Prob.** |
|---|---|---|---|---|
| None * | 0.437614 | 21.29600 | 21.13162 | 0.0474 |
| At most 1 | 0.130799 | 5.186686 | 14.26460 | 0.7181 |
| At most 2 | 0.067832 | 2.598955 | 3.841466 | 0.1069 |

Max-eigenvalue test indicates 1 cointegrating eqn(s) at the 0.05 level
* denotes rejection of the hypothesis at the 0.05 level
**MacKinnon-Haug-Michelis (1999) p-values

(3)建立 VEC 模型得出的结果如下,写出 VEC 的表达式并解释经济意义。

**Vector Error Correction Estimates**

Vector Error Correction Estimates
Date: 05/19/20 Time: 21:02
Sample (adjusted): 1982 2018
Included observations: 37 after adjustments
Standard errors in ( ) & t-statistics in [ ]

| Cointegrating Eq: | CointEq1 |
|---|---|
| LNFAI(-1) | 1.000000 |
| LNGDP(-1) | -0.984955<br>(0.17997)<br>[-5.47281] |
| LNCONSP(-1) | -0.225236<br>(0.19518)<br>[-1.15398] |
| C | 2.984152 |

| Error Correction: | D(LNFAI) | D(LNGDP) | D(LNCONSP) |
|---|---|---|---|
| CointEq1 | -0.295756<br>(0.06785)<br>[-4.35888] | 0.100851<br>(0.12976)<br>[ 0.77722] | -0.000653<br>(0.03499)<br>[-0.01866] |
| D(LNFAI(-1)) | 0.503236<br>(0.14018)<br>[ 3.58999] | -0.404778<br>(0.26807)<br>[-1.50995] | 0.258970<br>(0.07229)<br>[ 3.58220] |
| D(LNGDP(-1)) | -0.115137<br>(0.10090)<br>[-1.14113] | -0.138113<br>(0.19295)<br>[-0.71578] | 0.031942<br>(0.05204)<br>[ 0.61385] |
| D(LNCONSP(-1)) | 0.192286<br>(0.28074)<br>[ 0.68493] | -0.059816<br>(0.53688)<br>[-0.11141] | 0.422978<br>(0.14479)<br>[ 2.92141] |
| C | 0.076832<br>(0.03601)<br>[ 2.13359] | 0.238213<br>(0.06887)<br>[ 3.45907] | 0.027437<br>(0.01857)<br>[ 1.47735] |

# 第十二章　离散选择模型与截取模型

在前面的回归模型中,我们设定的被解释变量都是定量的、连续的,而解释变量中含有定量变量或者定性变量的一种或者两种。在实际生活当中,人们需要在许多已有的选项中进行选择,这时被解释变量就不是连续变量了,变成离散变量了。例如,人们对于交通工具的选择:地铁、公交车、自行车、出租车等;在选择电脑品牌时,会存在苹果、华为、联想、惠普等多种选择方案;还有在大学毕业之后是选择读研深造,考公务员,还是进入企业等。像这类具有多种选择的变量作为被解释变量建立的模型称为离散选择模型。

在我们研究居民购买私家车的决定因素时,对于是否购买私家车,会涉及买与不买的决策,因此,被解释变量会涉及两个取值,假定居民购买私家车的决策取值为 1,不购买私家车的决策取值为 0。像这样取值为 0 和 1 的被解释变量是二值虚拟变量。我们可以列举出许多被解释变量是二值虚拟变量的例子。例如,一名学生参加辅导班后成绩是否得到了提高,当研发出一种疾病的预防疫苗时,疫苗对该疾病的预防是否有效等。

当被解释变量为二值虚拟变量时所建立的模型称为二元选择模型。在被解释变量为定量变量的回归模型中,估计的是被解释变量的期望,而在被解释变量为定性变量时,要估计的是发生某件事情的概率,因此,定性被解释变量模型也被称为概率模型。本章将会介绍线性概率模型(Linear probability model)、概率单位模型(Probit model)以及对数单位模型(Logit model)。

在数据的产生过程中被解释变量的取值范围受到某种方式限制,也就是说我们所得到的被解释变量的观测值来自总体的一个受限制的样本,这些样本并不能完全反映总体的实际特征,因此,针对此类数据建立的模型称为受限因变量模型。本章将会介绍此类模型中的 Tobit 模型。

## 第一节　线性概率模型

### 一、线性概率模型的定义

把被解释变量 $Y_i$ 发生的概率表示成解释变量 $X_i$ 的线性函数,且被解释变量为二值虚拟变量的线性回归模型称为线性概率模型(Linear probability model)。例如:一位居民是否购买一辆私家车的决策取决于这位居民的收入状况、日常需求、家庭因素和其他因素。将上述问题模型化,建立居民是否购买私家车与其月收入水平的线性回归模型

$$Y_i = \beta_1 + \beta_2 X_i + u_i,\ i = 1,2,\cdots,N \tag{12.1}$$

其中,$X_i$ 为居民的月收入,$Y_i$ 是二值虚拟变量,当 $Y_i = 1$ 时,表示居民已购买私家车,当 $Y_i = 0$ 时,表示居民未购买私家车,$u_i$ 是随机扰动项,$N$ 表示样本容量。

假定在给定居民月收入 $X_i$ 时,$Y_i = 1$ 的概率为 $p_i$,即 $P(Y_i = 1 \mid X_i) = p_i$,$Y_i = 0$ 的

概率为 $1-p_i$，即 $P(Y_i=0 \mid X_i)=1-p_i$。因此，$Y_i$ 在给定 $X_i$ 下的条件期望为

$$
\begin{aligned}
E(Y_i \mid X_i) &= 1 \cdot P(Y_i=1 \mid X_i) + 0 \cdot P(Y_i=0 \mid X_i) \\
&= 1 \cdot p_i + 0 \cdot (1-p_i) \\
&= p_i
\end{aligned} \tag{12.2}
$$

假定当(12.1)式中的 $u_i$ 满足 $E(u_i)=0$ 时，有

$$E(Y_i \mid X_i)=\beta_1+\beta_2 X_i \tag{12.3}$$

因此，综合(12.2)和(12.3)得到

$$E(Y_i \mid X_i)=P(Y_i=1 \mid X_i)=p_i=\beta_1+\beta_2 X_i \tag{12.4}$$

可以看出，(12.1)式拟合的是当给定居民月收入 $X_i$ 时，居民购买私家车的概率，在(12.4)中，该概率可以表示为居民月收入 $X_i$ 的线性函数。通过该例子可以得知，在线性回归模型中，若被解释变量 $Y_i$ 是二值虚拟变量，同时在给定解释变量 $X_i$ 的情况下，事件发生的概率可以表示成解释变量 $X_i$ 的线性函数，我们就将此类线性回归模型称为线性概率模型(Linear probability model)。

## 二、线性概率模型中存在的问题

对于线性概率模型的估计，在使用普通最小二乘法进行参数估计的时候主要会产生两个问题，首先是扰动项 $u_i$ 存在非正态分布和异方差性，其次是 $E(Y_i \mid X_i)$ 的值并不能完全保证处于 0 到 1 之间。

我们首先讲述线性概率模型中扰动项 $u_i$ 上存在的问题。在前面讲述的回归模型中，通常假定扰动项 $u_i$ 服从正态分布，但是这并不是普通最小二乘法要求的，这只是为了便于统计推断的目的。在线性概率模型中，扰动项 $u_i$ 与被解释变量 $Y_i$ 一样，只取两个值，即

$$u_i=Y_i-\beta_1-\beta_2 X_i=\begin{cases}1-\beta_1-\beta_2 X_i, & Y_i=1 \\ -\beta_1-\beta_2 X_i, & Y_i=0\end{cases} \tag{12.5}$$

从(12.5)式中可以看出，扰动项 $u_i$ 不再服从假定的正态分布，而是服从二项分布。但是，当样本量足够多时，根据中心极限定理可知，二项分布依分布收敛于正态分布。可以看出，扰动项 $u_i$ 不满足正态性假定，但是使用普通最小二乘法进行点估计得到参数估计值仍然具有无偏性，而且，在大样本中，线性概率模型的统计推断仍然可以使用正态假定下常用的普通最小二乘法程序。扰动项 $u_i$ 上还存在异方差性。根据(12.5)式，可以得到扰动项 $u_i$ 的期望与方差，期望为

$$E(u_i)=(1-\beta_1-\beta_2 X_i)p_i+(-\beta_1-\beta_2 X_i)(1-p_i)=p_i-\beta_1-\beta_2 X_i \tag{12.6}$$

如果 $E(u_i)=0$，扰动项 $u_i$ 与解释变量同期不相关，使用普通最小二乘法进行参数估计会得到参数的无偏估计量。扰动项 $u_i$ 的方差为

$$
\begin{aligned}
Var(u_i) &= E(u_i^2)-[E(u_i)]^2=E(u_i^2) \\
&= (1-\beta_1-\beta_2 X_i)^2 p_i+(-\beta_1-\beta_2 X_i)^2(1-p_i) \\
&= (1-\beta_1-\beta_2 X_i)^2(\beta_1+\beta_2 X_i)+(\beta_1+\beta_2 X_i)^2(1-\beta_1-\beta_2 X_i) \\
&= (1-\beta_1-\beta_2 X_i)(\beta_1+\beta_2 X_i) \\
&= p_i(1-p_i)
\end{aligned} \tag{12.7}
$$

根据(12.4)式，可得

$$Var(u_i)=p_i(1-p_i)=(\beta_1+\beta_2 X_i)(1-\beta_1-\beta_2 X_i) \tag{12.8}$$

因此，扰动项 $u_i$ 的方差是依赖于 $X_i$ 的取值，扰动项 $u_i$ 是异方差的，使用普通最小二乘法进行参数估计，得到的参数估计量不是有效估计量。

线性概率模型是对某一事件发生的概率的预测。根据(12.4)式得知，$E(Y_i \mid X_i)$ 是在给定居民月收入 $X_i$ 后居民购买私家车的条件期望，因为概率 $p_i$ 必须介于 0 到 1 之间，因此，就有约束条件

$$0 \leqslant E(Y_i \mid X_i) \leqslant 1 \tag{12.9}$$

但是，在实际应用过程中，$\hat{\beta}_1 + \hat{\beta}_2 X_i$ 的值并不能保证落在 0 到 1 之间，有可能出现小于 0 或者大于 1 的情形，因此，约束条件不能得到满足。

综上所述，线性概率模型中存在两类问题：一是扰动项 $u_i$ 的异方差性，使用普通最小二乘法进行参数估计得到的估计值不是有效的；二是 $E(Y_i \mid X_i)$ 的值不能完全保证落在 0 到 1 之间，会产生一些无意义的预测值。

## 三、问题的解决方案

根据上一节提出的线性概率模型中存在的两类问题，本节给出解决方案。对于扰动项 $u_i$ 的异方差性，可以使用加权最小二乘法进行异方差修正。对于约束条件无法满足的问题，考虑对线性概率模型进行一些变换。

对于扰动项 $u_i$ 的异方差性，可以进行数据变换，即(12.1)式等式两边同时除以扰动项 $u_i$ 的标准差 $\sqrt{p_i(1-p_i)}$

$$\frac{Y_i}{\sqrt{p_i(1-p_i)}} = \frac{\beta_1}{\sqrt{p_i(1-p_i)}} + \beta_2 \frac{X_i}{\sqrt{p_i(1-p_i)}} + \frac{u_i}{\sqrt{p_i(1-p_i)}} \tag{12.10}$$

在实际应用过程中，由(12.8)式可知，要想得到扰动项 $u_i$ 的方差，就要求参数 $\beta_1$ 和 $\beta_2$ 已知，但是这两个参数是未知的，因此，使用加权最小二乘法来对线性概率模型进行参数估计，具体过程包括两个步骤。

步骤一：使用普通最小二乘法对(12.1)式进行参数估计，得到估计值 $\hat{Y}_i$。

步骤二：使用 $\hat{Y}_i(1-\hat{Y}_i)$ 作为扰动项 $u_i$ 的方差，去做方程(12.10)所示的数据变化，然后再使用普通最小二乘法对变换后的方程进行参数估计。

在样本量足够大时，可以使用怀特的异方差校正标准误来处理异方差性。虽然加权最小二乘估计法解决了扰动项 $u_i$ 的异方差性，但是 $E(Y_i \mid X_i)$ 的拟合值仍然完全有可能小于 0 或者大于 1，此时模型还是会得到一些没有意义的概率和负方差。因此，我们需要一个可以使得模型的预测值与(12.4)式基本理论相一致的模型。那么，当回归中的被解释变量是取值为 0 和 1 的二值变量时，需要使用累积分布函数(CDF)去建立回归模型，通常选择的 CDF 是正态累积分布函数和 Logistic 累积分布函数，前者给出的模型为 Probit 模型，后者给出的模型是 Logit 模型。

## 四、案例分析——居民的月收入对购买私家车决策的影响

近年来，随着国家经济的发展以及人民生活物资水平的提高，为了更加方便交通出行，越来越多的居民选择购买私家车。因此研究居民月收入水平是否会影响居民购买私家车的决策，我们调查了 100 位武汉市民，得到了他们购买私家车的情况 $Y$（$Y=1$ 已购买

私家车，$Y=0$ 未购买私家车）以及月收入 $X$（千元），具体数据如表 12.1 所示。根据这些数据，使用普通最小二乘法对线性概率模型进行估计，得到如下的估计结果

$$\hat{Y}_i = -0.1703 + 0.1225X_i \tag{12.11}$$
$$Se \quad (0.1194) \quad (0.0181)$$
$$t \quad (-1.426) \quad (6.779)$$
$$R^2 = 0.3123$$

根据回归结果可以得到，$\beta_2 = 0.1225$ 意味着从平均意义上说，居民月收入每增加 1000 元，购买私家车的概率将增加 0.1225 或约 12%。可以看出当居民的月收入约在 1391 元以下时，购买私家车的概率为负，当居民的月收入在 9556 元以上时，购买私家车的概率大于 1，这显然是不合理的，说明当被解释变量是二值虚拟变量时，不宜使用线性概率模型。

**表 12.1 购车情况 Y 和收入 X（千元）的调查数据**

| 市民 | $Y$ | $X$（千元） | 市民 | $Y$ | $X$（千元） | 市民 | $Y$ | $X$（千元） | 市民 | $Y$ | $X$（千元） |
|---|---|---|---|---|---|---|---|---|---|---|---|
| 1 | 0 | 3.534 | 26 | 0 | 3.692 | 51 | 1 | 8.349 | 76 | 0 | 4.551 |
| 2 | 0 | 3.059 | 27 | 1 | 4.639 | 52 | 1 | 9.425 | 77 | 1 | 9.672 |
| 3 | 1 | 3.227 | 28 | 1 | 5.440 | 53 | 0 | 4.982 | 78 | 0 | 3.180 |
| 4 | 0 | 4.090 | 29 | 1 | 6.491 | 54 | 0 | 6.290 | 79 | 0 | 5.563 |
| 5 | 1 | 8.831 | 30 | 0 | 2.287 | 55 | 1 | 5.335 | 80 | 0 | 7.873 |
| 6 | 1 | 8.106 | 31 | 1 | 7.721 | 56 | 0 | 3.811 | 81 | 1 | 6.493 |
| 7 | 0 | 3.208 | 32 | 1 | 6.186 | 57 | 1 | 6.716 | 82 | 0 | 2.336 |
| 8 | 1 | 6.984 | 33 | 1 | 7.446 | 58 | 1 | 7.613 | 83 | 1 | 6.759 |
| 9 | 0 | 2.636 | 34 | 1 | 8.860 | 59 | 1 | 8.503 | 84 | 0 | 4.588 |
| 10 | 0 | 5.119 | 35 | 1 | 9.218 | 60 | 0 | 3.815 | 85 | 0 | 3.992 |
| 11 | 1 | 2.425 | 36 | 0 | 7.467 | 61 | 1 | 9.893 | 86 | 1 | 5.211 |
| 12 | 0 | 8.826 | 37 | 0 | 2.730 | 62 | 1 | 7.687 | 87 | 1 | 5.233 |
| 13 | 1 | 8.248 | 38 | 0 | 7.180 | 63 | 1 | 8.375 | 88 | 1 | 9.847 |
| 14 | 1 | 9.114 | 39 | 1 | 6.384 | 64 | 1 | 7.350 | 89 | 1 | 9.968 |
| 15 | 1 | 8.024 | 40 | 1 | 8.085 | 65 | 0 | 4.580 | 90 | 0 | 3.076 |
| 16 | 0 | 2.098 | 41 | 0 | 4.970 | 66 | 1 | 5.746 | 91 | 1 | 6.697 |
| 17 | 1 | 9.434 | 42 | 1 | 6.576 | 67 | 1 | 9.930 | 92 | 1 | 6.749 |
| 18 | 0 | 3.438 | 43 | 0 | 9.731 | 68 | 0 | 4.695 | 93 | 0 | 3.777 |
| 19 | 0 | 7.306 | 44 | 1 | 7.751 | 69 | 0 | 2.755 | 94 | 1 | 6.229 |
| 20 | 0 | 6.999 | 45 | 1 | 7.847 | 70 | 1 | 8.772 | 95 | 0 | 2.646 |
| 21 | 0 | 4.965 | 46 | 0 | 3.899 | 71 | 0 | 3.801 | 96 | 1 | 5.788 |
| 22 | 1 | 3.300 | 47 | 1 | 8.895 | 72 | 1 | 2.278 | 97 | 1 | 9.091 |
| 23 | 1 | 6.313 | 48 | 0 | 5.673 | 73 | 0 | 3.508 | 98 | 1 | 9.461 |
| 24 | 1 | 8.864 | 49 | 0 | 8.759 | 74 | 1 | 7.251 | 99 | 1 | 6.193 |
| 25 | 1 | 6.742 | 50 | 1 | 8.457 | 75 | 1 | 6.446 | 100 | 1 | 6.679 |

另一方面，即使所有的估计值 $\hat{Y}_i$ 全部为正值且小于 1，线性概率模型仍然会受到异方差问题的干扰，这样就不能完全相信估计的标准误，但是可以使用前面讨论过的加权最小二乘法来获得更为有效的标准误估计值。需要注意的是，上述样本预测值中存在 $\hat{Y}_i$ 大于

1 或小于 0 的情形，对于这些 $\hat{Y}_i$ 来说，$\hat{Y}_i(1-\hat{Y}_i)$ 的值为负。因此，我们需要删去 $\hat{Y}_i$ 大于 1 或小于 0 的观测值，然后使用上述讨论的两个步骤进行拟合，得到

$$\frac{\hat{Y}_i}{\sqrt{\hat{Y}_i(1-\hat{Y}_i)}} = -8.4397\frac{1}{\sqrt{\hat{Y}_i(1-\hat{Y}_i)}} + 0.8505\frac{X_i}{\sqrt{\hat{Y}_i(1-\hat{Y}_i)}} \tag{12.12}$$

$Se$ (0.6535) (0.0295)

$R^2=0.8994$

## 第二节　概率单位模型

在上一节的讨论中，可以知道线性概率模型中对于某些 $X_i$ 值，$Y_i$ 的估计值完全有可能出现负值或者超过 1，且假定 $E(Y_i=1\mid X_i)$ 与解释变量之间是线性关系，即解释变量的边际效应是一个常数，与解释变量的取值大小无关。而事实上 $E(Y_i=1\mid X_i)$ 与解释变量之间具有非线性的关系，居民收入很低时，并不会购买私家车，收入的增加也不会对购买私家车的概率产生影响。在收入达到一定水平后，可能会购买私家车，收入的增加会对购买私家车的概率产生影响。但是在居民收入非常高时，汽车消费处于饱和状态，收入的增加并不会对购买私家车的概率产生影响。所以，在收入分布的两端，收入的小小增加将对购买私家车的概率不会产生显著的影响。因此，需要建立具有如下性质的概率模型：(1)随着解释变量趋近于负无穷大，$E(Y_i=1\mid X_i)$ 的值逐渐趋近于 0，随着解释变量趋近于正无穷大，$E(Y_i=1\mid X_i)$ 的值逐渐趋近于 1；(2)随着解释变量的逐渐减小，估计概率趋近于 0 的速度越来越慢，随着解释变量的逐渐增大，估计概率趋近于 1 的速度也越来越慢，即解释变量与事件发生的概率之间是非线性的关系。图 12.1 描绘了 $X_i$ 与 $E(Y_i=1\mid X_i)$ 之间的非线性关系。因此，在本节和下一节将会介绍两个非线性模型：Probit 模型和 Logit 模型。

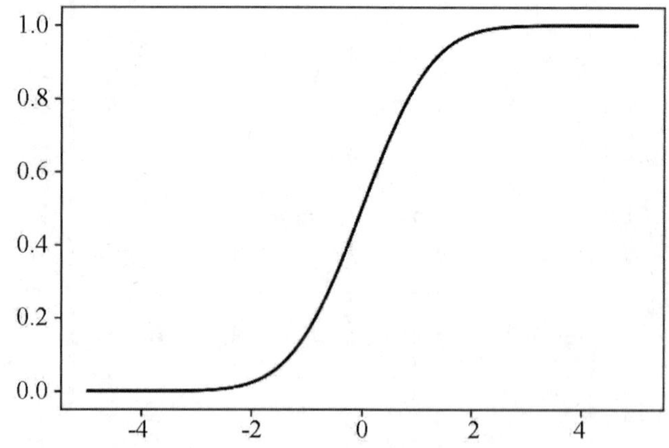


**图 12.1　$X_i$ 与 $E(Y_i=1|X_i)$ 之间的关系**

## 一、Probit 模型

不同分布函数的选取决定二元选择模型的类型，通常使用标准正态分布函数估计的模型称为 Probit 模型。下面将基于麦克法登提出的方法，基于效用理论选择行为的视角来介绍 Probit 模型。

假定在购买私家车的例子中，第 $i$ 个居民是否购买私家车的决策取决于一个不可观测的潜在变量 $I_i$，即 $I_i$ 的取值越大，居民购买私家车的概率就会越大，而 $I_i$ 又取决于一个或者多个解释变量（比如居民月收入 $X_i$）。我们把 $I_i$ 表示为

$$I_i = \beta_1 + \beta_2 X_i \tag{12.13}$$

其中，$X_i$ 表示第 $i$ 个居民的月收入。对于每一个居民都有 $I_i$ 的一个临界值 $I_i^*$，当 $I_i \geqslant I_i^*$ 时，该家庭已购买私家车，令 $Y_i = 1$，否则，该家庭未购买私家车，令 $Y_i = 0$。临界值 $I_i^*$ 与 $I_i$ 一样都是不可观测的，但是假定每一个 $I_i$ 都是具有相同均值和方差的正态变量，那么就有可能得到(12.13)式中的参数估计值，还可以获得有关不可观测指标本身的某些信息。给定正态性假定，$I_i^* \leqslant I_i$ 的概率可以由标准正态分布函数算出

$$P(Y_i = 1 \mid X_i) = P(I_i^* \leqslant I_i) = P(Z_i \leqslant \beta_1 + \beta_2 X_i) = F(\beta_1 + \beta_2 X_i) \tag{12.14}$$

$P(Y_i = 1 \mid X_i)$ 表示在给定居民月收入水平下，居民购买私家车的概率，$Z_i \sim N(0,1)$，$F$ 是标准正态分布函数，因此，

$$F(I_i) = \Phi(I_i) = \frac{1}{\sqrt{2\pi}} \int_{-\infty}^{I_i} e^{-z^2/2} dz \tag{12.15}$$

根据分布函数的性质可知，概率的取值会限定在 0 到 1 之间。因此，不再将 $Y_i = 1$ 的条件概率 $P(Y_i = 1 \mid X_i)$ 与解释变量 $X_i$ 之间的函数关系表达式定义为线性的，而是标准正态分布函数 $\Phi(\cdot)$，且 $\Phi(\beta_1 + \beta_2 X_i)$ 会把概率的取值限定在 0 到 1 之间，像(12.15)这样的模型称为 Probit 模型。

## 二、Probit 模型的估计

Probit 模型是非线性模型，不能使用普通最小二乘法进行参数估计，因此，本节使用极大似然法进行参数估计。前一小节在讲述 Probit 模型时使用的是居民月收入水平这一单一变量，本节将影响购买私家车的因素全部考虑进去，将 Probit 模型写成矩阵的形式，因此，居民购买私家车（$Y_i = 1$）的概率为：$P(Y_i = 1 \mid \boldsymbol{X}_i) = \Phi(\boldsymbol{X}_i'\boldsymbol{\beta})$；不购买私家车（$Y_i = 0$）的概率为：$P(Y_i = 0 \mid X_i) = 1 - \Phi(\boldsymbol{X}_i'\boldsymbol{\beta})$，基于此，使用极大似然法对 Probit 模型进行参数估计时的似然函数为

$$L = \prod_{i=1}^{N} [\Phi(\boldsymbol{X}_i'\boldsymbol{\beta})]^{Y_i} [1 - \Phi(\boldsymbol{X}_i'\boldsymbol{\beta})]^{1-Y_i} \tag{12.16}$$

对数似然函数为

$$\ln L = \sum_{i=1}^{N} \{Y_i \ln\Phi(\boldsymbol{X}_i'\boldsymbol{\beta}) + (1 - Y_i)\ln[1 - \Phi(\boldsymbol{X}_i'\boldsymbol{\beta})]\} \tag{12.17}$$

对数似然函数的一阶条件为

$$\frac{\partial \ln L}{\partial \boldsymbol{\beta}} = \sum_{i=1}^{N} \left\{ Y_i \cdot \boldsymbol{X}_i \frac{f(\boldsymbol{X}_i'\boldsymbol{\beta})}{\Phi(\boldsymbol{X}_i'\boldsymbol{\beta})} + (1 - Y_i) \cdot X_i \frac{-f(\boldsymbol{X}_i'\boldsymbol{\beta})}{1 - \Phi(\boldsymbol{X}_i'\boldsymbol{\beta})} \right\} \tag{12.18}$$

$$= \sum_{i=1}^{N} \left\{ \boldsymbol{X}_i f(\boldsymbol{X}_i'\boldsymbol{\beta}) \frac{Y_i - \Phi(\boldsymbol{X}_i'\boldsymbol{\beta})}{\Phi(\boldsymbol{X}_i'\boldsymbol{\beta})[1-\Phi(\boldsymbol{X}_i'\boldsymbol{\beta})]} \right\}$$
$$= 0$$

其中，$f(\boldsymbol{X}_i'\boldsymbol{\beta})$ 是 $\Phi(\boldsymbol{X}_i'\boldsymbol{\beta})$ 的概率密度函数，可以看出上式是非线性的，需要使用迭代法进行求解，常用的迭代方法是建立在泰勒级数展开基础上的牛顿迭代法或者二次攀峰算法。

## 三、案例分析——网贷平台利率的概率单位模型

网贷市场的蓬勃发展为个人和小微企业提供了新的融资渠道，也为投资者提供了新的投资工具。同时，网贷市场也存在许多乱象，蕴含着相当大的风险，比如：E 租宝事件的发生说明网贷平台蕴含着不可忽视的风险因素。网贷平台本身如果发生风险，不仅会给投资者造成巨大损失，还可能引发区域性金融风险，给金融安全和社会稳定带来一定危害。因此，为了更好地理解网贷平台风险，向虹宇等人(2019)①从利率切入，建立概率单位模型来考察网贷平台利率与未来一段时间内网贷平台成为问题平台概率之间的关系。之所以关注利率，主要原因有以下两点：第一，与投资其他任何固定收益产品类似，在网贷投资中，利率是一个重要变量。第二，如果仅通过理论分析，无法得出利率如何预测网贷市场风险的确切结论。从“网贷之家”收集了 2014 年 1 月 5 日至 2017 年 7 月 9 日间 1415 家网贷平台的 106967 条平台的周交易记录，其中主要变量及定义如表 12.2 所示。

**表 12.2　变量名及定义**

| 变量 | 变量名 | 定义 |
|---|---|---|
| 注册资本(万元) | Capital | 注册资本 |
| 是否省会城市 | C_City | 注册地在省会城市或直辖市 |
| 是否公布借款人信息 | OperationInfo | 公布借款人信息取 1 否则取 0 |
| 是否公布借款目的 | LoanPurpose | 公布借款人目的取 1 否则取 0 |
| 利率(%) | InterestRate | 当周已成交借款提供给投资者的平均利率(按成交量加权，年化) |
| 借款期限(月) | Maturity | 当周已成交借款的平均借款期限(按成交量加权) |
| 投资者人数 | Investors | 当周投资于该网贷平台已成交借款的人数 |
| 贷款余额(万元) | LoanBalance | 期初贷款余额 |
| 距离上线时间(百周) | Age | 距离上线的时间(单位：百周) |
| 未来 24 周成为问题平台 | Problem_w24 | 平台未来 24 周内成为问题平台取 1 否则取 0 |

以网贷平台未来 24 周内是否成为问题平台作为被解释变量，利率作为核心解释变量，控制其他变量进行 Probit 回归。回归模型如下

$$\text{Prob}(\text{Problem\_w24}_{it}=1)=\Phi(\alpha+\beta\text{InterestRate}_{it}+\gamma\text{Control}_{it}+\text{province}_i+u_t) \tag{12.19}$$

模型中使用的被解释变量如下

$\text{Problem\_w24}_{it}=1$　网贷平台 i 在$[t+1, t+24]$周内成为问题平台

$\text{Problem\_w24}_{it}=0$　网贷平台 i 在$[t+1, t+24]$周内未成为问题平台

$\text{InterestRate}_{it}$ 代表平台 $i$ 在第 $t$ 周时的利率水平，$\text{Control}_{it}$ 代表控制变量，$u_t$ 代表季度

① 向虹宇等．网贷平台的利率究竟代表了什么[J]．经济研究，2019，05：47－62.

虚拟变量，$province_i$ 代表省份虚拟变量。$\Phi(\cdot)$ 代表标准正态分布的累积分布函数。

**表 12.3 网贷平台利率与网贷平台风险**

| InterestRate | Maturity | lnLoanBalance | lnCapital | OperationInfo | LoanPurpose | Age | C_City |
|---|---|---|---|---|---|---|---|
| 0.026** | −0.025** | −0.184*** | 0.029 | −0.077 | −0.268** | −0.027 | −0.141 |
| 0.010 | 0.012 | 0.025 | 0.044 | 0.089 | 0.106 | 0.100 | 0.137 |

注：***、**、*分别代表系数在1%、5%、10%水平上显著。第二行和第三行表示的是回归系数和标准误。

根据表12.3可知：InterestRate的回归系数为正，且通过了5%的显著性水平检验，说明网贷平台的利率越高，网贷平台未来（24周内）成为问题平台的概率就会越高，两者之间具有正向关系。Maturity，lnLoanBalance和LoanPurpose的回归系数显著为负，说明借款期限越长、贷款余额越多、公布借款人目的，那么网贷平台未来（24周内）成为问题平台的概率就会越低。其余解释变量的回归系数不显著，说明这些变量对网贷平台未来（24周内）是否成为问题平台的影响不大。综上所述，在控制了平台的一系列特征的情况下，网贷平台利率与未来一段时间内网贷平台成为问题平台概率之间具有正向关系。

## 第三节 对数单位模型

### 一、Logit模型

当我们选取Logistic分布函数作为分布函数时，居民月收入水平与购买私家车的概率之间的关系可以进一步表达为

$$P(Y_i=1 \mid X_i)=F(\beta_1+\beta_2 X_i)=\frac{1}{1+e^{-(\beta_1+\beta_2 X_i)}} \tag{12.20}$$

（12.20）式就是Logistic分布函数（Logistic distribution function）。$P(Y_i=1 \mid X_i)$ 表示当给定居民月收入水平时居民购买私家车的概率，可以看出，（12.20）式满足了约束条件（12.9）式。同时，也容易证明，随着 $\beta_1+\beta_2 X_i$ 的取值从 $-\infty$ 到 $+\infty$，$P(Y_i=1 \mid X_i)$ 的取值从0到1，而且 $P(Y_i=1 \mid X_i)$ 与 $X_i$ 之间存在着非线性的关系。

（12.20）式给出的是当居民购买私家车的概率，那么不购买私家车的概率为

$$P(Y_i=0 \mid X_i)=1-P(Y_i=1 \mid X_i)=\frac{1}{1+e^{\beta_1+\beta_2 X_i}} \tag{12.21}$$

因此，（12.20）式与（12.21）式相比可以得到

$$\frac{P(Y_i=1 \mid X_i)}{P(Y_i=0 \mid X_i)}=e^{\beta_1+\beta_2 X_i} \tag{12.22}$$

（12.22）式称为居民购买私家车的机会比率（Odds ratio），即居民已购买私家车与未购买私家车的概率之比。对（12.22）式进行对数化可以得到

$$L_i=\ln\left[\frac{P(Y_i=1 \mid X_i)}{P(Y_i=0 \mid X_i)}\right]=\beta_1+\beta_2 X_i \tag{12.23}$$

那么，机会比率的对数 $L_i$ 与解释变量 $X_i$ 之间是线性关系。$L$ 被称为对数单位（Logit），因此，像（12.23）式的模型被叫作对数单位模型（Logit model）。

## 二、对数单位模型的估计

Logit 模型是非线性模型，不能使用普通最小二乘法进行参数估计，因此，本节使用极大似然法对 Logit 模型进行参数估计，在给定居民月收入水平 $X_i$ 下居民已购买私家车的条件概率为

$$P(Y_i=1 \mid X_i)=\frac{1}{1+e^{-\beta_1-\beta_2 X_i}} \tag{12.24}$$

同样的，在给定居民月收入水平 $X_i$ 下居民未购买私家车的条件概率为

$$P(Y_i=0 \mid X_i)=1-P(Y_i=1 \mid X_i)=\frac{1}{1+e^{\beta_1+\beta_2 X_i}} \tag{12.25}$$

所以，似然函数为

$$L=\prod_{i=1}^{N}\left(\frac{1}{1+e^{-\beta_1-\beta_2 X_i}}\right)^{Y_i}\left(\frac{1}{1+e^{\beta_1+\beta_2 X_i}}\right)^{1-Y_i} \tag{12.26}$$

对数似然函数为

$$\begin{aligned}
\ln L &= \sum_{i=1}^{N}\{-Y_i \ln(1+e^{-\beta_1-\beta_2 X_i})-(1-Y_i)\ln(1+e^{\beta_1+\beta_2 X_i})\} \\
&= \sum_{i=1}^{N}\{-Y_i[\ln(1+e^{\beta_1+\beta_2 X_i})-(\beta_1+\beta_2 X_i)]-(1-Y_i)\ln(1+e^{\beta_1+\beta_2 X_i})\} \\
&= \sum_{i=1}^{N}\{Y_i(\beta_1+\beta_2 X_i)-\ln(1+e^{\beta_1+\beta_2 X_i})\}
\end{aligned} \tag{12.27}$$

对数似然函数的一阶条件为

$$\begin{cases}
\dfrac{\partial \ln L}{\partial \beta_1}=\displaystyle\sum_{i=1}^{N}\left\{Y_i-\frac{1}{1+e^{-\beta_1-\beta_2 X_i}}\right\}=0 \\[2ex]
\dfrac{\partial \ln L}{\partial \beta_2}=\displaystyle\sum_{i=1}^{N}\left\{Y_i X_i-\frac{X_i}{1+e^{-\beta_1-\beta_2 X_i}}\right\}=0
\end{cases} \tag{12.28}$$

便可求到 $\beta_1$ 和 $\beta_2$ 的极大似然估计值 $\hat{\beta}_1$ 和 $\hat{\beta}_2$，它们是 Logit 模型中参数的一致渐近有效估计值。可以看出上式是非线性的，需要使用迭代法进行求解，常用的迭代方法是建立在泰勒级数展开基础上的牛顿迭代法或者二次攀峰算法。

## 三、案例分析——信息披露的风险识别基于 e 租宝事件

2015 年 12 月 16 日，e 租宝因涉及非法集资 500 多亿被立案侦查，李苍舒等(2018)① 针对此风险事件，对风险事件的风险传染的影响因素进行分析。他们根据数据的可得性采用两组数据，这两组数据是 737 家正常平台与 98 家问题平台在 2015 年 12 月的周度面板数据，和 2015 年 12 月至 2016 年 6 月期间的截面数据。采用 Logit 模型分析平台信息披露程度及其他相关特征变量对平台风险暴露的影响。

① 李苍舒，沈艳．风险传染的信息识别——基于网络借贷市场的实证[J]．金融研究，2018(11)：98－118.

表 12.4 问题平台影响因素的 Logit 回归

| | 面板数据 | | 截面数据 | |
|---|---|---|---|---|
| | 样本内 | 样本外 | 样本内 | 样本外 |
| 观测值 | 835 | 803 | 835 | 803 |
| 正常平台 | 737 | 737 | 737 | 737 |
| 问题平台(危机期间内) | 32 | 0 | 32 | 0 |
| 问题平台(危机期间外) | 66 | 66 | 66 | 66 |
| 信息披露程度 | −0.320*** | −0.341*** | −0.258*** | −0.239** |
| | (−6.74) | (−5.46) | (−3.41) | (−2.56) |
| 成交量(对数) | −0.312*** | −0.418*** | −0.797*** | −1.085*** |
| | (−4.80) | (−4.67) | (−5.27) | (−5.42) |
| 利率 | 0.0422*** | 0.0320*** | −0.0231 | −0.0512 |
| | (3.77) | (2.17) | (−0.90) | (−1.37) |
| 期限 | −0.0055 | 0.0084 | −0.0742 | −0.0353 |
| | (−0.24) | (0.31) | (−1.12) | (−0.57) |
| 人均投资(对数) | −0.0384 | −0.0102 | −0.132 | −0.115 |
| | (−0.45) | (−0.09) | (−1.01) | (−0.80) |
| 人均借款(对数) | 0.219*** | 0.302*** | 0.428*** | 0.614*** |
| | (3.26) | (3.25) | (2.80) | (3.23) |
| 风险准备金 | −0.475*** | −0.0087 | −0.707*** | −0.521* |
| | (−2.73) | (−0.04) | (−2.71) | (−1.70) |
| 资金存管 | −0.328** | −0.781*** | −0.538** | −0.683** |
| | (−2.01) | (−3.67) | (−2.11) | (−2.29) |
| 资金担保 | −0.420** | −0.244 | −0.238 | −0.177 |
| | (−2.12) | (−0.98) | (−0.82) | (−0.50) |
| 常数 | 0.975 | 0.764 | 7.868*** | 9.028*** |
| | (1.00) | (0.62) | (4.72) | (4.39) |

注:*、**、***分别代表 10%、5%、1% 的显著性水平上显著。括号内数值为 $t$ 统计量。

从表 12.4 中可以看出,平台信息披露程度的回归系数显著为负,表明平台信息披露程度越高,平台成为问题平台的概率越低。平台的成交量、是否有风险准备金、是否有资金存管的回归系数显著为负,说明规模越大和有较充分风险缓释机制的平台成为问题平台的可能性就会越小。利率、人均借款的回归系数显著为正,说明利率越高、人均借款金额越大的平台成为问题平台的可能性越大。最后,人均投资金额和贷款期限的回归系数不显著,说明它们对平台是否成为问题平台没有影响。在不同的子样本中得到的主要结论一致。因此,可以得出:平台信息披露程度、平台的成交量、是否有风险准备与是否有资金存管对风险事件的风险传染具有显著的负向影响,利率与人均借款对风险事件的风险传染具有显著的正向影响,人均投资金额与贷款期限对风险事件的风险传染没有显著影响。

## 四、Probit 模型和 Logit 模型的对比

在实际应用过程中,这两个模型会被经常使用,不同的学者会选择使用不同的模型。

一般使用 Probit 模型和 Logit 模型得到的结果类似。两个模型的曲线图如图 12.2 所示，可以看出 Logistic 分布函数和标准正态累积分布函数具有非常类似的形状，他们之间的区别在于 Logit 模型相比于 Probit 模型，尾部稍微平坦一些，也就是说，条件概率趋近于 0 或者 1 的速度更慢一些。在经验分析中，Probit 模型和 Logit 模型的选择是任意的，可以根据实际情况选择拟合效果较好的模型。

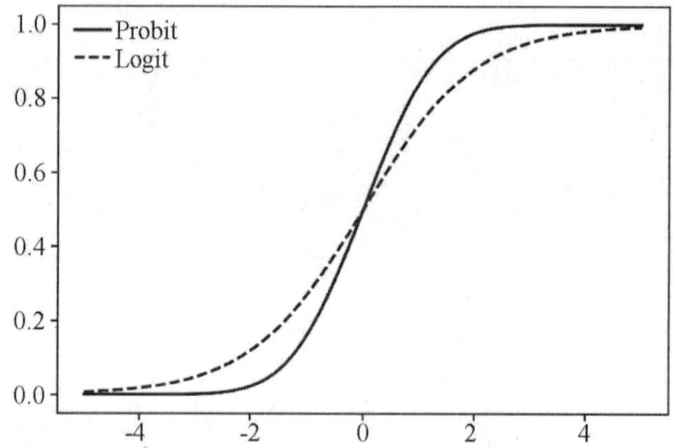


**图 12.2　Probit 曲线、Logit 曲线比较示意图**

二元选择模型中参数的估计系数不能用来解释成对被解释变量的边际影响，在 Probit 模型中，其边际效应为

$$\frac{dP(Y_i=1\mid X_i)}{dX}=\frac{d\Phi(\beta_1+\beta_2X_i)}{dX}=\beta_2 f(\beta_1+\beta_2X_i) \tag{12.29}$$

在 Logit 模型中，其边际效应为

$$\frac{dP(Y_i=1\mid X_i)}{dX}=\frac{dF(\beta_1+\beta_2X_i)}{dX}=\beta_2\frac{e^{\beta_1+\beta_2X_i}}{(1+e^{\beta_1+\beta_2X_i})^2} \tag{12.30}$$

通过(12.29)式和(12.30)式可以看出 Probit 模型和 Logit 模型中解释变量对被解释变量的边际影响是随着解释变量取值的变化而变化的。在分析中，我们可以根据 $\beta_2$ 的符号进行直观的判断，如果为正，表示解释变量取值越大，被解释变量取值为 1 的概率就会越大；反之，如果为负，表示解释变量取值越大，被解释变量取值为 0 的概率就会越大。

我们不能直接比较 Probit 模型和 Logit 模型的估计系数，虽然标准正态分布(Probit 模型)和 Logistic 分布(Logit 模型)的均值都等于 0，但是他们的方差是不相等的，标准正态分布的方差为 1，而 Logistic 分布的方差是 $\frac{\pi^2}{3}$，因此，Probit 模型的回归系数乘以约 1.81，得到的结果就会近似于 Logit 模型的回归系数。

## 五、案例分析——美国联合银行的贷款许可模型

Jeffrey M. Wooldridge 研究了 2013 年美国联合银行的贷款许可模型。被解释变量 $Y$ 的含义为是否允许贷款，允许贷款为 1，不允许贷款为 0。该模型主要研究种族(white)、婚姻状况(married)、贷款人所在行业的失业率(unem)和贷款金额占收入的比例(loanprc)对是否可以得到贷款的影响。建立 Probit 和 Logit 模型，其回归结果如表 12.5 所示。

表 12.5 Probit 和 Logit 模型回归结果

| | Probit | | Logit | |
|---|---|---|---|---|
| | 回归系数 | P 值 | 回归系数 | P 值 |
| c | 1.5669 | <0.0001 | 2.8072 | <0.0001 |
| white | 0.7205 | <0.0001 | 1.2920 | <0.0001 |
| married | 0.2105 | 0.0068 | 0.3862 | 0.0077 |
| unem | −0.0401 | 0.0136 | −0.0746 | 0.0119 |
| loanprc | −1.1811 | <0.0001 | −2.2148 | <0.0001 |
| McFadden $R^2$ | 0.0850 | | 0.0842 | |
| Loglikelihood | −676.96 | | −677.56 | |
| Prob(LR) | <0.0001 | | <0.0001 | |

根据表 12.5，得到 Probit 回归模型为

$$P_i = \Phi(1.5669 + 0.7205\text{white} + 0.2105\text{married} - 0.0401\text{unem} - 1.1811\text{loanprc}) \tag{12.31}$$

Logit 回归模型为

$$L_i = \ln\left(\frac{P_i}{1-P_i}\right) = 2.8072 + 1.2920\text{white} + 0.3862\text{married} - 0.0746\text{unem} - 2.2148\text{loanprc} \tag{12.32}$$

从表 12.5 中可以看出，在 Probit 和 Logit 模型中，所有的变量都通过了 5%的显著性水平检验，且两个模型中所对应变量的回归系数符号相同，种族和婚姻状况两个变量的回归系数均为正，贷款人所在行业的失业率和贷款金额占收入的比例、两个变量的回归系数均为负。在二元选择模型中，变量的系数不可用来解释被解释变量的边际效应，只在符号上进行判断。当系数符号为正时，表明变量越大，得到贷款的概率越大；当系数符号为负时，表明变量越大，得到贷款的概率越小。从回归结果中可看出，白人得到贷款的概率会高于其他人种，结婚了的人会比单身的更易拿到贷款，且处在失业率高的行业内，贷款数目较大的人拿到贷款的概率会相对较低。

## 第四节　多元选择模型

前面所介绍的 Probit 模型和 Logit 模型涉及的被解释变量都是二元的，但是在实际生活中，往往会存在两种以上的决策或者结果，此时离散值的个数就会多于两个，若它们之间不存在自然顺序时，称为无序变量，比如，学生回学校选择的交通方式有：公交车、客车、火车、高铁、飞机，此时交通方式就是无序变量。若它们之间存在自然顺序时，称为有序变量。例如，当我们调查某产品的消费者对该产品的满意程度时，满意度分为：非常满意、满意、一般和不满意，此时满意度就是有序变量。本节将二元选择模型扩展到多元选择模型。

### 一、多元无序选择模型

在多元无序选择模型中，因为 Probit 模型需要对多元正态分布的整体进行评价，因

此，该模型的应用受到了较大的限制，而 Logistic 分布适合于效应最大化时的分布选择，所以，当被解释变量是多元无序变量时，使用较多的模型是 Logit 模型。

对于多元无序选择模型，其行为选择假定出于优化一个随机效用函数。考虑第 $i$ 个学生具有 $M+1$ 种选择方案，我们假定选择第 $j$ 种方案的效用为：$U_{ij}=\boldsymbol{X}_{ij}'\boldsymbol{\beta}+u_{ij}$，说明学生选择的第 $j$ 种方案使得效用高于其他的选择。若 $M+1$ 个随机扰动项之间不相关且服从Ⅰ类极值分布，即 $F(u_{ij})=\exp(-e^{-\varepsilon_{ij}})$。那么，选择第 $j$ 种方案的概率为

$$P(Y_i=j)=\frac{e^{\boldsymbol{X}_{ij}'\boldsymbol{\beta}}}{\sum_{j=0}^{M}e^{\boldsymbol{X}_{ij}'\boldsymbol{\beta}}} \tag{12.33}$$

因为，参数向量 $\boldsymbol{\beta}$ 对于不同的选择方案是不同的。将(12.33)式进行变形可以得到

$$P(Y_i=j)=\frac{e^{\boldsymbol{X}_i'\boldsymbol{\beta}_j}}{\sum_{j=0}^{M}e^{\boldsymbol{X}_i'\boldsymbol{\beta}_j}} \tag{12.34}$$

若令 $\boldsymbol{\beta}_0=\boldsymbol{0}$，则当 $Y_i=0$ 时，有

$$P(Y_i=0)=\frac{1}{1+\sum_{k=1}^{M}e^{\boldsymbol{X}_i'\boldsymbol{\beta}_k}} \tag{12.35}$$

当 $Y_i=j$ 时，有

$$P(Y_i=j)=\frac{e^{\boldsymbol{X}_i'\boldsymbol{\beta}_j}}{1+\sum_{k=1}^{M}e^{\boldsymbol{X}_i'\boldsymbol{\beta}_k}} \tag{12.36}$$

将(12.35)式与(12.36)式相比，得到机会比率(odds ratio)为

$$\frac{P(Y_i=j)}{P(Y_i=0)}=e^{\boldsymbol{X}_i'\boldsymbol{\beta}_j} \tag{12.37}$$

使用极大似然法对多元无序 Logit 模型进行参数估计，似然函数为

$$L=\prod_{i=1}^{N}\prod_{j=0}^{M}P(Y_i=j)^{I(Y_i=j)} \tag{12.38}$$

则对数似然函数为

$$\ln L=\sum_{i=1}^{N}\sum_{j=0}^{M}I(Y_i=j)\ln[P(Y_i=j)] \tag{12.39}$$

(12.38)式和(12.39)式中的 I(•) 是一个指示函数，当 $Y_i=j$ 成立时，$I(Y_i=j)=1$，否则，$I(Y_i=j)=0$。

我们考虑具有三种选择方案的 Logit 模型，令选择三种方案的概率分别为：$P_1$，$P_2$ 和 $P_3$。那么，根据机会比率可以得到

$$\begin{aligned}\ln\left(\frac{P_2}{P_1}\right)&=\alpha_{21}+\beta_{21}X\\ \ln\left(\frac{P_3}{P_1}\right)&=\alpha_{31}+\beta_{31}X\\ \ln\left(\frac{P_3}{P_2}\right)&=\alpha_{32}+\beta_{32}X\end{aligned} \tag{12.40}$$

因为所有选择方案的概率之和等于 1 且机会比率之间相互依赖，因此上述要估计的 6 个参数可以减少到 4 个，原因为

$$
\begin{aligned}
\ln\left(\frac{P_3}{P_2}\right) &= \ln\left(\frac{P_3}{P_1}\right) + \ln\left(\frac{P_1}{P_2}\right) = \ln\left(\frac{P_3}{P_1}\right) - \ln\left(\frac{P_2}{P_1}\right) \\
&= (\alpha_{31} + \beta_{31}X) - (\alpha_{21} + \beta_{21}X) \\
&= (\alpha_{31} - \alpha_{21}) + (\beta_{31} - \beta_{21})X
\end{aligned} \tag{12.41}
$$

根据(12.41)式可以得出 $\alpha_{32} = \alpha_{31} - \alpha_{21}$ 和 $\beta_{32} = \beta_{31} - \beta_{21}$，因此，只需要估计(12.40)式中的两个方程便可以得到所有的参数。

## 二、多元有序选择模型

与二元 Probit 模型和 Logit 模型类似，设潜在变量 $I_i$ 是不可观测到的，变量 $Y_i$ 是可观测到的，$Y_i$ 具有 $M+1$ 种选择，建立潜在变量 $I_i$ 的指示函数模型为

$$
I_i = \boldsymbol{X}_i'\boldsymbol{\beta} + u_i^*, \ i = 1, 2, \cdots, N. \tag{12.42}
$$

其中，$u_i^*$ 是独立同分布的随机扰动项，变量 $Y_i$ 根据(12.43)式对 $I_i$ 进行分段可得。

$$
Y_i = \begin{cases} 0, \text{当 } I_i \leqslant c_1 \\ 1, \text{当 } c_1 < I_i \leqslant c_2 \\ 2, \text{当 } c_2 < I_i \leqslant c_3 \\ \vdots \\ M, \text{当 } c_M < I_i \end{cases} \tag{12.43}
$$

假设 $u_i^*$ 的分布函数为 $F(x)$，可以得到 $Y_i$ 取 $M+1$ 个值的概率，分别为

$$
\begin{aligned}
&P(Y_i = 0 \mid \boldsymbol{X}_i) = F(c_1 - \boldsymbol{X}_i'\boldsymbol{\beta}) \\
&P(Y_i = 1 \mid \boldsymbol{X}_i) = F(c_2 - \boldsymbol{X}_i'\boldsymbol{\beta}) - F(c_1 - \boldsymbol{X}_i'\boldsymbol{\beta}) \\
&\vdots \\
&P(Y_i = M \mid \boldsymbol{X}_i) = 1 - F(c_M - \boldsymbol{X}_i'\boldsymbol{\beta})
\end{aligned} \tag{12.44}
$$

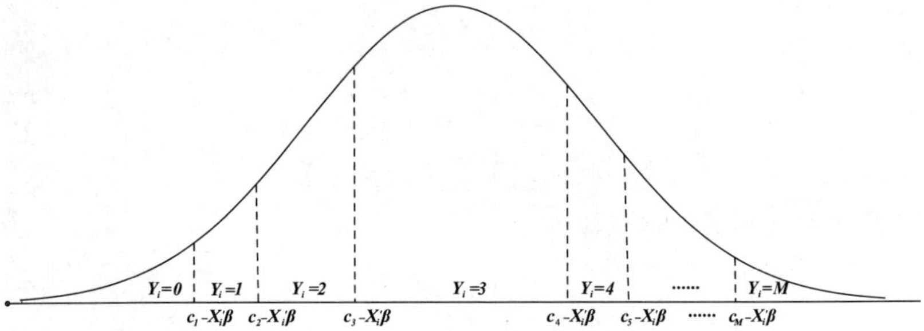


**图 12.3 多元有序模型中的概率**

图 12.3 直观地刻画了(12.44)式中 $Y_i$ 取 $M+1$ 个值的概率，其中，实线为 $u_i^*$ 的分布函数曲线，虚线为 $Y_i$ 取 $M+1$ 个值时，$u_i^*$ 所对应的边界值。

当分布函数 $F(x)$ 为标准正态分布时，那么，(12.44)式可以写为

$$\begin{aligned}
&P(Y_i=0 \mid \boldsymbol{X}_i)=\int_{-\infty}^{c_1-\boldsymbol{X}_i'\boldsymbol{\beta}} f(u_i^*)du_i^* = \Phi(c_1-\boldsymbol{X}_i'\boldsymbol{\beta})\\
&P(Y_i=1 \mid \boldsymbol{X}_i)=\int_{c_1-\boldsymbol{X}_i'\boldsymbol{\beta}}^{c_2-\boldsymbol{X}_i'\boldsymbol{\beta}} f(u_i^*)du_i^* = \Phi(c_2-\boldsymbol{X}_i'\boldsymbol{\beta})-\Phi(c_1-\boldsymbol{X}_i'\boldsymbol{\beta})\\
&\vdots\\
&P(Y_i=M \mid \boldsymbol{X}_i)=\int_{c_M-\boldsymbol{X}_i'\boldsymbol{\beta}}^{+\infty} f(u_i^*)du_i^* = 1-\Phi(c_M-\boldsymbol{X}_i'\boldsymbol{\beta})
\end{aligned} \tag{12.45}$$

这里称(12.45)式为有序 Probit 模型(Ordered probit model)。

当分布函数 $F(x)$ 为 Logistic 分布时,那么,(12.44)式可以写为

$$\begin{aligned}
&P(Y_i=0 \mid \boldsymbol{X}_i)=\frac{e^{(c_1-\boldsymbol{X}_i'\boldsymbol{\beta})}}{1+e^{(c_1-\boldsymbol{X}_i'\boldsymbol{\beta})}}\\
&P(Y_i=1 \mid \boldsymbol{X}_i)=\frac{e^{(c_2-\boldsymbol{X}_i'\boldsymbol{\beta})}}{1+e^{(c_2-X_i'\beta)}}-\frac{e^{(c_1-X_i'\beta)}}{1+e^{(c_1-\boldsymbol{X}_i'\boldsymbol{\beta})}}\\
&\vdots\\
&P(Y_i=M \mid \boldsymbol{X}_i)=1-P(Y_i=M-1 \mid \boldsymbol{X}_i)-\cdots-P(Y_i=0 \mid \boldsymbol{X}_i)\\
&\qquad\qquad=1-\frac{e^{(c_M-\boldsymbol{X}_i'\boldsymbol{\beta})}}{1+e^{(c_M-\boldsymbol{X}_i'\boldsymbol{\beta})}}=\frac{1}{1+e^{(c_M-\boldsymbol{X}_i'\boldsymbol{\beta})}}
\end{aligned} \tag{12.46}$$

这里称(12.46)式为有序 Logit 模型(Ordered logit model)。

多元有序选择模型使用极大似然估计方法进行参数估计,因此,定义多种可能的选择 $j=0,1,\cdots,M$ 发生的概率为

$$\begin{aligned}
&Y_{i0}=\begin{cases}1, & Y_{i0}=0 \text{ 发生的概率为 } F_{i0}\\ 0, & \text{其他结果发生的概率为 } 1-F_{i0}\end{cases}\\
&Y_{i1}=\begin{cases}1, & Y_{i0}=1 \text{ 发生的概率为 } F_{i1}\\ 0, & \text{其他结果发生的概率为 } 1-F_{i1}\end{cases}\\
&\vdots\\
&Y_{iM}=\begin{cases}1, & Y_{i0}=M \text{ 发生的概率为 } F_{iM}\\ 0, & \text{其他结果发生的概率为 } 1-F_{iM}\end{cases}
\end{aligned} \tag{12.47}$$

因此,多元有序选择模型的似然函数为

$$L=\prod_{i=1}^{N}\prod_{j=0}^{M}F_{ij}^{I(Y_i=j)} \tag{12.48}$$

那么,对数似然函数为

$$\ln L=\sum_{i=1}^{N}\sum_{j=0}^{M}I(Y_i=j)\ln F_{ij} \tag{12.49}$$

(12.48)式和(12.49)式中的 I(•) 是一个指示函数,当 $Y_i=j$ 成立时,$I(Y_i=j)=1$,否则,$I(Y_i=j)=0$。对对数似然函数求极大值,即每个个体在其 $Y_i$ 取值条件下,求使得对数似然函数值达到最大时的估计参数 $\boldsymbol{\beta}$ 和 $c$。以某产品的消费者对该产品的满意程度为例,满意程度分别为:非常满意、满意、一般和不满意四种情况,即 $j=0,1,2,3$。当 $j=2$

时，$Y_{i0}=0,Y_{i1}=0,Y_{i2}=1,Y_{i3}=0$。

与二元选择模型类似，多元有序选择模型的参数估计结果不能直接用来解释成对被解释变量产生多大的直接影响，因此多元有序选择模型的边际效应根据(12.44)可得

$$\begin{aligned}\frac{\partial P(Y_i=0\mid \boldsymbol{X}_i)}{\partial \boldsymbol{X}_i}&=-f(c_1-\boldsymbol{X}_i'\boldsymbol{\beta})\beta\\\frac{\partial P(Y_i=1\mid \boldsymbol{X}_i)}{\partial \boldsymbol{X}_i}&=[f(c_1-\boldsymbol{X}_i'\boldsymbol{\beta})-f(c_2-\boldsymbol{X}_i'\boldsymbol{\beta})]\boldsymbol{\beta}\\&\vdots\\\frac{\partial P(Y_i=M\mid \boldsymbol{X}_i)}{\partial \boldsymbol{X}_i}&=f(c_M-\boldsymbol{X}_i'\boldsymbol{\beta})\boldsymbol{\beta}\end{aligned}\tag{12.50}$$

其中，$f(x)$ 是随机扰动项 $u_i^*$ 的概率密度函数，根据(12.50)式可以直观的看出，在 $Y_i=0$ 时，参数 $\boldsymbol{\beta}$ 对 $P(Y_i=0\mid \boldsymbol{X}_i)$ 产生了负向影响，在 $Y_i=M$ 时，参数 $\boldsymbol{\beta}$ 对 $P(Y_i=M\mid X_i)$ 产生了正向影响。

### 三、案例分析

选取 141 名来自某大学大四的学生，研究高中 GPA(hgpa)、是否属于商科学院(business)和是否通过英语 6 级(cet6)对大学在校期间的 GPA 产生的影响。将被解释变量大学生 GPA 离散化为三个等级。

$$Y=\begin{cases}1, & \text{GPA}\leqslant 3.0\\2, & 3.0<\text{GPA}\leqslant 3.5\\3, & \text{GPA}>3.5\end{cases}$$

建立多元有序选择模型，其结果如下：

$$Y_i^*=1.2379hgpa+0.7486cet6+0.4843business$$
$$P=(0.0002)\quad(0.0187)\quad(0.0159)$$
$$\text{阈值 } c_1=4.8249, c_2=6.1975$$

$$P(Y_i=1\mid \boldsymbol{X}_i,\boldsymbol{\beta},c)=F(c_1-\boldsymbol{X}_i'\boldsymbol{\beta})=F(4.8249-\hat{Y}_i^*)$$

$$P(Y_i=2\mid \boldsymbol{X}_i,\boldsymbol{\beta},c)=F(c_2-\boldsymbol{X}_i'\boldsymbol{\beta})-F(c_1-\boldsymbol{X}_i'\boldsymbol{\beta})=F(6.1975-\hat{Y}_i^*)-F(4.8249-\hat{Y}_i^*)$$

$$P(Y_i=3\mid \boldsymbol{X}_i,\boldsymbol{\beta},c)=1-F(c_2-\boldsymbol{X}_i'\boldsymbol{\beta})=1-F(6.1975-\hat{Y}_i^*)$$

两个阈值把潜在变量的取值分为三段。

(1)潜在变量取值在 $(-\infty,4.8249)$ 时，相应大学生 GPA 等级极有可能处于第 1 等级；

(2)潜在变量取值在 $(4.8249,6.1975)$ 时，相应大学生 GPA 等级极有可能处于第 2 等级；

(3)潜在变量取值在 $(6.1975,\infty)$ 时，相应大学生 GPA 等级极有可能处于第 3 等级。

对于每个学生处于 3 个等级的概率和为 1。

## 第五节　截取模型

在数据生成过程中虽然包括了随机样本数据的全部观测，但是当被解释变量的取值

不在特定范围内时，则将实际被解释变量的取值根据实际情况设置为特定范围的最值。针对此类样本建立的模型称为截取模型。例如：当研究的被解释变量是电影门票的需求时，电影门票购买量的样本就是一个截取样本，因为电影门票的最大需求量就是电影院中的座位数。那么，针对此类样本建立的模型称为截取回归模型也称为 Tobit 模型。

## 一、Tobit 模型

我们对某些演唱会的门票需求数量比较感兴趣，但是我们只能得到实际售出门票的数据，一旦某些演唱会的门票被售完，说明实际需求量是大于售出的门票数量。而当门票需求数量被转化为售出数量时就被截取，如图 12.4 所示。当数据被截取时，适用于样本数据的分布是离散分布和连续分布的混合。若直接使用最小二乘法进行参数估计，这样模型的设定就存在问题，将会产生比较严重的问题。

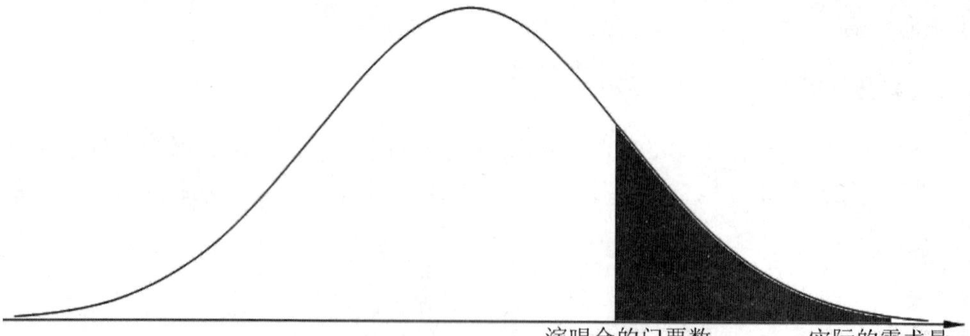


**图 12.4　某些演唱会门票需求数量的截取分布**

1958 年 James Tobin 通过考察人们对家庭耐用消费品的支出，发现了以下特点：在一定的效用及收入约束条件下，人们对家庭耐用品的支出分为两种情况：一种就是对耐用品进行了消费，但是其消费额仅为一个常数，我们无法获得其支出情况及效用的特点；另一种是耐用品的支出与某些经济变量相关，因此可以获得支出情况。这也就表明某些样本的耐用品支出为 0，这说明被解释变量是截取的。因此，Tobin 得到了 Tobit 模型最初的形式

$$W=\begin{cases}L, & Y-\varepsilon<L\\ Y-\varepsilon, & Y-\varepsilon\geqslant L\end{cases} \tag{12.51}$$

其中 $W$ 代表人们对于耐用品的消费额；$L$ 代表最低消费额；$Y$ 代表解释变量 $X_i$ 的复合函数。这代表人们对耐用品消费的最低支出额 $L$ 具有明确的经济意义，即在短期内，支出额的实际值不为 $L$；如果在长期中，耐用品的最低支出可以为 $L$。它包括两个部分，一部分是 Probit 模型，它决定了 $W$ 大于或者等于 $L$；另一部分则是一个截取模型，用来测度当 $W$ 大于 $L$ 时 $W$ 的取值。Tobit 模型是 James Tobin 对 Probit 模型进行的一种推广，而且 James Tobin 给出了该模型的一个一致估计量，假定随机扰动项 $u_i$ 的潜在分布是正态的，即 $u_i\sim N(0,\sigma^2)$。那么，对于潜在变量模型则有

$$I_i=\boldsymbol{X}_i'\boldsymbol{\beta}+u_i\quad i=1,2,\cdots,N \tag{12.52}$$

其中，$I_i$ 是潜在变量，对于截取样本数据而言：

$$Y_i=\begin{cases}I_i\text{，当 }I_i>0\\0\text{，当 }I_i\leqslant 0\end{cases}\tag{12.53}$$

根据(12.53)式可以看出，我们只能获取 $I_i$ 大于0时的数据，当 $I_i$ 小于0时的数据，我们观测不到，只能取其为0。其实截取点可以取任意常数，在潜在变量模型中会将不是0的截取点的值并到截距项中，对斜率是没有影响的。因此，当潜在变量 $I_i$ 的值小于定义的临界值时，将这些样本中的实际值 $I_i$ 取值为临界值，我们称这些样本在临界值处进行了左截取，而不是将这些样本中的全部信息给删除掉，针对此类数据建立的模型称为Tobit模型。

因此，对于 $Y_i$ 而言

$$\begin{aligned}Y_i&=E(Y_i\mid \boldsymbol{X}_i,Y_i\geqslant 0)+u_i\\&=P(Y_i=0)\cdot 0+P(Y_i>0)\cdot E(Y_i\mid \boldsymbol{X}_i,Y_i>0)+u_i\\&=P(Y_i>0)\cdot E(I_i\mid \boldsymbol{X}_i,I_i>0)+u_i\\&=P(Y_i>0)\cdot[\boldsymbol{X}_i'\boldsymbol{\beta}+E(u_i\mid \boldsymbol{X}_i,u_i>-\boldsymbol{X}_i'\boldsymbol{\beta})]+u_i\end{aligned}\tag{12.54}$$

其中，

$$E(u_i\mid \boldsymbol{X}_i,u_i>-\boldsymbol{X}_i'\boldsymbol{\beta})=\int_{-\boldsymbol{X}_i'\boldsymbol{\beta}}^{+\infty}u_if(u_i\mid u_i>-\boldsymbol{X}_i'\boldsymbol{\beta})du_i\tag{12.55}$$

$f(u_i\mid u_i>-\boldsymbol{X}_i'\boldsymbol{\beta})$ 是 $u_i$ 的条件概率密度函数。当 $u_i>-\boldsymbol{X}_i'\boldsymbol{\beta}$ 时，$u_i$ 的条件概率密度函数

$$f(u_i\mid u_i>-\boldsymbol{X}_i'\boldsymbol{\beta})=\frac{f(u_i)}{P(u_i>-\boldsymbol{X}_i'\boldsymbol{\beta})}=\frac{f(u_i)}{\int_{-\boldsymbol{X}_i'\boldsymbol{\beta}}^{+\infty}f(u_i)du_i}\tag{12.56}$$

因此(12.55)式可以写成

$$\begin{aligned}E(u_i\mid \boldsymbol{X}_i,u_i>-\boldsymbol{X}_i'\boldsymbol{\beta})&=\int_{-\boldsymbol{X}_i'\boldsymbol{\beta}}^{+\infty}u_if(u_i\mid u_i>-\boldsymbol{X}_i'\boldsymbol{\beta})du_i\\&=\frac{\int_{-\boldsymbol{X}_i'\boldsymbol{\beta}}^{+\infty}u_if(u_i)du_i}{\int_{-\boldsymbol{X}_i'\boldsymbol{\beta}}^{+\infty}f(u_i)du_i}\end{aligned}\tag{12.57}$$

前面假设了 $u_i\sim N(0,\sigma^2)$，因此，(12.55)式可以重新写为

$$E(u_i\mid \boldsymbol{X}_i,u_i>-\boldsymbol{X}_i'\boldsymbol{\beta})=\sigma\cdot\frac{\varphi(\boldsymbol{X}_i'\boldsymbol{\beta}/\sigma)}{\Phi(\boldsymbol{X}_i'\boldsymbol{\beta}/\sigma)}\tag{12.58}$$

其中，$\varphi(\cdot)$ 和 $\Phi(\cdot)$ 分别表示标准正态分布的概率密度函数和累积分布函数。因此，(12.54)式可以简写为

$$Y_i=\Phi(\boldsymbol{X}_i'\boldsymbol{\beta}/\sigma)\cdot\boldsymbol{X}_i'\boldsymbol{\beta}+\sigma\cdot\varphi[(\boldsymbol{X}_i'\boldsymbol{\beta})/\sigma]+u_i\tag{12.59}$$

(12.59)式是截取样本的实际模型。

## 二、Tobit模型的估计

根据(12.59)式可知，Tobit模型是非线性的，使用普通最小二乘法得到的估计量不是一致估计量，因此，采用极大似然法对模型中的参数进行参数估计。对于截取样本而言，将数据划分为两部分：一部分为 $N_1=\{i\mid Y_i=0\}$，为观测不到的被解释变量的个数；另

一部分是 $N_2=\{j \mid Y_j>0\}$，是真实观测到的被解释变量的个数。因此，

$$P(Y_i=0)=P(I_i \leqslant 0)=P(u_i \leqslant -X_i'\boldsymbol{\beta})=\Phi\left(-\frac{X_i'\boldsymbol{\beta}}{\sigma}\right)=1-\Phi\left(\frac{X_i'\boldsymbol{\beta}}{\sigma}\right)$$

$$f(Y_i \mid Y_i>0)=\frac{f(Y_i)}{P(Y_i>0)}=\frac{f(u_i)}{P(Y_i>0)}=\frac{1}{\sigma}\cdot\frac{\varphi\left[(Y_i-X_i\boldsymbol{\beta})/\sigma\right]}{\Phi(X_i'\boldsymbol{\beta}/\sigma)} \tag{12.60}$$

那么，Tobit 模型的似然函数为

$$\begin{aligned} L&=\prod_{i=1}^{N_1}\left[1-\Phi\left(\frac{X_i'\boldsymbol{\beta}}{\sigma}\right)\right]\prod_{j=1}^{N_2}\left[P(Y_j>0)\cdot f(Y_j \mid Y_j>0)\right] \\ &=\prod_{i=1}^{N_1}\left[1-\Phi\left(\frac{X_i'\boldsymbol{\beta}}{\sigma}\right)\right]\prod_{j=1}^{N_2}\left[\frac{1}{\sigma}\cdot\varphi\left(\frac{Y_j-X_j'\boldsymbol{\beta}}{\sigma}\right)\right] \end{aligned} \tag{12.61}$$

将似然函数取对数之后再最大化就可以得到参数的极大似然估计值。

### 三、Tobit 模型的边际效应

我们可以从(12.59)式看出 Tobit 模型与 Probit 模型和 Logit 模型一样，都是非线性模型。那么 $\boldsymbol{\beta}$ 的估计值就无法作为被解释变量 $Y_i$ 的边际效应，但是根据(12.52)式可知，$\boldsymbol{\beta}$ 与潜在变量 $I_i$ 之间是线性关系，因此，$\boldsymbol{\beta}$ 可以作为潜在变量 $I_i$ 的边际效应。下面介绍潜在变量 $I_i$ 和截取的被解释变量 $Y_i$ 的边际效应。

对于潜在变量 $I_i$ 的边际效应，根据(12.52)式可得

$$E(I_i \mid \boldsymbol{X}_i)=\boldsymbol{X}_i'\boldsymbol{\beta} \tag{12.62}$$

因此，得到解释变量 $\boldsymbol{X}_i$ 对潜在变量 $I_i$ 的边际效应为

$$\frac{\partial E(I_i \mid \boldsymbol{X}_i)}{\partial \boldsymbol{X}_i}=\boldsymbol{\beta} \tag{12.63}$$

对于截取的被解释变量 $Y_i$ 的边际效应，对(12.59)式进行求期望后再求一阶导可得

$$\begin{aligned} \frac{\partial E(Y_i \mid \boldsymbol{X}_i, Y_i \geqslant 0)}{\partial \boldsymbol{X}_i}&=\frac{\partial(\Phi(\boldsymbol{X}_i'\boldsymbol{\beta}/\sigma)\cdot(\boldsymbol{X}_i'\boldsymbol{\beta})+\sigma\cdot\varphi\left[(\boldsymbol{X}_i'\boldsymbol{\beta})/\sigma\right)]}{\partial \boldsymbol{X}_i} \\ &=\Phi(\boldsymbol{X}_i'\boldsymbol{\beta}/\sigma)\cdot\boldsymbol{\beta} \end{aligned} \tag{12.64}$$

### 四、案例分析——家庭资产负债的 Tobit 模型

陈斌开等(2011)[①]在考察中国城镇居民家庭资产/负债额的决定因素时使用 Tobit 模型进行研究。数据来自国家统计局在 2009 年 7—8 月进行的“中国城镇居民经济状况与心态调查”项目，总共含有 5056 个样本数据。样本中很多家庭的资产或负债额等于 0，这说明被解释变量是截断的。对于截断的被解释变量，我们一般使用 Tobit 模型进行回归，其形式为

$$\begin{aligned} y_i^* &= x_i\beta+u_i \\ y_i &= \begin{cases} y_i^* & y_i^*>0 \\ 0 & y_i^* \leqslant 0 \end{cases} \end{aligned} \tag{12.65}$$

其中，$y_i^*$ 为家庭资产/负债的意愿持有量，$x_i$ 为影响家庭资产/负债意愿持有额的变量。

---

① 陈斌开，李涛．中国城镇居民家庭资产——负债现状与成因研究[J]．经济研究，2011，46(S1)：55－66＋79.

$y_i$ 为家庭资产/负债的真实持有量，当 $y_i^* > 0$ 时，家庭资产/负债的真实持有量就是 $y_i^*$，即 $y_i = y_i^*$；当 $y_i^* \leqslant 0$ 时，家庭不愿意持有资产/负债，其资产/负债持有量为0，即 $y_i = 0$。

家庭资产额作为被解释变量的回归结果

$$\hat{y}_i^* = -3.492 + 0.020x_{1i} + 0.083x_{2i} + 0.222x_{3i} + 1.083x_{4i} - 0.101x_{5i} \quad (12.66)$$
$$(0.818) \quad (0.004) \quad (0.015) \quad (0.090) \quad (0.078) \quad (0.048)$$

家庭负债额作为被解释变量的回归结果

$$\hat{y}_i^* = -19.50 - 0.212x_{1i} - 0.053x_{2i} - 2.210x_{3i} + 1.847x_{4i} + 1.029x_{5i} \quad (12.67)$$
$$(4.983) \quad (0.024) \quad (0.094) \quad (0.544) \quad (0.474) \quad (0.276)$$

其中，$x_1$ 表示年龄，$x_2$ 表示受教育年限，$x_3$ 表示健康状况，$x_4$ 表示家庭收入，$x_5$ 表示家庭人口。

(12.66)式和(12.67)式中回归系数为正，表明解释变量越大，家庭资产/负债的意愿持有量就会越多，否则，回归系数为负，表明解释变量越大，家庭资产/负债的意愿持有量就会越少。在家庭资产额回归结果中，除了家庭人口的回归系数显著为负，其他的回归系数显著为正。说明，户主年龄越大，家庭拥有金融资产越多；户主教育水平越高，家庭拥有金融资产越多；户主健康状况越好，家庭拥有金融资产越多；家庭收入越高，家庭拥有金融资产越多；而家庭人口越多，家庭拥有金融资产越少。在家庭负债额回归结果中，除了受教育年限的回归系数不显著，其他解释变量对家庭负债额都具有显著的影响。户主年龄越大，家庭负债越少；家庭负债不受户主教育水平的影响；户主健康状况越好，家庭负债越少；家庭收入越高，家庭负债越多；家庭人口越多，家庭负债越多。

## 小结

社会经济研究过程中被解释变量可能出现一些无法直接用数据度量的定性变量，根据决策者的属性和备选方案的属性构造成的模型为离散选择模型。当被解释变量只有两种选择结果时为二元选择模型，存在多种选择结果时为多元选择模型，若多种选择结果之间存在自然顺序时为多元有序选择模型。

线性概率模型回归系数的 OLS 估计量具有无偏性和一致性，但不具有有效性。且存在预测结果有偏，预测值可能超出(0,1)区间等问题。通常构造标准正态分布或者逻辑分布累积概率函数的方法弥补线性概率模型的问题。使用非线性最小二乘和最大似然两种方法对模型进行估计。

此外，当被解释变量的取值范围受到某种方式限制的截取或断尾时，可采用 Tobit 模型进行研究，在原连续变量方程模型的基础上增加了表示约束条件的选择方程模型，使用最大似然函数法对模型进行参数估计。

对于 Probit 模型、Logit 模型以及 Tobit 模型，这三个模型的被解释变量和解释变量之间是非线性的关系，得到的参数估计值不能作为被解释变量的边际效应。

## 关键术语

线性概率模型　　离散选择模型　　多元有序选择模型
截取回归模型　　二元选择变量　　多元选择变量
Probit 模型　　Logit 模型　　Tobit 模型
Logistic 累积分布函数　　正态累积分布函数　　最大似然估计
条件概率测量值　　边际效应

## 习题

12.1 下表给出了某学校研究生考试分数与录取情况的数据。其中,被解释变量 Y:考生录取为 1,未录取为 0;虚拟变量 D1:应届生为 1,非应届生为 0。

研究生考试分数及其录取情况数据表

| | Y | SCORE | D1 | | Y | SCORE | D1 | | Y | SCORE | D1 |
|---|---|---|---|---|---|---|---|---|---|---|---|
| 1 | 1 | 401 | 1 | 34 | 0 | 332 | 1 | 67 | 0 | 275 | 0 |
| 2 | 1 | 401 | 0 | 35 | 0 | 332 | 1 | 68 | 0 | 273 | 0 |
| 3 | 1 | 392 | 1 | 36 | 0 | 332 | 1 | 69 | 0 | 273 | 1 |
| 4 | 1 | 387 | 0 | 37 | 0 | 331 | 1 | 70 | 0 | 272 | 1 |
| 5 | 1 | 384 | 1 | 38 | 0 | 330 | 1 | 71 | 0 | 267 | 0 |
| 6 | 1 | 379 | 0 | 39 | 0 | 328 | 1 | 72 | 0 | 266 | 1 |
| 7 | 1 | 378 | 0 | 40 | 0 | 328 | 1 | 73 | 0 | 263 | 1 |
| 8 | 1 | 378 | 0 | 41 | 0 | 328 | 1 | 74 | 0 | 261 | 1 |
| 9 | 1 | 376 | 1 | 42 | 0 | 321 | 1 | 75 | 0 | 260 | 0 |
| 10 | 1 | 371 | 0 | 43 | 0 | 321 | 1 | 76 | 0 | 256 | 0 |
| 11 | 1 | 362 | 0 | 44 | 0 | 318 | 1 | 77 | 0 | 252 | 0 |
| 12 | 1 | 362 | 1 | 45 | 0 | 318 | 0 | 78 | 0 | 252 | 1 |
| 13 | 1 | 361 | 1 | 46 | 0 | 316 | 1 | 79 | 0 | 245 | 1 |
| 14 | 0 | 359 | 1 | 47 | 0 | 308 | 0 | 80 | 0 | 243 | 1 |
| 15 | 0 | 358 | 1 | 48 | 0 | 308 | 1 | 81 | 0 | 242 | 0 |
| 16 | 1 | 356 | 1 | 49 | 0 | 304 | 0 | 82 | 0 | 241 | 0 |
| 17 | 0 | 356 | 1 | 50 | 0 | 303 | 1 | 83 | 0 | 239 | 1 |
| 18 | 0 | 355 | 1 | 51 | 0 | 303 | 1 | 84 | 0 | 235 | 0 |
| 19 | 0 | 354 | 1 | 52 | 0 | 299 | 1 | 85 | 0 | 232 | 0 |
| 20 | 0 | 354 | 0 | 53 | 0 | 297 | 1 | 86 | 0 | 228 | 1 |
| 21 | 0 | 353 | 1 | 54 | 0 | 294 | 0 | 87 | 0 | 219 | 1 |
| 22 | 0 | 350 | 0 | 55 | 0 | 293 | 1 | 88 | 0 | 219 | 1 |

续表

| | Y | SCORE | D1 | | Y | SCORE | D1 | | Y | SCORE | D1 |
|---|---|---|---|---|---|---|---|---|---|---|---|
| 23 | 0 | 349 | 0 | 56 | 0 | 293 | 1 | 89 | 0 | 214 | 1 |
| 24 | 0 | 349 | 0 | 57 | 0 | 292 | 0 | 90 | 0 | 210 | 1 |
| 25 | 0 | 348 | 1 | 58 | 0 | 291 | 1 | 91 | 0 | 204 | 1 |
| 26 | 0 | 347 | 1 | 59 | 0 | 291 | 1 | 92 | 0 | 198 | 0 |
| 27 | 0 | 347 | 1 | 60 | 0 | 287 | 1 | 93 | 0 | 189 | 1 |
| 28 | 0 | 344 | 1 | 61 | 0 | 286 | 1 | 94 | 0 | 188 | 1 |
| 29 | 0 | 339 | 1 | 62 | 0 | 286 | 0 | 95 | 0 | 182 | 1 |
| 30 | 0 | 338 | 0 | 63 | 0 | 282 | 1 | 96 | 0 | 166 | 1 |
| 31 | 0 | 338 | 1 | 64 | 0 | 282 | 1 | 97 | 0 | 123 | 0 |
| 32 | 0 | 336 | 1 | 65 | 0 | 282 | 0 | | | | |
| 33 | 0 | 334 | 0 | 66 | 0 | 278 | 0 | | | | |

(1)根据上述资料建立 Probit 回归模型和 Logit 回归模型。

(2)检验并解释两个回归模型。

12.2 分析七百多家上市公司的财务状况,将被解释变量净资产收益率分为 3 个等级:

$$y=\begin{cases}1, & \text{收益率}(ner)\leqslant 0,\text{亏损}\\ 2, & 0<\text{收益率}(ner)\leqslant 0.2,\text{中等盈利}\\ 3, & \text{收益率}(ner)>0.2,\text{高盈利}\end{cases}$$

解释变量为基金持股比例(rate)和总资产(total)。建立有序被解释 Probit 模型,其估计结果如下:

Dependent Variable: Y
Method: ML - Ordered Probit (Quadratic hill climbing)
Date: 11/28/10 Time: 07:46
Sample: 1 736
Included observations: 736
Number of ordered indicator values: 3
Convergence achieved after 3 iterations
Covariance matrix computed using second derivatives

| Variable | Coefficient | Std. Error | z-Statistic | Prob. |
|---|---|---|---|---|
| RATE | 0.016772 | 0.003152 | 5.321705 | 0.0000 |
| TOTAL | 1.17E-11 | 4.06E-12 | 2.877878 | 0.0040 |
| Limit Points | | | | |
| LIMIT_2:C(3) | -1.515575 | 0.082997 | -18.26068 | 0.0000 |
| LIMIT_3:C(4) | 1.024825 | 0.068181 | 15.03084 | 0.0000 |

| | | | |
|---|---|---|---|
| Pseudo R-squared | 0.099735 | Akaike info criterion | 1.227490 |
| Schwarz criterion | 1.252497 | Log likelihood | -447.7165 |
| Hannan-Quinn criter. | 1.237135 | Restr. log likelihood | -497.3162 |
| LR statistic | 99.19952 | Avg. log likelihood | -0.608310 |
| Prob(LR statistic) | 0.000000 | | |

(1)模型的阈值分别是多少?

(2)写出净资产收益率处于1、2、3等级的概率函数。

(3)已知第21号公司,基金持股比例 $rate_{21}=17.259$,总资产 $total_{21}=2.65\times10^{9}$。求该公司的净资产收益率处于1、2、3等级的概率各是多少?该公司的财务状况最有可能处于哪个等级?

# 第十三章 计数模型和分位数回归模型

在实际应用中，我们应该根据要研究的问题来选择合适的回归模型。当被解释变量$Y$是离散的整数（计数变量），并且数值较小，取零的个数多，而解释变量多为定性变量时，应该考虑应用计数模型。如果对解释变量$X$与被解释变量$Y$的分位数之间线性关系感兴趣，尤其是希望能够全面的描述被解释变量的条件分布时，应当建立分位数回归模型。本章将介绍两种常见的计数模型（泊松分布计数模型、负二项分布计数模型）和分位数回归模型。

## 第一节 泊松分布计数模型

计数变量是取值为非负整数的变量，许多经济、社会问题的描述变量都是计数变量。例如某大型超市在一定时间内到达的人数，某网站单位时间的访问量，一段时间内某共享单车被使用的次数，一段时间内某地婴儿出生的数量等，将这些变量作为被解释变量，研究它们的影响因素，构成了计量经济学中的一类问题。这些问题的共同特点是被解释变量观测值为非负整数，计数数据中零元素和绝对值较小的数据出现得较为频繁，离散特征十分明显，模型存在异方差问题，这些导致线性模型不能对所有解释变量提供最好的拟合。这时就有必要引进描述非负整数特征的概率分布来建立离散计数数据模型。本节将介绍最基本的计数模型——泊松分布计数模型。

### 一、计数模型与泊松分布计数模型

因为计数变量取值有0，所以不能对它取对数。当被解释变量没有上界时，可以选择指数模型来进行拟合，此时计数模型表达式为

$$Y_i = e^{\boldsymbol{X}_i'\boldsymbol{\beta}} + u_i \tag{13.1}$$

其中，$Y_i$是取值为非负整数的计数变量，$\boldsymbol{X}_i$为$n \times p$的样本资料矩阵$\boldsymbol{X}$第$i$行的元素组成的列向量，$\boldsymbol{\beta}$为$p \times 1$的系数向量。

计数变量$Y_i$不可能具有正态分布，因为正态分布是能取所有值的连续变量，而计数变量只能取很少的值，因此，这个分布就和正态分布相差较远。对于计数数据来说，泊松分布应用非常广泛。

若随机变量$Y_i$的概率函数是

$$P\{Y_i = y_i\} = \frac{\lambda^{y_i}}{y_i!}e^{-\lambda}, \quad y_i = 0,1,\cdots \tag{13.2}$$

其中$\lambda > 0$，则称$Y_i$服从泊松分布。

泊松分布随机变量$Y_i$的期望是

$$E(Y_i)=\sum_{y_i=0}^{\infty} y_i\left(\frac{\lambda^{y_i}}{y_i!}e^{-\lambda}\right)=\lambda e^{-\lambda}\sum_{y_i=1}^{\infty}\frac{\lambda^{y_i-1}}{(y_i-1)!}=\lambda \tag{13.3}$$

其中,由级数公式 $\sum_{k=0}^{\infty}\frac{x^k}{k!}=e^x$ 可知 $\sum_{y_i=1}^{\infty}\frac{\lambda^{y_i-1}}{(y_i-1)!}=e^{\lambda}$。

求泊松分布随机变量 $Y_i$ 的方差,且 $Y_i^2$ 的期望为

$$E(Y_i^2)=\lambda^2+\lambda \tag{13.4}$$

则

$$Var(Y_i)=E(Y_i^2)-(EY_i)^2=\lambda^2+\lambda-\lambda^2=\lambda \tag{13.5}$$

服从泊松分布随机变量的期望与方差相同。

在计数模型中,假定 $Y_i=y_i$ 服从泊松分布。而 $Y_i$ 的值与解释变量 $X_i$ 和回归系数 $\beta$ 有关系。$E(Y_i)=\lambda$ 的最常见表达式是对数线性模型

$$\ln\lambda=X_i'\beta,\text{或者 } E(Y_i)=\lambda=e^{\boldsymbol{X}_i'\boldsymbol{\beta}} \tag{13.6}$$

所以 $E(Y_i|\boldsymbol{X}_i)=Var(Y_i|\boldsymbol{X}_i)=\lambda=e^{\boldsymbol{X}_i'\boldsymbol{\beta}}$,

$$\frac{\partial \ln E(Y_i|\boldsymbol{X}_i)}{\partial \boldsymbol{X}_i}=\boldsymbol{\beta} \tag{13.7}$$

可以认为 $\boldsymbol{\beta}$ 是解释变量的变动对 $Y$ 的变动率的平均影响。若第 $j$ 个解释变量的系数是 $\beta_j$,则表明在其他条件不变的情况下,$X_j$ 每增加一个单位,$Y$ 的发生次数将平均增长 $\beta_j$。如果第 $j$ 个解释变量是虚拟变量,则它从 0 到 1 发生变化时,$Y$ 的发生次数将平均增长 $100\times(e^{\beta_j}-1)\%$。

【例 13.1】刘焕庆、夏友照(2011)[①]使用计数模型对大连市付家庄海滨浴场的价值进行了评价。在分析中使用了泊松模型与负二项模型,被解释变量为个人过去一年间的访问次数(Visit),解释变量为旅游者往返交通费用和旅行时间的机会成本(TC)、到替代目的地的往返旅行费用和旅行时间的机会成本(STC)、旅游者对水质的满意水平(满意=1;不满意=0)(Q)、旅游者的个人月收入(Y)、旅游者性别(男=1;女=0)(Gender)、旅游者年龄(Age)。想了解个人过去一年间的访问次数与上述解释变量的数量关系,由于被解释变量访问次数为非负整数,故可根据公式(13.1)即 $Y_i=e^{\boldsymbol{X}_i'\boldsymbol{\beta}}+u_i$ 建立泊松计数模型

$$\text{Visit}_i=e^{\beta_0+\beta_1 TC_i+\beta_2 STC_i+\beta_3 Q_i+\beta_4 Y_i+\beta_5 Gender_i+\beta_6 age_i}+u_i$$

## 二、泊松分布计数模型的参数估计

因为计数变量取值有 0,所以不能对它取对数。当被解释变量没有上界时,可以选择指数模型来进行拟合,但是这种非线性函数使得我们不能使用线性回归方法,并且非线性最小二乘法的估计量不是有效的,因为所有计数模型的标准分布都意味着异方差,因而我们要依赖于极大似然估计的有关方法。

当 $Y_i$ 已知,$\boldsymbol{\beta}$ 未知时,似然函数为

$$L(\boldsymbol{\beta})=\prod_{i=1}^{N}P(Y_i=y_i)=\prod_{i=1}^{N}\frac{\lambda^{y_i}}{y_i!}e^{-\lambda} \tag{13.8}$$

① 刘焕庆,夏友照. 计数模型在旅游资源经济价值评估中的应用[J]. 东疆学刊,2011,28(03):88-92.

其中 $N$ 表示观测值个数。

对数似然函数是

$$\ln L(\beta)=\sum_{i=1}^{N}\ln\left(\frac{\lambda^{y_i}}{y_i\,!}e^{-\lambda}\right)=\sum_{i=1}^{N}\left[y_i\boldsymbol{X}_i'\boldsymbol{\beta}-e^{\boldsymbol{X}_i'\boldsymbol{\beta}}-\ln(y_i\,!\,)\right] \tag{13.9}$$

似然方程是

$$\frac{\partial\ln L(\beta)}{\partial\beta}=\sum_{i=1}^{N}(y_i\boldsymbol{X}_i-e^{\boldsymbol{X}_i'\boldsymbol{\beta}}\boldsymbol{X}_i)=\sum_{i=1}^{N}(y_i-\lambda)\boldsymbol{X}_i \tag{13.10}$$

海塞矩阵是

$$\frac{\partial^2\ln L(\beta)}{\partial\beta\partial\beta'}=-\sum_{i=1}^{N}e^{\boldsymbol{X}_i'\boldsymbol{\beta}}\boldsymbol{X}_i\boldsymbol{X}_i'=-\sum_{i=1}^{N}\lambda\boldsymbol{X}_i\boldsymbol{X}_i' \tag{13.11}$$

海塞矩阵对所有 $X_i$ 和 $\beta$ 都是负定的，所以存在极大值。

检验 $X_i$ 是否有解释作用的似然比检验统计量定义是

$$LR=-2\sum_{i=1}^{N}(\ln\tilde{P}-\ln\hat{P}) \tag{13.12}$$

其中 $\ln\hat{P}$ 表示非约束模型极大似然函数值（解释变量 $\boldsymbol{X}_i$ 存在时的极大似然函数值，即对 $\beta$ 不加约束的极大似然函数值）。$\ln\tilde{P}$ 表示约束模型极大似然函数（解释变量 $\boldsymbol{X}_i$ 不存在时的极大似然函数值，即对 $\boldsymbol{\beta}$ 约束为零的极大似然函数值）。

在原假设“约束条件成立”的条件下，$LR$ 服从自由度为 $m$ 的 $\chi^2$ 分布，$m$ 表示约束条件的个数，即解释变量的个数。若 $LR\leqslant\chi^2_\alpha(m)$，则不拒绝原假设，约束条件成立，即 $\boldsymbol{X}_i$ 对 $Y$ 会产生显著影响。若 $LR>\chi^2_\alpha(m)$，则拒绝原假设，约束条件不成立，即 $\boldsymbol{X}_i$ 对 $Y$ 不具有解释作用。

如果条件均值函数定义正确，$Y_i$ 的分布属于泊松分布，那么 $\beta$ 的极大似然估计量具有一致性、有效性和渐近正态性。

**表 13.1 泊松分布计数模型结果**

| 变量 | 泊松模型参数 |
|---|---|
| 常数 | 2.0842*** |
| | (0.0972) |
| TC | −0.0212*** |
| | (0.0013) |
| Q | 1.0425*** |
| | (0.0648) |
| STC | −0.0046*** |
| | (0.0010) |
| Y | 0.0002*** |
| | (9.47e−06) |
| Gender | −0.3092*** |
| | (0.0267) |
| Age | 0.0124*** |
| | (0.0008) |
| α | — |
| Log likelihood | −2834.7556 |
| Pseudo $R^2$ | 0.2956 |
| Likelihood Radio | 2389.53*** |

注：***、**、*分别代表系数在1%、5%、10%水平上显著，括号内为标准误。

【例 13.2】根据例 13.1 建立的泊松分布计数模型，以及公式(13.8)至(13.11)对模型参数进行极大似然估计和公式(13.12)进行似然比检验，计算结果如表 13.1 所示。

从以上结果可以看出，旅游者往返交通费用和旅行时间的机会成本(TC)、到替代目的地的往返旅行费用和旅行时间的机会成本(STC)、旅游者对水质的满意水平（满意＝1；不满意＝0）(Q)、旅游者的个人月收入(Y)、旅游者性别（男＝1；女＝0）(Gender)、旅游者年龄(Age)对被解释变量个人过去一年间访问海滨浴场的次数有显著影响。旅游者往返交通费用和旅行时间的机会成本(TC)、到替代目的地的往返旅行费用和旅行时间的机会成本(STC)越高，访问次数越少；与男性相比，女性更愿意访问海滨浴场；旅游者对水质越满意、月收入越高、年龄越大，访问海滨浴场次数越多。

## 第二节　负二项分布计数模型

上述讨论的泊松分布计数模型是最基本的计数回归模型。但是由于计数模型的复杂性，数据经常出现过大离差或过小离差等情形，对于泊松分布计数模型来说，其假设均值和方差相等，即数据是等离散的，然而在实际数据中，很难达到这一点，常常会出现方差大于均值的情况，即数据是过离散的。利用泊松分布计数模型进行拟合会出现比较大的偏差。这时，选择使用负二项分布模型，作为泊松分布模型的推广，能够容纳比泊松分布模型更大的变异，更适合分析过度离散数据，可以很好地解决离差过大的问题。

### 一、负二项分布模型的概念

为了更好地描述数据的过离散特征，即数据的异质性，假定随机计数 $Y_i$ 服从泊松分布

$$P\{Y_i = y_i\} = \frac{\lambda^{y_i}}{y_i!}e^{-\lambda}, \quad y_i = 0,1,\cdots \tag{13.13}$$

$$E(Y_i \mid \boldsymbol{X}_i) = Var(Y_i \mid \boldsymbol{X}_i) = \mu_i = e^{\boldsymbol{\beta}'\boldsymbol{X}_i}$$

(其中 $\lambda > 0$)的同时，还假定参数 $\lambda$ 不再是一个常数，不再是一个仅由 $X_i$ 决定的量，而是一个随机变量。比如用 $\lambda = \mu_i v_i$ 表示，其中 $v_i > 0$，是一个以 $g(v_i \mid \alpha)$ 为密度函数的独立同分布随机变量，$\alpha$ 为未知参数。如果 $E(v_i) = 1$，则 $E(\lambda) = \mu_i$，退化为原来的泊松分布计数模型。

若 $\lambda = \mu_i v_i$，则 $Y_i$ 基于 $\mu_i$ 和 $v_i$ 的分布是以 $\mu_i v_i$ 为均值和方差的泊松分布计数模型

$$f(Y_i \mid X_i, v_i) = \frac{e^{-\mu_i v_i}(\mu_i v_i)^{y_i}}{y_i!} \tag{13.14}$$

$$f(Y_i \mid X_i) = \int_0^{\infty} \frac{e^{-\mu_i v_i}(\mu_i v_i)^{y_i}}{y_i!} g(v_i \mid \alpha) dv_i \tag{13.15}$$

其中 $g(v_i \mid \alpha)$ 表示观测不到的异质性。即不同的观测值 $y_i$，有可能来自不同 $\lambda$ 的泊松分布计数模型，这种不同部分来自随机变量 $v_i$，$\alpha$ 为未知参数。

在(13.15)积分式中，为得到解析表达式，通常把混合分布 $g(v_i \mid \alpha)$ 定义为 $g(v_i \mid \alpha) = \frac{\beta^{\theta} e^{-\beta v_i} v_i^{\theta-1}}{\Gamma(\theta)}$，其中 $\Gamma(\theta)$ 是伽玛(Gamma)分布，则得到 $Y_i$ 的负二项分布的混合概率密度

函数表达式

$$f(Y_i \mid X_i) = \frac{\Gamma(y_i + \theta)}{\Gamma(y_i + 1)\Gamma(\theta)} \left(\frac{\mu_i}{\mu_i + \theta}\right)^{y_i} \left(\frac{\theta}{\mu_i + \theta}\right)^{\theta} \tag{13.16}$$

其中 $\theta > 0$，$\beta > 0$，$\Gamma(\theta) = (\theta - 1)!$，$E(v_i) = \frac{\theta}{\beta}$，$Var(v_i) = \frac{\theta}{\beta^2}$。

若令 $E(v_i) = 1$，则 $\theta = \beta$，$Var(v_i) = \frac{1}{\theta} = \frac{1}{\beta}$。Gamma 分布密度函数图与 Gamma(1,1) 分布随机数图如图 13.1，图 13.2 所示。

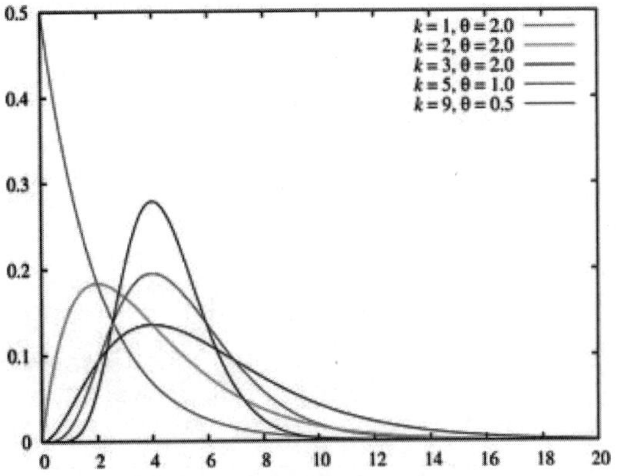


**图 13.1 Gamma 分布密度函数图**

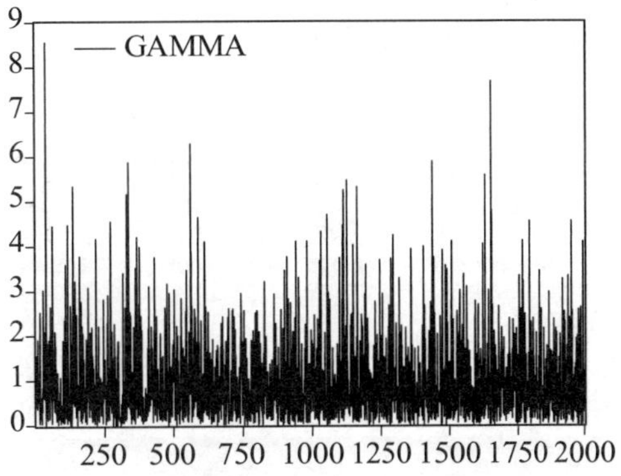


**图 13.2 Gamma(1,1)分布随机数**

## 二、负二项分布模型的参数估计方法

数据等离散的计数模型采用极大似然估计法估计模型参数。数据过离散时采用负二项分布计数模型进行研究并使用模拟极大似然估计法估计模型参数。

负二项分布的对数似然函数如下

$$\ln L(\beta) = \sum_{i=1}^{N} \{y_i[\ln\mu_i - \ln(\mu_i + \theta)] + \theta[\ln\theta - \ln(\mu_i + \theta)] + \ln\Gamma(y_i + \theta) - \ln\Gamma(y_i + 1) - \ln\Gamma(\theta)\} \tag{13.17}$$

因此，服从负二项分布的 $y_i$ 的条件期望和条件方差分别是

$$E(Y_i \mid \mu_i, \theta) = \mu_i \tag{13.18}$$

$$Var(Y_i \mid \mu_i, \theta) = \mu_i + \left(\frac{1}{\theta}\right)\mu_i^2 \tag{13.19}$$

其中 $\theta > 0$，$\mu_i > 0$。由(13.18)可知，负二项分布可以用来描述 $Y_i$ 分布的异质性。服从负二项分布的 $Y_i$ 的条件方差一定大于条件期望，说明事件的发生不独立因而存在聚集性。通常把服从负二项分布的 $y_i$，并有 $\mu_i$ 的二次函数方差的模型称作负二项分布计数模型。

在(13.19)中，$\frac{1}{\theta}$ 称为过离散系数，反应相应变量 $y_i$ 的变异程度。当 $\frac{1}{\theta}$ 接近 0 时，不存在过离散问题，可以使用泊松分布计数模型；当 $\frac{1}{\theta}$ 大于 0 时，存在过离散问题，此时应采用负二项分布计数模型。有时也可以把 $Y_i$ 分布的方差设定为 $\mu_i$ 的一次(线性)函数，

$$Var(Y_i | \mu_i, \theta) = (1+\gamma)\mu_i \tag{13.20}$$

其中 $\gamma$ 为参数。把服从负二项分布的 $Y_i$，并有 $\mu_i$ 的线性函数方差的模型称作负一项分布模型。实际中负二项分布模型的用途更广些。

在实践中还有很多其他的计数数据回归模型，这些模型都是泊松分布模型的推广，泊松分布能够很好地用来描述 $X_i$ 对平均响应的影响。对于过离散数据建立模型时，将 $g(v_i | \alpha)$ 设定为伽玛分布只是选择之一。有时也可以选择对数正态分布或者逆高斯分布。

【例 13.3】例 13.1 建立泊松分布计数模型并不一定是恰当的，因为并没有检验条件均值和方差是否相等。通过计算，发现过离散系数是 0.825，方差明显大于均值，应建立负二项分布计数模型。结果如表 13.2 所示。

**表 13.2 负二项回归估计结果**

| 变量 | 泊松模型参数 |
|---|---|
| 常数 | 2.1722*** |
| | (0.4166) |
| TC | −0.0104*** |
| | (0.0020) |
| Q | 0.6406** |
| | (0.2705) |
| STC | −0.0045*** |
| | (0.0041) |
| Y | 0.0002*** |
| | (0.00005) |
| Gender | −0.3350** |
| | (0.1364) |
| Age | 0.0167*** |
| | (0.0045) |
| α | 0.8249*** |
| | (0.0785) |
| Log likelihood | −957.7446 |
| Pseudo R2 | 0.0466 |
| Likelihood Radio | 93.68*** |

注：***、** 、* 分别代表系数在 1%、5%、10%水平上显著，括号内数据为标准误。

从以上结果可以看出，旅游者往返交通费用和旅行时间的机会成本(TC)、到替代目的地的往返旅行费用和旅行时间的机会成本(STC)、旅游者的个人月收入(Y)、旅游者年龄(Age)对被解释变量个人过去一年间访问海滨浴场的次数有显著影响。旅游者往返交通费用和旅行时间的机会成本(TC)、到替代目的地的往返旅行费用和旅行时间的机会成本(STC)越高，访问次数越少；与男性相比，女性更愿意访问海滨浴场；旅游者月收入越高、年龄越大，访问海滨浴场次数越多。但是，旅游者对水质的满意水平 (Q)和旅游者性别(Gender)对被解释变量个人过去一年间访问海滨浴场的次数没有显著影响。

## 三、负二项分布模型案例分析

Jeffrey M. Wooldridge 研究了在 1986 年年轻人被拘捕次数影响因素的模型。被解释变量 narr86 是一个年轻人在 1986 年被拘捕的次数。被拘捕次数会受到如下因素的影响：之前定罪的比例(pcnv)、1986 年母亲服刑的时间(ptime86)、收入(inc86)、是否是黑人(black)、是否是西班牙人(hiapan)。

从图 13.3 可看出，被拘捕次数的分布呈右偏态。数据的均值为 0.38，方差为 0.84 大于均值，所以该数据为过离散数据。

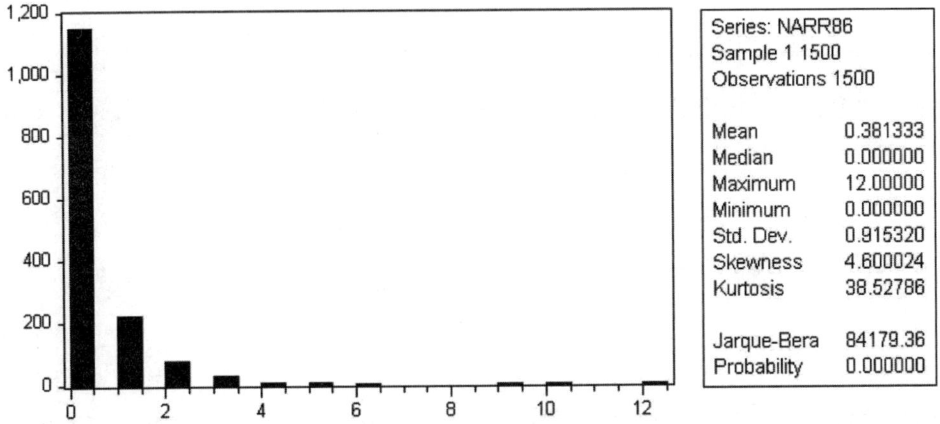


**图 13.3 被拘捕次数分布直方图**

建立负二项回归模型，回归结果如表 13.3 所示。

**表 13.3 负二项回归估计结果**

| 变量 | 参数估计值 | P 值 |
|---|---|---|
| c | −1.0087 | <0.0001 |
| pcnv | 1.7681 | 0.0007 |
| pcnv2 | −2.0515 | 0.0001 |
| ptime86 | 0.5485 | 0.0016 |
| ptime862 | −0.0924 | 0.0012 |
| inc86 | −0.0157 | <0.0001 |
| inc862 | 2.88E−05 | 0.0013 |
| black | 0.8143 | <0.0001 |
| hispan | 0.5933 | <0.0001 |
| 对数似然值 | −1073.506 | |
| AIC | 1.4447 | |

从表 13.3 可知，年轻人之前定罪的比例越高，被拘捕次数越多；母亲的服刑时间越长，年轻人被拘捕的次数可能就越高；收入越低的年轻人被拘捕的次数高于收入越高的人；黑人和西班牙裔人被拘捕的次数会高于其他人。

## 第三节 分位数回归模型

回归模型是在研究解释变量与被解释变量的条件期望之间的关系，即采用条件均值函数来描述解释变量每一特定数值下被解释变量的均值。但条件均值框架存在先天的局限性,只能刻画中心位置,并不能轻易地扩展到非中心位置,而非中心位置却是很多社会科学研究者想要了解和研究的。采用条件均值模型分析问题有时是缺乏效率的,甚至可能偏离研究重点,此时就要采用分位数回归模型。分位数回归模型最早由 Koenker 和 Bassett 于 1978 年提出,它可以用于描述解释变量与被解释变量分布的中位数、分位数之间的关系,弥补传统均值模型的不足。

## 一、分位数回归模型的定义

对于一个连续随机变量 $Y$,其总体第 $\tau$ 分位数 $y_{(\tau)}$ 的定义是:$Y$ 小于等于 $y_{(\tau)}$ 的概率是 $\tau$,即

$$\tau = P(Y \leqslant y_{(\tau)}) = F(y_{(\tau)}) \tag{13.21}$$

其中 $P(\cdot)$ 表示概率,$F(y_{(\tau)})$ 表示 $Y$ 的累积(概率)分布函数。

对于线性回归模型 $Y_t = \boldsymbol{X}'\boldsymbol{\beta} + u_t$,其第 $\tau$ 分位数估计的回归方程表达式是

$$\hat{y}_{(\tau)t} = \boldsymbol{X}'\hat{\boldsymbol{\beta}}_{(\tau)} \tag{13.22}$$

其中 $\boldsymbol{X}$ 是 $k \times 1$ 阶列向量,$\hat{\boldsymbol{\beta}}_{(\tau)}$ 称作第 $\tau$ 分位数回归系数估计量,$\hat{y}_{(\tau)t}$ 表示 $Y_t$ 的第 $\tau$ 分位数回归估计量。当 $\tau = 0.5$ 时为中位数回归。

【例 13.4】为研究规模和股价对股票收益率的影响,选取 2007 年初至 2017 年末的中证 500 指数成分股年度数据,以下一年的股票收益率为被解释变量,以当年的规模和股价为解释变量,采用分位数回归对变量之间的关系进行建模

$$\text{return}_t = \beta_0 + \beta_1 \text{scale}_{t-1} + \beta_2 \text{price}_{t-1} + \varepsilon_t$$

其中,return 为股票收益率,scale 为规模,price 为股价,$\varepsilon$ 为扰动项。

## 二、分位数回归模型的参数估计

### (一)分位数回归系数估计

最小二乘法赋予了回归中的大偏差很大的权重,导致结果在小样本或中等样本情况下对少量的非典型数据点十分敏感。比如微观经济学和财政经济学包含重尾干扰分布的近期应用,很有可能恰恰被这种观测值影响。这些应用促使了不受反常值影响的"稳健"估计量的提出。在这一部分,将研究其中之一,即加权最小绝对离差估计量。

Koenker 和 Bassett(1978)证明,对于以检查函数 $w_t$ 为权数,$Y_t$ 对任意值 $\alpha$ 的加权离差绝对值和 $\sum w_\tau |y_t - \alpha|$ 只有在 $\alpha = \hat{y}_{(\tau)t}$ 时取得最小值。其中

$$\sum w_\tau |y_t - \alpha| = -\sum_{t:y_i<\alpha}^{T} (1-\tau)(y_t - \alpha) + \sum_{t:y_i \geqslant \alpha}^{T} \tau (y_t - \alpha),\ \tau \in (0,1) \tag{13.23}$$

据此,分位数回归可以通过加权的最小绝对离差和法(WLAD,weighted least absolute deviation)进行估计。根据式(13.23),对于线性回归模型 $Y_t = \boldsymbol{X}'\boldsymbol{\beta} + u_t$,求第 $\tau$ 分位数回归方程系数的估计量 $\hat{\beta}_{(\tau)}$ 的方法是求公式(13.24)(目标函数)最小

$$Q = -\sum_{\hat{u}_{(\tau)t}<0}^{T} (1-\tau)\hat{u}_{(\tau)t} + \sum_{\hat{u}_{(\tau)t}\geqslant 0}^{T} \tau \hat{u}_{(\tau)t} \tag{13.24}$$

$$= -\sum_{t:y_t < X^T\hat{\beta}_{(\tau)}}^{T} (1-\tau)(y_t - \boldsymbol{X}'\hat{\boldsymbol{\beta}}_{(\tau)}) + \sum_{t:y_t \geqslant X^T\hat{\beta}_{(\tau)}}^{T} \tau(y_t - \boldsymbol{X}'\hat{\boldsymbol{\beta}}_{(\tau)})$$

其中 $\hat{u}_{(\tau)t} = y_t - \hat{y}_{(\tau)t} = y_t - \boldsymbol{X}'\hat{\boldsymbol{\beta}}_{(\tau)}$ 表示第 $\tau$ 分位数回归方程对应的残差，$\tau \in (0, 1)$。解决该最小化问题需要一个迭代估计量，这可以通过建立线性规划问题来求解。当 $\tau = 0.5$ 时，该方法称为最小绝对离差估计法。

【例 13.5】利用例 13.4 建立的分位数回归模型根据公式(13.24)对模型进行参数估计，结果如表 13.4 所示。

**表 13.4 分位数回归模型估计结果**

| | QR(0.1) | QR(0.5) | QR(0.9) |
|---|---|---|---|
| 常数 | −0.6963*** | 0.9725*** | 1.9087*** |
| 规模 | 0.1696*** | −0.1426*** | −0.2454*** |
| 股价 | −0.3068*** | −0.1540*** | −0.1427*** |

注：***、**、* 分别代表系数在 1%、5%、10%水平上显著。

规模因子随着分位数值变大而逐步下降，表明对于低收益率股票而言，规模越大收益越高；但是对于高收益股票而言，规模越大收益越低，收益越高规模效应越明显；股价因子随着分位点变大，其系数随之变大，但是所有数值均是位于 0 以下，说明低价股的收益率要高于高价股，而且随着股票收益率降低，该效应越来越明显。

(二)系数协方差的估计

在弱条件下，分位数回归系数渐近服从正态分布(Koenker, 2005)。其方差协方差矩阵的估计方法根据分位数密度函数是否与解释变量相关分为三种方法：

①误差项独立同分布假设下的直接估计方法，

②误差项独立但不同分布条件下的直接估计方法，

③误差项独立同分布和独立但不同分布条件下都可使用的自举法。

1. 独立同分布假设下的参数渐近分布

Koenker 和 Bassett(1978)在独立同分布假设下得出分位数回归系数渐近服从正态分布

$$\sqrt{n}(\hat{\beta}_{(\tau)} - \beta_{(\tau)}) \sim N(0, \tau(1-\tau)S_{(\tau)}^2 J^{-1}) \tag{13.25}$$

其中

$$J = \lim_{n\to\infty}\left(\sum_i \frac{\boldsymbol{X}_i\boldsymbol{X}_i'}{T}\right) = \lim_{n\to\infty}\left(\frac{\boldsymbol{X}'\boldsymbol{X}}{T}\right) \tag{13.26}$$

$$S_{(\tau)} = (F^{-1})'(\tau) = 1/f(F^{-1}(\tau)) \tag{13.27}$$

其中 $S_{(\tau)}$ 称为稀疏函数(sparsity function)或分位数密度函数(quantile density function)。$(F^{-1})'(\tau)$ 是分位数函数的导数，或在第 $\tau$ 分位数条件下概率密度函数的倒数。

2. 独立但不同分布假设下的参数渐进分布

当分位数密度函数独立但不同分布即与解释变量 $X$ 相关时，$\sqrt{T}(\hat{\beta}(\tau) - \beta(\tau))$ 的渐近分布具有 Huber sandwich 形式

$$\sqrt{T}(\hat{\beta}_{(\tau)} - \beta_{(\tau)}) \sim N(0, \tau(1-\tau)H(\tau)^{-1}JH(\tau)^{-1}) \tag{13.28}$$

其中 $J$ 同(13.26)式，$H$ 的表达式如下

$$H(\tau)=\lim_{T\to\infty}\left\{\sum_i \boldsymbol{X}_i\boldsymbol{X}_i' f_i[q_i(\tau)]/T\right\} \tag{13.29}$$

其中 $f_i[q_i(\tau)]$ 是个体 $i$ 在第 $\tau$ 分位数上的条件密度函数。如果条件密度函数不依赖于观测值，式(13.28)中的方差就退化为(13.25)式中的方差。

3. 参数渐进分布的自举法

前面的方法都是先求出分位数密度函数，然后再得到参数的渐近分布。自举法则可以省略这一步，直接得到参数的方差协方差阵。EViews 中给出了四种自举方法，分别为：残差自举，$XY$ 对自举，以及两种马尔可夫链边际自举法 MCMB 和 MBMB-A。此处介绍最常用的一种自举方法—— $XY$ 对自举法 (XY－pair or design bootstrap)。它不要求随机误差项与解释变量相互独立。使用这种方法时，我们从原始数据中有放回的抽取 $K$ 次样本容量为 $m$ 的子序列 $(y^*, X^*)$，然后用每个子序列计算 $\beta(\tau)$，最后运用(13.29)式计算参数方差协方差阵的估计量。EViews 选单中这种方法称为 XY-Pair。

## 三、分位数回归模型的检验

### (一)单个分位数回归模型的检验

1. 拟合优度检验

Koenker 和 Machado(1999)提出了分位数回归的拟合优度的概念，假设分位数回归直线为

$$\hat{y}_{(\tau)}=\boldsymbol{X}'\hat{\boldsymbol{\beta}}_{(\tau)}$$

将解释变量矩阵和参数向量都分为两部分，即 $\boldsymbol{X}=(1,\boldsymbol{Z})'$ 和 $\hat{\boldsymbol{\beta}}_{(\tau)}=(\hat{\beta}_{0(\tau)},\hat{\boldsymbol{\beta}}_{1(\tau)})'$，且有

$$\hat{y}_{(\tau)}=\beta_{0(\tau)}+\boldsymbol{Z}'\boldsymbol{\beta}_{1(\tau)}$$

定义

$$\hat{Q}_{(\tau)}=\min[-\sum_{t:y_t<\boldsymbol{X}'\hat{\boldsymbol{\beta}}_{(\tau)}}^{T}(1-\tau)(y_t-\hat{\beta}_{0(\tau)}-\boldsymbol{Z}'\hat{\boldsymbol{\beta}}_{1(\tau)})+\sum_{t:y_t\geqslant\boldsymbol{X}'\hat{\boldsymbol{\beta}}_{(\tau)}}^{T}\tau(y_t-\hat{\beta}_{0(\tau)}-\boldsymbol{Z}'\hat{\boldsymbol{\beta}}_{1(\tau)})] \tag{13.30}$$

$$\widetilde{Q}_{(\tau)}=\min[-\sum_{t:y_t<\boldsymbol{X}'\hat{\boldsymbol{\beta}}(\tau)}^{T}(1-\tau)(y_t-\hat{\beta}_{0(\tau)})+\sum_{t:y_t\geqslant\boldsymbol{X}'\hat{\boldsymbol{\beta}}(\tau)}^{T}\tau(y_t-\hat{\beta}_{0(\tau)})] \tag{13.31}$$

式(13.30)和(13.31)分别表示无约束分位数回归目标函数(最小绝对离差和)和约束的分位数回归目标函数(最小绝对离差和)的极小值。Koenker 和 Machado 拟和优度准则表达式如下

$$R^*_{(\tau)}=1-\frac{\hat{Q}_{(\tau)}}{\widetilde{Q}_{(\tau)}} \tag{13.32}$$

因为 $\hat{Q}_{(\tau)}\leqslant\widetilde{Q}_{(\tau)}$，所以 $R^*_{(\tau)}$ 的值在 0 和 1 之间，解释变量的作用越强，$\hat{Q}_{(\tau)}$ 越远远小于 $\widetilde{Q}_{(\tau)}$，$R^*_{(\tau)}$ 越接近 1。反之越接近 0。所以 $R^*_{(\tau)}$ 可用来考察解释变量对被解释变量第 $\tau$ 分位数回归拟和的好坏。

2. 拟似然比检验

Koenker 和 Machado(1999)根据目标函数在施加约束条件前后得到的两个极小值构造了两个拟似然比检验统计量(QLR)。这两个拟似然比检验也称作分位数 $\rho$ 检验(quantile-$\rho$ tests)。两统计量的表达式如下

$$L_T(\tau)=\frac{2(\tilde{Q}_{(\tau)}-\hat{Q}_{(\tau)})}{\tau(1-\tau)S_{(\tau)}} \tag{13.33}$$

$$\Lambda_T(\tau)=\frac{2\hat{Q}_{(\tau)}}{\tau(1-\tau)S_{(\tau)}}\ln(\frac{\tilde{Q}_{(\tau)}}{\hat{Q}_{(\tau)}}) \tag{13.34}$$

两个统计量都渐近服从自由度为 $q$ 的 $\chi^2$ 分布,其中 $q$ 是原假设目标函数中约束条件的个数,$\tilde{Q}_{(\tau)}$ 和 $\hat{Q}_{(\tau)}$ 分别代表约束的和无约束目标方程的极小值。

3. Wald 检验

给定分位数回归参数估计量的渐近方差协方差矩阵,就可以构造 Wald 形式的统计量进行各种约束形式的参数检验。由于在应用中发现分位数回归在不同 $\tau$ 下斜率的差距变化有时较大,因此,在分位数回归中一个基本的检验即检验斜率参数在不同 $\tau$ 下是否相等。

对向量 $\xi=(\boldsymbol{\beta}(\boldsymbol{\tau}_1)',\cdots,\boldsymbol{\beta}(\boldsymbol{\tau}_m)')'$ 的广义线性进行检验。提出假设:$H_0:R\xi=r$,选取检验统计量 $T_n=n\,[R\xi-r]'\,[RV^{-1}R']^{-1}\,[R\xi-r]$。其中 $V$ 为 $mp\times mp$ 矩阵,第 $i$ 行第 $j$ 列的元素为

$$V(\tau_i,\tau_j)=[\tau_i\wedge\tau_j-\tau_i\tau_j]H_n(\tau_i)^{-1}J_n(\tau_i,\tau_j)H_n(\tau_j)^{-1}$$

在原假设成立的情况下,统计量 $T_n$ 渐进服从 $\chi_q^2$ 分布,其中 $q$ 为矩阵 $R$ 的秩。此检验法还可以检验包含多个协变量,多个分位数回归系数的联合检验。这种检验法比经典的最小二乘法具有更强的稳健性,并且也适用于非线性回归假设检验。

(二)系列分位数回归检验

前面的分析主要集中在单个分位数回归模型的假设检验上,而有些时候也需要对一系列分位数回归模型的回归系数进行联合检验。同时考虑多个分位数回归式称作系列分位数回归分析(quantile process testing)。

定义系列分位数回归系数列向量为

$$\boldsymbol{\beta}=(\boldsymbol{\beta}'_{(\tau_1)},\boldsymbol{\beta}'_{(\tau_2)},\cdots,\boldsymbol{\beta}'_{(\tau_m)})' \tag{13.35}$$

则有

$$\sqrt{n}(\hat{\boldsymbol{\beta}}-\boldsymbol{\beta})\sim N(0,\Omega) \tag{13.36}$$

其中 $\Omega$ 由如下形式的块矩阵 $\boldsymbol{\Omega}_{ij}(km\times km)$ 组成:

$$\boldsymbol{\Omega}_{ij}=[\min(\tau_i,\tau_j)-\tau_i\tau_j]H^{-1}(\tau_i)JH^{-1}(\tau_j)\quad i,j=1,2,\cdots,m \tag{13.37}$$

$k$ 为方程待估参数个数。其中 $J$ 的表达式见(13.26)式,$H$ 的表达式见(13.29)式。

1. 斜率相等检验

Koenker 和 Bassett(1982)提出了一种判断不同分位数回归方程斜率是否相等的检验,该检验方法在异方差情况下很稳健。零假设如下

$$H_0:\boldsymbol{\beta}_{1(\tau_1)}=\boldsymbol{\beta}_{1(\tau_2)}=\cdots=\boldsymbol{\beta}_{1(\tau_m)}$$

其中 $\boldsymbol{\beta}_1$ 指常数项以外的解释变量所对应的 $(k-1)$ 维参数列向量。因此,零假设共含有 $(k-1)(m-1)$ 个约束条件。接下来构造 Wald 形式的统计量检验零假设是否成立,它渐

近服从自由度为 $(k-1)(m-1)$ 的 $\chi^2$ 分布。

2. 对称性检验

假设我们要检验的分位数回归模型有 $m$ 个，$m$ 是奇数，且中间值 $\tau_{(m+1)/2}$ 是 0.5，其他 $\tau$ 都关于 0.5 对称，即 $\tau_j=1-\tau_{m-j+1}$，参数估计量按照 $\tau_k$ 的大小排序，则对称性检验的零假设为

$$H_0:\frac{\boldsymbol{\beta}_{(\tau_j)}+\boldsymbol{\beta}_{(\tau_{m-j+1})}}{2}=\boldsymbol{\beta}_{(0.5)} \tag{13.38}$$

其中 $j=1,\cdots,(m-1)/2$。$m$ 是奇数，代表分位数回归个数。

我们可以构造 Wald 形式的统计量检验上述 $k(m-1)/2$ 个约束条件是否成立，该统计量服从自由度为 $k(m-1)/2$ 的 $\chi^2$ 分布。

## 四、分位数回归模型的优势

相对于最小二乘估计，分位数回归模型具有四个方面的优势：

1. 分位数回归模型特别适合具有异方差性的模型。

2. 对条件分布的刻画更加的细致，能给出条件分布的大体特征。每个分位点上的回归都赋予条件分布上某个特殊点（中央或尾部）一些特征；把不同分位点的分位数回归集中起来就能提供一个关于条件分布的更完整的统计特征描述。并且不同分位点下所给出的参数估计本身也可能有值得进一步探讨的意义。

3. 分位数回归并不要求很强的分布假设。在扰动项非正态的情形下，分位数估计量可能比最小二乘估计量更为有效。

4. 与最小二乘法通过使误差平方和最小得到参数的估计不同，分位数回归是通过使加权误差绝对值之和最小得到参数的估计，因此估计量不容易受到异常值的影响，从而估计更加稳健。

## 五、分位数回归模型案例分析

葛玉好和曾湘泉（2011）① 基于分位数回归的反事实分析方法，使用中国城镇住户调查数据，研究了中国城镇地区的性别工资差距问题。其基于横截面数据，对男女样本分别做基于分位数回归的工资方程，选择分位数区间为[2,98]，步长为 0.1。在 961 个分位数上进行回归，其中解释变量为受教育年限，经验年限及其平方项，省份、行业和职业虚拟变量等。使用男女样本分别做分位数回归，并得到回归系数，基于这些回归系数预测工资分布。由图 13.4 可知，无论对男性还是对女性而言，真实工资分布和预测工资分布之间的差别都较小，这说明使用分位数回归预测工资分布比较合理。

图 13.5 给出实际工资分布和 OLS 回归预测出的工资分布之间的差别（实线表示实际工资分布，虚线表示预测的工资分布）。从图中可以看出，真实工资分布和预测工资分布之间的差别非常大（预测的工资分布向中间集中的趋势比较明显），因此使用 OLS 方法预测工资分布是不合适的。

① 葛玉好，曾湘泉．市场歧视对城镇地区性别工资差距的影响[J]．经济研究，2011，46(06)：45－56＋92．

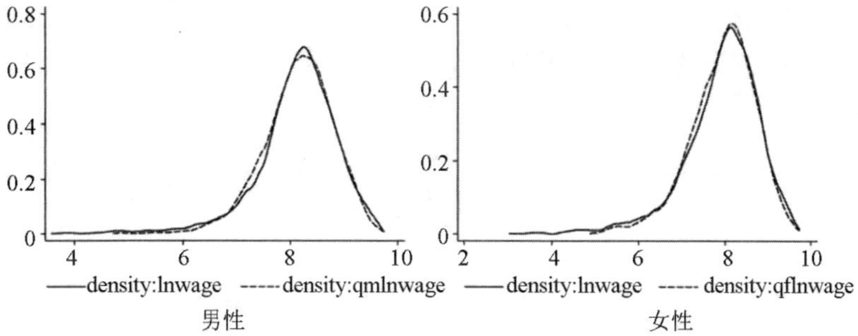


**图 13.4　分位数回归预测的工资分布**

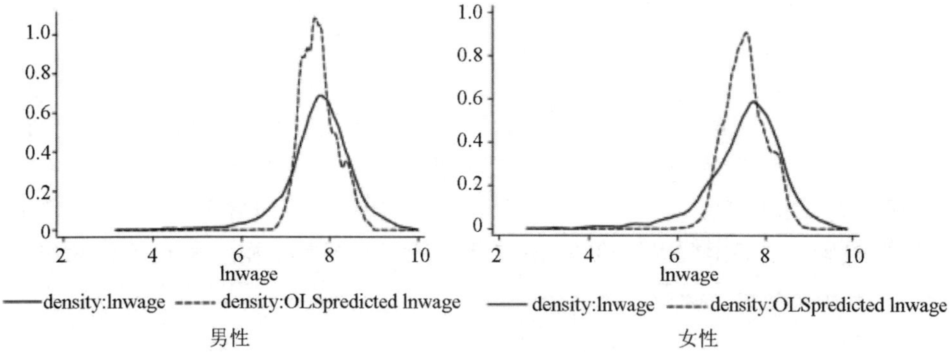


**图 13.5　OLS 回归预测的工资分布**

利用分位数回归模型分析不同分位数上性别工资差距的变化趋势，把 1998－2001 年所对应的 10 分位数、25 分位数、50 分位数、75 分位数和 90 分位数上的点单独取出，得到在这些分位数上市场歧视对性别工资差距变化趋势的影响，如图 13.4 所示。

实线表示观察到的性别工资比率，虚线表示消除市场以后得到的性别工资比率。由图 13.6 可知，在所有图形中，虚线均呈上升趋势，这意味着消除歧视后，性别工资差距越

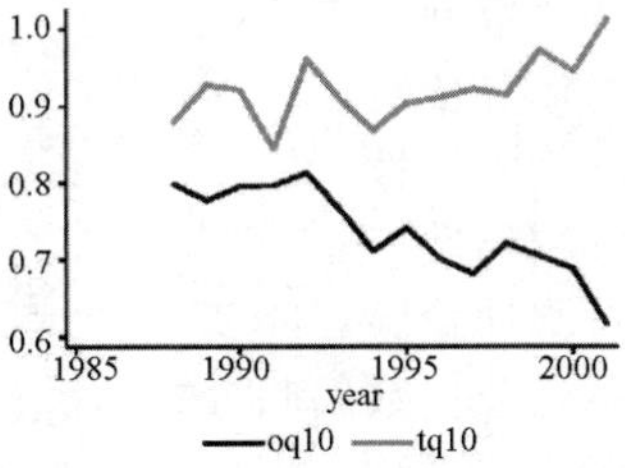


图13.6-1　10分位数

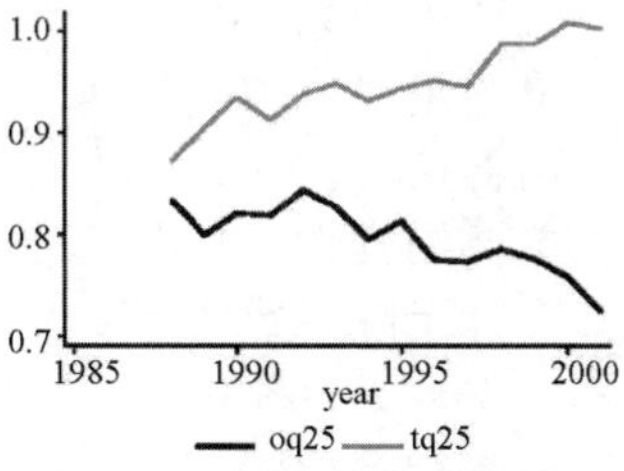


图13.6-2　25分位数

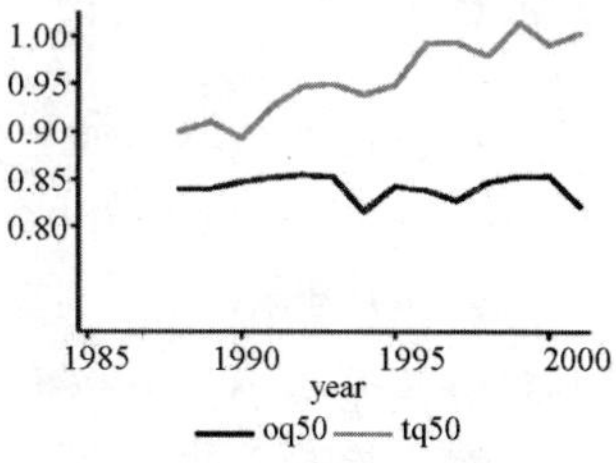


图13.6-3　50分位数

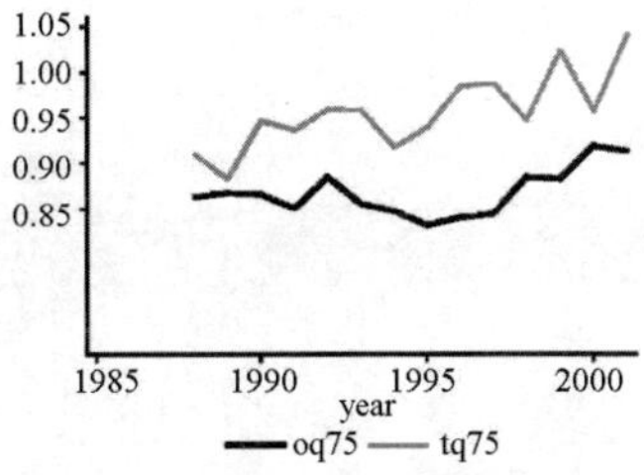


图13.6-4　75分位数

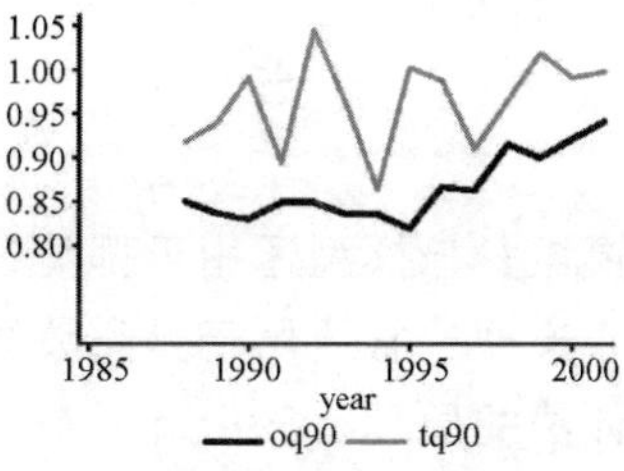


图13.6-5　90分位数

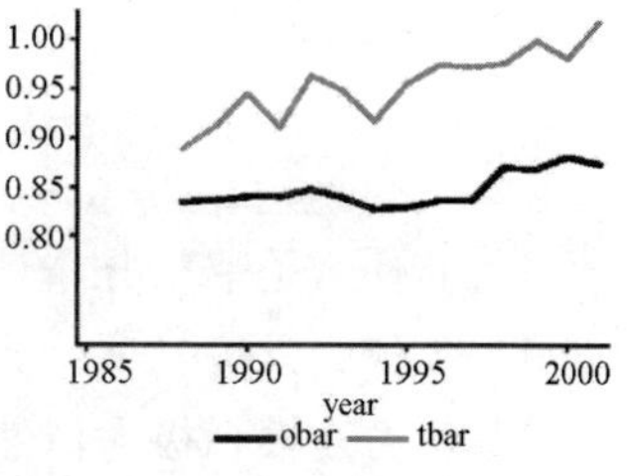


图13.6-6　平均工资

**图 13.6　市场歧视对性别工资比率变化趋势的影响**

来越小。在工资分布末端(低分位数),实线和虚线的距离越来越大,说明市场歧视对性别工资差距影响的程度越来越大。在工资分布顶端(高分位数),市场歧视对性别工资差距影响程度趋势不明显。

## 小结

经济、社会问题中经常需要研究计数变量的特征,基于其非负、离散、异方差等问题,需要引进描述非负整数特征的概率分布来建立离散计数数据模型。常用的分布是泊松分布和负二项分布,于是形成了泊松分布计数模型、负二项分布计数模型。数据等离散的泊松分布计数模型采用极大似然估计法估计模型参数。数据过离散时采用负二项分布(NB)计数模型进行研究并使用模拟极大似然估计法估计模型参数。

分位数回归可以用于描述解释变量与被解释变量分布的中位数、分位数之间的关系,弥补传统均值模型的不足,且具有适用于异方差模型、稳健、不要求很强的分布假设等优势。误差项独立同分布时,分位数回归系数渐近服从正态分布;误差项独立但不同分布时,回归系数渐进服从 Huber sandwich 形式。单个分位数回归常采用拟合优度、拟似然比、Wald 等检验方法对模型进行检验;系列分位数回归则常采用斜率相等检验和对称性检验对回归系数进行联合检验。

## 关键术语

| | | |
|---|---|---|
| 泊松分布计数模型 | 对数似然函数 | 海塞矩阵 |
| LR 检验统计量 | 非约束模型 | 负二项分布计数模型 |
| 过离散 | 密度函数 | 形状参数 |
| 概率密度函数 | 伽玛分布密度函数 | 模拟极大似然估计法 |
| 尺度参数 | 负二项分布 | 稳健性 |
| 模拟算子 | 总体中位数 | 分位数回归模型 |
| 同变性 | 最小绝对值离差估计 | 总体分位数 |
| 拟合优度检验 | 离群值 | 尺度等变性 |
| 位置等变性 | 单调同变性 | 影响函数 |
| 拟似然比检验统计量 | 设计矩阵参数化等变性 | 对称性检验 |
| 绝对值残差最小化分位数函数 | 分位数 $\rho$ 检验 | 系列分位数回归分析 |
| 拟似然比检验 | 斜率相等检验 | Wald 检验 |

## 习题

13.1 什么是泊松分布计数模型?该模型适用于哪类数据?

13.2 什么是负二项分布计数模型?它适用于哪类数据?

13.3 简述模拟极大似然估计法的原理。

13.4 下表给出了看医生次数及其影响因素的回归结果。

| | 泊松回归 | | NB2 | |
|---|---|---|---|---|
| | Coefficient | z-Statistic | Coefficient | z-Statistic |
| C | −0.189877 | −3.9 | −0.206930 | −1.8 |
| INC | 0.083410 | 16.1 | 0.084517 | 7.4 |
| AGE | 0.002376 | 5.5 | 0.002594 | 2.3 |
| FEMALE | 0.348767 | 30.7 | 0.367288 | 12.9 |
| CHILD | 0.336190 | 18.9 | 0.306032 | 7.1 |
| BLACK | −0.680052 | −43.7 | −0.710437 | −19.8 |
| EDUCDEC | 0.017615 | 10.7 | 0.016258 | 4.0 |
| PHYSLIM | 0.268405 | 21.7 | 0.275172 | 8.1 |
| Log likelihood | 60087.62 | | −42777.61 | |
| AIC | 5.955179 | | 4.240227 | |

解释变量：

INC：对数的家庭收入。

AGE：年龄。

FEMALE：女性为 1，否则为 0。

CHILD：年龄小于 18 岁为 1，否则为 0。

BLACK：如果一家之主是黑人则取值为 1，否则为 0。

EDUCDEC：一家之主受教育年限。

PHYSLIM：身体有残疾则为 1，否则为 0。

(1)从表中判断哪个模型拟合的效果更优？为什么？

(2)分析估计的结果。泊松分布模型结果中的系数都有什么意义？

13.5 对于随机变量 $X$，$\alpha$ 取何值时 $E(|X-\alpha|)$ 取得最小值？试说明理由。

13.6 请简述分位数回归的基本思想。分位数回归模型的估计方法、检验方法有哪些？

# 第十四章　动态面板模型

## 第一节　动态面板模型简介

如果面板数据模型的解释变量中包含被解释变量的滞后项，我们称其为动态面板模型。动态面板模型可以表示经济关系的动态惯性特征，有助于更好地理解动态调整过程。例如资本存量调整模型中，当期的资本存量受到前一期的资本存量的影响；或者消费惯性模型中，当期消费受到前期消费习惯的影响，对此类问题建模都需要建立动态面板数据模型。以一阶滞后为例，动态面板模型表示如下

$$Y_{it}=\rho Y_{i,t-1}+\boldsymbol{X}_{it}^{'}\boldsymbol{\beta}+u_{it}(i=1,2,\cdots,N\ t=2,\cdots,T)$$
$$u_{it}=\mu_i+\varepsilon_{it} \tag{14.1}$$

其中，$Y_{it}$ 为被解释变量，$\boldsymbol{X}_{it}^{'}$ 是 $1\times k$ 维向量，包含 1 个常数项和 $k-1$ 个解释变量，$\boldsymbol{\beta}$ 是 $k\times 1$ 维向量。$\varepsilon_{it}\sim i.i.d(0,\sigma_{\varepsilon}^2)$，$\mu_i\sim i.i.d(0,\sigma_{\mu}^2)$。二者相互独立，即 $E(\mu_i\varepsilon_{it})=0$。

在动态面板数据模型中，存在固有的内生性问题，无论是忽略固定效应的混合 OLS 估计，还是个体效应是固定效应的最小二乘虚拟变量(LSDV)估计量或者随机效应的 GLS 估计量，都是有偏并且非一致的。

### 一、混合 OLS 估计的有偏性

对于模型(14.1)，如果忽略个体效应，基于混合 OLS 方法直接进行估计。模型如下

$$Y_{it}=\rho Y_{i,t-1}+\boldsymbol{X}_{it}^{'}\boldsymbol{\beta}+u_{it} \tag{14.2}$$

此时，$u_{it}=\mu_i+\varepsilon_{it}$。由 $Y_{i,t-1}$ 包含 $u_{i,t-1}$，$u_{i,t-1}$ 里包含 $\mu_i$。即残差项 $u_{it}$ 与 $Y_{i,t-1}$ 都包含 $\mu_i$，因此方程(14.2)右侧的解释变量 $Y_{i,t-1}$ 和误差项相关，存在内生性问题，使得混合 OLS 估计量是有偏的和不一致的。

### 二、固定效应估计量的有偏性

对于固定效应的静态面板数据模型，线性最优无偏的估计方法是 LSDV 方法，即通过虚拟变量把误差项中与解释变量相关的个体效应(和时间效应)参数化，把个体效应(和时间效应)从误差项中分离出来，使分离后剩余的误差项与解释变量不相关，以便进行 OLS 估计。

此种方法等价于将被解释变量和解释变量在个体内取离差，用被解释变量的个体离差对解释变量的个体离差进行回归，并进行 OLS 估计，这种方法又称为组内估计量。上述方法在静态面板中能对固定效应模型进行有效回归，但是在动态面板模型中仍然存在内生性问题，原因如下：

用 LSDV 估计时，模型(14.2)可以表示为

$$Y_{it}=\mu_1 D_1+\cdots+\mu_N D_N+\rho Y_{i,t-1}+\boldsymbol{X}_{it}'\boldsymbol{\beta}+u_{it} \tag{14.3}$$

其中，$D_i=1$ 表示第 $i$ 个观测个体，$D_i=0$ 表示不是第 $i$ 个观测个体。它等价于模型

$$Y_{it}^*=\rho Y_{i,t-1}^*+\boldsymbol{X}_{it}^{*\prime}\boldsymbol{\beta}+\varepsilon_{it}^* \tag{14.4}$$

其中，符号“*”表示对变量的样本数据在个体内取离差。即

$$Y_{it}^*=Y_{it}-\frac{1}{T}\sum_{t=1}^{T}Y_{it},\ \boldsymbol{X}_{it}^*=X_{it}-\frac{1}{T}\sum_{t=1}^{T}\boldsymbol{X}_{it},\varepsilon_{it}^*=\varepsilon_{it}-\frac{1}{T}\sum_{t=1}^{T}\varepsilon_{it} \tag{14.5}$$

由于 $Y_{i,t-1}^*$ 中包含 $\varepsilon_{i,t-1}$，且 $\varepsilon_{i,t-1}$ 在 $Y_{i,t-1}^*$ 中的权重是$(1-\frac{1}{T})$。$\varepsilon_{it}^*$ 中也包含 $\varepsilon_{i,t-1}$，且 $\varepsilon_{i,t-1}$ 在 $\varepsilon_{it}^*$ 中的权重是 $\frac{1}{T}$。所以 $Y_{i,t-1}^*$ 和 $\varepsilon_{it}^*$ 相关，LSDV 方法在估计动态面板时仍然存在内生性问题。

### 三、随机效应 GLS 估计量的有偏性

对于随机效应模型的 GLS 估计量，随机效应面板数据模型的本质问题是误差项的自相关，其线性无偏最优的估计方法是广义最小二乘法(GLS)。此方法在估计动态面板模型仍然存在内生性问题。

对模型(14.2)进行差分变换后，$\Delta Y_{i,t-1}=Y_{i,t-1}-Y_{i,t-2}$，$\Delta u_{it}=\varepsilon_{it}-\varepsilon_{i,t-1}$。变换后的解释变量 $\Delta Y_{i,t-1}$ 和扰动项 $\Delta u_{i,t-1}$ 中都包含共同因素 $\varepsilon_{i,t-1}$，模型中仍然存在内生性问题。所以，动态面板存在固有的内生性问题。

## 第二节　动态面板模型的估计

为了表述方便，本节暂不考虑外生的解释变量和截距项。模型(14.1)简化设定为

$$\begin{aligned}Y_{it}&=\rho Y_{i,t-1}+u_{it}\\ u_{it}&=\mu_i+\varepsilon_{it}\end{aligned} \tag{14.6}$$

为了解决动态面板模型固有的内生性问题，本节采用工具变量估计和广义矩估计，研究线性动态参数 IV 估计量和 GMM 估计量的一致性。

### 一、工具变量估计

为了得到 $\rho$ 的一致估计量，必须为 $Y_{i,t-1}$ 寻找合适的工具变量。而工具变量需要满足两个条件，一是与解释变量相关，二是与扰动项不相关。

首先对模型(14.6)做一阶差分消去个体效应，得到

$$Y_{it}-Y_{i,t-1}=\rho(Y_{i,t-1}-Y_{i,t-2})+(\varepsilon_{it}-\varepsilon_{i,t-1}) \tag{14.7}$$

差分处理后，$Y_{i,t-1}-Y_{i,t-2}$ 和 $\varepsilon_{it}-\varepsilon_{i,t-1}$ 是相关的，因为都含有 $\varepsilon_{i,t-1}$ 项，所以直接基于模型(14.7)进行 OLS 估计不可能得到一致估计量。

根据工具变量的选择条件，我们要找的工具变量必须与 $Y_{i,t-1}-Y_{i,t-2}$ 相关，而且要与 $\varepsilon_{it}-\varepsilon_{i,t-1}$ 不相关。基于给定的样本信息，能找到的与解释变量相关的变量就是其滞后项，例如 $Y_{i,t-2}$ 或者 $Y_{i,t-2}-Y_{i,t-3}$，与 $Y_{i,t-1}-Y_{i,t-2}$ 是相关的，对于 $\varepsilon_{it}-\varepsilon_{i,t-1}$，$Y_{i,t-2}$ 或者 $Y_{i,t-2}-Y_{i,t-3}$ 相当于是前定变量，与扰动项 $\varepsilon_{it}-\varepsilon_{i,t-1}$ 是无关的，均可以作为 $Y_{i,t-1}-Y_{i,t-2}$

的工具变量。分别用这两个作为工具变量,得到模型(14.7)参数的工具变量估计结果分别为

$$\hat{\rho}_{IV}^{1}=\frac{\sum_{i=1}^{N}\sum_{t=2}^{T}Y_{i,t-2}(Y_{it}-Y_{i,t-1})}{\sum_{i=1}^{N}\sum_{t=3}^{T}Y_{i,t-2}(Y_{i,t-1}-Y_{i,t-2})} \tag{14.8}$$

$$\hat{\rho}_{IV}^{2}=\frac{\sum_{i=1}^{N}\sum_{t=2}^{T}(Y_{i,t-2}-Y_{i,t-3})(Y_{it}-Y_{i,t-1})}{\sum_{i=1}^{N}\sum_{t=3}^{T}(Y_{i,t-2}-Y_{i,t-3})(Y_{i,t-1}-Y_{i,t-2})} \tag{14.9}$$

当 $N\to\infty, T\to\infty$时,如果

$$p\lim_{N\to\infty}\frac{1}{N(T-1)}\sum_{i=1}^{N}\sum_{t=2}^{T}(\varepsilon_{it}-\varepsilon_{i,t-1})Y_{i,t-2}=0 \tag{14.10}$$

$$p\lim_{N\to\infty}\frac{1}{N(T-1)}\sum_{i=1}^{N}\sum_{t=3}^{T}(\varepsilon_{it}-\varepsilon_{i,t-1})(Y_{i,t-2}-Y_{i,t-3})=0 \tag{14.11}$$

则工具变量估计 $\hat{\rho}_{IV}^{1}$ 和 $\hat{\rho}_{IV}^{2}$ 都是 $\rho$ 的一致估计。

## 二、差分 GMM 估计

动态面板模型(14.6)的工具变量估计中所选择的工具变量只是差分模型(14.7)解释的工具变量之一,实际上,对于 $t$ 时点,$\{Y_{i1},\cdots,Y_{i,t-2}\}$ 都可以作为差分模型(14.7)中解释变量 $(Y_{i,t-1}-Y_{i,t-2})$ 的工具变量。解释如下:

对于 $t=3$,即观测到的是该关系式的第一期,此时,$Y_{i1}$ 是一个有效的工具变量,因为它与 $(Y_{i2}-Y_{i1})$ 高度相关,而对于 $(\varepsilon_{i3}-\varepsilon_{i2})$ 来说,$Y_{i1}$ 是前定变量,所以 $Y_{i1}$ 与 $(\varepsilon_{i3}-\varepsilon_{i2})$ 无关。

对于 $t=4$,即观测到的是该关系式的第二期 $Y_{i4}-Y_{i3}=\rho(Y_{i3}-Y_{i2})+(\varepsilon_{i4}-\varepsilon_{i3})$,此时,$Y_{i1}$ 和 $Y_{i2}$ 都是 $(Y_{i3}-Y_{i2})$ 有效的工具变量,因为它们都与 $(\varepsilon_{i4}-\varepsilon_{i3})$ 无关,而与 $(Y_{i3}-Y_{i2})$ 高度相关。

以此类推,每向前一期,就可以增加一个有效的工具变量。对于 $t$ 期来说有效的工具变量集就变成 $\{Y_{i1},\cdots,Y_{i,t-2}\}$。

工具变量不但要求与模型的误差项不相关,而且,要尽可能多的反映原内生解释变量的信息。如果仅仅用某一个或者某两个作为内生解释变量 $(Y_{i,t-1}-Y_{i,t-2})$ 的工具变量,较难反映太多信息,从这个角度说,IV 估计量的方差会较大。但是,如果我们用工具变量集来作为内生解释变量 $(Y_{i,t-1}-Y_{i,t-2})$ 的工具变量时,可以最大程度上反映内生解释变量的信息,估计效果会更好。Arellano and Bond (1991)使用所有可能的滞后变量作为工具变量,进行 GMM 估计,这就是"Arellano and Bond 估计量",由于我们首先对模型进行了一阶差分变换,所以也成为"差分 GMM"。

上述工具变量法处理过程中尚未考虑到差分误差项,对于差分误差项有

$$E(\Delta\boldsymbol{\varepsilon}_i\Delta\boldsymbol{\varepsilon}_i')=\sigma_\varepsilon^2\boldsymbol{G} \tag{14.12}$$

其中

$$\Delta\boldsymbol{\varepsilon}_i'=(\varepsilon_{i3}-\varepsilon_{i2},\cdots,\varepsilon_{iT}-\varepsilon_{i,T-1})$$

$$\boldsymbol{G}=\begin{pmatrix} 2 & -1 & 0 & \cdots & 0 & 0 & 0 \\ -1 & 2 & -1 & \cdots & 0 & 0 & 0 \\ 0 & -1 & 2 & \cdots & 0 & 0 & 0 \\ \vdots & \vdots & \vdots & & \vdots & \vdots & \vdots \\ 0 & 0 & 0 & \cdots & 2 & -1 & 0 \\ 0 & 0 & 0 & \cdots & -1 & 2 & -1 \\ 0 & 0 & 0 & \cdots & 0 & -1 & 2 \end{pmatrix}$$

$\boldsymbol{G}$ 是 $(T-2)\times(T-2)$ 矩阵。工具变量矩阵为 $\boldsymbol{Z}=(\boldsymbol{Z}_1',\cdots,\boldsymbol{Z}_N')'$

$$\boldsymbol{Z}_i=\begin{pmatrix} [Y_{i1}] & & & \\ & [Y_{i1}Y_{i2}] & & \\ & & \ddots & \\ & & & [Y_{i1}\cdots Y_{i,T-2}] \end{pmatrix}$$

则工具变量与残差项之间满足如下正交条件

$$E(\boldsymbol{Z}_i'\Delta\boldsymbol{\varepsilon}_i)=0 \tag{14.13}$$

于是

$$E(\boldsymbol{Z}_i'(\Delta\boldsymbol{Y}_i-\rho\Delta\boldsymbol{Y}_{i,-1}))=0 \tag{14.14}$$

其中，$\Delta\boldsymbol{Y}_i=(Y_{i3}-Y_{i2},\cdots,Y_{iT}-Y_{i,T-1})'$，$\Delta\boldsymbol{Y}_{i,-1}=(Y_{i2}-Y_{i1},\cdots,Y_{i,T-1}-Y_{i,T-2})'$。

因为方程(14.14)中矩条件个数多余参数估计个数，面临过度识别的问题。也就是说，我们用多个约束方程求解一个未知参数 $\hat{\rho}$，不可能用一个估计值 $\hat{\rho}$ 保证所有的样本矩都为 0，只能选择一个 $\hat{\rho}$，使所有的样本矩尽可能接近 0。因此，我们的估计思想是：基于一个样本，寻找一个估计值 $\hat{\rho}$，使所有的样本矩尽可能接近 0，也就是说，是样本矩的平方和最小。即求解样本矩的最小化二次型估计回归系数

$$\left\{\left[\frac{1}{N}\sum_{i=1}^{N}\boldsymbol{Z}_i'(\Delta\boldsymbol{Y}_i-\rho\Delta\boldsymbol{Y}_{i,-1})\right]'\boldsymbol{W}_N\left[\frac{1}{N}\sum_{i=1}^{N}\boldsymbol{Z}_i'(\Delta\boldsymbol{Y}_i-\rho\Delta\boldsymbol{Y}_{i,-1})\right]\right\} \tag{14.15}$$

其中，$\boldsymbol{W}_N$ 是渐进正定权重矩阵。

对(14.15)关于 $\rho$ 求导，就可以得到 $GMM$ 估计量

$$\hat{\rho}_{GMM}=\left[\left(\sum_{i=1}^{N}\Delta\boldsymbol{Y}_{i,-1}'\boldsymbol{Z}_i\right)\boldsymbol{W}_N\left(\sum_{i=1}^{N}\boldsymbol{Z}_i'\Delta\boldsymbol{Y}_{i,-1}\right)\right]^{-1}\left[\left(\sum_{i=1}^{N}\Delta\boldsymbol{Y}_{i,-1}'\boldsymbol{Z}_i\right)\boldsymbol{W}_N\left(\sum_{i=1}^{N}\boldsymbol{Z}_i'\Delta\boldsymbol{Y}_{i,-1}\right)\right] \tag{14.16}$$

$\hat{\rho}_{GMM}$ 的方差协方差矩阵随 $\boldsymbol{W}_N$ 变化而变化，但只要 $\boldsymbol{W}_N$ 是正定的，$\hat{\rho}_{GMM}$ 就是一致的。当 $\hat{\rho}_{GMM}$ 的方差协方差矩阵最小时，对应的 $\boldsymbol{W}_N$ 就是最优权重矩阵，记为 $\boldsymbol{W}_N^*$，

$$\boldsymbol{W}_N^*=\left(\frac{1}{N}\sum_{i=2}^{N}\boldsymbol{Z}_i'\boldsymbol{G}\boldsymbol{Z}_i\right)^{-1} \tag{14.17}$$

此时对应的 $GMM$ 估计量是最有效的估计量。

如果 $\sigma_\varepsilon^2$ 已知，最有效的 $GMM$ 估计量 $\hat{\rho}_{GMM}^*$ 服从协方差矩阵为

$$p\lim_{N\to\infty}\left\{\left[\frac{1}{N}\sum_{i=1}^{N}\Delta\boldsymbol{Y}_{i,-1}'\boldsymbol{Z}_i\right]\left(\frac{\sigma_\varepsilon^2}{N}\sum_{i=1}^{N}\boldsymbol{Z}_i'\boldsymbol{G}\boldsymbol{Z}_i\right)^{-1}\left[\frac{1}{N}\sum_{i=1}^{N}\boldsymbol{Z}_i'\Delta\boldsymbol{Y}_{i,-1}\right]\right\} \tag{14.18}$$

的渐进正态分布。

总的说来，差分 $GMM$ 估计的基本思想是：最小化所有样本矩的平方和。具体来看，

是先将模型进行差分，消除个体效应以及所有非时变解释变量，同时也消除了由于个体效应和解释变量相关所导致的内生性。矩条件则是利用了差分后的误差项和被解释变量滞后项之间的正交性。

但是，差分 *GMM* 在作差分时也会带来以下四个问题：

(1)如果 $X_{it}$ 仅为前定变量，而非严格外生变量，经过差分后，$\Delta \boldsymbol{X}_{it}=X_{it}-X_{i,t-1}$ 就有可能与 $\Delta\varepsilon_{it}=\varepsilon_{it}-\varepsilon_{i,t-1}$ 相关，使差分后的解释变量出现新的内生性问题。此时，可以继续使用工具变量法解决这个问题，使用 $\{X_{i,t-1},X_{i,t-2},\cdots\}$ 作为 $\Delta\boldsymbol{X}_{it}$ 的工具变量。

(2)如果 $T$ 很大，由于我们差分 *GMM* 是采取前面所有期的滞后项作为工具变量，工具变量过多，可能会出现弱工具变量的问题，从而使估计结果产生偏差。所以，在为动态面板模型的差分 *GMM* 估计选择工具变量时，我们需要在估计量的偏误和方差之间进行权衡。随着矩条件或者说工具变量的增多，估计量的方差减小而偏误增大。而随着矩条件或者说工具变量的减少，估计量的方差增大而偏误减小，二者之间存在此消彼长的权衡关系。一个解决办法是只选择相邻较近的滞后变量作为工具变量，而不再使用更早期的那些滞后项。

(3)进行差分时，如果解释变量中有不随时间变化的变量，则差分过程就把这类变量消掉了，无法估计其系数。

(4)如果序列 $\{Y_{it}\}$ 具有很强的相关性，即一阶自回归系数接近于 1，则工具变量 $Y_{i,t-2}$ 与差分方程中的解释变量 $\Delta Y_{i,t-1}$ 的相关性可能非常弱，导致弱工具变量的问题。例如，当 $\{Y_{it}\}$ 为随机游走时，$\Delta Y_{i,t-1}$ 则为白噪声，完全与 $Y_{i,t-2}$ 不相关了，其他的工具变量也都与解释变量 $\Delta Y_{i,t-1}$ 不相关，导致滞后项都不再是 $\Delta Y_{i,t-1}$ 的有效工具变量。

### 三、工具变量的选择及其有效性的检验

当我们为一个解释变量选择了多个工具变量时，那么工具变量的个数就会超过待估参数的个数，也就是说矩约束条件的个数超过了待估参数的个数，导致模型的过度识别。那么，过度识别的矩约束条件是不是有效的呢？也就是说，这些工具变量是否与误差项不相关，从而是否保证矩条件成立呢？*Hansen*(1982)构造了 $J$ 统计量。

J 检验的原假设为 $H_0:E[\boldsymbol{Z}_i'(\Delta\boldsymbol{Y}_i-\rho\Delta\boldsymbol{Y}_{i,-1})]=0$，即过度识别的矩条件是有效的。

在原假设成立的情况下，J 检验统计量实际上就是 *GMM* 目标函数值乘以矩条件的个数(也是工具变量个数)

$$\mathrm{J}=m\left\{\left[\frac{1}{N}\sum_{i=1}^{N}\boldsymbol{Z}_i'(\Delta\boldsymbol{Y}_i-\hat{\rho}\Delta\boldsymbol{Y}_{i,-1})\right]'\boldsymbol{W}_N\left[\frac{1}{N}\sum_{i=1}^{N}\boldsymbol{Z}_i'(\Delta\boldsymbol{Y}_i-\hat{\rho}\Delta\boldsymbol{Y}_{i,-1})\right]\right\} \tag{14.19}$$

其分布为 $\chi^2$ 分布，$J\sim\chi_\alpha^2(m-k)$。

其中，$m$ 为矩条件的个数，$k$ 为待估计参数的个数。$\hat{\rho}$ 为 $\rho$ 的估计值。

当 J 统计值大于给定显著性水平下的临界值时，我们就拒绝“过度识别的矩条件有效”的原假设。

### 四、水平 GMM 估计

为了解决上述差分 *GMM* 中的出现的(3)、(4)这两个问题，*Arellano and Bover*(1995)重新考虑差分之前的水平方程(14.6)，并使用 $\{\Delta\boldsymbol{Y}_{i,t-1},\Delta\boldsymbol{Y}_{i,t-2},\cdots\}$ 作为工具变量

对水平方程进行 $GMM$ 估计。也就是说，水平 $GMM$ 估计的做法与差分 $GMM$ 估计的做法相反，差分 $GMM$ 是以先将方程进行差分，然后再用水平变量（被解释变量的滞后项）作为 $\Delta Y_{i,t-1}$ 的工具变量。而水平 $GMM$ 则直接对水平方程进行估计，但是为了解决 $Y_{i,t-1}$ 的内生性问题，使用差分变量 $\{\Delta Y_{i,t-1},\Delta Y_{i,t-2},\cdots\}$ 作为水平变量 $Y_{i,t-1}$ 的工具变量。

差分 $GMM$ 中，工具变量也需要满足以下几个假设条件：

(1) $\{\Delta Y_{i,t-1},\Delta Y_{i,t-2},\cdots\}$ 与 $Y_{i,t-1}$ 相关。

(2)如果扰动项 $\varepsilon_{it}$ 不存在自相关，$E(\Delta Y_{i,t-s}\varepsilon_{it})=E(Y_{i,t-s}\varepsilon_{it})-E(Y_{i,t-s-1}\varepsilon_{it})=0,s\geqslant 1$。同时，也要假设 $\{\Delta Y_{i,t-1},\Delta Y_{i,t-2},\cdots\}$ 与个体效应 $\mu_i$ 不相关，由于 $u_{it}=\mu_i+\varepsilon_{it}$，则可以得到 $\{\Delta Y_{i,t-1},\Delta Y_{i,t-2},\cdots\}$ 与 $u_{it}$ 不相关。

此时，工具变量矩阵为 $\widetilde{\boldsymbol{Z}}=(\widetilde{\boldsymbol{Z}}_1',\cdots,\widetilde{\boldsymbol{Z}}_N')'$

$$\widetilde{\boldsymbol{Z}}_i'=\begin{pmatrix}[\Delta Y_{i1}] & & & \\ & [\Delta Y_{i1}\Delta Y_{i2}] & & \\ & & \ddots & \\ & & & [\Delta Y_{i1}\cdots\Delta Y_{i,T-1}]\end{pmatrix} \tag{14.20}$$

则工具变量与残差项之间满足如下正交条件

$$E(\widetilde{\boldsymbol{Z}}_i'\boldsymbol{u}_{it})=0 \tag{14.21}$$

于是

$$E[\widetilde{\boldsymbol{Z}}_i'(\boldsymbol{Y}_i-\rho\boldsymbol{Y}_{i,-1})]=0 \tag{14.22}$$

其中 $\boldsymbol{Y}_i=(Y_{i2},\cdots,Y_{iT})'$，$\boldsymbol{Y}_{i,-1}=(Y_{i1},\cdots,Y_{i,T-1})'$。

与差分 GMM 类似，因为方程(14.22)中矩条件个数多于参数估计个数，面临过度识别的问题。也就是说，我们用多个约束方程求解一个未知参数 $\hat{\rho}$，不可能用一个估计 $\hat{\rho}$ 保证所有的样本矩都为 0，只能选择一个 $\hat{\rho}$，使所有的样本矩尽可能接近 0。因此，我们的估计思想是：基于一个样本，寻找一个估计值 $\hat{\rho}$，使所有的样本矩尽可能接近 0，也就是说，使样本矩的平方和最小。即求解样本矩的最小化二次型

$$\left\{\left[\frac{1}{N}\sum_{i=1}^{N}\widetilde{\boldsymbol{Z}}_i'(\boldsymbol{Y}_i-\rho\boldsymbol{Y}_{i,-1})\right]'\boldsymbol{W}_N\left[\frac{1}{N}\sum_{i=1}^{N}\widetilde{\boldsymbol{Z}}_i'(\boldsymbol{Y}_i-\rho\boldsymbol{Y}_{i,-1})\right]\right\} \tag{14.23}$$

其中，$\boldsymbol{W}_N$ 是渐进正定权重矩阵。

求解上述样本矩条件，即可得到水平 GMM 估计量。

简而言之，水平 GMM 用差分项作为工具变量，对水平方程直接进行估计。必须满足两个前提条件：第一个是扰动项 $\varepsilon_{it}$ 不存在自相关，第二个是差分项与个体效应 $\mu_i$ 不相关。

### 五、系统 GMM 估计

Blundell and Bond(1998)将差分 GMM 和水平 GMM 结合在一起，将差分方程和水平方程作为一个方程系统进行 GMM 估计，称之为“系统 GMM”。与差分 GMM 相比，系统 GMM 的优点是可以提高估计的效率，并且可以估计不随时间变化的自变量的系数，即也可以解决差分 GMM 估计的问题(3)。需要注意的是，系统 GMM 估计的前提条件和水平 GMM 相同，都需要满足扰动项 $\varepsilon_{it}$ 不存在自相关，而且 $\{\Delta \boldsymbol{Y}_{i,t-1},\Delta \boldsymbol{Y}_{i,t-2},\cdots\}$ 与个体效应 $\mu_i$ 不相关。

简单地说，在差分 GMM 的矩条件基础上，$E[\tilde{\boldsymbol{Z}}_i'(\boldsymbol{Y}_i-\rho\boldsymbol{Y}_{i,-1})]=0$，考虑水平 GMM 的矩条件，得到模型(14.6)GMM 的工具变量矩阵为：

$$\boldsymbol{Z}_i^{\perp}=\begin{pmatrix}\boldsymbol{Z}_i & 0 & 0 & \cdots & 0\\ 0 & \Delta Y_{i,1} & 0 & \cdots & 0\\ 0 & 0 & \Delta Y_{i,2} & \cdots & 0\\ \vdots & \vdots & \vdots & & \vdots\\ 0 & 0 & 0 & \cdots & \Delta Y_{i,T-2}\end{pmatrix} \tag{14.24}$$

用 $\boldsymbol{Z}_i^{\perp}$ 代替模型(14.23)中的 $\boldsymbol{Z}_i$，并且选择权重矩阵

$$\hat{\boldsymbol{W}}_N^{\perp}=\left(\frac{1}{N}\sum_{i=1}^{N}\boldsymbol{Z}_i^{\perp'}\boldsymbol{Z}_i^{\perp}\right)^{-1} \tag{14.25}$$

得到系统 GMM 估计量

$$\hat{\rho}_{GMM}^{\perp}=\left[\left(\sum_{i=1}^{N}\Delta\boldsymbol{Y}_{i,-1}'\boldsymbol{Z}_i^{\perp}\right)\hat{\boldsymbol{W}}_N^{\perp}\left(\sum_{i=1}^{N}\boldsymbol{Z}_i^{\perp'}\Delta\boldsymbol{Y}_{i,-1}\right)\right]^{-1}\left[\left(\sum_{i=1}^{N}\Delta\boldsymbol{Y}_{i,-1}'\boldsymbol{Z}_i^{\perp}\right)\hat{\boldsymbol{W}}_N^{\perp}\left(\sum_{i=1}^{N}\boldsymbol{Z}_i^{\perp'}\Delta\boldsymbol{Y}_{i,-1}\right)\right] \tag{14.26}$$

Blundell 和 Bond(1998)通过蒙特卡洛仿真实验发现，当 $\rho$ 是 0.8 或 0.9 时，差分 GMM 估计量存在较大偏误，而系统 GMM 估计量显著改进了 $\hat{\rho}$ 的有效性。

### 六、存在外生变量的动态面板模型

当模型中包含外生变量时，模型如下

$$Y_{it}=\rho Y_{i,t-1}+\boldsymbol{X}_{it}'\boldsymbol{\beta}+\mu_i+\varepsilon_{it} \tag{14.27}$$

其中，$\boldsymbol{X}_{it}$ 与误差项 $\varepsilon_{it}$ 不相关。

对模型取差分，消去个体效应，得到

$$\Delta Y_{it}=\rho\Delta Y_{i,t-1}+\Delta\boldsymbol{X}_{it}'\boldsymbol{\beta}+\Delta\varepsilon_{it} \tag{14.28}$$

用 $Y_{it}$ 的滞后项做 $\Delta Y_{i,t-1}$ 的工具变量，用 $\Delta\boldsymbol{X}_{it}$ 的滞后项做 $\Delta\boldsymbol{X}_{it}$ 的工具变量，得到如下工具变量矩阵

$$Z_i=\begin{pmatrix}[Y_{i0}\ \Delta\boldsymbol{X}_{i1}] & & & \\ & [Y_{i0}\ Y_{i1}\ \ \Delta\boldsymbol{X}_{i2}] & & \\ & & \ddots & \\ & & & [Y_{i0}\ Y_{i1}\cdots Y_{i,T-2}\ \ \Delta\boldsymbol{X}_{iT}]\end{pmatrix} \tag{14.29}$$

总体矩条件为

$$E(\boldsymbol{Z}_i'\Delta\boldsymbol{\varepsilon}_i)=0 \tag{14.30}$$

即

$$E(\boldsymbol{Z}_i'(\Delta\boldsymbol{Y}_i-\rho\Delta\boldsymbol{Y}_{i,-1}-\Delta\boldsymbol{X}_i\boldsymbol{\beta}))=0 \tag{14.31}$$

$$\Delta\boldsymbol{X}_i=\begin{pmatrix}\Delta X_{1,i1} & \Delta X_{2,i1} & \cdots & \Delta X_{k,i1}\\ \Delta X_{1,i2} & \Delta X_{2,i2} & \cdots & \Delta X_{k,i2}\\ \vdots & \vdots & & \vdots\\ \Delta X_{1,iT} & \Delta X_{2,iT} & \cdots & \Delta X_{k,iT}\end{pmatrix} \tag{14.32}$$

求解最小化问题

$$\min_{\rho,\beta}=\left\{\left[\frac{1}{N}\sum_{i=1}^{N}\boldsymbol{Z}_i'(\Delta\boldsymbol{Y}_i-\rho\Delta\boldsymbol{Y}_{i,-1}-\Delta\boldsymbol{X}_i\boldsymbol{\beta})\right]'\boldsymbol{W}_N\left[\frac{1}{N}\sum_{i=1}^{N}\boldsymbol{Z}_i'(\Delta\boldsymbol{Y}_i-\rho\Delta\boldsymbol{Y}_{i,-1}-\Delta\boldsymbol{X}_i\boldsymbol{\beta})\right]\right\} \tag{14.33}$$

即可得到带外生变量的系数的 GMM 估计量

$$\begin{pmatrix}\hat{\rho}_{GMM}\\ \hat{\beta}_{GMM}\end{pmatrix}=\left(\left(\sum_{i=1}^{N}\begin{pmatrix}\Delta\boldsymbol{Y}_{i,-1}'\\ \Delta\boldsymbol{X}_i'\end{pmatrix}\boldsymbol{Z}_i\right)\boldsymbol{W}_N\left(\sum_{i=1}^{N}\boldsymbol{Z}_i'(\Delta\boldsymbol{Y}_{i,-1}\boldsymbol{\Delta X}_i)\right)\right)^{-1}$$

$$\left(\left(\sum_{i=1}^{N}\begin{pmatrix}\Delta\boldsymbol{Y}_{i,-1}'\\ \Delta\boldsymbol{X}_i'\end{pmatrix}\boldsymbol{Z}_i\right)\boldsymbol{W}_N\left(\sum_{i=1}^{N}\boldsymbol{Z}_i'\Delta\boldsymbol{Y}_i\right)\right) \tag{14.34}$$

## 七、其他估计方法

1. 向前正交离差 GMM

Arellano 和 Bover (1995)以变量向前正交离差取代差分 GMM 的差分，以解决 LSDV 方法中取组内离差之后解释变量仍然和扰动项相关的问题。正交离差的基本思想为：在取均值时，不考虑滞后期，而反过来向前看，利用前面的数据求均值。比如对 $t=1$，对第 2 期到第 $T-1$ 期的变量取均值，然后把原数据减去此均值。对 $t=2$，对第 3 期到第 $T-1$ 的变量取均值，然后把原数据减去均值。一直到 $t=T-1$，直接用最后一期的 $T$ 期作为均值相减，变换结束。

简而言之，将模型做如下形式的变化

$$Y_{it}=\rho Y_{i,t-1}+u_{it}$$

两边同时乘以 $H$ 矩阵，做向前正交离差

$$HY_{it}=H\rho Y_{i,t-1}+Hu_{it} \tag{14.35}$$

其中，$H$ 为正交离差算子，左乘之后也可以消去个体效应。

$$H=diag\left[\frac{T-1}{T},\cdots,\frac{1}{2}\right]^{\frac{1}{2}}\times$$

$$\begin{bmatrix}1 & -(T-1)^{-1} & -(T-1)^{-1} & \cdots & -(T-1)^{-1} & -(T-1)^{-1}\\ 0 & 1 & -(T-2)^{-1} & \cdots & -(T-2)^{-1} & -(T-2)^{-1}\\ \vdots & \vdots & \vdots & & \vdots & \vdots\\ 0 & 0 & 0 & \cdots & 1 & -\frac{1}{2}\\ 0 & 0 & 0 & \cdots & 0 & 1\end{bmatrix} \tag{14.36}$$

此时，总体矩条件为

$$E(\boldsymbol{Z}_i'H\boldsymbol{\varepsilon}_i)=0 \tag{14.37}$$

求解样本矩的最小化二次型，即可得到向前正交 GMM 估计量

$$\min\left\{\left[\frac{1}{N}\sum_{i=1}^{N}\boldsymbol{Z}_i'H\hat{\boldsymbol{\varepsilon}}_i\right]'\boldsymbol{W}_N\left[\frac{1}{N}\sum_{i=1}^{N}\boldsymbol{Z}_i'(H\boldsymbol{Y}_i-\hat{\rho}H\boldsymbol{Y}_{i,-1})\right]\right\} \tag{14.38}$$

2. 偏误直接修正方法

Hansen(2001)提出了偏误直接修正方法。基本思想为 LSDV 估计量尽管有偏并且非一致，但是有较小的方差，可基于 Nickell(1981)提出的 LSDV 的大样本偏误进行修正。

$$p\lim_{N\to\infty}(\hat{\rho}-\rho)=\left(p\lim_{N\to\infty}\frac{1}{NT}\boldsymbol{Y}^{*\prime}\boldsymbol{Y}^{*}\right)^{-1}\frac{-\sigma_{\varepsilon}^{2}}{T(1-\rho)}\left(1-\frac{(1-\rho^{T})}{T^{2}(1-\rho)}\right) \tag{14.39}$$

把偏误计算出来后，可以直接叠加到 LSDV 估计量上去，直接对 LSDV 估计量的偏误进行修正，就可以得到一个无偏的、精度更高的估计量。但是，此方法仍然存在缺点，此偏误是大样本下的偏误，在小样本下，即使修正之后可能仍然存在一定的偏差。

## 第三节　动态面板模型的应用

下面利用动态面板模型考虑分析一个具体的问题，近年来我国居民的健康意识逐渐增强，医疗保健支出逐年上升，已成为我国家庭消费支出的第二位，医疗保健支出是否存在惯性特征？受哪些因素影响呢？

在这里我们主要考虑人口、收入、医疗水平、医疗价格这四个因素。其中，人口因素主要考虑少年抚养比，是指 15 岁以下人群在工作人口(15～64 岁)的比重。医疗水平主要考虑医疗机构数，回归方程可以表述为

$$h_{it}=\alpha+\beta ydr_{it}+\gamma med_{it}+\theta pri_{it}+\delta inc_{it}+\mu_{i}+\varepsilon_{it} \tag{14.40}$$

其中，$h_{it}$ 代表医疗保健支出，$ydr_{it}$ 表示少年抚养比，$med_{it}$ 表示医疗机构数，$pri_{it}$ 表示医疗价格，$inc_{it}$ 表示人均可支配收入。

考虑到一般情况下，医疗保健具有惯性，是一种长期动态行为。因为一个地区医疗支出会表现出一定的动态惯性特征，所以有必要在模型中加入被解释变量的滞后项，表示为

$$h_{it}=\alpha_{0}+\alpha_{1}h_{i,t-1}+\beta ydr_{it}+\gamma med_{it}+\theta pri_{it}+\delta inc_{it}+\mu_{i}+\varepsilon_{it} \tag{14.41}$$

在此，我们使用了 2004—2016 年中国内地 31 个省市区的统计数据，各省市的医疗保健支出数据来自《中国统计年鉴》，并以 2004 年为基期进行了平减处理，其余数据分别源于国家统计局与国泰安数据库。

### 一、差分 GMM 估计

进行差分 GMM 估计，结果如表 14.1 所示。

**表 14.1　GMM 估计结果 1**

| 解释变量 | 差分 GMM |
|---|---|
| $h_{i,t-1}$ | 0.652*** |
| | (0.0278) |
| $inc_{it}$ | 0.023*** |
| | (0.0009) |
| $ydr_{it}$ | 9.190*** |
| | (0.6480) |
| $pri_{it}$ | −0.0010*** |
| | (0.0001) |
| $med_{it}$ | 1.120 |
| | (0.9120) |

注：括号中为对应标准差，*、**、***分别为统计结果在 10%、5%、1%水平下显著

可以看到医疗保健支出具有较为明显的惯性特征，滞后一期的医疗保健支出对当期支出的系数为正，反映出医疗保健支出的持续性特征。人均可支配收入变量的系数为正数，医疗价格的系数为负。由此可见，居民人均收入的提高，能促进医疗支出的增加，而医疗价格的上升会抑制医疗保健支出。医疗机构的数量也与医疗支出成正比，更多的医疗机构提供给人们更多的机会获得及时的医疗治疗以及更好的治疗水平。少年抚养比每上升 1%，医疗保健支出则增加 9.19%。这主要是家长由仅仅关注身体健康问题向更加注重疾病的预防以及生长发育问题转变，所以少年抚养比增加时，医疗支出也有所提高。

## 二、系统 GMM 估计

用系统 GMM 估计以上模型，结果如表 14.2 所示。

**表 14.2　GMM 估计结果 2**

| 解释变量 | 系统 GMM |
|---|---|
| $h_{i,t-1}$ | 0.879***<br>(0.0224) |
| $inc_{it}$ | 0.015***<br>(0.0009) |
| $ydr_{it}$ | 5.820***<br>(0.7100) |
| $pri_{it}$ | 0.010***<br>(0.0001) |
| $med_{it}$ | −0.040<br>(0.9120) |

注：括号中为对应标准差，*、**、***分别为统计结果在 10%、5%、1%水平下显著

由表 14.2 可以看出，两种估计结果相差不太，但系统 GMM 的估计更加精确，其估计的标准差小于差分 GMM 方法的标准差，但这也同时导致了部分系数的显著性水平发生了影响，有部分变量的系数不再显著。

## 三、工具变量有效性检验

在差分 GMM 中，解释变量的工具变量集为 $h_{i,t-2}$，$h_{i,t-3}$，$h_{i,t-4}$，$inc_{it}$，$ydr_{it}$ 等，全部工具变量个数为 35，所以需要进行过度识别检验。此例基于一阶差分进行估计，待估计参数个数为 6。如果过度识别的约束是有效的，那么，模型的 J 检验统计量应该服从自由度为 35－6＝29 的 $\chi^2$ 分布。

根据参数估计结果得到的 J 检验统计值为 29.437，对于 $\chi^2(29)$ 分布，其 P 值为 0.4425，所以，我们没有理由拒绝"过度识别的约束条件有效"的原假设。所以基于统计推断，工具变量与误差项不相关，所选择的工具变量是有效的。

同时对系统 GMM 的结果进行过度识别检验，全部工具变量个数为 46，估计参数为 6，所以模型的 J 检验统计量应该服从自由度为 46－6＝40 的 $\chi^2$ 分布，根据参数估计结果得到的 J 检验统计值为 30.128，对于 $\chi^2(40)$ 分布，其 P 值为 0.8716，所以，我们没有理由拒

绝“过度识别的据约束条件有效”的原假设，所选择的工具变量是有效的。

## 小结

本章主要对动态面板模型的估计方法及其优劣性进行了分析与讨论。动态面板数据模型具有固有的内生性问题，固定效应的 LSDV 和随机效应的 GLS 估计都是有偏的并且非一致的。为了解决内生性问题，需要使用工具变量和广义矩估计 GMM 方法。主要的 GMM 估计包括差分 GMM、水平 GMM、系统 GMM。最后以一个实例来结束本章的讨论，在该例中分别利用差分 GMM 与系统 GMM 来估计人口、收入、医疗水平、医疗价格对医疗保健的影响，并进行了工具变量有效性检验。

## 关键术语

| | | |
|---|---|---|
| 动态面板模型 | 动态惯性 | 固有内生性 |
| 工具变量 | 前定变量 | 差分 GMM 估计 |
| 弱工具变量 | 工具变量有效性检验 | 水平 GMM 估计 |
| 系统 GMM 估计 | 向前正交离差 GMM | 偏误直接修正法 |

## 习题

14.1 什么是动态面板模型？相对于静态面板模型它有何优点？

14.2 动态面板模型为何存在固有的内生性问题？会带来怎样的后果？

14.3 什么是工具变量？在使用工具变量时需要注意哪些问题？

14.4 简述差分 GMM 估计的基本思想。差分 GMM 估计是不是一个完美的估计方法？若不是请说明理由。

14.5 在差分 GMM 中，对模型进行差分的意义是什么？

14.6 什么是系统 GMM 估计？这种估计方法有何优点？

14.7 如果模型中包含了外生解释变量，那么我们所要分析的模型为

$$Y_{it}=\rho Y_{i,t-1}+\alpha X_{it}+\varepsilon_{it}$$

其差分形式为

$$\Delta Y_{it}=\rho\Delta Y_{i,t-1}+\alpha\Delta X_{it}+\Delta\varepsilon_{it}$$

此时，GMM 工具变量该如何选择呢？

14.8 试讨论差分 GMM、水平 GMM、系统 GMM 估计方法的不同与其优缺点。

14.9 为了考察中国农民收入与农村要素投入结构之间的关系，考虑劳动的配置状态、资本拥有量、投资主体结构等影响因素，建立模型

$$\log(PIC_{it})=\beta_0+\beta_1\log(CSC_{it})+\beta_2 RLT_{it}+\beta_3 RCI_{it}+\varepsilon_{it}$$
$$\varepsilon_{it}=\mu_i+\lambda_t+u_{it}$$

其中，$PIC_{it}$ 为地区 $i$ 在第 $t$ 期的农村人均纯收入，各年份的现值均按本地区农村消费者价格指数折算为 1995 年不变价。$RLT_{it}$ 为地区 $i$ 在第 $t$ 期乡村劳动力中非农产业从业人数

与农林牧渔等传统产业从业人数之比。$RCI_{it}$ 为地区 $i$ 在第 $t$ 期农村集体投资与个人投资的比率。$CSC_{it}$ 地区 $i$ 在第 $t$ 期农村人均资本存量的估算结果。$\mu_i$ 和 $\lambda_t$ 分别为个体效应和时间效应。

(1)对该模型分别进行 OLS 混合估计、固定效应 LSDV 估计、随机效应估计,并讨论三种估计方法对应的现实意义,解释估计结果的经济含义。

(2)根据(1)中回归的结果,你认为哪个是最合适现实状况的?

(3)考虑到一个地区农村居民收入会表现出一定的动态惯性特征,在模型中引入被解释变量的滞后项,即

$$\log(PIC_{it})=\sum_{t=l}^{p}\lambda_l\log(PIC_{i,t-l})+\beta_1\log(CSC_{it})+\beta_2 RLT_{it}+\beta_3 RCI_{it}+\varepsilon_{it}$$

$$\varepsilon_{it}=\mu_i+\lambda_t+u_{it}$$

对其进行差分 GMM 估计,解释其经济含义并对其工具变量的有效性进行检验。

(4)对比(1)与(3)的结果,你认为加入被解释变量的滞后项对模型是必要的吗?

# 附录1 统计学基础知识

统计学是经济计量学的基础，它为经济计量分析提供了直接有效的方法。要学好经济计量学就必须掌握统计学的有关理论和方法。本章将就统计学的核心内容予以简要介绍。

## 第一节 随机变量

### 一、随机变量的概念

很多随机事件都可以采取数量的标识。比如，某一段时间内车间正在工作的车床数目，抽样检验产品质量时出现的废品个数，掷骰子出现的点数等等。对于那些没有采取数量标识的事件，也可以给它们以数量标识。比如，某工人一天“完成定额”记为“1”，“没完成定额”记为“0”；生产的产品是“优质品”记为“2”，是“次品”记为“1”，是“废品”记为“0”等等。这样一来，对于试验的结果就都可以给予数量的描述。

由于随机因素的作用，试验的结果有多种可能性。如果对于试验的每一可能结果，也就是一个样本点 $\omega$，都对应着一个实数 $\xi(\omega)$，而 $\xi(\omega)$ 又是随着试验结果不同而变化的一个变量，则称它为随机变量。

随机变量一般用希腊字母 $\xi,\eta,\zeta$ 或大写拉丁字母 $X,Y,Z$ 等表示。

例如：

(1)一个射手对目标进行射击，击中目标记为1分，未击中目标记为0分。如果用 $X$ 表示射手在一次射击中的得分，则它是一个随机变量，$X$ 可以取0和1两个可能值。

(2)考察“掷硬币”这一试验，它有两个可能结果：“出现正面”用“1”表示，“出现反面”用“0”表示。如果用“$\xi$”表示试验的结果，则 $\xi$ 可以取0和1两个可能值。

(3)单位面积上稻谷的产量 $\eta$ 是一个随机变量，它可以取一个区间内的一切实数值，即 $\eta \in [0,T]$，$T$ 为某一个常数。

(4)一个沿着数轴进行随机运动的质点，它在数轴上的位置 $\xi$ 是一个随机变量，可以取任何实数，即 $\xi \in (-\infty,+\infty)$。

显然随机变量是建立在随机事件基础上的一个概念。既然事件发生的可能性对应于一定的概率，那么随机变量也以一定的概率取各种可能值。

按其取值情况可以把随机变量分为两类：

(1)离散型随机变量。只可能取有限个或无限可列个值；

(2)非离散型随机变量。可以在整个数轴上取值，或至少有一部分值取某实数区间的全部值。

非离散型随机变量范围很广，情况比较复杂，其中最重要的、在实际中常遇到的是连续型随机变量。

本书只研究离散型随机变量和连续型随机变量两种。

## 二、随机变量的期望值

在很多情况下，人们并不需要全面地考察随机变量的变化情况，而只要知道随机变量的一些综合指标就够了。例如，在测量某零件长度时，由于种种偶然因素的影响，零件长度的测量结果是一个随机变量。但是，人们一般关心的是这个零件的平均长度，这个平均长度就是随机变量的数学期望。

定义：离散型随机变量 $X$ 有概率分布 $P\{X=x_k\}=p_k(k=1,2,\cdots)$，若级数 $\sum_{k=1}^{\infty}x_kp_k$ 绝对收敛，则称这级数为 $X$ 的数学期望，简称期望或者均值。记为 $E(X)$，即

$$E(X)=\sum_{k=1}^{\infty}x_kp_k \tag{1.1}$$

对于离散型随机变量 $X$，$E(X)$就是 $X$ 的各可能值与其对应概率乘积的和。

在实际的试验中，随机变量的数学期望可以利用其观测值的算数平均数求得。

【例1】甲、乙两名射击选手在射击测试中，击发10枪，取得的成绩是

甲：9，10，9.5，9，10，9，10，10，10，9

乙：9，9.5，9.5，9.5，9.5，10，10，10，9.5，9.5

请比较两人的射击技术。

解：计算两人每枪的平均成绩

甲：$E(X)=9\times4/10+9.5\times1/10+10\times5/10=9.55$

乙：$E(Y)=9\times1/10+9.5\times6/10+10\times3/10=9.60$

由此可见，乙射手的成绩优于甲射手。

## 三、随机变量的方差

先从例子说起。例如，有一批灯泡，每只灯泡的寿命 $X$ 是随机变量，已知它们的平均寿命是 $E(X)=1000$（小时）。仅由这一指标我们还不能判定这批灯泡的质量好坏。有可能其中绝大部分灯泡的寿命都在950～1050小时，也有可能其中约有一半是高质量的，它们的寿命大约有1300小时，另一半却是质量很差的，其寿命大约只有700小时。为了评定这批灯泡质量的好坏，还需要进一步考察灯泡寿命 $X$ 与均值 $E(X)=1000$ 的偏离程度。若偏离程度较小，表示质量比较稳定，从这个意义上来说，我们认为质量较好。

由此可见，研究随机变量 $X$ 与其均值的偏离程度是十分必要的。那么，用怎样的量去度量这个偏离程度呢？容易看到

$$E|X-E(X)|$$

能够度量随机变量与其均值 $E(X)$ 的偏离程度。但是由于上式带有绝对值，运算不方便，为了运算方便起见，通常是用

$$E[X-E(X)]^2$$

来度量随机变量 $X$ 与其均值 $E(X)$ 的偏离程度。

定义：设 $X$ 是一个随机变量，若 $E[X-E(X)]^2$ 存在，则称 $E[X-E(X)]^2$ 为 $X$

的方差，记为 $Var(X)$ ，即

$$Var(X)=E[X-E(X)]^2$$

在应用时还可引入随机变量 $X$ 的另一个量 $\sqrt{Var(X)}$ ，记为 $Se(X)$，称为标准差或均方差。

方差的计算方法是，先将每个数据与数学期望的差（即离差）的平方乘以它对应的概率，再相加求和。而标准差是方差的正的平方根。

【例 2】计算例 1 中两位射击选手成绩的方差。

解：前面已经计算过 $E(X)=9.55$，$E(Y)=9.60$

则 $Var(X)=(9-9.55)^2\times0.4+(9.5-9.55)^2\times0.1+(10-9.55)^2\times0.5$

$=0.2225$

$Var(Y)=(9-9.6)^2\times0.1+(9.5-9.6)^2\times0.6+(10-9.6)^2\times0.3=0.0900$

经计算可以知道乙射手的成绩的方差更小一些，甲乙两人射击的期望值非常接近，但是乙射手的成绩更稳定，更集中。

### 四、随机变量的协方差

对于二元随机变量 $(X,Y)$，我们除了讨论 $X$ 与 $Y$ 的数学期望和方差之外，还需要讨论描述 $X$ 与 $Y$ 之间相互关系的数字特征，即协方差。

定义：对于二元随机变量 $(X,Y)$ ，称数值 $E[X-E(X)][Y-E(Y)]$ 为 $X$ 与 $Y$ 的协方差，记作 $\mathrm{Cov}(X,Y)$

$$\mathrm{Cov}(X,Y)=E[X-E(X)][Y-E(Y)]$$

### 五、相关系数

定义：对于二元随机变量 $(X,Y)$ ，如果它们的方差都不为零，$\mathrm{Cov}(X,Y)$ 除以 $\sqrt{Var(X)}$ ，$\sqrt{Var(Y)}$ 的商称为 $X$ 与 $Y$ 的相关系数，记作

$$\rho=\frac{\mathrm{Cov}(X,Y)}{\sqrt{Var(X)}\sqrt{Var(Y)}}$$

当 $\rho=0$ 时，$\mathrm{Cov}(X,Y)=0$，这时我们称随机变量 X 与 Y 不相关。

相关系数 $\rho$ 的取值范围为 $-1\leqslant\rho\leqslant1$，$\rho$ 的取值具有以下不同的含义：

(1) $\rho=1$，即完全正相关；

(2) $0<\rho<1$，即正相关；

(3) $\rho=0$，即不相关；

(4) $-1<\rho<0$，即负相关；

(5) $\rho=-1$，即完全负相关。

正相关指的是当 $X$ 增加时，$Y$ 也增加；相反，负相关指的是当 $X$ 增加时，$Y$ 减少。相关关系可以用散点图来描述。

在相关关系中，有时有因果关系，有时则没有。因果关系指的是原因明确地存在，并且由此产生了结果。

对于离散型的随机变量，相关系数公式还可以表示为

$$\rho=\frac{n\sum XY-\sum X\sum Y}{\sqrt{n\sum X^2-\left(\sum X\right)^2}\sqrt{n\sum Y^2-\left(\sum Y\right)^2}}$$

【例3】表附1.1列出了某市2008年1—8月份的平均气温 $X$ 与每户啤酒的消费量 $Y$，求 $X$ 与 $Y$ 的相关系数。

**表附1.1 某市2008年1—8月份平均气温与每户啤酒消费量表**

| 月份 | 1月 | 2月 | 3月 | 4月 | 5月 | 6月 | 7月 | 8月 |
|---|---|---|---|---|---|---|---|---|
| 月平均气温 $X$ | 5.5 | 6.6 | 8.1 | 15.8 | 19.5 | 22.4 | 28.3 | 28.9 |
| 啤酒消费量 $Y$ | 2.38 | 3.85 | 4.41 | 5.67 | 5.44 | 6.03 | 8.15 | 6.87 |

解：将数据代入计算表，进行计算

根据相关系数的计算公式有

$$\rho=\frac{n\sum XY-\sum X\sum Y}{\sqrt{n\sum X^2-\left(\sum X\right)^2}\sqrt{n\sum Y^2-\left(\sum Y\right)^2}}$$

$$=\frac{8\times 834.147-135.1\times 42.8}{\sqrt{8\times 2907.17-135.1^2}\sqrt{8\times 251.6578-42.8^2}}$$

$$=890.896\div 952.934$$

$$=0.9349$$

可见，$X$ 与 $Y$ 之间存在很强的正相关关系，如果气温上升则导致啤酒消费量增加。

## 第二节 随机变量的几种重要的分布

### 一、正态分布

正态分布在随机变量分布中占有特别重要的地位。在自然现象和社会现象中，有许多是可以用正态分布来描述的。由正态分布出发，导出了一系列重要的抽样分布，如 $t$ 分布、$\chi^2$ 分布、$F$ 分布等。

若随机变量 $X$ 的概率密度为

$$f(x)=\frac{1}{\sqrt{2\pi}\sigma}\exp\left\{-\frac{1}{2}\left(\frac{x-\mu}{\sigma}\right)^2\right\}\quad -\infty<x<\infty$$

则称 $X$ 服从正态分布，记作 $X\sim N(\mu,\sigma^2)$。其中 $\mu,\sigma^2$ 为参数，分别表示总体的均值和方差。正态分布的图形如图附1.1所示。

如果 $\mu=0$，$\sigma^2=1$，则式(2.6)可写成

$$f(x)=\frac{1}{\sqrt{2\pi}}\exp\left(-\frac{x^2}{2}\right)\quad -\infty<x<\infty$$

这是标准正态分布的概率密度，记作 $X\sim N(0,1)$。一般地，人们把均值为0、方差为1的正态随机变量的分布，叫作标准正态分布。

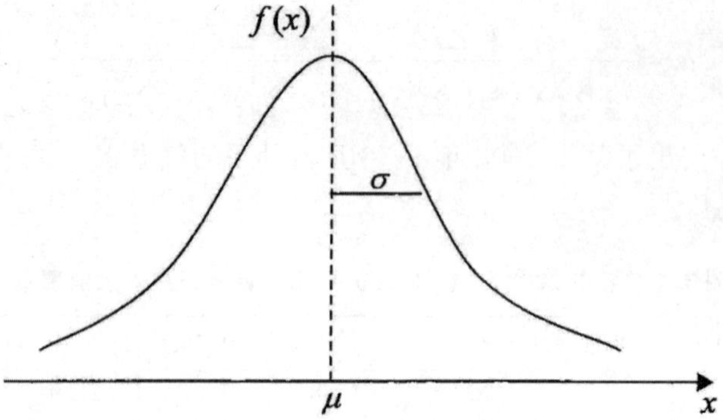


图附 1.1 正态分布概率密度曲线

正态分布的性质：

1. 正态分布密度函数 $f(x)$ 在 $X=\mu$ 处达到极值点，并且 $f(x)$ 关于 $X=\mu$ 对称。

2. $X=\mu+\sigma$，$X=\mu-\sigma$ 为 $f(x)$ 的拐点。

3. 若 $X\sim N(\mu,\sigma^2)$，令 $Y=\dfrac{X-\mu}{\sigma}$，则 $Y\sim N(0,1)$。反之，$X\sim N(0,1)$，令 $Y=\mu+\sigma X$，则 $Y\sim N(\mu,\sigma^2)$。正态分布的这个性质十分有用，把一般正态分布转换为标准正态分布，只要针对标准正态分布进行编表，就可以通过查表的方法解决正态随机变量取值的概率问题。

4. $X\sim N(0,1)$，其分布函数用 $\Phi(x)$ 表示，则 $\Phi(-x)=1-\Phi(x)$。

5. 若 $X\sim N(\mu,\sigma^2)$，$E(X)=\mu$，$Var(X)=\sigma^2$。特别地，若 $X\sim N(0,1)$，$E(X)=0$，$Var(X)=1$。

## 二、$\chi^2$分布

$X_1,X_2,\cdots,X_n$ 相互独立，且皆服从标准正态分布 $N(0,1)$，令

$$\chi^2=X_1^2+X_2{}^2+\cdots+X_n{}^2$$

则 $\chi^2$ 服从自由度为 $n$ 的 $\chi^2$ 分布，记作 $\chi^2\sim\chi^2(n)$。

$\chi^2$ 分布的概率密度函数为

$$f(x)=\begin{cases}\dfrac{1}{2^{\frac{n}{2}}\Gamma\left(\dfrac{n}{2}\right)}x^{\frac{n}{2}-1}e^{-\frac{x}{2}} & x>0\\ 0 & x\leqslant 0\end{cases}$$

$\chi^2$ 分布具有如下性质：

1. 若 $X_1\sim\chi^2(n_1)$，$X_2\sim\chi^2(n_2)$，且相互独立，则有 $X_1+X_2\sim\chi^2(n_1+n_2)$。这个性质称为$\chi^2$分布的可加性。一般地，可以推广到k个$\chi^2$变量的情形，$X_1\sim\chi^2(n_1)$，$X_2\sim\chi^2(n_2)$，$\cdots$，$X_k\sim\chi^2(n_k)$，且相互独立，则有 $X_1+X_2+\cdots+X_k\sim\chi^2(n_1+n_2+\cdots+n_k)$

2. 若 $X\sim\chi^2(n)$，则有 $E(X)=n$，$Var(X)=2n$。

3. 根据$\chi^2$分布的定义，如：$X_1,X_2,\cdots,X_n\sim N(\mu,\sigma^2)$，且相互独立，$\mu,\sigma^2$ 已知，则

$$\chi^2=\frac{1}{\sigma^2}\sum_{i=1}^{n}(X_i-\mu)^2\sim\chi^2(n)$$

## 三、$t$ 分布

如果 $X \sim N(0,1)$，$Y \sim \chi^2(n)$，且 $X$ 与 $Y$ 相互立，则

$$t = \frac{X}{\sqrt{Y/n}}$$

服从自由度为 $n$ 的 $t$ 分布，记作 $t \sim t(n)$。

$t$ 分布的概率密度函数为

$$f(x) = \frac{\Gamma\left(\frac{n+1}{2}\right)}{\sqrt{n\pi}\,\Gamma\left(\frac{n}{2}\right)}\left(1+\frac{x^2}{n}\right)^{-\frac{n+1}{2}}$$

$t$ 分布的概率密度函数曲线如图附 1.2 所示。

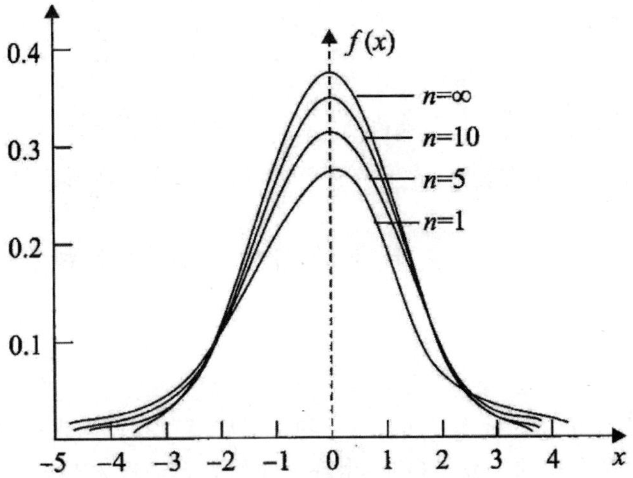


图附 1.2 t 分布曲线

$t$ 分布的性质：

1. 若 $X \sim t(n)$，$f(x)$ 为其概率密度，则当样本容量很大时，$t$ 分布逐渐逼近标准正态分布。

2. 当 $n > 2$ 时，$X \sim t(n)$，则有 $E(X) = 0$，$Var(X) = \dfrac{n}{n-2}$。

$t$ 分布在经济计量学中居于重要的地位，在经典的回归模型分析中，经常要用到这种分布。

## 四、$F$ 分布

若 $X \sim \chi^2(n)$，$Y \sim \chi^2(m)$，且相互立，则

$$F = \frac{X/n}{Y/m}$$

服从自由度为 $(n, m)$ 的 $F$ 分布，记作 $F \sim F(n, m)$。

$F$ 分布的性质：

1. 如果 $X \sim F(n,m)$，则 $\frac{1}{X} \sim F(m,n)$ 。

因为 $X \sim F(n,m)$，设 $Y \sim \chi^2(n)$，$Z \sim \chi^2(m)$，则

$$X = \frac{Y/n}{Z/m} \sim F(n,m)$$

因此

$$\frac{1}{X} = \frac{Z/m}{Y/n} \sim F(m,n)$$

2. 若 $X \sim t(n)$，则 $X^2 \sim F(1,n)$。因为 $X \sim t(n)$，设 $Y \sim N(0,1)$，$Z \sim \chi^2(n)$ 且 $Y$ 与 $Z$ 相互独立，则

$$X = Y/\sqrt{\frac{Z}{n}}$$

对上式两边进行平方

$$X^2 = \frac{Y^2}{Z/n}$$

又因为 $Y \sim N(0,1)$，则 $Y^2 \sim \chi^2(1)$，所以根据 $F$ 分布的定义可知 $X^2 = \frac{Y^2}{Z/n} \sim F(1,n)$。$F$ 分布的这一性质表明，如果有必要，可以将 $t$ 分布推断转化为 $F$ 分布来处理。

## 第三节　大数定律与中心极限定理

### 一、大数定律

掷一枚硬币，出现正面的概率是 1/2，在掷的次数比较少时，出现正面的频率也许会与 1/2 相差比较大；但是在掷的次数很多时，出现正面的频率接近 1/2 几乎是必然的。

测量一个长度为 $a$ 的绳子，一次测量的结果不一定就等于 $a$，量了若干次以后，其算数平均数仍不见得等于 $a$，但是当测量的次数很多时，其算数平均数（也就是数学期望）就会接近于 $a$ 几乎是必然的。

这两个例子说明，在大量随机现象中，不仅看到了随机频率的稳定性，而且还看到了平均结果的稳定性。即无论个别随机现象的结果如何，或者它们在进行过程中的个别特征如何，大量随机现象的平均结果实际上与每一个随机现象的特征无关，并且几乎不再是随机的了。

大数定律以确切的数学形式表达了这种规律性，并论证了它成立的条件，即从理论上阐述了这种大量的、在一定条件下的、重复的随机现象呈现的规律性即稳定性。由于大数定律的作用，大量随机因素的总体作用必然导致某种不依赖于个别随机事件的结果。

在这里我们先来说明依概率收敛的定义。

一般地，随机变量 $X_1, X_2, \cdots, X_n$，简记为 $\{X_n\}$，称它为随机序列。对于随机序列 $\{X_n\}$ 和常数 $a$，若对任意的 $\varepsilon > 0$ 有

$$\lim_{n \to \infty} P\{|X_n - a| < \varepsilon\} = 1$$

则称随机序列 $\{X_n\}$ 依概率收敛于 $a$。

下面来讨论三个大数定理。

**定理一**(契比雪夫大数定理) 设随机变量 $X_1, X_2, \cdots, X_n$ 相互独立,且具有相同的数学期望和方差:$E(X_k)=\mu$, $Var(X_k)=\sigma^2(k=1,2,\cdots)$,则序列 $Y_n=\frac{1}{n}\sum_{k=1}^{n}X_k$ 依概率收敛于 $\mu$。即对于任意正数 $\varepsilon$ 有

$$\lim_{n\to\infty}P\left\{\left|\frac{1}{n}\sum_{k=1}^{n}X_k-\mu\right|<\varepsilon\right\}=1$$

"定理一"反映了算数平均数具有概率性,稳定于数学期望 $\mu$。

**定理二**(贝努利大数定理) 设 $n_A$ 是 $n$ 次独立重复试验中事件 $A$ 发生的次数,$p$ 是事件 $A$ 在每次试验中发生的概率,则对于任意正数 $\varepsilon>0$,有

$$\lim_{n\to\infty}P\left\{\left|\frac{n_A}{n}-p\right|<\varepsilon\right\}=1$$

或者

$$\lim_{n\to\infty}P\left\{\left|\frac{n_A}{n}-p\right|\geqslant\varepsilon\right\}=0$$

"定理二"表明事件 $A$ 发生的频率 $\frac{n_A}{n}$ 依概率收敛于事件 $A$ 发生的概率 $p$,并以严格的数学形式表达了频率的稳定性。也就是说当 $n$ 很大时,事件发生的频率与概率有较大偏差的可能性很小。当试验次数很大时,便可以用事件发生的频率来代替事件的概率。

**定理三**(辛钦大数定理) 设随机变量 $X_1, X_2, \cdots, X_n$ 相互独立,服从同一分布,且具有数学期望 $E(X_k)=\mu(k=1,2,\cdots)$,则对于任意正数 $\varepsilon$,有

$$\lim_{n\to\infty}P\left\{\left|\frac{1}{n}\sum_{k=1}^{n}X_k-\mu\right|<\varepsilon\right\}=1$$

显然,贝努利大数定理是辛钦大数定理的特殊情况。

## 二、中心极限定理

正态分布在随机变量的各种分布中,占有特别重要的地位。在某些条件下,即使原来并不服从正态分布的一些独立的随机变量,它们的和的分布,在随机变量的个数无限增加时,也是趋于正态分布的。

在概率论里,把研究在什么条件下,大量独立随机变量和的分布以正态分布为极限这一定理称为中心极限定理。

一般说来,如果某一项偶然因素对综合的影响是均匀的、微小的,即没有一项起特别突出的作用,那么就可以断定描述这些大量独立的偶然因素的总和的随机变量是近似地服从正态分布的。这是数理统计中大样本的理论基础,用数学形式来表达就是李雅普诺夫定理。

**定理四**(李雅普诺夫定理) 设 $X_1, X_2, \cdots$ 是相互独立的随机变量,有期望值 $E(X_i)=\mu_i$ 及方差 $Var(X_i)=\sigma_i^2<+\infty(i=1,2,\cdots)$,若每个 $X_i$ 对总和 $\sum_{i=1}^{n}X_i$ 影响不大,令 $S_n=\left(\sum_{i=1}^{n}\sigma_i{}^2\right)^{\frac{1}{2}}$,则

$$\lim_{n\to\infty}P\left(\frac{1}{S_n}\sum_{i=1}^{n}(X_i-\mu_i)\leqslant x\right)=\frac{1}{\sqrt{2\pi}}\int_{-\infty}^{x}e^{-\frac{t^2}{2}}dt=\Phi_0(x)$$

这个定理的实际意义是：如果一个随机现象由众多的随机因素所引起，每一因素在总的变量里起着不显著的作用，就可以推断，描述这个随机现象的随机变量近似地服从正态分布。由于这种情况很普遍，所以有相当多一类随机变量遵从正态分布，从而正态分布成为概率统计中最重要的分布。

这个定理对离散型的和连续型的随机变量都适用。

【例 4】一个螺丝钉重量是一个随机变量，期望值是 1 两，标准差是 0.1 两。求一盒(100 个)同型号的螺丝钉的重量超过 10.2 斤的概率。

解：设一盒重量为 $X$，盒中第 $i$ 个螺丝钉的重量为 $X_i\ (i=1,\cdots,100)$

$X_1,\cdots,X_{100}$ 相互独立，$E(X_i)=1$，$Se(X_i)=0.1$，则有

$$X=\sum_{i=1}^{100}X_i,\ E(X)=100\times E(X_i)=100,\ Se(X)=1$$

根据中心极限定理，$X\sim N(100,\ 1)$，则

$$\begin{aligned}P(X>102)&=P\left(\frac{X-100}{1}>2\right)=1-P(X-100\leqslant 2)\\&\approx 1-\Phi(2)\text{（查正态分布表可得 }\Phi(2)=0.97725\text{）}\\&=1-0.97725\\&=0.02275\approx 0.228\end{aligned}$$

所以，一盒螺丝钉的重量超过 10.2 斤的概率为 2.28%。

## 第四节　参数估计

统计推断的基本问题可以分为两大类：一类是估计问题，另一类是假设检验问题。本章讨论总体参数的点估计和区间估计。

### 一、点估计

设总体 $X$ 的分布函数的形式为已知，但它的一个或多个参数为未知，借助于总体 $X$ 的一个样本来估计总体未知参数的值的问题称为参数的点估计。

(一) 矩估计

矩有中心矩和原点矩之分，原点矩就是随机变量 $k$ 次幂的数学期望，即原点矩为 $E(X^k)$。中心矩是随机变量离差的 $k$ 次幂的数学期望，即中心矩为 $E(X-\mu)^2$。

例如，随机变量 $X$ 的期望就是它的一阶原点矩；方差是二阶中心矩。样本矩也可以仿照此定义。

矩估计比较直观，求估计量有时也比较直接，但它产生的估计量往往不够理想。

【例 5】某灯泡厂有一天生产了一大批灯泡，从中抽取了 10 个进行寿命试验，得数据如下(单位：小时)

1050，1100，1080，1120，1200，1250，1040，1130，1300，1200

问：这天生产的灯泡平均寿命大约是多少？

解:计算出样本均值 $\bar{x}=\frac{\sum_{i=1}^{10}x_i}{10}=1147$,以此作为总体期望值 $\mu$ 的估计。

(二)极大似然估计

现在要根据从总体 $X$ 中抽取的样本 $(X_1,X_2,\cdots,X_n)$,对总体分布中的未知参数 $\theta$ 进行估计。极大似然估计是要选取这样的 $\hat{\theta}$,当它作为 $\theta$ 的估计值时,使观察结果出现的可能性最大。

对于离散型的随机变量就是估计概率函数中的参数 $\theta$;对于连续型的随机变量就是估计概率密度中的 $\theta$。

定义:设 $X$ 为连续型随机变量,它的分布函数是 $F(x;\theta)$,概率密度是 $f(x;\theta)$,其中 $\theta$ 是未知参数,可以是一个值,也可以是一个向量。由于样本的独立性,则样本 $(X_1,X_2,\cdots,X_n)$ 的联合密度是

$$L(x_1,\cdots,x_n;\theta)=\prod_{i=1}^{n}f(x_i;\theta)$$

每一取定的样本值 $x_1,\cdots,x_n$ 是常数,$L$ 是参数 $\theta$ 的函数,称 $L$ 为样本的似然函数。

设 $X$ 为离散型随机变量,有概率函数 $P(X=x)=p(x;\theta)$,则似然函数为

$$L(x_1,\cdots,x_n;\theta)=\prod_{i=1}^{n}p(x;\theta)$$

定义:如果 $L(x_1,\cdots,x_n;\theta)$ 在 $\hat{\theta}$ 处达到最大值,则称 $\hat{\theta}$ 是 $\theta$ 的极大似然估计。

$\hat{\theta}$ 与样本有关,它是样本的函数,即 $\hat{\theta}=\hat{\theta}(x_1,\cdots,x_n)$。式子右边的 $\hat{\theta}$ 表示函数关系。问题是如何把 $\theta$ 的极大似然估计 $\hat{\theta}$ 求出来,由于 $\ln L$ 与 $L$ 同时达到极大值,所以只需要求出 $\ln L$ 的极大值点即可。

【例6】已知

$$X\sim f(x;\theta)=\begin{cases}\frac{1}{\theta}e^{-\frac{x}{\theta}} & (x>0)(\theta>0)\\ 0 & (x\leqslant 0)\end{cases}$$

$x_1,x_2,\cdots,x_n$ 为 $X$ 的一组样本观察值,求 $\theta$ 的极大似然估计。

解:求解似然函数

$$L(x_1,\cdots,x_n;\theta)=\prod_{i=1}^{n}\frac{1}{\theta}e^{-\frac{x}{\theta}}=\frac{1}{\theta^n}e^{-\frac{1}{\theta}\sum_{i=1}^{n}x_i}$$

$$\ln L=-n\ln\theta-\frac{1}{\theta}\sum_{i=1}^{n}x_i$$

$$\frac{d\ln L}{d\theta}=-\frac{n}{\theta}+\frac{1}{\theta^2}\sum_{i=1}^{n}x_i$$

当 $\theta=\hat{\theta}$ 时,$\ln L$ 取极大值,则

$$-\frac{n}{\hat{\theta}}+\frac{1}{\hat{\theta}^2}\sum_{i=1}^{n}x_i=0$$

解得:$\hat{\theta}=\frac{1}{n}\sum_{i=1}^{n}x_i=\bar{x}$

$\bar{x}$ 就是$\theta$ 的极大似然估计。

【例 7】某电子管的使用寿命(从开始使用到初次失效为止)服从指数分布(概率密度见例 2.9),今抽取一组样本,其具体数据如下

| | | | | | | | | |
|---|---|---|---|---|---|---|---|---|
| 16 | 29 | 50 | 68 | 100 | 130 | 140 | 270 | 280 |
| 340 | 410 | 450 | 520 | 620 | 190 | 210 | 800 | 1100 |

问如何估计$\theta$？

解:根据例 2.9 的结果,参数$\theta$ 用样本平均数估计

$$\hat{\theta}=\frac{1}{n}\sum_{i=1}^{n}x_i=\bar{x}=(16+29+\cdots+800+1100)\div 18=5723\div 18\approx 318(\text{小时})$$

以此为$\theta$ 的估计值。

## 二、区间估计

用点估计来估计总体参数,即使是无偏、有效的估计量,也会由于样本的随机性,从一个样本算得估计量的值不一定恰是所要估计的参数真值。而且,即使真正相等,由于参数真值本身是未知的,也无从肯定这种相等。

对于未知参数$\theta$,除了求出它的点估计$\hat{\theta}$外,我们还希望估计出一个范围,并希望知道这个范围包含参数$\theta$ 真值的可信程度。根据估计量的分布,在一定的可靠程度下,指出被估计的总体参数所在的可能数值范围,这就是参数的区间估计问题。

其具体的做法是,找两个统计量$\hat{\theta}_1$ 与$\hat{\theta}_2$,使得

$$P(\hat{\theta}_1<\theta<\hat{\theta}_2)=1-\alpha$$

区间$(\hat{\theta}_1,\hat{\theta}_2)$称为置信区间,$\hat{\theta}_2$ 与$\hat{\theta}_1$ 分别称为置信区间的上、下限。$1-\alpha$ 称为置信概率或置信度。而$\alpha$ 称为显著性水平,是事先给定的一个小正数,一般常给的$\alpha$ 为 5% 或 1%。

【例 8】设总体$X\sim N(\mu,\sigma^2)$,$\sigma^2$ 为已知,$\mu$ 为未知,设$X_1,X_2,\cdots X_n$ 是来自$X$ 的样本,求$\mu$ 的置信度为$1-\alpha$ 的置信区间。

解:我们知道$\bar{X}$ 是$\mu$ 的无偏估计,并且有

$$\frac{\bar{X}-\mu}{\sigma/\sqrt{n}}\sim N(0,1)$$

按照标准正态分布的$\alpha$ 分位点的定义,有

$$P\left\{\left|\frac{\bar{X}-\mu}{\frac{\sigma}{\sqrt{n}}}\right|<z_{\alpha/2}\right\}=1-\alpha$$

即
$$P\left\{\bar{X}-\frac{\sigma}{\sqrt{n}}z_{\alpha/2}<\mu<\bar{X}+\frac{\sigma}{\sqrt{n}}z_{\alpha/2}\right\}=1-\alpha$$

这样我们就得到了$\mu$ 的一个置信度为$1-\alpha$ 的置信区间

$$\left(\bar{X}-\frac{\sigma}{\sqrt{n}}z_{\alpha/2},\ \bar{X}+\frac{\sigma}{\sqrt{n}}z_{\alpha/2}\right)$$

如果取$\alpha=0.05$,即$1-\alpha=0.95$。又若$\sigma=1$,$n=16$,查表得$z_{\alpha/2}=z_{0.025}=1.96$。于

是我们得到一个置信度为 0.95 的置信区间 $\bar{X}\pm 0.49$，再者，若一个样本值算得的样本均值的观察值 $\bar{X}=5.20$，则得到一个区间$(5.20\pm 0.49)$，即$(4.71,5.69)$。

注意，上述区间已经不是随机区间了。但是我们仍称它为置信度为 0.95 的置信区间。其含义是：若反复抽样多次，每个样本值($n=16$)确定一个区间，在这么多的区间中，包含 $\mu$ 的约占 95%，不包含 $\mu$ 的约占 5%。

下面来研究单个正态总体均值和方差的区间估计。

(一)正态总体 $N(\mu,\sigma^2)$ 均值的区间估计

设已经给定置信度为 $1-\alpha$，并设 $X_1,X_2,\cdots,X_n$ 为总体 $N(\mu,\sigma^2)$ 的样本。$\bar{X},S^2$ 分别是样本均值和样本方差。

1. $\sigma^2$ 为已知，此时由例 2.11 得到的结果，得到 $\mu$ 的置信度为 $1-\alpha$ 的置信区间为

$$\left(\bar{X}-\frac{\sigma}{\sqrt{n}}z_{\alpha/2},\bar{X}+\frac{\sigma}{\sqrt{n}}z_{\alpha/2}\right)$$

2. $\sigma^2$ 为未知，此时不能使用上述区间，因其中含未知参数 $\sigma$。考虑到 $S^2$ 是 $\sigma^2$ 的无偏估计，将上式中的 $\sigma$ 换成 $S$，则根据样本抽样分布的原理，知道

$$\frac{\bar{X}-\mu}{\dfrac{S}{\sqrt{n}}}\sim t(n-1)$$

可得到

$$P\left\{-t_{\alpha/2}(n-1)<\frac{\bar{X}-\mu}{\dfrac{S}{\sqrt{n}}}<t_{\alpha/2}(n-1)\right\}=1-\alpha$$

于是得到 $\mu$ 的置信度为 $1-\alpha$ 的置信区间

$$\bar{X}\pm\frac{S}{\sqrt{n}}t_{\alpha/2}(n-1)$$

【例 9】有一大批糖果，现从中随机地取 16 袋，称得重量(以克计)如下：

| | | | | | | | |
|---|---|---|---|---|---|---|---|
| 506 | 508 | 499 | 503 | 504 | 510 | 497 | 512 |
| 514 | 505 | 493 | 496 | 506 | 502 | 509 | 496 |

设袋装糖果的重量近似地服从正态分布，试求总体均值 $\mu$ 的置信度为 0.95 的置信区间。

解：这里 $1-\alpha=0.95$，$\alpha/2=0.025$，$n-1=15$，$t_{0.025}(15)=2.1315$（查 $t$ 分布表）

由给出的数据得到 $\bar{X}=503.75$，$S=6.2022$，则该批糖果每袋重量的置信区间是

$$\left(503.75\pm\frac{6.2022}{\sqrt{16}}\times 2.1315\right)$$

即$(500.4,507.1)$

这就是说估计袋装糖果重量的均值在 500.4 克与 507.1 克之间，这个估计的可信程度为 95%。若以此区间内任一值作为 $\mu$ 的近似值，其误差不大于 $\frac{6.2022}{\sqrt{16}}\times 2.1315\times 2=6.61$(克)，这个误差的可信度为 95%。

在实际问题中，总体方差 $\sigma^2$ 未知的情况居多。

(二)正态总体 $N(\mu,\sigma^2)$ 方差的区间估计

这个问题中根据实际问题的需要，只介绍 $\mu$ 未知的情况。

$\sigma^2$ 的无偏估计为 $S^2$，由样本抽样分布的定理知道

$$\frac{(n-1)S^2}{\sigma^2} \sim \chi^2(n-1)$$

并且上式右端的分布不依赖于任何未知参数。故有

$$P\left\{\chi^2_{1-\alpha/2}(n-1) < \frac{(n-1)S^2}{\sigma^2} < \chi^2_{\alpha/2}(n-1)\right\} = 1-\alpha$$

即，方差 $\sigma^2$ 的一个置信度为 $1-\alpha$ 的置信区间为

$$\left(\frac{(n-1)S^2}{\chi^2_{\alpha/2}(n-1)}, \frac{(n-1)S^2}{\chi^2_{1-\alpha/2}(n-1)}\right)$$

【例 10】求例 2.12 中总体标准差 $\sigma$ 的置信度为 95%的置信区间。

解：这里 $\alpha/2=0.025, 1-\alpha/2=0.975$，$n-1=15$，查表得 $\chi^2_{0.025}(15)=27.488$ $\chi^2_{0.975}(15)=6.262$，又 $S=6.2022$，则 $\sigma$ 的 95%置信区间为(4.58,9.60)。

## 第五节　估计量的评价

### 一、总体参数与统计推断

总体就是研究对象的整体，指客观存在的，具有某种共同属性的若干个别事物的集合体。例如要研究中国居民的家庭收入与消费，则全国所有的家庭户就构成一个总体。要研究消费是如何随着收入的变化而变化，就必须获得总体即所有家庭户的收入与消费数据。但是，在实践中这往往是不现实或不经济的，通常会通过全国一部分家庭的人均收入与人均消费数据去推断总体的人均收入与人均消费数据。这种利用来自总体的一个样本去推断总体的特征的方法称为统计推断。统计推断首先要明确所要研究的总体，之后就要建立总体中变量之间关系的模型。描述模型中变量之间关系的一些常数称为参数。例如判断消费是如何随着收入的增长而增长的参数就是边际消费倾向。

### 二、估计量与估计值

通过样本对总体进行推断首先要明确估计量与估计值，两者有着本质的差异。

估计量：对于参数为 $\theta$ 的总体，随机样本为 $\{X_1,X_2,\cdots,X_n\}$，$\theta$ 的一个估计量就是据样本进行统计推断的某一特定法则的每一可能结果。例如，令 $\{X_1,X_2,\cdots,X_n\}$ 为来自均值为 $\mu$ 的总体的任意一个样本，样本均值

$$\bar{X}=\frac{1}{n}\sum_{i=1}^{n}X_i$$

为 $\mu$ 的估计量。把 $\bar{X}$ 看作一个估计量，其意义在于给定随机变量 $\{X_1, X_2, \cdots X_n\}$ 的任何一种结果，我们都用相同的法则去估计 $\mu$，即用样本均值去推断 $\mu$。

估计值：对于某一特定样本，实际结果为 $\{x_1, x_2, \cdots x_n\}$，样本均值 $\bar{x}=\frac{1}{n}\sum_{i=1}^{n}x_i$ 为

估计值。

由于样本的多样性，样本不同，其样本均值不同。因此，估计值会随着样本的变化而变化。而估计量则是一个代表着所有样本可能结果的一个变量。估计量是一个随机变量，估计量的分布就是抽样分布，具体地讲，抽样分布就是从总体中抽出容量相同的全部样本，并计算出估计值，然后按估计值所编的频数分布，这个频数分布描述了估计量所具有的统计性质。

【例11】假如我们得到了中国8个城市的失业率的一个样本，如表附1.2所示。

**表附1.2 城市失业率**

| 城市 | 失业率(%) | 城市 | 失业率(%) |
|---|---|---|---|
| 1 | 4 | 5 | 8 |
| 2 | 5 | 6 | 5 |
| 3 | 7 | 7 | 4 |
| 4 | 6 | 8 | 3 |

则对平均失业率的估计值是 $\bar{x}=5.25\%$。随着组成样本的城市不同，则平均失业率的估计值不同，但无论样本如何，我们都用样本均值求估计值，代表所有估计值的变量就是估计量。

一般而言，参数 $\theta$ 的一个估计量 $\hat{\theta}$ 可表示为

$$\hat{\theta}=h(X_1,X_2,\cdots,X_n)$$

式中，$h$ 为随机变量 $X_1,X_2,\cdots,X_n$ 的某个已知函数。因为 $\hat{\theta}$ 依赖于随机样本，所以 $\hat{\theta}$ 为随机变量，$\hat{\theta}$ 随着从总体中抽到不同的随机样本而改变。当得到一个特定的样本 $(x_1, x_2, \cdots, x_n)$ 时，将其代入函数 $h$ 中，得到 $\theta$ 的一个估计值，视为 $\hat{\theta}=h(x_1, x_2, \cdots, x_n)$，称 $\hat{\theta}$ 为点估计值。

通常我们不加区别地使用符号 $\hat{\theta}$ 代表 $\theta$ 的估计量和估计值，但两者有着不同的意义，为了评价不同的参数估计方法的优劣，就要研究某一特定方法得到的估计量 $\hat{\theta}$ 的概率分布的各种性质，根据样本数据推断总体参数的方法很多，必须建立一些准则用以评价估计量的优劣。

## 三、估计量的有限样本性质

估计量的有限样本性质是指所讨论的性质对任意大小的样本都成立。

评价 $\hat{\theta}$ 作为 $\theta$ 的一个估计量时，通常使用如下标准

1. 无偏估计

对于一切可能的 $\hat{\theta}$ 值，都有

$$E(\hat{\theta})=\theta$$

则 $\hat{\theta}$ 为 $\theta$ 的一个无偏估计量。

无偏性并不是说一个特定的样本估计值等于 $\theta$。而是说，如果从总体中抽取关于 $X$

的无限多个样本的话，每次都计算一个估计值，那么将所有的估计值平均起来就等于 $\theta$。这种情况是一种理论抽象，在实际应用中，我们只能使用一个随机样本。

如果一个估计量不是无偏的，则其偏误为

$$Bias(\hat{\theta}) = E(\hat{\theta}) - \theta \tag{2.37}$$

图附 1.3 中给出了无偏估计量和有偏估计量的抽样分布。

从图附 1.3 中可以看出，我们不能保证无偏估计量 $W_1$ 产生的每一个估计值都是优于有偏估计量 $W_2$ 产生的估计值。

但无偏性则意味着据无偏估计量 $W_1$ 得到的估计值，接近真实值 $\theta$ 的可能性要大于据有偏估计量 $W_2$ 得到的估计值。

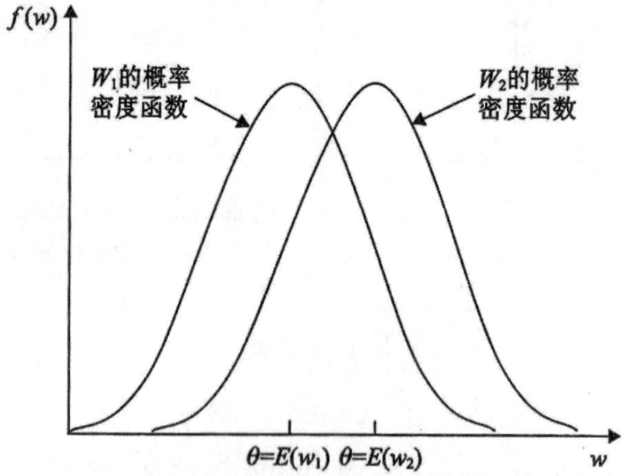


图附 1.3　无偏估计量与有偏估计量

2. 有效性

无偏性保证估计量的概率分布以总体参数 $\theta$ 为中心，但我们还要判断这个估计量的分布的离散程度。一个估计量在平均意义下等于 $\theta$，但如果离散程度很高，则得到远离 $\theta$ 的估计值的可能性就很大。在图附 1.4 中，$W_1$ 和 $W_2$ 都是 $\theta$ 的无偏估计量，但 $W_1$ 的分布更紧密地集中在 $\theta$ 的周围。用 $W_1$ 作为估计量就意味着获得一个远离 $\theta$ 的估计值的可能性较小。

我们知道，描述分布的离散程度的统计量为方差，$\hat{\theta}$ 的方差为 $Var(\hat{\theta})$，在无偏估计量中，将选取有最小方差的估计量。

有效性：如果 $W_1$ 和 $W_2$ 是 $\theta$ 的两个无偏估计量，如果对所有的 $\theta$ 都有 $Var(W_1) \leqslant Var(W_2)$，且至少对 $\theta$ 的一个值严格不等式成立，则 $W_1$ 比 $W_2$ 更有效。

使用有效性准则时必须考虑无偏性，否则比较方差大小就毫无意义。例如，在估计总体均值时，假定用如下估计量，无论得到什么样本，估计值总取值为 0，则这个估计量的方差为 0，但这个估计量的偏误为 $-\mu$，这是一个很差的估计量。

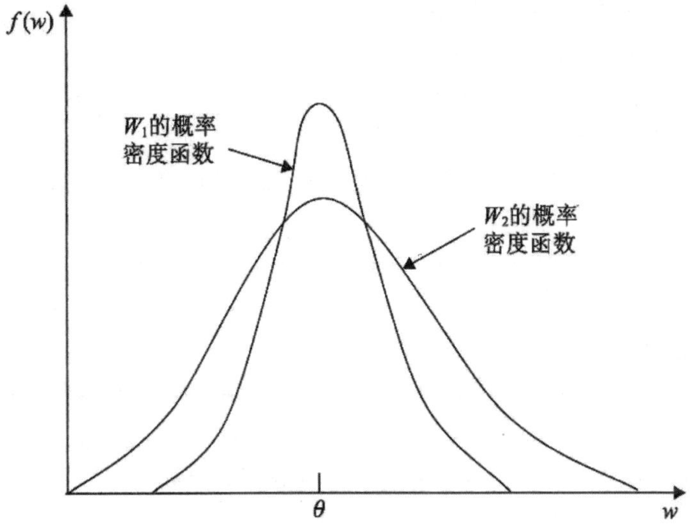


图附1.4 有效估计量

3. 最佳线性无偏性

如果估计量 $\hat{\theta}$ 是 $\theta$ 的所有线性无偏估计量中方差最小的，则示 $\hat{\theta}$ 为 $\theta$ 的最佳线性无偏估计量(the best linear unbiased estimator，BLUE)。

## 四、估计量的渐近或大样本性质

估计量的性质有时会随着样本容量的变化而变化，随着样本容量的增大，估计量的方差会变小，有偏估计量会达到渐近无偏，称估计量的这种特性为估计量的渐近性质或大样本性质。

一致性：令 $\hat{\theta}_n$ 为来自样本容量为 $n$ 的对 $\theta$ 的一个估计量。如果 $n \to \infty$，对于每个 $\varepsilon > 0$，都有

$$\lim_{n\to\infty} P\{|\hat{\theta}_n - \theta| \geqslant \varepsilon\} = 0$$

则称 $\hat{\theta}_n$ 是 $\theta$ 的一个一致估计量，如果 $\hat{\theta}_n$ 对 $\theta$ 不是一致的，则称 $\hat{\theta}_n$ 是非一致的。

当 $\hat{\theta}_n$ 是一致的，也称 $\theta$ 是 $\hat{\theta}$ 的概率极限，$p\lim(\hat{\theta}_n) = \theta$。

无偏性描述的是估计量在给定样本大小时的特征，一致性描述的是样本增大时估计量的抽样分布的特征。式(2.38)说明 $\hat{\theta}_n$ 的分布越来越集中于 $\theta$，也就是说随着样本容量 $n$ 的增大，$\theta_n$ 离开 $\theta$ 很远的可能性越来越小。

如果一个估计量不是一致的，那么即使我们有无限多个的数据，也无助于推断总体值 $\theta$。因此，一致性成为统计学和经济计量学中对所用估计量的一个起码要求，当估计量是不一致的时候，通常可求出它的概率极限，以便知道这些概率极限离真正的 $\theta$ 有多远。

# 第六节 假设检验

统计推断的另一类重要问题是假设检验。在总体的分布函数完全未知或只知其形

式、但不知其参数的情况下，为了推断总体的某些性质，提出某些关于总体的假设。在这里，我们只考虑总体的分布形式已知，参数未知情形的假设检验。

假设检验就是根据样本对所提出的假设做出判断：是接受，还是拒绝。这里先结合例子来说明假设检验的基本思想和做法。

【例 12】某车间用一台包装机包装葡萄糖，包得袋装糖重是一个随机变量，它服从正态分布。当机器正常时，其均值为 0.5 公斤，标准差为 0.015 公斤。某日开工后为检验包装机是否正常，随机地抽取它所包装的糖 9 袋，称得净重为(公斤)

0.497，0.506，0.518，0.524，0.498，0.511，0.520，0.515，0.512

问机器是否正常？

解：以 $\mu$，$\sigma$ 分别表示这一天袋装糖重总体 $X$ 的均值和标准差。由于长期时间表明标准差比较稳定，我们就设 $\sigma = 0.015$，于是 $X \sim N(\mu, 0.015^2)$，这里 $\mu$ 是未知的。问题是根据样本值来判断 $\mu = 0.5$ 还是 $\mu \neq 0.5$，为此，我们提出假设

$$H_0: \mu = \mu_0 = 0.5$$

$$H_1: \mu \neq \mu_0$$

这是两个对立的假设，我们给出一个合理的法则，根据这一法则，利用已知样本做出判断是不拒绝假设 $H_0$，还是拒绝假设 $H_0$。如果做出的判断是不拒绝 $H_0$，则认为 $\mu = \mu_0$，即认为机器工作是正常的，否则，则认为是不正常的。

由于要检验的假设涉及总体均值 $\mu$，故首先想到是否可借助样本均值 $\bar{X}$ 这一统计量来进行判断。我们知道 $\bar{X}$ 是 $\mu$ 的无偏估计，$\bar{X}$ 的观察值的大小在一定程度上反映了 $\mu$ 的大小。因此，如果假设 $H_0$ 为真，则观察值 $\bar{X}$ 与 $\mu_0$ 的偏差 $|\bar{X} - \mu_0|$ 一般不应该太大。若 $|\bar{X} - \mu_0|$ 过分大，我们就怀疑假设 $H_0$ 的正确性而拒绝 $H_0$，并考虑到当 $H_0$ 为真时 $\dfrac{\bar{X} - \mu_0}{\sigma/\sqrt{n}} \sim N(0,1)$，而衡量 $|\bar{X} - \mu_0|$ 的大小可归结为衡量 $\dfrac{|\bar{X} - \mu_0|}{\sigma/\sqrt{n}}$ 的大小。基于上面的想法，我们可适当选定一正数 $k$，使当观察值 $\bar{X}$ 满足 $\dfrac{|\bar{X} - \mu_0|}{\sigma/\sqrt{n}} > k$ 时就拒绝假设 $H_0$，反之，若 $\dfrac{|\bar{X} - \mu_0|}{\sigma/\sqrt{n}} < k$，就不拒绝假设 $H_0$。

在本例中，取 $\alpha = 0.05$，则有 $k = z_{0.05/2} = z_{0.025} = 1.96$，又已知 $n = 9$，$\sigma = 0.015$，再由样本算得 $\bar{X} = 0.511$，即有

$$\frac{|\bar{X} - \mu_0|}{\sigma/\sqrt{n}} = 2.2 > 1.96$$

于是拒绝 $H_0$，认为这天包装机工作不正常。

上例中所采用的检验法则是符合小概率事件的实际推断原则的。因通常 $\alpha$ 总是取得较小，一般取 $\alpha = 0.01$，0.05。因而若 $H_0$ 为真，即当 $\mu = \mu_0$ 时，$\left\{\dfrac{|\bar{X} - \mu_0|}{\sigma/\sqrt{n}} \geqslant z_{\alpha/2}\right\}$ 是一个小概率事件，根据实际推断原理，就可以认为如果 $H_0$ 为真，则由一次试验得到的观察值

$\bar{X}$ 满足不等式 $\dfrac{|\bar{X}-\mu_0|}{\sigma/\sqrt{n}} \geqslant z_{\alpha/2}$ 几乎是不会发生的。现在在一次观察中竟然出现了满足 $\dfrac{|\bar{X}-\mu_0|}{\sigma/\sqrt{n}} \geqslant z_{\alpha/2}$ 的 $\bar{X}$，则我们有理由怀疑原来的假设 $H_0$ 的正确性，因而拒绝 $H_0$。若出现的观察值 $\bar{X}$ 满足 $\dfrac{|\bar{X}-\mu_0|}{\sigma/\sqrt{n}} < z_{\alpha/2}$，此时没有理由拒绝假设 $H_0$，因而只能不拒绝 $H_0$。

在上例的做法中，我们看到当样本容量固定时，选定 $\alpha$ 后，数 $k$ 就可以确定，然后按照统计量 $z=\dfrac{\bar{X}-\mu_0}{\sigma/\sqrt{n}}$ 的绝对值大于等于 $k$ 还是小于 $k$ 来做出决定。数 $k$ 是检验上述假设的一个门槛值。如果 $|z|=\left|\dfrac{\bar{X}-\mu_0}{\sigma/\sqrt{n}}\right| \geqslant k$，则称 $\bar{X}$ 与 $\mu_0$ 的差异是显著的，这时拒绝 $H_0$；反之，如果 $|z|=\left|\dfrac{\bar{X}-\mu_0}{\sigma/\sqrt{n}}\right| < k$，则称 $\bar{X}$ 与 $\mu_0$ 的差异是不显著的，这时不拒绝 $H_0$。数 $\alpha$ 称为显著性水平。

统计量 $z=\dfrac{\bar{X}-\mu_0}{\sigma/\sqrt{n}}$ 称为检验统计量。$H_0$ 称为原假设，$H_1$ 称为备择假设或对立假设。

【例 13】根据长期经验和资料的分析，某厂生产的砖的"抗断强度"$X$ 服从正态分布，方差 $\sigma^2=1.21$。从该厂产品中随机抽取 6 块，测得抗断强度如下(单位:公斤/厘米$^2$)

32.56　29.66　31.64　30.00　31.87　31.03

检验这批砖的平均抗断强度为 32.50 公斤/厘米$^2$是否成立($\alpha=0.05$)?

解:设 $H_0:\mu=32.50$

如果 $H_0$ 是正确的，即样本 $X_1,X_2,\cdots,X_6$ 来自正态总体 $N(32.50,1.1^2)$，根据第二节的分析结论，有

$$\frac{\bar{X}-32.50}{1.1/\sqrt{6}} \sim N(0,1)$$

因而，选取统计量

$$|z|=\left|\frac{\bar{X}-\mu_0}{\sigma/\sqrt{n}}\right|$$

对于给定的 $\alpha$，有 $z_{\frac{\alpha}{2}}=1.96$

$$|z|=\left|\frac{\bar{X}-\mu_0}{\sigma/\sqrt{n}}\right|=\left|\frac{31.13-32.50}{1.1/\sqrt{6}}\right| \approx 3.05 > 1.96$$

最后可以下结论，拒绝 $H_0$，即不能认为这批产品的平均抗断强度是 32.50 公斤/厘米$^2$。

## 第七节 物价和物量

### 一、物价和物量的概念

物价和物量是指数中的一组重要的最基本的概念。它们既与微观的个别商品的价格和数量相联系,但又不完全一致。因为在微观层次上,每一种商品的价格和数量都是确定的,两者之积就是这种商品的价值量。但是在宏观层次上由不同种类的货物和服务所构成的集合,如产出或中间投入,我们就不能简单地对各种货物和服务的数量求代数和。这是因为,一方面它们各自的计量单位可能不尽相同;另一方面即使是同一类产品,计量单位相同,但也可能在品种、规格和质量上存在区别,对它们的数量简单地相加可能毫无经济意义。

举一个简单的例子来说明。设某汽车制造商生产两种不同型号的汽车,型号甲的售价是型号乙的两倍。现假定从基期到报告期每种型号汽车的售价保持不变;该汽车制造商所生产的汽车总数不变,但是价格较高的型号甲占汽车总数的比重从基期的50%提高到报告期的80%,而型号乙的比重则从基期占汽车总数的50%下降到报告期的20%。显然由于价格高的汽车比重提高,产出的总价值将增长。但是这一产出价值的增长,既不是由价格变化引起的,也不是由"数量"增长引起的。在这里"数量"一词已不能说明任何问题。物量概念正是为克服"数量"一词的先天不足而提出来的,它充分考虑了各种货物或服务在经济上的相对重要性,从而不仅能够反映各种货物和服务单纯数量上的规模,而且能够充分体现出这些货物和服务在质量上或品种结构上的任何改变。与物量概念相对应,物价是指各种货物和服务的一般价格水平,它同样是用各种货物和服务的相对重要性(一般以其价值量的大小来体现)加权后的结果。

在经济运行过程中,除了产出和中间投入的变化可以分解为物量变化和物价变化两个部分以外,其他的货物和服务总量指标,如最终消费、资本形成、出口和进口等,原则上也都可以分解为物量和物价两个因素。唯一需要引起注意的是某些市场货物和服务,如政府提供的社会保障、教育、保健、公共安全、国防等公共服务,可能不得不从投入的角度才能将其分解为物量和物价两部分。

### 二、不变价格核算

#### (一)不变价格的含义和一般方法

不变价格是相对于现行价格而言的。因为现行价格就是经济活动发生时的实际价格,它随着时间的推移而改变。不变价格又称为固定价格或可比价格,它是以某一固定时期的价格为基准,在一定时期内(如五年或十年)假定不变的价格。按现行价格计算的各种价值量指标包含了物价因素变动的影响,不能真实地反映经济活动的动态变化。按不变价格计算有关的价值量指标,就是要剔除物价因素变动的影响,反映经济活动所实际达到的物量水平。

为了进行不变价格核算,各国积累了多种不同的方法,其中最主要的是以下三种。

1. 固定价格法

它又称为直接核算法。它是直接用核算期内所有产品的实物量乘以在某一固定时期编制的产品不变价格目录中的相应价格来核算有关的产品价值量。其表达式为 $\sum P_0Q_1$，其中 $P$ 和 $Q$ 分别表示产品的价格和数量，下标 0 和 1 分别表示基期和报告期。这种方法的使用面很窄，新中国成立以来我国仅利用固定价格法计算过农业和工业两个部门的不变价格产值指标。

2. 系数推算法

系数推算法又称为外推法。它是在一定的假设条件下，选用与需要估计其不变价格数据的价值量指标密切相关的另一指标的物量指数作为系数，乘以该指标的基期价值量，得到按基期价格度量的报告期价值量。该方法在西方国家用得较为普遍。

3. 价格指数法（紧缩法或缩减法）

价格指数法又称为紧缩法或缩减法。它是选用适当的价格指数去除报告期按现行价格计算的价值量，得到报告期按不变价格（或可比价格）计算的价值量。价格指数法的基本表达式为

$$\sum P_0Q_1 = \sum P_1Q_1 \div \left(\frac{\sum P_1Q_1}{\sum P_0Q_1}\right)$$

式中的价格指数 $\frac{\sum P_1Q_1}{\sum P_0Q_1}$ 不一定就是按综合指数形式计算的，而更有可能是平均指数；另外，该价格指数的计算口径也可能与被紧缩的现价价值量 $\sum P_1Q_1$ 的计算口径不完全一致。

价格指数法按其进行缩减的对象和途径不同，可以分为单紧缩法和双紧缩法。单紧缩法又称为直接紧缩法，是指将有关的现价价值量直接用相关的价格指数去除，求出该指标的不变价格（或可比价格）数据。双紧缩法则是先对两个相关的现价价值量指标分别用各自相关的价格指数去缩减，然后用缩减得到的两个不变价格指标计算与此有关的第三个指标的不变价格价值量。在实践中，无论单紧缩法还是双紧缩法都得到了广泛的运用。

然而，价格指数法的运用必须以具备一套相对完整的价格指数体系为条件，对价格统计工作的要求较高。为此，西方国家的一般做法是通过调查部分代表性单位的代表产品价格水平及其变动，然后运用加权平均指数公式编制出反映各类产品或全部产品价格水平变动的一系列价格指数。这种方法涉及的调查单位少，工作量不大，而且只要充分保证了所选单位和产品的代表性及其基础调查资料的准确性，计算出来的价格指数一般都能比较准确地反映当期价格水平的变动趋势和变动幅度。

（二）不变价格指标的计算

我们以总增加值为例来研究不变价格指标的计算方法。总增加值等于总产出与中间投入的差。所以，总增加值在本质上是一种“追加”的价值，并不具有独立的实物形态。要计算一个基层单位（企业、产业部门或机构部门）的不变价格总增加值，也就是要反映总增加值所达到的物量水平，只能采用间接的方式。总的来说，主要有如下几种途径。

1. 双紧缩法

它是分别用产出价格指数和中间投入价格指数紧缩报告期的现价产出和现价中间投入，求得报告期的不变价产出和不变价中间投入，然后相减求差得到报告期的不变价总增

加值。按照双紧缩法计算不变价格总增加值,是联合国所推荐的首选方法。

双紧缩法的具体计算过程可以用公式表示为

第一步,计算报告期不变价格总产出

$$Z_{01}=\sum_{i=1}^{n}(\frac{Z_{1i}}{P_{zi}})$$

式中,$Z_{01}$ 表示按不变价格计算的报告期总产出,$Z_{1i}$ 表示报告期第 $i$ 种产出的现价价值量,$P_{Zi}$ 表示第 $i$ 种产出的价格指数。

第二步,计算报告期不变价格中间投入

$$X_{01}=\sum_{j=1}^{m}\left(\frac{X_{1j}}{P_{xj}}\right)$$

式中,$X_{01}$ 表示按不变价格计算的报告期中间投入,$X_{1j}$ 表示报告期第 $j$ 种中间投入的现价价值量,$P_{xj}$ 表示第 $j$ 种中间投入的价格指数。

第三步,计算报告期不变价格总增加值

$$N_{01}=Z_{01}-X_{01}=\sum_{i=1}^{n}\left(\frac{Z_{1i}}{P_{zi}}\right)-\sum_{j=1}^{m}\left(\frac{X_{1j}}{P_{xj}}\right)$$

式中,$N_{01}$ 表示按不变价格计算的报告期总增加值,其他符号的含义同上。

2. 单紧缩法

当报告期的现价总增加值已知时,也可以直接用总产出价格指数去缩减报告期的现价总增加值,得到报告期按不变价格计算的总增加值,这就是单紧缩法。用公式表示就是

$$N_{01}=N_{11}/\left(\frac{\sum P_1Q_1}{\sum P_0Q_1}\right)$$

式中,$N_{01}$ 和 $N_{11}$ 分别表示报告期的不变价和现价总增加值,$\sum P_1Q_1/\sum P_0Q_1$ 是总产出价格指数。这种方法隐含着一个假定,即报告期的不变价格增加值率与现价增加值率相同。这一点可以从下述变形公式中看得很清楚,即

$$N_{01}=\sum P_0Q_1\times\left(\frac{N_{11}}{\sum P_1Q_1}\right)$$

式中,$N_{11}/\sum P_1Q_1$ 表示报告期的现价增加值率。显然,报告期的不变价格增加值率应为 $N_{01}/\sum P_0Q_1$。一般而言,在短期内产出和中间投入的价格变化基本一致,上述两个增加值率基本相等,因而按单紧缩法能够取得较好的近似估计值。

3. 物量指数外推法

这也是一种常用的方法,尤其是在价格统计工作较薄弱的条件下,是上述紧缩法的一种较好的替代方法。以产出为例,产出物量指数外推法是用产出物量指数乘以基期的总增加值,得到报告期按基期价格计算的增加值的近似估计值。用公式表示,就是

$$N_{01}=N_{00}\times\left(\frac{\sum P_0Q_1}{\sum P_0Q_0}\right)$$

式中,$N_{01}$ 表示报告期的不变价总增加值,$N_{00}$ 表示基期的总增加值,$\sum P_0Q_1/\sum P_0Q_0$ 表示产出物量指数。这一表达式也可以变形为

$$N_{01}=\sum P_0Q_1\times\left(\frac{N_{00}}{\sum P_0Q_0}\right)$$

上式说明,这种方法实际上是在用报告期的不变价总产出( $\sum P_0Q_1$)乘以基期的增加值率 $\left(\frac{N_{00}}{\sum P_0Q_0}\right)$,近似地计算报告期的不变价总增加值。显然,它暗含着这样一个重要的假定,即:在基期价格水平上,报告期和基期每单位产出所提供的总增加值(即增加值率)是相同的。一般而言,在短期内增加值率的变化极小,因而这种方法也能取得较好的估计值。

## 第八节 指数

### 一、拉氏指数、派氏指数和费雪指数

拉氏指数(Laspeyres index)是德国经济学家拉斯普雷斯于 1864 年提出的指数,设价格为 $p$,数量为 $q$,拉氏价格指数 $P_L$ 定义如下

$$P_L=\frac{\sum p_1q_0}{\sum p_0q_0}$$

该公式以 0 期为基期,基期时的数量为 $q_0$,假定它在报告期(1 期)也没有发生变化。也就是说,拉氏指数表示的是,如果在 1 期购买与 0 期相同数量的商品,两者相比较所支出的费用变化程度。但是,这个指数对于比基期数量增加的商品来说,存在过小评价的倾向,而对于交易数量减小的商品则存在过大评价的倾向。如果两个时期间隔较远,计算这种价格指数就很不准确。

拉氏数量指数定义如下

$$Q_L=\frac{\sum p_0q_1}{\sum p_0q_0}$$

派氏指数(Paasche index)是在拉氏指数提出 10 年之后,由另一位德国经济学家派舍提出的。派氏指数 $P_p$定义如下

$$P_p=\frac{\sum p_1q_1}{\sum p_0q_1}$$

上式与拉氏指数的区别在于,分子和分母中均用报告期的交易数量 $q_1$ 代替基期的交易数量 $q_0$。

一般说来,拉氏价格指数比派氏价格指数更容易编制。因为,在编制拉氏指数时,如果已经有了基期的价格与数量,只需要调查报告期的价格,而派氏指数必须同时调查报告期的价格和数量。

所谓的“派舍效应”,指的是派氏价格指数比拉氏价格指数较小的倾向。这是因为价格上升的商品的消费量通常是减少的,因而报告期的数量 $q_1$ 小于基期的数量 $q_0$。

关于派氏数量指数,有如下定义

$$Q_P=\frac{\sum p_1q_1}{\sum p_1q_0}$$

费雪指数(Fisher index)是美国经济学家与统计学家I. 费雪提出的一种价格指数，它是拉氏指数与派氏指数的几何平均，定义如下

$$P_F=\sqrt{P_L.P_P}=\sqrt{\frac{\sum p_1q_0}{\sum p_0q_0}.\frac{\sum p_1q_1}{\sum p_0q_1}}$$

这种指数虽然又称为费雪理想计算公式，但是由于它的计算过程中还必须利用派氏指数，因此在实际中运用很少。

费雪数量指数定义如下

$$Q_F=\sqrt{Q_L.Q_P}=\sqrt{\frac{\sum p_0q_1}{\sum p_0q_0}.\frac{\sum p_1q_1}{\sum p_1q_0}}$$

## 二、应用举例

【例14】表附1.3列示某市场上5种新鲜水果的年平均价格 $p_t$ 和每个家庭年均购买数量 $q_t$。

(1)以2000年为基期，计算2004年的拉氏价格指数 $P_L$。

(2)以2000年为基期，计算2004年的派氏价格指数 $P_P$。

(3)以2000年为基期，计算2004年的费雪价格指数 $P_F$。

(4)以2000年为基期，计算2004年的拉氏、派氏、费雪数量指数 $Q_L$，$Q_P$，$Q_F$。

**表附1.3　新鲜水果的年平均价格与各家庭年均购买量**

单位：日元/200g；kg

| 新鲜水果 | 2000年价格 $p_0$ | 2000年数量 $q_0$ | 2004年价格 $p_1$ | 2004年数量 $q_1$ |
|---|---|---|---|---|
| 1.橘子 | 30 | 278 | 36 | 214 |
| 2.苹果 | 39 | 185 | 39 | 176 |
| 3.梨子 | 47 | 71 | 50 | 66 |
| 4.葡萄 | 90 | 39 | 95 | 34 |
| 5.草莓 | 106 | 45 | 118 | 38 |

解：

(1)拉氏价格指数 $P_L$

$$P_L=\frac{\sum p_1q_0}{\sum p_0q_0}$$

$$=\frac{36\times278+39\times185+50\times71+95\times39+118\times45}{30\times278+39\times185+47\times71+90\times39+106\times45}$$

$$=\frac{29788}{27172}$$

$$=109.6\%$$

设2000年价格指数为100%，则2004年新鲜水果的拉氏价格指数为109.6%。

(2) 派氏价格指数 $P_P$

$$P_p=\frac{\sum p_1q_1}{\sum p_0q_1}$$
$$=\frac{36\times214+39\times176+50\times66+95\times34+118\times38}{30\times214+39\times176+47\times66+90\times34+106\times38}$$
$$=\frac{25582}{23474}$$
$$=109.0\%$$

派氏价格指数为 109.0%,小于拉氏价格指数 109.6%,可见存在"派舍效应"。

(3)费雪价格指数 $P_F$

$$P_F=\sqrt{P_L.P_P}=\sqrt{\frac{\sum p_1q_0}{\sum p_0q_0}.\frac{\sum p_1q_1}{\sum p_0q_1}}$$
$$=\sqrt{109.6\%\times109.0\%}$$
$$=109.3\%$$

费雪价格指数为 109.3%。

(4)计算拉氏数量指数,$Q_L=\frac{\sum p_0q_1}{\sum p_0q_0}=\frac{23474}{27172}=86.4\%$

设 2000 年为 100%,2004 年的拉氏数量指数为 86.4%。

计算派氏数量指数,$Q_P=\frac{\sum p_1q_1}{\sum p_1q_0}=\frac{25582}{29788}=85.9\%$。

派氏数量指数为 85.9%。

费雪数量指数 $Q_F=\sqrt{Q_L.Q_P}=\sqrt{\frac{\sum p_0q_1}{\sum p_0q_0}.\frac{\sum p_1q_1}{\sum p_1q_0}}$

$$=\sqrt{Q_L\times Q_P}=\sqrt{0.864\times0.859}$$
$$=86.1\ \%$$

费雪数量指数为 86.1%。

# 附录 2　经济计量分析软件包 EViews 基础

## 第一节　EViews 软件使用初步

### 一、EViews 软件包的启动

(一)EViews 的启动

软件安装后,在 Windows 窗口双击 EViews10 图标或在相应目录下双击 EViews10 图标启动 EViews10 程序,进入 EViews10 主窗口,见图附 2.1。

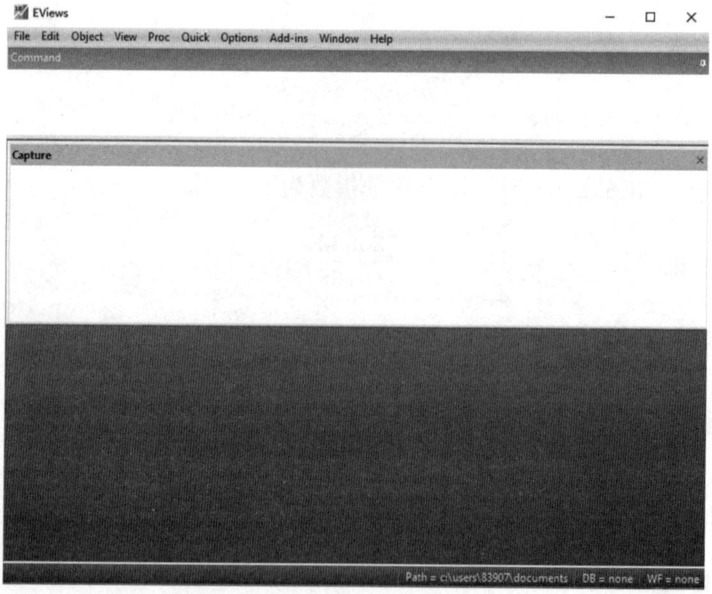


**图附 2.1　EViews10 主窗口**

(二)主窗口简介

主窗口最上方为标题栏。左边为 EViews 标题,右边为窗口操作按钮。

标题栏下方为菜单栏,排列着按功能划分的 10 个主选菜单选项:File,Edit,Objects,View,Proc,Quick,Options,Add-ins,Window,Help。用鼠标左键单击任意选项会弹出不同的下拉菜单,显示该部分的具体功能。

菜单栏下面空白区是命令输入栏,允许用户通过键盘输入 EViews 命令,EViews 命令与 Macro TSP (DOS) 版的命令相同。

命令输入栏之下为命令捕获栏。当用户在 EViews 界面上进行操作时,该工具栏捕获命令并以文本的形式显示在栏目中。命令捕获栏是熟悉 EViews 命令最方便的渠道。

命令捕获栏下大面积空白区域为主显示窗口，以后由操作产生的子窗口均在此窗口范围之内。

主窗口最下方为状态显示栏。显示程序路径、数据库和工作文件名称等相关内容。

## 二、工作文件的建立与使用

(一)工作文件的建立

EViews 要求数据的分析处理过程必须在特定的工作文件(Workfile)中进行。所以，必须首先建立或打开一个工作文件，用户才能进行 EViews 操作。

用鼠标左键单击主菜单选项 File，在打开的下拉菜单中选择 New/workfile，如图附2.2所示。点击 Workfile 后出现一个工作文件定义对话框，要求指定数据序列性质和数据区间，如图附2.3所示。

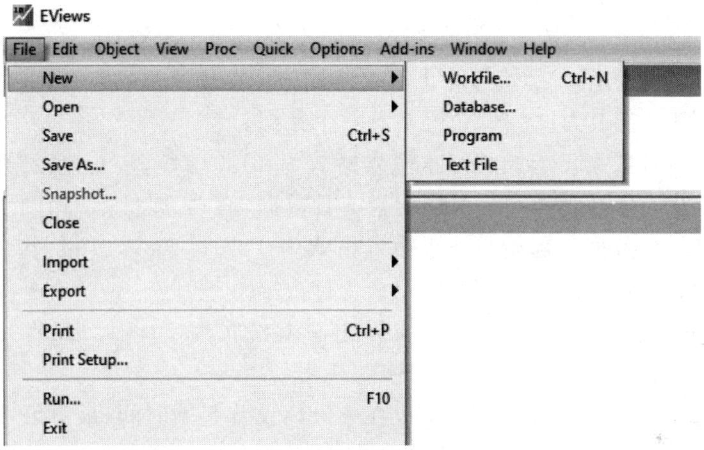


图附 2.2 File 功能菜单

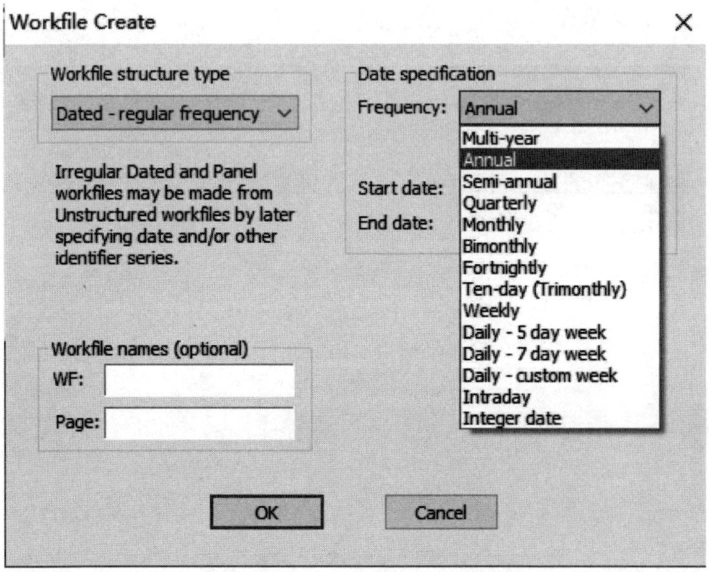


图附 2.3 工作文件对话框

在图附 2.3 所示对话框中，工作文件频率项指研究数据性质，可选择年度、季度、月度及非时间序列数据。

Annual 选项，指年度数据。Start date 后输入起始年份，End date 后输入终止年份，输入格式为表示年份的 4 位数，如 1989、2015 等。

Semi-annual 选项：半年度数据。起始与终止输入格式为 1989:1，2015:2，年度后面只能跟 1、2，分别代表上半年、下半年。

Quarterly 选项：季度数据。起始与终止输入格式为 1989:1，2015:4，年度后面只能跟 1、2、3、4，分别代表第 1、第 2、第 3、第 4 季度。

Monthly 选项：月度数据。起始与终止输入格式为 1989:09，2015:12，年度后为月份。

Bimonthly 选项：半月数据。起始与终止输入格式为 1989:09，2015:12，年度后为月份。生成半月数据。

Fortnightly 选项：双周数据。每双周周一记录一次数据。

Ten-day(Trimonthiy)选项：十天数据，每隔十天记录一次数据。

Weekly 选项：周数据。起始与终止输入格式为 10:01:1989，9:14:2015 表示 1989 年 10 月 1 日起至 2015 年 9 月 14 日，每隔 7 日一个数据。

Daily-5 选项：日数据。起始与终止输入格式为 10:01:1989，9:14:2015 表示 1989 年 10 月 1 日起至 2015 年 9 月 14 日，每周记录 5 日数据，周六、周日不再记录。

Daily-7 选项：日数据。起始与终止输入格式为 10:01:1989，9:14:2015 表示 1989 年 10 月 1 日起至 2015 年 9 月 14 日，每周记录 7 日数据。

Daily-custom 选项：日数据。起始与终止输入格式为 10:01:1989，9:14:2015 表示 1989 年 10 月 1 日起至 2015 年 9 月 14 日，

Intraday 选项：一天之内的数据，可以在一天内设置起始时间，最短每秒记录一次。

Undated or irregular 选项：非时序数据。起止项中分别输入 1 和 20，表示数据集个数为 20 个。

(二)工作文件窗口简介

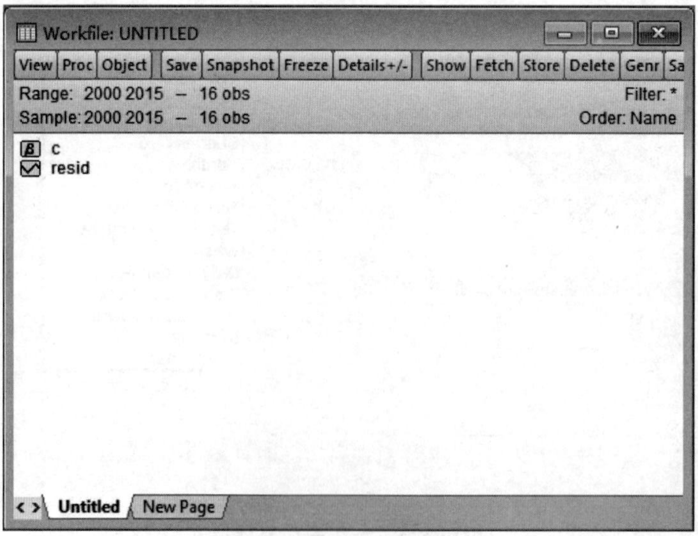


图附 2.4 工作文件窗口

工作文件窗口是数据序列与分析结果的集中显示区域。如图附 2.4 所示。窗口最上方一栏显示工作文件名称，工作文件未命名时显示为 UNTITLED。工作文件名称下面一栏为工具栏，提供了各种运算功能。工具栏下面是数据状况栏，显示了数据区间(Range)、样本期(Sample)等。下面的大块区域为数据序列及模型的显示区域。一个新建的工作文件窗口中只有 2 个对象：系数向量 C 和残差 resid。

(三)工作文件的存储与调用

保存新建立的工作文件有两种方法。一种是在主窗口中选择菜单 File/Save 或 Save As，另一种方法是直接单击工作文件窗口工具栏中的 Save 按钮，保存文件时需要给出文件名。

调用已有的工作文件。在主窗口菜单选项中依次选择 File/Open/Workfile，点击 Workfile 后，选中要打开的文件即可。

(四)工作文件数据区间范围的调整

当据实际问题的要求，需要调整区间的范围时，就要变更工作文件数据序列的起始点或终止点。

在图附 2.4 所示工作文件窗口的工具栏中，双击"Range"，然后在出现的对话框中输入新的数据起止点即可。

EViews 默认的样本区间与工作文件的数据区间相同，如在实际分析中，需要不同于数据区间的样本，可据实际需要设定样本区间，样本区间是数据区间的一个子区间。在图附 2.4 所示工作文件窗口的工具栏中选中 Proc/set sample 按钮，在对话框中输入样本数据起止点即可。如图附 2.5 所示。

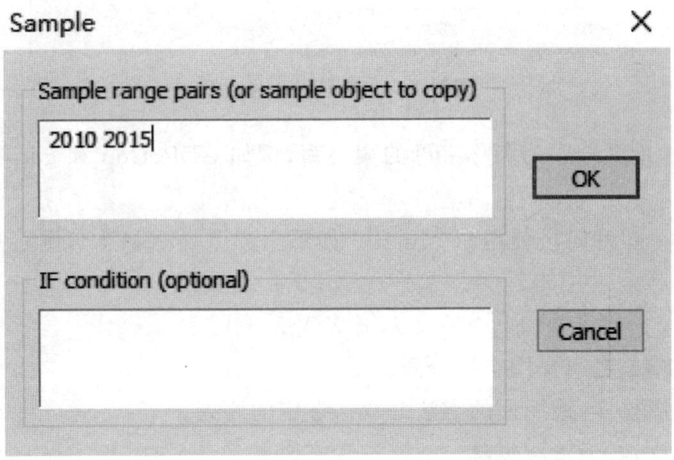


图附 2.5 工作文件数据区间范围调整菜单

## 三、数据序列创建与数据编辑

(一)序列创建

在主窗口的菜单选项或工作文件窗口的工具栏中选择 Object/New Object，出现如图附 2.6 所示的对话框。

在对话框中选择 Series，并在对话框右上方空格处填写新序列名称(默认名是 Untitled)，如命名为 $X$，操作完毕后点击 OK 按钮即可。

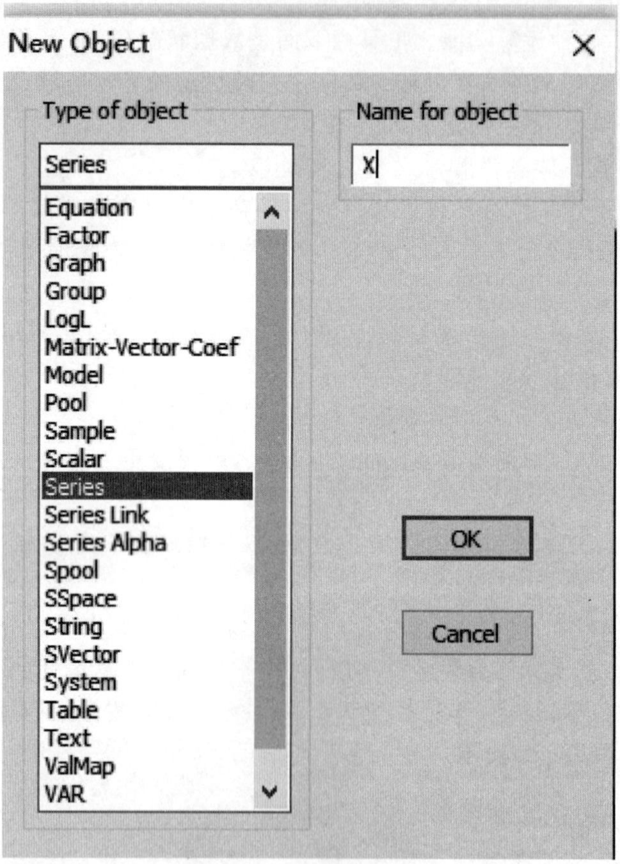


**图附 2.6 序列创建对话框**

EViews 软件不区分序列名称字母的大小写，例如 GDP、Gdp 和 gdp 等都被视为同一序列名称。

同时生成多个序列时可使用命令 data。如要生成序列 $X,Y,Z$，则可在主窗口命令栏内输入

$$data\ X\ Y\ Z$$

*data* 与 $X,Y,Z$ 之间要用空格分开。

打开序列方法很多，最简便的方法是双击选定的序列。

(二)数据的录入、调用与编辑

建立工作文件后，无论新生成还是打开一个序列，都会出现如图附 2.7 所示的序列对象窗口。在工具栏上选择 Edit+/－按钮进入编辑状态，可输入或修改序列数据。如使用 data 命令，则直接进入编辑状态。点击 Smpl+/－按钮可在显示工作文件数据区间内全部数据和只显示样本数据之间切换；Label+/－按钮在是否显示数据序列标签两种模式间进行切换；Wide+/－按钮在单列显示和多列显示数据序列之间切换。对于季度和月度数据，采用多列显示模式会更清楚。录入或修改数据完毕后点击 Edit+/－按钮恢复只读状态。

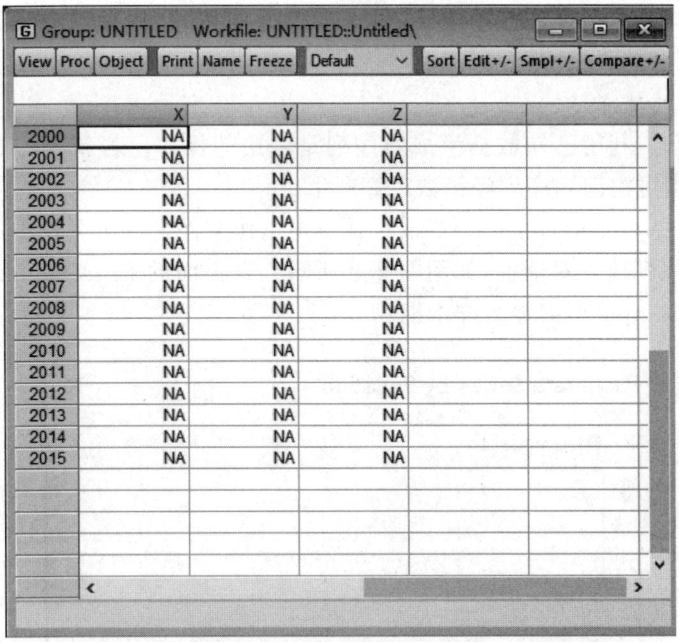


**图附 2.7 序列对象窗口**

(三)序列排序

当需要对序列数据进行排序时,可在图附 2.7 所示工作文件窗口工具栏中点击 Sort 按钮,出现如图附 2.8 所示对话框。

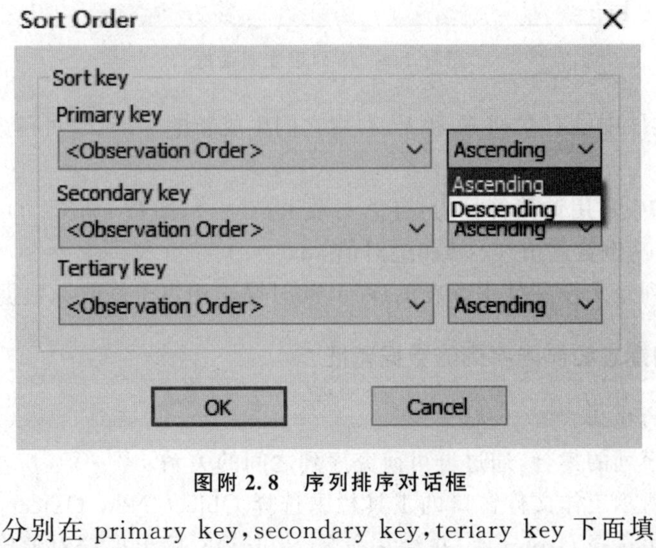


**图附 2.8 序列排序对话框**

在对话框中分别在 primary key,secondary key,teriary key 下面填写排序的序列名称。系统首先会根据 primary key 中所指定序列排序,若 secondary key 中指定了序列名称,则在 primary key 中所指定序列排序基础上,再次排序。teriary key 中若指定了序列名称,则在前两次排序的基础上进行第三次排序。若只按照一个序列排序所有序列,则只需 primary key 中指定该序列名称即可。

在 Sort Order 选项中,要指定是按升序(Ascending)还是降序(Descending)排列。

特别提醒:如果数据序列已经按日期或对应顺序排列,排序会破坏观测值与日期或特定对应的关系。

(四)新序列的建立

在数据分析时,利用已知数据生成新序列是常用的操作。若新序列是工作文件中已有序列的函数,则可由已知序列经函数运算产生。

在主菜单选择 Quick/Generate Series 或点击工作文件窗口工具栏中的 Procs/Generate Series,出现序列建立对话框,如图附 2.9 所示。在上面的 Enter equation 编辑区中输入赋值语句,在 Sample 下面输入样本期。

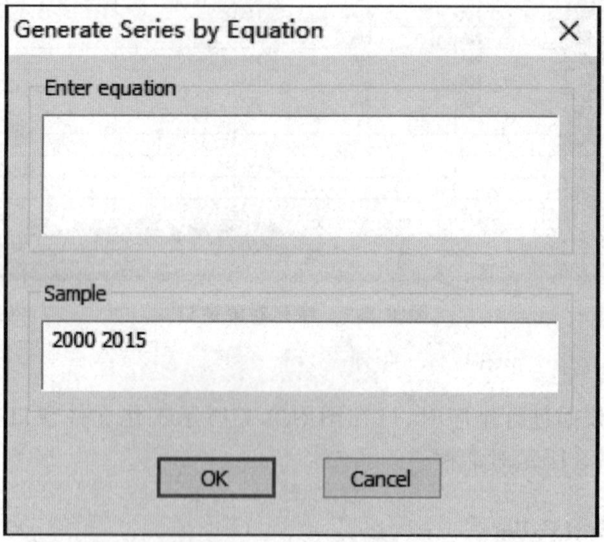


图附 2.9　序列建立对话框

例如,工作文件中已有序列 $X$ 和 $Y$,利用它们生成新的序列 $Z$,可键入赋值语句

$$Z=3*X-Y/2$$

EViews 软件中常用计算符号为:自然对数 log(　),指数 exp(　),算术平方根 sqr(　),差分 d(　),倒数@inv(　)和绝对值 abs(　)。

如果目标序列是工作文件中存在的序列,此时操作相当于修改原数据。

## 四、群序列的建立和群内序列的数据特征

(一)群序列的建立

群是若干个序列的集合,通过群可研究序列之间的关系。

在图附 2.4 所示工作文件窗口的工具栏中选择 Object/New Object,然后在图附 2.6 所示的对话框左边选择 Group 项,并给它命名,点击 OK 后出现群对象定义对话框,如图附 2.10 所示。输入欲建立的群所包含的序列名称后,点击 OK,即创建了包含了若干序列的群。

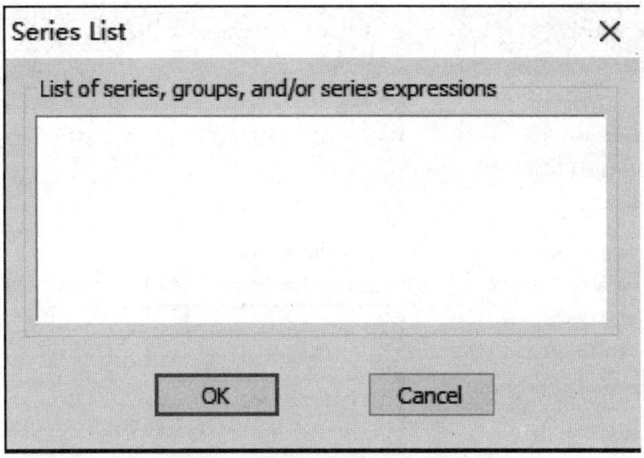


图附 2.10 群对象定义对话框

也可使用更简捷的命令方式创建群,格式为输入命令

$$data\quad X\quad Y$$

在回车后出现的群窗口中单击 Name,命名该群的名称,即建立了以 $X$,$Y$ 序列为内容的群。

(二)群内序列的数据特征

在群窗口中,单击 Views 按钮,可在下拉菜单中选择不同的项目对群序列进行数据特征分析。菜单项目如图附 2.11 所示,项目功能如下。

Group Members:增加群中序列。

Spreadsheet:以电子数据表的形式显示数据。

Dated Data Table:使时序数据以表的形式显示。

Graph:显示序列的各种形式图形。

Descriptive Stats:给出群中序列的描述统计量,如均值、方差、偏度、峰度等。

Covariance Analysis…:协方差分析,给出群中协方差矩阵、相关系数矩阵等。

N-Way Tabulation…:给出 N 维统计表,给出数组中序列观测值在某一区间的频数、频率和某一序列是否与组中其他序列独立的假设检验结果。

Tests of equality…:给出检验群中序列是否是同均值、同中位数或同方差的假设检验结果。

Principal Componets…:主成分分析。

Correlogram(1)…:出组内第 1 序列的水平序列及其差分序列的自相关函数和偏自相关函数。

Cross Correlation(2)…:出组内第 1 和第 2 序列的超前几期和滞后几期值之间的互相关函数。

Long-run Covariance…:长期协方差。

Unit Root Test…:单位根检验。

Cointegration Test:协整检验。

Granger Causality…:格兰杰因果关系检验。

Lable:给出数组的名称及修改时间等信息。

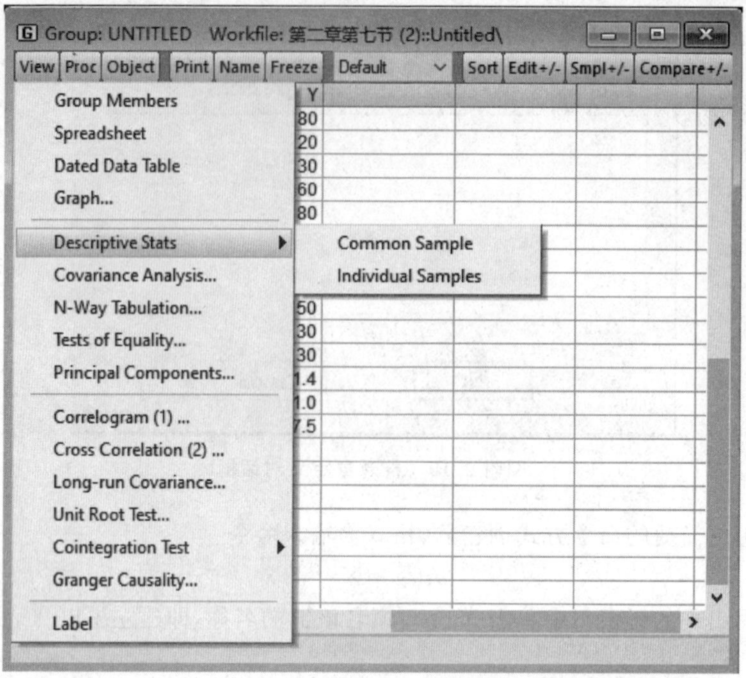


图附 2.11 群内序列操作菜单

## 五、序列统计分析

(一)序列的图像

要认识序列数据的规律,最直观的方法就是观察序列的图像。

在主菜单中选择 Quick/Graph,在对话框中输入要观察的对象序列名称,单击 OK 进入图像定义对话框,如图附 2.12 所示。

图像定义对话框分为左中右三部分,左边部分是选项页,主要是对图形的格式、字体、数据轴标签等图形元素进行设置。中间部分是 Graph Type,即图形类型选择。共有 16 种类型可供选择,分别为折线图(Line&Symbol)、条形图(Bar)、钉形图(Spike)、面积图(Area)、面积带图(Area Band)、混合图(Mixed)、点阵图(Dot Plot)、误差条图形(Error Bar)、高低图(High-Low)、散点图(Scatter)、X-Y 折线图(XY Line)、X-Y 面积图(XY Area)、饼图(Pie)、分布图(Distribution)、分位数一分位数图(Quantile-Quantile)、箱形图(Boxplot)。对话框右侧为图形细节选项,需要对图像给予详细的设计可在此选项内完成。定义完毕后,点击 OK 按钮即出现图像窗口。

新绘制的图像如需保留在工作文件中,就要点击 Name 按钮给图像命名,将其作为一个对象保存在工作文件中。

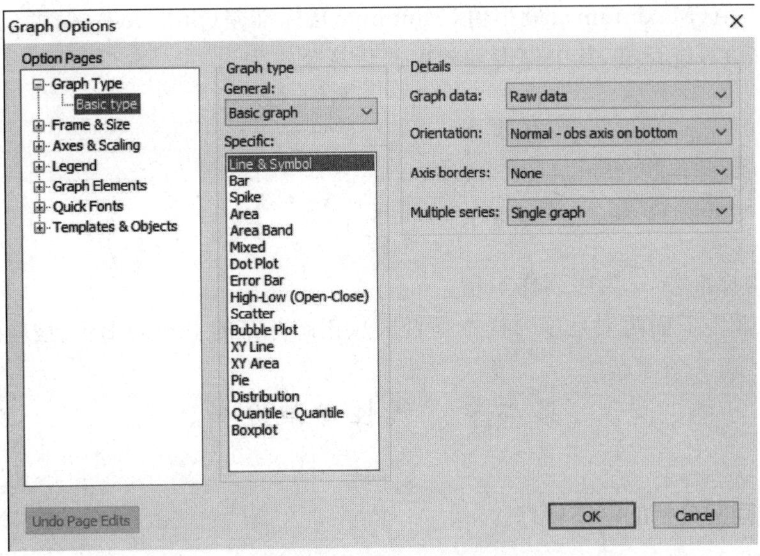


**图附 2.12　图像定义对话框**

(二)序列的描述统计分析

在序列窗口中,选中 View 按钮的下拉菜单中的 Descriptive Statistics 可对序列进行描述统计分析。该项目中共有两个子项:通用样本(Common sample)和单独样本(Individual samples)。两者的区别是通用样本要求统计的序列中样本数相同,而单独样本允许不同样本数序列一起统计

点击 View/Descriptive Statistics/Common sample 选项得到图附 2.13。

Group: UNTITLED　Workfile: 第二章第七...

View | Proc | Object | Print | Name | Freeze | Sample | Sheet | Stats | Spec

| | X | Y |
|---|---|---|
| Mean | 284103.5 | 66189.59 |
| Median | 242838.0 | 65997.55 |
| Maximum | 588018.8 | 121037.5 |
| Minimum | 99776.30 | 18638.80 |
| Std. Dev. | 165811.8 | 35423.04 |
| Skewness | 0.555510 | 0.160534 |
| Kurtosis | 1.960687 | 1.792010 |
| | | |
| Jarque-Bera | 1.350146 | 0.911356 |
| Probability | 0.509119 | 0.634018 |
| | | |
| Sum | 3977449. | 926654.3 |
| Sum Sq. Dev. | 3.57E+11 | 1.63E+10 |
| | | |
| Observations | 14 | 14 |

**图附 2.13　人均可支配收入与人均消费的统计信息**

图附 2.13 中包含了 Y,X 两个序列的统计信息。主要包括均值(Mean)、中位数

(Media)、最大值(Maximum)、最小值(Minimum)、标准差(Std. Dev)、偏度(Skewness)和峰度(Kurtosis)等统计量,其中偏度和峰度的计算公式为

$$偏度\ S = \frac{1}{n}\sum_{i=1}^{n}\left(\frac{X_i - \bar{X}}{\hat{\sigma}}\right)^3$$

$$峰度\ K = \frac{1}{n}\sum_{i=1}^{n}\left(\frac{X_i - \bar{X}}{\hat{\sigma}}\right)^4$$

公式中的 $\hat{\sigma}$ 为标准差,$n$ 为序列样本量。

图附 2.13 中下面两项是序列样本是否服从正态分布的 Jarque-Bera 检验结果。

## 第二节　线性回归分析

### 一、线性回归分析的基本操作

以第二章第三节例 2.2 中国城镇居民消费函数(年)为例说明 EViews 的线性回归分析应用。

(一)变量间的关系分析——绘制散点图

可通过散点图观察被解释变量居民消费与解释变量居民收入之间是否有线性关系。

在 EViews 主菜单中选择 Quick,在下拉菜单中选择 Graph。在对话框中输入要处理的序列名 $X$(人均可支配收入)和 $Y$(人均消费支出),点击 OK。在弹出的 Graph 对话框中,选择要绘制的图形类型为散点图 Scatter,点击 OK 后,得到以收入 $X$ 为横轴,消费 $Y$ 为纵轴的散点图,如图附 2.14 所示。

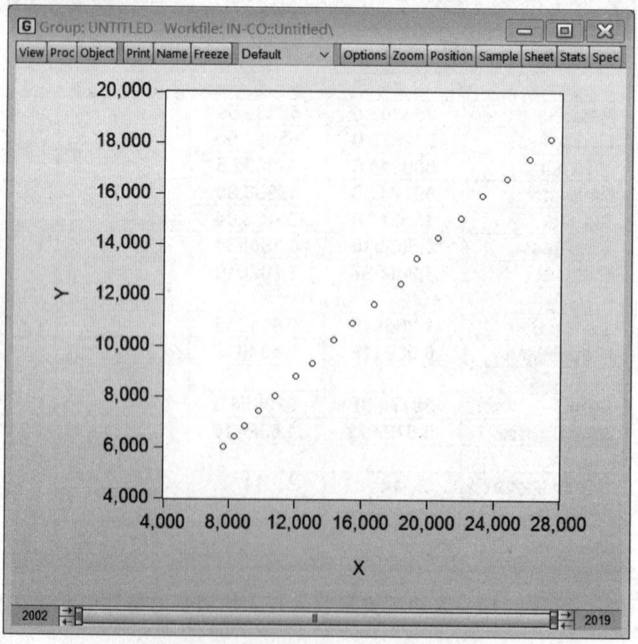


图附 2.14　X 与 Y 的散点图

（二）建立回归模型，使用普通最小二乘法估计参数

消费函数为线性回归模型

$$Y = \beta_1 + \beta_2 X + u$$

EViews 普通最小二乘法的操作步骤为

1. 选择 Objects/New Objects，在对话框中选择对象为 Equation，命名后点击 OK。

2. 选择主菜单的 Quick/Estimate Equation。

1、2 的操作都会出现如图附 2.15 的方程定义对话框。将要估计参数的回归方程输入到对话框中有两种方法。

1. 直接输入待估计的方程，如

$$Y = C(1) + C(2) * X$$

2. 直接输入变量列表，如

$$Y \quad C \quad X$$

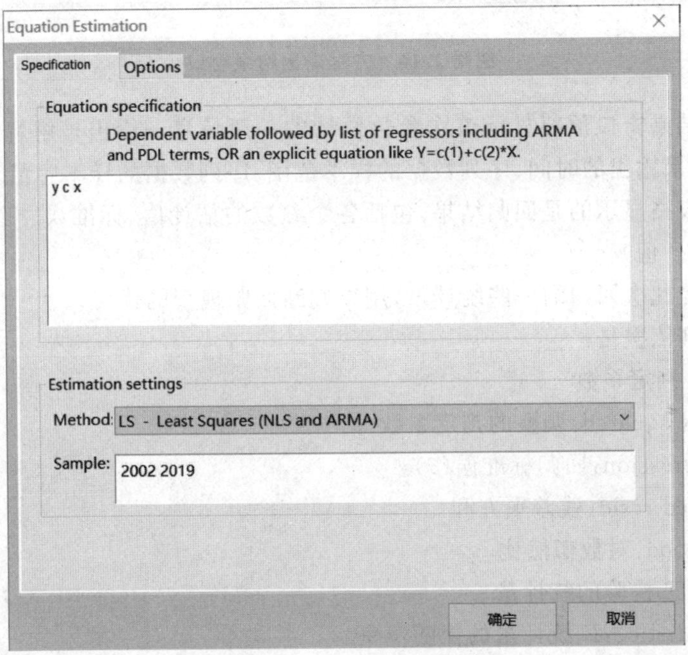


图附 2.15　方程定义对话框

被解释变量在前，解释变量在后，如有多个解释变量则需依次排列，中间用空格分开。如回归方程中有常数项，则需加入 C；无常数项，则略去 C。变量除直接用序列名外，还可以用序列的函数、计算表达式等。

在方程定义对话框下面的 Estimation Setting 中，对于不同的模型，需要从 Method 一栏选择不同的参数估计方法；Sample 一栏用来指定参数估计时的样本范围。EViews 默认的方法为普通最小二乘法，默认的样本期为工作文件样本期。

对话框操作完毕后，点击 OK 得到方程输出结果窗口，如图附 2.16 所示。

Equation: EQ01 Workfile: IN-CO::Untitled\

View | Proc | Object | Print | Name | Freeze | Estimate | Forecast | Stats | Resids

Dependent Variable: Y
Method: Least Squares
Date: 03/12/21 Time: 22:08
Sample: 2002 2019
Included observations: 18

| Variable | Coefficient | Std. Error | t-Statistic | Prob. |
|---|---|---|---|---|
| X | 0.622468 | 0.004829 | 128.9079 | 0.0000 |
| C | 1265.376 | 85.70037 | 14.76511 | 0.0000 |

| | | | |
|---|---|---|---|
| R-squared | 0.999038 | Mean dependent var | 11611.11 |
| Adjusted R-squared | 0.998978 | S.D. dependent var | 3988.788 |
| S.E. of regression | 127.5196 | Akaike info criterion | 12.63886 |
| Sum squared resid | 260179.8 | Schwarz criterion | 12.73779 |
| Log likelihood | -111.7497 | Hannan-Quinn criter. | 12.65250 |
| F-statistic | 16617.25 | Durbin-Watson stat | 1.355705 |
| Prob(F-statistic) | 0.000000 | | |

图附 2.16 方程输出结果窗口

方程输出结果窗口顶部显示该次参数估计的一般信息。给出被解释变量名称、估计参数的方法、结果输出的时间、序列数据的样本范围、序列数据的样本容量。

中间部分表格显示的是回归结果,包括各个参数的估计值、标准误、$t$ 统计量和 $t$ 统计量的伴随概率($P$ 值)。

最下面的是此次回归的一些统计量,用以判断回归模型的优劣。

左边的一列依次是:

R-squared:判定系数

Adjusted R-squared:调整的判定系数

S. E. of regression:回归标准误($\hat{\sigma}$)

Sum squared resid:残差平方和

Log likelihood:对数似然比

F-statistic:$F$ 检验的统计量

Prob(F-statistic):$F$ 统计量的伴随概率

右边一列依次是:

Mean dependent var:被解释变量的均值

S. D. dependent var:被解释变量的标准差

Akaike info criterion:赤池信息量(AIC)

Schwarz criterion:施瓦兹信息量(SC)

Hanan-Quinn criter:汉南一奎因准则量(HQC)

Durbin-Watson stat:DW 统计量

从图附 2.16 中,可得消费模型为

$$Y_i = 1265.376 + 0.6225X_i$$
$$Se \quad (85.7004) \quad (0.0048)$$
$$R^2 = 0.9990$$

上述回归的操作还可使用更简便的命令输入方式。在主窗口命令栏输入

*ls*Y C X

即可得到如图附 2.16 的方程输出窗口。点击方程窗口 Name 按钮对方程命名并保存。

EViews 还提供了方程输出窗口的很多操作,可进一步分析回归方程的优劣。点击 View 按钮,可以显示被解释变量实际值、拟合值和残差值的折线图、数值表。点击 Resids 按钮可直接观测残差图。

(三)预测

预测是经济计量分析的目的之一。对于已经建立的回归模型,可得到样本期内的预测值(拟合值)。预测操作步骤如下:在回归输出结果窗口中,选中 Forecast,产生一个预测对话框,如图附 2.17 所示。预测变量名可由用户键入也可使用系统默认名(被解释变量名加 *F*)。在 S.E. 栏命名标准误名。在 Sample range for forecast 处给定预测区间,在 Output 处选择输出预测图形和模型评估指标。设定完毕后,点击 OK 即可得到如图附 2.18 所示的预测图。

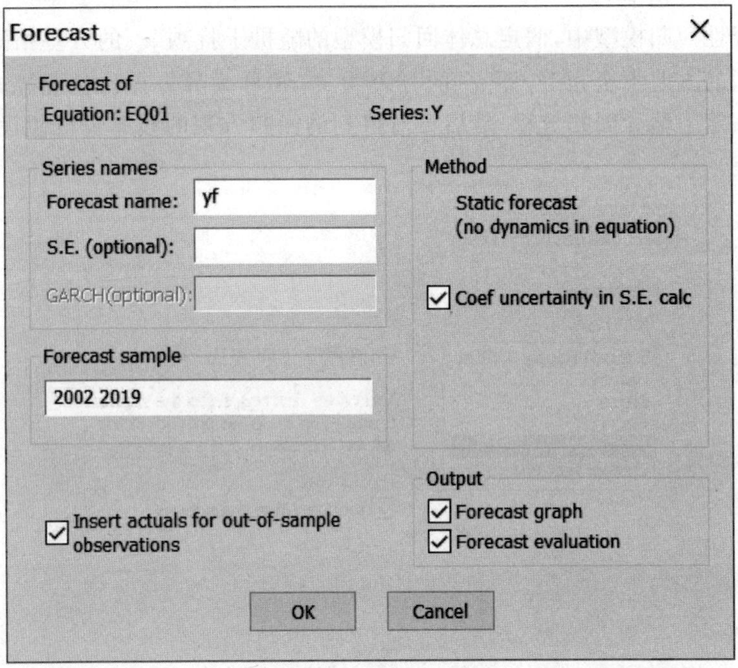


**图附 2.17 预测对话框**

图中的实线表示被解释变量的预测值,上下两条虚线给出的是近似 95%的置信区间。右边提供了一系列对模型的评价指标。

EViews 不能直接计算出预测值的置信区间,需要通过置信区间上下限的公式来计算。

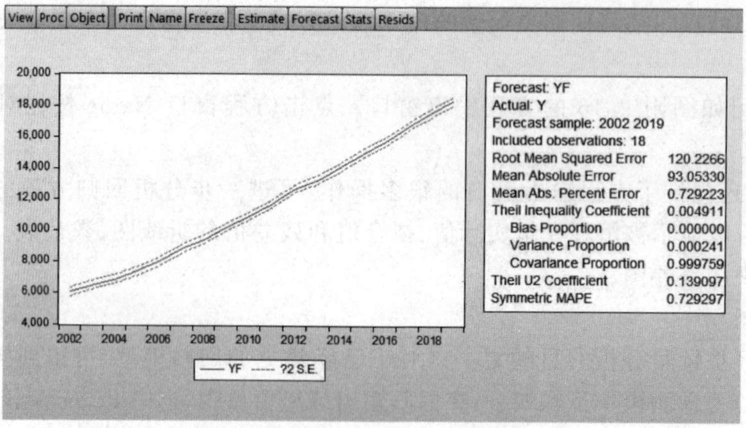


**图附 2.18　人均消费 $Y$ 的预测图**

## 二、异方差的检验与处理

（一）异方差的检验

在经典线性回归模型中，假定总体回归模型的随机干扰项 $u_i$ 的方差相同，均为 $\sigma^2$，如果随机干扰项的方差不全相等，即 $u_i$ 的方差为 $\sigma_i^2$，则称为异方差。检验异方差的方法是先在同方差假定下估计回归方程，然后再对得到的回归方程的残差进行假设检验，判断是否存在异方差。

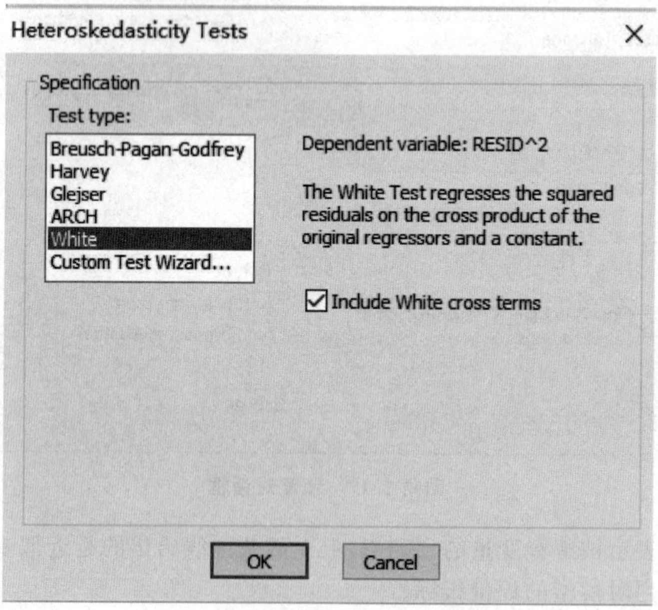


**图附 2.19　怀特检验对话框**

EViews 提供了怀特（White）的一般异方差检验功能。

原假设 $H_0$：回归方程的干扰项同方差

备择假设 $H_1$：回归方程的干扰项异方差

怀特检验的操作步骤为：在回归方程输出结果窗口中，点击按钮 View，在下拉菜单中选择 Residual Diagnostics/Heteroskedasticity Tests。可得到辅助回归方程和怀特检验统计量——$F$ 统计量、$\chi^2$ 统计量的值及其伴随概率($P$ 值)。如图附 2.20 所示。通过伴随概率($P$ 值)可判别是否拒绝无异方差的原假设。

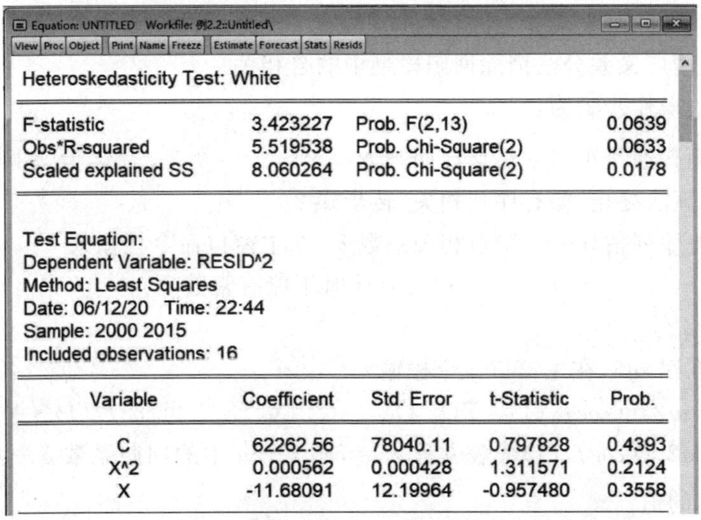


Heteroskedasticity Test: White

| | | | |
|---|---|---|---|
| F-statistic | 3.423227 | Prob. F(2,13) | 0.0639 |
| Obs*R-squared | 5.519538 | Prob. Chi-Square(2) | 0.0633 |
| Scaled explained SS | 8.060264 | Prob. Chi-Square(2) | 0.0178 |

Test Equation:
Dependent Variable: RESID^2
Method: Least Squares
Date: 06/12/20 Time: 22:44
Sample: 2000 2015
Included observations: 16

| Variable | Coefficient | Std. Error | t-Statistic | Prob. |
|---|---|---|---|---|
| C | 62262.56 | 78040.11 | 0.797828 | 0.4393 |
| X^2 | 0.000562 | 0.000428 | 1.311571 | 0.2124 |
| X | -11.68091 | 12.19964 | -0.957480 | 0.3558 |

**图附 2.20 怀特检验**

(二)异方差性的处理——加权最小二乘法

处理异方差问题最常用的方法是加权最小二乘法(WLS:Weighted Least Squares),一般用于异方差形式已知的情况。加权最小二乘法使用加权最小二乘准则,通过对不同观测值赋予不同的权数变异方差为同方差。

如异方差形式未知,可通过 Glejser 检验找到影响方差 $\sigma_i^2$ 的变量。例如,

$$|e|=\alpha_0+\alpha_1 f(X)$$

如果$|e|$与 $f(X)$的关系是显著的,则说明 $\sigma_i^2$ 与 $f^2$ 成正比,此时可取 $W_i=1/f(X_i)$为权数。

加权最小二乘法操作步骤为:选择 Quick/Estimate Equations,进入方程定义对话框;输入待估计方程,选择估计方法——普通最小二乘法(LS);点击 Option 按钮进入方程估计选择对话框;选择 Weighte,在对话框内输入用作加权的序列名称,点击 OK 后得到加权最小二乘法回归方程。

加权最小二乘法也可通过对方程中的各个变量先进行加权变换,然后直接使用普通最小二乘法,得到的回归方程与上述方法相同。

## 三、序列相关的检验与处理

如果总体回归模型中的随机干扰项彼此相关,即

$$\mathrm{Cov}(u_i,u_j)\neq 0, i\neq j$$

则称随机干扰项之间有序列相关或自相关。

通常由于经济系统中滞后效应的存在,时间序列数据大多都存在序列相关现象。

检验序列相关的最简便方法是使用 DW 检验,在 EViews 回归方程结果输出窗口中直接给出了 DW 统计量的值,用户可据该统计量值判断回归模型干扰项是否有序列相关。

通常假定序列相关的形式为一阶自相关，即

$$u_t = \rho u_{t-1} + v_t$$

在 $\rho$ 未知的情况下，可通过残差序列 $e_t$ 估计 $\hat{\rho}$

$$e_t = \hat{\rho}\, e_{t-1} + \mathrm{v_t}$$

得到 $\hat{\rho}$ 后，可使用广义差分法消除回归模型中的自相关。

广义差分法操作步骤为：

1. 直接使用普通最小二乘法估计回归方程 $\hat{Y} = \hat{\beta}_1 + \hat{\beta}_2 X$，命名为 *eq*1。DW 统计量判断无序列相关，算法终止，如有序列相关，转步骤 2。

2. 通过残差序列估计——阶自相关系数 $\hat{\rho}$，在主窗口命令栏输入

*ls　e　e*(−1)(此时不能有常数项)

命名该方程为 *eq*2。

3. 建立新方程 *eq*3，在主窗口命令栏输入

*ls Y*−*eq*2.@*coefs*(1) * *Y*(−1)　　*C*　*X*−*eq*2.@*coefs*(1) * *X*(−1)

输入式中 *eq*2.@*coefs*(1)代表方程 $e_t = \hat{\rho} e_{t-1} + \mathrm{v_t}$ 中的回归系数 $\hat{\rho}$，也可以直接输入 *eq*2 中的系数 $\hat{\rho}$ 的值。

输入完毕回车后，得到广义差分后的回归方程输出结果。

为了还原方程的常数项，还要输入命令

*Scalar beta*1 = *eq*3.@*cofes*(1)/(1−*eq*2.@*coefs*(1))

求得原方程的常数项 $\hat{\beta}$。

## 四、非线性模型的线性化

非线性模型指的是参数或解释变量是非线性的函数模型。在某些情形下，可将这些非线性模型，通过一定的变换，转化为线性模型，见表附 2.1。

**表附 2.1　线性变换函数表**

| 原模型 | 变换函数 | 线性模型 |
|---|---|---|
| $Y = \dfrac{1}{a+bX}$ | $Y' = \dfrac{1}{Y}$　　$X' = X$ | $Y' = a + bX'$ |
| $Y = \sqrt{a+bX}$ | $Y' = Y^2$　　$X' = X$ | $Y' = a + bX'$ |
| $Y = a + bX + cX^2$ | $Y' = Y$　$X'_1 = X$　$X'_2 = X^2$ | $Y' = a + bX'_1 + cX'_2$ |
| | | $Y' = a + bX'$ |
| $Y = a + b\ln X$ | $Y' = Y$　　$X' = \ln X$ | |
| $Y = a + \dfrac{b}{X}$ | $Y' = Y$　　$X' = \dfrac{1}{X}$ | $Y' = a + bX'$ |
| $Y = aX^b$ | $Y' = \ln Y$　　$X' = \ln X$ | $Y' = \beta_1 + \beta_2 X'$ |
| | $\beta_1 = \ln a$　　$\beta_2 = b$ | |
| $Y = ae^{bX}$ | $Y' = \ln Y$　　$X' = X$ | $Y' = \beta_1 + \beta_2 X'$ |
| | $\beta_1 = \ln a$　　$\beta_2 = b$ | |

对变换模型估计参数在 EViews 中有两种途径。

1. 生成变换后的新序列，对线性模型使用普通最小二乘法

例如，要估计 $Y=aX^b$ 的参数，则选择主菜单 Quick/Generate Series，在出现序列建立对话框中输入

$$LX=\log(X)$$

则得到 $X'=LX=\ln(X)$，同样操作可得到 $Y'=LY=\ln(Y)$，生成新的序列 $LX,LY$，利用 $LX,LY$ 做线性回归即可求得参数 $a,b$。

2. 直接使用 EViews 命令

在主窗口命令栏输入

$$ls\quad \log(Y)\quad c\quad \log(X)$$

回车后得到回归模型的估计结果。

使用第二种方法可直接使用预测(Forecast)命令对原序列 $Y$ 进行预测。如使用第一种方法只能对 $LY$ 进行预测，要对 $Y$ 进行预测就必须进行指数变换。因此，通常都使用第二种方法。

对于其他非线性函数的操作方法相同。

## 五、联立方程模型的估计

### (一)工具变量法

当联立方程模型中结构方程为恰好识别时，可以使用工具变量法估计参数

以如下联立方程模型为例

$$Y_1=\alpha_0+\alpha_1 Y_2+\alpha_2 X_1+\alpha_3 X_2+u_1 \tag{1}$$

$$Y_2=\beta_0+\beta_1 Y_1+\beta_2 X_3+u_2 \tag{2}$$

模型中，$Y_1,Y_2$ 为内生变量，$X_1,X_2,X_3$ 为前定变量，据识别的阶条件和秩条件可知，方程(1)为恰好识别，可使用工具变量法估计其参数。应选择式(2)中的 $X_3$ 为式(1)中 $Y_2$ 的工具变量。

在 EViews 的主菜单中选择 Quick/Estimate Equation 打开方程定义对话框，点开 Estimation Setting 中的 Method 下拉菜单，选择 TSLS，出现两阶段最小二乘方程定义对话框，如图附 2.21 所示。

首先在对话框上方 Equation Specification 处的空白区域输入待估计方程的变量名，本例输入

$$Y_1\ C\ Y_2\ \mathrm{X}_1\ \mathrm{X}_2$$

然后在 Instrument List(工具变量表)下的空白区域输入用于估计方程的工具变量名。本例中 $Y_2$ 的工具变量为 $X_3$，$X_1$ 和 $X_2$ 的工具变量为其本身 $X_1,X_2$，则应输入

$$X_3\ \mathrm{X}_1\ \mathrm{X}_2$$

完成后，点击 OK 得到估计结果。

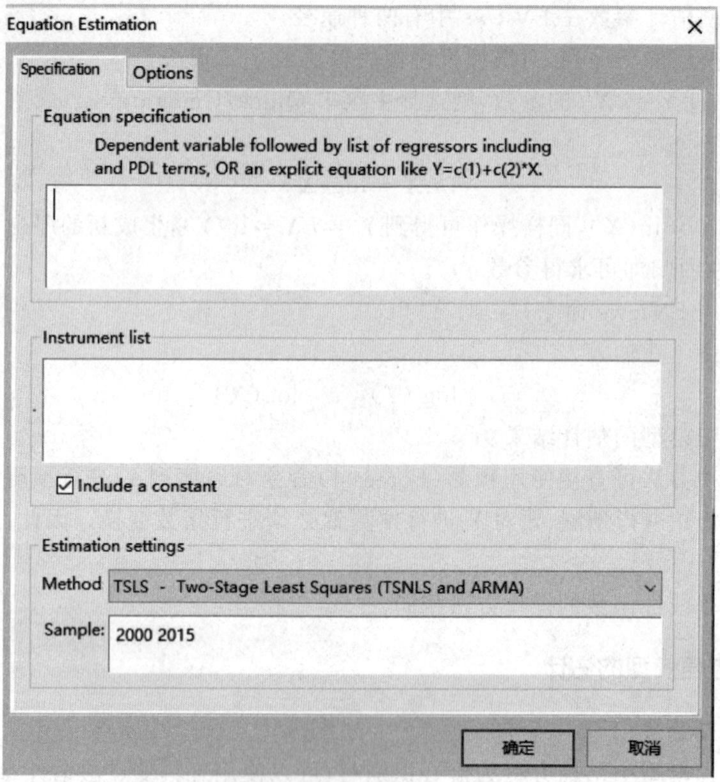


图附 2.21　两阶段最小二乘方程定义对话框

(二)二阶段最小二乘法

联立方程模型中,方程(2)为过度识别方程,只能使用二阶段最小二乘法估计参数。在图附 2.21 的二阶段最小二乘方程定义对话框的上、下两个空白区域分别输入

$$Y_2 \ \ C \ \ X_3 \ \ Y_1$$

$$X_3 \ \ X_1 \ \ X_2$$

点击 OK 得到二阶段最小二乘估计结果。(案例及输出结果见第七章第三节)

# 参考文献

[1]陈斌开,李涛.中国城镇居民家庭资产——负债现状与成因研究[J].经济研究,2011,46(S1):55－66＋79.

[2]高铁梅.计量经济分析方法与建模[M].清华大学出版社,2020.

[3](美)古扎拉蒂.计量经济学基础(第五版)[M].中国人民大学出版社,2011.

[4]李苍舒,沈艳.风险传染的信息识别——基于网络借贷市场的实证[J].金融研究,2018(11):98－118.

[5]刘焕庆,夏友照.计数模型在旅游资源经济价值评估中的应用[J].东疆学刊,2011,28(03):88－92.

[6]李占风,孟德峰.计量经济学[M].北京大学出版社,2016.

[7](美)迈克尔 P 莫瑞.费剑平译.现代计量经济学[M].机械工业出版社,2009.

[8]庞浩.计量经济学[M].科学出版社,2019.

[9]潘省初.计量经济学中级教程[M].清华大学出版社,2013.

[10](美)威廉 H 格林著.张成思译.计量经济分析(第八版)[M].中国人民大学出版社,2020.

[11](美)伍德里奇.计量经济学导论(第六版)[M].中国人民大学出版社,2018.

[12]向虹宇,王正位,江静琳,廖理.网贷平台的利率究竟代表了什么?[J].经济研究,2019,54(05):47－62.

[13]张晓峒。计量经济学[M].清华大学出版社,2017.

[14]朱建平,胡朝霞,王艺明.高级计量经济学导论[M].北京大学出版社,2009.

[15]Arellano M , Bond S. Some Tests of Specification for Panel Data: Monte Carlo Evidence and an Application to Employment Equations[J]. Review of Economic Studies, 1991, 58(2).

[16]Blundell R, Bond S. Initial conditions and moment restrictions in dynamic panel data models[J]. Journal of Econometrics, 1998. Vol. 87(1): 115－143.

[17]Hansen G . A bias-corrected least squares estimator of dynamic panel models[J]. Allgemeines Statistisches Archiv, 2001, 85(2):127－140.

[18]Hansen L P. Large Sample Properties of Generalized Method of Moments Estimators[J]. Econometrica, 1982, 50(4):1029－1054.

[19]Nickell S . Biases in Dynamic Models with Fixed Effects[J]. Econometrica, 1981, 49(6):1417－1426.

# 参考文献